DICCIONARIO DE TÉRMINOS DE LA BOLSA

Ariel Derecho

José Mateo Martínez

Enrique Alcaraz Varó
(Director de la Colección)

DICCIONARIO DE TÉRMINOS DE LA BOLSA

Inglés-Español
Spanish-English

Editorial Ariel

Diseño cubierta: Joana Gironella

1.ª edición: septiembre 2003

© 2003: José Mateo Martínez y Enrique Alcaraz Varó

Derechos exclusivos de edición
reservados para todo el mundo:
© 2003: Editorial Ariel, S. A.
Avda. Diagonal 662-664 - 08034 Barcelona

ISBN: 84-344-3240-4

Depósito legal: B. 33.145 - 2003

Impreso en España

Ninguna parte de esta publicación, incluido el diseño
de la cubierta, puede ser reproducida, almacenada o transmitida
en manera alguna ni por ningún medio, ya sea eléctrico,
químico, mecánico, óptico, de grabación o de fotocopia,
sin permiso previo del editor.

INTRODUCCIÓN

El **Diccionario de Términos de la Bolsa** (inglés-español, español-inglés) es el tercero de la serie de DICCIONARIOS ESPECIALIZADOS DE TÉRMINOS JURÍDICOS de Editorial Ariel. El primero es el de *Términos de Seguros*, y el segundo el de *Términos de la Propiedad Inmobiliaria*. A éstos les seguirán el de los Impuestos y Aduanas, el Comercio Internacional: exportación e importación, la Banca, los Derechos Humanos, etc. Esta editorial publica desde 1993 un *Diccionario de Términos Jurídicos* (inglés-español, español-inglés) de E. Alcaraz y B. Hughes, actualizado constantemente con nuevas ediciones, la séptima en 2003, el cual cubre una gama muy amplia de términos jurídicos de casi todos los sectores del Derecho, incluido el de la Bolsa. Sin embargo, un diccionario general como el anterior no puede entrar en el estudio de las características más detalladas de los términos específicos de cada especialidad, así como de aquéllos no estrictamente jurídicos propios de cada área. Se precisan otros que aborden con mayor extensión y profundidad distintos campos del Derecho, por lo que parece oportuna y justificada la publicación de esta serie de DICCIONARIOS ESPECIALIZADOS DE TÉRMINOS JURÍDICOS y, en este caso, el de *Términos de la Bolsa* (inglés-español, español-inglés).

Características del diccionario: pertinencia, claridad y economía

Para la confección del *Diccionario de Términos de la Bolsa* (inglés-español, español- inglés) hemos empleado el español peninsular, el inglés de los EE.UU. y, en menor medida, el del Reino Unido. Es sabido que el lenguaje financiero, y en especial el bursátil, se genera en los aledaños de *Wall Street*, por lo que, aunque todas o casi todas las palabras sean intercambiables en su uso en ambos lados del Atlántico, se ha optado por la forma y el sentido norteamericano de las mismas. Los criterios de *pertinencia, claridad y economía*, utilizados en la elaboración del *Diccionario de Términos Jurídicos*, antes citado, son los mismos que nos han guiado en la elaboración de este diccionario:

a) El criterio de pertinencia nos ha ayudado en la selección de los términos de la especialidad y también de aquellos otros que, aun perteneciendo al léxico común, son muy frecuentes en los textos de la Bolsa. No obstante, y pese a incluir en ocasiones el significado más general, hemos destacado la acepción que es pertinente o relevante en el contexto bursátil. Por ejemplo, el término *absorbed* posee acepciones relacionadas con *impregnated, concerned, preoccupied*, etc.; sin embargo, a nosotros nos ha interesado especialmente la acepción utilizada en la negociación bursátil de «consolidado o afianzado», como cuando decimos *In a fully absorbed market, the possibility of a strong and substantial rally is real.*

b) El criterio de claridad es básico. Con este objetivo, siempre que lo creemos necesario, instructivo o útil, en la parte inglés-español ilustramos el término con ejemplos adecuados, ofrecemos breves explicaciones y lo completamos mediante palabras relacionadas; asimismo, para despejar las dudas, allá donde un término tiene varias acepciones distintas, damos una lista numerada de las mismas, como se ve en el caso de *margin*:

margin[1] *n*: FIN margen; diferencia entre el precio de compra y el de venta; también se denomina *gross margin* o *profit margin*; V. *spread, security deposit*). [Exp: **margin**[2] (NEGO depósito de garantía; fianza –*collateral*–; cantidad pagada por un cliente cuando utiliza el crédito de un corredor –*broker's loan*– para comprar un valor; depósito en un contrato de futuros; anticipo al intermediario –*agent*– para comprar valores o contratos de futuros; acción pagada en parte por medio de un anticipo; V. *collateral; order to a broker; premium; additional margin, buying on margin, forward margin, initial margin, maintenance margin, margin call; requirement security deposit; securities account*).]

A pesar de que esta repetición pueda ir en contra del criterio de economía, su presencia proporciona, en nuestra opinión, una ganancia en claridad.

c) El criterio de economía. Es incalculable el número de unidades léxicas compuestas que se pueden formar en el campo de la Bolsa. Por esta razón, y guiados por el principio de economía, hemos excluido de nuestro diccionario las acuñaciones esporádicas y también aquellas consolidadas que gozan de tal transparencia semántica que su significado es perfectamente deducible del significado de las palabras que las componen.

Las entradas del diccionario: traducción, ejemplificación, ilustración y remisión

El diccionario tiene dos partes: inglés-español con unas 6.000 entradas y español-inglés con casi 4.000. Todo el mundo sabe que uno de los problemas centrales de la traducción es el significado de las palabras y los enunciados, los cuales se están constantemente negociando. Al final de cada jornada habremos empleado más de una vez expresiones como «No lo digo en ese sentido», «A ver si entiendes lo que te quiero decir», etc. Con el fin de paliar en lo posible esta naturaleza resbaladiza, hemos adoptado cuatro parámetros para precisar el sentido de un gran número de los términos del diccionario, a saber: *a*) la traducción, *b*) la explicación, *c*) la ilustración y *d*) la remisión. No obstante, por razones de economía, hemos reservado la mayoría de las explicaciones de los términos a la primera parte (inglés-español), ofreciéndolas de manera más esporádica en la parte español-inglés. Comentaremos brevemente cada uno de los parámetros mencionados:

a) *La traducción*. Dentro de los límites de toda traducción, se han presentado los términos equivalentes de ambas lenguas.

b) *La explicación*. Como ya hemos apuntado antes, el traductor es el interlocutor básico de este diccionario; pensando en él, hemos añadido cuando lo hemos creído conveniente, por la novedad o por la complejidad del término, una breve explicación. He aquí algunos ejemplos:

bracket *n*: GRAL/SUS nivel; define el grado de compromiso, alto *–major bracket–* o bajo *–minor bracket–*, que adquiere el suscriptor de una emisión nueva.
spin-off *n*: SOC sociedad segregada; alude a la compañía que, independizada de la matriz *–parent company–*, emite sus propias acciones; V. *exchangeable instrument*.
pit *n*: NEGO patio, parqué; corro de operaciones financieras, especialmente las de los mercados de productos *–commodity markets–*, donde las transacciones se efectúan a viva voz *–in open cry–*; V. *rings*.

c) *La ilustración*. En muchos casos hemos añadido un ejemplo con el fin de que sirva de orientación contextual del significado que se ofrece, siempre precedido del símbolo ◊:

high-tech stock (VAL valores tecnológicos; títulos pertenecientes a empresas de alta tecnología ◊ *High-tech stock prices have plunged dramatically*).
protective covenant (FIN cláusula de protección ◊ *A protective covenant which restricts actions of the company like limiting the amount of dividends or merging with another firm*).

d) *Las remisiones o referencias complementarias, cruzadas o recíprocas*. Dada la naturaleza huidiza del significado, parece evidente que éste se puede captar mejor cuando junto a la unidad léxica se facilitan otras palabras que mantengan algún vínculo con la primera. Así, al final de la mayoría de los términos aparecen palabras relacionadas, precedidas de **V.** (véase) [o **S.** (*see*) en la segunda parte]. A lo largo del diccionario, el significado de la primera entrada, normalmente de carácter general, va ampliado con sinónimos complementarios que pueden hallarse en diccionarios generalistas, mientras que las entradas siguientes, más especializadas, contienen referencias cruzadas y complementarias cuyo significado se encuentra en la letra correspondiente, como se puede ver en los ejemplos siguientes:

actual[1] *a:* GRAL real, auténtico, verdadero; V. *concrete, correct, real, true*. [Exp: **actual**[2] (GRAL efectivo, físico; V. *physical, solid, tangible*), **actual**[3] (VAL precio efectivo de un valor), **actual delivery** (FIN entrega efectiva de las materias primas o mercaderías; V. *delivery notice*).]
solicitud *n:* GEN application; S. *instancia, petición*. [Exp: **solicitud de admisión en el mercado de valores** (MARK application for quotation), **solicitud de cotización** (TRAD indent, quotation request; S. *cursar una orden de compra, orden de compra*), **solicitud de ofertas** (TRAD bid wanted; S. *petición de ofertas*)].

Los límites del diccionario. La localización de las unidades léxicas. El uso del diccionario

Uno de los primeros problemas de todo trabajo es la cuestión de los *límites*, tanto los conceptuales como los de su extensión material. Para conseguir un diccionario razonablemente manejable, y dado que es imposible abarcarlo todo, hemos creído que esta extensión, con una tipografía clara, era la más apropiada. La lista que sigue, formada por 17 epígrafes, ayuda a señalar los límites conceptuales, con lo cual queda determinada la línea divisoria de lo que queda dentro y, consecuentemente, lo que no se ha abordado. Estimamos que con estos epígrafes se pueden marcar unas fronteras suficientemente claras, aun reconociendo que puede darse entre ellas el solapamiento que surge inevitablemente al analizar cualquier parcela del *continuum* llamado «realidad»:

AG VAL/AG (agencias de valores/agencies): *agency, back office, block house, boutique, member firm, retail house, etc.*; agencias de Bolsa, corredurías, sociedad de valores, etc.
BON/BOND (bonos/bonds): *amortization, back-end load, bond broker, rundown, securitizarion, etc.*; bono basura, contado más convertible, estrategia en escalera, etc.
DER/LAW (derecho/law): *general lien, legal opinion, power of attorney, stock power, etc.*; derecho prendario, dictamen jurídico, estipulación, otorgamiento, etc.
DIV/DIV (dividendo/dividend): *accrued dividend, bailout, cum dividend, paid in capital, pass a dividend, stock dividend, etc.*; caza de dividendos, lavado de dividendos, etc.

FIN/FIN (finanzas/finance): *abandonment, bonus, differential, gold fixing, off-shore, quick asset, etc.*; acción liberada, etc.

FON/FUND (fondos/funds): *accumulation, back-end load fund, defined asset fund, discretionary trust, fund family, mutual fund, rollover fund, etc.*; cesta de fondos, escaparatismo, fondo de inversión, etc.

FUT/FUT (futuros/futures): *actuals^2, backwardation, commodity futures, delivery date, switching, trader in futures, etc.*; futuros sobre índices, mercaderías^2, opción sobre futuros, etc.

GRAL/GEN (general/general): en este epígrafe se incluyen los términos de carácter más general que no entran en las restantes categorías.

INST/INST (instituciones/institutions): en esta categoría incluimos los nombres de las diversas entidades e instituciones que organizan o toman parte en las diferentes operaciones financieras.

MER/MARK (mercados/markets): *actual market, Big Board, domestic market, forth market, globalization, one-way market, over-the-counter, etc.*; chartista, mercado alcista, segundo mercado, etc.

NEG/TRAD (negociación/trade): *above issue price, carry, hammering the market, listing fee, negotiable securities, scale in, thinly traded*; corredor de pico, mariposa, orden cruzada, sociedad de contrapartida, etc.

OBL/DEB (obligaciones/debentures): *capital debenture, extendible notes, government obligations, perpetual debenture*; obligación al portador, obligación convertible, tenedor de obligaciones, etc.

OPC/OPT (opciones/options): *abandon, bull call spread, effective duration, knock-out option, notice day, poison put, reversal arbitrage, spot option*; amortizable, cóndor corto, posición larga, valor delta, etc.

SOC/CORP (sociedades/corporations): *bankmail, closed corporation, exchange offer, greenmail, offer to purchase, public company*; abrazo del oso, empresa matriz, compañía fiduciaria, zombies, etc.

SUS/UNDER (suscribir/underwrite): *all-or-none underwriting, allotee, backup facility, book runner, direct placement, oversubscribed issue*; acuerdo de suscripción, cédula de suscripción, lápida; etc.

VAL/STCK (valores/stocks): *basket, dirty stock, fraction of shares, lot, one-class stock, penny stock, regulation T, shadow stock*; absorbido, décuplo, efectos titulizados, índice bursátil, oferta de acciones, suelo doble, etc.

VEN/MAT (vencimiento/maturity): *accounting day, dividend in arrears, inverted scales, option cycle, redemption*; calendario de vencimientos, vencimiento acelerado, vencimiento vertical, etc.

En cuanto al uso del diccionario, se recomienda consultar ambas secciones (inglés-español, español-inglés) cuando el sentido o el uso de la acepción no estén claros, con la seguridad de que se encontrará información útil (explicación, ejemplos, sinónimos o palabras relacionadas) que ayudará a delimitar y a comprender mejor el significado del término en cuestión y a tomar la decisión oportuna. Además, no hemos incluido en la sección español-inglés muchos de los términos anglosajones usados corrientemente en español, los cuales pueden ser consultados en la parte inglés-español, que es pródiga en explicaciones; en la segunda sección, éstas son menos abundantes, para no repetir, por razón de economía, las de la primera parte, y sí son generosos, en cambio, los sinónimos y palabras relacionadas, que deben ayudar al usuario en la elección de la acepción correcta.

Agradecimientos y fuentes consultadas

Expresamos nuestro agradecimiento más sincero a los muchos profesionales del mundo de la Bolsa y de la Universidad de Alicante que nos han ayudado a resolver las dudas surgidas durante la redacción de este diccionario. Las fuentes consultadas han sido las siguientes:

Diccionario de términos jurídicos: inglés-español, Spanish-English (Alcaraz, E. y Hughes, B. Editorial Ariel, 1993/2003), *Diccionario de términos económicos, financieros y comerciales: inglés-español, Spanish-English* (Alcaraz, E. y Hughes, B. Editorial Ariel, 1998/2002), *Diccionario de Banca y Bolsa* (Bellisco Hernández, Manuel. Librería Técnica Bellisco, 1977), *Diccionario Inglés-Español de Finanzas y Contabilidad* (Bermúdez Paredes Antonio. Ornigraf, 1977), *Diccionario de términos financieros inglés-español, español-inglés* (Coopers & Lybrand. Ediciones Deusto, S. A., 1992), *Diccionario de Bolsa* (Garmendia Miangolarra, Juan I. Pirámide, 1982), *Diccionario comercial español-inglés, inglés-español* (Giraud, Alejandro. Editorial Juventud, S. A., 1996), *Diccionario de Mercados Financieros* (Heras, José. Ediciones Gestión 2000, S. A., 2001), *Nuevo diccionario bilingüe de economía y empresa: inglés-español, español-inglés* (Lozano Irueste, José María. Ediciones Pirámide, S. A., 1998), *Diccionario de economía y empresa: español-inglés - inglés-español* (Miles, Andrew. Ediciones Gestión 2000, S. A., 2002), *Routledge Spanish Dictionary of Business, Commerce and Finance/Diccionario Inglés de Negocios, Comercio y Finanzas* (Muñiz Castro, Emilio Germán. Routledge, 1998), *Diccionario de negocios: inglés-español, español-inglés* (Urrutia, Manuel. Editorial Limusa, 1991), *Diccionario económico-financiero inglés-español: con definición del término* (Ruiz de Canales, Pedro. Editorial Universitas, S. A., 2000), *Diccionario glosario de opciones y futuros español-inglés, inglés-español* (Vicente, Alicia de [*et al.*]. Palas Atenea Ediciones, S. A., 1994), *The Oxford Business Spanish Dictionary: Spanish, English/English, Spanish* (Sinda López y Donald Watt, eds. O.U.P., 2002), *Gran diccionario de negocios inglés-español, español-inglés* (Varios. Difusión Centro de Investigación y Publicaciones de Idiomas, S. L., 1994), *Diccionario de banca y bolsa: español-francés-inglés-alemán* (Varios. Alba, 1976) y las revistas y periódicos: *The Economist, Wall Street Journal, Financial Times, Expansión, Cinco Días* y *El País*.

Además, se han consultado diversos glosarios disponibles en Internet:

www.leggman.com,
www.investopedia.com,
www.investorwords.com,
www.nasdaq.com/reference/glossary.stm,
www.nyse.com/help/glossary.html,
www.duke.edu/~harvey/classes/wpg/glossary.htm,
www.thectr.com/glossary/securities/english.htm,
www.nytimes.com/library/financial/glossary/bfglosa.htm.

También nos han sido de gran utilidad las siguientes páginas web:

www.borsabnc.es,
www.bolsamadrid.es y
www.bolsavalencia.es

José Mateo Martínez (autor)
Enrique Alcaraz Varó (editor)

Alicante, junio de 2003

INGLÉS-ESPAÑOL

A

@ *prep*: GRAL a, por, en; actúa como forma abreviada de *at* –por eso en inglés se le llama *at sign*–, y suele preceder al precio unitario de un producto o servicio; en Internet forma parte de las direcciones del correo electrónico –*e-mail*–, con el significado de «en»; en español se llama «arroba»; por su parecido físico a la cola del mono, algunos coloquialmente lo llaman *ape's tail*; V. *dot, e-*.

A shares *n*: VAL acciones de clase «A» que no permiten ejercer el derecho a voto o lo hacen con limitaciones; vienen especificadas con una «A» en el índice *NASDAQ*.

aa, AA *a*: VAL alta calificación –*rating*– aplicada a bonos por agencias calificadoras –*rating agencies*– como *Standard and Poor* o *Moody's*.

aaa *a*: VAL alta rentabilidad o fiabilidad otorgada por la agencia calificadora *Moody's Investors* a las emisiones –*issues*– de acciones preferentes –*preferred stock*–.

Aaa *a*: VAL máxima rentabilidad o fiabilidad otorgada por la agencia calificadora *Moody's Investors* a las emisiones de bonos de superior calidad.

AAA *a*: VAL máxima rentabilidad o fiabilidad otorgada por la agencia calificadora *Standard and Poor* a las emisiones de acciones preferentes, bonos y valores de máxima calidad; la escala se divide en AAA, AA, A, BBB, BB, etc., hasta D; a partir de BB aumenta el riesgo ◊ *Insurance companies are conservative organizations that invest their funds in AAA stocks and bonds.*

ABO *n*: OBL V. *Accumulated Benefit Obligation.*

ABS *n*: BON V. *Automated Bond System.*

abandon *v*: GRAL renunciar, desistir; se trata de renunciar a vender o ejercer una opción –*exercise an option*– antes de que expire; también se aplica a la renuncia voluntaria a los derechos de propiedad inmobiliaria –*real estate ownership*–; V. *desist, discontinue, relinquish, suspend*. [Exp: **abandonment** (FIN dejación, abandono, cesión; alude a la renuncia voluntaria de un grupo dominante –*controlling party*– a sus derechos de propiedad), **abandonment [of] option** (OPC renuncia al derecho de opción; V. *option*)].

ABC agreement *n*: AG VAL acuerdo ABC; se refiere al contrato entre un operador o agente y una empresa de corretaje –*brokerage firm*– en el que se detallan los derechos que la empresa tiene sobre el puesto que ella ha adquirido para dicho operador en la Bolsa de Nueva York –*NYSE membership*– ◊ *My firm managed to sign an ABC agreement so I am now a member on the NYSE*.

ability to pay/service *fr*: FIN solvencia económica, capacidad financiera; se refiere a la capacidad de un prestatario –*borrower*– de hacer frente al pago de una deuda y de sus intereses.

abnormal *n*: GRAL anómalo, irregular, anormal; V. *irregular, unnatural, unusual*. [Exp: **abnormal performance index** (FIN índice de comportamiento anómalo del precio de un valor), **abnormal returns** (FIN rendimientos anómalos e impredecibles que no están causados por las tendencias generales del mercado –*systematic influences, market wide influences*– ◊ *Short sellers of Nasdaq stocks often earn significant abnormal returns without destabilizing markets*)].

above *adv/prep*: GRAL encima, sobre, ante. [Exp: **above issue price** (NEGO por encima del precio de emisión ◊ *Chinese privatization process hots up as stocks melt down, yesterday only eight were still above issue price*), **above par**

(NEGO encima de la/sobre la par; V. *par, at par, below par, nominal price*)].

absolute *a*: GRAL absoluto, definitivo, único; V. *conclusive, definitive, entire, thorough*. [Exp: **absolute endorsement** (FIN endoso absoluto), **absolute priority** (FIN prioridad absoluta; norma en los procedimientos de quiebra según la cual los acreedores más antiguos tienen prioridad de cobro sobre los más recientes)].

absorb[1] *v*: GRAL absorber, incorporar; captar; V. *assimilate, engage, merge*. [Exp: **absorb**[2] (FIN consolidar, afianzar, asegurar; V. *consolidate, integrate, syndicate*), **absorbed** (VAL absorbido; en el contexto de la negociación de títulos, éstos se absorben siempre que exista un equilibrio –*correspondence*– entre las órdenes de compra y de venta –*orders to buy and sell*–; cuando dicho equilibrio ya no es posible y es necesario ajustar el precio de las acciones –*adjustment in price*– se dice que el mercado ha alcanzado el punto de absorción –*absorption point*– ◊ *In a fully absorbed market, the possibility of a strong and sustainable rally is real*; V. *sell the book*)].

accelerate *v*: GRAL acelerar, anticipar; V. *activate, increase, urge*. [Exp: **accelerated maturity** (BON/VEN vencimiento adelantado o acelerado), **accelerated note** (BON/VEN bono con opción de amortización anticipada ◊ *The increase in oil prices implied accelerated note payments for the current year of approximately $2.2 million to Elf, S.A*)].

accept *v*: GRAL/FIN aceptar, conformar; V. *agree, assume, acknowledge, credit*. [Exp: **acceptance**[1] (GRAL aceptación o acto de aceptar; recepción; disposición del firmante a cumplir las obligaciones o compromisos contraídos), **acceptance**[2] (FIN aceptación; es la letra de cambio aceptada por un banco en contraste con *draft*, que es la letra girada), **acceptance dealer** (NEGO agente/corredor de aceptaciones), **acceptance market** (NEGO/MER mercado de aceptaciones), **acceptor** (FIN aceptante)].

accommodation *n*: GRAL arreglo, acomodo, conciliación; V. *adjustment, concession, conciliation*. [Exp: **accommodation trade** (NEGO acuerdo o pacto entre alcistas –*bulls*– y bajistas –*bears*–)].

account[1] *n*: GRAL/VAL cuenta; en Bolsa se refiere a la relación que se establece entre un cliente y una agencia de valores –*broker/dealer firm*– y en la que el agente –*agent*– compra y vende a nombre del cliente. [Exp: **account**[2] (NEGO día de liquidación de los valores de Bolsa), **account day** (NEGO día de liquidación de valores; corresponde a las operaciones efectuadas a crédito durante una quincena; dicho día es el último del llamado *account period* y el quinto del periodo llamado *settlement day* ◊ *On account day, Sepon will retransfer the shares to buyers*; V. *settling day, settlement day, pay day, contango, continuation, cash deal/settlement*), **account dividend** (DIV dividendo a cuenta), **account executive** (AG VAL corredor de comercio, agente de Bolsa y valores; se trata del empleado de la correduría –*the brokerage firm employee*– que gestiona –*handles*– las órdenes bursátiles –*stock orders*– de sus clientes; V. *broker*), **account period** (NEGO periodo de liquidación; uno de los 24 periodos de contratación bursátil de 14 días cada uno que tiene el año y en los que se liquidan las operaciones y transacciones realizadas a cuenta durante esa quincena; V. *trading period*), **account receivable** (FIN activo debido), **account statement** (NEGO extracto de las operaciones –*transactions*– y de las posiciones, largas y cortas –*long and short positions*– que entrega el agente –*broker/dealer*– a su cliente ◊ *As a beneficiary I am able to see the funds in my account statement*; V. *long and short positions* y *option agreement*)].

accounting *n*: FIN rendición, estado de cuentas. [Exp: **accounting day** (VENC día de vencimiento de valores; V. *maturity*), **accounting year** (VENC ejercicio contable)].

accretion *n*: FIN acrecentamiento, acumulación, plusvalía; V. *accumulation, addition, growth*. [Exp: **accretion [of a discount]** (BON ajuste de valores y plusvalías; alude al ajuste entre el valor de un bono comprado al descuento y su valor a la par; en una cuenta bursátil o de cartera –*portfolio accounting*–, al volumen de las plusvalías de capital –*capital gains*– obtenidas en el vencimiento –*expiration*– de los bonos que cotizan por debajo de su par –*discount bond*– ◊ *The portfolio's securities are valued assuming a constant accretion of a discount or amortiza-*

tion of a premium to maturity), **accretion account** (BON cuenta de acrecentamiento o plusvalía de los bonos descuento), **accreted value** (BON valor de acrecentamiento; precio teórico al que se vendería un bono si los tipos de interés no se alteraran), **accrual** (GRAL crecimiento, incremento; V. *expansion, increase*), **accrual bond** (BON bono u obligación a largo plazo; los intereses se van acumulando y se hacen efectivos al vencimiento –*expiration*– junto con el capital invertido –*principal*– en el bono ◊ *Investors who are concerned with reinvestment risk would be attracted to an accrual bond*), **accrual date** (BON fecha de devengamiento), **accrual of discount** (BON incremento anual; crecimiento del valor de cartera debido a los bonos adquiridos bajo la par o bonos de descuento), **accrue** (GRAL acrecentar, acumular, aumentar; devengar; V. *accumulate, amass, compile*), **accrued asset** (FIN activo devengado), **accrued dividends** (DIV dividendos acumulados ◊ *The Convertible Preferred Stock is convertible at a price equal to $6.30 per share. Upon conversion, the accrued dividends are payable in cash or stock*), **accrued income** (FIN renta acumulada; generalmente procedente de valores de primera clase –*gilt-edge securities*–), **accrued interest** (FIN interés acumulado pero aún no cobrado; cupón corrido; se trata de los intereses acumulados entre la última realización de beneficios y la venta de un bono o valor de renta fija; en el momento de la venta, el comprador paga al vendedor el precio del bono más el interés acumulado resultado de multiplicar el tipo de interés anual según cupón –*coupon rate*– por la fracción de los intereses del periodo transcurrido desde el último pago; también se denomina interés corrido; V. *limitation on conversion*), **accrued market discount** (FIN descuento privado acumulado, subida del valor de mercado –*market value*– de un bono a descuento o de cotización por debajo de la par –*discount bond*– según se acerca su vencimiento –*expiration*– y se amortiza –*redeemable*– a su par y no debido a una bajada de los tipos de interés ◊ *Discount bonds are treated as a gain, the portion of the gain that represents accrued market discount is treated as ordinary income*)].

accumulate v: GRAL/FIN acumular, acrecentar, crecer por acumulación de valores; recomendación profesional de aumentar el número de acciones de un determinado valor sin necesidad de desprenderse de otros valores de la cartera ◊ *Our suggestion is to accumulate the stock on any weakness in price*; V. *accrue, acquire, collect, gather*. [Exp: **Accumulated Benefit Obligation, ABO** (OBL obligación con beneficios acumulados ◊ *The Corporation has settled a portion of the unfunded plan's accumulated benefit obligation by purchasing annuities*), **accumulated depreciation** (FIN depreciación o amortización acumulada), **accumulated dividend** (DIV dividendo vencido pero no pagado; V. *cumulative preferred stock*), **accumulation** (AG

VAL/FIN/FON acumulación, acopio, provisión; V. *accretion, increase, growth*; se refiere a la compra por parte de un corredor institucional –*institutional broker*– de un gran número de acciones en un tiempo determinado con el fin de impedir que el precio de dicha acción suba en demasía; en el ámbito de los fondos de inversión –*mutual funds*–, se aplica a la inversión regular de una cantidad fija y a la reinversión de los dividendos y los incrementos de capital –*capital gains*–; V. *yield to maturity*), **accumulation area** (NEGO área o zona de acumulación; franja de precios fijada por un comprador dentro de la cual acumula acciones de un determinado valor ◊ *If an accumulation area can be identified by the investor, it indicates a time to buy*; V. *on balance volume, distribution area*)].

ACES *n*: FIN sistema avanzado de ejecución de órdenes computarizado –*Advance Computerized Execution System*–; gestionado por el *NASDAQ*; el *ACES* automatiza la negociación –*trading*– al regular la entrada de órdenes –*order-entry*– de las sociedades de contrapartida –*market maker firms*– que mantienen relaciones de negocio entre sí; de este modo, las operaciones señaladas por dichas firmas se ejecutan de manera automatizada.

acid-test ratio *n*: FIN coeficiente o ratio de liquidez inmediata; también se denomina ratio inmediato –*quick ratio*– y ratio de activos –*current ratio*–; para su cálculo deben restarse los inventarios –*inventories*–, incrementos –*accruals*–, etc., y el resultado del índice debe ser como mínimo uno ◊ *Marks & Spencer's acid-test ratio for 1999 showed the company did not have a liquidity problem as it was higher than 1*.

acquire *v*: GRAL adquirir, ganar, obtener; V. *achieve, procure, purchase, secure*. [Exp: **acquisition cost** (AG VAL/FON coste de adquisición; se refiere al precio más las comisiones de corretaje –*brokerage commissions*– de una acción, o a los gastos pagados por el rescate de un fondo –*load funds*– ◊ *A connection fee can be seen as subsidizing the acquisition cost for a subscriber and can be considered as up-front cash flow*), **acquisition of assets** (FIN adquisición de activos; la fusión –*merger*– o concentración de empresas –*consolidation*– por la que el adquiriente compra los activos –*assets*– de la empresa vendedora), **acquisition price** (FIN precio o valor de adquisición)].

across the board *fr*: NEGO de manera global o general; describe la tendencia –*trend*– del mercado –*stock market*– que hace que la mayoría de valores se muevan en la misma dirección ◊ *Treasury bill rates fall across the board*.

act *n/v*: GRAL acto, hecho; actuar; V. *behave, execute, perform; action, show*. [Exp: **acting in concert** (FIN actuar de común acuerdo; referido a un grupo de inversores que, de común acuerdo, llevan a cabo las mismas acciones con el fin de alcanzar un objetivo común de inversión –*investment goal*–)].

active *a*: GRAL activo, eficaz, productivo; se refiere al mercado de gran actividad; V. *alert, busy, dynamic, vigorous*. [Exp: **active account** (AG VAL cuenta activa; alude a la cuenta de corretaje –*brokerage account*– en la que se realizan abundantes transacciones; en estos casos las casas de corretaje –*brokerage firms*– pueden cobrar una tasa por exceso de movimientos), **active bond** (BON bono de elevada liquidez), **active bond crowd** (BON el grupo de los bonos de mayor actividad; hace referencia a los miembros de la sección de bonos de la Bolsa de Nueva York que más negocian; V. *cabinet crowd*), **active box** (FIN caja fuerte en la que se depositan las acciones, valores, etc., entregadas como garantía –*collateral*– de préstamos), **active partner** (FIN socio comanditario), **active portfolio strategy** (FIN estrategia activa de una cartera de valores; emplea información y técnicas de prospección para asegurar el mejor comportamiento de dicha cartera ◊ *He used the active portfolio strategy of buying an index-representative portfolio of stocks on Tuesday and sell it on Friday*; V. *passive portfolio strategy*), **active stock** (VAL acción de cotización cualificada; V. *inactive stock*)].

actual[1] *a*: GRAL real, auténtico, verdadero; V. *concrete, correct, real, true*. [Exp: **actual**[2] (GRAL efectivo, físico; V. *physical, solid, tangible*), **actual**[3] (VAL precio efectivo de un valor bursátil, como elipsis de *actual price* o *cash*), **actual delivery** (FIN entrega efectiva de las materias primas o mercaderías; V. *delivery notice*), **actual loss** (FIN pérdidas efectivas o reales), **actual market** (MER mercado real; se emplea en el contexto de las acciones más comunes), **actual value** (FIN valor real o de mercado; V. *market value*), **actuals**[1] (FIN instrumentos financieros de contado; V. *spot, forward*), **actuals**[2] (FUT productos o mercaderías –*commodities*– físicas que avalan el contrato de futuros –*futures contract*– ◊ *In cases where the volume of futures trading greatly exceed the amount of actuals, the transactions are considered to be speculative*; V. *against actuals*)].

A-D *n*: NEGO avance-retroceso; se refiere a la estimación comparativa y periódica entre el número de acciones –*issues*– que se negocian –*trade*– por encima y las que lo hacen por debajo del precio de cierre –*closing price*– de la sesión anterior; es una técnica de análisis empleada para saber cómo respira el mercado –*market breadth*– donde la curvatura –*steepness*– de la línea A-D indica de forma gráfica si se avecina un mercado alcista –*bull*– o bajista –*bear*–.

add *v*: GRAL sumar, agregar, crecer; V. *attatch, calculate, enumerate, sum*. [Exp: **addition** (GRAL adición, agregación, crecimiento; complemento; V. *addendum, calculation, summation; complement, supplement*), **additional bonds test** (BON/VEN prueba de bonos complementaria; se utiliza para asegurarse de que los emisores de bonos –*bond issuers*– pueden hacer frente a los requisitos de amortización del principal –*debt service*– a la hora de emitir nuevos bonos ◊ *The bond covenant applied a 5 times addi-*

tional bonds test, thus retaining its high ratings), **additional margin** (FIN margen adicional; V. *margin*)].

adequacy of coverage *fr*: FIN adecuación de cobertura; se trata de una prueba que mide hasta donde está protegido mediante un seguro o compensación de riesgos –*hedging*– el valor de un activo ante cualquier pérdida potencial.

adjust *v*: GRAL ajustar, adaptar, adecuar, acomodar; V. *adapt, accommodate, integrate, regulate*. [Exp: **adjustable peg** (FIN fijación ajustable ◊ *The International Monetary Fund cannot eliminate the confidence crises to which adjustable peg exchange-rate regimes are so prone*; V. *crawling peg*), **adjustable rate** (VAL tasa ajustable; se aplica a las acciones convertibles –*convertible securities*– y define la tasa de interés –*interest rate*– o dividendo que se basa en un instrumento estándar de mercado como los bonos del Tesoro –*Treasury bonds*– y se ajusta con periodicidad; dichas acciones suelen tener un mínimo –*floor*– y un máximo –*ceiling*– fijos, también llamados –*caps and collars*–, que determinan el ajuste), **adjustable rate preferred stock, ARPS** (VAL acciones preferentes con tipo de interés variable; se trata de emisiones públicas de acciones que pueden garantizarse –*collateralize*– mediante hipotecas –*mortgages*– y MBSs ◊ *The average stock price reaction to announcements of adjustable-rate preferred stock issues is often positive and significant for banking firms*), **adjusted basis** (FIN base de ajuste; sobre dicha base se calculan y derivan las ganancias y pérdidas tras la venta de un activo), **adjusted exercise price** (OPC precio de ejercicio ajustado; se aplica a las opciones sobre contratos hipotecarios *Ginnie Mae -Government National Mortgage Association*–; el precio final de compra –*final exercise price*– de la opción representa el tipo de interés anual –*coupon rates*– según cupón que se aplica a las hipotecas *Ginnie Mae*), **adjustment** (GRAL ajuste, corrección, modificación; liquidación; V. *adaptation, accommodation, correction, settlement*), **adjustment bond** (BON bono de reorganización, bono sobre beneficio; emisión de bonos como reserva de fondos –*margin*– a cambio de otros bonos pendientes de amortización –*outstanding bonds*– realizada cuando una empresa al borde de la quiebra –*bankruptcy*– trata de recapitalizarse ◊ *Bondholders were forced to exchange their securities for adjustment bonds because the company was facing bankruptcy*), **adjustor** (FIN liquidador)].

administer *v*: GRAL administrar, aplicar, regular; V. *apply, control, direct, deal, implement, manage*. [Exp: **administer a portfolio** (VAL administrar una cartera de valores), **administered market** (MER mercado regulado ◊ *Our Board opposes central planning approaches that impose administered market clearing prices*)].

admission *n*: GRAL admisión, recepción, entrada; V. *acknowledgment, admittance, entrance*. [Exp: **admission to quotation** (NEGO admisión a cotización), **admit** (GRAL

admitir, aprobar la entrada; V. *accept, allow, agree, consent, receive*)].
ADS *n*: FIN V. *American Depository Share*.
advance[1] *n*: GRAL/FIN anticipo, adelanto; V. *allowance, credit, loan*. [Exp: **advance**[2] (FIN aumento; incremento del precio de mercado de valores, bonos y acciones), **advance commitment** (NEGO/FUT compromiso de adelanto; compromiso de venta de un activo antes de que el vendedor lo haya adquirido; el vendedor puede contrarrestar los riesgos –*offset risk*– adquiriendo un contrato de futuros –*futures contract*– por el precio aproximado de la venta ◊ *Our policy requires an advance commitment to the purchase of crops*), **advance refunding** (FIN reembolso anticipado; se refiere al canje de bonos del Tesoro o municipales por otros antes de su fecha de reembolso –*call date*– con lo que se refinancia la deuda pública; V. *refunding escrow deposits*), **advanced funded pension plan** (FIN plan de pensiones anticipado; plan de jubilación que permite retirar el capital acumulado con anterioridad a la edad de retiro)].
AEX *n*: INST V. *Amsterdam Exchange*.
affiliate *n/v*: FIN afiliar, empresa filial o asociada; relación entre dos empresas en la que una de ellas posee menos del 50 % de las acciones con derecho a voto –*voting stock*– de la otra o cuando las dos son filiales –*subsidiaries*– de una tercera. [Exp: **affiliated company/corporation** (SOC compañía filial), **affiliated person** (FIN persona que influye y controla una empresa, por razones de cargo directivo, elevado número de acciones, etc.)].
after *prep/a*: GRAL después de, con posterioridad a, posterior; previo, anterior, con anterioridad a. [Exp: **after-hours dealing or trading** (NEGO negociación tras cierre; se refiere a las operaciones bursátiles –*securities trading*– efectuadas una vez cerrada la sesión en la Bolsa ◊ *Microsoft fell to $84.38 a share at the start of Nasdaq trading, but recovered to $89.94 in after-hours dealing*), **after-hours price** (NEGO precio no oficial; obtenido después del cierre de los mercados ◊ *The after-hours price in stocks remains an often illiquid and volatile market that requires retail investors to exercise caution*), **aftermarket** (MER V. *secondary market*), **after-tax basis** (FIN base después de impuestos; base comparativa empleada para analizar los beneficios netos –*net returns*– obtenidos por los bonos de empresa sujetos a impuestos y por los bonos municipales exentos de los mismos)].
against *prep*: GRAL contra, con relación a, frente a. [Exp: **against actuals** (FUT contado contra futuros), **against pledged securities** (NEGO a cambio/como contrapartida de pignoración de efectos; V. *pledged/pawned securities*), **against the box** (NEGO venta corta ◊ *if you sell short against the box, you can be treated as if you sold the stock you already owned*; V. *buy back a bear seller; selling short against the box*)].
age *n/v*: GRAL edad, periodo, vigencia; V. *period, time, matured*. [Exp:

aged account (AG VAL cuenta vencida), **aged fail** (AG VAL omisión de caducidad; dícese de la cuenta abierta entre dos corredores que permanece intacta 30 días después de la fecha de cierre o liquidación –*settlement date*–; la firma receptora –*the receiving firm*– debe ajustar su capital para que dicha cuenta deje de ser un activo –*asset*– de la misma ◊ *The new law tackles problems derived from aged fail transactions in government securities*), **aging schedule** (FIN calendario por plazos; tabla de cuentas por cobrar –*accounts receivable*– dividida en periodos o plazos, 30-60, 60-90 días, etc., con el fin de determinar si el cliente se ajusta a lo establecido en sus pagos)].

agency *n*: AG VAL agencia, correduría, gestoría; la agencia compra acciones y valores a cuenta y riesgo –*account and risk*– del cliente; actúa como intermediaria sin incurrir en riesgos y cobra comisión por sus servicios; V. *department, office, service, unit*. [Exp: **agency bank** (FIN bancos agentes, intermediarios o de representación; sistema empleado por aquellos bancos foráneos que desean introducirse en el mercado norteamericano; estas agencias bancarias no pueden aceptar depósitos ni otorgar préstamos a su nombre ya que actúan como agentes de la entidad central o matriz –*parent bank*–), **agency basis** (AG VAL gestión de agencia; sistema de incentivos económicos al agente de Bolsa –*broker*– calculado según las comisiones conseguidas tras la compra de determinadas ofertas de acciones –*bids*– escogidas por las agencias de valores ◊ *Navillus executes all customer orders on an agency basis in the market of the customer's choice*), **agency costs** (AG VAL costes de agencia; incremento en los costes originados al disponer de un agente que toma decisiones para un superior o principal –*principal*– ◊ *Matching the asset maturity with debt maturity provides a good method for reducing agency costs*), **agency incentive arrangement** (AG VAL acuerdo de incentivos de la agencia; sistema de compensación al agente encargado de una contratación informatizada de valores –*programme trade*– consistente en ofrecerle precios de referencia –*benchmark prices*– en determinadas emisiones bursátiles), **agency marketing** (FIN promoción y comercialización de títulos con el concurso de un agente financiero ◊ *The successful candidate will need 10+ years of agency marketing/promotion experience*), **agency note/security/obligation** (VAL pagarés, títulos u obligaciones del gobierno federal estadounidense), **agency theory** (AG VAL teoría de agencia; análisis de la relación agente-principal cuando aquél actúa a nombre de éste), **agency problem** (AG VAL conflicto de agencia; colisión de intereses entre accionistas –*shareholders*–, poseedores de valores –*bondholders*– y gestores –*managers*–), **agency securities** (AG VAL valores de organismos públicos; emitidos por organismos federales y gubernamentales estadounidenses ◊ *Due to the number of federal* *agency securities which have been, and continue to be issued, no listing of these securities can be all inclusive*), **agent** (AG VAL agente financiero, gestor, intermediario; V. *broker, intermediary, middleman*)].

aggregate *a/n/v*: GRAL agregado, suma, total; incluir, afectar, asociar; V. *accumulate, composite, sum, total*. [Exp: **aggregate exercise price** (NEGO precio total o agregado de compra o ejercicio; alude al precio de ejercicio –*exercise price*– multiplicado por las acciones incluidas en una opción de compra –*call option*– o de venta –*put option*–; en el caso de opciones negociadas –*traded*– como documentos de reconocimiento de deuda –*debt instruments*–, el precio total o agregado de compra o ejercicio se calcula multiplicando el precio de ejercicio de las acciones subyacentes –*underlying securities*– por su valor nominal –*face value*– ◊ *KCPL has agreed to grant KLT Telecom a 5-year option to buy his remaining ownership in the company for an aggregate exercise price of approximately $12 million*), **aggregate returns** (FIN beneficios o rendimientos acumulados)].

aggressive *a*: GRAL agresivo, arriesgado, atrevido, decidido, emprendedor; V. *ambitious, competitive, determined, outspoken, hostile*. [Exp: **aggressive buying** (NEGO compra agresiva; tomar fuerte), **aggressive growth mutual fund** (FON fondo de inversión de alto riesgo; se trata de un fondo que invierte en empresas con elevadas tasas de crecimiento –*high growth rates*– con el fin de obtener la máxima revalorización), **aggressive shares** (VAL valores de riesgo ◊ *It is clear that British Airways shares are aggressive shares and have a higher risk attached to them*), **aggressively** (NEGO arriesgadamente; manera de actuar en Bolsa consistente en comprar o vender un valor cuando alcanza un precio de mercado determinado o arriesgar un capital pagando por un valor un precio superior al que tendría en condiciones normales)].

agio *n*: NEGO agio, agiotista; especulador. [Exp: **agiotage** (NEGO operaciones bolsísticas de carácter especulativo con un componente de inmoralidad o ilicitud ◊ *Some stock brokers think that women's passionate natures predispose them to dangerous agiotage*)].

agreement *n*: NEGO acuerdo, compromiso, contrato, pacto; V. *accord, contract, pact, settlement, terms, treaty*.

ahead *adv*: GRAL/NEGO con prioridad, preferencia; V. *stock ahead*. [Exp: **ahead of itself** (NEGO por exceso; referido a las acciones que se compran –*overbought*– o venden –*oversold*– en demasía ◊ *The earnings weren't great in the fourth quarter because the market got ahead of itself*), **ahead of you** (NEGO por encima; a espaldas del cliente; acciones negociadas antes de que el cliente dé la orden ◊ *You'll get back a confirm of the trade at $12.25 unless someone has bought those 500 shares ahead of you*; V. *behind, matched orders, priority, stock ahead*)].

AIBD *n*: INST *Association of International Bond Dealers*; Asociación Internacional de Agentes Intermediarios de Bonos.

AIBOR *n*: FIN *Amsterdam Interbank Offered Rate*; tipo de interés del mercado interbancario de Amsterdam; V. *PIBOR, LIBOR, MIBOR; bid rate*)

air *n/v*: GRAL aire, airear, publicar, anunciar, notificar, informar; V. *declare, proclaim, release, reveal*. [Exp: **air pocket stock** (NEGO/VAL acciones en caída libre; se trata de valores que pasan un «bache» en su cotización y caen en picado debido a la publicación inesperada de su mal comportamiento en los mercados ◊ *This dot-com firm is an air pocket stock*)].

all *a*: GRAL todo; absoluto, completo, íntegro. [Exp: **all in** (NEGO total percibido; referido a los intereses obtenidos por el emisor de un valor tras descontar comisiones y otros gastos), **all-in cost** (FIN coste total), **all or none/all-or- none order/placement, AON** (NEGO orden todo o nada; orden de no ejecutar una compra o venta de acciones a menos que todas puedan negociarse a un precio determinado ◊ *The standard lot is 100 shares and as no seller wished to sell 2000 shares in one lot, trading took place at lower prices than the all or none order*; V. *Fill Or Kill order*), **all-time high** (NEGO techo o record histórico de un índice), **all-or-none underwriting** (SUS suscripción todo o nada; acuerdo de cancelación de una emisión de acciones –*security issue*– si el suscriptor no consigue colocar toda la emisión ◊ *The broker violated the rule that requires investors' funds in an all-or-none underwriting to be deposited in a trust or escrow account*), **All Ordinaries Index** (FIN índice general australiano; comprende las 330 empresas principales que cotizan en la Bolsa de Australia), **all-share index** (FIN índice bursátil del *Financial Times*, llamado también *FT All-Share Index*)].

Alladin bond *n*: col BON bono Aladino; bono que sustituye a otro anterior y está dotado de ciertas ventajas fiscales.

allied member *n*: FIN miembro aliado; asociado o accionista de una sociedad que es miembro de la Bolsa de Nueva York [NYSE].

alligator spread *n*: col NEGO/OPC margen o diferencial caimán; se utiliza para describir el diferencial entre el precio de compra y de venta obtenido –*bid-ask spread*– en el mercado de opciones –*option market*– que impide que el cliente, tras hacer frente a una comisión elevada, consiga beneficios aunque los mercados actúen como se había previsto ◊ *I understood what the expression alligator spread meant when I found the commission was so enormous that it «ate» my client*.

allocate *v*: FIN/NEGO asignar, adjudicar, conceder, dispensar, entregar; V. *allot, assign, reserve*. [Exp: **allocated profit** (FIN beneficio asignado), **allocation** (FIN asignación, adjudicación, concesión, distribución)].

allot *v*: GRAL repartir, asignar, adjudicar, distribuir por lotes; V. *allo-*

cate, award, distribute, invest. [Exp: **allotment letter** (SUS carta de asignación; en ella se notifica al suscriptor el número de acciones que se le han asignado; V. *call letter*), **allotment of shares** (NEGO adjudicación de acciones a cada accionista por el consorcio de garantía –*underwriting syndicate*– ◊ *Infinity intends to obtain shareholder approval of the allotment of shares to Active*), **allotee** (NEGO/SUS suscriptor, partícipe)].

allow *v*: FIN autorizar, permitir, reservar; V. *authorized, bestow, grant, permit*. [Exp: **allowance** (FIN previsión; descuento, deducción; asignación), **allowed depreciation** (FIN amortización o depreciación autorizada)].

alpha *n*: FIN/FON coeficiente alfa; identifica las variaciones en los precios y calcula el riesgo –*risk*– de un valor en relación con los vaivenes del mercado; igualmente, se emplea para calcular y ajustar el excedente de rentabilidad –*excess return*– de un fondo o valor según el excedente de rentabilidad del S&P 500 una vez descontado el factor de riesgo beta; un alfa positivo refleja los beneficios alcanzados por el inversor que se arriesga; también se denomina índice Jensen –*Jensen Index*–; V. *beta, portfolio theory; risk-adjusted return*. [Exp: **alpha securities/stock/shares** (VAL valores alfa; son aquellos valores dotados de un alto grado de fiabilidad debido, en general, a la elevada solidez financiera de la institución o compañía que los emite ◊ *Due to the financial crisis, half of the top-ranking alpha securities on the London stock exchange could be threatened*; V. *delta*)].

alphabet stock *n*: VAL títulos alfabetizados; categorías o tipos de acciones ordinarias –*common stock*– de una empresa resultantes de la adquisición o reestructuración de empresas filiales; los dividendos que devengan están ligados al comportamiento económico de dichas filiales; V. *tracking stocks*.

alternative order *n*: NEGO orden alternativa; se ofrece al intermediario financiero la posibilidad de comprar o vender un título de manera que la ejecución de una orden anula la otra de manera automática; puede combinarse la orden con límite de compra –*buy limit order*– con la orden de detener la compra –*buy stop order*– considerándose la primera por debajo del precio de mercado y la segunda por encima ◊ *Trading volume will increase and those alternative orders may give us the intended profit*; V. *either-or order*.

American *a*: GRAL americano; norteamericano; estadounidense. [Exp: **American Association of Individual Investors, AAII** (INST Asociación Norteamericana de Inversores Privados; organización sin ánimo de lucro dedicada a formar al inversor privado en el mundo de la Bolsa y de las finanzas), **American Depository Receipt, Authorized depositary receipt, ADR** (FIN recibo de depósito norteamericano; certificados o recibos de valores o títulos internacionales a menudo extendidos por bancos americanos con efectos de documentos al portador –*bearer docu-*

ments–; los *ADR* pueden consistir en la parte de una acción, una acción o un lote de acciones de una empresa no estadounidense; pueden estar «patrocinados» –*sponsored*– cuando la empresa emisora sirve al banco información financiera y le ofrece una compensación por su administración o «no patrocinados» –*unsponsor*– si no reciben dicho apoyo; las llamadas *American depository shares, ADSs* conforman un sistema similar de certificación ◊ *By trading in ADR form both in Europe and the US, a company can ensure more liquidity in their quoted securities*), **ADR Ratio** (FIN ratio o índice ADR; número de acciones en las que se puede convertir un ADR), **ADR fees** (FIN comisión ADR, tasa cobrada por los bancos americanos o sus agentes –*correspondent banks*– en el extranjero por crear o amortizar dichos depósitos; V. *depository receipt, International Depository Receipt, pink sheet market*), **American option** (OPC opciones norteamericanas; se pueden ejercer –*exercised*–, a diferencia de las europeas, en cualquier momento del ciclo incluso en la fecha de vencimiento –*expiration date*–; V. *option style; European option, expiration date*), **American shares** (VAL títulos norteamericanos; títulos de acciones emitidas en los EE.UU. por un agente de transferencias –*transfer agent*– en representación de la entidad emisora internacional), **American Stock Exchange, AMEX** (INST Bolsa secundaria de Nueva York; se centra en la negociación de opciones sobre índices –*index options*– tecnológicos, institucionales, etc., y acciones de pequeñas y medianas empresas; en la actualidad está fusionada con el *NASDAQ*; V. *Curb*), **American-style option** (OPC opción a la norteamericana; se puede ejercer en cualquier momento entre la fecha de compra y de vencimiento ◊ *The company would be better off with a simpler capital structure and with an American-style option plan to recruit talents*)].

AMEX *n*: INST V. *American Stock Exchange*.

Amman Financial Market, AFM *n*: INST Mercado de Valores de Amman; se trata de la única Bolsa en Jordania, fundada en 1976.

amortization *n*: VEN amortización, reembolso, pago, vencimiento; V. *adjustment, expiration, reimbursement, settlement*. [Exp: **amortized bond/stock** (VAL/VEN bonos o valores amortizados ◊ *A total stock-based compensation within stockholders' equity of $2.2 million and amortized stock-based compensation of $121,000 was recorded*)].

amount *n*: FIN cantidad, monto, importe, suma; V. *quantity, sum, total; charge, rate*. [Exp: **amount payable** (FIN cantidad a pagar), **amount receivable** (FIN cantidad a cobrar)].

Amsterdam Exchanges, AEX *n*: INST red de mercados bursátiles de Amsterdam que incluye el *A.E.X.-Effectenbeurs*, el *A.E.X.-Optiebeurs* y el *A.E.X.-Agrarische Termijnmarkt*.

amusement shares *n*: VAL valores pertenecientes a empresas del espectáculo.

analyst *n*: AG VAL analista; se trata del empleado de una agencia de intermediación dedicado al estudio del comportamiento de las compañías que operan en Bolsa con el fin de hacer las oportunas recomendaciones de compra y venta de acciones; suele especializarse en un determinado sector.

and interest *fr*: FIN con interés; fórmula de indica que el comprador recibirá un interés adicional o acumulado –*accrued interest*– además del precio ofrecido por un bono.

angel *n*: *col* BON ángel; se aplica al bono de primera calidad –*investment grade bond*– según las agencias calificadoras –*rating agencies*–; asimismo, define al financiero que invierte en capital-riesgo, también llamado «caballero blanco» –*white knight*– ◊ *As it grows, a company's finance will be a combination of angel, seed and venture*; V. *fallen angel*.

ankle biter *n*: *col* VAL mocoso; término coloquial australiano que significa niño muy pequeño incapaz todavía de caminar; en Bolsa se aplica al título emitido con un valor de mercado –*market capitalization*– inferior a 500 millones de dólares.

annual *a*: GRAL anual. [Exp: **annual basis** (FIN base anual; se calcula empleando una cifra que cubre un periodo inferior a un año haciendo que cubra el año completo; también se denomina *annualization* y *annualizing*), **annual effective yield** (FIN rendimiento efectivo anual, también denominado *annual percentage yield, APY*; es el rendimiento alcanzado en un año tras computar el interés compuesto –*compounding*– ◊ *Current interest rate reflects daily compounding to produce an annual effective yield*), **annual fund operating expenses** (FON gastos anuales por gestión de fondos, incluye los gastos de gestión –*management fees*–, los informes financieros –*finantial statements*–, custodia –*custodial services*–, etc.), **annual percentage rate, APR** (FIN tasa anual equivalente, TAE), **annual rate of return** (FIN tasa anual de rendimiento de una acción ◊ *The annual rate of return that an investor expects to earn when investing in shares of a company is known as the cost of common equity*; V. *rate of return*), **annual report** (FIN memoria financiera anual; suele incluir información sobre la cuenta de balance general –*balance sheet*–, cuenta de resultados –*income statement*– y cuenta de flujo de caja –*cash flow statement*–; en los EE.UU. la memoria de mayor detalle se denomina 10-K; V. *10-K*), **annuitant** (FIN rentista, vitalicista; aquel beneficiario de una renta anual), **annuitize** (FIN anualizar; serie de pagos referentes al capital acumulado en una renta anual; dichos pagos pueden consistir en una cantidad fija, realizarse por un periodo de tiempo prefijado o de manera vitalicia), **annuity** (FIN renta anual, seguro de rentas; referida a los pagos periódicos al beneficiario de una poliza de seguros; V. *allotment, allowance, subsidy*), **annuity bond** (BON bono o deuda perpetua, llamado también *irredeemable/perpetual bond*), **annuity certain** (FIN renta anual fija; dicha renta estipula una cierta cantidad mensual durante un periodo establecido de tiempo con independencia de que viva o no el beneficiario de la misma ◊ *On your death, an annuity certain continues payments until the end of the guarantee period*), **annuity in arrears** (FIN renta con atraso; el primer pago se realiza en un plazo atrasado), **annuity payable** (FIN anualidad debida o a pagar)].

anticipation *n*: GRAL anticipo, adelanto; V. *prospect, providence, provision*. [Exp: **anticipatory hedge** (FIN cobertura prevista; cobertura anticipada de un activo o valor que se va a adquirir ◊ *An anticipatory hedge can be used for the new machinery the company expects to purchase*)].

antidilutive effect *n*: FIN efecto antidilutivo; se refiere al resultado de una gestión que logra incrementar los beneficios por acción –*earnings per common share*–.

any *a/pro/adv*: GRAL algo; alguno, alguien. [Exp: **any-interest-date** (VEN fecha de amortización según interés; cláusula de amortización anticipada –*call feature/provision*– de un bono u obligación que vincula el derecho de reembolso –*redemption*– en un fecha fija al interés que tenga en dicha fecha), **any-or-all bid** (NEGO oferta del todo o la parte; en una oferta de adquisición de una empresa –*takeover bid*– el precio fijo que el adquiriente –*acquirer*– ofrece por todas o por una parte de las acciones en circulación –*outstanding shares*– de dicha empresa ◊ *The State reserves the right to reject any-or-all bid responses wholly or in part*; V. *two-tier bid*), **any-part-of order** (NEGO orden de compra o venta parcial de acciones; opuesto a *all-or-none order, AON*)].

AON *n*: FIN V. *All or none order*.

AOS *n*: FIN V. *Automated Order System*; V. *designated order turnaround system, DOT*.

application *n*: GRAL petición, solicitud, instancia; V. *document, form, petition, request*. [Exp: **application for quotation** (MER solicitud de admisión en el mercado de valores), **application money** (MER/NEGO/SUS cantidad entregada como anticipo; se aplica a la solicitud de una suscripción de acciones ◊ *Those who have bid less than the issue price will be refunded their application money within 15 days from the bid closing date*)].

appraisal *n*: GRAL aprecio, estimación, peritaje, tasación; V. *assessment, calculation, evaluation, estimation*. [Exp: **appraisable** (FIN/DER valorable), **appraisal rights** (FIN/DER derecho de justiprecio; derecho que asiste a los accionistas de una empresa en proceso de fusión –*merging*– de obtener un precio justo por sus acciones ◊ *As a result of the merger, each remaining outstanding share of Pittway Common Stock will be converted, subject to appraisal rights, into the right to receive $45.50, in cash, without interest*), **appraisal value** (FIN valor de tasación), **appreciation** (FIN apreciación, plusvalía, tasación, valoración, estimación, incremento en el precio de un valor)].

approval *n*: GRAL aprobación, autorización, conformidad, consentimiento; V. *approbation, acceptance, consent, permission*. [Exp: **approved list** (VAL relación de títulos e inversiones aprobadas; la aprobación depende de los partícipes de una entidad financiera o de los mutualistas de un fondo de inversión –*mutual fund*– ◊ *An approved list usually contains actively traded and liquid stocks*; V. *legal list*)].

APT *n*: FIN V. *Arbitrage Pricing Theory*.

APY *n*: FIN V. *Annual Percentage Yield*.

arbitrage, arbitraging *n*: NEGO arbitraje, intermediación; compra-venta simultánea de un título por dos precios y en dos mercados distintos con el fin de obtener el mayor beneficio con el menor riesgo; se aprovechan la deficiencias de funcionamiento de ciertos mercados; se denomina también arbitraje de plaza a plaza. [Exp: **arbitrage bonds** (BON bonos municipales de arbitraje; pensados para lograr un elevado interés con anterioridad a su fecha de reembolso –*call date*– ◊ *This company was one of the first to arbitrage bonds by selling one and buying the other in anticipation of their prices converging*), **arbitrage pricing system** (FIN teoría explicativa del arbitraje de precios), **arbitrageur** (NEGO arbitrajista, cambista; aquel que se beneficia de los efectos del arbitraje al comprar y vender de manera simultánea un título o bien en dos mercados distintos aprovechándose del diferencial de precios –*spread*– creado por el funcionamiento de ambos mercados ◊ *The arbitrageur could not make money on the takeover play because of the way the stocks have been trading following the deal's announcement*; V. *risk arbitrage, convertible arbitrage, index arbitrage, international arbitrage*)].

are you open? *fr*: NEGO ¿está abierto/dispuesto?; esta expresión se emplea cuando el cliente –*customer*– está interesado en adquirir un paquete de acciones –*block of shares/stock*– ofrecidas con anterioridad; V. *open*.

arms index/trading index, TRIN *n*: NEGO índice de contratación; mide el número de títulos que ganan y pierden en los mercados; si el índice el menor de 1, la demanda es bajista –*bearish*– y alcista –*bullish*– si es superior.

arrangement *n*: NEGO acuerdo, arreglo, avenencia, concierto, convenio, pacto; disposición, ajuste; V. *accord, agreement, pact; display, grouping, order*. [Exp: **arrangement fee** (NEGO comisión de gestión ◊ *The company shall pay to the investor an arrangement fee equal to 1 % of the loan outstanding*; V. *management fee*)].

around us *adv*: NEGO V. *away from us*.

ARPS *n*: FIN V. *Adjustable rate preferred stock*.

ARPS *n*: FIN V. *Auction rate preferred stock*.

ARR *n*: FIN V. *Average rate of return*.

arrearage *n*: FIN demora, prórroga, retraso en los pagos; los intereses vencidos y no pagados de bonos, dividendos o acciones privilegiadas –*cumulative preferred stock*– ◊ *An arrearage must be paid before common stockholders receive a dividend*; V. *delay, postpone, defer*.

article *n*: GRAL sección, artículo, cláusula, párrafo, apartado; requisito; V. *clause, provision, stipulation*. [Exp: **articles of incorporation** (FIN reglamento estatutario de una sociedad mercantil), **articles of partnership** (FIN contrato de asociación)].

artificial *a*: GRAL artificial, ficticio, simulado; V. *feigned, imitation, mock*. [Exp: **artificial currency** (FIN divisa sustitutiva o artificial como, por ejemplo, los derechos especiales de giro –*special drawing rights*– creados por el FMI), **artificial hedge** (FIN cobertura artificial o especulación con productos financieros derivados –*derivative products*– como salvaguardia de ciertos riesgos ◊ *The creation of artificial hedge mechanisms really serve to make the system as a whole much more risky*), **artificial vertical bull spread** (OPC diferencial alcista vertical artificial)].

as *prep/conj*: GRAL como, de. [Exp: **as if and when** (VAL a la aparición o publicación de títulos y valores ◊ *The securities admitted to the regulated as-if-and-when, issued trade*)].

ascending tops *n*: NEGO máximos acumulados; tabla o diagrama que muestra los máximos alcanzados por un valor en un periodo de tiempo de manera que cada máximo es mayor que el precedente ◊ *Buy/sell decisions are affected by such phenomena as ascending tops, dips, double bottom and so on*; V. *descending tops*.

Asian currency units, ACUs *n*: FIN unidad de cuenta asiática; depósitos en dólares mantenidos en centros financieros asiáticos como Singapur. [Exp: **Asian option** (OPC opción asiática; se trata de una opción basada en el precio medio del activo –*asset*– durante el periodo de vigencia de dicha opción)].

ask *v*: NEGO pedir, cotizar, licitar, pujar, solicitar a la baja; precio mínimo por el que un inversor está dispuesto a vender un valor, se denomina también precio del vendedor o de tanteo –*offer price, ask price*–; V. *bid, offer, submit, tender*. [Exp: **ask[ed] price** (NEGO precio de oferta; precio de tanteo), **asked to bid/offer** (NEGO precio de tanteo ◊ *Investors are asked to bid but are not even given daily statistics about the number of bids*; V. *bid price*), **asking price** (NEGO precio inicial de oferta)].

Aspirin *n*: BON acrónimo de *Australian Stock Price Riskless Indexed Notes*; cupones cero –*Zero-coupon*– o bonos a cuatro años pagaderos a su valor nominal –*face value*– más un incremento porcentual calculado a partir del momento en que el índice de la Bolsa de Australia sobrepase un nivel predeterminado durante un periodo de tiempo prefijado –*given time frame*–.

assent *n/v*: GRAL asentimiento, ratificación, aprobación, asentir, ratificar, aprobar; V. *admit, accede, concede, allow, approve of*. [Exp: **assented bonds** (BON bonos aceptados), **assenting stock** (VAL acciones aceptadas), **assenting shareholders** (FIN accionistas conformistas; V. *minority shareholder*)].

assess *v*: GRAL evaluar, determinar, estimar, tasar, valorar; V. *estimate, evaluate, measure, rate, test*. [Exp: **assessable capital stock** (VAL acciones sujetas a desembolsos futuros ◊ *The secretary is authorized to issue certificates of fully-paid, non assessable capital stock of this corporation in the amounts indicated*), **assessed valuation/value** (FIN valor catastral, valor fiscal, estimado o atribuido; valor que un municipio fija para una propiedad), **assessment** (GRAL evaluación, valoración, tasación; apreciación, consideración, peritaje), **assessment bond** (BON bono garantizado con impuestos ◊ *The financing of the project was handled through assessment bonds*)].

asset-s[1] *n*: GRAL bienes, patrimonio, pertenencias; V. *belongings, effects, holdings, commodities*. [Exp: **asset-s**[2] (FIN activo, haber, capital, fondos), **asset activity ratios** (FIN coeficiente de actividad de activos; mide la eficiencia en la gestión de los activos de una empresa), **asset allocation decision** (FIN decisión de inversión en activos ◊ *The decision to invest 60 per cent in equities and 40 per cent in treasury bills (T-bill) is an asset allocation decision*), **asset allocation mutual fund** (FON fondo de inversón en activos; fondo de inversión que fluctúa entre valores, bonos y acciones del mercado financiero con el objetivo de lograr los máximos rendimientos *–maximize return–* y reducir los riesgos *–minimize risk–*), **asset-backed security** (VAL acción garantizada por activos; acciones garantizadas mediante préstamos *–loans–*, arriendos *–leases–*, efectos por cobrar *–receivables–* o contratos a plazos *–instalment contracts–* sobre bienes personales no inmobiliarios ◊ *The cash flow from Transmedia supplies collateral for an asset-backed security*; V. *mortgage-backed securities; pass-through securities*), **asset backing** (FIN valor de cada acción según el activo neto de la sociedad), **asset-based financing** (FIN financiación según activos; financiación por la que un inversor se fija en el flujo de caja *–cash-flow–* de un determinado activo que pueda ofrecerle un rendimiento *–return–* adecuado a su inversión), **asset classes** (VAL categorías de activos, como títulos, valores, bonos, bienes raíces o títulos internacionales), **asset coverage** (FIN coeficiente de cobertura de obligaciones por activos ◊ *Our strategy focuses on credits that generate increasing cash flow and contain strong asset coverage*), **asset financing** (FIN financiación garantizada por activos), **asset for asset swap** (FIN permuta de activos o de deudas de activos ◊ *The proposed deal would call for a complicated asset for asset swap between the two companies*), **asset lock-up** (FIN cierre por liquidación de activos), **asset/liability management** (FIN gestión de activos, llamado también gestión de reservas o excedentes *–surplus management–*; gestión de los fondos de una sociedad con el propósito de alcanzar dos fines primordiales (a) obtener un rendimiento apropiado de los fondos invertidos, y (b) mantener un nivel adecuado de excedentes de activos), **asset management account** (FIN/AG VAL cuenta de una sociedad de valores, banco o caja de ahorros que se compone tanto de servicios bancarios como de corretaje –*brokerage*– ◊ *With our asset management account you will conveniently manage and monitor your investments and earn money market*), **asset play** (FIN juego de activos; se refiere al desequilibrio que puede mostrar una sociedad entre el valor de sus activos y el reflejo de los mismos en el precio de sus acciones, lo que redunda en su atractivo a la hora de jugar en Bolsa), **asset pricing model** (FIN modelo de cálculo de activos; manera de determinar la tasa de rendimiento de un activo; V. *capital asset pricing model, arbitrage pricing system*), **asset protective put/call write** (OPC venta de opciones de compra y de venta para garantizar un activo), **asset stripper** (FIN desmembrador o especulador de activos; tiburón –*raider*– de una empresa que se hace con otra con el fin de vender un gran número de sus activos para refinanciar sus deudas; dichos activos suelen exceder en valor a la deuda contraída ◊ *The sickening spectacle of the unions backing one venture capitalist asset stripper, Alchemy, against another venture capitalist asset stripper, Phoenix*), **asset substitution** (FIN sustitución de activos; se da cuando una empresa invierte en activos de riesgo mayor al que esperaban los acreedores o tenedores de deuda –*debtholders*– de dicha empresa), **asset substitution problem** (FIN conflicto por sustitución de activos; se origina cuando los accionistas sustituyen los activos existentes de la empresa por otros de mayor riesgo, lo que hace peligrar su valor ante los acreedores), **asset turnover** (FIN rotación de activos; relación entre las ventas netas y los activos totales), **asset value** (FIN valor de los activos; el valor neto de mercado –*the net market value*– de los activos de una sociedad según el precio de contado –*basis*– de sus acciones y no el valor de mercado; la sociedad puede estar infravalorada si el valor de sus activos excede al de mercado ◊ *Some mutual funds companies offer their load mutual funds at net asset value to some large investors*), **assets portfolio** (VAL cartera de activos y valores), **assets transfer** (FIN cesión de activos)].

assign *n/v*: GRAL/FIN adjudicar, asignar, ceder; V. *allocate, attribute; distribute*. [Exp: **assignment** (OPC comunicación para ejercer una opción; recepción de una notificación de ejercicio –*exercise notice*– remitida a un vendedor de opciones –*option writer*– por la que se le requiere a que venda si es una opción de compra –*call option*– o compre si es de venta –*put option*– el activo subyacente según el precio de ejercicio –*strike price*– ◊ *The firm has modified procedures for the assignment of exercises of certain foreign currency options*), **assignee**

ASSIMILATION

(GRAL/FIN cesionario), **assignor** (GRAL/FIN cesionista)].

assimilation *n*: NEGO asimilación; adquisición por el público de una emisión de acciones o bonos; V. *absorbed*.

associate *n/v*: FIN/NEGO asociado, socio; asociar; V. *incorporate, syndicate*. [Exp: **associated company** (SOC sociedad asociada o vinculada)].

assume *v*: GRAL asumir, admitir; suponer; comprometerse, aceptar, adjudicarse, responsabilizarse; V. *admit, appropriate, assent, compromise, commit, grant*. [Exp: **assumed bond** (BON bono garantizado por otra sociedad ◊ *Many Michigan residents purchased assumed bond issues, which mostly pay for school renovations*; V. *endorsed bond*), **assumption** (FIN asumir o responsabilizarse de las obligaciones –*liabilities*– de otro)].

assure *v*: GRAL asegurar, garantizar; V. *endorse, guarantee, secure*. [Exp: **assured placement** (NEGO colocación garantizada de acciones)].

ASX *n*: INST V. *Australian Stock Exchange*.

asymmetry *n*: GRAL asimetría, desequilibrio, desproporción. [Exp: **asymmetric information** (FIN información asimétrica, es decir, conocida sólo por una parte), **asymmetric taxes** (FIN impuestos asimétricos; se dan cuando los participantes en una transacción han de pagar cargas contributivas diferentes), **asymmetric volatility** (MER volatilidad asimétrica; más común en los mercados a la baja que en los mercados al alza ◊ *The market situation allows for asymmetric volatility shocks, ie, negative shocks tend to increase volatility more than positive shocks*)].

at *prep*: NEGO a, en, por; preposición empleada para distinguir el precio pedido para la compra de acciones –*offer stock, at*– del precio ofrecido por las mismas –*bid for stock*–; V. *for*.

Athens Stock Exchange, ASE *n*: INST Bolsa de valores de Atenas; principal mercado de valores de Grecia.

attribute *n/v*: GRAL atributo, atribuir, imputación, imputar; V. *ascribe, impute, place*. [Exp: **attribute bias** (FIN/DIV preferencia; tendencia que muestra un valor por determinados comportamientos como una baja relación precio-beneficio –*price-earnings ratio*–, un elevado rendimiento en forma de dividendos –*dividend yield*–, etc.)].

auction *n/v*: FIN subasta, puja, remate; subastar; V. *bid, tender*. [Exp: **auction market** (MER mercado de subastas; en él, el precio se establece libremente en el parqué por parte de compradores y vendedores), **auction market preferred stocks, AMPS** (AC acciones preferentes de subasta; V. *preferred stock*), **auction rate preferred stocks, ARPS** (NEGO tasa flotante de subasta de acciones preferentes –*preferred stock*– cuyo dividendo se ajusta cada siete semanas por medio de una subasta a la baja –*Dutch auction*– ◊ *Large banks like Citicorp have issued auction-rate preferred stock on which the interest rate is reset every forty-nine days*), **auction system** (NEGO sistema de subasta de valores), **auctioneer** (NEGO subastador, pujador, rematador)].

audit *n/v*: GRAL auditor, auditoría, censura de cuentas, intervención, intervenir, control; V. *examine, check, inspect*. [Exp: **auditor's report** (FIN informe o dictamen de auditoría; en dicho documento se da fe de los informes financieros aportados por la empresa auditada)].

Aunt Millie *n*: *col* FIN inversor novel.

Aussie bond *n*: BON eurobono en dólares australianos.

Australian Stock Exchange, ASX *n*: MER mercado de valores australiano compuesto por la unión de las Bolsas de seis ciudades de ese país; fue fundado en 1987.

Autex *n*: AG VAL Autex; red de comunicación por vídeo con la que las compañías de valores informan a los inversores institucionales –*institutional investors*– de su intención de comprar o vender paquetes de un determinado valor bursátil.

authentic *a*: GRAL auténtico, acreditado, certificado; V. *accurate, genuine, real*. [Exp: **authentication** (FIN autentificación, legalización; se refiere, por ejemplo, a la validación del certificado de un bono ◊ *They use smart cards for authentication of internal access and measures for electronic transactions of stocks and bonds*)].

authorization *n*: GRAL autorización, consentimiento, permiso; V. *accreditation, certification, endorsement, sanction*. [Exp: **authority bond** (BON bono emitido por un organismo o empresa estatal), **autho-**rized agent (AG VAL agente autorizado), **authorized capital stock** (FIN capital autorizado por los estatutos de una empresa mercantil), **authorized common stock** (VAL acciones ordinarias garantizadas), **authorized clerk** (AG VAL agente auxiliar de Bolsa que depende de un corredor oficial –*stockbroker*– ◊ *A broker is not allowed to buy and sell securities of listed companies whose directors, officers and controlling shareholders are also stockholders, director, associated person or authorized clerk of the broker*), **authorized funds** (INST sociedades de inversión registradas en el Reino Unido; V. *unit investment trust*), **authorized depositary receipts** (FIN depósitos de acciones extranjeras)].

auto- *pref*: GRAL propio; auto-. [Exp: **automated bond system, ABS** (BON relación automatizada de bonos; sistema informático que recoge las ofertas de compra y venta de bonos negociables –*traded bonds*– hasta que son ejecutadas o canceladas en la Bolsa de Nueva York), **automated order/dealing system** (NEGO mercado continuo), **automatic investment program** (NEGO programa automático de inversiones con el que, por ejemplo, un inversor puede realizar aportaciones de su cuenta bancaria a un fondo de inversión –*mutual fund*– de manera regular), **automatic withdrawal** (FON reintegro automático; posibilidad que ofrece un fondo de inversión a sus partícipes –*fund holders*– de recibir abonos mensuales o trimestrales ◊ *Most private sector funds provide you* the convenience of periodic purchase plans, automatic withdrawal plans and the automatic reinvestment of interests)].

avail *n/v*: GRAL beneficio, ventaja, aprovechar; V. *advantage, benefit from, profit from*. [Exp: **available earnings** (FIN beneficios disponibles), **available on the way in** (NEGO a disposición de; cuando un valor a punto de ser negociado se ofrece a un nuevo cliente; V. *open*)].

average *a/n*: FIN media, normal, regular; media aritmética extraída de una selección de valores con el fin de reflejar el comportamiento de la Bolsa, como el conocido *Dow Jones Industrial Average*; V. *common, general, normal, standard; mean, ratio*. [Exp: **average acquisition** (FIN precio medio de adquisición), **average agent** (NEGO agente que practica el *averaging* ◊ *The average agent works full time on their «real job» where they get a regular pay check and only part time as an agent*), **average cost** (NEGO coste medio de acciones y valores; éstos se adquieren a precios distintos en momentos distintos), **average cost of capital** (FIN coste medio de capital; pago exigido por los accionistas a su empresa calculado según el porcentaje de capital contribuido por ellos), **average down** (NEGO estrategia de compra a la baja; se utiliza cuando el precio medio de una acción –*average cost of shares*– baja para así comprar más con el mismo capital ◊ *If you buy a stock and it falls out of bed, but it still makes sense to own the stock, you can average down*), **average equity** (NEGO estado de cuentas diario; refleja el balance diario –*average daily balance*– de las operaciones efectuadas en una cuenta de explotación –*trading account*– por una casa de corretaje –*brokerage firm*–), **average maturity** (FON/VEN vencimiento medio de las acciones incluidas en un fondo de inversión), **average price option, APO** (OPC opción sobre precios medios; el precio de ejercicio de la opción es igual a la media de los precios de los activos subyacentes –*underlying assets*– ◊ *The unique characteristic of an average price option is that the underlying asset prices are averaged over some predefined time interval*), **average rate of return** (FIN tasa de rendimiento medio), **average up** (NEGO estrategia de bajar el coste de una acción; consiste en comprar tantas como se pueda con el mismo capital, es decir, si tenemos 100 € compraremos en partidas de 20, 30, 50, etc., en lugar de invertir los 100 de una vez ◊ *The Dow Jones industrial average is the first to turn and rally. It is made up of only 30 stocks and money can easily turn the average up*), **averaging** (FIN promedio variable; método de promedio continuo de una cartera de valores ◊ *Averaging in a stock that goes from $40 to $4 and never rebounds can be devastating to a portfolio*), **averaging down** (NEGO V. *average down*), **averaging in** (NEGO compra de acciones sin sobrepasar un precio prefijado), **averaging losses** (FIN promedio de pérdidas), **averaging out** (NEGO venta de acciones cuando superan un precio prefijado ◊ *If you think stocks are really low, sell 250 per quarter and you'll get some benefit of averaging out*), **averaging up** (NEGO V. *average up*)].

away *adv*: GRAL/NEGO lejos, fuera de; alude a la operación, oferta o mercado que no se origina en el agente propio. [Exp: **away from the market** (NEGO fuera de mercado o de cotización; cuando una oferta –*bid*– u orden con límite –*limit order*– para una acción es más baja o el precio de tanteo –*offer price*– es más alto que el valor de mercado de dicha acción), **away from us** (NEGO sin nosotros; indica aquellas acciones y valores negociados por las casas de corretaje de la competencia ◊ *We may buy back the whole position for an inferior cost if the trade gets away from us*), **away from you** (NEGO V. *outside of you*)].

axe *n/v*: GRAL hacha; reducir, cortar, suprimir; V. *cut down, discount, reduce*. [Exp: **axe to grind** (NEGO interés personal en una acción ◊ *Some of the people who wished to own a stock like MicroStrategy were said to have a competitive axe to grind*)].

B

B2B *n*: SOC acrónimo de *business to business* o entre empresas.

B2C *n*: SOC acrónimo de *business to clients/consumers* o de empresa a consumidor.

B shares *n*: VAL acciones de la clase «B» o con derecho a voto por pertenecer al fundador de la compañía ◊ *As part of the settlement, Stifel has agreed to exchange the Class B shares for Class A shares at no charge*; V. *voting shares, non-voting shares*.

baby bond *n*: BON minibono; define al bono u obligación con un valor nominal –*par value*– inferior a mil dólares ◊ *Baby bonds bring the bond market within reach of small investors*.

back *a/adv/n/v*: GRAL atrasado, vencido; atrás; avalar, garantizar, apoyar; V. *endorse, help, support; delayed, overdue*. [Exp: **back away** (NEGO echarse atrás; distanciarse de un interés previo o transacción bursátil ◊ *The directors voted to back away from six policy positions involving different international trade agreements*), **back bond** (BON contrabono; se crea al ejercitar un *warrant*), **back contract** (FUT contrato de futuros a largo plazo; V. *futures contract*), **back-door financing** (FIN financiación extrapresupuestaria ◊ *One congressional proposal would give the railroad $12 billion in bonds. Some opponents have criticized that plan as back door financing*), **back-end cost** (FIN/VEN coste por reembolso anticipado), **back-end load fund** (FON/VEN fondo de inversión –*mutual fund*– de vencimiento anticipado; carga una comisión por la venta de sus acciones –*contingent deferred sales charge*, o *back-end fees*–; dicha comisión disminuye a medida que aumenta el tiempo de posesión del fondo), **back-end load** (FON/VEN recargo por amortización anticipada de un fondo de inversión ◊ *Back-end load funds confuse shareholders because they are made to think they are buying a no-load fund when they are not*; V. *exit fee; level load, load*), **back fee** (VEN/OPC recargo por prórroga; el comprador ha de pagarlo si desea extender el plazo de vencimiento de una opción –*option*–), **back months** (VEN/OPC/FUT meses vencidos; se usa en el mercado de opciones y futuros para indicar la duración de los contratos y su fecha de vencimiento; V. *furthest month*), **back of, on the** (GRAL a la vista de, al tener conocimiento de), **back office** (AG VAL trastienda; sección de una agencia de valores encargada de informar, asesorar o registrar las operaciones de compra y venta de los valores de sus clientes; incluye el archivo y el seguimiento legal de dichas operaciones ◊ *The TDW automates and streamlines many back office functions related to trade data that are often performed manually*; V. *front office, cage, operations department*), **back on the shelf** (NEGO orden de cancelación de un valor ◊ *Today, all of a sudden, stocks that caused the market to rally were put back on the shelf*; V. *take a powder*), **back spread**[1] (VAL diferencial entre el precio normal y a la baja de un valor), **back spread**[2] (OPC diferencial compensado; se produce al comprar opciones cuyo precio se compensa con una venta menor a mejor precio y al mismo vencimiento), **back stop** (NEGO/VAL compromiso de colocación de una emisión de acciones ◊ *Crédit Agricole has an efficient back-stop program*), **back-testing** (FIN simulación de cartera; creación de una simulación de comportamiento de una cartera –*portfolio*– mediante la aplicación de criterios recientes de selección de valores en periodos de tiempo pasados), **back-up**[1] (MER cambio de tendencia del mercado; se produce cuando el rendimiento de los bonos sube a la par que bajan los precios), **back-up**[2] (FIN/VEN permuta a la corta; se da cuando un inversor realiza una permuta –*swap*– de una acción por otra con un plazo de vencimiento –*maturity*– más corto ◊ *The telecom giant will ask investors for permission to back up 15 % of its own stock with Gigham Co.'s stock*), «**back up the truck**» *col* (NEGO reforzar o dar marcha atrás al camión; expresión coloquial que alude a la intención de comprar un elevado número de valores ◊ *Cheap stocks catch investors' attention, but they'll only back up the truck for those that offer an attractive price tag*)].

backdate *v*: NEGO retrotraer; fechar con efectos retroactivos. [Exp: **backdating** (NEGO puesta en vigor con efectos retroactivos; permite, por ejemplo en un fondo de inversión –*mutual fund*–, emplear una fecha anterior en la carta de intenciones –*letter of intent*– para invertir en dicho fondo a cambio de una reducción en la comisión de venta –*sales charge*– ◊ *The scheme from LIC has backdating option with which one can reduce the duration of his investment*)].

backed in *a*: NEGO negociación ventajosa o providencial; situación en la que circunstancias imprevisibles hacen posible la compra bonificada –*discount purchase*– o la venta con prima –*premium sale*–.

backer *n*: NEGO garante, avalista; patrocinador; V. *financier, sponsor*.

backup *n/a*: GRAL apoyo, defensa, patrocinio, ayuda, aval; V. *assis-*

tance, help, support. [Exp: **backup facility** (SUS sistema de suscripción de acciones de reserva ◊ *After September 11th disaster, the exchange's backup facility in Long Island City, New York, is not expected to reopen immediately*)].

backward *a/adv*: GRAL atrasado, invertido, regresivo, retardado. [Exp: **backwardation** (FUT mercado invertido; condición del mercado de futuros –*future market*– según la cual los precios de futuros –*future prices*– serán inferiores en los meses de entrega lejanos –*distant delivery prices*– que en los de entrega próxima; suele ocurrir cuando se deducen del precio de entrega a fecha del día los gastos de almacenaje –*storing costs*– ◊ *The one-month gold lease rate recovered to above 6.00 % later in the day however, maintaining the backwardation in the market*; V. *forwardation, inverted market, contango*)].

bad *a*: GRAL malo, defectuoso, deficiente, falso, sin valor; V. *defective, deficient, faulty; worthless*. [Exp: **bad credit/loan** (FIN crédito incobrable), **bad money** (FIN dinero ficticio; inversión desacertada ◊ *A lot of bad money is in Hewlett-Packard now, as people wrongly thought this would be a breakout quarter for the company*)].

bai-kai *a*: MER visión del mercado desde dos perspectivas; término japonés que se aplica a los valores internacionales.

bail *n/v*: GRAL fianza, caución; fiar, ser fiador; V. *collateral, guarantee, securitiy*. [Exp: **bailout** (DIV dividendo con impuesto diferido), **bailout bond** (BON bono con fianza; emitido en los EE.UU., a finales de los 80 y comienzos de los 90, para apoyar a ciertas entidades de ahorro –*savings and loan associations*– en situación financiera grave), **bailing out** (NEGO sacar de apuros; se da cuando se vende con rapidez un valor al precio que sea para cubrir las pérdidas ocasionadas por dicho valor ◊ *Spending billions on bailing out a stock market that is suffering a cyclical downswing is not the way to overcome economic stagnation*)].

balance *n/v*: GRAL saldo, equilibrio; saldar, equilibrar; V. *even, compensate, weigh*. [Exp: **balance due** (FIN saldo deudor, saldo vencido), **balanced fund** (FIN financiación equilibrada; empresas que invierten en bonos y valores), **balanced mutual fund** (FON fondo de inversión equilibrado y compuesto por acciones ordinarias, preferenciales –*preferred stock*– y bonos), **balance outstanding** (FIN saldo pendiente), **balance receipt/ticket** (VAL resguardo provisional de venta de acciones), **balance sheet** (FIN hoja de balance, balance de situación; incluye los activos –*assets*–, el pasivo –*passive*– y los títulos –*equity*– de los propietarios)].

balloon *n/a*: GRAL/FIN globo; elevado, alto; V. *escalate, rise, surge*. [Exp: **balloon interest** (BON/DIV/VEN interés elevado; en las emisiones de bonos con vencimiento escalonado –*serial bond issues*– la elevada tasa de interés por cupón –*coupon rate*– pagada por los bonos con vecimientos –*maturities*–

tardíos), **balloon maturity** (BON/DIV interés acumulativo o creciente aplicado a bonos), **ballooning** (FIN por las nubes; alza artificial de precios ◊ *Asian currencies whose investments in stock markets in the region were pulling out are now seeing their repayments ballooning because of the rapid appreciation*)].

BAN *n*: OBL V. *Bank anticipation notes*.

bank *n/v*: GRAL banco, entidad de crédito; depositar, ingresar; V. *deposit, reserve, save*. [Exp: **bank anticipation notes, BAN** (OBL obligaciones bancarias anticipadas; se trata de bonos emitidos por el Estado o entidades locales con el fin de obtener la financiación necesaria para proyectos a largo plazo), **bank bond** (VAL obligación bancaria; fianza bancaria), **bank commercial paper** (VAL bono de caja), **bank discount basis** (NEGO base de descuento bancario; es una medida utilizada para calcular las ofertas –*offers*– y licitación –*bid*– de letras del Tesoro –*Treasury bills*– según el rendimiento anual –*annualized yield*– que ofrecen), **bank draft** (FIN efecto bancario), **bank guarantee** (FIN aval bancario), **bank investment contract** (FIN contrato de inversión bancaria garantizado), **bank line** (FIN línea de crédito –*line of credit*– ofrecida por un banco a un cliente), **bankmail** (NEGO/SOC «banconchabamiento»; acuerdo entre un banco y una sociedad en proceso de adquisición –*takeover bid*– de una sociedad para que dicho banco no financie la oferta de otro posible comprador –*acquirer*– ◊ *Kartech and Citibank signed a bankmail which will allow the firm to acquire Kotogenics*), **Bank for International Settlements, BIS** (INST Banco de Pagos Internacionales; con sede en Basilea y formado por los bancos centrales europeos, el Banco del Japón y la Reserva Federal Norteamericana; entre sus funciones están las de cooperar en las diversas operaciones financieras, recoger información sobre la actividad bancaria internacional y la promulgación de normativas relacionadas con la banca internacional), **bank holding company** (SOC empresa controladora de dos o más bancos), **bank investment contract, BIC** (FIN contrato de inversión bancaria; garantiza un determinado interés sobre una cartera –*portfolio*– en un periodo de tiempo determinado), **bank paper** (VAL títulos bancarios), **bank securities** (VAL valores bancarios), **bank syndicate** (SOC consorcio bancario; V. *syndicate, underwriting syndicate*), **banker's acceptance** (FIN aceptación bancaria; se trata de una deuda a corto plazo emitida por una entidad no financiera y avalada por un banco; suele negociarse –*trade*– con descuento –*at discount*– de su valor nominal –*face value*– en el mercado secundario –*secondary market*– ◊ *If the purchaser of the goods goes bankrupt, the bank issuing the banker's acceptance is still liable for the amount owed to the supplier by the due date*; V. *trade acceptance*), **banking house** (INST institución bancaria)].

bankruptcy *n*: FIN bancarrota, quiebra, insolvencia; V. *collapse, failure, insolvency.*

bar *col n*: GRAL barra; «kilo», un millón de dólares. [Exp: **bar chart** (FIN gráfico de barras), **bar code** (FIN código de barras)].

barbell strategy *n*: VEN estrategia haltera; se trata de una estrategia de renta fija según la cual los vencimientos –*maturities*– de los valores de una cartera –*portfolio*– se sitúan en dos extremos ◊ *In our recommended barbell strategy, consisting of cyclicals and stable growth, we would now emphasize the latter and recommend scaling out of aggressive technology.*

bare *a*: GRAL escaso; fundamental, simple; V. *basic, plain, simple, strip*. [Exp: **bare shell** *col* (VAL acción sin cupones), **barefoot pilgrim** *col* (NEGO menesteroso, manos débiles; coloquialismos que describen al inversor incauto que ha perdido todo en la Bolsa ◊ *A flock of barefoot pilgrims are the latest victims of the technological bubble*)].

bargain *n/v*: GRAL acuerdo, negociación, trato; negociar, tratar; ganga, liquidación, rebajas; V. *arrange, contract, negotiate, settle; trade, transaction*. [Exp: **bargain hunter** (NEGO cazador de gangas; comprador que busca los mejores precios en la adquisición de valores ◊ *Yesterday was a bargain hunter's dream on the Dow, as the index gained 121 points on the day*), **bargain price** (NEGO precio de liquidación, oferta)].

barometer *n*: MER barómetro; datos económicos y de mercado que reflejan la tendencia global, por ejemplo, el *Dow Jones Industrial Average* sería un barómetro de la Bolsa.

BARRA's performance analysis, PERFAN *n*: FIN análisis de comportamiento de Barra; empleado por los inversores institucionales –*institutional investors*– que aplican análisis de atribución de rendimiento –*performance attribution analysis*– con el fin de evaluar la gestión de su capital.

barrier *n*: GRAL barrera, impedimento, obstáculo, traba; V. *difficulty, restriction*. [Exp: **barrier options** (OPC opción barrera; contratos con un tope fijo que si se traspasa originan de manera automática la compra o venta de otras opciones; no son instrumentos muy comunes ◊ *MorganLeverageCertificates are similar to knock-out barrier options: they pay-out nothing if a stop-loss level on the downside is hit*)].

barter *n/v*: NEGO trueque, permuta; trocar, permutar; intercambio de bienes o servicios sin dinero; V. *exchange, swap, switch.*

base *n*: NEGO base; se trata de un gráfico que muestra el periodo de inactividad de un determinado valor a causa de su escasa negociación en Bolsa. [Exp: **base coins** (NEGO calderilla), **base currency** (FIN divisa base; divisa en la que se calculan las ganancias y pérdidas de una cartera internacional), **base date** (GRAL fecha base), **base interest rate** (FIN tasa de interés básico; V. *benchmark interest rate*), **base market value** (NEGO precio medio de mercado; indica el precio de un grupo de valores durante un periodo determinado de tiempo con el fin de fijar índices ◊ *In stock markets, an index basically measures the change in a set of stock prices from a base market value that's already been established*), **base probability of loss** (FIN probabilidad base de pérdidas; es decir, la posibilidad de no alcanzar el rendimiento previsto de una cartera de valores –*portfolio expected return*–), **base stock method** (FIN método de contabilización de valores inactivos; se aplica en razón de la inactividad de algunos de ellos que conservan su valor original), **base rate** (FIN tipo de interés bancario básico; V. *prime rate*), **basic** (GRAL básico, elemental, fundamental, estándar; V. *cardinal, central, elemental, essential, key*), **basis** (GRAL/FUT/VAL base; plazo; periodo; modalidad; en un contrato de futuros –*futures contract*– establece la diferencia entre el precio de contado –*cash/spot price*– y el del futuro que marca el mercado; por otro lado, fija el precio que un inversor paga por un valor al que se unen otros desembolsos varios –*out-of-pocket expenses*–; también se utiliza a efectos fiscales para determinar las plusvalías y minusvalías generadas por la venta del valor), **basis point** (FIN/BON punto base; en el mercado de bonos la medida mínima empleada para contabilizar el rendimiento; cada punto porcentual de rendimiento del bono –*bond yield*– es igual a 100 puntos base ◊ *Right now, interest rate futures markets are anticipating a roughly 150-basis-point rise in the overnight fed funds*), **basis price** (VEN precio base; se indica en razón del rendimiento obtenido al vencimiento –*yield to maturity*– o de la tasa anual de beneficio –*annual rate of return*–), **basis risk** (FUT/VEN riesgo de base; al ignorarse cual será la base cuando se retire la cobertura de futuros –*hedging*– ◊ *Anyone who is concerned about basis risk or who wants to avoid any possible futures premium should buy stocks directly*)].

basket *n*: VAL cesta; conjunto de valores reunidos con el propósito de su compra o venta de manera conjunta. [Exp: **basket bidding** (NEGO licitación de una cesta de valores), **basket purchase** (NEGO compra de una cesta de valores por un precio único), **basket trading** (NEGO negociación de cestas de valores; al aprovechar las fechas de vencimiento de contratos de opciones, futuros, etc. ◊ *Stock-basket trading seems to be catching on, but its future is probably as a product segment of the brokerage industry*; V. *program trades*)].

batch *n/v*: GRAL lote, remesa, partida; agrupar; V. *block, group, lot, parcel*. [Exp: **batch cost** (VAL coste del lote de acciones), **batch of shares** (VAL lote o paquete de acciones; V. *block, parcel of shares; security/stock holding*)].

BEACON *n*: INST acrónimo del *Boston Exchange Automated Communication Order-Routing Network* o sistema que realiza la ejecución automática de órdenes –*execution of trades*– de acuerdo con los precios de cotización del momento en cualquiera de las Bolsas de los EE.UU.

bear *a/n/v*: NEGO bajista, pesimista; especulador en Bolsa que vende porque piensa que los precios de los valores van a bajar; el mercado bajista –*bear market*– se caracteriza por una bajada continuada de los precios durante un periodo prolongado; V. *bull*. [Exp: **bear account** (NEGO cuenta de venta a la baja), **bear call spread** (NEGO/OPC diferencial de compra bajista), **bear clique** (NEGO grupo de intermediarios bajista; hacen caer el precio de las acciones mediante la venta en corto –*short selling*– ◊ *He is the leader of the bear clique that has been hammering away at the market for weeks, leading to a particular weakness in high priced stocks*), **bear CD** (FIN certificado de depósito a la baja; abona al tenedor –*holder*– un rendimiento porcentual si se produce una bajada en los índices bursátiles; V. *bull CD*), **bear closing** (NEGO compra de valores con el propósito de cubrir ventas al descubierto –*short selling/covering*–), **bear down price** (NEGO hacer bajar las cotizaciones), **bear hug** *col* (FIN/SOC abrazo del oso; estrategia hostil de absorción –*takeover*– mediante la que el comprador ofrece por las acciones de la empresa asediada un valor superior al de mercado forzando así su venta; también se aplica a la Bolsa cuando se producen presiones externas motivadas por crisis financieras o presiones especulativas ◊ *Stock markets around the world went in a bear hug as oil prices continued shooting through the roof*), **bear panic** (NEGO pánico por la bajada del precio de los valores), **bear position** (NEGO posición bajista), **bear put spread** (NEGO/OPC diferencial de venta alcista), **bear raid** (NEGO manipulación a la baja; estrategia empleada por especuladores que tratan de hacer bajar el precio de un valor poniendo a la venta un número elevado del mismo ◊ *In 1609, a Flemish-born merchant, named Isaac Le Maire, organised a bear raid on the stock of the Dutch East India Company; although it ended in persona failure, it caused the East India Company to complain to the government, requesting protection from short-sellers, whose attacks, it claimed, were causing harm to innocent stockholders*), **bear run** (NEGO venta a la baja acelerada), **bear sale** (NEGO venta al descubierto; V. *selling short*), **bear spread** (NEGO/OPC diferencial bajista; estrategia empleada en el mercado de opciones para aprovechar la bajada del precio de un valor; se lleva a cabo mediante una combinación de opciones de compra –*call*– y de venta –*put*– de la misma acción en diversos momentos con el fin de beneficiarse de la caída de su precio), **bear squeeze** (NEGO estrangulamiento del especulador de venta en corto; lo llevan a cabo otros especuladores que fuerzan una subida del precio de la acción en cuestión ◊ *Taking HSBC, in a real bear squeeze its shares could easily have halved; if that had happened, many weak players* *would have been in serious trouble*; V. *short sale*), **bear trap** (NEGO trampa del bajista o especulador en corto; tiene lugar cuando el mercado bajista cambia de tendencia y se hace alcista ◊ *In the present crisis, not all commodities are in a bear trap; the OPEC oil basket is doing quite well*), **bearish** (NEGO bajista)].

bearer *n*: GRAL/VAL portador, poseedor, tenedor; V. *holder, manager, owner*. [Exp: **bearer bond** (BON bono al portador, sin registrar; el tenedor posee los certificados de dichos bonos cobrando los intereses mediante unos cupones incluidos en los certificados que canjea por dinero), **bearer note** (BON pagaré al portador), **bearer paper** (VAL efectos, valores al portador), **bearer security/share** (VAL títulos al portador sin registrar; los dividendos obtenidos se hacen efectivos mediante la presentación de unos cupones fechados o numerados ◊ *Since the State does not require it, a vice-president utilizing bearer shares can have complete control and ownership while remaining completely anonymous*)].

BEARS *n*: BON acrónimo de *Bonds Enabling Annual Retirement Savings*; los tenedores de BEARS obtienen el valor nominal –*face value*– de unos bonos con opción de compra –*call option*– ejercidos –*exercise*– por CUBS, acrónimo de *Calls Underwritten by Swanbrook*; en este caso los tenedores de BEARS reciben el total del precio de ejercicio –*exercise price*–.

beat *v*: GRAL superar, batir, vencer; V. *defeat, hit, strike*. [Exp: **beating the gun** col (NEGO desenvainar con rapidez; expresión coloquial que ilustra la obtención de un buen precio en la compra o venta de un valor adelantándose al mercado ◊ *Sometimes, investment becomes a matter of beating the gun, of passing the bad or depreciating stock to another*)].

bed-and-breakfast deal col *n*: NEGO operación «cama y desayuno»; sugiere la venta de un valor por la noche para recomprarlo a la mañana siguiente y compensar con la plusvalía obtenida las posibles minusvalías ◊ *Market turnover was a light 1.5 billion shares, partly pumped up by what dealers said was a bed and breakfast deal in BT Group*.

beggar-thy-(my) neighbor col *n*: NEGO empobrecer al vecino; estrategia de comercio internacional empleada por un país y consistente en realizar devaluaciones competitivas de su moneda a la vez que se crean barreras a las importaciones procedentes de terceros países.

behind *adv*: GRAL/NEGO/SUS detrás, después; valores obtenidos a igual precio pero suscritos después de hacer la orden de compra; V. *ahead of you*.

bell *n/a*: MER timbre; timbrazo; señal de inicio o cierre de la sesión bursátil –*open or close of trading*–. [Exp: **bell, at the** (MER en la apertura o cierre de la sesión bursátil; V. *MOC Order*)].

bellwether *a*: VAL valor-referencia; se trata de un valor que se emplea como indicador del comportamiento del mercado ◊ *Asian stock markets closed higher as investors bought bellwether stocks such as banks on hopes of a stock market rally*.

below *prep/adv*: GRAL bajo; debajo. [Exp: **below par** (VAL/NEGO bajo par; por debajo del valor nominal de una acción o valor; V. *par*)].

bench *n*: GRAL banco; sala. [Exp: **benchmark** (VAL/NEGO referencia, criterio; pauta utilizada para fijar el comportamiento de una serie de valores con fines comparativos), **benchmark interest rate** (VAL tasa de interés de referencia; o tasa básica de interés exigida por un inversor en un valor que no sea del Estado ◊ *In an effort to shore up a terrorized economy, the Federal Reserve slashes its benchmark interest rate by half a percentage point*), **benchmark issues** (VAL/OBL emisión de referencia; llamadas también al vuelo –*on-the-run*–; obligaciones con cupón –*coupon issues*– o emisiones de llamada –*bellwether issues*– ◊ *It is claimed that benchmark issues in euro and new products will drive volumes far above the usual volume of contracts in the euro-zone*; V. *current-coupon issue*)].

beneath *adv*: GRAL/VAL bajo, debajo; en el contexto de los valores se emplea para indicar acciones suscritas por debajo de su valor.

best *a*: GRAL mejor; superior; V. *favourable, foremost, highest, prime, top*. [Exp: **best at** (NEGO al mejor; orden de compra o venta de un valor al mejor precio que obtenga el agente; V. *at market, limit order*), **best efforts** (AG VAL dar lo mejor de sí/uno mismo; hace referencia a la máxima dedicación de un agente de Bolsa hacia su cliente), **best-efforts sale** (AG VAL mejor venta posible; acuerdo por el cual la agencia de Bolsa se compromete a vender al mejor precio una emisión de acciones y a devolver al emisor las que hayan quedado sin vender ◊ *In a best-efforts sale of our stocks, BBVA was committed to making every effort to sell the stock at the offering price*), **best order, at** (NEGO orden por lo mejor), **best price, at** (NEGO al mejor precio), **better, at or** (NEGO por lo mejor; orden para que se compre al precio especificado o menor o se venda a mayor precio ◊ *AON and OB Limit orders after start of trading day will be automatically responded to if they are not at or better than the market*; V. *stop limit order*)].

beta *n*: FIN coeficiente de regresión beta; mide el nivel de riesgo de un valor en el mercado; se trata de un índice de riesgo sistemático –*systematic risk*– producido por condiciones normales del mercado bursátil; V. *portfolio beta; portfolio theory*.

bid *n/v*: GRAL puja, oferta de adquisición, posición; licitar, pujar, ofertar; V. *auction, offer, position, tender*. [Exp: **bid and asked** (NEGO oferta y demanda; precio de compra y de venta en el mercado de un valor), **bid-asked spread** (NEGO diferencial entre el precio de compra –*bid*– y el de venta –*asked*– ◊ *The advantage of choosing a bellwether like IBM is that the typical bid-asked spread is very narrow*),

bid away (NEGO puja fallida; en el mercado secundario –*over-the counter*– cuando la oferta de un operador –*dealer*– es inferior al precio fijado en el mercado primario –*listed*– ◊ *High US interest rates bid away capital needed to finance capital projects*), **bid bond** (NEGO caución de licitación; se refiere al depósito que a veces se exige para poder participar en una subasta), **bid in** (NEGO pujar sobre un bien propio; se hace para subir el precio del valor licitado), **bid-offer spread** (NEGO diferencial comprador-vendedor; beneficio o diferencial del agente que cotiza precios de compra y de venta; V. *offer price*), **bid price** (NEGO precio de puja o precio máximo que se ofrece por un valor; V. *asked to bid/offer, offer*), **bid rate** (FIN tipo de interés que el banco prestatario aplica a sus préstamos), **bid-to-cover ratio** (NEGO diferencial entre las ofertas solicitadas y las cubiertas; se aplica generalmente en las subastas de valores del Estado –*Treasury bond/security*–), **bid wanted** (NEGO solicitud de ofertas; cuando el tenedor de un valor –*holder of a security*– anuncia su deseo de venderlo; V. *offer wanted*), **bidder** (NEGO licitación, puja, oferta, subasta, pliego de condiciones ◊ *When a floor broker goes to buy a stock on your behalf, he must buy from the lowest priced bidder*), **bidding** (NEGO licitación, puja, oferta, subasta), **bidding buyer** (NEGO comprador de pujas; se aplica al tipo de comprador paciente que prefiere aguardar a que el vendedor físico –*natural seller*– le ofrezca un precio más bajo ◊ *In open out-cry trading the price derives from a process in which every seller seeks the highest bidding buyer and every buyer looks for the seller asking for the lowest price*; V. *systematic*), **bidding specifications** (NEGO pliego de licitación), **bidding through the market** (NEGO licitación agresiva; puja por comprar un valor aunque sea por encima de la par –*at a premium*–), **bidding up** (NEGO subasta al alza ◊ *Currency traders were bidding up the yen Friday following the big gains on the Japanese stock market*)].

big *a/adv*: GRAL grande, enorme, gigante; V. *intense, deep, heavy, solid, vast*. [Exp: **Big Bang** (MER el gran cambio; el «big bang»; alude a los cambios en pos de la liberalización de los mercados introducidos en la Bolsa de Londres el 27 de octubre de 1986), **big blue** (MER/SOC/VAL «el gigante azul»; alude a IBM y sus acciones, consideradas como las mejores entre las *blue chips* o de primera fila; acciones triple A ◊ *Big Blue has already spent nearly $10 billion since January 1995 buying back its stock*), **Big Board** (MER Bolsa de Comercio de Nueva York o *New York Stock Exchange*), **big picture** (NEGO panorama, perspectiva; alude al interés de los pasillos ante el volumen de negociación –*size of the trade*– ◊ *It makes some sense to step back and take a look at the big picture, what the market might do over a longer time frame*), **big producer** (NEGO el gran productor; se trata del agente bursátil –*broker*–

que genera unas comisiones elevadas), **big uglies** *col* (NEGO/VAL adefesios; sonoro adjetivo que se aplica a valores poco apreciados ◊ *Big uglies are often overlooked by investors although they usually produce bulletproof earnings*), **bigger fool theory** (NEGO teoría de que «siempre hay incautos más cándidos»; según esta creencia, los que negocian valores con resultados negativos siempre encontrarán a otros más tontos a quien endosárselos)].

bill *n/v*: NEGO factura, cuenta; letra del Tesoro, bono de caja; billete de banco. [Exp: **bill broker** (OBL corredor de obligaciones, corredor de cambios, intermediario de efectos ◊ *Bankers who are uncertain of their credit, and want to increase their cash, may have money on deposit at the bill brokers*; V. *discount house, running brokers*), **bill of exchange** (FIN letra de cambio), **bill of transaction** (NEGO nota de negociación), **bill payable** (FIN factura, cuenta a pagar), **bill receivable** (FIN factura, cuenta a cobrar), **billing** (FIN facturación)].

billion *n*: FIN millardo; mil millones en los EE.UU.; también se acepta con esta definición en el Reino Unido aunque a veces se confunde con *trillion*.

bind *v*: GRAL/NEGO atar, vincular-se, dar una garantía; V. *attach, bond, secure, tie*. [Exp: **binder** (NEGO a cuenta; cantidad entregada por adelantado en una transacción como muestra de la buena fe del comprador –*good faith*–), **binding cover** (SUS poder de suscripción)].

binomial option pricing model *n*: OPC modelo binomial de fijación de precios de opciones; según dicho modelo, la opción en cuestión únicamente puede tener dos valores en el periodo siguiente, igual o menor al precio del periodo precedente.

BIS *n*: INST V. *Bank for International Settlements*.

Black-Scholes option-pricing model *n*: OPC modelo de fijación de precios de opciones Black-Scholes; fija el precio de las opciones de compra –*call options*– según criterios de arbitraje –*arbitrage arguments*–; en el cálculo de dichos precios se emplea el precio del valor –*stock price*–, el precio de ejercicio o compra –*exercise price*–, la tasa de interés sin riesgos –*risk-free interest rate*–, la fecha de vencimiento –*time of expiration*–, y la desviación estándar esperada del rendimiento del valor –*expected standard deviation of the stock return*–.

black *a*: GRAL negro; referido a dinero negro o ilegal; V. *blue, green, gre/ay, white*. [Exp: **Black Friday** (MER viernes negro; súbita caída –*precipitous fall*– de los mercados financieros; se originó un 24 de septiembre de 1869 cuando cayó el mercado del oro por presiones especulativas), **black knight** *col* (FIN/SOC caballero negro, tiburón; alude al financiero que compra con sigilo acciones de una empresa para lanzar una OPA o hacer subir su cotización; V. *grey knight; white knight; raider, greenmailer*), **black market** (MER mercado negro o ilegal), **Black Monday** (MER lunes negro; referido a dos famosas caídas de la

Bolsa que tuvieron lugar un lunes; así, en la sesión del lunes 19 de octubre de 1987 el índice *Dow Jones* perdió 508 puntos y en la del lunes 27 de octubre de 1997 cayó otros 554; alude también a cualquier jornada de grandes pérdidas en la Bolsa ◊ *It was a Black Monday yesterday, London's stock market broke all its records: never before has so much money been lost so quickly by so many*)].

blank *a/n*: GRAL incompleto, en blanco; aplicado a instrumentos comerciales indica la falta de algún dato fundamental: el tomador, la fecha, etc.; V. *empty, incomplete, void*. [Exp: **blank check offering** (SUS oferta cheque en blanco; oferta pública inicial –*initial public offering*– por parte de una empresa sin una actividad clara y con un propósito especulativo ◊ *The recent ascendancy of so-called «blank-check» blind pools, in which the new company generally has no assets, no employees and no stated business plan, has fueled the spread of fraud and abuse in the stock market*)].

blanket *n/a*: GRAL manta, cobija; como adjetivo tiene el significado de general, global, total. [Exp: **blanket certification form** (MER formulario de reconocimiento general), **blanket fidelity bond** (BON póliza general de fidelidad; exigida por la Comisión Nacional de Valores –*Stock Exchange Comission* o *SEC*– a las sociedades de valores –*brokerage firms*– con el fin de garantizar la honestidad de sus empleados ◊ *The Company is protected as a named insured under a blanket fidelity bond in the amount of $750,000*; V. *fidelity*), **blanket mortgage** (FIN hipoteca colectiva), **blanket recommendation** (MER recomendación general; información que las sociedades de valores comunican a sus clientes sobre la conveniencia de invertir en o vender determinados valores)].

blind *n*: GRAL/FIN ciego, confuso, poco claro; tapadera, empresa falsa o inexistente; V. *confuse, cover, daze, disguise*. [Exp: **blind brokering** (MER intermediación anónima o ciega; el intermediario mantiene el anonimato de las dos partes ◊ *The increase in activity was a result of the increased use of blind brokering which made the number of dealers participating in the system bigger*), **blind pool** (SOC sociedad tapadera; sociedad limitada –*limited partnership*– que oculta sus planes empresariales), **blind trust** (SOC fideicomiso o gestor de un *trust* anónimo, es decir, desconocido por el proprietario)].

Blitzkreig tender offer *n*: SOC OPA relámpago; referido a las operaciones de absorción –*takeover*– en las que se ofrece un precio tan atractivo que lleva a una rápida adquisición.

block *n*: NEGO/VAL bloque; paquete voluminoso de acciones o bonos; V. *lot, batch, parcel of shares*. [Exp: **block call** (NEGO reunión general de agentes de Bolsa; en ella se comentan las órdenes de los clientes y sus propias opiniones; V. *block list*), **block house** (AG VAL agencias y sociedades de valores especializadas en la venta de grandes paquetes de acciones),

block list (NEGO lista de acciones a comprar o vender al inicio de la sesión; en su confección se tiene en cuenta el comportamiento histórico de los valores, información de los mercados primario –*primary*– y secundario –*over-the-counter*– y las conclusiones extraídas en la reunión general –*block call*– de la agencia), **block order exposure system, blox** (NEGO sistema de compra-venta en grandes cantidades de valores a través del *TOPIC*), **block positioner** (NEGO agente de grandes lotes de títulos ◊ *Our firm acts as a block positioner in that security*), **block sale** (NEGO venta de acciones por paquetes), **block stock** (NEGO contratación de valores en grandes cantidades), **block trade** (NEGO contratación en Bolsa de paquetes de acciones o de grandes cantidades de un mismo valor; V. *program trades*), **block trader** (NEGO agente de grandes paquetes de títulos; adopta una posición –*position*– en la negociación de los paquetes de acciones con el fin de conciliar los intereses de compradores y vendedores ◊ *Trades are executed through a listed or OTC block trader*; V. *block positioner, floor dealer, market maker, principal*), **block voting** (SOC votación en bloque; grupo de accionistas que unen sus votos y acciones en un solo bloque)].

blow *n/v*: GRAL hinchar; ampliar; V. *inflate, expand*. [Exp: **blow-off top** (NEGO sube-baja; rápido incremento del precio de cotización al que sigue una inmediata bajada ◊ *An uncanny rounding top on the S&P, beginning with the big blow-off top that began in October 1999*), **blowout** (NEGO en un suspiro; alude a la venta inmediata de todas las acciones de una oferta de acciones –*securities offering*– ◊ *There are companies that dazzle investors with blowout first-day sales*; V. *hot issue*)].

blue *n*: GRAL azul; V. *black, gra/ey, green, white*. [Exp: **blue-chip company/stock** (NEGO/SOC valor y compañía de primera clase; valor seguro, sólido y de toda confianza ◊ *One of the most basic and respected stock market strategies is to buy dividend-paying blue-chip stocks and hold on tight for the long term;* V. *guilt-edged securities; leader*), **blue list** (FIN/VEN relación de las cotizaciones, intereses, fechas de amortización de bonos municipales, publicada diariamente por *Standard and Poor's*; se puede consultar en Internet: www.bluelist.com), **blue-sky laws** *col* (DER leyes sobre emisión y contratación de valores; normativa reguladora del control de emisión y adquisición de valores; tienen la finalidad de proteger a los inversores frente a títulos problemáticos ◊ *The great stock market crash of 1929 produced laws thought to protect the investor which are now found in some blue sky laws*)].

Bo Derek stock *col n*: VAL valores «Bo Derek»; títulos de gran calidad.

board *n/v*: GRAL órgano rector, consejo de administración. [Exp: **board lot** (VAL lote completo de acciones; normalmente de 100 títulos; se llama también *full lot*; V.

odd-lot order; broken lot), **board of directors** (SOC consejo de administración), **board room** (AG VAL sala del tablero electrónico; dependencia de la agencia de valores en la que los clientes pueden observar el desarrollo de las cotizaciones en tableros o pantallas electrónicas)].

body *n*: GRAL cuerpo, institución, organismo, entidad; V. *association, entity, group, institution, organization*. [Exp: **body of share/stockholders** (INST accionariado)].

boil *v*: GRAL hervir. [Exp: **boiler plate** (MER cáusulas fijas, normalizadas o esenciales de un contrato), **boiler room** (AG VAL cocina; sala de máquinas; describe el área de ciertas agencias de valores en la que los agentes tratan de vender por teléfono valores especulativos y de dudosa legalidad ◊ *Some boiler room operators try to manipulate the market by buying stock of thinly traded companies*)].

bond *n/v*: BON bono, obligación, pagaré; se trata de deuda a largo plazo generalmente superior al año y emitida por organismos tanto públicos como privados. [Exp: **Bond Anticipation Note, BAN** (BON/VEN bono anticipado de caja; se amortiza con la emisión de bonos prevista, es decir, con el importe de una emisión de títulos a largo plazo), **bond broker** (BON gestor de bonos), **bond counsel** (BON/DER asesor de bonos y obligaciones institucionales; se refiere al abogado que prepara dictámenes jurídicos –*legal opinions*– sobre las emisiones institucionales de bonos y obligaciones ◊ *In municipal bond sales, the bond counsel is the cop on the street to help you*), **bond covenant** (BON cláusula bono; se trata de una disposición contractual –*contractual provision*– incluida en la escritura de emisión de bonos –*bond indenture*–), **bond crowd** (BON agentes de bonos y obligaciones; se encargan de la negociación de los mismos en el parqué –*the floor of the exchange*– ◊ *The Fed used to monitor the yield curve to see what the bond crowd was thinking. If long rates were to rise, then Fed might boost short rates, too*), **bond debenture** (OBL obligación hipotecaria; V. *mortgage bond*), **bond discount** (BON descuento sobre bonos; diferencia a la baja entre el precio de mercado y el nominal de un bono; V. *bond premium, original issue discount debt*), **bond-equivalent basis** (BON base de cálculo del rendimiento de equivalencia de un bono), **bond equivalent yield** (BON rendimiento de equivalencia de un bono; se calcula de acuerdo con un método basado en la tasa porcentual anual –*annual percentage rate*–; no confundir con el rendimiento efectivo anual –*annual effective yield*–), **bondholder** (BON tenedor de bonos u obligaciones; en el caso de liquidación de la sociedad, tienen prioridad de cobro sobre los accionistas), **bond indenture** (BON/DER escritura de emisión de bonos; establece las obligaciones del emisor –*bond issuer*– y los derechos del inversor ◊ *In the bond indenture, the trust agreement between the lender and borrower, on the back of the certifi-*

cate, the terms of the loan and its payments and ultimate repayment are laid out), **bond issue** (BON emisión de bonos), **Bond Market Association** (INST/BON Asociación del Mercado de Bonos y Obligaciones; de carácter internacional se especializa en emisiones de valores institucionales, hipotecarios o del mercado financiero), **bond mutual fund** (BON/FON fondo de inversión –*mutual fund*– en bonos), **BONDPAR** (BON Sistema de Control y Evaluación de la Rentabilidad y Rendimiento de las Carteras de Renta Fija; se trata de un sistema de control y seguimiento del comportamiento tanto de una cartera como de los valores que la componen), **bond note** (BON certificado de depósito), **bond power** (BON/DER poder de transferencia de titularidad de un bono u obligación ◊ *Please send one signed bond power for each lot of registered bonds, filled in with the number of shares, name of the stock, and the current date*), **bond premium** (BON/DIV prima de bono; V. *bond discount*), **bond rating** (BON calificación de solvencia; se basa en la posibilidad de incumplimiento –*default*– del emisor –*bond issuer*– y oscila desde la máxima solvencia, AAA, a la quiebra o incumplimiento, D; V. *rating, investment grade bond*), **bond ratio** (BON coeficiente de endeudamiento en obligaciones; dicho coeficiente se calcula dividiendo el número anual de bonos vencidos en el año por la suma de dicho número y el resto de acciones de la compañía), **bond swap** (BON permuta de bonos; venta de una emisión de bonos a la vez que se compra otra distinta ◊ *When contemplating a bond swap, look to avoid the wash sale rules by swapping with bonds of different issuers*; V. *swap, swap order*), **bond tables** (BON/VEN tablas de bonos; tablas matemáticas que reflejan el precio de compra de un bono en el mercado secundario teniendo en cuenta su rendimiento al vencimiento final), **bond washing** (BON lavado de cupón o bono; venta y recompra en Bolsa de los mismos valores para evitar pagar impuestos al justificar minusvalías o pérdidas patrimoniales ◊ *The Government have further confirmation that the practice of bond washing, which is a tax avoidance device, is more widespread than we had thought*; V. *dividend capture; tax avoidance*), **bond yield** (BON tasa de rendimiento de un bono)].

bon voyage bonus *col n*: NEGO bono «buen viaje»; V. *greenmail*.

boning *n*: NEGO sobre prima; cobro de un activo muy por encima de su valor.

bonus *n*: FIN prima, plus, extra, gratificación, sobresueldo; V. *allowance, extra, gain, gift*. [Exp: **bonus issue** (VAL emisión gratuita; dividendos en acciones; entrega de acciones gratuitas o liberadas; V. *scrip issue, capitalization issue, stock dividend, stock split*), **bonus shares/stocks** (VAL acciones liberadas, acciones gratuitas; acciones con prima; V. *stock dividend; cash bonus; part-paid stock; share premium account*)].

book *n/v*: GRAL libro, estado bursátil; anotar, apuntar; V. *arrange, set;*

ledger. [Exp: **book cash** (FIN valor contable; efectivo reflejado en la memoria financiera *–financial statement–* de una empresa), **book-entry securities** (VAL valor emitido como anotación en cuenta), **book runner** (SUS suscriptor o asegurador *–underwriter–* de nuevas emisiones de valores *–issues–*; garantiza su colocación ◊ *The book-runner of an IPO has an obligation to support an IPO in the aftermarket to maintain an orderly market*), **book value per share** (VAL valor de balance por acción)].

boot *n*: GRAL cobro en metálico. [Exp: **boot strap** *col* (FIN con lo puesto; describe los recursos propios y, en general, escasos con los que cuenta la empresa cuando inicia su actividad ◊ *The business owner should try and boot-strap the business through start-up stage to generate some sales to prove the business concept*), **boot share** (VAL acción adicional de bonificación)].

borrow, borrowing *v/n*: FIN pedir en préstamo, tomar prestado; empréstito, préstamo; V. *advance, deposit, mortgage, loan*. [Exp: **borrowing operation** (FIN operación de toma de préstamo o pasivo), **borrowing rate** (FIN tipo de interés pasivo)].

bot *a*: GRAL/FIN abreviatura de *bought*, comprado; contrario de *SL* o *sold*, vencido.

bottom *n*: GRAL/NEGO parte baja o suelo; se refiere tanto al precio base de mercado de un valor como a la cotización más baja *–lowest quote–* que puede alcanzar dicho valor en el mercado. [Exp: **bottom fisher** *col* (NEGO pescador de fondo/gangas; se refiere al inversor que rebusca en el mercado acciones que han caído en su cotización con la esperanza de que inicien una tendencia alcista *–trend up–* en el futuro ◊ *«I've always been a bottom fisher», he said. «So I've always looked for the opportunity to buy low and sell high»*), **bottom-up equity management style** (MER estilo ascendente de gestión de acciones; se resta importancia a los ciclos económicos prestándosela al seguimiento de valores concretos)].

bought *a*: FIN comprado. [Exp: **bought deal** (SUS emisión de acciones suscrita por completo por un suscriptor; V. *pre-emptive right*), **bought issue** (VAL emisión comprada/cubierta)].

bounce *n/v*: GRAL bote, rebote; energía, dinamismo; botar, rebotar; se refiere a la caída súbita del precio de cotización de un valor y su posterior recuperación; igualmente se emplea en el supuesto de devolución y posterior reclamación de un valor ◊ *The markets had a bounce from oversold conditions on Friday*; V. *jump, leap, quake*. [Exp: **bounce back** (NEGO recuperarse; generalmente los índices bursátiles)].

Bourse *n*: INST la Bolsa; se emplea para referirse a los mercados de contratación de los países de habla no inglesa, sobre todo los europeos; V. *Stock Exchange*.

boutique *col n*: AG VAL boutique; término que define a la agencia de Bolsa pequeña y especializada que ofrece servicios concretos a un número limitado de clientes ◊ *If* *you invest with a small, boutique mutual fund company, make sure you understand the rules about withdrawing funds before sending money*; V. *financial supermarket*.

box *n*: GRAL caja fuerte; en ella se custodian valores y otros documentos de importancia. [Exp: **box, in the** (NEGO en la cesta o bote; indicación al agente de que la transacción de los títulos adquiridos ya se ha realizado), **box spread** (OPC diferencial por sustitución; combinación de opciones de compra y de venta *–call and put options–* con el mismo precio de ejercicio *–exercise price–* ◊ *We examined market efficiency before and after the 1987 Market Crash using the box spread strategy implemented with European-style S&P 500 Index (SPX) options*)].

bracket *n*: GRAL/SUS nivel; define el grado de compromiso, alto *–major bracket–* o bajo *–minor bracket–*, que adquiere el suscriptor de una emisión nueva.

Brady bonds *n*: BON bonos estadounidenses de deuda estructurada; generalmente se trata de deuda contraída a largo plazo por países subdesarrollados.

breadth *n*: GRAL amplitud, anchura; V. *capacity, depth, extension*. [Exp: **breadth of the market** (MER anchura de mercado; número de acciones que intervienen en una determinada maniobra del mercado *–market move–* ◊ *There was a significant breadth yesterday when two thirds of the stocks moved in the same direction*)].

break *n/v*: NEGO subida y caída rápida de los precios de las acciones;

V. *correction, crash, dip*. [Exp: **break-even point** (NEGO/OPC punto muerto; precio de una transacción de valores que no genera pérdidas ni ganancias; en las opciones se refiere al precio de ejercicio más prima *–strike price plus premium–* de las compras largas y cortas sin garantía *–long calls and short uncovered calls–*; al precio de ejercicio menos prima de ventas largas y cortas sin garantía *–long puts and short uncovered puts–*; al precio de compra menos prima *–purchase price minus premium–* de una compra corta con garantía *–short covered call–*; y finalmente, al precio de venta en corto del activo subyacente más prima *–short sale price of underlying stock plus premium–* de una venta corta cubierta por una acción corta *–short put covered by short stock–*), **break price** (NEGO ajuste de precio; modificación del precio de oferta *–offering/bid price–* para ajustarlo y hacer posible la operación ◊ *The trader broke price downward 1/8 point*), **breaking the syndicate** (SUS/NEGO deshacer el consorcio; finalizar el acuerdo entre los suscriptores *–underwriters–* generalmente, la unión temporal entre varios bancos de negocios para suscribir una determinada emisión de valores), **breakaway gap** (FIN agujero de ruptura en un gráfico de barras; V. *runaway gap*), **breakout** (NEGO ruptura de una tendencia; subida de un valor por encima de su precio más alto o nivel de resistencia *–resistance level–* o caída por debajo del nivel más bajo o de apoyo *–level of support–*; suele mostrar una tendencia continuada y se interpreta como un indicador de venta o de compra ◊ *If you're trolling for buys, strong breakouts to new highs are like manna from Wall Street heaven*), **breakpoint sale** (FON/NEGO venta de remate; se aplica en los fondos de inversión; V. *letter of intent*)].

bridge *n/v*: GRAL puente, acuerdo; tender puentes. [Exp: **bridge financing** (FIN financiación previa a la salida en Bolsa; financiación provisional hasta conseguir una financiación permanente ◊ *Verizon Communications says that Vodafone is willing to provide bridge financing to make sure the company is successful in the upcoming auctions*)].

bring *v*: GRAL traer, sacar, presentar, ofrecer; V. *approach, convince, engender, persuade*. [Exp: **bring it out** (NEGO lanzar; sacar a la venta acciones para compradores señalados)].

brisk market *a*: MER mercado activo, animado ◊ *There's a brisk market for the 35 town houses being built whose shares are traded on the Nasdaq Stock Market*.

broad *a*: GRAL amplio, extenso; general; V. *ample, extensive, far-reaching*. [Exp: **broad market** (NEGO mercado amplio; V. *brisk market*), **broad tape** (NEGO cotización electrónica; muestra en tiempo real información sobre las diversas cotizaciones ◊ *The action is continuous, with a constantly moving live stock ticker and scrolling teletype broad tape of earnings*; V. *ticker tape*)].

broken *a*: GRAL roto, fragmentado, quebrado; V. *disjoined, fragmented, split*. [Exp: **broken lot** (AC lote suelto de acciones ◊ *Agents buy stocks in broken lot quantities to fill particular orders*; V. *odd-lot order*), **broken up** (NEGO anulación de órdenes; normalmente por razones de reglamentación de la Bolsa)].

broker *n*: AG VAL/MER corredor, agente de valores, «broker»; profesional de la Bolsa al que se le paga una comisión por la ejecución de las órdenes de sus clientes; puede desempeñar su labor en el parqué –*floor broker*– o en las oficinas de la agencia –*upstairs broker*–; los agentes deben estar dados de alta –*registered*– en la Bolsa en la que operan; V. *agent, dealer, intermediary, middleman*. [Exp: **broker-dealer** (AG VAL/MER agente de Bolsa; también llamado creador o hacedor de mercado –*market maker*– ◊ *Every broker-dealer has an obligation to identify accurately the nature of its quotations when they are provided to others*), **broker's loan** (AG VAL/MER préstamo de corredor), **broker loan rate** (AG VAL/MER V. *call money rate*), **brokered CD** (AG VAL/MER certificado de depósito; emitido por una entidad bancaria y adquirido por una agencia de valores ◊ *Brokered CD's may pay more than those sold directly by banks, are liquid on a secondary market made by the broker, and investors are not charged a commission*), **brokered market** (AG VAL/MER mercado de intermediación; en dicho mercado los corredores ofrecen servicios a vendedores y compradores), **broker note (AG VAL/MER contrato de corretaje), **broker's broker** (AG VAL/MER agente intermediario de sí mismo ◊ *The specialist, also known as the broker's broker, keeps a list of unfilled orders and fills orders to buy and sell in response to price changes*; V. *trader*), **broker's placement** (AG VAL/MER colocación de valores a comisión), **broker's ticket** (AG VAL/MER relación de operaciones ejecutadas por un agente), **brokerage** (AG VAL/MER corretaje, comisión de intermediación, casa de corretaje ◊ *U.S. stocks rose for a third day lifting brokerage profits*), **brokerage house** (AG VAL agencia o sociedad de valores)].

bubble *n*: NEGO burbuja especulativa ◊ *The nation's political leaders chose to ignore the stock market bubble and as a result, millions of families have seen their dreams vanish.* [Exp: **bubble theory** (NEGO teoría de la burbuja especulativa; sucede cuando los precios de las acciones se disparan muy por encima de su valor)].

buck *col n/v*: GRAL/FIN dinero, pasta, un millón de dólares; desconcertar, trastornar; V. *capital, money, wealth*. [Exp: **buck investor** (NEGO inversor tranquilo o paciente; confía en que el mercado crecerá con el tiempo y hace de la paciencia su arma de obtener beneficios, V. *bull, bear*), **buck the market** *col* (MER pegarle una sacudida al mercado ◊ *Ranbaxy and Thermax have been surging and could buck the market trend even if it turns negative*)].

bucket shop *col n*: AG VAL chiringuito financiero; coloquialismo que describe a la agencia de valores de apariencia ilegal que acepta órdenes de compra –*orders*– que no ejecuta –*execute*– hasta que el precio es muy ventajoso para la agencia ◊ *To lure investors, bucket shops will «name drop», implying that the unscrupulous firms are associated with established Wall Street firms.*

budge *a/v*: GRAL/FIN presupuesto, presupuestar. [Exp: **budgetary** (FIN presupuestario)].

build *v*: GRAL construir, montar, establecer; V. *assemble, constitute, found, raise set*. [Exp: **build a book** (FIN apertura o establecimiento de cuenta; organiza las cuentas de sus clientes con el fin de ejecutar sus órdenes)].

bulge *n*: NEGO petardazo, subidón; breve y súbito incremento del precio de un valor ◊ *The sudden bulge in demand succumbs to a mountain of new supply when early holders dump lots of shares*; V. *bubble, bump, surge*. [Exp: **bulge bracket** (SUS grupo consolidado; unión de firmas en un consorcio de garantías –*underwriting syndicate*– que tienen el mayor nivel de participación; V. *mezzanine bracket*)].

bull *a/n/v*: FIN/NEGO alcista; especulador de acciones; especular al alza; V. *bear*. [Exp: **bull-bear bond** (BON bono indiciado a la Bolsa; bono con reembolso ligado al precio de un valor distinto), **bull call spread** (OPC diferencial de compra alcista), **bull CD** (VAL certificado de depósito al alza; abona al tenedor –*holder*– un rendimiento porcentual determinado cuando los índices bursátiles alcanzan dicho porcentaje; V. *bear CD*), **bull market** (MER mercado alcista), **bull note** (VAL pagaré avalado con una opción de compra; bono cuyo valor de amortización está ligado a un índice financiero; el titular cree que las cotizaciones subirán con lo que podrá pagar el pagaré al ejercer la opción dentro del plazo ◊ *The bull note allows investors to set their potential future purchase price [strike price] for their favourite share at a discount to the current market price*), **bull position** (MER posición al alza; se llama también *long position*), **bull put spread** (OPC diferencial de venta alcista), **bull purchase** (NEGO compra al descubierto; V. *short sale*), **bull run** (NEGO compra apresurada alcista ◊ *Brokerage stocks are being boosted by a bull run in sector bellwether Merrill Lynch*), **bull spread** (NEGO/OPC diferencial de alcista; estrategia mediante la cual se compra una opción de venta fuera de dinero –*out-of-the-money put option*– financiada con la venta de una opción de compra fuera de dinero –*out-of-the-money call option*– del mismo activo subyacente –*underlying asset*–), **bull the market** (MER especular al alza), **bull time spread** (NEGO «spread» temporal alcista; estrategia consistente en la venta de una opción de compra de un activo –*call*– que tiene un vencimiento próximo –*expiry date*– y la compra simultánea de otra opción de compra con vencimiento más tardío; V. *time spread*), **bullish** (GRAL alcista, optimista ◊ *The bullish stock market is leading some home buyers into dangerous waters*; V. *rising, upwards*), **bullishness** (GRAL tendencia alcista en la Bolsa; optimismo bursátil)].

bulldog bond *col n*: BON bono «bulldog»; bono internacional emitido en libras en el Reino Unido; V. *foreign bond; Samurai bond*. [Exp: **bulldog market** (MER la Bolsa británica)].

bullet *n*: VAL/VEN valor de renta fija y fecha de vencimiento fija. [Exp: **bullet bond** (BON bono con vencimiento final o único ◊ *The nation's first bullet bond was issued and guaranteed by the World Bank*), **bullet strategy** (GRAL estrategia única; estrategia por la cual se formaliza una cartera –*portfolio*– de manera que se concentra el vencimiento –*expiration*– de sus acciones en un determinado punto de la curva de rendimientos –*yield curve*–)].

bullion[1] *n*: GRAL lingote de oro o plata sin acuñar. [Exp: **bullion**[2] (MER mercado de contratación de contado –*spot market*– de metales preciosos de Nueva York; V. *Comex, London Metal Exchange*), **bullion coins** (GRAL acuñaciones en metales preciosos; su precio está directamente relacionado con el precio del metal del que están hechas)].

bump-up *col v*: GRAL subir, aumentar; V. *blow, bounce, bulge*. [Exp: **bump-up CD** (VAL certificado de depósito ligado al tipo de interés; permite al tenedor aumentar su rendimiento hasta su vencimiento en el caso de subidas de los tipos de interés), **bumper year** (MER año bursátil extraordinario ◊ *2000 was*

a bumper year for flotations on the London stock market despite the collapse in dot-com share prices)].
bunch n/v: puñado; agruparse, acumular; V. *accumulation, accretion, bundle*. [Exp: **bunch gains** (NEGO ganancias acumuladas; obtenidas en activos con los que no se ha negociado), **bunching** (NEGO agrupamiento por lotes de las operaciones bursátiles ◊ *By bunching their sales in the final weeks of the year, investors compete against each other and drive down stock prices*), **bunching of maturities** (VENC acumulación de vencimientos)].
bunny bond col n: BON bono reinvertible; la reinversión de los intereses se realiza en bonos de la misma emisión.
buoy n: GRAL boya. [Exp: **buoyancy** (MER dinamismo, capacidad de reacción de los mercados), **buoyant** (GRAL confiado, boyante)].
business n: GRAL negocio, operación, actividad empresarial, profesión, ocupación; empresa; V. *concern, enterprise, investment, trade; company, corporation*. [Exp: **business day** (MER día hábil, laborable en el que los mercados operan con normalidad; V. *legal holiday*), **business deal** (FIN acuerdo comercial), **business expenses** (FIN gastos de explotación), **business hours** (FIN horario comercial; horario de atención al público), **business paper** (FIN efectos comerciales), **business portfolio analysis** (FIN análisis de la cartera de negocios; método de categorización de empresas), **business trust** (INST fideicomiso comercial)].

butterfly n: MER/OPC mariposa; posición larga de mariposa; alude a la combinación o estrategia combinatoria de compras y/o ventas de opciones de venta –*puts*– y de compra –*calls*– consistente en comprar y vender simultáneamente opciones de compra de diferentes precios de ejercicio –*exercise prices*– o de distintas fechas de vencimiento –*expiry dates*–; V. *straddle, condor*. [Exp: **butterfly spread** (FIN/OPC «spread» mariposa; estrategia de venta de dos opciones de compra –*calls*– y adquisición de otras dos en el mismo o diferente mercado con fechas de vencimiento –*expiration dates*– distintas; las que se venden tienen una un precio de compra o ejercicio –*exercise price*– más elevado y la otra más inferior que el de las dos opciones que se compran ◊ *Investors are not as informed as they should be. It's a complex field, inhabited by creatures with names like «collateralized mortgage obligation», «bull-bear butterfly spread»*, and «inverse floater»)].
buy[1] n/v: GRAL/FIN/NEGO compra, adquisición; comprar, adquirir; V. *acquisition, bargain, purchase*. [Exp: **buy**[2] (NEGO compra larga; adquirir un valor mediante una posición larga –*long position*–), **buy a bull** (NEGO comprar acciones con la esperanza de que su precio suba), **buy and write strategy** (NEGO/OPC estrategia de compra y venta a cubierto; consiste en comprar acciones y vender a cubierto opciones de compra –*covered call option writing*– de dichas acciones), **buy-and-hold strategy**

(NEGO estrategia de compra y mantenimiento, las acciones adquiridas en una cartera no se negocian hasta que se considera finalizado el periodo de inversión de las mismas), **buy back** (NEGO rescatar, volver a comprar las acciones propias ◊ *There is a tremendous amount of urging from politicians and financial institutions that they buy back shares to support prices*; V. *repo*), **buy back a bear seller** (NEGO rescatar a un vendedor al descubierto; V. *selling short; bear spread, bear squeeze, bear clique; against the box*), **buy earnings** (NEGO comprar por los beneficios potenciales), **buy for the rise** (NEGO comprar al alza), **buy forward** (NEGO comprar a plazo; comprar con antelación a un precio asegurado), **buy hedge** (NEGO V. *long hedge*), **buy in** (NEGO cobertura de compra; cubrir, anular –*offset*– o cerrar una posición corta –*short position*–; V. *evening up, liquidation*), **buy into** (NEGO comprar acciones), **buy limit order** (NEGO orden de compra con límite; dicha orden asegura la compra de un valor a un precio designado de antemano o inferior ◊ *If you placed a buy limit order that was only good for the day and your price never fell to your set price the trade would not be made*; V. *sell limit order*), **buy long** (NEGO invertir a largo plazo; V. *buy short*), **buy on close** (NEGO compra al cierre), **buy on margin** (NEGO compra al margen; el inversor pide un préstamo para comprar más acciones empleándolas como garantía –*collateral*–), **buy on opening** (NEGO compra a la apertura), **buy on the bad news** (NEGO compra ante las malas noticias; consiste en comprar acciones de una empresa una vez que han caído a causa de sus resultados con la esperanza de conseguir buenos resultados futuros ◊ *«The public always gets it wrong. You have to buy on the bad news and sell on the good news»*; V. *bottom fisher*), **buy order** (NEGO orden de compra), **buy out** (NEGO comprar una empresa), **buy short** (NEGO invertir a corto plazo; V. *buy long*), **«buy-side» analyst** (NEGO analista por libre; generalmente no trabaja para casas de corretaje –*brokerage firms*– sino que lo hace para empresas dedicadas a la gestión de capitales –*money management firms*– a cuyo nombre contrata los valores), **buy stop order** (NEGO orden de compra límite; no se ejecuta hasta que el precio de mercado alcanza el precio límite), **buy the book** (NEGO comprar el libro [la emisión]; orden de compra de todas las acciones de una determinada emisión al precio de mercado; el libro se refiere a los asientos o anotaciones de acciones en papel antes de la era informática), **buy the spread** (NEGO comprar el diferencial o «spread»; consiste en comprar el contrato más cercano y vender el más lejano ◊ *Most investors sold The Limited and wanted to buy the spread on Intimate Brands*; V. *sell the spread*), **buy them back** (NEGO recomprarlas; alude a cubrir una posición corta mediante la compra de las mismas acciones a un precio inferior ◊ *We sold them these securities since we knew we'd be able to buy them back at lower prices at the end of the day*; V. *trade me out; walk away*), **buyer's market** (NEGO mercado comprador, mercado bajo por existir una oferta excesiva), **buyer's option to double** (OPT V. *option to double*), **buyers over** (NEGO mercado fuerte; finalización de la sesión de Bolsa con posición de dinero), **buyers/sellers on balance** (NEGO afluencia equilibrada de compradores y vendedores; generalmente abundan más en los momentos de apertura y cierre de los mercados; V. *imbalance of orders*), **buying climax** (NEGO clímax comprador; subida súbita del precio de un valor que da como resultado una caída rápida de la cotización ◊ *There has been no substantial transfer of stock from strong holders to weak holders [buying climax] until we see this the market will continue its bull run*), **buying forward** (NEGO compra a plazo; V. *buying spot; futures contract*), **buying hedge** (NEGO cobertura con posición larga ◊ *Some are buying hedge to expand in wealth management, such as boutique fund Beaumont Capital*; V. *long hedge*), **buying-in** (NEGO compra de acciones al mejor precio; la operación la realiza otro corredor debido a que el corredor original no cumplió su compromiso; el vendedor, no obstante, debe abonar la diferencia de precios; V. *close out; sell out*), **buying-in shares** (NEGO autocartera; práctica que consiste en la compra de acciones por la propia empresa con el fin de aumentar el rendimiento de los dividendos), **buying on margin** (NEGO compra al/sobre margen; V. *investor's equity; marginal trading*), **buying power** (NEGO poder adquisitivo, de compra), **buying spot** (NEGO compra al contado; V. *buying forward; futures contract*].

C

© *n*: MER equivale a *copyright*.

C *n*: VAL quinta letra de la clasificación de valores del NASDAQ que indica que se trata de un valor exento de cumplir los requisitos de la lista del NASDAQ durante un periodo de tiempo determinado; calificación más baja dada a un valor o inversión por la agencia calificadora de solvencia financiera –*rating bureau*– norteamericana *Moody's Investors Service*, equivalente a la CCC de *Standard & Poor's*.

cabinet *n*: GRAL armario; consejo, gabinete; V. *bureau, box; board, committee*. [Exp: **cabinet crowd** (AG VAL pandilla de los archivadores; se trata de inversores en la Bolsa de Nueva York especializados en bonos poco activos –*cabinet securities*–; las órdenes relativas a la compra y venta de dichos bonos, dentro de unos límites prefijados –*limit orders*–, se archivan en una zona de taquillas o archivadores metálicos a un lado del parqué –*trading floor*– de donde se deriva esta expresión; V. *active bond crowd; loan crowd; Automated Bond System*), **cabinet security** (BON bono poco activo que se negocia por la padilla de los archivadores –*cabinet crowds*– ◊ *Elektra bonds although listed on NYSE are considered a cabinet security*)].

cable *n*: FIN cable; tasa de cambio entre la libra esterlina y el dólar estadounidense.

CAC 40 index *n*: FIN índice CAC 40, refleja el comportamiento de los valores de 40 de las 100 empresas más importantes de la Bolsa de París.

cage *n*: GRAL/AG VAL jaula; caja; pagaduría, receptoría; alude a la sección de la casa de corretaje –*brokerage firm*– encargada de la recepción y desembolso –*disbursing*– de primas y fondos ◊ *Thompson keeps an eye on his investments when he's not practicing cuts in the firm's cage*; V. *back office*.

calendar *n*: NEGO calendario; agenda; se refiere al listado de emisiones de valores de próximo lanzamiento en Bolsa; V. *schedule, timetable*. [Exp: **calendar day** (NEGO día natural), **calendar effect**

(NEGO efecto calendario; alude a la tendencia de los precios de los valores a comportarse de forma más o menos caprichosa en razón de determinadas fechas, como el efecto enero, el efecto día de la semana, mes del año o vacaciones), **calendar spread** (NEGO/OPC diferencial horizontal o de calendario; se aplica a la venta y compra simultánea de opciones de la misma clase a distintos precios pero con la misma fecha de vencimiento –*expiration date*– ◊ *A good sentiment indicator has been the calendar spread in the past. It shows that futures traders are extremely bearish*; V. *debit spread*)].

call *n*: NEGO/FIN opción de compra de valores; otorga el derecho a comprar en una fecha determinada y al precio convenido; V. *option, call option, put option*. [Exp: **call an option** (OPC ejercer el derecho de opción de compra –*to exercise a call option*–), **call and put option** (OPC opción de compra y venta; V. *seller's/selling option; straddle*), **call away** (BON/VEN amortizar un bono antes de su vencimiento), **call date** (OPC/VENC fecha de ejecución o reembolso de la opción; incluye la posibilidad que se ofrece al suscriptor del bono de amortizar parte del mismo antes de su vencimiento y por el precio especificado en la opción ◊ *Held until the call date, these bonds either provide a good renewal rate or a return of the original principal value*), **call feature** (VEN cláusula de amortización anticipada; indica los plazos y condiciones para la realización de una amortización anticipada –*prior maturity*–), **call letter** (DIV carta de exigencia de pago; en ella se demanda a los accionistas el pago del dividendo pasivo), **call loan** (FIN préstamo exigible, préstamo a la vista o a la orden; se suele conceder a los corredores de Bolsa para garantizar las operaciones de sus clientes; se denomina también *broker loan* o *broker overnight loan*), **call loan market** (FIN mercado de préstamos a la vista; se otorgan a los agentes bursátiles), **call loan rate** (FIN tasa de interés del préstamo a la vista; el agente carga a su cliente dicha tasa más una comisión –*service charge*–), **call money** (FIN dinero debido a la orden, exigible en cualquier momento; V. *demand loan; loan call*), **call money rate** (FIN V. *broker loan rate, call loan rate*), **call-of-more option** (OPC opción a repetir; opción de compra doble; el comprador tiene derecho a comprar el doble de las acciones estipuladas; V. *option to double, put-of-more option*), **call option** (VAL/NEGO opción de compra; otorga el derecho, aunque no la obligación, de adquirir un determinado número de acciones del activo subyacente –*underlying stock*– a un precio determinado –*strike price*– antes o en la fecha de amortización indicada en el contrato –*expiration date*–; también se pueden adquirir materias primas –*commodities*– o divisas –*currency*–), **callover** (NEGO reunión de intermediarios –*brokers*– y agentes –*dealers*– de materias primas; éstos se reúnen a determinadas horas del día en forma de corro –*ring trading*– para constituir un mercado –make a market– de un producto y efectuar transacciones de viva voz –in open cry– llamándose *callover price* o precio del mercado de corro, al precio acordado en dichas transacciones; V. *ring trading, open outcry*), **call premium** (VEN prima de rescate o amortización anticipada; generalmente por encima de la par del valor en cuestión), **call price** (VEN precio de rescate o por amortización anticipada), **call privilege** (BON privilegio de redención, préstamo privilegiado; muchos contratos o escrituras de formalización de bonos –bond indentures– prevén su devolución anticipada; se dice entonces que la sociedad emisora –issuing corporation– tiene el derecho de exigir la presentación –call in– de los bonos para su rescate, normalmente mediante el pago de una prima de amortización –redemption premium– ◊ *Three years after buying the bond and having the long-term interest rates risen to 12 percent, the corporation exercised the call privilege*; V. *call, callable bond; redemption price*), **call protection** (NEGO protección contra rescate anticipado; se refiere al periodo de tiempo inicial durante el cual el valor no puede rescatarse –bonds are not callable–), **call provision** (NEGO V. *call feature*), **call put parity** (OPC paridad entre una opción de compra y otra de venta), **call ratio backspread** (FIN diferencial o «spread» a ratio comprador inverso; V. *put ratio backspread*), **call ratio spread** (FIN diferencial a ratio comprador; V. *put ratio backspread*), **call spread** (OPC diferencial con opciones de compra; se da al adoptar una posición larga y otra corta en opciones de compra con el mismo activo subyacente –underlying asset–), **call-up capital** (FIN capital o dividendo pasivo; se requiere a los suscriptores de acciones una vez les son adjudicadas; V. *face value, surrender value*), **call value** (VEN valor por amortización anticipada; V. *face*), **callable** (OPC/VEN exigible, amortizable, rescatable, alude a la garantía financiera que incluyen los bonos con opción a recompra –call option–; en estos casos el emisor debe abonar una prima por la amortización anticipada –redemption premium–), **callable bond** (BON/VEN bono con opción de recompra; bono amortizable anticipadamente; obligación redimible; en la operación de recompra la entidad emisora suele abonar una prima de amortización –redemption premium– ◊ *With stock market volatility on the rise, some stock brokers are pushing to buy higher yielding callable bonds*; V. *call privilege; puttable bond*), **callable bond payable** (BON bono pagadero a la vista), **callable preferred stock** (VEN acciones preferentes amortizables ◊ *Callable preferred stock is most beneficial because it can be called when expectations of the stock are below what was originally planned*), **called-up share capital** (NEGO/SUS capital desembolsado; se refiere sólo a la parte del capital suscrito y desembolsado; a la suscrita y no desembolsada se la llama *uncalled capital*; y cuando el capital ha sido totalmente desembolsado por los suscriptores se llama *fully-paid-up capital*; V. *call letter, allotment letter, call*)].

CAMPS *n*: VAL acrónimo de *Cumulative Auction Market Preferred Stocks*, acciones preferentes acumulativas.

Canadian Dealing Network, CDN *n*: INST mercado secundario –*OTC, over-the-counter market*– de Canadá, forma parte de la Bolsa de Toronto desde 1991.

Canadian Exchange Group, CEG *n*: MER unión de los mercados financieros canadienses –*the Toronto Stock Exchange, the Montreal Exchange, the Vancouver Stock Exchange, the Alberta Stock Exchange and the Winnipeg Stock Exchange*– con el propósito de ofrecer información a los clientes foráneos de los mercados de ese país.

cancel *v*: NEGO rescindir, cancelar, suprimir, anular una orden de compra o venta; V. *annul, cross out, invalidate, nullify, offset*.

«can get $000» *fr*: NEGO puedo conseguir los $000; expresión utilizada en la negociación en el mercado secundario o extrabursátil –*over-the-counter*– cuando se consigue un cliente dispuesto a pagar una determinada cantidad por un valor; V. *cost me*.

«cannot complete» *fr*: NEGO negociación pendiente o fallida; dícese de la imposibilidad de ejecutar una orden debido al precio vigente o a las condiciones específicas del mercado ◊ *The investor placed an order to buy fund shares, but the fund company could not complete the order until the close of the stock market at 4 p.m.*

cap *n*: FIN/OPC abreviatura de *capitalization*, máximo, techo «plafond» de opción, tope máximo acordado; instrumento de cobertura, mediante el pago de una prima, que protege frente a una modificación por encima de lo convenido de los tipos de interés variables; V. *caption; floor, ceiling; deferred cap*. [Exp: **cap loan** (FIN préstamo al tipo de interés máximo), **capped floating rate note** (BON bono o pagaré con tipo de interés variable y techo máximo –*cap*–; V. *coupon; collared floating rate note*)].

capital *a/n*: FIN capital, principal, recursos propios; V. *assets, funds, principal, resources*. [Exp: **capital allocation decision** (FIN decisión de inversión de capital; decisión entre invertir el capital en activos sin riesgo –*risk-free assets*– o en carteras de riesgo –*risky portfolio*–), **capital asset pricing model, CAPM** (FIN modelo de valoración de los precios de los activos financieros; este modelo aboga por el riesgo como medio de alcanzar mejores rendimientos; V. *asset pricing model, market model; modern portfolio theory*), **capital call** (FIN dividendo pasivo; también llamado *call money* o *call*), **capital debenture** (OBL obligaciones no hipotecarias de capital; bonos de caja ◊ *No bank should invest its funds in the capital debenture issue of another bank in an amount of more than its lending limit*), **capital dividend** (NEGO dividendo de capital, dividendo cargado contra el capital), **capital expenditure** (FIN inversión en un activo fijo, activo fijo), **Capital International Indexes** (FIN índices de capitales internacionales, índices bursátiles de Morgan Stanley referidos a las principales Bolsas del mundo), **capital gain** (NEGO plusvalía de capital; establece la diferencia entre el precio neto de venta y su coste neto de compra; si se vende por debajo del coste, la diferencia origina una pérdida de capital –*capital loss*– ◊ *The stock purchased must be held for at least one year from the date of exercise if the employee wishes to utilize long-term capital-gain treatment for the gain*), **capital gains distribution** (FIN reparto de plusvalías de capital), **capital gains yield** (FIN rentabilidad de las plusvalías de capital), **capital loss** (FIN minusvalías, pérdidas de capital; sucede cuando el valor se vende por debajo de su precio de compra), **capital market** (MER mercado de capitales a largo plazo; generalmente superior al año; se diferencia del mercado monetario –*money market*– por el plazo más breve de amortización de este último), **capital market line, CML** (FIN línea del mercado de capitales; alude a la relación entre la rentabilidad esperada y el riesgo de mercado), **capital note** (FIN pagaré convertible), **capital shares/stock** (VAL capital social o comercial; tipo de acción que permite al tenedor –*holder*– su apreciación o depreciación en razón del valor de la cartera, así como de las ganancias obtenidas por la negociación –*trading*– ◊ *According to the minister, investors that had authorisation and were quoted in the stock exchange represented 55 per cent of the capital shares*), **capital stock** (VAL títulos apreciados; se produce por el crecimiento de su capital; V. *income stock*), **capital stock issuance** (VAL emisión de acciones de capital social), **capital structure** (SOC estructura del capital social; se refiere al apartado de la hoja de balance –*balance sheet*– que detalla las responsabilidades –*liabilities*– y participación accionarial –*equity*– de los accionistas, en especial la ratio de endeudamiento y los plazos de vencimiento –*expiration*– de los valores de la empresa), **capital turnover** (FIN rotación del capital; rendimiento de la inversión; se calcula dividiendo las ventas anuales por el valor neto de la participación accionarial; un rendimiento de la inversión bajo se corresponde con un aumento de los márgenes de beneficio –*profits margins*–), **capital venture enterprise** (SOC sociedad de capital riesgo; V. *joint venture*), **capitalization** (FIN capitalización), **capitalization issue** (FIN V. *scrip issue*), **capitalization method** (FIN método de capitalización; consiste en duplicar una cartera para la que se adquiren acciones de las empresas de mayor capitalización en Bolsa y en proporción a su capitalización ◊ *All Nasdaq Indices are market-value weighted except the Nasdaq-100 Index which is weighted using a modified market capitalization method*), **capitalization table** (FIN tabla de capitalización; muestra la capitalización de una empresa en la que se incluye el capital obtenido por las acciones de la compañía y su endeudamiento a largo plazo, así como sus respectivos ratios de capitalización)].

CAPM *n*: FIN V. *Capital asset pricing model*.

caption *n*: OPC capción; se trata de una opción de compra o de venta con pago de prima y con un tope máximo de interés.

CAPS *n*: VAL *Convertible Adjustable Preferred Stock*; acción preferente convertible y de interés variable.

CARDs *n*: FIN/VEN *Certificates of Amortized Revolving Debt*; certificados de deuda amortizada renovable.

carrot equity *col n*: FIN valor zanahoria; dícese del valor que lleva aparejada la posibilidad de adquirir más si la empresa alcanza unos determinados objetivos financieros; ◊ *After reaching the company's financial goals, more carrot equity was offered to the shareholders*.

carry *v*: NEGO poseer gran número de acciones; facilitar fondos a clientes, por parte del corredor, para efectuar transacciones en Bolsa; ◊ *This credit cannot be used to purchase or carry margin stock; it will be used only for personal, family, household, charitable, or business purposes*. [Exp: **carry-over** (NEGO liquidación diferida; sucede cuando se traslada la liquidación de los valores de Bolsa a la siguiente quincena –*account day*–; V. *contango; account day*), **carrying broker** (NEGO corredor que otorga créditos a los clientes que operan con márgenes –*spreads*– ◊ *Marathon Securities Ltd., acting as Fortune's carrying broker, became aware of Tindall's involvement with ART and expressed serious concerns*), **carrying charge** (NEGO comisión del corredor por operaciones de compra a plazo), **carrying share** (VAL acción que genera dividendos)].

cash *n/v*: FIN dinero efectivo, activo disponible; título negociable; negociar a descuento; se trata del precio de aquellos activos que pueden convertirse en líquido; suele referirse a cuentas bancarias, valores en Bolsa y bonos del Estado. [Exp: **cash account** (FIN cuenta de transacciones en efectivo; en vez de a crédito –*margin account*– que tienen los intermediarios o *brokers*), **cash asset** (FIN activos de caja, disponibles, en efectivo), **cash asset ratio** (FIN coeficiente de caja; se calcula dividiendo el líquido y los valores por el pasivo corriente –*current liabilities*–; V. *liquidity ratios*), **cash & carry** (FIN «cash & carry» o arbitraje directo; se aplica a productos derivados secundarios –*derivative products*– y se trata de combinar la posición larga –*long position*– de un valor o materia prima –*commodity*– con una posición corta –*short position*– en el futuro subyacente), **cash bonus** (FIN dividendo extraordinario ◊ *Marks & Spencer's chairman was being paid a cash bonus tied to unspecified internal targets*; V. *bonus shares; part-paid shares*), **cash budget** (FIN presupuesto de caja), **cash commodity** (FUT mercancía física, según se especifica en un contrato de futuros –*futures contract*–), **cash cow** (FIN empresa «vaca lechera»; se trata de aquella empresa que paga el total de sus beneficios por acción –*earnings per share*– a sus accionistas en forma de dividendos; también se refiere a una empresa o sección que genera una gran tesorería ◊ *Sponsorship has been the Olympics' cash cow. Sixty-five corporations shelled out $4.5 billion to the IOC*), **cash deal** (NEGO operación bursátil al contado; V. *cash settlement contract*), **cash delivery** (FUT entrega en efectivo; se trata de contratos de futuros que no requieren la entrega de los activos subyacentes sino dinero por el valor de los mismos), **cash dividend** (FIN dividendo en efectivo a los accionistas), **cash dividend payout ratio** (FIN tasa de liquidación del dividendo en metálico), **cash equivalent** (FIN/VEN equivalente de caja; valor amortizable a corto plazo considerado como un equivalente financiero del dinero), **cash-equivalent items** (FIN valores equivalentes de caja; se trata de invertir a corto plazo el exceso de líquido de una empresa, normalmente en valores de alta seguridad como Letras del Tesoro –*treasury bills*–), **cash flow** (FIN flujo de caja; suma del beneficio consolidado neto más las amortizaciones y provisiones ◊ *Cash flow in investments represents earnings before depreciation, amortization and non-cash charges*), **cash flow after interest and taxes** (FIN flujo de caja después de impuestos e intereses; incluye los ingresos netos a los que se suma el valor de la depreciación), **cash flow bonds** (BON bonos garantizados por un fondo –*pool*– de titulación de hipotecas; también se denominan *pay-through securities*), **cash flow coverage ratio** (FIN coeficiente de cobertura del flujo de caja; muestra las veces en que los ingresos brutos se han empleado para asegurar las diversas obligaciones financieras de la empresa), **cash flow matching** (FIN ajuste de flujos de caja; V. *dedicating a portfolio*), **cash flow per common share** (FIN flujo de efectivo por acción), **cash flow yield** (FIN rendimiento originado por valores respaldados por una hipoteca; V. *mortgage-backed security*), **cash forward market** (MER mercado de entrega diferida o a plazo fijo), **cash forward sale** (FIN venta con pago en el acto y entrega aplazada), **cash hedge** (FIN cobertura líquida), **cash in on sth** (FIN sacar partido o provecho a algo ◊ *Innovative CD gives chance to cash in on Wall Street's performance*), **cash loan** (FIN préstamo en efectivo), **cash management account, CMA** (FIN cuenta de gestión de tesorería, cuenta de gestión de saldos de inversión), **cash management bill** (FIN Letra del Tesoro a corto plazo; se ejecuta cuando las necesidades de liquidez lo hacen necesario ◊ *Merrill expects the Treasury to rely heavily on the recently announced 4-week T-bills*), **cash market** (FIN/MER mercado al contado, también llamado –*spot market*–; se caracteriza por la entrega inmediata de una mercancía, valor o producto financiero; V. *derivative markets*), **cash market price** (FIN precio de

mercado al contado; V. *forward price; spot price*), **cash offer** (VAL oferta pública de acciones; se vende a aquellos inversores interesados ◊ *MCI says the cash offer for the remainder of OzEmail will remain open for one month after it goes to the stock market*; V. *exchange offer*), **cash-on-cash return** (FIN rendimiento de contado sobre contado; se trata de un método destinado a averigüar el rendimiento de una inversión en el mercado primario; V. *current-yield, yield-to-maturity*), **cash on delivery, COD** (FIN venta contra reembolso; se emplea para describir la práctica de los inversores institucionales de pagar en metálico el total de los valores que adquieren), **cash plus convertible** (FIN contado más convertible; se refiere a las acciones o valores convertibles que deben abonarse en metálico en el momento de su conversión), **cash price** (FIN precio al contado; en el mercado de materias primas es sinónimo de *physical* o *actual price*), **cash settlement contracts** (FUT contratos de liquidación al contado; se trata de contratos de futuros que se resuelven en metálico sin que sea necesario entregar el bien subyacente ◊ *All stock index futures contracts call for cash settlement on expiration*), **cash surrender value** (FIN valor de rescate en efectivo), **cashout** (FIN sin líquido; se aplica en la situación en la que una empresa se queda sin efectivo y no puede vender acciones de forma inmediata)].
CATS *n*: VAL acrónimo de *Certificate of Accrual on Treasury Securities*; bono, obligación o cédula del Tesoro de cupón cero; se adquiere a un precio muy inferior al de su valor nominal –*face value*– y no rinde intereses durante su vigencia; al vencer –*expire*– se reintegra su valor nominal completo. [Exp: **cats and dogs** (VAL chicharros, valores con escasa solidez de carácter especulativo ◊ *The stock market is full of investors who complain: everything is going up, except my cats and dogs*)].
caveat *n*: GRAL aviso, advertencia, indicación, nota; V. *admonition, notice, warning*. [Exp: **caveat emptor** (NEGO por cuenta y riesgo del comprador), **caveat subscriptor** (NEGO por cuenta y riesgo del vendedor; avisa del riesgo que se corre, en especial en mercados con escasa protección)].
CBOE *n*: MER V. *Chicago Board Options Exchange*.
CBO *n*: VAL V. *Collateralized Bond Obligation*.
CD *n*: VAL V. *Certificate of deposit*.
CDN *n*: INST V. *Canadian Dealing Network*.
CEC *n*: INST V. *Commodities Exchange Center*.
CEDEL *n*: MER Sistema Centralizado de Compensación de Eurobonos.
CEG *n*: INST V. *Canadian Exchange Group*.
ceiling *n*: NEGO techo, límite, máximo; precio o interés más elevado que se puede alcanzar en una operación financiera ◊ *When they want a stock to drop, they place a ceiling of stocks which are selling at decreasing prices to eat up any number of buy orders*.

central *a*: GRAL central. [Exp: **central bank** (INST banco central o emisor), **central market** (INST mercado central), **central office** (INST sede central)].
CEP *n*: VAL V. *convertible exchangeable preferred stock*.
certainty equivalent *n*: FIN equivalente de certeza; cantidad que se acepta frente a la posibilidad de recibir una incierta cantidad superior.
certificate *n*: GRAL certificado, título; documento que da fe de posesión o existencia de un producto financiero, valor, bono, etc; V. *affidavit, deed, document, licence, warrant*. [Exp: **certificateless municipals** (BON bono municipal sin certificado; válido para toda la emisión lo que facilita su negociación al no haber certificados individuales; V. *book-entry securities*), **certificate of accrual on Treasury securities, CATS** (BON/OBL obligaciones o cédulas del Tesoro de cupón cero; se adquieren a un precio muy inferior al valor nominal pero son rescatables, a su vencimiento, a la par, por lo que representan una inversión interesante para los planes de inversión al ir aumentando progresivamente –*accruing*– su valor; V. *CATS, Treasury Income Growth Receipt, TIGR, TIGER*), **certificate of deposit, CD** (FIN certificado de depósito; emitidos por los bancos, vencen en una fecha predeterminada y devengan intereses), **certificate of indebtedness** (VAL título de deuda del Estado a corto plazo), **certificate of ownership** (VAL certificado de propiedad), **certificate of transfer** (VAL certificado de cambio de propiedad de acciones o valores)].
CFAT *n*: FIN V. *Cash flow after taxes*.
CFC *n*: SOC V. *Controlled foreign corporation*
CFTC *n*: INST V. *Commodity Futures Trading Commission*.
characteristic line *n*: FIN línea característica; se trata de un modelo de mercado que se aplica a un valor y marca la frontera entre la rentabilidad esperada en dicho valor y la propia del mercado.
charge *n/v*: GRAL coste, precio, comisión; cargar, cobrar; V. *cost, price, fee*. [Exp: **charge off** (FIN préstamos incobrables, deuda cancelada; V. *bad debt*), **chargeable** (FIN imputable en cuenta)].
chart *n/v*: GRAL cuadro, esquema, tabla; bosquejo, trazado; trazar, mostrar; V. *draw, graph, table; outline, plan*. [Exp: **chartism** (MER análisis chartista, chartismo; V. *technical analysis*), **chartist** (MER chartista, analista de inversiones bursátiles, analista técnico de Bolsa ◊ *The chartist must look to inflation, and interest rates, and gauge their effect on stocks*)].
charter *n/v*: FIN escritura de constitución de una sociedad. [Exp: **chartered accountant** (FIN censor jurado de cuentas), **chartered company** (SOC sociedad anónima)].
cheap *a*: GRAL barato, asequible, reducido de precio, ganga; V. *bargain, economical, reasonable*. [Exp: **cheap stock** (VAL chicharros; V. *cats and dogs*), **cheapest to deliver issue** (VAL bono del Tesoro con la tasa de recompra –*repo*

rate– más elevada ◊ *The company rose the liquidity of cheapest-to-deliver JGBs by selling its holdings in such bonds and buying them back after the expiry date*; V. *implied repo rate; quality option*)].

check *n/v*: GRAL revisión, examen; cheque, talón; revisar, comprobar; V. *assess, examine, evaluate*. [Exp: **check the market** (MER tantear el mercado para conseguir los mejores precios)].

Chicago Board Options Exchange, CBOE *n*: INST Mercado de Opciones de Chicago, fundado en 1973. [Exp: **Chicago Board of Trade, CBOT** (MER Mercado de Futuros de Chicago; el más grande de los EE.UU, especializado tanto en futuros como en productos de entrega inmediata o al contado *–spot–*), **Chicago Stock Exchange, CHX** (INST Bolsa de Chicago; mercado exclusivo de valores)].

Chinese *n*: GRAL chino. [Exp: **Chinese hedge** (NEGO cobertura china; se aplica a valores convertibles *–convertible securities–*; se trata de un tipo de cobertura *–hedge–* según la cual el elemento convertible se realiza a corto plazo *–short–* y el soporte ordinario o común *–underlying common–* lo hace a largo *–long–* con el fin de que la diferencia de precio *–premium–* se reduzca; V. *set up*), **Chinese paper** (VAL/BON papel chino; bonos de poca fiabilidad ◊ *Webvan lured Andersen Consulting CEO George Shaheen with $100 million of Chinese paper*), **Chinese wall** (FIN muralla china; se refiere a la barrera impuesta por los bancos para evitar la divulgación de información confidencial *–inside information–* propia)].

chumming *n*: MER aumento del volumen de contratación.

churning *n*: col NEGO metesaca financiero; el corredor opera de manera abusiva con la cuenta de sus clientes con el fin de aumentar sus comisiones ◊ *Added to all this confusion, there was a certain amount of market churning fueled by speculation and rumor.*

circuit *n*: GRAL circuito, perímetro, círculo; V. *circle, perimeter*. [Exp: **circuit breakers** (NEGO salvavidas, desconexión; términos que definen los mecanismos que emplean los mercados para interrumpir de forma provisional las cotizaciones cuando las fluctuaciones de los precios son demasiado notorias y pueden causar una caída libre *–free-fall–* de los valores ◊ *Circuit breakers were triggered for the first and only time when the DJIA fell 350 points at 2:35 p.m. and 550 points at 3:30 p.m. and shut the market for the remainder of the day*; V. *shock absorber*)].

circulating *v*: GRAL circulante, corriente, fluido. [Exp: **circulating asset** (FIN activo circulante, activo corriente)].

citizen bonds *n*: VAL/BON bonos populares; son instrumentos municipales sin título *–certificateless municipals–* que suelen registrarse en las Bolsas.

City *n*: MER distrito financiero de la ciudad de Londres. [Exp: **City code on takeovers and mergers** (FIN normas deontológicas de la Bolsa de Londres sobre OPAS y fusiones; V. *dawn-raid*)].

claim *n/v*: GRAL demanda, pretensión; alegar, exigir, demandar, requerir; V. *demand, pretend, purport, requirement*.

class *n*: GRAL/OPC clase, lote; opciones de la misma clase con idéntica acción soporte –*underlying security*–; V. *series*. [Exp: **class A/class B shares/stocks** (VAL acciones de las clases A y B; V. *one-class stock; classified stock*)].

classified *a*: GRAL clasificado, distribuido, ordenado; secreto, oculto, velado; V. *distributed, measured; concealed, secret*. [Exp: **classified common stock** (VAL acciones con calificación; pueden ser de tipo A, sin derecho a voto, y B, con derecho a voto; V. *«A» shares, non-voting stock, preferred stock*)].

clean *a/v*: GRAL/FIN limpio, sencillo, neto; limpiar; se emplea en la contratación de paquetes de una misma acción –*block trade*–; V. *open*. [Exp: **clean price** (NEGO precio limpio o neto; precio de un bono u obligación una vez excluidos los intereses acumulados desde el dividendo anterior ◊ *Clean price trading is already conducted in China interbank bond market, but not on stock exchanges*; V. *accrued interest*), **clean up** (NEGO liquidación o limpieza; compra o venta de la oferta restante de un valor o paquete de valores block), **«clean your skirts»** *col* (NEGO repaso a fondo; comprobación de todas las obligaciones previas a la adquisición de un valor)].

clear *a/v*: GRAL/FIN limpio, sin cargas, libre, neto; compensar, liquidar, saldar, sanear; la negociación se cierra –*clears*– cuando el vendedor –*seller*– entrega sus valores –*securities*– al comprador –*buyer*– que entrega el efectivo; V. *authorize, permit; discharge, empty, liquidate, remove*. [Exp: **clear a position** (NEGO cancelar la posición, larga o corta –*long or short*– quedando el valor sin obligación ◊ *I used a stop-loss order to clear my position*), **clearing house** (INST cámara de compensación de contratos de futuros; en ella los acuerdos alcanzados en la lonja de futuros –*futures exchange*– se confirman mediante un proceso de cotejo de compras y ventas), **clear title** (VAL título limpio, seguro; V. *good title, marketable title, cloud on title*), **clearing corporation** (INST sociedad de acciones con cotización en Bolsa)].

clip *v*: GRAL recortar, podar, limpiar; V. *split, strip*. [Exp: **clipping off** (FIN desdoble o separación de acción y cupón; suele tener lugar este desdoble en las ampliaciones de capital; V. *stripping; asset stripping; dividend stripping; zero-coupon bond/CD coupon stripping*)].

clone fund *n*: FON fondo clónico; fondo nuevo creado para imitar el comportamiento de un fondo existente de éxito ◊ *The performance of their clone fund is expected to be lower than the performance of its corresponding underlying fund*.

close, the *n*: NEGO cierre de la sesión; también puede referirse al precio de un valor al cierre de la sesión; V. *the opening*. [Exp: **close a position** (NEGO cerrar una posición; se trata de eliminar un valor de la cartera –*portfolio*– o de cerrar todos los asientos de oferta correspondiente, eliminando el riesgo representado por un valor y equilibrando las opciones de compra y de venta ◊ *You can place a dual-sided order for securities to close an open position if either the price goes up to a certain level or goes down to a certain level*; V. *close out; hedge*), **close market** (NEGO mercado cerrado o cubierto; presenta un diferencial *–spread–* pequeño entre los precios de oferta y demanda *–bid and offer prices–* debido al elevado volumen de negociación o a la competencia de otros mercados), **close order, at the** (NEGO/FUT orden al último cambio; orden al cierre; se trata de una colocación todo o nada *–all or none market order–* que debe ejecutarse *–execute–* por el cambio que tenga la acción en el cierre de la sesión; en el caso de futuros u opciones, éstos se ejecutan en la hora de cierre cuando se produce un abanico de precios *–range of prices–*), **close out**[1] (NEGO/FUT cerrar una posición abierta; normalmente en un mercado de futuros, se compra para cubrir una venta en corto *–short sale–* o se vende una compra en largo *–long purchase–* ◊ *If you buy futures and the Share Index goes up, you can close out your position by selling at a higher price and taking a profit* ; V. *open position; buying-in; short sale; flat position*), **close out**[2] (FIN liquidar, ejecutar el valor de los efectos inscritos en una cuenta de crédito *–margin account–* por impago de deudas o por incumplimiento del requisito de saldo mínimo; esta liquidación la suele hacer el agente de Bolsa afectado; V. *margin*), **closed corporation** (SOC empresa de propiedad limitada; las acciones están en pocas manos y no cotizan al público; V. *closely-held company*), **closed-end fund** (FON fondo de inversión cerrado; el número de participaciones *–units–* es limitado y no puede aumentar; V. *open-end fund*), **closed-end management company** (SOC sociedad de gestión de fondos de inversión cerrados; el número de participaciones que gestiona es limitado y no lo aumenta aunque crezca la demanda; V. *open-end management company*), **closed fund** (FOND fondo de inversión cerrado o completo; no emite nuevas participaciones debido a su excesivo tamaño), **closed indent** (FIN V. *specific indent*), **closed out** (NEGO posición cerrada; se da cuando el cliente no cumple el requisito de reposición del margen de garantía *–margin call–* o cubre una venta al descubierto *–short sale–*), **closed to the money option** (OPC opción con beneficios o pérdidas escasas), **closely-held company** (SOC empresa cerrada con pocos accionistas ◊ *One hundred shares representing a minority stake in a closely-held company has neither control nor liquidity*; V. *closed corporation, publicly-held corporation*), **closing price** (NEGO cotización al cierre; precio de cierre al finalizar la sesión), **closing purchase** (NEGO compra al cierre o posición liquidadora; con esta operación, el comprador trata de eliminar la posición corta o deudora *–short posición–* de un valor ◊

Once an option writer has received an exercise notice, he cannot effect a closing purchase transaction), **closing quote** (NEGO precio de cierre de la sesión de Bolsa), **closing rate** (NEGO cambio al cierre del mercado), **closing range** (NEGO banda de precios al cierre; relación de los precios más altos y bajos registrados por un valor en el periodo de cierre de la sesión ◊ *For certain markets, the daily close is actually a price determined from the period that makes up the closing range*; V. *settlement price*), **closing sale** (NEGO venta al cierre o liquidadora; con esta operación, el comprador trata de eliminar la posición larga –*long posición*– de un valor), **closing tick** (NEGO valor de variación al cierre; conjunto de valores cuyo precio al cierre es mayor –*uptick*– o menor –*downtick*– que el de sesiones anteriores; un valor de variación al cierre positivo es indicio de mercado al alza –*bullish market*– mientras que el negativo lo es de mercado a la baja –*bearish market*– ◊ *The closing tick was just slightly bullish at +146*; V. *TRIN*).

cloud *n*: GRAL sombra; duda, sospecha; V. *complication, confusion, puzzlement, suspicion*. [Exp: **cloud on title** (FIN título imperfecto; alude al título con gravamen o derecho de retención –*lien*– que impide su venta o traspaso; V. *clear title*)].

CML *n*: FIN V. *Capital market line*.

CMO *n*: VAL V. *Collateralized mortgage obligation*.

code of procedure *fr*: GRAL/FIN código de conducta; guía ética oficial emitida por la Asociación Norteamericana de Agentes de Bolsa –*National Association of Securities Dealers*–.

cold calling *n*: NEGO visita o llamada «en frío»; sin previo aviso por parte de agentes de Bolsa con el fin de vender sus productos a posibles clientes ◊ *Cold callers often try to «warm up» potential customers with flattery or friendship*.

collar *n*: FIN contrato de cobertura suelo-techo; es decir, la combinación de un suelo –*floor*– y de un techo –*cap*–; V. *cap, floor*. [Exp: **collared floating rate note** (FIN pagaré con tipo de interés flotante máximo y mínimo; V. *capped floating rate note*)].

collateral *a/n*: GRAL/FIN garantía, aval, seguridad, contravalor, pignoración; V. *bond, guarantee, pledge, security*. [Exp: **collateral bond** (BON bonos con garantía; se trata de obligaciones garantizadas mediante aval), **collateral loan** (FIN préstamo con garantía), **collateral note** (VAL pagaré con garantía), **collateral signature** (FIN aval, firma de garantía), **collateral trust bonds** (BON bonos con garantía prendaria; el emisor garantiza al inversor una compensación –*lien*– sobre el bono adquirido; V. *debenture bond; mortgage bond; subordinated debenture bond*), **collaterization** (FIN colaterización; normalmente se emplea para referirse a la garantía que se cubre con bonos del Tesoro norteamericano ◊ *The company may need to raise additional funds through additional borrowings with collaterization*), **collateralize** (FIN colaterizar; asegurar una deuda con una garantía prendaria o aval), **Collateralized Bond Obligation, CBO** (VAL obligación con garantía multilateral; se trata de una obligación derivada de una serie de bonos basura –*junk bonds*– con diversos grados de riesgo –*tiers*–; a mayor riesgo, mayores intereses), **Collateralized Mortgage Obligation, CMO** (OBL obligación hipotecaria garantizada o *colaterizada*; está garantizada por unos índices de subrogación –*pass-through rates*– y organizada de manera que incluye diversos tipos de partícipes –*bondholders*– con plazos de vencimiento –*expiration*– también diversos; V. *pass-through securities*), **collaterized mortgage security** (OBL obligación con garantía hipotecaria; bono garantizado por el flujo de caja –*cash flow*– de una cartera de hipotecas que se emplea para abonar sus rendimientos –*yields*– y amortizaciones –*redemptions*–)].

collective *a*: GRAL colectivo, sindical; público, social; V. *composite, cooperative, corporate, mutual*. [Exp: **collective investment company** (SOC sociedad de inversión colectiva), **collective investment fund** (FON fondo de inversión colectiva, también llamado *master trust account* ◊ *As a collective investment fund, TraHK is structured as a semi closed-end fund so it has to be sold through the Stock Exchange*), **collective investment managing company** (SOC sociedad gestora de entidades de inversión colectiva)].

combination *n*: NEGO/OPC/VEN combinación; organización de opciones de manera que se combinan las posiciones cortas y largas con las fechas de vencimiento –*expiration dates*– o precio de ejercicio –*strike [exercise] price*–; V. *straddle*. [Exp: **combination bond** (BON bono combinado; bono institucional garantizado tanto por una institución como por el proyecto financiado por dicho bono ◊ *This is a combination bond that offers the security of a top paying building society account combined with the longer term growth potential of a stock market*), **combination fund** (AG VAL sociedad inversionista de valores, bonos y acciones preferentes), **combination strategy** (NEGO estrategia combinatoria; estrategia según la cual una opción de venta –*put*– y otra de compra –*call*– con igual precio de ejercicio –*strike price*– se compran o venden simultáneamente)].

come *v*: GRAL venir, llegar; V. *appear, arrive, happen, enter, market*. [Exp: **come in** (NEGO caerse; caída de los precios; V. *get hit*), **come on to the market** (FIN salir al mercado, estar en venta), **come out of the trade** (NEGO salir del negocio; posición resultante del agente una vez concluida la negociación de un valor; V. *going into the trade*), **come-out, the** (NEGO salida; momento de apertura –*opening*– de la sesión), **come with a late burst** (NEGO remontar; repuntar a última hora), **coming-out price** (NEGO precio de salida de una acción ◊ *The coming-out price was so attractive that the whole issue was sold at the opening*)].

COMEX *n*: INST New York Commodity Exchange; sección de

la Bolsa de Nueva York; se trata del mercado de futuros y opciones de metales más importante de los EE.UU.

comfort letter *n*: FIN/NEGO carta de ratificación, apoyo o garantía; redactada por un auditor independiente, proclama que la información publicada en la declaración sobre valores emitidos –*registration statement*– y el folleto de emisión –*prospectus*– es verídica ◊ *Their accountants will write a comfort letter to the underwriters stating the characteristics of the new issue*.

commercial *a/n*: FIN comercial, mercantil; rentable; agente comercial; V. *business, mercantile, sale*. [Exp: **commercial bank** (INST/FIN banco comercial, de depósitos o de crédito; llamado también *retail bank, deposit bank, joint-stock bank* y *full-service bank* en los EE.UU.; en el Reino Unido, estos bancos ofrecen toda clase de servicios y compiten con las financieras –*financing houses*–, los bancos de negocios –*merchant/investment banks*– y las sociedades de crédito hipotecario –*building societies*–), **commercial bond** (BON bono comercial), **commercial hedgers** (SOC sociedades de inversión y garantía de operaciones de futuros; se trata de empresas que invierten en los mercados de futuros y mercancías para garantizar los precios del género que emplean en su actividad comercial o para protegerse, mediante la compra y venta de contratos de futuros, frente a las posibles variaciones en el precio del género concreto ◊ *The futures market is largely comprised of commercial hedgers seeking to reduce their exposure to price volatility*), **commercial instruments** (FIN instrumentos de comercio; V. *securities, shares, stocks, bonds, etc.*), **commercial paper** (FIN papel comercial; pagaré a corto plazo emitido por una mercantil, con un vencimiento entre 30 y 50 días o inferior), **commercial paper market** (MER mercado de pagarés de empresa a corto plazo; V. *prime commercial paper*), **commercials** (VAL valores comerciales)].

commingle *v*: GRAL mezclar, entremezclar, confundir. [Exp: **commingling/commingled funds** (FON fondos mixtos o mezclados; alude a la «mezcla», al utilizar un fondo mixto, de los títulos pertenecientes a los clientes que figuran en la cuenta de una agencia de valores, siempre con su consentimiento y con el fin de garantizar las obligaciones de la agencia ◊ *The firm serves as the investment manager to commingled funds with the idea of extracting high risk-adjusted returns from the convertible bond markets*)].

commission *n/v*: FIN encargo, mandato, encargar, comisionar; comisión, porcentaje; honorarios devengados a un agente por realizar una operación y calculados según el número de títulos negociados y su valor en dinero; hay que distinguir entre los agentes que ofrecen servicios completos –*full service brokers*– que cuentan con analistas que ofrecen asesoramiento bursátil específico y los agentes libres –*discount broker*– que ejecutan las órdenes de sus clientes sin más y por tanto cobran comisiones más reducidas; V. *appoint, authorized, order; charge, fees; roundturn*. [Exp: **commission broker** (AG VAL agente de Bolsa comisionista; intermediario que representa a una determinada agencia de valores y que, en su nombre, compra y vende títulos a comisión ◊ *You must contact the commission broker on the floor who will go to the specialist and will give him the order which will be executed or registered in his book*; V. *broker*), **commission house** (AG VAL sociedad de valores a comisión; sociedad que negocia contratos de futuros; V. *omnibus account*)].

commitment *n*: GRAL/FUT compromiso, deber, obligación; obligación que asume un intermediario para aceptar o entregar un contrato de futuros; V. *duty, obligation, responsibility; open interest*. [Exp: **commitment fee** (FIN comisión de compromiso o mantenimiento; comisión que paga el prestatario para que el prestamista le conceda un crédito a un determinado tipo de interés durante el tiempo pactado)].

Committee on Uniform Securities Identification Procedures, CUSIP *fr*: INST/FIN Comité para la Normalización de Procedimientos de Identificación de Valores; se asigna un número y código a cada valor que sirven para registrar las operaciones que se realicen con él.

commodity *n*: FIN mercadería, artículo de consumo, género, mercancía, producto genérico o básico; activo real; cualquier producto o sustancia física que compran o venden los inversores mediante contratos de futuros en lonjas o Bolsas de contratación –*commodity exchanges*–; V. *assets, goods, merchandise, products*. [Exp: **commodity-backed bond** (BON bono vinculado a una mercadería), **commodity broker** (AG VAL corredores especializados en los mercados de materias primas ◊ *The best way to learn about trading is to find a commodity broker you can get along with and start to trade*), **commodity exchange** (INST/MER/FUT lonjas o Bolsas de contratación especializadas en un producto; en ellas se efectúan transacciones tanto de instrumentos financieros de contado –*actuals*– como de contratos de futuros –*future contracts*– y de opciones –*options*–), **Commodities Exchange Center, CEC** (INST Centro de Lonjas de Contratación de Mercaderías; agrupa las cinco lonjas de contratación de futuros existentes en Nueva York: *Commodity Exchange, Inc., COMEX; the New York Mercantile exchange, NYMEX; the New York Cotton Exchange; the Coffee, Sugar and Cocoa exchange, CSC;* y *the New York futures exchange, NYFE*), **commodity futures** (FUT mercancía futura o a término), **commodity futures contract** (FUT contrato de futuros sobre productos; establece la compra de un determinado bien por un precio y fecha futura especificadas ◊ *We recommend commodity futures contracts because the economies of some countries depend on commodities that they export so they can provide good return*),

Commodity Futures Trading Comission, CFTC (INST Agencia para la Negociación de Futuros; agencia federal independiente creada por el Congreso de los EE.UU. para regular el mercado de futuros), **commodity indices** (FUT índice de precios de productos y mercaderías; relación de precios de los contratos de futuros en las lonjas de contratación ◊ *The fact that commodity indices rise in price during the worst periods for the stock market is one of the strongest reasons for allocating a portion of an investment portfolio to commodities*), **commodity market** (MER lonja de contratación; mercado de materias primas en origen; mercado de productos; mercados de contratación o compraventa de materias primas, formados por lonjas o centros de contratación especializados), **commodity paper** (FIN efectos de comercio; se utilizan para financiar la importación de materias primas), **commodity swap** (FIN permuta o «swap» de mercaderías físicas –*physicals*– en un mercado de contado –*spot market*– o de plazo –*forward market*– ◊ *WP&L utilizes gas commodity swap arrangements to reduce the impact of price fluctuations on gas purchased and injected into storage*)].

common *a*: GRAL común, ordinario, corriente; habitual, público; V. *average, conventional, ordinary; public*. [Exp: **common capital stock** (VAL acciones ordinarias), **common dividend** (DIV dividendo ordinario; V. *preferred dividend coverage, interim dividend*), **common gap** (FIN agujero o hueco común en un gráfico de barras; V. *breakaway gap, runaway gap*), **common shares** (VAL acciones ordinarias; permiten a sus tenedores –*holders*– votar en los consejos de accionistas –*shareholders meetings*– y devengan intereses), **common stock** (VAL V. *common shares*), **common stock equivalent** (VAL acción o bono preferente; se trata de un valor convertible en acción ordinaria cuando ésta cotiza a buen precio ◊ *For accounting purposes, a warrant, like an option, is considered a common stock equivalent*), **common stock fund** (FON fondo de renta variable; invierte en acciones ordinarias), **common stock market** (MER/VAL mercado de acciones ordinarias; no negocia las preferentes), **common stock ratios** (FIN/VAL índice de fondos propios; dicho índice representa el valor total de las acciones ordinarias poseídas), **common trust fund** (FIN unión de fondos fiduciarios para su inversión conjunta ◊ *The FX Value Fund is a dollar common trust fund that gives investors access to higher returns from short term and long term US government securities, bonds and corporate loans*)].

company *n*: SOC sociedad mercantil, empresa, compañía, sociedad anónima; en los EE.UU. se denominan *corporations*; pueden ser *chartered companies, statuatory companies* y *registered companies*. [Exp: **company, the** (FIN/NEGO la compañía; en el contexto bolsístico, alude a la negociación extrabursátil –*over-the-counter trading*–)].

comparison *n*: FIN/GRAL comparación, cotejo, examen; expresión resumida de *comparison ticket*, memorándum redactado entre dos agentes y que detalla una operación en Bolsa; V. *association, correlation, parallel.*

competitive *a*: competitivo. [Exp: **competitive bidding** (FIN subasta, licitación pública; oferta cerrada; emisión competitiva, alude también a la elección, por subasta, de los bancos aseguradores de las emisiones de eurobonos ◊ *The privatization of Societe d'Energie et d'Eau du Gabon (SEEG) was carried out through an internationally competitive bidding process*; V. *non-competitive bid; tender panel*), **competitive offering** (FIN oferta de acciones mediante una licitación pública)].

complete *a/v*: GRAL completo, definitivo, firme; completar, cumplir, ejecutar; V. *entire, full, whole; execute, fulfill, perform.* [Exp: **complete capital market** (MER mercado firme de capitales), **complete portfolio** (VAL cartera completa; incluye tanto los activos de riesgo como los sin riesgo –*risky and risk-free assets*–)].

compliance department *n*: FIN oficina de cuestiones legales; se encarga de velar por el cumplimiento de la normativa relacionada con las inversiones y la compraventa de acciones.

composite *a/n*: GRAL compuesto, colectivo; índice de precios; V. *Dow Jones Composite.* [Exp: **composite index** (FIN índice compuesto), **composite tape** (FIN servicio de información de las principales Bolsas americanas ◊ *Exxon Mobil Common Stock is traded in the several US exchanges as it is reported on the composite tape*; V. *tape*)].

compound *a/n/v*: GRAL/FIN compuesto; acordar, llegar a un acuerdo; V. *blend, combine, merge.* [Exp: **compound annual return, CAR** (FIN rendimiento anual de una inversión; V. *internal rate of return*), **compound option** (OPC opción compuesta; opción sobre opción)].

compute *v*: FIN calcular, medir, valorar, computar; V. *calculate, determine, estimate, measure.* [Exp: **computer-assisted trading system, CATS** (FIN mercado continuo, sistema de contratación asistida por ordenador; hace posible el funcionamiento simultáneo de varias Bolsas conectadas entre sí ◊ *In 1977, the introduction of CATS, Computer Assisted Trading System, made the Toronto Stock Exchange the world's first stock exchange to automate trade execution*), **computer trading** (NEGO contratación bursátil informatizada)].

concession *n*: GRAL/FIN concesión; privilegio; alude a la compensación o comisión por bono o acción percibida por un grupo vendedor por participar en una colocación de acciones ◊ *AMC will donate day's ticket, concession sales to relief and help the victims of the Sept. 11 terrorist attacks.*

conditional *a*: GRAL condicional; V. *contingent, interim, temporary.* [Exp: **conditional call** (FIN opción de compra condicional), **conditional sale** (FIN venta con reservas)].

condor *a*: FIN cóndor, operación cóndor; alude a la estrategia de negociar con opciones de compra y de venta –*put and call options*– con la misma fecha de vencimiento –*expiry date*–, pero diferentes precios de ejercicio –*strike prices*–; el diagrama resultante tiene la forma de un ave ◊ *With option volatility a bit high on TQNT shares and the stock trading well, traders may want to look at placing a condor strategy on the stock*; V. *long/short condor; straddle, butterfly, leg*)].

conduit company *n*: SOC sociedad instrumental o interpuesta; V. *dummy corporation; nominee*.

confidence indicator *n*: FIN indicador o coeficiente de confianza; mide la confianza de los inversores en la economía y los mercados financieros.

confirmation *n*: GRAL/FIN confirmación, aprobación, ratificación; declaración por escrito que confirma una operación bursátil y que especifica la fecha y términos del acuerdo, comisiones acordadas, etc.; V. *acceptance, certification, sanction*. [Exp: **«confirm me out»** (NEGO confírmame que no; expresión que tiene como propósito asegurarse que una orden ha sido cancelada y no ha sido ejecutada)].

conflict between bondholders and stockholders *fr*: FIN colisión entre tenedores de bonos y accionistas; tal conflicto puede crearse a causa de los dividendos percibidos o de los planes de inversión de la empresa.

consol *n*: BON forma reducida de *consolidated stock*, bono perpetuo; bono emitido en el Reino Unido que tiene una duración ilimitada; V. *consolidated stock*.

consolidate *v*: GRAL consolidar, refundir, globalizar; V. *associate, fuse, merge, syndicate*. [Exp: **consolidated mortgage bond** (BON bono de hipoteca consolidada; se emplea para refinanciar hipotecas), **consolidated fund** (FON fondo consolidado), **consolidated stock, consols** (BON valores consolidados; deuda pública perpetua; bonos perpetuos ◊ *Our firm allows clients to track their net worth and create a consolidated stock portfolio*), **consolidated tape, CQS** (FIN información conjunta de las cotizaciones de la Bolsa de Nueva York, la *American Stock Exchange* [*The Curb*] o Bolsa secundaria de Nueva York y otras Bolsas regionales; V. *tape*)].

consortium *n*: SOC consorcio, grupo de empresas; V. *syndicate*.

constant *a*: GRAL constante, regular, fijo; V. *firm, invariable, uniform, regular*. [Exp: **constant dollar plan** (FIN inversión continuada en dólares; sistema de adquirir acciones al invertir una cantidad fija en intérvalos regulares; se adquieren más acciones cuando el precio está bajo y menos cuando está alto ◊ *In a constant-dollar plan, the investor establishes a specific dollar amount for the portfolio's speculative portion, and puts the rest of the funds into the more conservative portion*), **constant proportion portfolio insurance** (FIN seguro de cartera en proporción constante; V. *dynamic hedging*), **constant ratio plan** (FIN plan de inversiones con relación constante; el fondo se divide en dos, uno que se invierte en acciones y el otro en liquidez para especular según la tendencia de los mercados), **constant yield method** (FIN método de rendimiento constante; consiste en colocar los intereses anuales en un valor de cupón cero o sin cupón –*zero-coupon security*– con fines fiscales)].

consumer *n*: GRAL consumidor, usuario, cliente; V. *buyer, client, spender*. [Exp: **consumer debenture** (OBL obligación al consumidor; bono u obligación emitida por una institución financiera), **consumer price index** (FIN índice de precios al consumo, IPC; V. *cost-of-living index; price indexes*)].

contagion *n*: FIN contagio; alude al exceso de dependencia de los resultados de unos mercados de valores sobre otros lo que provoca subidas o caídas de los índices en cadena ◊ *If there is a crisis in a country, it usually crashes its stock market and leads to contagion through financial channels.*

contango *n/v*: FIN reporte, «contango»; operación financiera con prórroga; interés de aplazamiento de valores en Bolsa; prima por gastos; intereses que abona el comprador de unas acciones por el derecho a aplazar la liquidación de las mismas; los operadores para liquidar entre sí las operaciones efectuadas tienen una quincena de tiempo llamada *the account* o *account period*, hasta el día de liquidación o *account day*; si en ese día no lo hicieran, la deuda pasa al día de liquidación de la siguiente quincena, debiéndose pagar por el retraso un interés de recargo llamado *contango*; alude también a una condición de los mercados según la cual los precios de los contratos de futuros se encarecen a medida que se retrasa la entrega del bien contratado ◊ *When prices for oil today are lower than prices for oil in the future –a sign of oversupply– the market is said to be in contango*; V. *backwardation; carry-over, give on*.

contingency order *n*: NEGO orden contingente o condicional; se refiere a la compra de un valor si se vende otro; V. *swap, switch order*.

continue *v*: GRAL continuar, extender, prolongar; V. *carry on, extend, follow, proceed*. [Exp: **continuation** (NEGO prórroga, aplazamiento de la liquidación de los valores de Bolsa a la siguiente quincena o *Account day*; V. *contango, account, carry-over*), **continued bond** (BON/VENC bono con vencimiento aplazado), **continuous market** (MER mercado continuo), **Continuous Net Settlement, CNS** (FIN Sistema de Compensación Permanente; se utiliza para mantener el saldo de una agencia de Bolsa al día, evitando el riesgo de la acumulación de pérdidas con un solo valor o grupo de valores; V. *settlement*), **continuous tender panel** (FIN panel de subasta continua), **continuously offered long-term securities, COLTS** (VAL/VEN pagarés u obligaciones a largo plazo del Banco Mundial con vencimiento que puede oscilar entre tres y treinta años)].

contra broker *n*: AG VAL agente a la contra; es decir, compra si yo vendo y vende si yo compro ◊ *The Firm will not warrant any trade for which a customer receives a confirmation that is contested by a contra-broker.*

contract *n/v*: FUT/DER contrato, pacto, convenio, escritura; contratar, pactar, comprometerse; también se refiere a la negociación de una operación de futuros; V. *agreement, pact; bargain, negotiate.* [Exp: **contract market** (FUT mercado futuro o a término), **contract month** (FUT mes de entrega de los productos o valores contratados en un mercado de futuros; se llama también *delivery month* ◊ *The availability of different contract months gives investors flexibility in their trading as they can choose the contract month that best suits their investment horizon*), **contract note** (FIN notificación al cliente de la celebración de la transacción solicitada por éste), **contractual plan** (FIN/FON plan contractual; plan consistente en la compra periódica de participaciones en un fondo de inversión con algún incentivo para el pago de las cuotas fijas ◊ *The fund is sold on the old-fashioned contractual plan, which means you can lose as much as half your investment to sales charges if you stop in the first year*)].

contramarket stock *n*: VAL valor a contracorriente; se refiere al valor que sigue un camino opuesto a la tendencia general de los mercados ◊ *TKV has been behaving as a contramarket stock during the crisis and its stock price has steadily risen for the last six months.*

contrarian *a/n*: FIN estrategia contraria; técnica inversora consistente en comprar títulos poco valorados o a la baja y vender otros que están al alza ◊ *One contrarian strategy is to purchase stocks that are out of favor or stocks in industries that are out of favor.*

contributed capital *n*: FIN capital aportado; capital en acciones; V. *paid-in capital.*

control *n/v*: FIN control, fiscalización, intervención; controlar, fiscalizar, intervenir; más del 50 % de los votos; V. *dominate, govern, regulate, supervise.* [Exp: **control stock** (VAL paquete o participación mayoritaria; paquete de acciones en manos de los accionistas mayoritarios –*controlling shareholders*– de una sociedad ◊ *Unlike restricted stock, control stock may be acquired in the open market*), **controlled amortization bond, CAB** (BON/VEN bono con garantía hipotecaria controlada; V. *PAC bond*), **controlled foreign corporation, CFC** (SOC empresa extranjera controlada; alude a la empresa extranjera cuyo accionariado está mayoritariamente en manos de nacionales), **controlled commodities** (FIN/FUT bienes controlados para evitar la manipulación y el fraude en los mercados de futuros ◊ *Most of the companies producing the controlled commodities are going to face serious viability problems and could be forced to shutdown*), **controlled price** (FIN precio regulado), **controlling shareholder** (FIN/SOC accionista mayoritario, núcleo duro; V. *majority shareholder*), **controlling stake** (FIN/SOC participación mayoritaria o de control)].

convenience yield *n*: FUT rendimiento de conveniencia; se refiere a las ventajas de mantener el bien –*commodity*– en lugar del futuro –*future*–.

conventional option *n*: OPC opción convencional, habitual; alude al contrato de opciones que no se negocia en Bolsa.

convergence *n*: FUT convergencia; movimiento de convergencia del precio de un contrato de futuros con el precio de la mercancía de contado subyacente –*underlying cash commodity*–; al principio el precio del contrato es más alto debido al factor tiempo, pero según se acerca la fecha de vencimiento ambos precios convergen.

conversion *n*: FIN conversión; canje; reconversión; se aplica tanto al cambio de bonos, etc., por acciones como a la transformación de un tipo de sociedad en otro. [Exp: **conversion at par** (FIN conversión a la par), **conversion factors** (FON/FUT factores de conversión; normas para determinar el importe de la factura de una emisión del Tesoro al formalizar un contrato de futuros de bonos del Estado; posibilidad de libre intercambio de acciones de un fondo de inversión con otro del mismo sector), **conversion feature** (FIN/FON oferta de conversión; derecho a modificar la inversión, por ejemplo, de fondos de inversión, o convertir bonos o acciones preferentes en ordinarias ◊ *The market rate of interest for this bond of corresponding risk without the conversion feature is 7 %*), **conversion parity** (FIN paridad de conversión), **conversion parity price** (FIN precio de la paridad de conversión; V. *market conversion price*), **conversion premium** (FIN prima de conversión; alude al porcentaje en el que el precio de conversión de una emisión de acciones convertibles supera al de la acción ordinaria ◊ *If a stock doesn't move then the conversion premium is steadily increasing*), **conversion price** (FIN precio de conversión; valor en acciones ordinarias de bonos convertibles, obligaciones o acciones preferentes tras su emisión), **conversion ratio** (FIN coeficiente de conversión; ratio para determinar el número de acciones ordinarias que deben recibirse en la conversión de un bono convertible o acción preferente), **convertible arbitrage** (FIN arbitraje de convertibles; consiste en adquirir un bono convertible y vender en corto –*short*– una parte de las acciones subyacentes –*underlying common shares*– para lograr liquidez ◊ *The convertible arbitrage strategy has made double-digit gains by purchasing convertible bonds and warrants*; V. *Chinese hedge, set up*), **convertible bonds** (BON bonos convertibles en acciones ordinarias), **convertible debenture stock** (OBL obligaciones convertibles en acciones), **convertible exchangeable preferred stock** (VAL acción preferente convertible en ordinaria o en un bono convertible a elección del emisor), **convertible preferred stock** (VAL títulos o acciones preferentes convertibles ◊ *The con-*

vertible preferred shares have an annual dividend rate of 8 percent and are convertible into Lucent common stock; V. *caps; preferred stock*), **convertible price** (FIN precio de conversión; precio establecido por contrato para la conversión de una acción convertible en otra ordinaria), **convertible puttable bonds** (BON bonos convertibles con opción de reventa a la entidad emisora; V. *puttable*), **convertible security** (AC título convertible; bonos convertibles o acciones preferentes convertibles –*convertible bonds, convertible preferred stock*– que pueden transformarse en ordinarias ◊ *The underperformance of the common stock caused the market value of the convertible security to fall below the price that was originally paid at purchase*), **convertible stock** (AC V. *convertible security*), **convertible stock note** (OBL/VEN obligación amortizable con acciones), **convertible 100** (FIN índice 100 de títulos convertibles; creado por Goldman Sachs; se trata de un listado de los 100 títulos convertibles más importantes ◊ *The premium on the Goldman Sachs U.S. Convertible 100 Index increased from 40 % to almost 52 %*), **«converts»** (FIN sistema de seguimiento informático de los mercados de convertibles)].

cool *a/v*: GRAL frío, fresco; enfriarse, entibiarse; V. *steady, tranquil; aloof, distant*. [Exp: **cooling-off period** (FIN periodo de reflexión; tiempo que transcurre entre la presentación de un prospecto preliminar de una emisión de acciones ante la Comisión Nacional de Valores y su oferta pública ◊ *On completion of the cooling off period and with the acceptance of the Market Authority, the Syndicate may offer the stock to the public*)].

corner *n/v*: GRAL esquina, rincón; arrinconar, acorralar; acaparar, monopolizar; V. *angle; block, entangle*. [Exp: **corner a market** (FIN monopolizar/acaparar el mercado; compra en grandes cantidades de una mercadería –*commodity*– o valor para manipular su precio ◊ *Heinze and Morse tried to corner a market of their own, only this time it wasn'ta commodity but rather a commodity stock, United Copper*)].

corporate *a*: FIN/SOC societario, social, referido a una sociedad mercantil, corporativo, incorporado; comercial, empresarial, colectivo; V. *collective, common, cooperative, mutual*. [Exp: **corporate banking** (INST banca mayorista), **corporate bonds** (BON bonos de empresa; obligaciones de deuda emitidas por empresas; V. *ineligible securities*), **corporate bond market** (MER/SOC mercado de bonos de sociedades anónimas), **corporate enterprise** (SOC sociedad anónima), **Corporate Income Fund, CIF** (FON fondo de rentas empresariales; fondo de inversión compuesto por una cartera mixta de acciones de confianza –*high-grade securities*– y otras inversiones), **corporate raider** (FIN/SOC tiburón, impulsor de OPAS hostiles; especialista en comprar sociedades infravaloradas; individuo, empresa o grupo dedicado a la caza y captura de empresas por lo general mediante OPAS hostiles o astucias financieras y casi siempre con el objeto de desmantelarlas una vez adquiridas; en el Reino Unido se le llama *risk arbitrageur* ◊ *Buffett's stake in Citigroup began when he helped rescue the Salomon Brothersfirm as it was under a takeover threat from corporate raider Ronald Perelman*; V. *raider, dawn raid; greenmail, killer bee, poison pill, shark; leveraged buyout; asset stripping, takeover, merger*), **corporate repurchase** (FIN/SOC recompra de empresa; compra de los propios valores de una sociedad en Bolsa, dicha compra está sometida a una normativa especial ◊ *The entire supply of stock from new stock offerings is being compensated by corporate repurchase programmes*; V. *effect the market*), **corporate stock** (VAL/SOC accionariado; acciones de la sociedad), **corporation** (FIN/SOC corporación; sociedad mercantil, empresa; V. *company, enterprise, firm*)].

correction *n*: FIN corrección; movimiento inverso, generalmente a la baja, de los precios de valores y activos financieros; V. *technical rally, dip, break*.

cost *n/v*: FIN coste, costo, precio, importe, gastos, costas; costar, valer; presupuestar, calcular costes; V. *amount, charge, fare, price, rate*. [Exp: **cost-benefit ratio** (FIN coeficiente coste-beneficio; ratio de viabilidad, también se denomina *profitability index*), **«cost me»** (FIN dame precio; se refiere al precio que ha de pagarse para obtener un valor; V. *can get*), **cost of carry** (FIN coste neto de financiación; se refiere a los gastos extras –*out-of-pocket costs*– derivados de una posición inversora como pérdidas de dividendos, intereses, etc.; alude también al coste diferencial que supone la compra al contado –*spot*– en relación con la de futuro ◊ *The futures price equals the spot price time plus the cost-of-carry under suitable market conditions*), **cost-of-carry market** (MER mercado de costes de financiación), **cost of issue** (SUS coste de la emisión), **cost of living index** (FIN índice del coste de la vida), **cost records** (FIN registro de costes; archivo de los precios pagados o recibidos en las transacciones de valores)].

counter *a/v*: GRAL contra, recíproco; contrarrestar, hacer frente, contestar; V. *against; answer, contradict, rebut*. [Exp: **counter, over the** (MER mercado no organizado o no reglado; alude a las operaciones financieras hechas en una oficina por los operadores lejos de los mercados oficiales u organizados; V. *OTC market*), **counterbid** (NEGO contraoferta), **countercyclical stocks** (VAL títulos contrarios a la tendencia; valores que suben cuando la economía entra en recesión o el mercado es bajista y viceversa ◊ *Countercyclical stocks -like pharmaceuticals and consumer staples that do well even if the economy is slowing- have performed well in this crisis*), **countersign** (FIN refrendar)].

coupon *n*: FIN cupón, dividendo; tipo de interés según cupón; intereses que se pagan a los tenedores de bonos durante la vida del bono. [Exp: **coupon bond** (BON bono de rendimiento fijo; bono al portador; el tenedor debe presentar cupones al emisor para el cobro de intereses ◊ *The direction and likely returns of the stock market for 3, 6, and 12 months predicts minimal coupon bond prices*), **coupon-equivalent rate** (FIN V. *equivalent bond yield*), **coupon equivalent yield** (FIN rendimiento de cupón; costes reales de intereses expresados en periodos de un año), **coupon issue** (OBL obligación con cupón ◊ *Managers may buy the high yield debt of a company that might be in a position to redeem the outstanding high coupon issue*), **coupon payments** (FIN pagos de cupón; pagos de intereses de un bono), **coupon sheet** (FIN hoja de cupones), **coupon stripping** (OBL emisión de obligaciones despojadas de cupón ◊ *Coupon stripping strips the coupon component of a bond from its principal, resulting in two different kinds of bonds, one of them being a zero coupon bond*; V. *strips; stripped mortgage-backed securities; zero coupon*), **coupon rate** (FIN tasa de cupón; porcentaje fijado de intereses que se pagan en bonos y obligaciones; V. *nominal yield*), **couponing** (FIN operación de reducción de cupón)].

covenants *n*: GRAL/DER/FIN *n*: convenio, compromiso mutuo, pacto, contrato, garantía; disposiciones incluidas en un acuerdo de obligaciones o acciones preferentes que exige al emisor que emprenda determinadas acciones [disposiciones positivas] o se abstenga de otras [disposiciones negativas] ◊ *Holders of Marconi bonds are resisting the inclusion of covenants as it could push bondholders back in the queue for assets if the company collapses*; V. *bond, commitment, pact, pledge, promise*.

cover *n/v*: GRAL/FIN cobertura, protección; cubrir, proteger, recompra de valores vendidos en corto –*short sale*–; V. *repurchase; custody, protection; hide, disguise, veil*. [Exp: **covered bear** (FUT bajista cubierto; especulador de futuros a la baja y que posee los valores), **covered call** (FIN venta a cubierto; posición de venta en corto de una opción de compra –*short call option position*– en la que el suscriptor posee las acciones subyacentes reflejadas en el contrato de la opción; las ventas a cubierto limitan el riesgo ya que no han de comprarse las acciones si los tenedores deciden ejercerlas ◊ *Covered call strategies can generate substantial income even when the stock price remains the same for a long period of time*), **covered call writing strategy** (FIN estrategia de venta a cubierto de una opción de compra que se posee; V. *covered or hedge option strategies, naked call writing*), **covered interest arbitrage** (FIN arbitraje entre el precio al contado –*spot price*– y el precio a plazo –*forward price*– ◊ *Expectations for devaluation of the Korean won made it profitable to engage in covered interest arbitrage*), **covered note** (FIN certificado provisional), **covered or hedge option strategies** (FIN estrategias de protección de una opción; supone tomar una posición en una opción y en el activo subyacente de manera que una de ellas proteja una oscilación de precios desfavorable de la otra, como una venta a cubierto –*covered call writing*– o una compra de una opción de venta –*put buying*–; V. *naked option strategies*), **covered option** (OPC opción cubierta; alude a la opción de venta de un título adquirido con anterioridad por el vendedor que lo respalda y, de esta manera, no vende en corto ◊ *Covered option writing is a rational and rewarding approach to the market because it generates cash flow and income from stock*; V. *naked call option*), **covered put** (OPC opción de venta a cubierto; se refiere a la posición de una opción de venta en la que el vendedor –*option writer*– tiene el correspondiente activo en corto o deposita en una cuenta en metálico el equivalente al ejercicio de la opción lo cual limita el riesgo de la venta ◊ *When the stock fell far out of favour, SG Securities snapped out an issue of covered put warrants on the stock*), **covered writer** (OPC vendedor a cubierto; inversor que vende opciones únicamente sobre los activos que posee), **covering bid** (FIN segunda opción en una subasta de valores ◊ *The company placed its bid with the auction and bid 30 % more than the estimate. It was not even the covering bidder since it sold for 50 % more than its bid, twice the estimate!*)].

cramdown down deal *n*: FIN/SOC acuerdo de quiebra; alude a una situación de absorción de empresas en la que, frente a alternativas mejores, se fuerza a los accionistas a aceptar condiciones desfavorables, como bonos basura –*junk bonds*–, en lugar de líquido o activos.

crash *n/v*: FIN colapso económico, desplome de la Bolsa, «crack» bursátil.

crawl *v*: GRAL arrastrarse, avanzar con lentitud. [Exp: **crawling** (FIN aplicación del ajuste o paridad de cremallera; ajuste gradual o a paso de tortuga), **crawling peg** (FIN paridad móvil, ajuste de la paridad, tipo de cambio deslizante con límites predeterminados ◊ *Analysts have argued for a long time that Egypt should adopt a crawling peg or a free-float based on a trade-weighted basket of currencies*)].

credit *n/v*: FIN crédito, préstamo; solvencia; acreditar, abonar; V. *advance, loan; confidence, solvency, trust, reputation*. [Exp: **credit analysis** (FIN análisis de solvencia; alude a la información que se posee sobre la capacidad de los emisores de bonos de hacer frente a sus obligaciones contractuales futuras; V. *default risk*), **credit balance** (FIN saldo acreedor; saldo en la cuenta con una agencia de valores una vez pagadas las compras de valores y el dinero obtenido por las ventas), **credit counselling** (FIN servicio de asesoramiento financiero), **credit broker** (FIN intermediario financiero experto en créditos), **credit crunch** (FIN crisis crediticia ◊ *A third negative effect of the Asian crisis is what economists call a «credit crunch» - a reduced willingness by banks and other creditors to loan money*), **credit enhancement** (FIN mejora en los créditos, reforzamiento en los avales de un crédito), **credit file** (FIN expediente del solicitante de un crédito), **credit grantor** (FIN entidad crediticia), **credit money** (FIN dinero bancario), **credit rating** (FIN índice de solvencia crediticia; calificación crediticia generalmente emitida por una agencia calificadora ◊ *The influence of credit rating agencies naturally increases in times of recession*), **credit reference agency** (FIN agencia de calificación de riesgos; agencia calificadora de solvencia crediticia), **credit right** (FIN derecho de crédito), credit **risk** (FIN riesgo de impago; alude al riesgo que corre un emisor de activos de deuda –*debt securities*– de incumplir con sus obligaciones de pago; V. *default risk*), **credit score** (FIN evaluación crediticia), **credit spread** (FIN diferencial de solvencia; alude a la diferencia de valor de dos opciones en la que el valor de venta de una excede al valor de compra de la otra; V. *debit spread, quality spread*), **credit squeeze** (FIN restricciones crediticias), **credit standing worthiness** (FIN solvencia, reputación financiera; facilidad de pago), **credit tranche** (FIN tramo de un crédito ◊ *The International Monetary Fund [IMF] will speed up disbursement of the second credit tranche worth US$368 million*), **credit union** (FIN cooperativa de crédito, unión crediticia), **creditor** (FIN acreedor; V. *obligee*)].

cross *a/n/v*: GRAL/FIN cruzado, transversal; cruce; cruzar; transacción cruzada, llamada también *crossing* y *washsale*, en la que el mismo agente de Bolsa actúa como intermediario del lado comprador y del vendedor; es legal siempre que el corredor haya ofrecido los títulos con anterioridad y públicamente a un precio superior al de oferta; V. *cross sale; in & out*. [Exp: **crossbook** (NEGO especulación mixta de compra y venta de valores; V. *straddle; cross order*), **cross-border listing** (NEGO relación de valores que se negocian en más de un país), **cross- collateral** (FIN garantías cruzadas), **cross hedging** (FIN cobertura cruzada o recíproca; cobertura que consiste en comprar un futuro financiero de un activo diferente aunque relacionado ◊ *Cross-hedging risk occurs whenever a substitute hedge is used for an underlying risk*; V. *weighted hedge*), **cross holdings** (FIN participación societaria cruzada; alude a la participación accionarial mutua entre dos sociedades mercantiles independientes, o a la de la casa matriz en sus filiales y viceversa; V. *reciprocal shareholding*), **cross-margining** (FIN compra cruzada de títulos del mercado a crédito; se dice cruzada porque en esta transacción se utiliza como garantía el exceso o superávit de una cuenta de margen –*margin account*– para operar en otra; V. *margining, margin buying*), **cross-order** (NEGO orden cruzada; orden dada por un cliente para vender y comprar las mismas acciones ◊ *Nasdaq Europe will be a robust IPO market for European innovative companies and will capture a significant proportion of European cross-order trading*; V. *cross-*

book), **cross sale** (NEGO venta y compra de una misma acción por dos clientes del agente), **cross-share holdings** (FIN V. *cross holdings*), **crossed market** (MER mercado invertido o cruzado; situación en la que el precio de oferta –*offer price*– de un agente o creador de mercado –*market maker*– es inferior al precio de puja –*bid price*– de otro ◊ *The Nasdaq doesn't technically stop operating when the market for a stock is crossed. However, some firms will momentarily stop executing orders*; V. *locked market; backwardation, overlap the market*), **crossed trade** (NEGO operación cruzada, aplicación; práctica poco ética consistente en comprar y vender títulos sin informar de la venta al mercado impidiendo que otros operadores se beneficien de precios favorables ◊ *A crossed trade can benefit the firm in some way. Crossing would tend to support prices of securities in which the firm made a market*)].

crowd *n*: GRAL/FIN muchedumbre; agentes de Bolsa; V. *assembly, gathering; loan crowd*. [Exp: **crowd trading** (NEGO negociación en conjunto o al montón; alude a un grupo de agentes de Bolsa especializados en un área concreta y que se congregan junto a un punto de negociación del parqué –*trading post*– para ejecutar órdenes; incluye especialistas, intermediarios del parqué –*floor traders*–, corredores de picos –*odd-lot dealers*–, etc. ◊ *Charts may reflect the energy of the crowd trading a particular security*; V. *priority*)].

crown jewel defense *n*: FIN/SOC defensa de las joyas de la corona; estrategia de defensa ante una OPA hostil consistente en la venta de los mejores activos de la empresa asediada para hacerla menos atractiva al tiburón financiero –*raider*–; V. *scorched earth policy*.

cum *prep*: GRAL con; cuando va delante de las palabras *rights, capitalization, cap, bonus* quiere decir que estos beneficios los disfruta el comprador y no el vendedor; V. *ex*. [Exp: **cum coupon** (VAL título vendido con cupón), **cum dividend** (VAL/DIV con dividendo; acción que devenga dividendos a su tenedor; V. *ex-dividend; date of record*), **cum new** (VAL/SUS acciones con derecho de suscripción de acciones nuevas; V. *ex new, ex-dividend*), **cum rights** (VAL con derechos; acciones con derecho a la compra de otras de nueva emisión ◊ *The new method assured the continuity of the index by adjusting the ex-rights price to a cum-rights price*)].

cumulative *a*: GRAL/FIN acumulativo; acumulable, adicional, cumulativo; V. *additive, composite, integrated*. [Exp: **Cumulative Abnormal Return, CAR** (FIN redimiento anormal acumulativo; se calcula obteniendo la diferencia entre el rendimiento previsto de un valor y el rendimiento real obtenido), **cumulative capital stock** (VAL acciones acumulativas), **cumulative dividend feature** (DIV modalidad de dividendo acumulativo; alude al requisito de pago de los dividendos de una acción preferencial con prioridad a los de la acción ordinaria), **cumulative preferred**

stock (VAL acción preferente acumulativa; acción privilegiada de dividendo acumulativa ◊ *Cumulative preferred stock accords its owner a continuous claim to his or her dividends. Any unpaid dividends accumulate*; V. *non-cumulative preferred stock*), **cumulative preferred redemption stock** (VAL acciones preferentes acumulativas rescatables; suelen tener un dividendo más elevado que el normal aunque el emisor se reserva el derecho de fijar el momento del rescate)].

Curb, the *n*: INST/FIN nombre que se aplica a *Curb Exchange*, o Bolsa secundaria de Nueva York; actualmente se llama *American Stock Exchange AMEX*. [Exp: **curb market** (MER bolsín; mercado extrabursátil ◊ *We provide information on quotings of securities on curb market, data from most largest stock Russian companies-operators*), **curb stock** (VAL acciones que cotizan en la Bolsa secundaria de Nueva York)].

currency *n*: FIN moneda, dinero, divisa; V. *change, legal tender, money*. [Exp: **currency basket** (FIN cesta de divisas; también se denomina *currency cocktail*), **currency bond** (FIN/VEN título amortizable en moneda extranjera ◊ *The stock exchange has been merged with the futures exchange; and the authorities have been working hard to build a local currency bond market*), **currency future** (FUT contrato de futuros en divisas; V. *Stock Index Futures*), **currency-linked bond** (BON bono en moneda subordinada), **currency notes** (OBL pagarés del Tesoro; V. *Treasury notes*), **currency option** (OPC opción de compra de moneda extranjera), **currency range forward** (FIN contrato a plazo o «forward» de rango; consiste en la combinación de un contrato a plazo *–forward contract–*, una opción de compra *–call option–* y otra de venta *–put option–*), **currency swap** (FIN permuta financiera de divisas a un precio fijo acordado), **currency warrants** (FIN certificados en divisas; dan derecho a adquirir valores en otras divisas al comprar determinadas acciones ◊ *Foreign currency warrants are margined like stock at 50 % of the underlying value on the long side and 150 % of the underlying value on the short side*)].

current *a/n*: GRAL actual, presente, vigente, en vigor, del día, corriente; V. *present, prevailing; active, in effect, operative*. [Exp: **current assets** (FIN activos circulantes; alude al valor de títulos, deudas o cuentas pendientes de cobro *–accounts receivable–*, existencias *–inventories–*, etc., que pueden convertirse en líquido en el plazo de un año), **current coupon** (FIN cupón al cobro; alude al bono con cupón que se vende a la par ◊ *For example, if you have $10 million in municipal bonds. They, at current coupon rates, will produce $500,000 yearly after taxes*), **current-coupon issue** (FIN emisión de cupón al cobro; V. *benchmark issue*), **current issue** (FIN emisión vigente; se refiere a la última emisión de títulos del Estado), **current market value** (FIN valor actual de mercado; valor de la cartera de un cliente según precios de mercado), **current maturities** (VEN vencimientos corrientes, a menos de un año), **current/going/market/usual price** (FIN precio corriente/normal/actual/de mercado), **current ratio** (FIN coeficiente de liquidez), **current/earnings/flat/running yield** (FIN rendimiento corriente; rédito actual; V. *return, yield to maturity, expected dividend yield*)].

cushion *n/v*: GRAL/FIN cojín, colchón; acolchar, amortiguar, absorber; periodo mínimo de tiempo que transcurre entre la emisión y la venta de un bono; V. *absorb, support, mitigate, protect*. [Exp: **cushion bonds** (BON bono colchón/amortiguador; se trata de bonos con elevado cupón que se venden con una prima moderada ya que salen a un precio inferior al del bono no retirable –*non-callable bond*– ◊ *Cushion bonds offer considerable downside protection in a falling market*), **cushion theory** (FIN teoría del colchón; teoría según la cual un valor con posiciones cortas subirá porque dicho valor cubre esas posiciones)].

CUSIP *n*: INST V. *Committee on Uniform Securities Identification Procedures*. [Exp: **CUSIP number** *n*: FIN número CUSIP, se emplea para identificar los valores y títulos que cotizan en Bolsa; V. *Committee on Uniform Securities Identification Procedures*)].

custody *n*: GRAL/FIN custodia, salvaguardia, garantía, administración; V. *guarantee, protection, resposibility, trusteeship*. [Exp: **custodial fees/charges** (FIN gastos de custodia y administración de valores; honorarios del fiduciario), **custody of stock/bonds** (VAL custodia o administración de valores), **custodian bank** (INST banco custodiador de títulos ◊ *Stockbroking companies may submit requests for trade correction which do not affect accounts of clients of custodian banks*; V. *Depository Trust Company, DTC*)].

custom *n*: GRAL uso, costumbre, hábito, ley no escrita; V. *convention, practice, use*. [Exp: **custom-made issues** (FIN emisiones a la medida)].

customer *n*: GRAL/FIN cliente; V. *buyer, consumer*. [Exp: **customer's broker** (AG VAL agente de Bolsa dependiente de un corredor de Bolsa o autorizado por el mismo ◊ *The customer's broker sent her order to the market maker offering the best price for her stock*; V. *authorized clerk*), **customer's loan consent** (FIN consentimiento de préstamo por el cliente; alude al acuerdo firmado por un cliente y por el cual se permite al corredor tomar en préstamo acciones al margen –*margined securities*– hasta el nivel del saldo deudor de dicho cliente –*customer's debit balance*– para cubrir las posiciones cortas de otro cliente), **customers' net debit balance** (FIN saldo deudor neto de los clientes; se refiere al nivel de crédito que otorgan las sociedades inscritas en la Bolsa de Nueva York para la financiación de las operaciones de sus clientes)].

cut *n/v*: GRAL rebaja, recorte, reducción; reducir, rebajar, recortar; V.

cross, divide, reduce. [Exp: **cut-off point** (FIN punto de corte; tasa mínima de rentabilidad aceptable en una inversión), **cut-off rate of return** (FIN tasa de rentabilidad aceptable)].

cycle *n*: GRAL/FIN ciclo. [Exp: **cyclical stock** (VAL valor cíclico; valor que tiende a subir con rapidez cuando la economía se expande y al contrario; serían valores típicos de sectores como el automóvil o la vivienda ◊ *3M proved that it was not a cyclical stock anymore, but a growth stock*)].

cylinder *n*: GRAL/FIN cilindro; estrategia de cobertura frente a las variaciones de los tipos de interés consistente en sumar opciones al efectivo invertido.

D

D *n*: VAL quinta letra del catálogo de valores del NASDAQ que indica que se trata de una emisión –*issue*– procedente de una reducción de capital –*reverse split*–.

DNR Order, «Do Not Reduce Order» *n*: NEGO orden no reducir; orden de compra con límite –*limit order*–, orden de venta u orden de venta «stop» con límite –*stop limit order*–.

DOT *n*: NEGO V. *Designated Order Turnaround System*.

DRP *n*: DIV V. *Dividend Reinvestment Plan*.

dabber *col n*: NEGO especulador en Bolsa de poca monta; V. *scalper*.

daily *a*: GRAL diario, cotidiano. [Exp: **Daily Official List** (VAL V. *Stock Exchange Daily Official List*), **daily price limit** (NEGO precio máximo diario; precio máximo que pueden alcanzar, al alza o a la baja, determinados bienes, opciones o futuros en un día ◊ *The most important function of a stock market is its liquidity which means that there should be no daily price limit*)].

daimyo bond *n*: BON bono al portador emitido por el Banco Mundial.

daisy chain *col n*: NEGO guirnalda de flores o margaritas de color de rosas; describe un tipo de manipulación de los mercados consistente en ofrecer una imagen irreal de negocio que atraiga a los inversores ◊ *They manipulated the price of Conectisys stock by engaging in daisy chain trading with market participants to fill retail customer orders*.

date *n/v*: GRAL fecha, plazo; fechar, datar; V. *period, time*. [Exp: **date bond** (BON bono a plazo fijo), **date of delivery** (NEGO fecha de entrega), **date of issue** (VAL fecha de emisión), **date of maturity** (VEN día de vencimiento), **date of order** (NEGO fecha de orden), **date of payment** (DIV día de pago de dividendos), **date of record** (DIV/NEGO fecha límite de adquisición o tenencia de acciones para tener derecho a los dividendos correspondientes; fecha de reparto de dividendos ◊ *On the day after the date of record the stock's market price is reduced by the amount of the dividend*; V. *ex-dividend, cum dividend; record date*), **dated bond** (BON/VEN bono con vencimiento fijo; V. *term bonds*), **dated date** (BON fecha vencida; fecha a partir de la cual comienzan a correr los intereses de los bonos o valores de renta fija ◊ *The delivery date and dated date are usually ten days to two weeks after the auction*), **dated securities** (VAL/VEN títulos con vencimiento fijo; títulos a plazo; V. *undated securities*)].

dawn raid *n*: SOC incursión al amanecer; estrategia de compra en gran cantidad y encubierta de acciones de una compañía atacada –*target company*– por parte de un tiburón financiero –*raider*–; a menudo como paso previo a su adquisición –*takeover*– ◊ *Anglo's stunning dawn raid to take control of ConsGold's issued equity produced howls of outrage from ConsGold's executives.*

day *n*: GRAL día. [Exp: **day around order** (NEGO orden para el día rectificada; orden para el día –*day order*– que cancela y sustituye una orden anterior al limitar el tamaño o precio límite –*price limit*– de dicha orden), **day loan** (NEGO préstamo diario; ofrecido por los bancos a los intermediarios financieros para las compras de valores), **day order** (NEGO orden para el día; orden de compra o venta de valores, suele expirar al terminar el día; V. *limit order*), **day trader** (NEGO posicionista de un solo día en varios corros; operador de mercados en nombre propio –*local*– que se mueve, a diferencia del *scalper*, en uno o varios corros; operador de mercado a corto plazo sobre fluctuaciones mínimas, obteniendo pequeños beneficios o soportando pequeñas pérdidas con el diferencial –*spread*– entre los precios de compra y venta de los valores ◊ *We offer stock market quotes, picks, prices and tips for the day trader trading the stock market online*; V. *good (un)'til cancelled order, GTC*), **day trading** (NEGO posición de un solo día), **day-to-day acommodation/loan** (NEGO préstamo día a día; solicitado por los corredores de Bolsa –*brokers*– para realizar sus operaciones), **day's effect** (NEGO efecto día de la semana; V. *pre-holiday effect*), **daylight trading** (NEGO contratación de posicionistas de un solo día; como los *day traders* y *scalpers*; se liquida en el mismo día para evitar ser considerado propietario de los valores; operaciones de poco calado ◊ *Just don't try to run that daylight trading only because Ameritech dropped another 4.3 %*; V. *day trader, position traders*)].

dead *a*: GRAL inactivo, sin movimiento, sin valor, improductivo; V. *finished, extinguished, inanimate*. [Exp: **dead cat bounce** *col* (NEGO salto del gato muerto; expresión coloquial que describe la recuperación momentánea del mercado o de un valor sin razón aparente a la que sigue una nueva caída ◊ *The US markets recovery: the real thing or a dead cat bounce?*), **dead loan** (FIN/VEN préstamo impagado en la fecha de vencimiento; préstamo sin fecha de vencimiento), **deadline** (FIN/VEN vencimiento, término, finalización de un plazo)].

deal[1] *n/v*: NEGO operación, transacción, negociación; operar, negociar, comerciar; V. *operate, transaction,* *trade, trading, negotiate*. [Exp: **deal**[2] (NEGO trato, acuerdo, pacto; tratar, pactar, cerrar un trato; V. *bargain, arrangement*), **deal stock** (VAL valores en trato; acciones de empresas afectadas por rumores de OPAS, fusiones, etc. ◊ *The customer's portfolio manager paid for deal stock. He was allocated 2500 shares of Epiphany*), **dealer**[1] (NEGO comerciante, concesionario, distribuidor; V. *merchant, retailer, seller, trader*), **dealer**[2] (NEGO agente o agencia colocadora; agente mediador o intermediario financiero que en forma societaria adquiere acciones al precio de oferta –*bid price*– o las vende al de demanda –*ask price*–; agente/ operador bursátil/zurupeto por cuenta propia; corredor de Bolsa; sociedad de valores que actúa como ordenante o principal –*principal*– en una operación bursátil –*securities transaction*–; creadores de mercados –*market makers*– ◊ *Stock trading firm LaBranche & Co. Inc. said quarterly profits fell as the battered stock market bit into earnings at the largest dealer of New York Stock Exchange shares*; V. *broker, middleman; agency; trader*), **dealer**[3] (NEGO/SUS agente colocador de un programa de suscripción; V. *issuing and paying agent, IPA*), **dealer bank** (NEGO/SUS entidad colocadora; banco especializado en la suscripción de valores del Estado y en su intermediación; también se le llama *broker-dealer*), **dealer loan** (FIN préstamo al intermediario financiero; préstamo garantizado de carácter quincenal que se otorga al agente para sus operaciones en Bolsa), **dealer market** (NEGO mercado de intermediarios financieros; mercado especializado en determinados bienes en el que los intermediarios realizan operaciones por cuenta propia), **dealer options** (OPC opciones del mercado extrabursátil o secundario –*over-the-counter options*–), **dealer's spread** (NEGO V. *markdown, underwriting spread*), **dealing** (NEGO contratación, operación en Bolsa), **dealing room** (NEGO oficina de contratación; se encarga de gestionar los activos al servicio de los clientes; se denomina también *front office* y *trading room* ◊ *The exhibition will offer a dealing room with terminals connected to the Internet with direct access to world stock exchanges*), **dealing slip** (NEGO impreso de operaciones bursátiles; boleta ◊ *Mr Cade placed his order with a broker, completed a dealing slip and sent it to DSCL's banker who settled the trade directly with the broker*)].

dear *a*: GRAL caro, costoso; V. *appreciated, expensive, precious, valuable*. [Exp: **dear money** (FIN dinero caro; a interés muy alto; en los EE.UU. se denomina *tight money*)].

death *n*: GRAL muerte, fallecimiento; V. *dissolution, extinction*. [Exp: **death-backed bonds** (BON bonos de vida; tipo de bono garantizado por el préstamo que un asegurado –*policyholder*– toma de su seguro de vida –*life insurance policies*–; el préstamo se amortiza en vida o con el cobro de la póliza a su fallecimiento), **death play** *col* (NEGO apostar por la muerte; estrategia bursátil consistente en adquirir acciones de una empresa en la creencia de que tras la muerte de su director, la empresa se disolverá y sus acciones subirán ◊ *He used a death play strategy and the stock gained a 25 % soon after*)].

debenture[1] *n*: VAL/OBL valores de renta fija a largo plazo; obligación; bono. [Exp: **debenture**[2] (VAL/OBL obligación sin garantía; bono sin respaldo específico al no tener garantía pignoraticia, hipotecaria ni de otra clase; en los EE.UU., el prestatario responde con el conjunto de sus bienes, como un pagaré; en el Reino Unido, en cambio, estas obligaciones suelen tener una garantía prendaria, ya hipotecaria –*mortgage debentures, fixed debentures*–, ya general –*floating debentures*–; las que no tienen garantía se llaman *naked debentures* o *unsecured debentures*; esta clase de instrumento financiero suele documentarse en un contrato o escritura –*indenture*– ◊ *Liquidity tightens due to demand for debenture and results in a decline of all three indices*), **debenture bond** (OBL/BON cédula hipotecaria, obligación; bono con garantía de activos en el Reino Unido y sin ella en los Estados Unidos, ya que su suscriptor lo garantiza con sus activos; V. *collateral trust bonds; subordinate debenture bond*), **debenture holder** (VAL/OBL obligacionista, tenedor de obligaciones), **debenture issue** (VAL/OBL emisión de obligaciones; se emiten con la garantía de los activos de una empresa), **debenture indenture** (FIN/OBL escritura de emisión de obligaciones ◊ *The debenture indenture requires minimum annual sinking fund payments of $1,875,000 through 2002*), **debenture loan** (FIN/OBL préstamo con obligaciones, crédito obtenido mediante la emisión de obligaciones), **debenture stock**[1] (VAL acciones no redimibles o privilegiadas; sus suscriptores reciben pagos a plazo de intereses antes de que se autorice el pago de dividendos; se distinguen de las obligaciones en que se consideran patrimonio –*equity*– y no deuda –*debt*– en el momento de su cancelación o pago –*liquidation*– ◊ *For amounts less than $100,000 we provide competitive rates through debenture stock*), **debenture stock**[2] (VAL bonos del Estado; V. *perpetual debenture*)].

debit, deb *n/v*: FIN adeudo, débito, cargo, debe; cargar en cuenta, debitar, adeudar, anotar en debe; V. *liability, obligation*. [Exp: **debit balance** (FIN saldo deudor; saldo que se le debe a un intermediario financiero por los préstamos empleados en la compra de títulos), **debit spread** (FIN margen o diferencial entre el precio pagado por una opción que se ha adquirido y el precio obtenido por otra que se ha vendido ◊ *Because a collar is usually a debit spread, you should not have to put up margin money*; V. *spread, bull spread, bear spread, butterfly spread, calendar spread, credit spread, price spread, vertical spread, diagonal spread*)].

debt *n*: FIN deuda, obligación, endeudamiento; V. *charge, liability,* *obligation*. [Exp: **debt-for- bond swap** (FIN permuta de deuda por bonos; alude a la permuta financiera o «swap» de la deuda de un país por bonos emitidos por un banco de dicho país), **debt-for-collateralised securities conversion** (FIN conversión de deuda en valores respaldados por una garantía), **debt for equity swap** (FIN/VAL permuta financiera o «swap» de deuda, obligaciones por acciones o capital social; consiste en permutar la deuda que un país subdesarrollado ha contraído en dólares con un banco por acciones de sociedades mercantiles de dicho país; el prestamista compra dichas acciones con las divisas locales que le da el prestatario en el acuerdo de permuta ◊ *As part of the rescue plan, several domestic, government-controlled Korean banks are leading a $2.3 billion debt for equity swap in the troubled DRAM maker*), **debtholder** (FIN V. *bondholder*), **debt instrument** (FIN título de deuda; activo que exige un pago fijo en metálico como un bono, obligación o pagaré), **debt limitation** (FIN límite de endeudamiento; documento de garantía –*bond covenant*– que restringe la capacidad de endeudamiento de una empresa), **debt market** (MER mercado de deuda; encargado de negociar títulos de deuda –*debt instruments*–), **debt securities** (FIN empréstitos; reconocimiento de deudas –*IOU, «I owe you»*–; se crean mediante préstamos, pagarés de empresa –*commercial paper*–, certificados de depósito bancarios –*bank CDs*–, letras del Tesoro –*bills*–, bonos, obligaciones, etc. ◊ *The money market is an investment area where investors can buy short-term debt securities*), **debt warrant** (BON opción de compra de bonos), **debtor** (FIN deudor, prestatario; V. *obligor*)].

decimal trading *n*: NEGO cotización decimal; cotización del precio de los valores en decimales en lugar de en céntimos de dólar.

declaration *n*: GRAL declaración; V. *announcement, proclamation*. [Exp: **declaration date** (DIV fecha de anuncio de dividendos; fecha de declaración; V. *declare a dividend*), **declaration day** (OPC día de la declaración; día anterior al de la fecha de ejercicio de una opción –*exercise date*– en la que su titular debe declarar en la Bolsa si hará uso de la misma, tanto si es de compra –*call*– como de venta –*put*– ◊ *Some of the features of the Cash plan include growth option and weekly dividend [reinvestment] option with Friday being the dividend declaration day*), **declaration of options** (OPC declaración de intenciones sobre el ejercicio de una opción), **declare** (GRAL declarar, afirmar, proclamar; V. *announce, notify, publish, proclaim*), **declare a dividend** (DIV fijar un dividendo; V. *declaration day*), **declare an option** (OPC decidir la opción; es decir, declarar si se piensan ejercer o no los derechos de una opción ◊ *We hope that the holders will be happy enough with this to declare an option before long*), **declared dividend** (DIV dividendo a cuenta)].

dedicate *v*: GRAL destinar, consignar, vincular, aplicar; V. *apply, commit,* *endorse, pledge*. [Exp: **dedicating a portfolio** (VAL cartera de valores finalista; es decir, creada con un fin determinado; V. *cash flow matching*), **dedicated capital** (FIN capital vinculado; se trata del valor total a la par *–total par value–* o del número de acciones multiplicado por el valor a la par de cada acción; también se denomina valor vinculado *–dedicated value–* ◊ *A change in regulations requiring dealers to maintain a dedicated capital made Asia Capital sink*)].

deep *a*: GRAL profundo, hondo, elevado; interior, oculto; V. *high, profound; internal, hidden, secret*. [Exp: **deep discount** (BON descuento elevado; se aplica a los bonos, normalmente de cupón cero, que se venden a un precio inferior al 80 por cien de su valor nominal, que es el valor recuperable al vencimiento ◊ *Stock Mart are deep discount brokers that only execute stock and option trades at a flat rate regardless of the size of the trade*), **deep-discount bond** (BON bono con gran descuento; bono emitido con cupón muy bajo o cero *–zero coupon bond–* y vendido muy por debajo de la par), **deep in/out of the money** (OPC muy en dinero/muy fuera de dinero; se da cuando el precio de ejercicio *–exercise price–* de una opción de compra *–call option–* es sensiblemente menor que el precio de mercado del valor subyacente *–deep in the money–* o sensiblemente mayor que el mismo *–deep out of the money–*; de forma similar se da cuando el precio de ejercicio *–exercise price–* de una opción de venta *–put option–* es sensiblemente mayor que el precio de mercado del valor subyacente *–deep in the money–* o sensiblemente menor que el mismo *–deep out of the money–* ◊ *Holding deep in the money calls [or puts] is like buying [or shorting] the underlying stock in a sense*; V. *in the money; out-of-the-money*), **depth of the market** (MER calado o profundidad del mercado; alude al volumen de divisas, valores o productos que operan en el mercado en un determinado momento sin ocasionar distorsión en los precios)].

default *n/v*: GRAL falta, defecto, impago, incumplimiento de pago, fallido; incumplir, no pagar lo estipulado; V. *fail, nonpayment*. [Exp: **default premium** (BON prima por mora o impago; prima añadida al rendimiento *–yield–* prometido en la adquisición de un bono de empresa *–corporate bond–* con un cierto riesgo de impago ◊ *For Municipal Bonds and Corporate Bonds the default premium depends on the creditworthiness of the issuer*), **default risk** (BON riesgo de impago; riesgo en el que puede incurrir el emisor de un bono de no poder pagar los intereses correspondientes en los plazos estipulados), **defaulted bond** (BON obligación en mora, bono impagado en mora), **defaulter** (FIN moroso, deudor)].

defeasance *n*: BON/VEN amortización de deuda; se refiere a la posibilidad que un prestatario *–borrower–* tiene de emplear bonos u obligaciones para amortizar su deuda; dicha amortización puede realizarse también mediante la adquisición de obligaciones nuevas con valor nominal –*face value*– más bajo pero con un tipo de interés más alto; las condiciones de pago de la deuda antigua están cubiertas por la nueva fuente de intereses, con lo cual dicha deuda se considera extinguida y la diferencia acreedora, si la hay, entre la cantidad que se debía y los intereses devengados se consigna en el activo ◊ *Defeasance occurs when a brokerage firm exchanges the old debt issue for a new corporate stock issue equal to the market value of the old debt.*

defence, defense *n*: GRAL defensa, réplica, alegación. [Exp: **defensive portfolio** (VAL cartera defensiva; es decir formada con valores sólidos y estables), **defensive securities** (VAL valores defensivos; acciones y obligaciones con poco riesgo que aseguran al inversor un rendimiento –*return*– estable ◊ *When the stock market is weak, defensive securities are apt to decline less than the overall market*)].

defer *v*: GRAL aplazar, diferir, atrasar, suspender, demorar; V. *delay, postpone, put off, suspend*. [Exp: **deferred bonds** (BON bonos de interés diferido), **deferred bonus** (DIV dividendo diferido), **deferred call** (BON opción de compra diferida; cláusula que prohíbe ejecutar una opción de compra antes de una fecha determinada ◊ *If the bond has a deferred call, it may be called within the first 5 years or the last half of its life*), **deferred cap** (FIN contrato diferido con tope máximo de interés; V. *cap*), **deferred compensation** (VAL remuneración diferida; cantidad obtenida pero no pagada hasta una fecha posterior; se da normalmente en planes de pensiones o en opciones sobre acciones –*stock options*–), **deferred equity** (VAL acciones aplazadas; se refiere a los bonos convertibles –*convertible bonds*– que a la larga se convertirán en acciones ordinarias –*common stock*– ◊ *A tax-deferred equity index annuity gives you stock market-type gains without stock market risk*), **deferred futures** (FUT futuros aplazados; alude a los meses más distantes en un contrato de futuros; también se aplica al bono que se vende a descuento –*discount*– y que no paga interés durante un periodo de tres a siete años; V. *nearby; payment-in-kind bond*), **deferred interest bond** (BON bono con interés aplazado; se trata de un tipo de bono que paga el interés al final en un único pago habiendo estado reinvirtiendo los intereses generados a lo largo de la vida del bono; V. *zero coupon bond, step-up bond*), **deferred liabilities** (FIN/VEN gastos amortizables o diferidos; V. *long-term liabilities*), **deferred shares/stocks** (VAL/DIV acciones de dividendo diferido; acciones con derecho a dividendos especiales ◊ *We can say that our deferred stocks are being sold over an extended time frame*; V. *founder's shares*)].

deficiency *n*: GRAL deficiencia, déficit, carencia, descubierto; V. *defect, imperfection, lack; shortage*. [Exp: **deficiency letter** (FIN notificación de deficiencias; carta remitida por la Comisión del Mercado de Valores –*Stock Market Commission, SEC*– a una entidad emisora advirtiéndole de la necesidad de modificaciones en el folleto de emisión –*prospectus*– o de solventar problemas detectados en un valor ◊ *If a stock fails to trade at a certain level for 30 consecutive business days, Nasdaq's automatic tracking system notifies an analyst, who sends the company a deficiency letter*)].

define *v*: GRAL definir, especificar, concretar; V. *clarify, concrete, explain, precise*. [Exp: **defined asset fund** (FON fondo definido de activos; fondo de inversión –*mutual fund; unit investment trust*– constituido por una cartera compuesta de acciones punteras –*blue chips*–, de inversión inmobiliaria –*REIT, real estate investment trust*– o valores de gran rendimiento –*high yielding stocks*– que cotizan en las Bolsas más importantes ◊ *In a defined asset fund, your portfolio is selected by professionals who have an in-depth knowledge of the market*)].

degearing *n*: VAL desapalancamiento financiero; financiación mediante la emisión de acciones con el fin de devolver un préstamo que produce intereses elevados ◊ *Despite the maintenance of a relatively easy monetary policy, debt write-offs and degearing have resulted in a severe contraction in credit*.

delay *n/v*: GRAL demora, retraso, tardanza; demorar, retrasar, tardar; V. *demurrage, defer, retard*. [Exp: **delayed opening** (NEGO apertura retrasada; demora en el inicio de la negociación de la sesión bursátil o de un valor debido a un fuerte desequilibrio –*gross imbalance*– entre las órdenes de compra y de venta; suele ocurrir tras la presentación de una OPA –*takeover offer*– ◊ *Argentina's main stock exchange had a delayed opening on Wednesday after the country's deep financial and political crisis disrupted trading* ; V. *suspended trading*), **delayed settlement/delivery** (NEGO liquidación retrasada; transacción cuyo contrato se liquida con posterioridad a los cinco días hábiles habituales; V. *seller's option*)].

delist *v*: NEGO excluir, eliminar; suprimir un valor de la lista oficial de la Bolsa; generalmente a causa del incumplimiento de la normativa que regula el funcionamiento de dicha Bolsa ◊ *Nasdaq is moving to delist the stock of this scandal-plagued online real estate company*.

deliver *v*: GRAL/FUT entregar, traspasar, enviar, repartir; en los futuros, el compromiso de entregar la mercadería –*commodity*– contratada; V. *allot, distribute, hand, transfer*. [Exp: **deliverable bills** (OBL letras a entregar; letras del Tesoro –*Treasury bills*– que cumplen las especificaciones de la Bolsa en la que cotizan), **deliverable instrument** (FUT instrumento de entrega; se trata del activo incluido en un contrato de entrega diferida –*forward contract*– que debe entregarse en el futuro según el precio acordado –*agree-upon price*–), **delivery** (GRAL/FUT entrega, reparto, traspaso, envío; ofrecimiento y entrega de una mercadería o instrumento financiero en cumplimiento con lo estipulado en un contrato de futuros), **delivery bond** (BON/FUT bono de entrega; son bonos de este tipo las emisiones de deuda pública con plazo de amortización teórica del bono nocional –*notional bond*– contenido en el contrato de futuros ◊ *The stock exchange specifies what face value a delivery bond can be used to replace one contract of a notional bond*; V. *notional bond*), **delivery date** (FUT fecha de entrega; fecha en la que, según un contrato de futuros, deben entregarse los productos o instrumentos financieros comprometidos), **delivery month** (FUT mes de entrega efectiva de los futuros), **delivery notice** (FUT aviso de entrega de futuros; V. *actual delivery, notice day*), **delivery options** (FUT posibilidades de entrega; se trata de las opciones que tiene el vendedor de un contrato de futuros de tasas de interés –*interest rate futures contract*– entre las que se incluyen la opción de calidad –*quality option*–, de temporalidad –*timing option*–, y la del comodín –*wild card option*–), **delivery points** (FUT características de la entrega; se refiere a los aspectos específicos incluidos en un contrato de transacción de futuros que detallan la forma de entregar los productos o instrumentos financieros contemplados en el contrato), **delivery price** (FUT precio de entrega; precio fijado por la cámara de compensación –*Clearing house*– para la entrega de los futuros contratados), **delivery versus payment** (VAL pago contra entrega; pago que efectúa el comprador de un valor a la entrega del mismo; V. *free delivery*)].

delta *n*: FIN valor delta; llamado también ratio de cobertura –*hedging ratio*–; se emplea para medir la relación entre el precio de una opción de compra –*call option*– y el precio del valor subyacente –*underlying stock*–; también mide la relación entre el precio de la prima de una opción y el precio de los contratos de seguros; V. *hedge ratio, neutral hedge*. [Exp: **delta neutral** (FIN/VAL valor delta neutro; se aplica cuando el valor de la cartera no se ve afectado por las alteraciones de los activos suscritos por las opciones), **delta hedge** (FIN/OPC inmunización delta; se consigue empleando opciones que ajustan continuamente su número en razón del valor delta de las mismas ◊ *In general, if gold prices rise, physical gold must be purchased in the open market to maintain an acceptable delta hedge on a written gold call*), **delta stock** (VAL títulos, acciones de índice delta; son los de menos liquidez de la Bolsa de Londres; V. *alpha stock*)].

demand *n/v*: GRAL demanda, exigencia, requerimiento; demandar, exigir, requerir; V. *claim, force, require*. [Exp: **demand loan** (FIN préstamo a la vista; su reembolso es exigible en cualquier momento; cuando el préstamo se hace a los agentes de Bolsa se llama *broker's call loan*), **demand master notes** (VAL/VEN pagarés a demanda; títulos a corto plazo que se amortizan a petición del suscriptor)].

demote *v*: GRAL/FIN bajar de categoría, calificación o valoración; V. *downgrade*.

demurrage *n*: FIN demora; penalización por demora; V. *delay*.

denomination *n*: GRAL denominación, valor; se trata del valor facial de una moneda o nominal de una acción.

deposit, dep *n/v*: FIN depósito, abono, ingreso; depositar, abonar, ingresar; V. *accumulate, bank, save, store*. [Exp: **deposit in escrow** (FIN depósito en garantía), **deposit of securities** (VAL depósito de valores), **depository preferred** (VAL depositaría preferencial; mecanismo que permite al emisor de valores sortear el límite impuesto por una empresa en el número de acciones preferenciales), **depository receipt** (FIN recibo de depósito ◊ *KDB recently announced a sell-down of its 7 percent stake in Pohang Iron & Steel, despite falling depositary receipt prices*; V. *ADR American Depository Receipt*), **Depository Trust Company, DTC** (FIN/SOC sociedad de custodia colectiva; depósito general de valores que custodia, registra, intercambia y entrega las acciones confiadas al mismo; sus actividades se realizan en la actualidad mediante sistemas informatizados; V. *custodian bank*)].

depress *v*: GRAL deprimir, a la baja; V. *cheapen, depreciate; discourage, dismay*. [Exp: **depressed price** (NEGO precio a la baja; se refiere al valor cuyo precio de mercado es inferior al de los restantes valores del mismo sector ◊ *Former shareholders of Basic claimed that they had sold their shares at an artificially depressed price because management had issued false merger negotiations*)].

derivative *a*: FIN derivado; producto financiero derivado. [Exp: **derivative instruments** (FUT productos derivados; contratos de opciones y futuros cuyo precio se deriva del precio del activo financiero subyacente –*underlying financial asset*–), **derivative markets** (MER mercado de derivados; se trata de mercados de opciones, futuros, permutas financieras –*swaps*–, etc.), **derivative mortgage-backed securities** (OBL obligaciones derivadas; obligaciones secundarias garantizadas por un fondo o cartera de obligaciones hipotecarias), **derivative security** (VAL/OBL obligaciones derivadas; son opciones o futuros cuyo valor se calcula en parte sobre el valor de otra obligación distinta ◊ *At expiration date, a derivative security can no longer be exercised or converted to the underlying common stock*)].

descending *v*: GRAL descendente; a la baja; V. *drop, fall, sink*. [Exp: **descending tops** (FIN máximos descendentes; sucesión de máximos de precios de un valor en los que cada máximo es menor que el precedente a lo largo de un determinado periodo de tiempo ◊ *The Dow needs to remain above 10,000; if it is basing with rising lows, instead of building descending tops*; V. *ascending tops*)].

designate *v*: GRAL designar, nombrar, destinar; V. *apply, assign, name, propose*. [Exp: **designated order turnaround system, DOT** (FIN sistema electrónico de la Bolsa de Nueva York; permite automatizar las compras y ventas de grandes cestas de valores y facilita que las operaciones se realicen con rapidez; V. *AOS*)].

desk[1] *n*: GRAL despacho, sección, departamento, ventanilla; V. *bureau, department, division, office, section*. [Exp: **desk**[2] (FIN departamento de valores de la Reserva Federal de Nueva York; en él se ejecutan todas las transacciones del sistema de la Reserva Federal en los mercados financieros)].

detachable warrant *n*: FIN certificado provisional, de quita y pon; certificado que permite a su tenedor la compra de un valor a un precio estipulado; estos certificados pueden negociarse de manera separada del paquete en el que originalmente iban incluidos ◊ *The basis of the rights offer is one non convertible debenture with a detachable warrant for every equity share held*.

diagonal *a*: FIN diagonal. [Exp: **diagonal spread** (FIN margen diferencial/«spread» diagonal; estrategia de opciones consistente en mantener posiciones largas y cortas –*long and short position*– para el mismo tipo de opción con precios de ejercicio –*strike prices*– y fechas de vencimiento –*expiration dates*– distintas ◊ *One advantage of the diagonal spread is that the spread can be reestablished if the short call expires worthless*; V. *debit spread*)].

dial *v*: GRAL marcar un número de teléfono. [Exp: **dialing and smiling** *col* (FIN marcar y sonreír; estrategia de venta de valores por teléfono empleando todas las tácticas de persuasión posibles ◊ *Nearly 90 % of all foreign exchange transactions between banks, funds, and corporations are done by dialing and smiling*), **dialing for dollars** *col* (FIN llamar por la pasta; término coloquial utilizado para describir la práctica del contacto telefónico sin previo aviso –*cold calling*–, pero con la intención de ofrecer inversiones de carácter especulativo e incluso fraudulento ◊ *Until the investing public wises up, it's easy and profitable for stockbrokers to keep on smiling and dialing for dollars*)].

difference *n*: GRAL diferencia, saldo; V. *balance, result*. [Exp: **difference from S&P** (FON diferencial con el S&P; se trata del rendimiento obtenido por un fondo de inversión al que se restan las variaciones ocurridas en el índice 500 del Standard & Poors durante el mismo periodo de tiempo), **difference option** (FIN opción sobre diferencia; la diferencia entre dos tipos de referencia se halla en el activo subyacente –*underlying asset*–), **differential, diff** (FIN comisión, normalmente 1/8 de punto, que cobra un operador en Bolsa por transacciones con volumen o valor por debajo de la unidad considerada normal, que se llama *round lot*; V. *round lot, odd lot*)].

diffusion process *n*: FIN proceso de difusión; proceso que contempla la forma en la que se producen las variaciones de precio de un valor ◊ *The stock price is a continuous time diffusion process*.

digest *n/v*: GRAL recopilación, resumen, sumario, repertorio; resumir, condensar, digerir; V. *abbreviate, condense, summarize; abstract, abridgement*. [Exp: **digested securities** (VAL valores digeridos; alude a los valores que no se desean vender ◊ *These are digested securities so there's no point to make a bid for them*; V. *undigested securities, float*)].

dilution *n*: GRAL dilución, disminución, reducción, reajuste a la baja; V. *decrease, discount, reduction*. [Exp: **dilution of earnings per share** (VAL reducción de los rendimientos por acción ◊ *As the company enjoys an strong financial position, issuing additional shares would result in a dilution of earnings per share*), **dilution protection** (VAL protección contra la reducción; consiste en modificar el coeficiente de conversión –*conversion ratio*– del dividendo de una acción convertible con el fin de evitar un reajuste a la baja –*dilution*–; dicho ajuste exige un fraccionamiento –*split*– superior al 5 %), **dilutive effect** (VAL efecto de reducción; resultado de una transacción que reduce los rendimientos por acción –*earnings per common share [EPS]*– ◊ *The stock repurchase program is intended to neutralize the potential dilutive effect of shares to be issued upon the exercise of stock options*)].

dingo *n*: OBL obligaciones de cupón cero denominados en dólares australianos.

dip *n/v*: FIN baja, bajar de precio; ligera baja en el precio de un valor tras un alza sostenida; V. *correction, break, crash*.

direct *a/v*: GRAL directo; dirigir, disponer, orientar, disponer; V. *aim, focus, guide, point; straight*. [Exp: **direct dealing line** (FIN línea directa), **direct paper** (FIN pagaré de empresa –*commercial paper*–; se vende directamente al inversor), **direct placement** (NEGO/SUS colocación directa; venta de una emisión nueva de acciones directamente a inversores institucionales en vez de ofrecerla a suscripción pública ◊ *President and CEO Dick Ellison continued the direct placement process with Fletcher on terms favorable for our existing shareholders*), **direct stock-purchase programs** (NEGO programas de compra directa de acciones; se compran directamente al emisor –*issuer*–), **directed brokerage** (FIN corretaje directo ◊ *With some careful planning and the judicious use of directed brokerage your portfolio will benefit*; V. *give up*)].

director *n*: FIN director, directivo, consejero, miembro del consejo de administración –*Board of directors*–; V. *administrator, adviser, chair, head, manager, president*. [Exp: **directorship** (FIN dirección; se aplica a un operador –*trader*– que no puede mantener su posición –*position*– en un valor a causa de incompatibilidad de cargos; V. *restricted*), **director's fees** (FIN remuneración a los consejeros delegados)].

dirty *a*: GRAL sucio, en bruto; V. *immoral, corrupt; base, contaminated*. [Exp: **dirty price** (BON precio sucio, en bruto; precio que se paga por un bono, incluido el interés acumulado –*accrued interest*– ◊

The Bank of Namibia will publish a fixed dirty price for the source stock), **dirty stock** (VAL acción sucia; se aplica a la acción que no cumple los requisitos de otorgamiento –*good delivery*– ◊ *The fund is investing in basic materials companies like Alcan Aluminium and a real down and dirty stock like IMC Global Inc*; V. *full price*)].

disappreciation *n*: FIN pérdida de apreciación; descenso en el valor de un activo tras su revaloración.

disburse *v*: FIN desembolsar, pagar, gastar; V. *allocate, dispense; spend*. [Exp: **disbursement of dividends** (DIV pago de dividendos)].

discount *n/v*: FIN descuento comercial, rebaja, bonificación, cantidad que se deduce del valor nominal de un descuento; descontar, hacer descuento, pagar; V. *cut down, deduct, decrease, reduce*. [Exp: **discount bond** (BON bono de descuento; se vende por un precio inferior; si no devenga intereses se denomina bono de cupón cero –*zero coupon bond*–), **discount broker/house** (AG VAL sociedad intermediaria de descuento; cobra comisiones inferiores a otros ◊ *The trend now is punishing discount brokers, who need transactions to survive and have little advice to give*), **discount yield** (FIN rendimiento al descuento; rendimiento anual de un valor comprado a descuento; para calcularlo se multiplica el resultado de dividir el descuento por el valor nominal del valor con el resultado de dividir el número de días del año por los días que restan hasta el vencimiento del valor), **discounted in/by market** (FIN descuento según mercado; información que ofrece el mercado para fijar el precio a la baja de un valor), **discounting the news** (FIN descuento anticipado a los datos; se ajusta el precio de un valor debido a presiones especulativas antes de hacerse públicos los datos de la compañía sean éstos buenos o malos ◊ *A lot of selling went on as rumors of his poor condition spread and discounting the news*)].

discretionary *a*: GRAL discrecional. [Exp: **discretionary account** (FIN cuenta bursátil discrecional; se trata de los fondos de un cliente en poder del agente bursátil para que efectúe transacciones en Bolsa según su criterio), **discretionary order** (NEGO orden discrecional; poder que se otorga al agente para que ejecute las órdenes de su cliente en el momento que considere apropiado ◊ *I can give them a discretionary order to execute my trade and I know they'll do it the way I would*), **discretionary trust** (FON fideicomiso discrecional; se refiere a un fondo de inversión –*mutual fund*– cuyos gestores –*management*– pueden decidir cómo emplear los activos sin restricciones; también se aplica a un fideicomiso con amplios poderes en la administración de los bienes del beneficiario para impedir que éste los derroche ◊ *This is a discretionary trust of which employees or former employees of Anglo American plc and certain of its subsidiaries are potential beneficiaries*)].

disintermediation *n*: FIN desintermediación; V. *intermediation*.

distress *n/v*: GEN embargo, detención, dificultad; embargar. [Exp: **distress sale** (NEGO venta adversa; venta, por ejemplo, de una acción para cubrir una demanda de depósito –*margin call*– ◊ *Speculators had a perverse incentive to stay away from the market in order to benefit from the distress sale and free fall in prices*)].

distribute *v*: GEN distribuir, repartir, participar; V. *allocate, divide, parcel, spread*. [Exp: **distributed** (NEGO distribuido; se aplica a la distribución o venta de los valores ofrecidos en las subastas del Tesoro –*Treasury auction*–), **distributing when** (NEGO en el momento de su distribución; cuando se distribuyan; expresiones que se aplican a las operaciones que dependen de la distribución secundaria de las acciones concentradas en manos de un grupo reducido de inversores –*closely-held stock*–), **distributing syndicate** (AG VAL consorcio distribuidor; consorcio de agencias de valores –*brokerage firms*– o bancos de negocios –*investment banks*– encargados de vender grandes lotes –*lots*– de acciones ◊ *25 per cent of the new issue was allotted to each member of the distributing syndicate*), **distribution** (NEGO venta de acciones por reparto; proceso de venta de grandes lotes de acciones para evitar una excesiva especulación en el precio), **distribution area** (FIN área de distribución de una acción; cotización estable de una acción durante un largo periodo de tiempo; V. *accumulation area*), **distribution period** (FIN periodo de distribución; los días que transcurren entre la declaración de dividendos –*declaration date*– de un valor y la fecha de reparto –*date of record*– o la fecha límite de adquisición del valor para tener derecho al cobro de dividendos), **distribution plan** (FON plan de reparto de gastos; distribución de los gastos ocasionados por la distribución de un fondo de inversión entre sus partícipes), **distribution stock** (VAL valor en distribución; venta minorizada de una acción que forma parte de un lote más grande con el fin de no alterar su precio de mercado –*market price*– ◊ *Golin/Harris Forrest helped the company re-focus its corporate story on its position as a distribution stock with strong growth prospects*), **distributions** (FIN repartos; incluye los pagos de fondos, dividendos, plusvalías de capital –*capital gains*– y otros rendimientos –*returns*–)].

diversification *n*: FIN diversificación; ampliación de la inversión en una variedad de activos con diferente riesgo y remuneración –*reward*–; así se habla de diversificación eficiente –*efficient diversification*– e ingenua –*naive diversification*–. [Exp: **diversified investment company** (FON/SOC sociedad de inversión diversificada; por ejemplo, una gestora de fondos de inversión que invierte en una gama amplia de valores)].

dividend *n*: DIV dividendo, cupón; parte de los beneficios de una empresa que se paga a los accionistas normales –*common*– y preferenciales –*preferred*–; V. *cum dividend; ex dividend; interim/final* *dividend; stock dividend; declare a dividend; declaration date; pass a dividend; date of record; deferred shares*. [Exp: **dividend announcement** (DIV declaración de dividendo; V. *declare a dividend*), **dividend-bearing security** (DIV título con derecho a dividendo), **dividend capture** (DIV caza de dividendos; alude a la adquisición de valores para comprar los dividendos; práctica bursátil, también llamada *dividend rollover plan, trading dividends* y *dividend stripping*, consistente en comprar las acciones poco antes del vencimiento del plazo de dividendos, vendiéndolas poco después a un precio ventajoso ◊ *In a bull market, it can look as though there is some profit in a dividend capture strategy, but that illusion is simply due to the robust market*; V. *stripping; bond washing; ex-dividend, cum dividend; zero-coupon*), **dividend cheque** (DIV cheque para pago de dividendos), **dividend clientele** (DIV clientela de dividendos; se trata de un grupo de accionistas que abogan por una determinada política de dividendos de la empresa), **dividend counterfoil/dividend coupon** (DIV talón de dividendo; cupón de dividendo), **dividend cover** (DIV cobertura de dividendo; relación entre beneficios y dividendos pagados; es decir, el número de veces que se puede pagar dividendos con los beneficios obtenidos ◊ *If dividend cover should fall below ratio 1, the company faces problems. It will be unable to pay its dividend out of current earnings*; V. *pay-out ratio*), **Dividend Discount Model, DDM** (DIV modelo de descuento de dividendos; sistema de valoración de las acciones de una empresa según el valor actual de los dividendos futuros), **dividend equalization reserve** (DIV reserva estabilizadora de dividendos), **dividend growth model** (DIV modelo de crecimiento del dividendo; modelo que asume que unos intereses dados mantendrán una tasa de crecimiento constante e inalterable), **dividend in arrears** (DIV/VEN dividendos vencidos ◊ *If the Company chooses not to declare dividends for six cumulative quarters, the holders of Convertible Preferred Stock will be entitled to elect two additional directors until the dividend in arrears has been paid*), **dividend in kind** (DIV/VEN dividendo en especie), **dividend limitation** (DIV/BON limitación de dividendos; se trata de una restricción en un contrato de bonos –*bond covenant*– que limita la capacidad de una empresa de pagar dividendos en efectivo), **dividend mandate** (DIV orden de pago de dividendos), **dividends payable** (DIV dividendos a pagar; cantidad en efectivo que una empresa paga como dividendos ◊ *However, there was right to elect two additional directors if the equivalent of six quarterly dividends payable on the preferred stock were missed*), **dividend paid on account/in advance** (DIV dividendo a cuenta), **dividend payout ratio** (DIV índice de pago de dividendos; porcentaje de beneficios destinado al pago de dividendos), **dividends per share** (DIV dividendo por acción; dividendos pagados en el último año dividido por el número de acciones), **dividend policy** (DIV política de dividendos; normativa de la empresa que fija la cantidad destinada al pago de dividendos), **dividend price ratio** (DIV relación entre el dividendo y el precio de la acción), **dividend-paying shares** (VAL/DIV acciones que generan dividendos), **dividend-right certificates** (DIV bonos de disfrute de dividendos ◊ *The investment company holds shares or dividend right certificates of companies with their headquarters mostly in Switzerland*), **dividend rate** (DIV tasa de dividendo; tasa fija o flotante de dividendos de una acción preferencial –*preferred stock*– en razón de su valor nominal –*par value*–), **dividend record** (DIV historial de dividendos; publicación del índice Standard and Poor's –*S&P*– que describe las políticas de pago de dividendos de las diferentes compañías), **dividends-received deduction** (DIV deducción por cobro de dividendos; deducción de impuestos de una compañía que es propietaria de otra y por la que recibe dividendos ◊ *Freddie Mac will increase the dividend if the U.S. tax code is amended to reduce the dividends-received-deduction from the current 70 % to as low as 50 %*), **Dividend Reinvestment Plan, DRP** (DIV plan de reinversión de dividendos; reinversión automática de los dividendos obtenidos por acción sin pagar comisiones y a veces con descuento), **dividend requirement** (DIV requerimiento de pago de dividendos; mínimo de beneficios anuales obtenidos por acciones preferenciales y destinado al pago de dividendos ◊ *If this kind of thing continues, it wouldn't be shocking to see more funds eliminating their dividend requirement*), **dividend rights** (DIV/DER derecho a la percepción de dividendos; derecho del accionista a percibir los mismos dividendos por acción que el resto de accionistas), **dividend rollover plan** (DIV plan de compra rotatoria de acciones a punto de generar dividendos; la rotación se produce al revenderlas poco después de cobrar el dividendo y comprar otras nuevas con plazo de dividendo próximo a vencer –*ex-dividend date*–; V. *trading dividend*), **dividend trade roll/play** (DIV negociación rotatoria de dividendos; se trata de comprar y vender acciones antes de la fecha de cobro de dividendos con el fin de lograr una compensación fiscal por minusvalías), **dividend stripping** (DIV; V. *dividend capture; trading dividend*), **dividend warrant** (DIV cupón ◊ *You can send the uncashed dividend warrant to the Company and you will receive your payment*; V. *dividend cheque*), **dividend, with** (DIV con dividendo; adquisición de acciones con derecho a percibir dividendos; V. *ex-dividend*), **dividend yield [funds]** (DIV/FON rendimiento del dividendo [fondos]; rendimiento obtenido por una participación en un fondo de inversión de un año; refleja los gastos originados por la venta, pero no por su rescate anticipado –*redemption charges*–), **dividend**

yield [stocks] (DIV/VAL rendimiento del dividendo [acciones]; rendimiento anual dividido por el precio del título ◊ *Dividend yield will continue to play a secondary role to the average stock market investor*; V. *indicated yield*)].

do *v*: GRAL hacer, efectuar, realizar; V. *effect, execute, perform, work*. [Exp: **Do Not Increase, DNI** (NEGO no aumentar; restricción impuesta sobre una orden de cancelación –*good til' cancelled order*– con el fin de impedir nuevas órdenes en el caso de ejecución de dividendos o de emisión de acciones gratuitas –*stock split*–), **don't fight the tape** (NEGO seguir la corriente; expresión que sugiere no operar en contra de la tendencia del mercado –*market trend*– ◊ *You've heard Marty Zweig say «don't fight the tape», and he's earned a lot more dinners off the stock market than we have*), **don't know, DK, Dked** –*Don't know the trade*– (NEGO desconozco el trato, no estoy en el ajo; expresión popular que indica que falta información sobre una operación o que se han recibido órdenes contradictorias), **Do Not Reduce, DNR** (NEGO no reducir; orden con límite que no se condiciona al pago de dividendos del valor correspondiente; V. *limit order*)].

document *n/v*: GRAL documento, efecto, instrumento, título; documentar; V. *certificate, charter, credential, paper; corroborate, validate*. [Exp: **documentary bill** (FIN letra o efecto documentario), **documentary loan** (FIN préstamo documentario)].

dogs of the Dow *col fr*: NEGO perros del «Dow»; estrategia inversora consistente en comprar diez títulos de empresas sólidas pero que en esos momentos rinden por debajo de su valor y tienen la peor cotización de las 30 que conforman el índice Dow Jones; se trata de una inversión contra corriente ya que el inversor confía en que dichos valores subirán en el plazo de un año ◊ *The Dogs of the Dow investing strategy is simple to do, takes less than an hour every year and produces good returns compared to the performance of the Standard & Poor 500 stock index*.

dollar *n*: FIN dólar. [Exp: **dollar averaging** (NEGO cálculo del promedio del valor en dólares; práctica seguida a fin de asegurar riesgos en la compra o venta de dólares producidos por cambios en la cotización), **dollar bears** (FIN bajistas o especuladores del dólar; cambistas y operadores –*traders*– que se benefician de la bajada del dólar en relación con otras divisas ◊ *The Bank of Japan [BOJ] has scared off dollar bears for now with persistent yen-selling over the past two weeks*), **dollar bonds** (BON bonos municipales en dólares; no confundir con los *U.S. Dollar bonds* utilizados en el mercado de eurobonos), **dollar return** (DIV rendimientos dinerarios; rendimientos obtenidos por una cartera durante un periodo de evaluación de su comportamiento), **dollar roll** (NEGO venta de valores garantizados por una hipoteca y con pacto de recompra –*repurchase agreement*–; se acuerda vender una acción con el compromiso de comprar otra similar en una fecha posterior por un precio acordado ◊ *Use a dollar roll strategy, buy 18-month securities and resell them once they have 13 months left until maturity*; V. *reverse repo*), **dollar safety margin** (FIN margen de seguridad en dólares; cantidad en dólares equivalente al valor de una cartera empleada en una estrategia de inmunización contingente –*contingent immunization strategy*–), **dollar-weighted rate of return** (FIN tasa de rendimiento sopesada, tasa interna de rendimiento; tasa de interés resultante de sumar el valor actual del flujo de caja –*cash flow*– y el valor de mercado final de una cartera)].

domestic *a*: GRAL nacional, interior, interno; V. *internal, native*. [Exp: **domestic commerce** (FIN comercio interior), **domestic company** (SOC compañía nacional), **domestic market** (MER mercado interno), **domestic trade** (NEGO comercio interior)].

double *a/v*: GRAL doble; duplicar, doblar. [Exp: **double auction market** (MER mercado de subasta doble; esta modalidad de subasta, en la que hay ofertas –*offers*– y pujas –*bids*–, es la forma normal con la que se abren los mercados de productos –*commodity markets*– en la modalidad de a viva voz –*open outcry*– ◊ *NYSE dealing brokers and listed stock specialists advertise their current prices in this double auction market*), **double auction system** (FIN sistema de subasta doble; mercado compuesto por múltiples compradores y vendedores, en contraste con la subasta normal en la que hay una única sociedad de contrapartida –*market maker*– y muchos compradores), **double-barreled bond** (BON bono con doble garantía; se trata de bonos emitidos por una empresa con el aval adicional de las autoridades municipales, regionales, etc., cuya finalidad es la de financiar la realización de un servicio de interés público), **double bottom** (NEGO/VAL suelo doble; caída de un valor a la que sigue una recuperación y una nueva caída de magnitud similar a la primera ◊ *Friday's action created a double bottom on the Nasdaq at 1794. Resistance is 1980*; V. *triple bottom*), **double call in sinking funds** (BON/VEN opción a doblar la amortización de bonos), **double dip** *col* (DIV mojar doble; alude a la rotación de dividendos –*dividend roll*– en la que el beneficiario que ya posee el valor se ve favorecido por un segundo reparto de dividendos ◊ *2001 marks first double dip since the early '70s for stock mutual funds*), **double option** (OPC opción doble; es equivalente a una *put and call option*; V. *put and call option*), **double top** (NEGO/VAL doble pico; subida de un valor a la que sigue una caída y una nueva recuperación de la magnitud de la primera), **double up** (NEGO subir al doble; estrategia del comprador que consiste en doblar el riesgo cuando el precio del valor se mueve en dirección contraria al esperado ◊ *If you know you own the right stock, you have to double up when they go lower. That's when* *you make the killing*), **double witching day** *col* (NEGO/OPC/FUT/VEN doble día de las brujas; día en que coincide el vencimiento –*expiration*– de dos tipos relacionados de opciones y futuros, lo que da lugar a diversas estrategias de arbitrage –*arbitrage*– para cerrar posiciones –*close out positions*– ◊ *The market was shaken by the double witching day Friday, when stock option contracts expired*; V. *witching day*), **doubling option** (FIN/OPC/VEN opción doblada; posición de un fondo de amortización de deudas –*sinking fund*– que posibilita la compra del doble de bonos al valor de rescate de dicho fondo –*sinking fund call price*–)].

Dow Jones industrial average *n*: FIN índice Dow Jones de valores industriales; índice de valores de la Bolsa de Nueva York compuesto por 30 valores; llamado coloquialmente *The Dow* y publicado diariamente por Dow Jones & Co; muestra la tendencia de los valores de las principales empresas estadounidenses. [Exp: **Dow dividend theory** (FIN teoría de dividendos Dow; V. *Dogs of the Dow*), **Dow Theory** (FIN teoría Dow; teoría según la cual las tendencias del mercado deben ratificarse simultáneamente por movimientos en el índice Dow Jones de valores industriales y el índice Dow Jones de transporte)].

down *adv/n/v*: GRAL abajo, bajo, que cae su precio o valor. [Exp: **down-and-in call** (OPC opción de compra con barrera mínima; se ejercita cuando el valor de la acción subyacente –*underlying security*– rebasa una cantidad prefijada ◊ *A down and in call is activated when the barrier price is reached. The barrier is less than the strike price*), **down-and-out call** (OPC opción de compra cancelable; opción de compra con tope máximo en el activo subyacente), **downgrade** (FIN/VAL degradar, rebajar la calificación de un valor o agencia de calificación –*rating agency*–; V. *demote, promote; upgrade*), **downside risk** (FIN/NEGO cálculo del riesgo de caída; riesgo de que un valor caiga y las implicaciones que dicho riesgo comporta ◊ *You can potentially manage downside risk by not owning stocks that trade with price/earnings ratios above 20*), **downtick** (FIN/NEGO a la baja, pérdidas en un determinado valor; en las Bolsas estadounidenses no se puede vender un valor a la baja en descubierto –*short selling*–), **downturn** (FIN/NEGO recesión; caída en la contratación de valores; disminución en el volumen de negocios de la Bolsa ◊ *The current very high stock prices will lead to a sharp downturn in the stock market*), **downturn in share prices** (FIN/NEGO baja en las cotizaciones), **downward** (FIN/NEGO Bolsa a la baja), **downward trend** (FIN/NEGO tendencia a la baja)].

dragon markets *n*: MER mercados del sureste asiático como Singapur, Thailandia, etc.

draw *v*: GRAL atraer, provocar, causar, llamar; V. *attract, entice, invoke*. [Exp: **draw a call** (FIN/NEGO provocar la demanda; hacer que un cliente ordene una compra al ofrecer productos atractivos o poner en venta lotes –*portions*– grandes de un valor ◊ *The trader presented himelf as a buyer to draw a call from a customer*), **drawback** (FIN reintegro, reembolso), **drawdown** (FIN devolución o pérdida de los beneficios conseguidos por una cartera en los momentos menos favorables), **drawn bond** (BON/VEN bono amortizado o redimido)].

dressing up a portfolio *n*: FIN/NEGO maquillaje de cartera; estrategia financiera realizada por los gestores de una cartera consistente en negociar valores con el fin de que adquiera un aspecto positivo para el inversor.

drop *n/v*: FIN caída; dar de baja, caer; V. *fall, plunge, sink; decline, depreciate*; se aplica en el mercado secundario –*over-the-counter*– y consiste en retirar un valor de la lista que cotiza en dicho mercado ◊ *When the Nasdaq 100 index is rebalanced in December, some 15 tech names will drop out of the index*. [Exp: **drop lock** (FIN interés fijo frente caída; acuerdo según el cual el tipo de interés de una obligación a interés flotante –*floating rate note*– o acción preferencial –*preferred stock*– se asegura si los intereses caen por debajo de una tasa prefijada), **drop lock bond** (BON bono de interés flotante; éste se convierte en fijo ante la caída de los tipos ◊ *Some issues, called drop-lock bonds, automatically change the floating coupon rate into a fixed coupon rate under certain circumstances*), **drop the rating** (FIN rebajar la calificación de solvencia de una agencia de contratación)].

dual *a*: GRAL doble, dual, duplicado; V. *coupled, doubled, paired*. [Exp: **dual capacity system** (FIN sistema bursátil de capacidad dual; en él, el corredor –*broker*– actúa como intermediario y como inversor principal –*dealer*– ◊ *In a dual capacity system, dealers are able to act either as principals or as agents*; V. *single-capacity system*), **dual-currency issues/bonds** (BON emisiones en dos divisas; eurobonos que devengan intereses según cupón –*coupon interest*– en una divisa –*currency*– pero amortizan el capital principal –*principal*– en otra; V. *indexed curency option*), **dual listing** (FIN doble cotización; alude a los valores que cotizan en más de un mercado, lo cual supone un incremento de sus posibilidades de negociación ◊ *The Tel Aviv Stock Exchange has already seen a half-dozen Israeli companies that are publicly traded in the U.S. dual-list in Israel*; V. *listed security*), **dual purpose fund** (FON fondo de inversión cerrado –*closed end fund*– compuesto por dos tipos de acciones: comunes y preferentes), **dual syndicate equity offering** (FIN oferta de acciones por dos instituciones financieras; se trata de ofertas de carácter internacional que se dividen en dos tramos –*tranches*–: uno nacional y otro internacional gestionados por dos entidades distintas), **dual trading** (NEGO negociación dual; el corredor actúa tanto a nombre propio como a nombre de su cliente ◊ *The euro-out exchanges in London, Stockholm and Zurich will allow trading in euro from 1999 but ini-*

tially only Zurich will enable dual trading)].

due *a*: FIN debido, exigible, vencido; V. *outstanding, receivable, unpaid*. [Exp: **due at sight** (FIN pagadero a la vista), **due bill** (FIN abonaré, entregaré, pagaré; documento *–instrument–* que da fe de la obligación del vendedor de entregar los títulos al comprador), **due coupon** (NEGO/VEN cupón vencido, al cobro; V. *payable coupon*), **due date** (VEN vencimiento; fecha de vencimiento; V. *maturity*), **due diligence** (FIN diligencia debida; se aplica en las transacciones comerciales, bursátiles, etc.), **due diligence meeting** (FIN reunión de diligencia debida; se trata de una reunión a la que obliga la legislación en la que el suscriptor *–underwriter–* ofrece a los agentes *–brokers–* la posibilidad de formular preguntas al emisor *–issuer–* sobre una emisión inminente *–upcoming issue–*), **due notice** (VEN aviso de vencimiento)].

dummy *a/n*: GRAL ficticio, simulado, producto ficticio. [Exp: **dummy corporation** (SOC empresa fantasma o simulada; V. *conduit company; nominee*), **dummy stocks** (VAL acciones de propiedad simulada ◊ *As a demonstration, dummy stocks with a fictitious security called XAA were set up and traded live on the NZSE*), **dummy stockholder** (FIN accionista ficticio; testaferro; hombre de paja)].

dump, dumping *n/v*: FIN deshacerse de grandes cantidades de títulos *–offering large amount of stocks–*; no importa el precio ni el efecto que se pueda producir en el mercado; librarse de acciones-basura *–junk stock–* en la Bolsa; V. *sell off*.

duplicate *a/n*: GRAL duplicado, repetido; copia; V. *copy, repeated, replicate; fake, false*. [Exp: **duplicative portfolio** (VAL cartera doble, réplica o copia; cesta de valores *–basket of stocks–* que imita los movimientos de otro grupo de valores ◊ *The Board discarded the need to create clone funds, which require duplicative portfolio and fund management expenses*)].

duration *n*: FIN duración; alude a la vida de un título de renta fija teniendo en cuenta las condiciones del mercado, por ejemplo, las fluctuaciones de los tipos de interés.

Dutch auction *n*: NEGO subasta a la baja; subasta holandesa; tipo de subasta en la cual las acciones se venden al precio más bajo ofertado; suele ser común en las subastas de valores del Estado ◊ *In the Dutch auction system there is no guarantee the company going public will be able to raise all the money they need*. [Exp: **Dutch Auction Preferred Stock** (VAL acción preferente de dividendo ajustable; el dividendo de dichas acciones se establece cada siete días mediante una subasta a la baja *–Dutch Auction–*)].

dwarfs *n*: VAL enanitos; describe la cesta de títulos con garantía hipotecaria emitidos por la *Federal National Mortgage Association –Fannie mae issued mortgage-backed securities pool–* con un vencimiento a los quince años.

dynamic *a*: GRAL dinámico, activo; V. *animated, busy, lively, vigorous*. [Exp: **dynamic hedging** (NEGO estrategia de cobertura dinámica; se trata de reajustar las posiciones de cobertura acondicionándolas a los cambios del mercado ◊ *The dynamic hedging associated with option replication has led to stock market instability in 1997 and 1998*)].

E

€ *n*: GRAL/FIN símbolo de la moneda europea «euro».

E *n*: FIN/VAL quinta letra de la clasificación de valores del NASDAQ; se emplea para especificar que una acción no ha cumplido con la fecha de presentación de informes –*reporting date*– según los requisitos de obligado cumplimiento establecidos por la Comisión Nacional del Mercado de Valores estadounidense –*SEC*–.

EAFE index *n*: FIN/NEGO índices bursátiles europeo, australiano y asiático computados por Morgan Stanley.

E bond *n*: BON bono del Tesoro a descuento; ofrece dos tipos de interés a elección del titular: fijo o variable de acuerdo con el mercado ◊ *Usually, a Series E bond earns interest for 30 or 40 years.*

each way *n*: NEGO comisión doble; la percibe el agente u operador del mercado –*broker*– por su doble participación en la compra y venta de un valor ◊ *The fare is $5.00 each way and may be paid on board.*

early *a*: GRAL prematuro, anticipado, temprano; V. *beginning, before-hand, first, original*. [Exp: **early bargain** (NEGO transacciones tempranas; se trata de operaciones realizadas tras el cierre de la sesión bursátil que se registran al día siguiente ◊ *Although I still think that the market will be higher than now, don't jump at early bargain prices*), **early closure** (NEGO cancelación anticipada), **early anticipation cost** (VEN/OPC coste por ejercicio anticipado de una opción), **early withdrawal penalty** (VEN penalización por retirada anticipada; la paga el tenedor de una inversión a plazo fijo por retirar el dinero antes de la fecha de su vencimiento –*maturity date*–)].

earn *v*: FIN ganar, cobrar, devengar, percibir; V. *collect, gain, make, obtain, raise, secure*. [Exp: **earned interest** (FIN interés devengado), **earned profit** (FIN beneficio percibido), **earned surplus** (FIN superávit acumulado), **earnings** (FIN ganancias, beneficios, plusvalías, rentabilidad; V. *benefits, income, returns, revenue*), **earnings momentum** (FIN punto de ganancias; incremento del rendimiento de una acción –*earnings per share*–), **earnings per share, EPS** (DIV rendimiento por acción; se obtiene al dividir los beneficios de una empresa por el número de acciones en circulación –*outstanding shares*–; V. *net income per share of common stock*), **earnings surprises** (FIN rentabilidad sorpresa; diferencias al alza o a la baja de un valor con respecto a los pronósticos sobre su rentabilidad emitidos por instituciones dedicadas a ello como *First Call* o *IBES* ◊ *Positive earnings surprises have continued, Microsoft, the largest market-cap stock, beat forecasts for the third quarter by 11 %*), **earnings yield** (DIV rendimiento corriente; V. *return, yield to maturity, earnings per share, price/earnings ratio*)].

EASD *n*: INST V. *European Association of Securities Dealers*.

easy *a*: GRAL fácil, sencillo, elemental, barato; V. *exploitable, elemental, undemanding*. [Exp: **easy, be** (NEGO bajar o hacer asequible el precio de unas acciones), **easy market** (MER mercado en calma ◊ *We still feel that even though stocks experienced an easy market on the last quarter end, this quarter end still makes players stay on the watch out*), **easy money** (FIN dinero fácil; crédito fácil; relajación monetaria; V. *tight money*)].

eating stock *col n*: NEGO comerse/tragarse el valor; se da cuando el suscriptor de emisiones –*underwriter*– no puede colocar el valor en el mercado y se ve obligado a comprarlo y quedárselo ◊ *The underwriter had to eat most of the stock because it could not find enough buyers for the IPO*.

EDGAR *n*: INST Sistema Electrónico de Recogida, Análisis y Recuperación de Datos –*Electronic Data Gathering and Retrieval*– utilizado por la Comisión de Vigilancia y Control del Mercado de Valores estadounidense –*Securities & Exchange Commission, SEC*– para informar a los inversores.

effect the market *n/v*: NEGO influir en el mercado; alteración del precio o del número de acciones negociadas en el parqué –*trading floor*– por medios artificiales o forzados ◊ *I think that if the stock exchange is heated by some uncertainty, it may effect the market negatively*; V. *corporate repurchase*.

effective *a*: GRAL efectivo, eficaz; operativo, práctico; V. *functional, practical, operative, useful*. [Exp: **effective annual yield** (DIV rendimiento efectivo de una acción; se calcula aplicando el interés compuesto), **effective call price** (OPC/VEN precio efectivo de una opción de compra; precio de mercado –*strike price*– en una situación de amortización voluntaria de dicha opción al que se añade el interés acumulado –*accrued interest*– hasta la fecha de amortización ◊ *The effective call price under which the ICAP was sold has been decreased by a factor of 10*), **effective duration** (NEGO duración efectiva; se calcula utilizando la fórmula de duración aproximada de un bono con opción incorporada –*embedded option*– en la que se reflejan los cambios previstos en su beneficio consolidado

–cash flow– originados por la opción), **effective sale** (NEGO venta efectiva; se trata de una venta de acciones tomando como referencia el precio alcanzado por el lote redondo o de cien acciones *–round lot–* más reciente ◊ *The effective sale is planned for the end of 2000, after approval by the stock exchange authorities*)].

efficiency *n*: NEGO eficacia, competencia; agilidad; rapidez y grado con el que los mercados trasladan la información a los precios de los valores; V. *competence, efficacy*. [Exp: **efficient** (GRAL eficiente, competente, eficaz), **efficient capital market** (MER mercado eficiente; refleja con precisión cualquier información que pueda afectar al precio de las acciones), **efficient diversification** (FIN/NEGO diversificación efectiva; principio que rige una cartera y según el cual un inversor que no desee arriesgar *–risk-averse investor–* puede obtener la máxima rentabilidad posible *–highest expected return–* con el menor riesgo), **efficient frontier** (FIN/NEGO frontera efectiva; combinación de carteras de valores que maximizan los rendimientos con relación al riesgo ◊ *When investment advisers design portfolios, they talk about the efficient frontier, or a string of portfolios stretching along a line of increasing risk*), **Efficient Market Hypothesis** (MER/FIN hipótesis del mercado eficiente, según la cual la información referida a los precios debe conducir a que el inversor obtenga unos beneficios equilibrados, descartando ganancias excesivas; existen tres variedades de dicha hipótesis: la débil *–weak form–*, en la que el precio de las acciones sólo refleja la información sobre precios anteriores; la semifuerte *–semi-strong form–*, en la que el precio de las acciones refleja toda la información posible; y la fuerte *–strong form–*, en la que el precio de las acciones reflejan toda la información de interés inclusive la privilegiada *–insider information–*), **efficient portfolio** (NEGO cartera eficiente)].

eighth[-ed] *a*: NEGO al octavo; el operador o agente de valores puja por un valor más alto o más bajo, normalmente ajustando el precio un octavo.

either-or order *n*: NEGO V. *alternative order*.

elastic *a*: GRAL elástico, flexible; V. *ductile, flexible, pliant*. [Exp: **elasticity of an option** (OPC flexibilidad de una opción; oscilación porcentual del valor de una opción a partir de una modificación del precio del valor subyacente *–underlying option–* de la opción en un 1 %)].

elect *n*: NEGO elección; convertir una orden condicionada *–conditional order–* en una orden al mercado *–market order–*.

elephants *n*: INST mastodontes; término aplicado a los grandes inversores institucionales ◊ *One elephant trader can dramatically move the market price for a security. Perhaps individual investors should be called the mice*.

eleven bond index *n*: BON/VEN índice de los once bonos; tabla que muestra el rendimiento medio de once bonos municipales que vencen –*mature*– a los veinte años y tienen una calificación AA.

eligible *a*: GRAL apto, adecuado, admisible, con derecho; V. *acceptable, fit, qualified, suitable*. [Exp: **eligible paper** (VAL efectos negociables), **eligible securities** (VAL títulos clasificados como aptos para la inversión ◊ *All securities in the Index are among the top 150 eligible securities by market capitalization*)].

Elliott Wave Theory *n*: FIN teoría de las oleadas de Elliott; método de análisis cíclico de los mercados que predice oscilaciones en los precios de los valores basándose en patrones históricos de precios y sus correspondientes explicaciones psico/sociológicas.

embedded option *n*: OPC opción incluida o contenida; se trata de una opción que forma parte de la composición de un bono que otorga a su tenedor –*bondholder*– el derecho a ejecutar el bono en contraposición a la opción simple –*bare option*– que se negocia de manera separada de su título subyacente –*underlying security*– ◊ *There is an opportunity to acquire the underlying stock at a lower price if the embedded put option is exercised*.

emerging *a*: FIN emergente. [Exp: **emerging markets** (MER mercados emergentes; mercados financieros de países en vías de desarrollo), **Emerging Markets Free index, EMF** (FIN índice libre de mercados emergentes; índice creado por Morgan Stanley con el fin de seguir la trayectoria de las Bolsas de mercados emergentes como Méjico, Malasia, Chile, Jordania, Thailandia, Filipinas y Argentina)].

employee *n*: GRAL asalariado, empleado, trabajador; V. *labourer, operator, worker*. [Exp: **employee stock fund** (FON fondo de acciones para empleados; oportunidad que una empresa ofrece a sus empleados de adquirir acciones de la misma con unas condiciones preferenciales ◊ *Pinger, founder and president of the firm, has put together an employee stock fund to insure a smooth transition at the 36-employee agency when he decides to retire*), **employee stock ownership plan, ESOP** (SOC programa de oferta de acciones a los empleados; plan de participación de los trabajadores en el capital social de la empresa)].

empty *a*: GRAL vacío, nulo, sin efecto; V. *eliminated, clear, vacated, void*. [Exp: **empty head and pure heart test** (NEGO prueba de la «mente vacía y el corazón limpio»; norma de la Comisión de Vigilancia y Control de la Comisión Nacional de Valores estadounidense –*Securities and Exchange Commission*– que permite al licitador –*bidder*– de una OPA –*tender offer*– negociar en la Bolsa pese a tener información privilegiada –*inside information*–)].

end *n/v*: GRAL fin, meta, objetivo, ideal; terminar, finalizar, completar; V. *aim, goal, objective; complete, finish, terminate*. [Exp: **end loading** (FON cuota de salida; la suelen exigir ciertos fondos de inversión), **end of period** (NEGO cierre del ejercicio), **end of the Account** (NEGO V. *Account Day* ◊

Another reason for the fall is the end of the account on the NYSE when investors liquidated their outstanding positions on the last day of the NSE)].
endorse *v*: GRAL endosar, avalar, garantizar, respaldar, aprobar, sancionar, ratificar; V. *accredit, approve, authorized, ratify, support*. [Exp: **endorsed bond** (BON título respaldado, bono garantizado por otra empresa ◊ *The prospect that some creditors would not make sacrifices when others did made the majority reluctant to accept endorsed bonds*), **endorsee** (FIN endosatario), **endorsement** (FIN aval, endoso, garantía), **endorser** (FIN endosante, avalista, garante)].
environment *n*: GRAL medio ambiente, entorno. [Exp: **environmental fund** (FON fondo ecológico; se trata de un fondo de inversión –*mutual fund*– que únicamente invierte en valores de compañías respetuosas con el medio ambiente)].
EPS *n*: DIV V. *Earnings Per Share*.
equal *a/n/v*: GRAL igual, equitativo; igualar, ser igual a; V. *equivalent, equate, match*. [Exp: **equal dollar swap** (NEGO permuta por igual; se trata de vender unas acciones y reinvertir lo obtenido en otras acciones de la misma empresa o en acciones similares de otra empresa), **equal shares swap** (NEGO permuta por acciones iguales), **equalization** (FIN compensación, nivelación)].
equities *n*: NEGO títulos; acciones ordinarias de una mercantil; renta variable, V. *shares, securities, common stock*.
equity *n*: MER/VAL valor de mercado; precio de mercado que tienen los títulos del cliente de un corredor; también es la denominación breve de las inversiones en Bolsa. [Exp: **equity cap** (FIN acuerdo de valor techo; se trata de un acuerdo según el cual una parte se compromete a compensar a la otra en el caso de que el índice de referencia de la Bolsa –*stock market benchmark*– sea superior al acordado), **equity capital** (FIN/VAL capital en acciones, capital social o fijo; V. *share capital*), **equity collar** (NEGO valor suelo-techo; compra simultánea por un valor mínimo o suelo –*equity floor*– y venta por un valor máximo o techo –*equity cap*– ◊ *PNC provides the loan at advantageous interest rates and generous advance rates since the equity collar assures the value of the stock at maturity*), **equity dilution** (FIN dilución del capital), **equity floor** (FIN acuerdo de valor suelo; se trata de un acuerdo según el cual una parte se compromete a compensar a la otra en el caso de que el índice de referencia de la Bolsa –*stock market benchmark*– sea inferior al acordado ◊ *The law has established a minimum net equity floor amounting to 5 percent of total assets*), **equity funding** (FON fondos en títulos; inversión consistente en un seguro de vida –*life insurance*– y un fondo de inversión –*mutual fund*–), **equityholders** (FIN accionista; tenedor de acciones), **equity investment** (NEGO inversión en Bolsa, en acciones), **equity kicker** (FIN astilla o incentivo ofrecido por el prestatario en forma de participación en los beneficios futuros ◊ *Allied Capital gets an equi-*

ty kicker in its deals, in the form of warrants for shares), **equity-linked policy** (VAL póliza de seguros ligada a valores inmobiliarios), **equity market** (MER mercado de acciones, V. *stock market*), **equity mutual fund** (FON fondo de inversión colectiva de renta variable; V. *mutual fund*), **equity of a share** (FIN/DER derecho de acción; alude al derecho de un valor a recibir el saldo proporcional correspondiente al activo más los beneficios acumulados tras descontar el pasivo ◊ *The requirement of vote in proportion to its relative equity interest in the corporation prohibits the issuance of a class of common stock which represents a fraction of the equity of a share*), **equity options** (VAL/DER opciones sobre acciones; acciones que ofrecen a su tenedor –*holder*– el derecho, aunque no la obligación, de comprar o vender las acciones a un determinado precio durante un periodo concreto de tiempo, V. *stock option*), **equity securities** (VAL acciones ordinarias, renta variable), **equity stake** (FIN participación en el capital), **equity trading** (FIN/NEGO negociación de acciones), **equity turnover** (FIN/NEGO volumen negociado; alude a la proporción entre la venta de acciones ordinarias y el número de las mismas; V. *turnover*), **equity yield enhancement securities** (VAL títulos con rendimientos mejorados; se producen por estar vinculados a acciones)].

equivalence *n*: GRAL equivalencia, paridad, correspondencia; V. *correspondence, parity, similitude*. [Exp: **equivalent bond yield** (DIV rendimiento anual equivalente; rendimiento anual de un valor a corto plazo y que no devenga intereses –*non-interest bearing*– V. *coupon equivalent rate*)].

escrow *n*: GRAL plica, garantía bloqueada; custodia; convenio escrito en el que intervienen el otorgante o accionista, el cesionario y el depositario. [Exp: **escrow receipt** (FIN recibo de custodia; documento bancario de una operación de opciones –*options trading*– que garantiza que la acción subyacente –*underlying security*– la mantiene en depósito y a disposición del cliente ◊ *A call is also considered covered if the call writer has an escrow receipt for the stock*), **Escrowed To Maturity, ETM** (VEN custodia hasta el vencimiento; garantías –*proceeds*– de una emisión de bonos que se mantiene en custodia –*escrow*– con el fin de poder pagar dicho bono en su fecha de vencimiento)].

ESOP *n*: VAL V. *Employee Stock Ownership Plan*.

Essential purpose/function bond *n*: BON V. *Public purpose bond*.

EUREX *n*: INST Mercado Europeo de Derivados; surgido de la fusión en 1998 del *Deutsche Terminbörse (DTB)*, la *Swiss Options* y el Mercado Financiero de Futuros (SOFFEX).

Euro *pref/n*: GRAL euro-; en el mercado internacional de deuda y en el de emisión y colocación –*issuance and placement*– internacional de acciones, el prefijo *euro* equivale a internacional, sin referencia concreta a ningún país del mundo; como sustantivo, es el nombre oficial de la moneda de la Unión Europea. [Exp: **Euro.NM** (INST red europea de mercados de valores; creada en 1996, sus miembros actuales son: la Bolsa de París –*Le Nouveau Marché*–, la *Deutsche Börse AG (Neuer Markt)*, la Bolsa de Amsterdam –*NMAX*– y la de Bruselas –*Euro.NM Belgium*–), **Eurobond** (BON Eurobono, Euro-obligación; se emite simultáneamente en distintos países ◊ *The Eurobond market also managed to absorb a $500m Japanese warrant deal, one of the largest of its kind since the plunge of the Tokyo stock market*), **Euroclear** (INST Cámaras de compensación de eurobonos; existen dos, una en Bruselas y la otra en Luxemburgo), **Euro-commercial paper, ECP** (VAL europapel o pagaré comercial; pagarés u obligaciones –*notes*– a corto plazo, generalmente un año, emitidos por empresas en euromoneda), **Eurodollar** (FIN eurodólar; se trata de certificados de depósito –*certificates of deposit*– en dólares depositados en bancos no estadounidenses, normalmente en Londres; existe también el Euroyen ◊ *In spite of average daily ranges, the Eurodollar can be a very profitable trading vehicle*), **Eurodollar bonds** (BON bonos en eurodólares), **Eurocurrency market** (MER mercado monetario en eurodivisas), **Euroequity issues** (VAL acciones vendidas en el Euromercado; se negocian simultáneamente en diversos países ◊ *The negative stock price responses last week were proportionately smaller for Euroequity issues*), **Euro-medium term note, Euro-MTN** (VAL Euronotas o pagarés a medio plazo; normalmente a cinco años), **Eurotrack 100** (VAL índice de las 100 empresas más importantes europeas excluidas las británicas)].

Europe *n*: GRAL Europa. [Exp: **European Association of Securities Dealers Automated Quotation, EASDAQ** (FIN Sistema de Cotización Automatizada de la Asociación Europea de Agentes de Valores), **European Central Bank, ECB** (INST Banco Central Europeo; se responsabiliza de controlar la política monetaria de los doce países miembros que han acordado el cambio de sus monedas nacionales al Euro: Alemania, Austria, Bélgica, España, Grecia, Holanda, Finlandia, Francia, Irlanda, Italia, Luxemburgo y Portugal ◊ *The European Central Bank will probably keep its benchmark lending rate at 3.25 percent as the region's economic slump may be over*), **European Depository Receipt, EDR** (FIN recibo de depósito europeo; permite la negociación de acciones extranjeras en mercados europeos; V. *American/International Depository Receipt*), **European option** (OPC/VEN opción europea; sólo se puede ejercer en la fecha de su vencimiento –*expiration date*–; V. *option style; American option*), **European-style exercise** (FIN/VEN ejercicio a la europea; sistema de ejercer contratos de opciones –*exercising options contracts*– según el cual el adquiriente sólo puede ejercer el contrato en la víspera de su vencimiento *–expiration–* ◊ *The European style exercise period is almost exclusively the domain of the listed warrants market*), **European-style option** (OPC/VEN opción a la europea; contrato de opciones que sólo se puede ejercer en la fecha de su vencimiento ◊ *Writers of European-style options may sometimes be required to perform their obligations as writers prior to the original expiration date*), **European Union** (INST Unión Europea)].

Euroyen bonds *n*: BON Eurobonos en yenes japoneses ◊ *Our Samurai and Euroyen bond capabilities make trading and tracking Japanese bonds efficient, easy, and convenient.*

even *a/v*: GRAL regular, uniforme, igual, equitativo; nivelar, igualar; V. *balance, constant, regular; odd*. [Exp: **even lot** (VAL lote uniforme de 100 acciones o cualquiera de sus múltiplos, normalmente 500 ◊ *NIKoil offers its clients the opportunity to place their bids and offers directly on the screen. Only even-lot orders are accepted for direct placement*; V. *odd lot, round lot*), **evening up** (NEGO compensación de saldos; operación compensatoria; V. *liquidation*)].

ever *adv*: GRAL siempre, continuamente. [Exp: **evergreen credit** (FIN crédito permanente), **evergreen funding** (FIN financiación permanente)].

ex *prep/pref*: GRAL ex-, fuera de, franco, sin; tiene el mismo valor y significado que en español, equivaliendo a «ex-» o a «por»; cuando va delante de las palabras *rights, capitalization, cap, bonus* quiere decir que estos beneficios los disfruta el vendedor y no el comprador. [Exp: **ex-all** (NEGO/SUS venta por nada, «ex todo»; se trata de vender una acción renunciando a las ventajas de dicha venta: dividendos, derecho al voto, bonos de suscripción de títulos nuevos *–warrants–*, etc. ◊ *It will become a non-profit joint stock company with registered shares ex all on the open market*), **ex-bonus** (NEGO V. *ex-scrip*), **ex-cap** (NEGO V. *ex-scrip*), **ex-coupon** (NEGO «ex cupón»; acción sin el cupón correspondiente al próximo pago), **ex-dividend** (DIV «ex div», sin dividendo; acción sin derecho al cobro del próximo dividendo; V. *cum dividend; record date*), **ex-dividend date** (NEGO fecha de cancelación del «ex div»; fecha a partir de la cual el vendedor de un título adquiere el derecho al cobro del próximo dividendo; dicha fecha se fija, en general, dos días hábiles antes de la fecha límite de adquisición del título *–record date–*), **ex-new** (NEGO/SUS ex nueva; sin derecho de suscripción de acciones nuevas; V. *cum new; rights issue, scrip issue*), **ex-pit transaction** (NEGO compra o negociación fuera del parqué), **ex-rights** (NEGO/SUS ex derecho; acción sin derecho de suscripción ◊ *The open interest prices are adjusted on the day the stock begins to be traded ex rights*), **ex-rights date** (NEGO fecha ex derecho; fecha en la que un título ex derecho empieza a ser negociado en Bolsa), **ex-scrip** (NEGO/SUS sin derecho de suscripción; sin derecho a ampliación gratuita; se dice de la acción que se vende sin derechos de suscripción –*scrip issue*–), **ex-stock dividends** (NEGO periodo de pago de dividendos; periodo de tiempo transcurrido entre el anuncio de pago de dividendos y la ejecución del mismo), **ex-warrants** (NEGO/SUS venta de un valor sin derecho a suscribir otros nuevos ◊ *The convertible bonds ex warrants are classified as category debt instruments*)].

excess *n*: GRAL exceso, excedente; abundante; V. *abundance, accumulation, oversupply, surplus*. [Exp: **excess shares** (VAL acciones excedentes o sin cubrir ◊ *Goldman Sachs and DnB bought up excess shares at falling prices, giving a profit of around 100 million*), **excess return on the market portfolio** (FIN excedente de rendimiento de una cartera teórica de mercado –*market portfolio*–; se trata del diferencial que se establece entre el rendimiento alcanzado por dicha cartera y la tasa exenta de riesgo –*riskless rate*–)].

exchange[1] *n/v*: GRAL cambio, intercambio, permuta, trueque; canjear títulos, bonos; cambiar, intercambiar, permutar; V. *barter, change, trade, transact, swap*. [Exp: **exchange**[2] (FIN Bolsa, mercado, lonja; V. *foreign exchange, commodity exchange, Stock Exchange*), **exchange**[3] (NEGO cotización, cambio), **exchange broker** (AG VAL agente de cambios, corredor), **exchange business** (NEGO contrataciones bursátiles; negociaciones de títulos), **exchange commercial** (NEGO anuncio de cambio), **exchange distribution** (NEGO distribución de la operación; en la venta de un paquete de acciones –*block of stock*–, el agente acumula las órdenes de compra –*buy orders*– y reparte el paquete entre ellas recibiendo a cambio una comisión extra ◊ *After paying the executing broker's commission, the exchange distribution was announced on the broad tape*), **exchange floor** (NEGO parqué de la Bolsa ◊ *Government bonds are traded electronically and do not require an exchange floor*), **exchange fund** (NEGO fondo de permuta; permite a los tenedores de un gran número de acciones de un mismo título intercambiarlos por otros sin cargas fiscales diversificando así su cartera; se denomina también *swap fund*), **exchange man** (NEGO bolsista, jugador de Bolsa), **exchange of assets** (FIN/SOC intercambio de activos; se adquiere una empresa mediante la compra de sus activos a cambio de títulos o efectivo), **exchange of stock** (FIN/SOC intercambio de títulos; se adquiere una empresa mediante la compra de sus títulos a cambio de otros títulos o efectivo ◊ *Pharmaceutical research company Alza will merge with Johnson & Johnson in an exchange of stock*), **exchange offer** (FIN/SOC oferta de intercambio; consiste en la oferta de una empresa de sus títulos, bonos o acciones preferenciales, a cambio de otros similares; V. *cash offer*), **exchange privilege** (FON/DER derecho de cambio; derecho que asiste al partícipe de un fondo de inversión –*mutual fund shareholder*– a cambiarse a otro fondo de la misma cesta –*fund family*– sin gastos extras ◊ *The fund offers a telephone exchange privilege. This enables you to telephone the fund and ask that a certain dollar amount of shares be redeemed from your stock fund*), **exchangeable** (FIN canjeable; se aplica a los títulos convertibles y consiste en intercambiar un valor convertible por otro respetando las mismas condiciones), **exchangeable instrument** (FIN instrumento canjeable; títulos convertibles; V. *spin off*), **exchangeable security** (FIN título canjeable ◊ *An exchangeable security is a hybrid bond which grants its holder the right but not the obligation to exchange the bond for the common stock of another firm*)].

Exchequer *n*: INST Erario público del Reino Unido; Tesorería del Reino Unido. [Exp: **exchequer bills/bonds** (VAL letras y bonos del Tesoro británico)].

exclusionary self-tender *n*: NEGO/SUS oferta de suscripción con exclusión; se trata de una oferta de adquisición de acciones –*tender offer*– de la que se excluye a determinados accionistas ◊ *They were happy to allow an aggressive, interventionist SEC to regulate against abusive defensive tactics, such as poison pills and exclusionary self-tender offers.*

exclusive *a/n*: GRAL/NEGO exclusivo, cerrado, único; en la contratación de valores se refiere a la representación en exclusiva de un cliente; V. *particular, privy, restrictive*.

execution *n*: GRAL/NEGO ejecución, formalización; se aplica al proceso de formalización de las órdenes de compra y venta de títulos. [Exp: **execution costs** (FIN costes de ejecución; se asigna a la diferencia que se establece entre el precio de ejecución de un valor y el precio que habría tenido en caso de no consumarse la transacción ◊ *Preferencing agreements are a likely reason that NASDAQ trade execution costs remain larger than NYSE ones*)].

exercise[1] *n/v*: GRAL ejercicio; operación, tarea; ejercer, proceder; V. *exert, operate, perform, practice*. [Exp: **exercise**[2] (OPC ejercicio de una opción; se refiere al derecho de comprar –*call*– o vender –*put*– la acción subyacente –*underlying security*– de una opción), **exercise an/the option** (OPC ejercer el derecho de opción ◊ *One can exercise an option that is not cash-based without the market being open*), **exercise date** (OPC fecha de ejercicio de una opción), **exercise limit** (OPC límite de ejercicio de opciones; límite del número de opciones que pueden ejercerse –*exercised*– en el plazo de una semana), **exercise notice** (OPC aviso de ejercicio; notificación de un agente de que su cliente desea ejercer el derecho a comprar o vender el título subyacente de su opción ◊ *A put writer is obligated to purchase an equivalent number of underlying shares at the put's strike price if assigned an exercise notice on the written contract*), **exercise price** (OPC precio de ejercicio de una opción), **exercise value** (OPC valor de ejercicio; consideración de los beneficios que ofrece una opción en dinero –*in the money*– sobre el precio actual de mercado de dicha opción)].

exhaust *v/a*: GRAL agotar, agotamiento; V. *consume, fatigue; debilitate, weaken*. [Exp: **exhaust price** (NEGO precio por agotamiento; alude al precio inferior al que el agente debe vender los títulos de su cliente adquiridos mediante una cuenta de margen –*margin account*– con el fin de cubrir la demanda de reposición del margen de garantía –*margin call*– debido a que el cliente no dispone de fondos para cubrir dicha demanda), **exhaustion gap** (FIN agujero o hueco de agotamiento en un gráfico de barras; V. *breakaway gap, common gap, runaway gap*)].

exit *n/v*: GRAL salida, escape; puerta; retirarse, salir; V. *door, entrance, way; quit, withdraw*. [Exp: **exit fee** (FON/VEN gastos por amortización o rescate anticipado de la inversión colocada en un fondo ◊ *The fund is an open ended diversified equity fund. It carries $1.75 entry fee and charges no exit fee*; V. *back-end load, redemption charge*)].

expect *v*: GRAL esperar; confiar, fiar; V. *await, believe, hope*. [Exp: **expected dividend yield** (DIV rendimiento previsto de dividendos; se trata del dividendo recibido en un año por acción ◊ *The analysis considers the expected dividend yield on the underlying asset*; V. *current yield*), **expected rate of return** (FIN tasa prevista de rentabilidad)].

expense *n*: FIN gasto, desembolso; V. *charge, disbursement, expenditure*. [Exp: **expense account** (FIN cuenta de gastos)].

expiration *n*: GRAL/OPC/VEN caducidad, vencimiento, expiración; momento en que se extingue un contrato de opciones; V. *conclusion, termination; maturity*. [Exp: **expiration cycle** (OPC/VEN ciclo de vencimiento; fechas de expiración de las opciones sobre acciones), **expiration date** (OPC/VEN fecha de vencimiento de una opción; último día para ejercer una opción en el mercado de opciones norteamericano; en los mercados europeos se trata del único día en que se puede ejercer dicha opción; para las opciones sobre acciones –*stock options*– dicha fecha se fija en el sábado anterior al tercer viernes del mes de expiración ◊ *The Single-Stock Futures Market positions are adjusted from the day they are opened until the expiration date, inclusive*), **expiration mismatch** (OPC/VEN desfase en el vencimiento), **expired** (VEN vencido, prescrito), **expiry** (VEN caducidad, vencimiento)].

exposure *n*: FIN exposición al riesgo.

extend *v*: GRAL extender, ampliar, prolongar, renovar, alargar, desarrollar; V. *broaden, increase, lengthen, prolong*. [Exp: **extendible bonds** (BON bonos renovables), **extendible notes** (OBL obligaciones renovables), **extension** (GRAL prórroga, ampliación, aplazamiento), **extension date** (OPC fecha de ampliación; día en el que una opción expira o se prorroga)].

external *a*: GRAL externo, exterior. [Exp: **external finance** (FIN financiación exterior), **external party**

(FIN terceros), **external trade** (FIN comercio exterior)].

extinguish *v*: GRAL extinguir-se, perder su valor; V. *complete, finish, terminate*. [Exp: **extinguishable option** (OPC opción extinguible de acuerdo con las fluctuaciones máximas o mínimas del precio del activo subyacente –*underlying asset*–)].

extra *n*: GRAL extra, adicional, suplementario, extraordinario; V. *additional, suplement, surplus*. [Exp: **extra or special dividends** (DIV dividendos extraordinarios ◊ *Korea Tobacco & Ginseng Corp., the state-controlled tobacco monopoly, may raise cigarette prices and pay special dividends to foreign investors*)].

extraordinary *a*: GRAL extraordinario, excepcional; V. *exceptional, outstanding, remarkable, uncommon*. [Exp: **extraordinary call** (BON venta extraordinaria; cancelación anticipada –*early redemption*– de un bono con rendimiento –*revenue bond*– debido a la eliminación de dichos rendimientos ◊ *Municipal bonds may have an extraordinary call in the event of an actual or financial catastrophe*), **extraordinary dividend** (DIV dividendo extraordinario)].

F

F *n*: FINAN/VAL quinta letra de la clasificación de valores del NASDAQ que indica que se trata de una compañía extranjera.

face *n/v*: GRAL cara, anverso; valor nominal; afrontar, enfrentarse a; V. *back; call value, market value*. [Exp: **face amount** (NEGO valor o importe nominal), **face amount certificate** (FIN/VEN certificado sobre el valor nominal; instrumento de deuda por el cual el tenedor efectúa pagos periódicos al emisor y percibe al vencimiento el valor nominal del certificado ◊ *The American Express Stock Market Certificate is a face-amount certificate, not a bank product or a form of life insurance*), **face value** (VAL valor nominal de una acción, V. *par value*)].

factor[1] *n*: GRAL factor, coeficiente; V. *coefficient, variable, ratio*. [Exp: **factor**[2] (INST factor; entidad financiera que negocia el cobro de las deudas –*accounts receivables*– de una empresa), **factor analysis** (FIN análisis factorial; se trata de un procedimiento de cálculo estadístico utilizado, por ejemplo, para analizar el rendimiento de un determinado valor), **factor market** (FIN/MER mercado de factores de producción ◊ *There exist two market networks, the factor market, where businesses, households and government agencies are brought together and the goods market, where products and services are allocated*), **factor model** (FIN modelo factorial; sistema de relación de los factores que influyen en la tasa de rentabilidad de una acción –*a security's rate of return*– producidos por el comportamiento específico de la empresa; V. *single factor model*), **factor portfolio** (VAL cartera factorial; se trata de una cartera equilibrada creada a partir de un análisis factorial –*factor analysis*– ◊ *Each well-diversified factor portfolio is available to any investor and each has an expected excess returns*), **factoring** (FIN/SOC factorización; venta de las deudas de una empresa –*firm's accounts receivable*– a una entidad financiera o *factor*)].

fade *v*: NEGO desafiar, ir contra corriente; en especial, en la negociación extrabursátil –*over-the-counter trading*–; V. *decline, deteriorate, diminish, weaken* ◊ *As tech stocks fade, REIT shares rebound.*

fail, failure *n/v*: NEGO fallo, error; fallar, faltar, omitir; alude al hecho de no entregar las acciones al comprador en la fecha pactada o no pagarlas según lo acordado; V. *default, falter, forfait; bankruptcy, insolvency.*

fair *a*: GRAL justo, equitativo, razonable, correcto; V. *correct, equitable, just, reasonable.* [Exp: **fair game** (FIN meta legítima, objetivo razonable; se trata de un objetivo de inversión con riesgo nulo o mínimo ◊ *A risk-averse investor would not avoid fair game*), **fair market price** (NEGO precio de mercado justo; precio que se paga por un valor con pleno conocimiento por ambas partes), **fair price** (FIN/FUT justiprecio; en el mercado de futuros se trata del precio equilibrado por el que se firma un contrato), **fair price provision** (NEGO estipulación de precio justo ◊ *The fair price provision can be designed to protect shareholders against a merger at an inadequate price*; V. *appraisal rights*)].

fairy money *n*: FIN vale-descuento.

fall *n/v*: GRAL caída, descenso, bajada; caer, bajar, perder; V. *decrease, dive, drop, plunge.* [Exp: **fall back** (NEGO/VAL volver a caer el precio de un valor; V. *low; stage a rally*), **fall down** (VAL no rendir lo esperado; se trata de un valor que no produce los resultados previstos por los mercados ◊ *Stocks wobble but they don't fall down*), **fall due** (FIN vencer), **fall in** (NEGO/VEN vencer, expirar una letra o pagaré), **fall in price** (NEGO caída o abaratamiento de los precios), **fall out of bed** *col* (NEGO caerse de la cama; alude a la caída brusca de los precios de un valor ◊ *I don't think markets will fall out of bed but I wouldn't be surprised for all the main indices to be 100 points off over the week*), **fallen angel** *col* (VAL ángel caído; se trata de un título puntero cuyo valor cae súbitamente por debajo del nominal –*face value*– ◊ *Look for the fallen angel, the stock market high flyer that has fallen out of favour but has value and can be scooped up at a reasonable price*)].

far *a/adv*: GRAL alejado, distanciado, distante, lejos, lejano; V. *distant, isolated, remote.* [Exp: **far month** (FUT/OPC mes distante; en la negociación de opciones y futuros, se refiere al mes más lejano en el que se puede negociar el contrato, V. *nearest month*), **farther out; farther in** (OPC/VEN plazos; se refiere a los plazos de vencimiento contemplados en los contratos de opciones –*option-contract maturities*–)].

fashion *n/v*: GRAL moda, boga; crear, idear, elaborar; V. *compose, design, model.* [Exp: **fashion shares** (VAL acciones de moda o muy solicitadas ◊ *Many investors value fashion shares more and this could lead to huge market exposure*)].

fast *a*: GRAL rápido, veloz, presto; V. *direct, express, efficient, productive.* [Exp: **fast market** (NEGO mercado veloz; se trata de la rapidez excesiva en la contratación de un valor que supera su actualización en los monitores de contratación ◊ *When a stock is trading in a fast market, a market order cannot be changed or canceled once the stock begins trading*; V. *subject market*)].

fat man *col n*: FIN/SOC engorde; indica la práctica defensiva de una empresa asediada por una OPA consistente en la compra de activos o de otras filiales para dificultar la operación de adquisición del tiburón o *raider*; V. *safe harbor*.

feasible *a*: GRAL factible, posible, practicable, viable; V. *achievable, possible, viable*. [Exp: **feasible portfolio** (VAL cartera viable), **feasible set of portfolios** (VAL conjunto de carteras viables)].

fed, federal *a*: GRAL federal. [Exp: **Federal agency securities** (VAL títulos de la agencia federal; emitidos por organismos y empresas creadas por el gobierno de los EE.UU.), **Federal Bills** (FIN letras y efectos emitidos por el gobierno de los EE.UU.), **Federal funds** (FON fondos federales; depósitos sin interés mantenidos como reservas por los bancos estadounidenses), **Federal funds market** (FON mercado de fondos federales; mercado en el que los bancos estadounidenses prestan o toman en préstamo reservas monetarias de otros bancos que las necesitan o tienen en exceso ◊ *The Federal funds market is the interbank market for overnight lending of funds on deposit in a bank's reserve account at the Fed*), **Federal funds rate** (FIN tasa de interés de los fondos federales; interés que cargan los bancos estadounidenses con exceso de reservas a los que las necesitan), **Federal National Mortgage Association, Fannie Mae** (FIN/INST Asociación Federal Hipotecaria; entidad privada, aunque apoyada por el gobierno de los EE.UU., que compra en el mercado secundario créditos hipotecarios con respaldo oficial que posteriormente tituliza –*securitize*–), **Federal Treasury** (INST Ministerio de Economía y Hacienda de los EE.UU.)].

fee *n*: FIN honorario, comisión, tarifa; V. *cost, comission, charge, tariff*.

feel *v*: GRAL sentir-se; V. *discenr, perceive, sense, understand*. [Exp: **feelgood factor** (FIN factor de confianza; generalmente producido por la marcha positiva de los mercados y la economía ◊ *No wonder that there is plenty of feelgood factor in the stock market, which has risen by 16 percent over the past year*)].

fiat *n*: GRAL autorización, decisión incontestable. [Exp: **fiat money** (FIN dinero no convertible; moneda fiduciaria ◊ *Since the Federal Reserve first panicked in early January, it has created $830 billion of fiat money out of thin air*)].

fidelity *n*: GRAL fidelidad, confianza, lealtad; V. *adhesion, confidence, loyalty*. [Exp: **fidelity bond** (FIN fianza de fidelidad, V. *blanket fidelity bond*)].

fiduciary *n*: GRAL/FIN fiduciario. [Exp: **fiduciary call** (OPC opción de compra fiduciaria), **fiduciary put** (OPC opción de venta fiduciaria)].

FIFO *n*: NEGO V. *first-in-first-out*.

figure *n*: GRAL cifra, número, guarismo; suma, precio, V. *count, num-*

ber; full, handle. [Exp: **figure, at the** (NEGO en la cantidad entera, sin decimales, más próxima al precio de compra o venta negociado), **figuring the tail** (FIN/FUT calcular el rendimiento *–yield–* de un mercado de futuros monetario)].

fill[1] *v*: GRAL cubrir, llenar, satisfacer, cumplir con; V. *execute, perform, satisfy*. [Exp: **fill**[2] (NEGO ejecutar una orden de compra o venta), **fill**[3] (NEGO precio de ejecución de una orden), **fill or kill order, FOK** (NEGO orden de ejecución inmediata o de cancelación; se produce si no puede ejecutarse en un tiempo prefijado; equivalente simultáneo de *AON* y *IOC* ◊ *My fill or kill order instructed the floor broker to buy at $100 or immediately cancel it if the order was unable to be filled*; V. *reduce order, do not*)].

final *a*: GRAL final, definitivo, último, improrrogable; V. *closing, concluding, ending, ultimate*. [Exp: **final dividend** (DIV dividendo complementario; dividendo final o de liquidación), **final settlement** (FIN liquidación final)].

filter *n*: NEGO filtro; norma que se aplica cuando un valor se negocia a precio vencido *–past price action–*.

finance *n/a/v*: FIN finanzas, ciencia financiera, fondos, recursos; financiero; financiar; V. *business, commerce, investment*. [Exp: **finance company/corporation/ house** (FIN entidad financiera, sociedad de crédito financiero; financiera), **finance paper** (FIN efectos financieros, papel financiero), **finance parlance** (FIN jerga financiera ◊ *The venture capitalists, VCs in finance parlance, are the new power*), **financer** (FIN financiero; V. *backer*), **finantial** (FIN financiero, monetario, bancario), **financial analyst** (FIN analista financiero; su función es la de estudiar los mercados y redactar informes para recomendar la compra o venta de valores; también se denomina *securities analyst* o *investment analyst*), **financial adviser** (FIN asesor financiero; ofrece asesoramiento financiero a sus clientes a cambio de unos honorarios *–fees–* o comisión), **financial assets** (FIN activos financieros, V. *real assets*), **financial broker** (FIN corredor o agente financiero ◊ *The financial broker was following a misinformed strategy of chasing short-term performance*), **financial engineering** (FIN ingeniería financiera; se trata de utilizar los recursos e instrumentos existentes para crear productos financieros nuevos ◊ *Financial engineering is having an impact on banking through innovation combined with electronic technology*), **financial futures** (FIN/FUT futuros financieros; V. *Stock Index Futures*), **financial gearing** (FIN V. *financial leverage*), **Finantial Instrument Exchange, FINEX** (INST Bolsa de instrumentos financieros de Nueva York), **financial intermediaries** (FIN intermediarios financieros; se encargan de relacionar las entidades prestamistas y sus clientes potenciales; V. *intermediary*), **financial investment** (FIN inversión financiera, inmovilizado), **financial liability** (FIN pasivo financiero), **financial leverage** (FIN apalancamiento financiero), **finan-**

cial leverage clientele (FIN clientes de apalancamiento financiero; inversores que colocan capitales en empresas que optan por políticas de apalancamiento financiero ◊ *The new law affects the taxes and transaction costs for a particular financial leverage clientele*), **financial market** (FIN/MER mercado financiero; mercado encargado de crear e intercambiar activos financieros –*financial assets*–), **financial objectives** (FIN objetivos financieros), **financial plan** (FIN plan financiero), **financial planning** (FIN planificación financiera; se refiere a los diversos procedimientos de evaluación de la inversión, así como al diseño de nuevas fórmulas de inversión y al análisis de los resultados previsibles de las decisiones de inversión contenidas en el plan financiero), **financial position** (FIN situación financiera; estado de cuentas de una sociedad), **financial press** (FIN prensa, publicaciones financieras), **financial pyramid** (FIN pirámide financiera; estructura que diversifica los riesgos de un inversor en vehículos de bajo, medio y alto riesgo; se invierte mayoritariamente en activos seguros de bajo riesgo que constituyen la base de la pirámide, dejando los de alto riesgo en la cima ◊ *In a financial pyramid, the largest part of the investor's assets is in safe, liquid investments that provide a decent return*), **finantial rating** (FIN clasificación o valoración financiera), **financial return** (FIN rendimiento financiero; V. *return on investment*), **financial risk** (FIN riesgo financiero), **financial security** (VAL valor financiero), **financial supermarket** (FIN supermercado financiero; entidad financiera que ofrece una amplia gama de productos financieros que abarcan servicios bancarios, valores o seguros ◊ *The final target of such a business reorganization is the creation of a financial supermarket in Ukraine*), **financial statement** (FIN situación financiera), **financial structure** (FIN/SOC estructura financiera; se trata de la manera en que las empresas financian sus activos; se distingue de la estructura de capital –*capital structure*– en que ésta incluye la deuda a largo plazo –*long-term debt*– y los fondos propios –*equity*– mientras que la estructura financiera incorpora, además, los préstamos a corto plazo –*short-term borrowings*–; V. *boutique*), **financial tables** (FIN cuadros o índices financieros; se publican en los periódicos y reflejan los precios, dividendos, rendimientos –*yields*–, relación precio-beneficio –*price/earnings ratio*–, volumen de negociación –*trading volume*– y cualquier dato de interés bursátil ◊ *S&P Industry Surveys provides quarterly financial tables comparing each of the major competitors in the industry*), **Financing Corporation, FICO** (FIN Sociedad de Financiación; entidad gubernamental norteamericana creada para financiar la Sociedad Federal de Garantía de las Cooperativas de Ahorro y Crédito Hipotecario –*Federal Savings and Loan Insurance Corporation*– mediante la emisión de bonos)].

find *n/v*: GRAL hallazgo, descubrimiento; hallar, encontrar, llegar a la conclusión; V. *detect, locate, retrieve*. [Exp: **finder's fee** (FIN honorarios, comisiones o pagos de intermediación financiera ◊ *On Tuesday, the stock plunged 17 % after Tyco disclosed a $20 million finder's fee payment to a director*)].

fine *a*: GRAL fino; excelente, de calidad, refinado. [Exp: **fine bank bill** (FIN letra de cambio de máxima garantía, V. *first-class paper; prime bill; prime trade bill*)].

FINEX *a*: FIN V. *Financial Instrument Exchange*.

finish *v*: NEGO cierre de la sesión bursátil.

firewall *n*: FIN cortafuegos; barrera legal que vigila las operaciones entre bancos e intermediarios financieros a fin de prevenir el tráfico de información privilegiada –*inside information*– ◊ *The BSE's executive arm is separated from its stock broker directors on the governing board by a firewall in order to prevent any conflict of interests*.

firm[1] *v*: NEGO firme, consistente, definitivo, sólido; se refiere a la ejecución de una orden de compra o venta de valores durante un periodo prefijado de tiempo sin que sea necesaria su confirmación; V. *consistent, solid, stable, uncompromising, unyielding*. [Exp: **firm**[2] (SOC empresa, sociedad mercantil, compañía), **firm commitment underwriting** (SUS compromiso firme de suscripción; procedimiento de suscripción según el cual, un banco inversor se compromete a comprar la emisión entera y corre con los riesgos financieros derivados de la no colocación de dichas acciones ◊ *It is imperative that the market maker(s) support the stock in a firm commitment underwriting to purchase additional stock*), **firm market** (NEGO mercado firme; precio de compra o venta de acciones; V. *actual market*), **firm order** (NEGO pedido en firme; orden de compra o venta de valores), **firm purchase/sale** (NEGO compra/venta en firme), **firm quote** (NEGO oferta en firme; precio final ofrecido por una sociedad de contrapartida –*market maker*– por un determinado valor ◊ *The automatic execution of orders by SuperSoes ensures that market makers are satisfying their firm quote obligations*)].

first *a*: GRAL inicial, original, primario, primero; V. *initial, main, primary, principal*. [Exp: **first-call** (DIV pago del primer dividendo pasivo), **first call date** (BON/VEN primera fecha de pago; fecha indicada en una obligación –*indenture*– según la cual el bono puede amortizarse –*redeemed*– de forma parcial o completa), **first-class paper** (FIN efectos comerciales de primera clase, V. *fine class bill, prime rate bill*), **first come, first served** (NEGO por orden riguroso de solicitud ◊ *This fully automated system allows trading members to trade both equity and fixed income securities on an equal, real-time 'first come, first served' basis*), **first-in, first-out, FIFO** (FIN primero en entrar, primero en salir; se refiere al orden de colocación de valores según la entrada de órdenes), **first mortgage bond** (BON bono hipotecario de primera clase; bono de primera hipoteca; bono emitido con la garantía directa de la propiedad hipotecada), **first notice day** (NEGO/FUT día de entrega; primer día señalado en los contratos de futuros en el que se pueden entregar los activos contratados), **first preferred stock** (VAL acciones preferentes de primera clase; se trata de un tipo de acciones preferenciales que tienen prioridad sobre cualquier otro tipo de acción a la hora del reparto de dividendos ◊ *PCCG has its 24 first-preferred stock owners with more expected*), **first-refusal right** (NEGO/DER renuncia al derecho preferente; V. *pre-emptive right*), **first right** (VAL/DER derecho de preferencia o prioridad)].

fiscal *a*: FIN fiscal, tributario. [Exp: **fiscal agent** (FIN agente financiero, fiscal), **fiscal drag** (FIN carga fiscal elevada; se suele dar al coincidir la inflación con un sistema tributario progresivo), **fiscal identity number** (FIN número de identificación fiscal; NIF), **fiscal revenue** (FIN ingresos fiscales; rentas), **fiscal yield** (FIN rendimiento fiscal ◊ *The cut in tax rates produced a greater fiscal yield than did the higher rates at which fewer people pay tax*)].

Fisher effect *n*: FIN efecto Fisher; nombra una teoría sobre tasas de interés según la cual dichas tasas deberían equipararse a la tasa real de beneficios –*real rate of return*– obtenidos por los inversores a la que se añadiría la compensación derivada del incremento previsible de la inflación. [Exp: **Fisher's separation theorem** (FIN teorema de separación de Fisher; consiste en separar las prioridades inversoras de una compañía de las tendencias inversoras de sus dueños; también se denomina *portfolio separation theorem*)].

fit *a/v/n*: FIN apropiado, idóneo, práctico; situación financiera en la que las necesidades del inversor se cumplen en la materialización de su inversión; V. *adequate, agree, suitable*.

five percent rule *n*: FIN regla del cinco por ciento; norma de la Asociación Nacional de Operadores en Bolsa –*National Association of Securities Dealers*– en la que se fijan los criterios para la compra y venta de opciones y futuros –*spreads*– y el cobro de las comisiones.

fix *v*: GRAL fijar, valorar, calcular; V. *adjust, calculate, determine*. [Exp: **fixation, fixing** (NEGO fijación; proceso de establecer el precio de una mercadería), **fixed asset** (FIN activo fijo o inmovilizado; incluye los activos tangibles –*tangible fixed assets*– compuestos por bienes inmuebles y equipos y los activos intangibles –*intangible fixed assets*– como patentes y marcas –*patents and trademarks*–), **fixed bond** (BON bono con interés fijo ◊ *Investors do not require a fixed bond to guarantee the return of the total investment*; V. *floating rate note*), **fixed cost** (FIN coste fijo; se calcula a lo largo de un periodo de tiempo dado para un determinado nivel de producción), **fixed-dates** (NEGO fechas fijas, periodos establecidos por el Euromercado para la negociación de euros), **fixed debenture** (FIN préstamo garantizado con un determinado activo; V. *floating debenture, mortgage debenture; debenture*²), **fixed-dollar obligations** (OBL obligaciones a precio fijo; bonos cuyo dividendo –*coupon*– se establece según un porcentaje fijo de su valor nominal –*par value*– ◊ *Pension plans are fixed-dollar obligations that will be paid out several years in the future*), **fixed-dollar security** (VAL/VEN título a precio fijo; deuda no negociable –*nonnegotiable debt security*– que puede amortizarse –*redeemed*– por un precio fijo), **fixed-exchange rate** (FIN tipo de cambios fijo; se da cuando un país decide unir el valor de cambio de su moneda al de otro país o al patrón oro), **fixed-income instruments** (FIN instrumentos que generan ingresos fijos; activos que abonan cantidades prefijadas como bonos y acciones preferentes), **fixed-income market** (MER mercado de ingresos fijos; mercado de negociación de bonos y acciones preferentes ◊ *Options are indispensable to the fixed-income market because they are an instrument to manage interests rate risk*), **fixed-income securities** (VAL renta fija; V. *non-equity securities*), **fixed-interest bearing bonds/securities** (VAL bonos o títulos a interés fijo), **fixed interest securities** (VAL renta fija), **fixed price basis** (NEGO oferta de acciones a precio fijo ◊ *People object to any fixed price basis that spans more than a twelve- month period*), **fixed-price tender offer** (NEGO oferta pública de compra de acciones a precio fijo; generalmente con prima –*premium*– sobre precio de mercado), **fixed-rate bonds/securities** (BON/VAL bonos o títulos a tipo de interés fijo), **fixed rate perpetual preferred stock** (VAL acción preferente perpetua y de tipo fijo; V. *preferred stock*), **fixed rate securities** (VAL valores de renta fija), **fixed term bond** (BON bono a plazo fijo), **fixed trust** (INST sociedad inversora con restricciones; la inversión en acciones es fija y no se puede cambiar ◊ *The 13.1 % effective interest rate for the fixed trust exceeded the 1997 rate of 12.8 %*), **fixing-rate bond** (BON bono a tipo fijo)].

flag *n*: FIN esquema en bandera; tabla rectangular que muestra las fluctuaciones de los precios en una horquilla pequeña –*narrow range*–. [Exp: **flagship fund** (FON fondo estrella de una sociedad de valores ◊ *Our flagship fund, EPACK Investment Fund offers the opportunity for both small and large investors to have their savings channeled into the stock market*)].

flash *n*: NEGO destello; el valor de un título emite destellos en la pantalla cuando no puede reflejar el valor real del mismo debido al fuerte ritmo de negociación y fluctuación de su precio.

flat *a*: FIN plano, fijo, horizontal, sin cambios; se refiere a valores que ofrecen su interés únicamente en el día de cobro. [Exp: **flat bond** (BON bono plano u horizontal; bono en cuyo precio se han incluido los intereses acumulados ◊ *In five years yields will be too low and a flat bond market will kill trading*), **flat**

charge/commision/fee (NEGO comisión fija, tasa uniforme), **flat/clean price** (NEGO precio fijo; precio de un bono sin sumarle el interés acumulado –*accrued interest*–; V. *full price*), **flat market** (MER mercado poco activo), **flat position** (FIN posición compensada; V. *close-out*), **flat price risk** (NEGO riesgo de precio fijo; adoptar una posición larga o corta –*long or short position*– sin riesgo), **flat scale** (BON escala horizontal; se refiere a una emisión de bonos en la que el rendimiento a corto o largo plazo –*short and long yields*– es igual al logrado al vencimiento del mismo –*bond's maturity*–), **flat trades** (NEGO negociación fija; se trata de bonos o acciones que se negocian incluyendo tanto su valor como los intereses acumulados ◊ *Enthusiasm in pharma stocks waned with most pharma stocks witnessing flat trades in the first half of this month*), **flat yield** (FIN rendimiento neto)].

flexible *a*: GRAL flexible, elástico, variable; V. *adjustable, elastic.* [Exp: **flexible expenses** (FIN gastos variables), **flexible mutual fund** (FON fondo de inversión variable; fondo compuesto por una cesta de valores que tratan de garantizar el máximo de rendimiento con el mínimo riesgo)].

flight *n*: GRAL vuelo, huida. [Exp: **flight to quality** (FIN refugio en lo seguro; se trata de la inversión en valores seguros como los del Estado en periodos de inestabilidad económica ◊ *Market trends suggest flight to quality*)].

flip *v/n*: GRAL volver, girar con rapidez. [Exp: **flip-flop note** (BON bono con opción de conversión en otro instrumento de deuda), **flip-flop provision** (FIN cláusula de conversión de las acciones de una sociedad en las de otra), **flipping** (NEGO especulación de lanzamientos; compra de acciones en una oferta pública inicial –*initial public offering IPO*– para venderlas inmediatamente después con el fin de conseguir beneficios rápidos ◊ *Flipping involves the purchase of the new shares directly from the underwriter, and then selling them immediately in the open market*; V. *stagging*)].

float *n/v*: NEGO valores flotantes o negociables; se trata del conjunto de títulos que se negocian de manera activa en la Bolsa tras descontar los conservados por empresas de valores y grandes accionistas que se negocian muy ocasionalmente. [Exp: **float a loan** (NEGO lanzar una emisión de bonos), **float securities** (NEGO emitir valores), **floater** (VAL título de primera clase al portador ◊ *IBM and Data General are both shells of their former excellence. Hewlett Packard struggles on as a floater*), **floating debenture** (OBL obligación flotante con garantía de un activo; V. *fixed debenture*), **floating charge** (FIN garantía u obligación flotante; V. *simple debenture*), **floating debt** (FIN deuda flotante; deuda a corto plazo, generalmente compuesta por letras del Tesoro, que se emplea para financiar una mercantil), **floating income securities** (VAL valores de renta variable; V. *non-equity securities*), **floating note**

certificate of deposit (VAL certificado de depósito con interés variable), **floating-rate bond, FRN** (VAL pagaré con tipo de interés variable), **floating-rate note** (BON bono de interés variable, indiciado –*index-linked*– a un tipo de referencia a corto plazo como el LIBOR; V. *fixed bond; inversed floating rate note*), **floating-rate option bonds** (BON bonos con cláusula de opción de pago en otra moneda a tipo de cambio variable), **floating-rate preferred** (VAL acciones preferentes de dividendo variable), **floating securities** (VAL acciones flotantes; se compran y se revenden a corto plazo para obtener una rápida ganancia ◊ *The public offer for sale and subscription, aimed at creating the necessary floating securities on the market was successful*), **floating security investment credit** (FIN crédito bursátil flotante), **floating supply** (VAL oferta flotante de acciones; acciones de compra inmediata), **floater** (BON bono variable o flotante; bono con un interés ligado al de otro instrumento de deuda ◊ *The month witnessed two gilt auctions –a 14-year paper and a 5-year floater, for a total amount of Rs 6,000*)].

floor[1] *n*: FIN parqué o patio de operaciones de la Bolsa. [Exp: **floor**[2] (NEGO suelo, precio mínimo; precio en el que se ejecuta una orden «stop»/límite –*stop order*– al caer el precio por debajo del límite marcado ◊ *The asset value of the company acted as a floor on the share price*), **floor broker** (AG VAL agente auxiliar de Bolsa; agente bursátil o de mercados financieros; recibe comisiones por ejecutar las órdenes de sus clientes ◊ *A stop order signals the floor broker to sell the stock*), **floor dealer/trader** (AG VAL agente bursátil por cuenta propia; interviene en operaciones a corto plazo, también recibe la denominación de la casa –*local*–), **floor official** (NEGO síndico de la Bolsa; se ocupa de intermediar en las disputas generadas por las subastas de valores en el parqué –*auction process on the floor*–), **floor picture** (NEGO imagen del parqué; detalles de la demanda de un valor –*trading crowd for a stock*– que incluyen los demandantes, su solvencia o importancia comercial, etc.), **floor ticket** (NEGO boleto-a; enumera los valores negociados y lo recoge el corredor de Bolsa –*registered representative*– como recibo de las órdenes de compra o venta de su cliente; ofrece la información precisa para ejecutar órdenes ◊ *A copy of each stamped floor ticket and of the daily clearing house sheets are kept in the records of the buyer's broker in the United States*)].

flotation *n*: SUS/NEGO flotación, emisión, salida a Bolsa; lanzamiento de una sociedad –*going public*– ofreciendo la suscripción de acciones; V. *offer for sale*. [Exp: **flotation cost** (FIN coste de emisión; gastos derivados de la emisión de títulos, incluidos comisiones, gestión y papeleo), **flotation of an issue** (NEGO lanzamiento de una emisión de títulos)].

flottant bonds *n*: OBL obligaciones de interés variable.

flow *n/v*: GRAL flujo, corriente, movimiento; abundancia; fluir, correr; V. *course, current, movement; abundance*. [Exp: **flow of funds** (FIN movimiento de fondos; se aplica a los bonos institucionales o locales –*municipal bonds*– como vehículo de información de las prioridades de aplicación de los fondos obtenidos con su venta ◊ *The net flow of funds from the stock market into productive activity is actually negative*)].

flower *n*: GRAL flor. [Exp: **flower bond** *col* (BON/VEN bono flor; dicho bono se amortiza tras el fallecimiento de su tenedor –*holder*– ◊ *The U.S Treasury stopped issuing flower bonds in 1977. The last flower bond matured in 1998*)].

fluctuate *v*: GRAL fluctuar, oscilar; V. *alternate, oscilate, sway*. [Exp: **fluctuation limit** (FUT límite de fluctuación; techo en un contrato de futuros que se da si el precio de la mercadería de entrega futura alcanza un nivel mayor o menor al fijado con anterioridad)].

flurry *n*: NEGO oleada, aluvión; aumento drástico del volumen de negociación de un título ◊ *EU finance ministers launched an investigation into a flurry of trading in airline and insurance shares*.

fly *v/n*: GRAL volar; astuto; mosca. [Exp: **fly a kite** *col* (NEGO tantear, ver los vientos que soplan en la Bolsa ◊ *Many of the brokers and bankers are being told to go fly a kite amid another Wall Street restructuring*), **fly customer** *col* (NEGO zorro viejo), **flyer/flier**[1] (GRAL folleto, prospecto), **flyer/flier**[2] (FIN especulación ◊ *Todd Andrews took a flier on 200 shares of Kmart Corp., losing only $468 before getting out*), **flying starts** *col* (NEGO comienzo a lo grande)].

FOK *n*: NEGO V. *Fill or Kill Order*.

focus list *n*: NEGO listado de acciones recomendadas; publicada por bancos de inversión, recoge, en su opinión, los mejores valores que se pueden comprar o vender ◊ *Three companies have been added to the established focus list that Stock Traders Daily uses to monitor the market and to identify trading opportunities*.

Footsie *n*: FIN V. *Financial Times Stock Exchange 100 Share Index*.

for *prep*: NEGO por, a; preposición utilizada en la negociación bursátil que indica respectivamente una oferta de adquisición –*bid*– o de venta –*offer*–; V. *at, on*; también describe el proceso de compra o venta rápida de un valor sin poner el dinero en la mesa

force *n/v*: GRAL fuerza, energía, vigor; forzar, obligar; V. *energy, pressure, vigour; impel, oblige*. [Exp: **forced conversion** (NEGO conversión forzada; se aplica a los títulos convertibles –*convertible security*– retirados por el emisor –*issuer*– cuando el valor subyacente –*underlying stock*– se negocia muy por encima de su paridad de conversión –*conversion price*–; los títulos convertibles se transforman en comunes evitándose de este modo pagos adicionales ◊ *The first-round investment documents will provide for forced conversion of the venture capitalists' preferred shares into common stock*), **force up/down** (NEGO forzar al alza o a

la baja), **forces of the market** (MER/NEGO fuerzas del mercado)].
foreign *a*: GRAL extranjero, foráneo, exterior, internacional; V. *alien, international, remote, strange*. [Exp: **foreign bond** (BON bono extranjero; emitido en la moneda del país por prestatarios extranjeros; V. *bull dog bond; matador bond*), **foreign bond market** (MER/BON mercado de bonos extranjeros; segmento del mercado de bonos gestionado por gobiernos y empresas extranjeras), **foreign crowd** (NEGO/BON los extranjeros; alude a los miembros de la Bolsa de Nueva York que negocian bonos extranjeros en el parqué ◊ *A big bank bailout and economic spending packages got the foreign crowd pretty excited*), **foreign currency** (FIN moneda extranjera; divisas), **foreign currency futures contract** (FUT contrato de futuros en divisas), **foreign currency forward contract** (FIN contrato a plazo en divisas; obliga al cambio de una determinada cantidad en divisas a una tasa de cambio prefijada en una fecha acordada), **foreign currency option** (OPC opción sobre divisas), **foreign equity market** (MER mercado de títulos extranjeros; sección del mercado de valores que incluye las emisiones de títulos de compañías extranjeras ◊ *The Osaka Securities Exchange, OSE, will establish a foreign equity market specializing in companies based in the Asia-Pacific region*), **foreign exchange** (FIN divisas extranjeras), **foreign exchange risk** (FIN riesgo de cambio), **foreign market** (MER mercado extranjero; parte del mercado nacional dedicado a la emisión y negociación de títulos de mercantiles con sede social en el extranjero; V. *domestic market*), **foreign securities** (VAL valores extranjeros)].

form *n*: GRAL formulario, cuestionario, modelo. [Exp: **form T** (NEGO formulario T; exigido por el *NASD*, refleja la negociación de valores –*equity transactions*– efectuada tras el cierre de la sesión), **form 3** (NEGO formulario 3; exigido por la Comisión Nacional de Valores –*SEC*– y las Bolsas estadounidenses para todos los tenedores de más de un 10 % de acciones de una compañía; debe reflejar también los títulos pertenecientes a directivos y empleados de la misma), **form 8-K** (NEGO formulario 8-K; exigido por la Comisión Nacional de Valores estadounidense –*SEC*– cuando determinadas actuaciones de una sociedad anónima –*publicly held company*– pueden afectar al valor de sus títulos ◊ *The actual amount the investor will be required to purchase is subject to certain limitations as outlined in General Magic's form 8-K filed on August 3, 1999*), **form 10-K** (NEGO formulario 10-K; exigido por la Comisión Nacional de Valores estadounidense, ofrece información financiera de las empresas que operan en la Bolsa)].

formula basis *n*: NEGO fórmula base; sistema de venta de títulos por el que la Comisión Nacional de Valores estadounidense –*SEC*– declara que el documento obligatorio de registro de la empresa emisora en Bolsa –*registration statement*– es válido para la venta de títulos según una fórmula base de precios en lugar de emplear una horquilla específica –*specific range*–.

forward *a*: NEGO a plazo; anticipado; en el futuro; V. *spot*. [Exp: **forward contract** (NEGO contrato a plazo; contrato de entrega diferida; contrato «forward»), **forward dealing** (NEGO operación a término o a plazo ◊ *Interest rates are fully freed and commercial banks are permitted to handle forward dealing in foreign exchange*), **forward exchange deal/market** (MER negocio o mercado de divisas a plazo o a término), **forward-forward** (FIN «forward- forward»; instrumento de protección –*hedging*– diseñado para protegerse de las oscilaciones de los tipos de interés; consiste en un endeudamiento a un tipo fijo de interés por un periodo de tiempo largo; los fondos obtenidos se invierten a su vez por un periodo más corto ◊ *We signed a forward-forward contract locked in a 5 % interest rate starting in 2003 for two years*), **forward hedge** (NEGO cobertura a plazo), **forward long contract** (NEGO contrato a plazo, «forward» de larga duración), **forward margin** (FIN margen a plazo; V. *margin, maintenance margin*), **forward market** (NEGO/FUT mercado de futuros, a plazo fijo; V. *futures market; rollover, tomorrow next; hedging*), **forward purchase** (NEGO/FUT compra a término), **forward price/rate** (FIN cotización a plazo o «forward»; V. *cash market price, spot price*), **forward/future rate agreement, FRA** (FIN/FUT convenio de tipos de interés futuros; contrato a plazo con un tipo de interés acordado), **forward sale** (FIN venta a término), **forward transaction** (FIN operación a plazo; puede ser de divisas –*currency*–, valores –*securities*– o materias primas –*commodities*– ◊ *In a forward transaction, the trading runs under the offered rates of the market makers*), **forwardation** (FIN a término; situación en la que los precios a contado –*spot prices*– en los mercados de materias primas son inferiores a los de entrega futura –*forward delivery*–; V. *backwardation*)].

found *v*: GRAL constituir, fundar, fundamentar, basar; V. *begin, build, create, establish, launch*. [Exp: **founder's shares/stocks** (VAL acciones del fundador; acciones con derecho especial de voto, cédulas beneficiarias ◊ *Our government refuses to introduce incentives such as founder's stocks and stock options for would-be entrepreneurs*; V. *«B» shares, management held shares, deferred shares, voting shares, classified stock*)].

four *a*: GRAL cuatro. [Exp: **fourth market** (MER cuarto mercado o mercado de valores no registrados; la negociación se realiza directamente de comprador a vendedor sin intermediarios financieros; práctica utilizada por los inversores institucionales –*institutional investors*– en la contratación de grandes partidas de valores –*large blocks of securities*– con el fin de ahorrarse las comisiones de correataje –*brokerage commissions*– ◊ *«We're going to create a fourth*

*market for sub-NASDAQ stocks,»
declares Clay Womack*; V. *instinet*)].
FRA *n*: NEGO V. *Forward rate agreement*.
fraction *n*: GRAL fracción, parte, porción; cociente; V. *bit, quota, portion, ratio*. [Exp: **fraction of shares** (VAL fracción de acciones), **fractional discretion order** (NEGO orden fraccionada discrecional; orden que permite al corredor ejercer su criterio y variar el precio de un valor dentro de una serie fraccionada –*specific fractional range*– con el fin de asegurarse su ejecución –*execution*–), **fractional share** (VAL acción fraccionada; parte de un título completo que suele crearse a resultas de un programa de reinversión de dividendos –*dividend reinvestment program*– ◊ *The value of Lennar common stock used for the cash in lieu of the fractional share was $19.90*)].
Frankfurt Stock Exchange *n*: INST/MER Bolsa de Frankfurt; el mayor de los ocho mercados bursátiles de Alemania.
free *a/v*: GRAL libre, gratuito, sin cargas; librar, redimir, rescatar; en Bolsa se aplica a los títulos liquidados por completo; V. *exempt, gratis, relieve*. [Exp: **free box** *col* (FIN caja de custodia; se trata de la caja fuerte de un banco en la que se depositan los títulos de los clientes), **free dealings** (MER Bolsa extraoficial; negociación libre ◊ *The SPSE will not list any company whose Articles of Association restrict free dealings in its securities*), **free delivery** (NEGO entrega gratuita de acciones; las acciones compradas se entregan al banco del cliente sin la contrapartida de un pago inmediato; V. *delivery vs. payment*), **free of charge/comission** (NEGO gratis, gratuito, sin cargo), **free to trade** (NEGO negociación libre; valores que pueden negociarse sin ningún tipo de restricción interna o externa), **free right of exchange** (NEGO/DER derecho de libre cambio; derecho de transferir títulos a otro nombre sin el pago de los costes de transferencia), **free stock** (VAL valor sin cargas; título que se paga al completo y que no está sujeto a garantía –*collateral*–), **«freed up»** (SUS/NEGO liberado; término empleado por los suscriptores de valores –*underwriting syndicate's members*– para indicar que no se encuentran sujetos a la política de precios fijos acordada por los suscriptores de acciones –*agreement among underwriters*– por lo que pueden negociar títulos de manera libre ◊ *Stock values will be freed up as the Europeans merge and adapt to the competitive demands of the global economy*), **freeriding** *col* (SUS/NEGO tiro libre; práctica fraudulenta según la cual un suscriptor –*underwriting syndicate*– retiene una parte de una nueva emisión en una oferta pública inicial –*initial public offering (IPO)*– para revenderla con posterioridad a un precio superior ◊ *The NASD uses certain criteria to determine whether a violation of the freeriding and withholding rules has occurred*)].
freeze out *v*: NEGO/SOC presionar, acosar, hostigar; acto de presión sobre los accionistas minoritarios

para que vendan sus acciones tras la operación de absorción –take-over– de su empresa ◊ *The law restricts what offerors can do after they acquire control to freeze out the minority within 3 years after the takeover.*
fresh *a*: GRAL claro, limpio; nuevo, reciente; V. *new, novel, recent, refreshing*. [Exp: **fresh picture** (NEGO nueva imagen; se refiere a los cambios acaecidos en la negociación de un valor y que modifican la imagen anterior), **fresh signal** (NEGO nuevas señales o indicios; información sobre un valor que sugiere cambios de tendencia)].
FRN *n*: VAL V. *Floating Rate Note*.
front *a/n*: GRAL frontal, inicial, delantero, precedente; aparente; V. *anterior, forepart; conceal, disguise*. [Exp: **front-end cost** (FIN/FON coste de entrada), **front-end fee** (FIN/FON comisión inicial), **front-end load** (FIN/FON cuota de entrada; se aplica al adquirir, por ejemplo, un fondo de inversión; dicha cuota representa el beneficio obtenido por el corredor que vende el paquete de valores al fondo; esta «carga delantera» contrasta con el *back-end load* o «carga trasera», que se paga en el momento de la venta o rescate ◊ *Our offer price for those mutual fund shares with a front-end load was $5000*; V. *back-end load, exit fee, level load, redemption charge, deferred sales charge*), **front-end loan** (FIN/VEN préstamo con cuotas amortizadas decrecientes; V. *back-loading loan; load*), **front ending** (NEGO de entrada, inicial; negociación de una parte de la orden total de adquisición de un valor sin revelar al vendedor el volumen total de la orden pudiendo alterar de este modo el precio de dicho valor), **front fee** (NEGO cuota de entrada; cuota inicial pagada por el comprador de un contrato de cuota desdoblada –*split-fee option*–), **front office** (AG VAL oficina de contratación y de atención al cliente ◊ *PeopleSoft, eyeing the rapid growth of the customer-relationship management market, said today that it will buy front-office vendor Vantive Corp.*; V. *back office*), **front running** (NEGO inversión anticipada en valores; la realiza un corredor para su propio beneficio; también se trata de un tipo de inversión privilegiada y por tanto ilegal en la que el inversor conoce de antemano información que va a alterar el precio del valor que compra ◊ *Some traders were front- running their customers' orders and sharing information with other traders to allow them to also front-run the customers' orders*)].
fry a bigger fish *col fr*: NEGO freír un pescado más grande; coloquialismo que describe la negociación de un volumen de acciones superior al anunciado ◊ *Olson fried a bigger fish in her Tokoyata's deal.*
FT *n*: FIN *Finantial times*. [Exp: **FT-SE Actuaries** (NEGO índice bursátil del *Finantial Times*; ofrece una panorámica financiera de las empresas con capital entre £150 y £1000 millones ◊ *We spread your money across 750 or so of the UK's top companies listed on the FT-SE Actuaries' All-Share Index*),

FT-SE Actuaries 350 (NEGO índice que ofrece una perspectiva los mercados de Nueva York y Tokio), **FT-SE Small Cap Index** (NEGO índice financiero de las pequeñas empresas FT-SE; índice financiero de sociedades con capital entre £20 millones y £150 millones), **FT-SE Small Government Securities Index** (NEGO índice bursátil de los títulos emitidos por el Tesoro)].

full *a*: GRAL lleno, completo, suficiente, entero; V. *complete, plentiful, whole; crowded*. [Exp: **full coupon bond** (BON bono con cupón entero; bono que se vende a la par del mercado), **full disclosure** (FIN información completa; ofrecida por la Bolsa y exigida por la legislación sobre un valor determinado ◊ *The full disclosure approach ensures that investors are provided with material information to enable them to make an informed investment decision*), **full faith-and-credit obligations** (OBL obligaciones de plena confianza; tienen una fuente institucional sea municipal o regional), **full lot** (NEGO lote completo; unidades de 100 títulos de un valor ◊ *Individual investors were reluctant to buy the full lot because it cost too much*), **full point** (NEGO entero), **full price** (BON precio completo o bruto –*dirty price*– de un bono incluyendo el interés acumulado –*accrued interest*–; V. *flat price*), **full-service broker** (AG VAL agente de Bolsa que ofrece servicios completos; agente que ofrece a sus clientes todo tipo de servicios financieros y de gestión de valores ◊ *A full-service broker uses your money to make you richer*), **full stock** (VAL acción a la par), **full trading authorization** (NEGO autorización para negociar sin límites; orden cuidando; situación originada por la creación de una cuenta discrecional –*discretionary account*– que permite al agente negociar sin cortapisas los valores de sus clientes), **fully** (GRAL totalmente, por completo), **fully diluted earnings per shares** (NEGO dilución total del beneficio por acción; ganancias obtenidas por un valor una vez ejercidos sus activos convertibles –*convertible securities*– y garantías –*warrants*–), **fully distributed** (VAL distribuido por completo; se refiere a una emisión de valores colocada por completo entre los inversores), **fully paid/pay-out/up shares** (VAL acciones totalmente desembolsadas; V. *part-paid shares*), **fully valued** (FIN en todo su valor; se refiere al precio que alcanza un valor en el mercado y que refleja la solvencia financiera de la empresa que lo apoya ◊ *A stock may have a long rise and get to the point where it is fully valued and some investors take profits*)].

fund *n/v*: FON fondo-s, disponible líquido, caja; financiar, costear, invertir; V. *capital, reserves, savings; finance, invest, underwrite*. [Exp: **fund holder** (FON rentista, tenedor de acciones), **fund family** (FON familia o cesta de fondos; conjunto de fondos con objetivos de inversión diferentes y con la posibilidad de cambiarse por otros sin costes adicionales), **fund manager** (FON gestor de fondos), **fund of funds**

(FON fondo de fondos; fondo de inversión que invierte en fondos distintos ◊ *A fund of funds is a way to reach an investment goal*), **fund switching** (FON cambiar de fondo; trasladar el dinero de un fondo de inversión a otro), **funded** (FIN capitalizado), **funded debt** (FIN deuda perpetua o consolidada; V. *unfunded debt*), **funded security** (VAL valor de interés fijo), **funding bond** (FON bono de consolidación), **Funds, the** (FIN deuda del Tesoro)].

fundamental *a*: GRAL fundamental. [Exp: **fundamental analysis** (FIN análisis fundamental; análisis de aquellos valores infravalorados en relación al potencial de la empresa y de sus posibilidades futuras de generación de beneficios), **fundamental beta** (FIN beta fundamental; modelo estadístico que valora el riesgo fundamental o global de un valor)].

fungibility *n*: NEGO/OPC «fungibilidad»; capacidad de cerrar la posición de una opción –*option closing*– en razón de la fecha de caducidad –*expiracion date*– y del precio de ejercicio –*strike price*–.

funny money[1] *n*: FIN dineral. [Exp: **funny money**[2] (FIN dinero de procedencia dudosa o fácil ◊ *While stock options may feel like funny money to their recipients, they represent a genuine cost to their issuers*)].

further *a/adv/v*: GRAL adicional, más, además; promover, fomentar; V. *advance, facilitate, improve, promote*. [Exp: **furthest month** (NEGO/VEN mes más alejado; plazo de vencimiento más largo; V. *back months*)].

futures *n*: FUT futuros; término empleado para describir un contrato que estipula la compra de mercaderías –*commodities*– e instrumentos financieros –*financial instruments*– para ser entregados en la fecha acordada en dicho contrato. [Exp: **Futures and Options Exchange, Fox** (FUT Bolsa de Futuros y Opciones), **futures commission merchant** (FUT comisionista del mercado de futuros; está autorizado por la agencia federal del mercado de futuros de productos –*Commodity Futures Trading Commission, CFTC*– ◊ *A duly registered futures commission merchant holds a high level of fiduciary responsibility and registration*; V. *omnibus account*), **futures contract** (FUT contrato de futuros; acuerdo para comprar o vender un determinado valor, mercadería o instrumento financiero por un precio acordado hoy –*exercise price*– en una fecha futura –*strike/exercise date*–; se distingue de la opción en que ésta otorga el derecho a comprar o vender mientras que el contrato de futuros es un acuerdo o promesa de realizar una transacción; V. *back contract*), **futures currency options** (FUT/OPC opciones sobre futuros de divisas), **futures hedge** (FUT cobertura mediante futuros), **futures market** (FUT/MER mercado de futuros; los principales son *LIFFE, The Baltic Exchange, The London Fox, The London Metal Exchange, The International Petroleum Exchange*; V. *spot market, cash market*), **futures option** (FUT/OPC opción sobre futuros; V. *options on physicals*), **futures price** (FUT precio sobre futuros)].

FVO, for valuation only *n*: NEGO/FON para su valoración; se emplea en el contexto de los fondos de inversión y se aplica a los flujos de dinero que entran y salen de los diversos fondos de inversión; V. *for your information*.

G

G *n*: FIN/VAL quinta letra de la clasificación de valores del NASDAQ que indica que se trata del primer bono convertible de una mercantil.

GAAP *n*: GRAL V. *Generally Accepted Accounting Principals*.

gaijin *n*: NEGO «gaijin»; término japonés que describe al inversor extranjero en ese país ◊ *If you're a gaijin entrepreneur who just wants to get a few thousands, you'd better go back to California*.

gain *n/v*: FIN ganar; ganancia, beneficio, regalía; beneficio obtenido en la venta de un valor por un precio superior al pagado con anterioridad; V. *accumulate, obtain, procure, secure*. [Exp: **gains** (BON bono de cupón convertible en bono regular –*growth and income securities*–)].

gamble *n/v*: GRAL apuesta, riesgo, juego de azar; apostar, especular, jugar por dinero; V. *bet, speculate, venture*. [Exp: **gamble in stock** (NEGO hacer agiotaje ◊ *The rich invest and gamble in stock and commodity markets, activities the poor cannot afford*), **gambler** (NEGO agiotista, especulador), **gambling policy** (NEGO póliza de especulación)].

gamma *n*: OPC coeficiente gamma; mide la tasa de cambio del coeficiente delta –*option delta*– de una opción cuando se modifica ligeramente el precio del activo subyacente –*underlying asset*–. [Exp: **gamma stocks, shares, securities** (VAL valores, títulos, acciones de índice gamma)].

gap *n*: FIN brecha, agujero; financiación necesaria pero no cubierta ni prevista; V. *breach, division, hole*. [Exp: **gap opening** (NEGO ampliación de la brecha; alude al precio de un valor en el inicio de la sesión –*opening price*– sensiblemente mayor o menor al que tenía al cierre –*closing price*– de la sesión anterior ◊ *A 15-point gap opening in the NASDAQ today will be good, which will make up for a fraction of yesterday's losses*)].

garage *n*: INST garaje; parqué de la Bolsa de Nueva York situado en el ala norte del parqué principal –*main trading floor*–.

garbage *n*: GRAL basura. [Exp: **garbatrage** (NEGO operaciones basura;

cambios en los precios de determinados títulos de valor inferior afectados por la negociación de otros títulos del mismo sector pero de un valor superior; V. *rumortrage; play in*)].

Garmen-Kohlhagen option pricing model *n*: OPC modelo Garmen-Kohlhagen de fijación de precios de una opción; patrón empleado para fijar el valor de las opciones en divisas –*foreign currency options*–.

gather *v*: GRAL agrupar, reunir, captar, recoger; V. *accrue, collect, compile, store*. [Exp: **gather in the stops** (NEGO captación de «stops» u órdenes límite; estrategia del mercado consistente en forzar a la baja el precio de un título hasta alcanzar el precio marcado en una orden «stop» –*stop order*–; en ese momento dicha orden se convierte en una orden al mercado –*market order*– que se ejecuta creando un efecto de bola de nieve –*snowballing*– ◊ *The trader gathered in the stops by selling a large number of TKM share to bring down the price to the level where he knew stop orders existed*)].

GDP *n*: GRAL V. *Gross Domestic Product*.

gear *n/v*: GRAL equipo, engranaje; dirigir, preparar; V. *equip, furnish; instrument; belongings*. [Exp: **gearing** (FIN apalancamiento financiero –*financial leverage*–; proporción entre la deuda de una empresa y el capital desembolsado –*fully-paid/outstanding capital*–)].

GEMs *n*: FIN V. *growing-equity mortgages*.

general *a*: GRAL general, universal;

V. *frequent, current, ordinary, widespread*. [Exp: **general account** (FIN cuenta de corretaje; término empleado por la Junta de Gobernadores de la Reserva Federal –*Federal Reserve Board*– para describir las cuentas de margen –*margin account*– que las casas de corretaje –*brokerage firm*– ofrecen a sus clientes y que están reguladas por la norma T –*Regulation T*– de la *FED*), **General Agreement on Tariffs and Trade, GATT** (FIN Acuerdo General sobre Aranceles y Comercio; acuerdo impulsado por la ONU para eliminar barreras al comercio internacional), **general cash offer** (NEGO oferta general al contado; oferta pública de acciones –*public offering made*– de carácter general ◊ *When a public firm makes a general cash offer of debt or equity, the issue is sold to the underwriters [or a syndicate of underwriters], who in turns offer the securities to the public*), **general ledger** (FIN libro mayor de una mercantil), **general loan and collateral agreement** (FIN acuerdo general de préstamos y garantías; acuerdo que estipula las condiciones del préstamo contra acciones –*borrowing against listed securities*– otorgado por un banco a una casa de corretaje para que continúe ejerciendo su actividad; V. *broker loan rate*), **general lien** (DER embargo preventivo, derecho prendario), **general management trust** (FIN sociedad general de inversiones), **general meeting of shareholders** (INST junta general de accionistas), **general mortgage**

(FIN hipoteca colectiva; cubre todas las propiedades del prestatario y no solamente una específica), **general mortgage bond** (BON obligación con garantía hipotecaria), **general obligation bonds** (BON bonos de responsabilidad general; son emitidos y están garantizados por entidades locales y ayuntamientos ◊ *The new hospital has been funded through general obligation bonds and tax credits*), **general partner** (SOC socio colectivo o capitalista; tiene responsabilidad ilimitada –*unlimited liability*– en la sociedad), **general partnership** (SOC sociedad colectiva; V. *partnership; private company/corporation*), **general revenue** (FIN ingresos generales), **general share/stock** (VAL acción ordinaria), **general slackness** (NEGO atonía general ◊ *A general slackness of demand coupled with increase in costs have eroded the profitability of many companies*), **Generally Accepted Accounting Principals, GAAP** (FIN principios de contabilidad de aceptación general)].

get *v*: GRAL lograr, obtener, conseguir; V. *achieve, earn, gain, obtain, realize*. [Exp: **get hit** (NEGO golpe; se trata de la bajada del precio de un valor debido a ofertas a la baja en el mercado; V. *come in, on the take*), **get off to a flier** col (FIN tomar la iniciativa ◊ *Our company will be looking to get off to a flier again when the 2001/02 season gets underway*), **get out** (NEGO vender una participación ◊ *Our firm could get out big size in new technologies*), **get-rich-quick attitude** col (FIN cultura del pelotazo ◊ *The late 1920s created a get-rich-quick attitude in the US. More and more people set out to make fortunes in the stock market*), **get-up-and-go** col (FIN empuje, iniciativa)].

ghosting col *n*: GRAL/SOC manipulación, conspiración; práctica ilegal de una sociedad consistente en hacer subir o bajar de manera interesada el precio de un valor, iniciativa a la que se suman otras sociedades interesadas sin que los inversores se percaten de la jugada ◊ *The investing public was unaware of the ghosting practices of three coordinated market makers*.

gilt-edged *a*: VAL de primera clase, de máxima garantía; V. *blue chip*. [Exp: **gilt-edged securities** (VAL bonos o valores del Estado; valores de toda garantía ◊ *Autograph letters are a sounder investment than gilt-edged securities*; V. *blue chip, tap stock, high-grade bond*), **gilts** (VAL títulos de deuda pública emitida por el Estado británico)].

Ginnie Mae *n*: FIN V. *Government National Mortgage Association*. [Exp: **Ginnie Mae pass-through** (VAL valor titulizado con fondos hipotecarios *Ginnie Mae*; título garantizado por diversas hipotecas)].

give *v*: GRAL aportar, dar, donar, ofrecer, ceder; V. *award, contribute, donate, distribute, transfer*. [Exp: **give on** (VAL pagar intereses por demora en la entrega de valores; préstamo de títulos a un agente; V. *contango*), **give up** (NEGO ceder, entregarse; pérdida de rendimientos –*yield*– cuando se cambia un paquete de bonos –*block of bonds*–

por otro de cupón más bajo; V. *directed brokerage*), **giver**[1] (NEGO comprador de una opción), **giver**[2] (NEGO agente que paga intereses por demora en el pago de acciones compradas), **giver on** (NEGO agente que presta títulos a otros)].

glamor stock *n*: VAL título estrella; valor de moda que produce rápidas subidas y ganancias en un mercado alcista –*bull market*– ◊ *Raisio became something of a glamor stock after it claimed to have invented a cholesterol-reducing margarine*; V. *blue chip, gilt-edged*.

Glass-Steagall Act *n*: DER ley Glass-Steagall; norma de 1933 que prohibía a los bancos poseer, suscribir o negociar acciones de sociedades –*corporate stock*– y bonos de empresa –*corporate bonds*–.

global *a*: GRAL global, mundial, internacional; V. *international, worldwide*. [Exp: **global bonds** (BON bonos globales; bonos pensados para ser negociados en el mercado de capitales estadounidense y en el euromercado ◊ *Higher-risk funds purchase global bonds issued by governments and corporations around the world*), **global depositary receipt** (FIN recibo de depósito global; recibo de propiedad de acciones extranjeras que se negocian en mercados de capitales internacionales), **global equity market** (MER mercado global de acciones ◊ *The global equity market project is the first attempt to create a world exchange working 24 hours a day*), **global fund** (FON fondo global o mundial; fondo de inversión con activos internacionales), **globalization** (MER globalización; tendencia a la desaparición de barreras a la inversión y a la integración de los mercados internacionales)].

GMCs, guaranteed mortgage certificates *n*: FIN certificados hipotecarios garantizados.

GNMA-I *n*: FIN títulos de la Asociación Hipotecaria Gubernamental I (*Government National Mortgage Association*); valores con respaldo hipotecario con pagos separados de capital –*principal*– e intereses. [Exp: **GNMA-II** (FIN títulos de la Asociación Hipotecaria Gubernamental II –*Government National Mortgage Association*–; valores con respaldo hipotecario –*Mortgage-backed securities, MBS*– con un pago global del capital y los intereses el día 20 del mes)].

gnomes *col n*: FIN «gnomos»; valores titulizados de fondos de hipotecas con interés fijo –*fixed-rate pass-through securities*– a quince años ◊ *The Federal Reserve keeps slashing interest rates, the gnomes have yet to figure out that they're dealing with deflation and not contraction*.

GNP *n*: FIN V. *Gross National Product*.

go *v*: GRAL ir, andar; V. *continue, function, perform, persist*. [Exp: **go a bear/bull** (NEGO especular a la baja o al alza), **go along** (NEGO seguir la corriente; consiste en comprar y vender al flujo de lo que hagan los expertos financieros; V. *sell short*), **go around** (NEGO hacer correr; procedimiento de comunicación de la Reserva Federal con intermediarios financieros y sociedades de contrapartida –*market makers*– para establecer un mercado de oferta y demanda –*market of bids and offers*– auspiciado por el Comité del Mercado Abierto de la Reserva Federal –*Federal Open Market Committee*–), **go between** (FIN intermediario; V. *intermediary*), **go broke** *col* (FIN arruinarse, quebrar), **go bust** *col* (FIN quebrar), **go for a burton** *col* (FIN irse al traste ◊ *It is very likely the markets will go for a burton along with the President*), **go for broke** *col* (FIN echar el resto, ir a por todas), **go-go fund** *col* (FON fondo «go-go»; fondo de inversión agresivo con diversos niveles de riesgo y posibles beneficios ◊ *The 1969-70 bear market that ended the go-go fund hey-days of the 1960's*), **go on a spending spree** *col* (FIN gastar alegremente; tirar la casa por la ventana), **[to] go** (NEGO soltar, vender acciones ◊ *My father has 100 telefónica to go*), **go to the dogs** *col* (FIN ir cuesta abajo, ir de mal en peor), **goes** (NEGO ir; referido al precio de las acciones ◊ *I Terra goes on at 2500*), **going ahead** (NEGO en su beneficio o provecho; alude a la práctica prohibida por la que el agente –*broker-dealer*– compra en su propio beneficio –*his personal account*– con anticipación a la formalización de las órdenes de sus clientes), **going away** (NEGO soltar; vender; acción de comprar un bono por parte de un agente para revenderlo de forma inmediata a un inversor), **going into the trade** (NEGO entrar en el mundo de los negocios; entrar en el juego; establecer la posición en las órdenes de compra o venta de valores ◊ *You must sell within a few days of the announcement irrespective of the price action because this was your intention going into the trade*), **going long** (NEGO entrar en posición larga o compradora; el inversor adquiere un valor con la esperanza de que suba su valor y se beneficie de su venta; V. *long position*; *going short*), **going-private transactions** (NEGO transacción privatizadora; las acciones de una sociedad anónima son adquiridas por otra limitada y ya no pueden negociarse en Bolsa), **going public** (NEGO poner en Bolsa; primer lanzamiento de acciones en los mercados ◊ *The fundamental reason for going public is to raise cash*; V. *IPO*), **going short** (NEGO entrar en posición corta o deudora; el inversor vende un valor que no posee con la esperanza de que baje su precio a la entrega obteniendo así un beneficio; V. *going long*)].

goal *n*: GRAL/FIN objetivo; meta financiera de una institución o persona; V. *aim, end, objective, target*.

godfather offer *col n*: FIN oferta del padrino; técnica agresiva de adquisición de una empresa –*takeover*– con una oferta tan alta que la dirección se ve obligada a aceptarla ante el riesgo de que los accionistas se rebelen o emprendan acciones legales –*lawsuits*– ◊ *SupplierMarket was poised to go public but in the meantime, it received a godfather offer from Ariba, a software make.*

gold *n*: GRAL oro. [Exp: **gold bond** (BON bono oro; emitidos por sociedades mineras de este metal que pagan sus intereses en razón del precio del oro), **gold bar/lingot** (GRAL/FIN lingote de oro; contiene una concentración de oro del 99,5 % mínimo), **gold bullion** (GRAL/FIN oro puro que puede fundirse en la acuñación de monedas o en lingotes), **gold card** (GRAL/FIN tarjeta oro de crédito), **gold certificate** (FIN certificado de depósito en oro), **gold coins** (GRAL/FIN monedas, acuñaciones de oro), **gold exchange standard** (FIN patrón de cambio oro según el acuerdo *Bretton Woods*), **gold fixing** (FIN fijación del precio del oro; dicho precio, que oscila según la ley de la oferta y de la demanda, se fija dos veces al día en el mercado del oro de Londres ◊ *The average afternoon gold fixing in June was $340.76 per ounce*), **gold mutual fund** (FON fondo de inversión en oro; se invierte en acciones de compañías mineras del oro), **gold standard** (FIN patrón oro; sistema monetario internacional basado en las reservas de oro de los países y por el cual los desequilibrios en sus balanzas de pago –*payment imbalances between countries*– se fijan en oro), **gold stocks** (FIN reservas de oro), **goldbug** *col* (FIN entusiasta del oro; analista que recomienda la inversión en oro ◊ *I am neither a goldbug or a silverbug as traditionally defined, but an investor and advisor with over 25 years of experience*), **golden handcuffs** *col* (FIN grilletes de oro; contrato que vincula a un agente con su empresa en razón de unas elevadas primas y comisiones pero que lo penaliza si decide cambiar de empresa ◊ *Many companies try to use stock options as golden handcuffs to get you to stay longer*), **golden handshake** *col* (FIN broche de oro; despido o jubilación con una fuerte compensación económica motivada por el resultado de una absorción –*takeover*–, fusión –*merger*–, etc.), **golden hello** *col* (FIN incentivo de enganche; prima que paga una sociedad intermediadora para contratar a un empleado de una firma rival –*competing firm*– ◊ *People still want their stock options, but they also want big salaries or golden hello bonuses*), **golden parachute** *col* (FIN contrato blindado; compensación que se paga a los ejecutivos de una empresa en caso de despido, absorción o fusión de la misma ◊ *Enron CEO Kenneth Lay, who was eligible to leave the embattled company with an $81 million golden parachute, did not accept the exit package*; V. *tin parachute*), **golden share** (VAL acción de oro; acción con derecho especial; propiedad del 51 % del accionariado; en empresas de valor estratégico, el Estado se reserva esta proporción ◊ *The Turkish government has and agreed to retain a 1 % golden share of the monopoly*)].

good *a*: GRAL bueno, correcto, razonable, válido; V. *correct, solid, valid; gain, profit*. [Exp: **good delivery** (FIN entrega según lo acordado), **good delivery and settlement procedures** (FIN procedimientos de liquidación y entrega según lo acordado), **good faith de-**

posit (FIN/FUT señal, depósito a cuenta; se refiere tanto al dinero entregado a cuenta en la adquisición de títulos como al ingresado en la cuenta de margen –*margin account*– al comprar o vender un contrato de futuros), **good money** (FIN dinero limpio o bueno; fondos del Estado que se compensan –*clear*– o liquidan el mismo día), **good [un]'til cancelled order, GTC** (NEGO orden abierta; válida hasta su cancelación; orden de compra o venta de valores en vigor hasta que se ejecute o cancele; suele tener una duración entre 30 y 60 días, periodo tras el cual expira si no se renueva ◊ *We'll send you an acknowledgement of good until cancelled order the day it's placed, and it will be reflected on your brokerage statement*; V. *day order, limit order*), **good-this-month/ week order, GTM** (NEGO orden para el mes o la semana; orden de compra o venta válida hasta el fin del mes o semana en curso), **good title** (VAL título válido o seguro; V. *clear tittle*), **good through/until date order** (NEGO orden válida hasta determinada fecha; orden de compra o venta válida hasta una fecha determinada tras la cual expira si no se ha ejecutado parcialmente o en su totalidad ◊ *According to the new regulations, if the price of the good until date order exceeds the daily variation limit of the share, then the order is automatically inactivated*)].

goods *n*: GRAL/FIN/NEGO productos, bienes, mercancías, géneros, mercaderías; V. *commodities, merchandise, products, wares*. [Exp: **goods exchange** (INST Bolsa de comercio)].

government *n/a*: INST gobierno, Estado, administración del Estado; oficial, gubernamental, estatal, público. [Exp: **government bond/ debt** (BON bonos del Estado, deuda pública; V. *government securities; public debt*), **Government National Mortgage Association, Ginnie Mae** (FIN Asociación Nacional Hipotecaria; organismo oficial dependiente del Ministerio de la Vivienda y Urbanismo de los EE.UU. –*U.S. Department of Housing & Urban Development*–; el *Ginnie Mae* participa en el mercado secundario hipotecario de los EE.UU. y garantiza el pago del principal e intereses de los títulos subrogados –*pass through securities*– y garantizados –*collateralized*– por la *Federal Housing Administration*), **government obligations** (OBL obligaciones del Estado; instrumentos de deuda –*debt instruments*– como los bonos y letras del Tesoro –*Treasury bills/bonds*–, pagarés –*notes*–, o bonos de ahorro –*savings bonds*– ◊ *Investments include short-term corporate obligations, denominated money market instruments of U.S. government obligations*), **government paper/securities** (VAL efectos, valores y títulos del Estado), **government sinking fund** (FIN fondo de reserva o maniobra del gobierno ◊ *The Amendment Act of 1926 established a Government Sinking Fund out of which unproductive debt was to be redeemed over a period of 40 years*), **government sponsored en-**

terprises (SOC sociedades con apoyo público; empresas privadas de finalidad pública creadas para la ayuda financiera a determinados sectores y actividades de la sociedad como la compra de viviendas, préstamos para estudios, seguros agrícolas, etc.), **government stock** (VAL títulos del Estado, llamados también *governments*)].

grade *n/v*: GRAL grado, clase, calidad; clasificar, ordenar, calibrar; V. *class, order, rank*. [Exp: **grade assets** (FIN activos financieros de primera calidad), **grading** (FIN clasificación, ordenación; se aplica a los productos de los mercados de materias primas)].

graduate-d *a/n/v*: GRAL graduado, creciente, progresivo; graduar, crecer; V. *growing, incremental, progressive*. [Exp: **graduated call writing** (OPC venta gradual de opciones; estrategia consistente en la venta –*writing*– a cubierto de una opción –*covered call option*– con precio de ejercicio –*exercise price*– más alto de forma que aumenta igualmente el precio del activo subyacente –*underlying stock*–), **graduated lease** (FIN arrendamiento gradual; arrendamiendo con mensualidades variables y adaptadas al índice de precios al consumo –*consumer price index*–), **graduated-payment mortgages, GPMs** (FIN/VEN hipotecas de amortización creciente; se trata de hipotecas con unas mensualidades iniciales bajas que se van incrementando progresivamente durante unos años para terminar situándose en un nivel superior a la media), **graduated security** (VAL valor progresivo; valor que pasa de cotizarse en un mercado menos importante a otro más grande ◊ *A graduated security usually sees an expansion of its trading volume*)].

Graham-Harvey Measure 1 *n*: FON medida Graham-Harvey 1; medida del comportamiento de fondos consistente en apalancar –*lever*– una cartera de fondos para que coincida exactamente con la volatilidad del índice *Standard and Poors 500*. [Exp: **Graham-Harvey Measure 2** (FON medida Graham-Harvey 2; se trata de apalancar el *S&P 500* para que coincida exactamente con la volatilidad de un fondo), **Graham and Dodd method of investing** (FIN método de inversión Graham y Dodd; estrategia de inversión centrada en el análisis e identificación de valores con el fin de animar a los inversores a que compren valores con activos –*assets*– infravalorados con la esperanza de que dichos activos se aprecien)].

grant *n/v*: GRAL concesión, donación, cesión, subsidio, subvención, privilegio; conceder, donar, ceder, subsidiar, subvencionar; V. *allow, concede, provide, supply*. [Exp: **grant-aided** (FIN con subvención, subvencionado ◊ *Development costs are grant-aided with government's money*), **grant-back provision** (FIN cláusula de retrocesión), **grant-in-aid** (FIN ayuda estatal; aplicación de fondos del Estado a proyectos específicos), **grantee** (FIN cesionario, concesionario, apoderado), **grantor** (FIN cesionista; operador del mercado de opciones que obtiene ingresos con su venta –*premium income*–)].

graveyard market *col n*: MER mercado muerto o cementerio; mercado bajista en el que los inversores están sometidos a fuertes pérdidas, mientras que los inversores potenciales se mantienen a la expectativa y no entran en él ◊ *Let's face it, there will be plenty of victims from the graveyard market when investors face with large unrealized losses.*

great *a*: GRAL grande, enorme, importante, fuerte; V. *huge, immense; outstanding, prominent; valuable.* [Exp: **great call** (FIN intención, inclinación o predisposición fuerte; preferencia y deseo del inversor de participar en una operación de la que tiene información pero que todavía no ha materializado en una orden de compra), **greater fool theory** *col* (FIN teoría del «gran tonto o insensato»; teoría de inversión que explica cómo un título suficientemente valorado sigue subiendo porque existen tontos e insensatos que lo empujan al alza por motivos exclusivamente especulativos ◊ *If you are operating on the greater fool theory in the stock market, keep on top of the news regarding your bubble company*)].

green *a*: GRAL verde, ecológico; V. *black, blue, grey, white.* [Exp: **green book** (FIN informe de previsiones económicas; el organismo rector del Sistema de la Reserva Federal –*Federal Reserve System*–, llamado Comité Federal del Mercado Abierto –*Federal Open Market Committee*–, todos los meses, en sus juntas y para la toma de decisiones, lee tres informes, llamados *blue book* –sobre la situación monetaria–, *beige book* –sobre la situación financiera– y *green book* –sobre las perspectivas económicas–), **greenmail** (FIN/SOC órdago, envite, chantaje; estrategia por parte de una empresa agresiva –*raider*– que al poseer una cantidad elevada de acciones de otra empresa la obliga a recomprarlas a un precio elevado –*substantial premium*– bajo la amenaza de absorción –*takeover*– ◊ *If a corporation gets forced to pay greenmail, the equity of the corporation gets replaced by debt*; V. *targeted repurchase*), **greenmailer** (FIN especulador de órdagos; especulador que adquiere paquetes de acciones de una sociedad para vendérselos a la propia empresa con fuertes ganancias), **greenshoe option** *col* (OPC/SUS opción «zapato verde»; opción de sobreadjudicación o de adjudicación a prorrata; opción que permite al suscriptor adquirir nuevas emisiones y revender las acciones que le sobren ◊ *The development financial institution will hit the global market with a $200-million equity issue with a greenshoe option ranging between 15 and 25 per cent*)].

grey *a*: GRAL gris; V. *black, blue, green, white; faded, monotonous, uniform.* [Exp: **gre/ay knight** *col* (FIN/SOC caballero gris; en los procesos de adquisición o fusión, el caballero gris busca su propio beneficio pero de manera más amistosa que el pujador hostil –*hostile bidder*– ◊ *Greymouth Petroleum Mining Company Ltd, the company* *involved as a grey knight in the Shell takeover of NZ's Fletcher Challenge Energy, has bought out GeoSphere Exploration Ltd)*, **grey list** (FIN lista gris; agrupación de valores que se negocian en bloques pero no con arbitraje especulativo –*risk arbitrage*–, es decir, los valores incluidos en la lista no se traspasan fuera del área de negociación), **gre/ay market** (MER mercado gris; venta de valores que todavía no han sido emitidos; sirve de buen indicador de la demanda de una nueva salida a Bolsa ◊ *Companies occasionally request stock exchange listings on a conditional basis to recognize gray market trading*)].

gross *a/v*: GRAL bruto, íntegro, grueso; lograr ingresos brutos. [Exp: **gross amount** (FIN importe bruto), **gross earnings/income** (FIN ingresos íntegros, brutos, antes de impuestos), **gross estate** (FIN patrimonio íntegro; suma de las propiedades y activos sin contar deudas, impuestos y demás pasivo), **gross domestic product, GDP** (FIN producto interior bruto, PIB), **gross interest** (FIN interés bruto), **gross loss** (FIN pérdida bruta), **gross margin** (FIN tasa de beneficio bruto), **gross national product, GNP** (FIN producto nacional bruto, PNB), **gross per broker** (FIN bruto por agente; conjunto de comisiones logradas por un intermediario financiero en un determinado periodo de tiempo), **gross parity** (FIN paridad bruta; se refiere al precio de una acción convertible incluyendo el interés acumulado o devengado –*accrued interest*–), **gross profit** (FIN beneficios brutos), **gross return** (FIN beneficio bruto), **gross sales** (FIN ventas brutas o totales; total de ventas resultado de sumar el valor de las facturas sin considerar los descuentos ni los beneficios obtenidos), **gross spread** (FIN diferencial bruto; porción del monto destinado a la suscripción de una oferta de acciones que se paga a modo de compensación a los suscriptores de la misma ◊ *Discount is defined as the aggregate of the amount by which the offering price differs from the market price, and the underwriters' gross spread*), **gross yield** (FIN rendimiento neto)].

group *n/v*: GRAL grupo, agrupación, consorcio; agrupar-se; V. *assemble, gather; party, association, crowd*. [Exp: **group insurance** (FIN seguro de grupo; generalmente paga primas más bajas que el seguro individual), **group of eight, G-8** (FIN grupo de los ocho; el G-7 más Rusia), **group of five, G-5** (FIN grupo de los cinco países más importantes, Alemania, Estados Unidos, Francia, Japón y el Reino Unido, que se reúnen ocasionalmente en torno a cuestiones económicas y financieras de carácter mundial), **group of seven, G-7** (FIN grupo de los siete; el G-5 más Canadá e Italia ◊ *Britain's economy will grow faster than that of any other Group of Seven industrial country*), **group of ten, G-10** (FIN grupo de los diez; grupo de los diez países más industrializados del mundo que se congregan con el fin de emprender políticas económicas que favorezcan la estabilidad mundial; está compuesto por Alemania, Bélgica, Canadá, Estados Unidos, Holanda, Italia, Francia, Japón, Reino Unido y Suecia), **group rotation** (FIN rotación de grupo; tendencia de los valores de un sector que mejoran –*outperform*– y a continuación emperoran –*underperform*– los resultados de otros sectores por razones económicas o de preferencias entre los inversores ◊ *Most of the money to be made in the stock market next year will come from group rotation rather than from market move*), **group rotation manager** (FIN gestor de rotación de grupos; gestor que conoce las fases de los ciclos económicos y trata de anticiparse a ellas), **group sales** (NEGO venta de grupos; venta de paquetes de acciones a inversores institucionales)].

grow *v*: GRAL crecer, aumentar, desarrollarse, multiplicar; V. *develop, increase, multiply, spread*. [Exp: **Growing Equity Mortgage, GEM** (FIN/VEN hipoteca de amortización creciente; hipoteca a interés fijo con amortizaciones que van aumentando progresivamente con el tiempo), **growing perpetuity** (FIN crecimiento perpetuo; constante e indefinido aumento de los flujos de caja –*cash flows*– de una empresa), **growth** (GRAL crecimiento, desarrollo, aumento, expansión), **growth and income fund** (FON fondo de crecimiento y renta; fondo de inversión que invierte en valores fiables de elevados dividendos y plusvalías de capital –*capital gains*–), **growth fund** (FON fondo de crecimiento;

fondo de inversión que invierte en valores con un potencial de generar plusvalías de capital ◊ *Calvert Large Cap Growth Fund seeks to exceed the stock market total return*), **growth index** (FIN índice de crecimiento), **growth manager** (FIN gestor de crecimiento; gestor financiero –*money manager*– que adquiere valores que se negocian al alza con la esperanza de seguir obteniendo beneficios), **growth opportunity** (FIN oportunidad de crecimiento), **growth phase** (FIN fase de crecimiento; etapa positiva de una empresa caracterizada por la obtención de beneficios y el aumento de la producción y diversificación de mercados), **growth rates** (FIN tasas de crecimiento), **growth stock** (VAL títulos de crecimiento; acciones pertenecientes a un sector en expansión y crecimiento ◊ *PMC-Sierra could be the growth stock of 1999*; V. *value manager*)].

GTC *n*: GRAL V. *Good 'til cancelled order*.

guarantee *n/v*: GRAL garantía, aval, fianza, caución; avalar, garantizar, constituirse en fiador; V. *endorse, support, pledge; bail, collateral, security*. [Exp: **guaranteed insurance contract** (FIN contrato garantizado de seguros), **guarantee bond** (FIN fianza), **guarantee debenture** (OBL obligación garantizada), **guarantee letter** (FIN carta de garantía; emitida por una institución financiera y garantizadora del pago del precio de ejercicio –*exercise price*– de la opción de compra –*put option*– ◊ *Bulbank AD presented a guarantee letter for $ 4500 only*), **guarantee stocks**

(VAL valores garantizados), **guaranteed futures account** (FUT cuenta de futuros con rentabilidad mínima garantizada), **guaranteed bond** (BON bono de garantía; bono con el que una entidad distinta de la emisora garantiza los pagos de intereses y el reembolso del principal ◊ *A guaranteed bond lets you enjoy the potential gains of playing the market, but reducing the risks*), **guarantor** (FIN avalista, fiador, garante)].

gun jumping *col n*: NEGO anticiparse, madrugar; se trata de negociar un valor apoyándose en información confidencial –*insider information*– o que todavía no se ha hecho pública; tiene carácter ilegal si se trata de negociar órdenes antes de que el valor en cuestión se haya registrado en la Comisión de Vigilancia y Control del Mercado de Valores estadounidense ◊ *The general prohibition on gun-jumping is to prevent a company from artificially inflating the offering price of its securities.*

gunslinger *col n*: FIN pistolero; describe al gestor de carteras –*portfolio manager*– agresivo que invierte con riesgo en cuentas de margen –*margin accounts*– con el propósito de obtener beneficios importantes ◊ *The gunslinger is particularly interested in short-term movements in the stock market.*

H

H *n*: GRAL/NEGO quinta letra de la clasificación de valores del NASDAQ que indica que se trata del segundo bono convertible de una mercantil.

haircut *col n*: NEGO corte de pelo; recorte; alude al recorte que se aplica al valor nominal o de mercado de la cartera de un corredor de Bolsa para calcular el capital neto que representa; el recorte puede variar en relación al riesgo inherente a los títulos, su clasificación o el plazo de vencimiento; también se aplica al diferencial existente entre el valor de mercado de un título y el calculado por la entidad crediticia ◊ *As the stock price goes up, obliging bankers are ever willing to provide increased funds minus their standard haircut.*

half *n*: GRAL medio; mitad; promedio; V. *mean, middle*. [Exp: **half-life** (FIN/VEN media vida; punto de tiempo en que se ha amortizado la mitad de una hipoteca), **half-stock** (VAL acción a mitad; tiene un par de 50 dólares americanos ◊ *In a half-stock deal, Yahoo, the giant portal, proposed acquiring all outstanding common shares*)].

hammer *n/v*: GRAL/NEGO martillo; matillear, machacar; declarar insolvente en Bolsa a un corredor que no puede hacer frente a sus compromisos. [Exp: **hammering the market** (NEGO machacar el mercado; venta masiva de valores con fines especulativos ante una inminente caída ◊ *Wall streeters were angry because no action was initiated against brokers responsible for hammering the market*)].

handle[1] *n/v*: GRAL mango, asidero; manejar, tratar con. [Exp: **handle**[2] (NEGO oportunidad, «mango»; precio en dólares de una oferta de compra; V. *figure*)].

hands-on investor *n*: NEGO inversor activo; inversor que posee una elevada participación en una empresa e interviene activamente en su gestión ◊ *The buyer was a hands-on investor who syndicated the purchase of this property.*

Hang Seng index *n*: NEGO índice Hang Seng; índice de la Bolsa de Hong Kong.

hard *a*: GRAL duro, difícil, férreo, firme, inflexible, resistente; V. *firm, rigid, solid, strong; arduous,* *laborious*. [Exp: **hard capital rationing** (FIN reparto o racionamiento férreo de capital), **hard currency** (FIN divisa fuerte; moneda con pocas posibilidades de sufrir una devaluación), **hard dollars** (NEGO dinero contante y sonante; pagos efectuados por un cliente a una agencia de valores; V. *soft dollars*), **hard loan** (FIN préstamo en condiciones gravosas a tipos de mercado), **hard sell** (FIN venta agresiva)].

harmless warrant *n*: NEGO garantía inofensiva; garantía *–warrant–* que permite a un cliente adquirir un bono previa entrega *–surrender–* de otro bono similar ◊ *How much value is Coca-Cola capturing via the harmless warrant structure and what is its source?*

Hart-Scott-Rodino Act *n*: DER ley Hart-Scott-Rodino; ley antimonopolio estadounidense que exige al inversor informar al Estado antes de adquirir títulos de una empresa por valor de un 15 % o 15 millones de dólares; el Estado ha de responder en el plazo de un mes a partir de la notificación.

head & shoulders *n*: FIN gráfico con forma de cabeza y dos hombros; refleja el comportamiento de un valor cuyo precio sube para después caer; sube de nuevo por encima del pico anterior, vuelve a caer y sube una tercera vez pero no a la altura de segundo pico y de nuevo cae. El primer y tercer pico forman los hombros y el segundo la cabeza; este gráfico suele indicar un comportamiento bajista del valor en cuestión ◊ *This stock formed a 2-month inverted head & shoulders pattern*.

heaven *n*: GRAL cielo. [Exp: **heaven and hell bond** *col* (BON bono cielo-infierno; se trata de un bono vinculado a un tipo de cambio entre dos monedas ◊ *A heaven and hell bond with a ceiling on the redemption proceeds is called a purgatory and hell bond*; V. *indexed currency option note, ICON*)].

heavy *a*: GRAL fuerte, pesado, importante, considerable; tendencia de la Bolsa caracterizada por la presencia de los vendedores y el exceso de oferta con la consiguiente caída de precios; V. *overbought, resistance level, tired*. [Exp: **heavy fall** (NEGO hundimiento, derrumbe, fuerte baja en la Bolsa), **heavy/depressed market** (MER mercado a la baja o sin variación; V. *hesitant market*)].

hedge *n*: NEGO protección, resguardo, abrigo; operación que reduce el riesgo de una inversión; V. *barrier, coverage, protection, shield*. [Exp: **hedge clause** (GRAL cláusula de salvaguardia o protección; protege al autor de un documento escrito de responsabilidad por su contenido), **hedge fund** (FON fondo de cobertura; fondo de inversión de riesgo que trata de aumentar su rendimiento *–return–* mediante estrategias como comprar acciones en corto *–shorting stocks–* ◊ *The CSFB hedge fund index rose 4.4 percent in 2001, while all broad stock market indices fell*), **hedge ratio** (FIN coeficiente de protección [delta]; índice de volatilidad *–volatility–* de una cartera protegida y del rendimiento obtenido al aplicar la volatilidad del instrumento de protección *–hedging in-*

strument–), **hedge wrapper** (OPC envoltura protectora; estrategia en el mercado de opciones por la que se posee una opción con posición larga o compradora *–long position–*, se compra una opción de venta fuera de dinero *–out-of-the-money put–* y se vende una opción de compra fuera de dinero *–out-of-the-money call–* ◊ *The hedge wrapper defines a range where the stock will be sold at expiration*; V. *delta*), **hedged portfolio** (FIN cartera protegida; cartera que equilibra la posición larga del valor subyacente y la corta de la opción de compra evitando de esta manera cualquier riesgo), **hedged tender** (FIN oferta protegida; venta de acciones en corto en el caso de que no se coloque todo el paquete ofrecido), **hedger** (FIN coberturista), **hedgie** col (FON palabra coloquial referida al fondo de cobertura *–hedge fund–* ◊ *The hedgie was sold after one year with one year to go until maturity*), **hedging** (FIN/FUT estrategia de cobertura; para reducir los riesgos de la inversión se emplean opciones de compra *–call options–*, de venta *–put options–*, venta en corto *–short selling–* y contratos de futuros *–futures contracts–*; dichas estrategias disminuyen el índice de volatilidad de una cartera)].

held at the opening *fr*: NEGO retenido en la apertura de la sesión; se aplica a los valores a los que no se les impide negociar hasta que se resuelvan problemas de orden legal o de falta de información importante ◊ *Limit orders held at the opening must be displayed as soon as practicable*. [Exp: **held order** (NEGO orden guardada o en reserva; orden que debe ejecutarse sin dudar si el valor alcanza el precio y la cantidad deseadas)].

Helsinki Exchanges, HEX *n*: MER Bolsa de Helsinki.

hemline theory col *n*: teoría del «largo de falda»; curiosa teoría que relaciona el comportamiento de la Bolsa con el largo de las faldas; así las épocas de faldas cortas han coincidido con mercados al alza *–bullish–* y los periodos de faldas largas con bajas *–bearish–* en la Bolsa ◊ *Notwithstanding that it is occasionally correct, the hemline theory has endured more as wishful thinking than serious market analysis.*

hesitant *a*: GRAL vacilante, dudoso, indeciso; V. *indecisive, doubtful, vacillant*. [Exp: **hesitant market** (MER mercado indeciso; V. *heavy market*)].

HEX *n*: MER V. *Helsinki Exchange*.

HH bond *n*: BON bono del Tesoro ◊ *You will have to pay tax on HH bond interest as it is earned. There is no deferral of interest.*

H-H page *n*: GRAL pantalla H-H; pantalla del sistema Quotron que muestra el listado de las órdenes o solicitudes recibidas tras una opción de compra de valores *–block call–*; V. *I-I page*.

hide *v*: GRAL ocultar, encubrir, esconder, tapar; V. *conceal, covert, disguise, veil*. [Exp: **hidden load** (FON gastos encubiertos; gastos que no se explicitan o que se hallan en la letra pequeña de un contrato de seguros o de adquisición de fondos de inversión), **hidden values** (FIN valores ocultos; activos valiosos de una sociedad que no se reflejan en el precio de sus acciones)].

high *a*: GRAL superior, alto, elevado; V. *costly, expensive, dear; eminent, outstanding, notable*. [Exp: **high-coupon bond refunding** (BON reembolso de bono con cupón elevado; se trata de reembolsar un bono de cupón elevado por otro de cupón más bajo), **high current income mutual fund** (FON fondo de inversión de alto rendimiento; suele invertir en áreas de elevado riesgo como los bonos basura –*junk bonds*–), **high flier/flyer** (VAL acciones que suben y bajan con mucha rapidez; son objeto de especulación en su precio; también se refiere a valores bien considerados en el parqué –*trading floor*– ◊ *The stock was a high flier during the internet boom days that ended in early 2000*; V. *sleeper*), **high-grade bond** (BON bono de primera clase; posee una calificación AAA o AA en los índices Standard & Poor's o Moody's; V. *guilt-edged securities*), **high-premium convertible debenture** (OBL obligación convertible de prima elevada; suele ofrecer un buen interés y brinda la posibilidad de convertirlo en acciones ordinarias –*common stock*– como protección –*hedge*– frente la inflación), **high price** (NEGO de elevado precio o cotización), **high-tech stock** (VAL valores tecnológicos; títulos pertenecientes a empresas de alta tecnología ◊ *High-tech stock prices have plunged dramatically*), **high-yield bond** (BON bono de alto rendimiento; V. *junk bond; investment grade bond*), **highest bidder** (FIN mejor postor), **highly confident letter** (FIN carta de máxima confianza; carta emitida por una entidad financiera que da fe de la solvencia financiera de una mercantil a la hora de firmar un acuerdo de compraventa de valores), **highs** (NEGO máximos; valores que han tenido un máximo en el año), **highs and lows** (NEGO máximos y mínimos ◊ *Tech highs and lows of 2001; It wasn't exactly the best of years*)].

hike *n/v*: NEGO subida fuerte o repentina; aumento brusco ◊ *It was the second such hike this summer, and many believe the steps that lead to a stock market stumble*.

hi-lo index *n*: FIN índice ponderado de la tendencia de las cotizaciones ◊ *The hi-lo index has fallen into single digits*.

historical *a*: GRAL histórico. [Exp: **historical cost** (FIN coste histórico; coste de un activo reflejado en los libros de contabilidad), **historical trading range** (NEGO escala histórica de negociación; escala de precios de un valor desde su inclusión en las listas de la Bolsa –*stock exchange listing*– ◊ *The stock of today's hot company could be at a 30 % of its historical trading range*), **historical yield** (FON rendimiento histórico; obtenido por un fondo de inversión durante un periodo de tiempo)].

hit *n/v*: GRAL impacto; golpear, incidir, sacudir; V. *beat, crash, impact, strike*. [Exp: **hit the bid** (NEGO admitir la oferta; expresión que indica que el corredor reconoce la oferta de compra de un valor de otro corredor ◊ *I will re-*

main long until the market begins to retrace, and then hit the bid; V. *take the offer*), **hit rock bottom** (FIN tocar el punto más bajo o fondo), **hit the floor** (FIN tocar fondo), **hit the ribbon** (FIN V. *print*)].

HKFE *n*: MER V. *Hong Kong Futures Exchange*.

hold *n/v*: GRAL custodia, posesión; poseer, guardar, mantener; V. *custody, possession; keep, maintain*. [Exp: **hold maintaining** (FIN posesión continuada de un valor por un periodo largo de tiempo; recomendación de mantener un valor cuando ni su compra ni su venta reporta beneficios a su tenedor), **holder** (GRAL titular, tenedor, poseedor; V. *keeper, owner, proxy holder*), **holder of bonds/debentures/shares** (BON/OBL/VAL bonista, obligacionista, accionista), **holder of debt** (FIN acreedor; titular de deuda), **holder of record** (FIN tenedor inscrito, poseedor de títulos), **holder of record date** (FIN fecha para el tenedor inscrito; fecha en la que se indica que el tenedor adquiere los derechos inherentes a los valores adquiridos; V. *date of record*), **holding** (GRAL/SOC tenencia, posesión; grupo industrial; sociedad tenedora de títulos de otra sociedad), **holding company** (FIN/SOC sociedad instrumental; sociedad de control de otra sociedad; sociedad tenedora de acciones de otras sociedades; sociedad de cartera de inversiones), **holding gain** (FIN plusvalía; aumento de valor de un título durante el tiempo en que se tiene ◊ *The stock went up 19 % and actually holding gain above the opening price*), **holding losses** (FIN minusvalías), **holding period** (FIN periodo de tenencia de un título), **holding period return** (FIN rendimiento del periodo de tenencia), **holding the market** (FIN dominar el mercado; práctica deshonesta para mantener o variar el precio de un valor mediante un número ficticio de órdenes de compra ◊ *While clearly not holding the market share it once did, American Express' share of the credit card market is increasing*), **holdings** (FIN cartera, valores en cartera), **holdings of bonds** (BON bonos en cartera)].

home *n/a*: GRAL hogar; nación; interior, nacional, doméstico. [Exp: **home country** (FIN país inversor), **home market** (MER mercado interior), **home run** (NEGO carrera; «jonrón»; alude a la carrera del deporte del *baseball* y significa lograr grandes ganancias con un valor en un periodo corto de tiempo ◊ *Even in this rough market, you too can hit a home run when the market turns*), **homemade dividend** (NEGO dividendo casero; venta de acciones para obtener un dividendo en metálico ◊ *They took to heart MM's homemade dividend idea*), **homemade leverage** (FIN apalancamiento casero; alude a la inversión en empresas no apalancadas porque el precio de las apalancadas está muy alto)].

Hong Kong Futures Exchange, HKFE *n*: MER Mercado de Futuros de Hong Kong.

horizon *n*: GRAL horizonte, perspectivas; porvenir, esperanza; V. *future, outlook, perspective, prospect*. [Exp: **horizon analysis**

(FIN análisis de perspectivas; se refiere a los posibles beneficios –*returns*– que se pueden alcanzar en un horizonte de inversión), **horizon return** (FIN perspectivas de beneficios; ganancias netas que se pueden alcanzar en un futuro dado ◊ *The horizon return on average equity improved to 10.83 % for the third quarter compared to 8.28 % for the like quarter a year ago*)].

horizontal *a*: GRAL horizontal. [Exp: **horizontal acquisition** (FIN/SOC adquisición horizontal; fusión de dos empresas en una situación de igualdad), **horizontal merger** (FIN/SOC fusión horizontal; fusión de dos empresas del mismo sector), **horizontal price movement** (NEGO movimiento horizontal de precios; movimiento de precios de un valor en una banda estrecha durante un largo periodo de tiempo ◊ *Flat markets are distinguished by a horizontal price movement that is usually the result of low activity*), **horizontal bear spread** (OPC diferencial horizontal bajista), **horizontal bull spread** (OPC diferencial horizontal alcista), **horizontal spread** (FIN diferencial horizontal; compra y venta simultánea de dos opciones con distinta fecha de ejercicio –*exercise date*–; V. *spread*)].

host security *n*: VAL/SUS acción receptora; título con derecho especial de suscripción –*warrant*–.

hostile *a*: GRAL hostil, adverso; V. *adverse, against*. [Exp: **hostile bid** (FIN puja hostil), **hostile takeover** (FIN OPA hostil)].

hot *a*: GRAL caliente; activo; especulativo; positivo; V. *active, busy, dynamic; speculative*. [Exp: **hot issue** (VAL valor especulativo; se trata de un valor que, una vez puesto en el mercado por vez primera, pasa a negociarse en el mercado secundario por su elevada demanda; V. *blow out*), **hot money** (FIN capital especulativo; dinero que busca los mejores tipos de interés marchándose de un país a otro cuando las circunstancias cambian ◊ *Kuala Lumpur's stock market declared war on fast-moving hot money while encouraging long-term investing*; V. *refugee money*)].

house *n*: AG VAL casa; agencia; sociedad; nombre que se da a la empresa dedicada a la intermediación en Bolsa; V. *agency, firm, office*. [Exp: **house account** (FIN/AG VAL cuenta de la agencia o sociedad; cuenta de una sociedad de valores a la que se da prioridad y se gestiona desde la central a cargo de un alto ejecutivo de la misma ◊ *Ameritrade is taking the bucks into a house account*), **house call** (FIN/AG VAL requerimiento de la agencia; notificación de la agencia o sociedad de valores a un cliente con el fin de que aporte dinero para el mantenimiento de su cuenta ◊ *A house call is created when the equity in the account falls below 35 % of the market value of the positions in the account*), **house maintenance requirement** (FIN/AG VAL requisitos de mantenimiento de la cuenta de agencia; normas internas de la agencia de valores que marcan el mínimo de activos en las cuentas de margen –*margin account*–), **house of issue** (FIN/SUS/AG VAL sociedad de emisión; sociedad dedicada a la suscripción de emisiones de títulos o bonos –*underwrite stock or bond issues*– y a la oferta pública de valores), **house rules** (FIN/AG VAL normas de la casa o agencia; normas internas de la agencia de valores que regulan las cuentas de sus clientes ◊ *Margin accounts are governed by the New York Stock Exchange and by brokerage firm house rules*), **housing bond** (BON bonos vivienda; bonos emitidos por los ayuntamientos para financiar la construcción de viviendas)].

human capital *n*: GRAL capital humano.

hung up *col n*: FIN colgado, pillado; describe la posición del inversor cuyos valores han caído por debajo del precio de compra ◊ *Focus on stocks with a record of strong profit growth. Don't get hung up on projected earnings.*

hunkering down *col n*: FIN encogerse; término que describe la venta de un valor desde una posición fuerte ◊ *Traditionally, when the economy slows down, people start hunkering down.*

hurdle rate *n*: FIN rentabilidad mínima límite ◊ *For Cisco Systems, the growth rate was 54 % compound and the hurdle rate for AOL and Yahoo a staggering 67 % and 95 % respectively.*

hybrid *a*: FIN mixto, híbrido, compuesto; paquete que incluye diversos instrumentos de gestión de riesgo compatibles. [Exp: **hybrid annuity** (FIN anualidad mixta o híbrida; seguro que combina el pago de primas con anualidades fijas y variables), **hybrid security** (VAL valor variable o mixto; se trata de una acción convertible negociable tanto como un título de renta fija –*fixed income security*– como una acción ordinaria –*common stock*– ◊ *A convertible bond is a hybrid security. It is a bond and a convertible bond that allows the investor to exchange the bond for a fixed number of shares of the issuer's stock*)].

hyper *pref*: GRAL hiper. [Exp: **hyperinflation** (FIN inflación galopante, desbordada; V. *inflation*)].

hypothecation *n*: FIN pignoración; en Bolsa se refiere a la posibilidad de emplear valores como garantía –*collateral*– de préstamos pignorados –*margin loans*– a las agencias de valores ◊ *Shenzhen and Shanghai stock markets have attained about 300 billion yuan loan from share hypothecation.*

I

I-bonds *n*: BON bonos I; bonos de ahorro indiciados con la inflación, emitidos por el Tesoro de los EE.UU. y con un vencimiento –*expiration*– a treinta años ◊ *I decided to invest in I-bonds to keep my savings safe from market volatility*.

I-I page *n*: GRAL página I-I; término empleado en la negociación extrabursátil o secundaria –*over-the-counter trading*–; V. *H-H page*.

IBC's money fund report average *n*: FIN informe del IBC –*International Business Consultants*– sobre promedios del mercado monetario; ofrece los rendimientos medios de los principales fondos del mercado monetario.

IC *n*: FIN V. *Information Coefficient*.

identified shares *n*: VAL valores identificados o referidos; títulos o fondos que utilizan el precio y la fecha de compra como plusvalías de capital –*capital gains*– en su venta ◊ *Earlier today, market makers had identified shares of IBM for trading*.

idiosyncratic risk *n*: FIN riesgo idiosincrásico; riesgo propio de una empresa específica y que no tiene por qué coincidir con el riesgo general del mercado ◊ *Idiosyncratic risk usually affects a very small number of assets and can be almost eliminated with diversification*.

IDR *n*: FIN V. *International Depository Receipt*.

IFC *n*: FIN V. *International Finance Corporation*.

illegal dividend *n*: DIV dividendo ilícito; dividendo contrario a los estatutos de la empresa y que vulnera la legislación vigente.

illiquid *a*: FIN/SUS ilíquido, irrealizable; se refiere a la suscripción de títulos o bonos difíciles de convertir en líquido. [Exp: **illiquid assets/funds** (FIN activos no realizables o convertibles en activo a corto plazo ◊ *The company has a number of illiquid invested assets but still cannot get cash for expansion*; V. *liquid assets*)].

imbalance of orders *n*: NEGO desequilibrio de órdenes; órdenes en un mismo sentido, compra, venta, etc., sin compensar con órdenes contrarias; dicho estado suele ocurrir en el caso de absorción de la empresa –*takeover*–, pérdida de una persona clave en la misma o puesta en vigor de leyes que puedan afectarla; esta situación puede llevar a la suspensión de la negociación de los valores de la empresa en Bolsa hasta que la situación se equilibre ◊ *The security price lowered because there were more sell orders which produced an imbalance of orders*; V. *buyers/sellers on balance; on balance.*

im- *pref*: GRAL in-. [Exp: **immediate family** (NEGO allegados, parentela; término utilizado en el *NASD* para regular las prácticas en Bolsa de padres, hermanos, hijos, suegros, etc., de los titulares de valores), **immediate-or-cancelled order, IOC order** (NEGO orden de ejecución inmediata o de cancelación; orden al mercado o con límite –*market or limited price order*– que se ejecuta al completo o en parte en cuanto se transmite al agente de Bolsa cancelándose la parte no ejecutada; V. *AON order, FOK. order*), **immediate order** (NEGO orden de compra o venta de ejecución inmediata), **immediate settlement** (NEGO liquidación inmediata; entrega de las acciones adquiridas en el plazo de los siguientes cinco días hábiles)].

IMF *n*: FIN V. *International Monetary Fund.*

IMM *n*: FIN V. *International Monetary Market.*

immunization *n*: FIN inmunización; modalidad de gestión de carteras de renta fija para defenderse de las fluctuaciones de los tipos de interés. [Exp: **immunization strategy** (FIN estrategia de inmunización; por lo general se aplica a bonos y otros valores de renta fija ◊ *We have designed a bond portfolio immunization by maximizing its yield while keeping its duration as planned*)].

impact *n*: GRAL incidencia, impacto; V. *collision, shock; consequence, repercussion.* [Exp: **impact day** (NEGO día del impacto; fecha en que se dan a conocer las condiciones de una nueva emisión de acciones)].

impaired capital *n*: FIN capital afectado; capital de una empresa que no está respaldado por activos equivalentes o es inferior al valor de sus acciones ◊ *It was noted that many banking systems had impaired capital positions and substantial nonperforming loans which made them vulnerable for some time.*

imply *v*: GRAL implicar, incidir, suponer, presuponer; V. *connote, insinuate, suggest.* [Exp: **implied repo rate** (FIN/FUT tasa de recompra implícita; porcentaje de ganancias obtenido por la compra de un futuro y su entrega en la fecha acordada –*settlement date*–; V. *cheapest to deliver issue*), **implied volatility** (FIN volatilidad implícita; grado de volatilidad en el rendimiento de un valor tras considerar su precio de opción –*option price*–, fecha de vencimiento –*maturity date*–, precio de ejercicio –*exercise price*– y la tasa de beneficios sin riesgo –*riskless rate of return*– ◊ *Implied volatilities usually act as an early warning system for large price changes or liquidity shortages that might affect your portfolio*)].

imputation *n*: GRAL imputación, asociación, atribución; V. *association, attribution, charge*. [Exp: **imputation tax system** (FIN/DIV sistema de imputación impositiva; procedimiento por el cual los inversores reciben junto a sus dividendos un recibo del impuesto de sociedades –*corporate taxes*– pagado por la empresa), **imputed interest** (FIN intereses imputados; en contabilidad refleja los intereses pagados a los tenedores de bonos ◊ *I had to declare imputed interest to the Internal Revenue Service [IRS] although I was not paid any interest whatsoever for my securities*)].

in *adv/prep*: GRAL dentro, en. [Exp: **in-and-out** (NEGO operación bursátil «mete-saca»; operación rápida, generalmente en el mercado secundario –*over-the-counter*–, en la que el comprador y el vendedor llegan a un acuerdo inmediato; V. *cross; jobbing in-and-out; quickie*), **in-and-out trader** (NEGO posicionista de un solo día –*day-trader*–; compra y vende el mismo valor en la misma sesión ◊ *Good investmet depends on how much patience you have. If you're a quick in-and-out trader, there's no way to predict your return*), **in arrears** (FIN atrasado, vencido), **in between** (NEGO entre medias; se refiere al precio superior al ofrecido por el comprador –*bid price*– pero inferior al solicitado por el vendedor –*offer price*– ◊ *I can buy at the consolidated best bid price or in between the consolidated best bid and offer price*; V. *in the middle*), **in competition** (NEGO en juego; expresión que indica la disposición a comprar de un cliente mientras aguarda las mejores ofertas y precios; V. *exclusive*), **in hand** (NEGO en su mano; expresa el control sobre una oferta u orden de compraventa), **in-house** (NEGO en casa, interno; realización de las labores inversoras de valores en el ámbito de la empresa en lugar de hacerlo en la Bolsa, lo cual suele acarrear mejores comisiones ◊ *This firm works with their customers in-house solutions and handle all aspects of the trading process completely*), **in-line** (NEGO en línea, en sintonía; orden de compra en sintonía con las predicciones de los analistas de mercados financieros), **in the hole** (NEGO en el hoyo o fondo; expresión que indica que se trata de vender un valor con un elevado descuento ◊ *IKM's securities were put deep in the hole in a desperate attempt to «catch up» or even conceal past losses*; V. *premium*), **in the middle** (NEGO V. *in between*), **in the tank** *col* (NEGO en el pozo; expresión coloquial que describe la rápida caída de los precios en los mercados bursátiles)].

in- *pref*: GRAL in-. [Exp: **inactive** (NEGO inactivo, sin movimiento, inmovilizado), **inactive post** (NEGO zona inactiva; lugar de la Bolsa de Nueva York dedicada a la negociación de valores inactivos o de escaso movimiento), **inactive stock/bond** (VAL valor inactivo; se negocia a diario y en escaso volumen ◊ *The unscrupulous insider just places buy orders on an inactive stock through various houses, paying more and more for his own stock with each new buy order*; V.

active stock/bond, illiquid), **indifferent curves** (NEGO curvas de indiferencia), **ineligible securities** (VAL títulos no aptos para inversión bancaria ◊ *In the 80' the Fed increased the revenue ceiling on ineligible security underwriting to 10 %*), **intangible assets** (FIN activos, valores intangibles; V. *tangible asset*)].

incestuous *a*: GRAL incestuoso; mutuo. [Exp: **incestuous share dealing** (NEGO compra-venta mutua de acciones entre compañías; tiene como finalidad alcanzar un determinado beneficio fiscal o financiero)].

income *n*: FIN renta-s, ingreso-s; ganancia, producto; V. *benefits, gains, profit, revenue*. [Exp: **income bond/debenture** (BON/VEN bono de ingreso; obligación participativa; se trata de bonos u obligaciones cuyas amortizaciones e intereses se realizan con las rentas obtenidas por el prestatario y son corrientes en los casos de puesta a flote de empresas en apuros ◊ *Electronics Inc's income bond promises to repay principal but only to pay interest if the company earns a certain amount of money*), **income dividend** (DIV dividendo por rentas), **income fund** (FON fondo de renta; fondo de inversión cuyos beneficios proceden de los intereses y dividendos de los títulos que gestionan ◊ *I subscribed an income fund which is invested in a mix of bonds and equities and for which I receive a pro-rata share of the dividend and interest income*), **income growth** (FIN/DIV crecimiento de las rentas; se producen tras el cobro de los dividendos e intereses producidos por títulos), **income investment company** (FON sociedad de inversión en rentas; gestiona fondos de inversión proclives a la generación de rentas provenientes de bonos o valores de elevado rendimiento –*high yielding stocks*– ◊ *Future is an income investment company which invests people's savings in a wide variety of financial assets and manages their portfolios*), **income stock** (VAL título de alta rentabilidad; V. *capital stock*), **income tax** (FIN impuesto sobre la renta; IRPF)].

indent *n/v*: NEGO orden de compra; solicitud de cotización; V. *put in an indent; closed/open/specific indent*. [Exp: **indenture** (FIN/DER escritura o contrato de emisión de bonos u obligaciones; en él se especifican las características de la emisión y los derechos y deberes del emisor y los tenedores ◊ *According to subsection 11.6.1 of this Indenture, those bonds that are issued by Hydro in satisfaction of financial obligations, shall be valued at their face value*)].

independent *a*: GRAL independiente, por cuenta propia, libre; exento; V. *discharge, exempt, free, separated*. [Exp: **independent broker** (AG VAL corredor por cuenta propia; ejecuta órdenes de otros corredores y agencias)].

index *n/v*: FIN índice, coeficiente; indiciar, referenciar; en Bolsa mide los comportamientos al alza o a la baja de los diferentes productos financieros [bonos, acciones, futuros, etc.] y el peso de las diversas empresas en los mercados; V.

graph, list, table; directory, guide. [Exp: **Index and Option Market, IOM** (INST mercado de índices y opciones; sección de la Bolsa de Chicago encargada de la negociación de productos sobre índices bursátiles y opciones), **index arbitrage** (FIN/FUT arbitraje de índices; trata de conciliar las divergencias entre los precios reales y teóricos de los futuros ◊ *Blackwood's Index Arbitrage product is suited for hedge funds and trading floor operations and attempts to profit from the differences between actual and theoretical futures prices of the same stock index*; V. *program trading*), **index fund** (FON fondo de índice; fondo de inversión constituido por una cartera de títulos seleccionados entre los diferentes índices bursátiles, como por ejemplo el *S&P 500*), **index futures** (FUT futuros sobre índices; están vinculados al comportamiento de los mercados ◊ *I underwrote a futures contract linked to the S&P 500 financial index*), **index futures option** (FUT opción sobre futuros en índices bursátiles), **index model** (FIN modelo sobre índices; modelo desarrollado a partir de los rendimientos obtenidos por un valor especificado al emplear un determinado índice bursátil), **index-linked savings bonds/certificates** (BON bonos u obligaciones indiciadas), **index option** (OPC opción sobre índice; el activo subyacente sobre el que se ejerce la opción es un índice ◊ *Investing in index options offers a known risk to buyers. An index option buyer cannot lose more than the price of the option, the premium*), **index option writing** (OPC emisión de opciones sobre índice), **index trading** (NEGO negociación sobre índices), **index warrant** (VAL/SUS bono de suscripción de títulos nuevos según índice ◊ *Index warrants give the buyer exposure to the performance of a share price index*), **indexed bond** (BON bono indiciado; bono con intereses vinculados a un índice, generalmente el de inflación), **indexed currency option note, ICON** (VAL/OPC título indiciado de opciones sobre divisas; bono en dos denominaciones o divisas indiciado a opciones sobre divisas; V. *dual currency bond; heaven and hell bond*), **indexing** (FIN indización)].

indexation *n*: FIN indiciación; vinculación a un índice. [Exp: **indexation strategies** (NEGO estrategias de indiciación)].

indicate *v*: GRAL indicar, mostrar, señalar; V. *manifest, quote, show; specify, suggest*. [Exp: **indicated dividend** (DIV dividendo establecido; dividendo total pagadero anualmente), **indicated yield** (FIN/DIV rendimiento señalado; se calcula dividiendo el dividendo anual por el precio de la acción ◊ *Investment management's disciplined process avoids taking large risks solely for the sake of a high indicated yield*; V. *dividend yield*), **indication** (NEGO indicación, manifestación, referencia; notificación de un cliente a su agente de su interés por comprar o vender títulos; V. *order*), **indication of interest** (NEGO manifestación de interés; de un cliente por adquirir valores que todavía no han salido al mercado; también en el caso de adquisición de activos de una mercantil ◊ *Enron Corp. announced today that it received an unsolicited indication of interest to purchase its natural gas liquids business*), **indicator** (FIN indicador; medida para pronosticar las tendencias de los mercados)]

industrial *n*: FIN industrial; término empleado en Bolsa para describir las empresas manufactureras. [Exp: **industrial revenue bond, IRB** (BON bono industrial; emitido por entidades gubernamentales en nombre de determinadas mercantiles), **industrial securities/shares** (VAL valores o acciones industriales), **industrials** (VAL títulos o valores industriales ◊ *The Dow Jones industrials recover nearly half the losses from the Sept. 11*)].

inflation *n*: FIN inflación. [Exp: **inflation hedge** (FIN protección frente a la inflación ◊ *Gold has traditionally been considered as an inflation hedge*), **inflation-indexed securities** (VAL valores indiciados a la inflación; suelen garantizar un rendimiento –*return*– superior a la inflación si se mantienen hasta su vencimiento –*expiration*–), **inflationary** (FIN inflacionario)].

information *n*: GRAL información; declaración, aviso; datos; V. *data, facts; announcement, statement*. [Exp: **information asymmetry** (FIN asimetría de la información; situación en la que una misma información no es conocida por todos los participantes), **information coefficient, IC** (FIN coeficiente de información; correlación entre el rendimiento previsto y el real de un valor), **information-content effect** (FIN/DIV efecto del contenido de la información; aumento en la cotización de un valor a consecuencia del reparto de dividendos), **information, for your; FYI** (NEGO valor informativo; dicho prefijo se antepone al precio del valor a modo informativo y no indica su precio real de negociación), **information-motivated trades** (NEGO negociación por conocimiento de información; el inversor tiene información que puede reflejarse en el precio de la acción), **informational efficiency** (NEGO eficacia informativa; velocidad con que la información repercute en los precios)].

initial *a/n/v*: GRAL inicial, rubricar, dar el visto bueno a un documento; V. *first, beginning, initiatory, opening*. [Exp: **initial charge** (FON cuota de entrada a un fondo de inversión o *unit trust* ◊ *The basic charge that Irish Life International has for all its portfolios is an initial charge of 5,5 %*), **initial exchange of principal** (FIN intercambio inicial del principal; se lleva a cabo en una operación de permuta –*swaps*– de divisas), **initial margin** (FUT margen inicial, depósito de garantía; cantidad aportada por los firmantes de un contrato de futuros para garantizar dicho contrato; también se aplica al efectivo o acciones entregadas a un agente en operaciones a crédito –*margin transactions*– ◊ *The initial margin requirements will cover a 99 per cent VaR over a one-day horizon*), **initial private placement** (NEGO colocación privada inicial), **initial public offering, IPO** (NEGO oferta pública inicial; primera vez que una mercantil oferta sus títulos al público; en el Reino Unido se denomina *flotation* ◊ *With the electronic delivery of prospectus, a company can now go public with an initial public offering over the internet*)].

initiate coverage *v*: FIN iniciar la cobertura; orden de cubrir una posición corta –*short position*– al adquirir el activo subyacente –*underlying stock*– ◊ *We initiate coverage on Sonata Software Ltd. We expect the stock to underperform over a one-year period.* .

inquiry *v*: GRAL preguntar, solicitar información, en general, sobre el precio de compra o venta de un valor; V. *order*.

inside *a*: GRAL interno, interior, de dentro; confidencial, secreto; V. *interior, indoor; confidential, private, restricted*. [Exp: **inside market** (MER mercado interno; se aplica a la negociación en el mercado secundario –*over-the-counter trading*– ◊ *The inside market price reflects the best of the prices displayed by the multiple market makers, the highest bid and the lowest ask of all the market maker quotes*; V. *OTC Market*; *in-line*), **inside trading range option** (OPC opción ejercible en unos límites fijados; la opción no se puede ejercer si el precio del activo subyacente es superior o inferior a los límites fijados), **insider information** (FIN información confidencial; es ilegal utilizarla con fines especulativos en Bolsa ◊ *Firms with «insider information» about high profitability pay dividends because the market interprets this as good news and therefore pays a higher price for the share*), **insider trading** (NEGO contratación en Bolsa con información privilegiada; delito de iniciado; usualmente realizado por ejecutivos o grandes accionistas que tienen acceso a información desconocida por el público en general ◊ *EU finance ministers also stepped up investigations into suspicious insider trading ahead of the September 11 attacks*), **insiders** (FIN privilegiados; directivos y altos ejecutivos que tienen acceso a información privilegiada ◊ *Many insiders who hold large blocks of their company's stock have automated selling programs that lower their holdings periodically*)].

Instinet, Institutional Networks Corporation *n*: NEGO/SUS servicio computarizado de pago; ofrece a sus suscriptores listados de fondos de inversión conectados por ordenador que permiten realizar operaciones electrónicas sin demora; V. *fourth market*.

instalment *n*: FIN entrega; plazo; pago parcial, cuota. [Exp: **instalment bond** (BON/VEN bono amortizable a plazos)].

institutional *a*: FIN institucional. [Exp: **institutional broker** (AG VAL corredor institucional; se especializa en la negociación de títulos para inversores institucionales como bancos, fondos, etc. ◊ *The institutional broker compiles the best bids and offers and generates liquidity so that market players can easily find competitive counterparties with which to execute trades*), **institutional Brokers' Estimate**

System, IBES (FIN Servicio de Peritaje de los Corredores Institucionales; se trata de un servicio que resume las valoraciones de los expertos en torno a los rendimientos futuros de productos bursátiles y mercantiles), **institutional investors** (NEGO inversores institucionales ◊ *Institutional investors are upping their stakes in some downtrodden e-commerce stocks, which remain fairly volatile*), **institutionalization** (NEGO institucionalización; control gradual de los mercados financieros por parte de inversores institucionales en detrimento de los individuales)].

instruments *n*: FIN títulos; efectos financieros propios de los mercados monetarios y de capitales –*money market instruments; capital market instruments*–.

inter- *prep*: GRAL entre, inter. [Exp: **interbank market repurchase agreement** (FIN operación de préstamo en el mercado interbancario con acuerdo de recompra), **interdelivery spread** (FUT diferencial entre fechas; en un mismo contrato de futuros se compra en un mes y se vende en otro distinto con el fin de aprovecharse de la diferencia de precios ◊ *The interdelivery spreads in heating oil and unleaded are very choppy with declining volatility*), **intercommodity spread** (NEGO diferencial entre activos; consiste en adoptar una posición larga y otra corta –*long and short positions*– en dos mercaderías –*commodities*– distintas pero relacionadas y con la misma fecha de vencimiento –*expiry date*–; V. *intramarket spread*), **interlocking stock ownership** (NEGO concentración en las mismas manos de la propiedad de acciones de empresas distintas pero relacionadas ◊ *The dominant position of the Standard group in the petroleum industry of the United States is due to an interlocking stock ownership which rests largely in the hands of a few great capitalists*), **Intermarket Surveillance Information System, ISIS** (MER Sistema de Observación e Información de Mercados; base de datos electrónica que ofrece información sobre los mercados principales de los EE.UU.), **intermarket sector spread** (FIN diferencial por sectores entre mercados diferentes; diferencial entre las tasas de interés ofrecidas por dos bonos distintos pero con la misma fecha de vencimiento), **Intermarket Trading System, ITS** (MER Sistema de Negociación entre Mercados; red electrónica que enlaza los parqués de siete Bolsas estadounidenses), **intermarket spread** (FIN/FUT diferencial entre mercados diferentes; diferencial por compra-venta simultánea del mismo contrato de futuros en dos mercados de futuros distintos ◊ *The company will place an intermarket spread between the front month of the Corn and Soybean contracts*; V. *intramarket spread*), **intermarket spread swaps** (FIN permuta de diferenciales en mercados diferentes; se trata de intercambiar dos bonos con el fin de reajustar los diferenciales), **interpositioning** (NEGO interposición; intervención de un segundo agente de cambio en una operación de compraventa de valores; se considera una actividad ilegal si se usa para conseguir comisiones adicionales ◊ *The Committee believes that the interpositioning of an additional intermediary is necessary given the sophisticated character of the derivatives*; V. *positioning*)].

interest *n/v*: FIN interés, renta; derecho sobre un título o propiedad; interesar; V. *concern, fascinate; bias, tendency; earnings, profit, revenue*. [Exp: **interest-bearing paper/securities** (VAL valores que producen intereses), **interest on interest** (FIN intereses sobre intereses; se obtienen al reinvertir los intereses que se van cobrando), **interest-only securities** (VAL obligaciones sólo intereses; V. *principal only*), **interest-only strip, IO** (VAL cupones sólo intereses; títulos constituidos por el pago de intereses provenientes de un fondo –*pool*– de hipotecas –*mortgages*–, bonos del Tesoro, etc. ◊ *The issue marked a step forward by incorporating an interest only strip and creating an additional rated security*), **interest payments** (FIN abono, pago de intereses), **interest rate** (FIN tasa, tipo de interés), **interest-rate futures contract** (FUT contrato de futuros sobre tipos de interés), **interest rate options** (OPC opción sobre tipos de interés), **interest rate risk** (FIN riesgo de los tipos de interés; se refiere al riesgo que supone la bajada de la cotización de un título si suben los tipos y a la inversa), **interest-sensitive stock** (VAL valores dependientes de los intereses; se trata de títulos cuyos beneficios están relacionados con las variaciones de los tipos de interés ◊ *IBM is an interest sensitive stock whose price tends to go up when interest rates fall, and vice-versa*), **interest spread** (FIN diferencial entre tipos de interés)].

interim dividend *n*: DIV dividendo provisional; V. *common dividend*.

intermediary *n*: FIN agente mediador, intermediario; V. *financial intermediary, agent, dealer, broker; middleman, mediator, go-between*. [Exp: **intermediate-term** (GRAL periodo intermedio; normalmente entre 1 y 10 años), **intermediation** (FIN intermediación; flujos de capital entre prestamistas y prestatarios –*borrowers/borrowees*– a través de intermediarios; V. *disintermediation*)].

internal *a*: GRAL interno, interior, local, nacional. [Exp: **internal market** (MER mercado interior; sistema de emisión y contratación de valores en un país; V. *national market*), **internal rate of return, IRR** (FIN tasa de rendimiento interno), **Internal Revenue Service, IRS** (INST Hacienda, Agencia Tributaria de los EE.UU.)].

international *a*: GRAL internacional. [Exp: **international arbitrage** (FIN arbitraje internacional; necesario para resolver los problemas originados por la compra y venta de valores internacionales), **International Association of Options Exchanges and Clearing Houses, IAOECH** (INST Asociación Internacional de Mercados de Opciones y Cámaras de Compensación), **international bonds** (BON bonos internacionales; término genérico que incluye todos los bonos de procedencia internacional), **international bond market** (BON mercado internacional de obligaciones en divisas), **International Commodities Clearing House, ICCH** (INST Cámara Internacional de Compensación del Mercado de Productos y de Futuros), **International Depository Receipt, IDR** (FIN recibo de depósito internacional; dicho recibo lo emite un banco como garantía de propiedad de los valores de una mercantil internacional y que el banco custodia en fideicomiso –*in trust*– ◊ *Global Tele-Systems Ltd is planning to raise $150 million through an international depository receipt issue*; V. *American Depository Receipt, ADR; European Depository Receipt*), **International Finance Corporation, IFC** (INST Sociedad Financiera Internacional; corporación propiedad del Banco Mundial que publica los índices bursátiles de los mercados emergentes –*emerging markets*–), **international fund** (FON fondo de inversión internacional), **international market index** (FIN índice de los mercados internacionales; índice estadounidense que controla la trayectoria de 50 recibos de depósito americanos –*American Depositary Receipts*– negociados en la *American Stock Exchange*, Bolsa de Nueva York –*NYSE*– y el *NASDAQ*), **International Monetary Fund, IMF** (FIN Fondo Monetario Internacional, FMI), **International Monetary Market, IMM** (MER/INST Mercado Monetario Internacional; sección de la Bolsa de Chicago dedicada a la contratación de futuros financieros), **international mutual fund** (FON fondo de inversión internacional; invierte exclusivamente en valores extranjeros ◊ *An international mutual fund gives automatic diversification by investing in several different securities across several different countries*), **International Petroleum Exchange, IPE** (MER Mercado Internacional de Productos Petrolíferos; se trata de una Bolsa de futuros y opciones relacionadas con esta fuente de energía con sede en Londres), **International Security Market Association** (MER/INST Asociación Internacional de Mercados de Valores; se trata de una asociación radicada en Suiza que reúne a los participantes en los mercados primarios y secundarios de Eurobonos y dicta los procedimientos de negociación en los mercados internacionales de bonos), **international share** (VAL acción cotizada en los mercados internacionales ◊ *International share investments are generally considered as long-term investments with risks derived from exchange rate movements, political plays and government policy changes*), **International Stock Exchange of the U.K. and the Republic of Ireland, ISE** (INST Bolsa Internacional del Reino Unido y la República de Irlanda), **International Swap Dealers Association, ISDA** (INST Asociación Internacional de Agentes Intermediarios de Permutas Financieras o *swaps*)].

intra- *pref*: GRAL intra-. [Exp: **intra-commodity spread** (NEGO/FUT diferencial por compra venta de futuros; se refiere a la negociación de contratos de futuros de la misma mercadería en la misma Bolsa en meses diferentes), **intraday** (NEGO intradía; alude a los precios máximos y mínimos de un valor en la misma sesión ◊ *The Nasdaq approached its prior closing low of 3320 and intraday lowered near 3227*), **intraday system trading** (NEGO sistema intermediario de intradía), **intramarket spread** (NEGO/FUT diferencial intramercado; diferencial por compra y venta simultánea de contratos de futuros en el mismo mercado sobre un mismo activo subyacente –*underlying asset*– con fechas de vencimiento –*expiry dates*– distintas ◊ *Experts agree that the wider the time duration in an intramarket spread, the greater the volatility of the spread*; V. *intercommodity spread; intermarket spread*), **intrastate offering** (VAL oferta de acciones intraestado; se trata de una oferta de acciones restringida a un solo Estado de los EE.UU.)].

intrinsic value of an option *fr*: OPC valor intrínseco de una opción; precio en dinero –*in-the-money*–; V. *in-the-money*.

introduction *n*: GRAL introducción; venta de pequeños paquetes de acciones por intermediarios a clientes seleccionados; V. *issue by tender; flotation; offer for sale; public offering; public issue; offer by prospectus*.

inventory *n*: FIN inventario; relación de valores que los intermediarios financieros tienen a la venta. [Exp: **inventory risk** (FIN riesgo de cartera ◊ *You can gain or loss when you sell your shares, there is inventory risk if the capital invested is little*)].

inverse *a*: GRAL inverso, invertido, contrario; V. *contrarian, reversed*. [Exp: **inverse floater** (FIN flotador inverso; producto derivado –*derivative instrument*– con un tipo de interés anual según cupón –*coupon rate*– en relación inversa con el tipo de interés de mercado ◊ *If one buys an inverse floater with an index tied to LIBOR, as LIBOR decreases, coupon payments increase*), **inverse floating rate note** (BON bono de interés variable inverso; el interés aumenta a medida que baja el tipo de interés de referencia –*benchmark interest rate*–; V. *fixed bond; floating rate note*)].

invert *v*: GRAL/FIN invertir. [Exp: **inverted market** (FIN/FUT mercado invertido; se trata de un mercado de futuros que vende los meses próximos a precios de los lejanos ◊ *An inverted market may be reflecting a strong immediate demand and an anticipated future weakening of demand*; V. *premium; backwardation; contango; forwardation*), **inverted scale** (FIN/VEN escala invertida; oferta de bonos en serie en la que los bonos con fechas de vencimiento –*maturity dates*– a corto plazo obtienen mejores rendimientos –*yields*– que los de vencimiento a más largo plazo), **inverted yield curve** (FIN curva de rendimientos invertidos en bonos; V. *positive yield curve, yield curve*)].

invest *v*: FIN invertir; V. *contribute, entrust, finance, fund*. [Exp: **in-**

INVEST 166

vestment (FIN inversión; colocación; creación de más dinero), **investment advisory service** (FIN servicio de apoyo a la inversión; empresa privada que asesora en materias de inversión y que en los EE.UU. debe inscribirse en la Comisión de Nacional Valores –*Securities and Exchange Commission*–), **investment bank** (INST banco de inversión; banco de emisión de valores; institución financiera especializada en el lanzamiento de las acciones de una sociedad anónima; se trata de un banco al por mayor, con pocas oficinas, especializado en la colocación –*placement*– de emisiones de títulos, en la intermediación de valores y en el asesoramiento financiero ◊ *The usual first step for the corporation that wants to do an IPO is to hire an investment bank*; V. *underwriters; merchant bank; issuing bank/house*), **investment broker** (AG VAL corredor, intermediario financiero experto en inversiones), **investment club** (FIN club de inversión; se trata de grupos de personas que aúnan sus capitales e invierten de manera colectiva), **investment company** (FIN sociedad de inversión; V. *investment trust*), **investment fund** (FIN fondo de inversión ◊ *The Educational Investment Fund, EIF is a unique, real-money security portfolio that finance students*; V. *mutual fund; open-end investment fund/trust; unit holder*), **investment grade bonds** (BON bono de primera calidad; calificado como apto para la inversión por las agencias calificadoras –*rating agencies*–; V. *bond rating, high-yield bond*), **investment income** (FIN ingresos derivados de inversiones en una cartera de valores), **investment letter** (FIN carta o aviso de inversión; notificación del emisor de una nueva emisión de acciones al comprador en la que se especifica que las acciones se compran por un periodo de tiempo determinado como inversión y no como instrumento de especulación ◊ *PSI had to take for its own account or place with others $100,000 worth of units under an investment letter*), **investment management** (FIN gestión de inversiones o carteras; V. *money management; portfolio management*), **investment manager** (FIN gestor de carteras; también se llama *portfolio manager* y *money manager* ◊ *When the investment manager instructs a broker to buy a security, he/she goes to the marketplace and completes the trade from a selling broker*; V. *money manager*), **investment paper** (VAL valor o título de colocación o de inversión), **investment philosophy** (FIN filosofía inversora; alude a las preferencias de los inversores, ya sea en valores de confianza o de riesgo, entre otros), **investment portfolio** (VAL cartera de inversiones), **investment securities/shares/stock** (VAL cartera de títulos, valores de inversión), **investment strategy** (FIN estrategia de inversión; plan de colocación del capital de un inversor en valores, títulos y demás instrumentos financieros), **investment strategy committee** (FIN comité de estrategias inversoras; formado por miembros de una agencia de valores para el seguimiento de la rentabilidad de los valores que cotizan en Bolsa y poder así aconsejar convenientemente a sus clientes), **investment trust** (FIN sociedad de inversión mobiliaria; sociedad de cartera; en estas sociedades los partícipes son accionistas de la misma, invierten tanto en el mercado principal como en el secundario y, a menudo, se especializan en un determinado sector industrial ◊ *Our investment trust is formed as a company, a PLC, listed on the stock exchange and regulated by the London Stock Exchange*), **investment trust share unit** (FIN unidad de participación en una sociedad de cartera), **investment value** (FIN valor de inversión; valor de un título convertible –*convertible stock*–; precio mínimo –*floor*– al que dicho valor debería venderse en comparación con otros similares), **investments** (FIN inversiones; estudio del comportamiento de los títulos y valores con un propósito inversor), **investor** (FIN inversor; propietario de un activo financiero –*financial asset*–), **investor's equity** (FIN saldo inversor; balance de una cuenta de margen –*margin account*– ◊ *Online investors have amassed 70 % of the offline investor's equity portfolio value even though they are 15 years behind*; V. *buying on margin, initial margin*), **investors service bureau** (FIN oficina de apoyo al inversor; servicio de la Bolsa de Nueva York, *NYSE*, encargada de resolver cuestiones generales relacionadas con la inversión en valores)].

invoice *n/v*: FIN factura, cuenta, detalle; facturar; V. *account, ledger, record, statement*. [Exp: **invoice price** (FIN precio de factura; precio pagado por el inversor en bonos del Tesoro ◊ *The invoice price for a T-bond is made more complicated by the need to calculate accrued interest*), **invoicing** (FIN facturación)].

involuntary *a*: GRAL involuntario, espontáneo; forzoso; V. *impulsive, unconscious; forced*. [Exp: **involuntary liquidation preference** (FIN liquidación preferencial forzosa; prima que ha de pagarse a los accionistas preferenciales si el emisor del valor se ve forzado a una liquidación involuntaria ◊ *The holders of the three series of Engineers' outstanding cumulative preferred stock received the involuntary liquidation preference which, for each of the three series, was $100 per share*)].

IOC order *n*: NEGO V. *Immediate or cancelled order*.

IOM *n*: MER V. *Index and option market*.

IPO *n*: NEGO V. *initial public offering*.

ir- *pref*: GRAL im-; in-; ir; V. *in*. [Exp: **irrational call option** (OPC opción de compra ilógica; se califica de ilógica porque a veces no se ejercita –*exercise*– cuando está en dinero –*in the money*–), **irredeemable** (FIN/VEN irredimible; no amortizable; inconvertible; en plural *irredeemables* se refiere a los instrumentos de deuda perpetua), **irredeemable bond/debenture** (BON/VEN deuda perpetua o bono sin cláusula de amortización anti-

cipada –*call feature*– o derecho a reembolso –*redemption*– ◊ *The government securities consist of a single irredeemable bond paying 5 % on a nominal value of £100m*), **irredeemable security** (VAL título no amortizable, no recuperable)].
IRB *n*: BON V. *Industrial Revenue Bond.*
IRR *n*: FIN V. *Internal rate of return.*
ISDA *n*: FIN V. *International Swap Dealers Association.*
ISMA *n*: FIN V. *International Security Market Association.*
issuance *n*: VAL emisión [de títulos]; conjunto de títulos, valores, etc., puestos a la venta en un mercado de valores. [Exp: **issue** (FIN emisión de títulos, valores, etc.; emitir, poner en circulación, expedir; V. *circulate, dispatch, forward; publish*), **issue by tender** (NEGO venta de acciones por subasta ◊ *A highlight of the financial year was the highly successful issue by tender of a new SAFA benchmark stock*; V. *introduction; flotation; offer for sale; public offering; offer by prospectus*), **issue bonds** (BON emitir obligaciones; V. *put out bonds*), **issue manager** (FIN/AG VAL colocador de emisiones; V. *underwriter*), **issue of securities/shares** (VAL emisión de acciones, valores), **issue on tap** (FIN emisión abierta; emisión en ventanilla ◊ *SNDO does not issue on tap-bills that mature on the same date as the auctioned Treasury bills mature*), **issue premium** (FIN prima de emisión), **issue price** (FIN precio o tipo de interés), **issue prospectus** (FIN/SUS prospecto de emisión; V. *subscription/underwriting prospectus*), **issued capital stock** (VAL/SUS capital emitido; capital en cartera; parte del capital social escriturado que ha sido emitido y suscrito por los accionistas; V. *authorized capital stock; subscribed capital; unissued capital stock; called-up capital*), **issued share capital** (VAL capital accionarial emitido; total de acciones de una emisión; V. *outstanding shares*), **issued stock** (VAL acciones autorizadas, libradas o emitidas), **issued when, IW** (VAL en caso de emisión; esta expresión se aplica a las operaciones condicionales de emisión de valores, por ejemplo, cuando éstos aún no se han emitido; la expresión completa es *when, as and if issued*, es decir, que alude a los valores en las condiciones hipotéticas de la emisión, si ésta ha tenido lugar; abarca, entre otros, los bonos del Tesoro y las nuevas emisiones en general ◊ *The new Exchange Fund paper will only be issued when there is an inflow of funds enabling the additional paper to be fully backed by foreign reserves*; V. *when distributed*), **issuer** (VAL emisor, persona o sociedad emisora de valores), **issuing and paying/payment agent, IPA** (VAL/AG VAL agente de emisión y pagos; V. *dealer*), **issuing expenses** (FIN gastos de emisión), **issuing bank/house** (FIN/INST casa emisora; banco de emisión de valores especializado en el lanzamiento –*flotation*– o colocación –*placement*– de los títulos de una sociedad anónima en una Bolsa de valores; V. *investment bank; merchant bank*)].

it's us *n*: FIN/AG VAL nosotros; se refiere a la sociedad y no al cliente en un documento financiero.

Italian Stock Exchange, ISE *n*: INST Mercado de Valores italiano; Bolsa de Milán constituida tras la unificación de los diez mercados italianos en 1991; sus índices se denominan *MIB* y *MIBTEL* e incluyen todos los valores cotizados mientras que el *MIB30* se basa en los 30 valores más punteros.

ITS *n*: NEGO V. *Intermarket trading system*.

J

J *n*: FIN/VAL quinta letra del código de valores del NASDAQ que indica que se trata de acciones con derecho a voto –*voting stock*– de la sociedad.

JASDAQ *n*: FIN V. *Japanese Association of Securities Dealers Automated Quotation System*.

January *n*: GRAL enero. [Exp: **January effect** (NEGO efecto enero; se trata del hecho comprobado y repetido de la subida de los índices bursátiles los primeros días de enero ◊ *Many analysts say that the January effect has lost its power for predicting how stocks will perform in December and January*), **January barometer** (FIN barómetro de enero; se refiere a una estadística que relaciona un índice positivo del S&P con la subida de los valores en enero y, a la inversa, un índice negativo de dicho índice con una bajada general en el mismo mes)].

Japanese Association of Securities Dealers Automated Quotation System, JASDAQ *fr*: INST Sistema de Cotización Automatizada de la Asociación Japonesa de Corredores de Bolsa; equivalente japonés del NASDAQ.

job *n*: GRAL empleo, trabajo, puesto de trabajo; tarea, actividad; V. *employment, position; trade, work; activity, role, task*. [Exp: **job in stocks** (NEGO jugar al alza y a la baja en la Bolsa), **jobber** (AG VAL agiotista, agiotador; especulador, corredor de Bolsa, intermediario, agente de cambio y bolsa ◊ *Speculation is the romance of trade. It renders the stock-jobber a magician, and the exchange a region of enchantment*; V. *broker*), **jobbery** (NEGO agiotaje, agio), **jobbing** (NEGO agiotaje, especulación en Bolsa), **jobbing in-and-out** (NEGO pase; especulación en Bolsa de compra y venta rápida de valores; operación «mete-saca» ◊ *Insiders who hold shares should do so for a year or longer. People jobbing in and out of their shares is a disgrace*; V. *purchase and sale; in-and-out*)].

Johannesburg Stock Exchange, JSE *n*: INST Bolsa de Johannesburgo; único mercado de valores de Suráfrica, se especializa en valores mineros.

joint *a*: GRAL conjunto, colectivo, común; asociado, copartícipe; V. *attachment, bond, link, union; bilateral, cooperative*. [Exp: **joint account** (FIN cuentas conjuntas o mancomunadas), **joint bond** (BON bono mancomunado; bono garantizado por su emisor y otra entidad distinta), **joint clearing members** (SOC sociedades conjuntas de compensación; mercantiles que compensan títulos bursátiles en más de una Bolsa ◊ *CME participates regularly exchanging financial information about joint clearing members with other participants*), **joint investment** (FIN inversión conjunta), **joint stock company** (SOC sociedad anónima, sociedad por acciones o en comandita; en los EE.UU. los accionistas de dichas empresas son responsables *–liable–* de las deudas de la empresas), **joint venture** (FIN sociedad de capital riesgo; agrupación temporal; negocios participados; se trata de dos empresas que se unen para un negocio común; V. *capital venture enterprise*), **jointly and severally** (FIN solidariamente; se trata de una emisión de bonos de liquidación conjunta *–undivided account–* y en la que los miembros del consorcio *–syndicate members–* se hacen responsables de los bonos no vendidos en proporción a su participación ◊ *These consolidated bonds, on which the FHLBanks are jointly and severally liable, are the primary funding source for the FHLBanks*; V. *severally but not jointly*)].

Jonestown defense *n*: FIN/SOC defensa Jonestown; especie de defensa numantina de la dirección de una empresa acosada por una absorción hostil *–hostile takeover–* que suele conducir al suicidio de dicha empresa.

jouissance share *n*: VAL acción beneficiaria ◊ *This jouissance share grants me the right to participate in the net profit of the company without conferring ownership rights.*

JSE *n*: INST V. *Johannesburg Stock Exchange*.

jumbo *a*: GRAL gigante, enorme, considerable. [Exp: **jumbo loan** (FIN préstamo gigante; superior a 1.000 millones de dólares o que excede el límite legal), **jumbo certificate of deposit** (FIN certificado de depósito gigante)].

jump *n/v*: GRAL salto, aumento brusco; subir de golpe; V. *escalate, increase, bounce, leap, rise*. [Exp: **jump ball** col (FIN pasar la bola; describe la negociación competitiva entre agencias de valores o empresas ◊ *The companies and venture capitalists are after the $300 billion jump ball made possible by electricity deregulation*), **jump on/off stocks and shares** (NEGO aprovechar el momento para comprar o vender valores), **jumpy** (GRAL nervioso, inquieto)].

junior *a*: GRAL joven, inferior, subordinado, menor; V. *inferior, lower, minor, subordinate*. [Exp: **junior issue** (FIN/DIV emisión menor; se trata de una emisión de valores con principal *–principal–*, dividendos e intereses inferiores a una emisión similar de otra compañía ◊ *As a whole, there is a lot more money at stake when an index heavyweight* *increases or decreases dramatically than a junior issue*), **junior debt/subordinate debt** (FIN deuda subordinada; sólo se satisface cuando se han resuelto las deudas a los acreedores mayoritarios *–senior debtholders–*), **junior mortgage** (FIN segunda hipoteca), **junior partner** (FIN socio minoritario), **junior refunding** (FIN/VEN reembolso menor; emisión de títulos de deuda del Estado con un vencimiento de uno a cinco años), **junior security** (VAL/VEN título subordinado; de amortización inferior a la prioritaria *–senior security–*; sería la relación existente entre una acción ordinaria *–common stock–* y una preferente *–preferred stock–* ◊ *Several competing bidders made successively higher offers for the company, and so the positions of the junior security holders improved with every new plan*)].

junk bond *n*: BON bono basura; bonos especulativos de alto rendimiento pero de baja credibilidad, BB o Ba, según los estándares S&P o Moody's ◊ *The stock market has mounted a very impressive rally but the junk bond market remains depressed.*

justified price *n*: FIN precio justificado o justo de un activo.

K

K *n*: FIN/VAL quinta letra del código de valores del NASDAQ que indica que se trata de las acciones que no detentan derecho a voto –*voting stock*– de la sociedad.

Kaffirs *n*: VAL acciones de empresas mineras de Suráfrica que cotizan en la Bolsa de Londres.

kangaroos *col n*: VAL canguros; término coloquial que se aplica a los valores australianos ◊ *Instead of blue-chip Australian corporates as dominant issuers there is a proliferation of banks and kangaroos.*

Keiretsu *n*: FIN/SOC término japonés que indica un consorcio de empresas que controla amplios sectores de la economía.

Keogh plan *n*: FIN plan Keogh; plan de pensiones dirigido a autónomos que permite el aplazamiento del pago de impuestos.

kick *n/v*: GRAL/NEGO patada; impulso; revulsivo; impulsar; dar una patada; servir de revulsivo; V. *impulse, drive, reaction, rebound.* [Exp: **«kick it out»** *col* (NEGO dar la patada; expresión coloquial que indica la liquidación de una posición sin reparar en el precio ◊ *They invest in a company and don't kick it out of the fund because it has accomplished a level of gains*), **kickback** *col* (FIN incentivo, mordida, tajada; comisiones bajo manga de carácter ilegal percibidas por hacer que determinados contratos se firmen con ciertas empresas), **kicker** (FIN incentivo; plus; bonificación que hace más atractivo un bono u obligación ◊ *The warrant kicker will entitle the holder to purchase one share of stock at a specified price*)].

kill *v*: GRAL matar. [Exp: **killer bees** *col* (FIN/SOC abejas asesinas; se trata de inversores que ayudan a una empresa a defenderse de una OPA hostil –*takeover bid*– mediante el diseño de estrategias que hacen menos atractiva la empresa asediada), **killing** *col* (NEGO gran negocio; pingües beneficios ◊ *Many investors, caught up in the race to make a killing, invested their life savings*)].

kiting *col n*: FIN manipulación e inflación del precio de un valor ◊ *Rising earnings gulled Wall Street into kiting stocks higher and higher.*

KLCE *n*: INST V. Kuala Lumpar Commodities Exchange.

KLOFFE *n*: INST V. *Kuala Lumpur Options and Financial Futures Exchange*.

KLSE *n*: INST V. *Kuala Lumpur Stock Exchange*.

knock-out option *n*: OPC/VEN opción sin valor; sucede cuando al vencimiento la mercadería subyacente está por debajo de un determinado valor o precio ◊ *A knock-out option will automatically expire if the market hits a certain level making this type of put option less expensive*.

know your customer *fr*: FIN conozca a su cliente; deber de los corredores de Bolsa de conocer la situación financiera de sus clientes antes de ofrecerles la compra de un determinado valor ◊ *The know-your-customer rules help insure that securities recommended or purchased for a customer account are suitable for that customer*; V. *new account report*.

Kruggerand *n*: FIN moneda de oro emitida por Suráfrica con un valor del oro que contiene superior al de mercado.

Kuala Lumpur *n*: GRAL capital de Malasia. [Exp: **Kuala Lumpur Commodities Exchange, KLCE** (INST Bolsa de Contratación de Malasia especializada en futuros de aceite de palma, estaño, caucho y cacao), **Kuala Lumpur Options and Financial Futures Exchange, KLOFFE** (INST Bolsa de Opciones y Futuros Financieros de Malasia), **Kuala Lumpur Stock Exchange, KLSE** (INST Bolsa de Kuala Lumpur; se trata de la única Bolsa en Malasia)].

L

£ *n*: GRAL equivale a *pound*.

ladder strategy *n*: BON estrategia en escalera o escalonada; cartera de bonos diseñada de manera que genera en cada vencimiento beneficios similares a las cantidades invertidas ◊ *The ladder strategy involves dividing your money evenly among bonds that mature at different intervals.*

Lady MacBeth Strategy *n*: FIN/SOC estrategia Lady MacBeth; se trata de una estrategia por la cual un fingido caballero blanco –*white knight*–, inversor que trata de defender a una empresa inmersa en una OPA hostil, se alía finalmente con la empresa asediadora.

lag *n/v*: FIN desfase; retraso en el pago o cobro de obligaciones financieras. [Exp: **laggard** (FIN valor bursátil rezagado o que no remonta ◊ *The way to maximize your portfolio is to buy a laggard stock with superior earnings*; V. *leader*)].

lambda *n*: FIN/OPC lambda; índice de variación del precio de una opción debido al factor de volatilidad de dicha opción.

lame *a*: GRAL dañado, defectuoso, deteriorado, estropeado, lisiado; V. *damaged, disabled, ineffective*. [Exp: **lame duck** *col* (FIN colgado, pillado; expresión coloquial que, en inglés, literalmente significa «pato cojo» y que se aplica tanto al especulador bursátil insolvente o cuyas acciones han bajado mucho de precio como a los mercados débiles ◊ *During this time, the stock market has lost ground in six of those seven lame-duck years*)].

lapsed option *n*: OPC/VEN opción vencida; opción no ejercitable o negociable.

large cap *n*: FIN gran capitalización; se aplica a valores de extraordinaria capitalización, generalmente por encima de los 5000 millones de dólares de valor de mercado ◊ *If large-cap stocks are the older kids in the stock market family, then blue chips can be viewed as the perfect, oldest brother who went to Harvard.*

last *a/v*: GRAL último, final, posterior; durar; V. *end, final; continue, endure, prevail*. [Exp: **last-in-first-out, LIFO** (FIN último en entrar, primero en salir; expresión que se aplica tanto en operaciones bursátiles como en los expedientes de regulación de empleo –*labour force adjustment plan*– al despedir en primer lugar a los últimos en ser contratados ◊ *Last-in, first-out, or LIFO, means the last shares you purchase are the first shares sold*), **last sale** (NEGO operación última o más reciente de un valor; su importancia estriba en que las normas bursátiles no permiten la venta corta –*short sale*– de títulos a un precio inferior al de la venta más reciente, ni tampoco a un mismo precio, a no ser que el anterior haya sido inferior; V. *plus tick, minus tick, zero plus tick, zero minus tick*; no confundir con *closing sale*), **last split** (FIN desdoble final de acciones; se refiere al número final de acciones gratuitas que corresponden a cada accionista tras un desdoble –*split*– y a la fecha de entrega de las mismas ◊ *ALCO made its last stock split of the year so buy while it is still low*), **last trading day** (FUT/NEGO día final de negociación; último día de entrega –*delivery period*– para efectuar transacciones de una determinada mercadería incluida en un contrato de futuros u opciones –*futures or options contract*–)].

late *a/adv*: GRAL tarde, atrasado, demorado, tardío; reciente; V. *delayed, former, overdue; new, recent*. [Exp: **late tape** (NEGO cinta con demora; retraso en la representación electrónica de los precios de la Bolsa a causa de un exceso de contratación ◊ *During a series of crashes in early 1953, Pacific Western Oil made new highs, even through a downside late tape*)].

launder *v*: FIN blanquear, lavar; manipulación de capitales conseguidos de manera ilegal para darles una apariencia lícita.

law *n*: DER derecho, ley, jurisprudencia; V. *act, bill, charter, legislation, statute*. [Exp: **law of one price** (FIN ley del precio único; norma económica que dicta que el precio de un valor ha de permanecer inalterable frente a las estrategias que se ideen en la creación o comercialización del mismo)].

lay *v*: GRAL poner, colocar, imponer cargas u obligaciones; V. *arrange, devise, invent, set*. [Exp: **layoff** (NEGO suspensión, dar de baja; cesación de toda o una parte de una posición –*position*– mediante su traspaso a otros corredores –*dealers*– o clientes –*customers*–), **layup** *col* (NEGO tirado, pan comido; expresión coloquial que indica que una orden puede ejecutarse con facilidad ◊ *The stock market doesn't seem like the layup it was a month ago. All the major indexes have fallen*; V. *lead pipe*)].

lead *n/a/v*: GRAL ventaja, predominio, principal, primacía; dirigir, conducir, guiar: V. *convey, guide; command, dominate, rule; main, principal*. [Exp: **lead manager** (FIN banco director principal; gestor líder; entidad financiera encargada de organizar un crédito sindicado –*syndicated bank credit*– o la emisión de un bono –*bond issue*–), **lead pipe** *col* (NEGO pan comido; se dice cuando se está seguro de que la operación llegará a buen puerto ◊ *It's been a lead pipe cinch for three weeks, but now there seems to be an economic* *slowdown or stock market minicrash*; V. *layup*), **lead regulator** (FIN organismo regulador principal), **lead underwriter** (FIN/SUS suscriptor principal; entidad directora de un sindicato de sociedades financieras que apoyan una emisión de acciones –*an offering of securities*–; V. *underwriting syndicate*), **leader** (VAL valor puntero ◊ *A leader stock for the week was the Société Générale de Surveillance, a product controls company*; V. *blue chips; laggard*), **leading indicators** (FIN indicadores de tendencia, cotizaciones de Bolsa), **leading the market** (FIN líderes de mercado; valor o grupo de valores que se anticipan a las tendencias del mercado general), **leading shares** (VAL acciones favoritas ◊ *Market watchers see leading shares struggling to establish a trend*)].

leakage *n*: GRAL filtración de información; en general antes de que se haga oficial al público.

LBO *n*: FIN V. *Leveraged buyout*.

LEAPS *n*: VAL V. *Long-term equity anticipation securities; long-term option*.

leaves *n/v*: FIN restos; sobras; sobrante de la ejecución parcial de una orden de compra o venta de acciones ◊ *If I had told the floor broker to buy 20M IBM at $115, and he later bought 6M at this price, his report would be «You bought 6M IBM at $115, leaves 14»*.

leg *n*: FIN etapa, fase; periodo prolongado en los precios de los valores; operación en una posición de cobertura; en el caso de las opciones, cada una de las opciones de venta –*put*– o compra –*call*– que forman una estrategia especulativa de combinación –*combination*– ◊ *We are in the bottom half of the downward leg. The stock market's still mature, with an average price/earnings ratio of 20*; V. *lifting a leg*.

legal *a*: DER jurídico, legal; de acuerdo con la ley; V. *acceptable, binding, contractual, legitimate*. [Exp: **legal bankruptcy** (FIN/DER bancarrota legal), **legal capital** (FIN capital legal; valor de las acciones de una compañía según consta en sus libros), **legal damages** (DER daños y perjuicios), **legal defeasance** (FIN anulación legal; depósito en metálico o en títulos destinado a cubrir las contingencias derivadas de la emisión de bonos u obligaciones ◊ *The City's obligations shall terminate upon the legal defeasance, prior redemption or payment in full of all of the Bonds*), **legal holiday** (GRAL día inhábil; V. *business day*), **legal list** (DER/FIN lista legal; listado de títulos de alta calidad redactado por organismos oficiales para sus inversiones), **legal opinion** (DER dictamen jurídico, redactado por una asesoría jurídica –*a specialized law firm*– para certificar la idoneidad jurídica de las emisiones de bonos municipales), **legal tender** (FIN moneda, dinero de curso legal; V. *real money, easy money, substitute money*), **legal transfer** (NEGO transferencia legal; venta de acciones que exige el aporte de documentación especial para que tenga valor legal ◊ *The Internet financial bubble rep-*

resented the greatest ever legal transfer of wealth)].

LEGAL *n*: FIN/DER LEGAL; base de datos informatizada de la Bolsa de Nueva York *–NYSE–* que refleja los procedimientos legales, auditorías y quejas contra los miembros de dicha Bolsa.

legislative risk *n*: DER riesgo legislativo; riesgo que puede suponer para una inversión a largo plazo el cambio de la legislación vigente.

legitimate *a*: FIN legítimo; interés real logrado en una operación *–trading–* frente al interés probable.

lemon *col*: FIN «porquería»; mala inversión ◊ *You can rotate out of a lemon, raise some cash, and get ready for the next great stock market uptrend.*

lend *v*: FIN prestar, anticipar, fiar; V. *advance, credit, loan*. [Exp: **lender** (FIN prestamista; acreedor crediticio; V. *money-lender, borrower*), **lender of last resort** (FIN prestamista de última instancia; última ventanilla; los bancos centrales como última ventanilla, redescuentan instrumentos financieros ya descontados en bancos comerciales ◊ *The Federal Reserve as lender of last resort has helped in a market democratization*), **lending at a rate** (FIN entrega a rédito; intereses pagados sobre el haber *–credit balance–* obtenido de una venta de valores o al descubierto *–short sale–*), **lending at a premium** (FIN préstamo con prima; préstamo de acciones de un corredor a otro para cubrir una posición al descubierto *–short position–* y que incluye una determinada cantidad de dinero que se paga por dicho préstamo), **lending securities** (FIN préstamo de acciones; se da cuando un corredor toma en préstamo una serie de acciones de otro con el fin de cubrir una venta al descubierto *–short sale–* ◊ *Borrowers aware of the advantages of lending securities, demand interest on their collateral from brokers*)].

letter *n*: GRAL carta, notificación; V. *message, note*. [Exp: **letter of allotment** (FIN/SUS carta o notificación de adjudicación; notificación al suscriptor del número de acciones que le han sido adjudicadas ◊ *Successful applicants will be informed of allotment by dispatching a Letter of Allotment within forty days of closing of subscription lists*), **letter of application** (FIN/SUS carta o notificación de solicitud; indica la disposición de acudir a una suscripción o compra de valores), **letter of comment** (FIN carta o notificación de sugerencias; comunicación de la Comisión de Valores a una sociedad en la que le sugiere modificaciones en su documento de registro en la Bolsa *–registration statement–* ◊ *Register becomes effective on the 20th day unless SEC issues Letter of Comment for changes*), **letter of credit, LOC** (FIN carta de crédito que garantiza el pago del principal e intereses de una emisión de bonos), **letter of intent** (FIN carta o notificación de intenciones; expresa la intención de un mutualista de invertir una determinada cantidad mensual en un fondo de inversión), **letter of regret** (FIN carta o notificación de denegación de la solicitud de acciones ◊ *Any rejection of application will be intimated within five business days along with letter of regret and refund cheque*), **letter stock** (FIN carta o nota de compromiso; carta que exige la Comisión Nacional de Valores –*SEC*– en la que el comprador de una acción se compromete a mantenerla y no revenderla ◊ *Rule 144 covers virtually all situations involving the sale of letter stock*)].

level *a/n/v*: GRAL estable; grado; nivel, escala; llano, plano, raso; nivelar, igualar; V. *balance, even, flat, stable*. [Exp: **level-coupon bond** (BON bono con cupón estable; bono que abona la misma cantidad por cupón –*coupon payments*– a lo largo de su vigencia), **level load** (FON carga estable; porcentaje fijo que se cobra por la venta de un fondo de inversión –*mutual fund*–; V. *front-end loads, back-end loads*)].

leverage *n*: FIN impulso; apalancamiento financiero; en Bolsa se refiere a la capacidad de un valor de subir o bajar por encima o por debajo de la inversión realizada ◊ *The option has a high leverage due to a price change in the underlying stock*. [Exp: **leverage clientele** (FIN clientela con apalancamiento; se trata del grupo de accionistas que invierten en empresas mediante apalancamiento ◊ *Whenever a law is changed that affects the taxes and transaction costs for a particular financial leverage clientele, opportunities may arise for a firm to change its capital structure*), **leverage ratios** (FIN ratios de apalancamiento, coeficientes de endeudamiento; aportaciones de accionistas y acreedores para cubrir el gasto de las cargas financieras de una sociedad), **leveraged buyout, LBO** (FIN compra apalancada; financiación de una empresa mediante la emisión de obligaciones que suelen obtener una calificación baja –*low rating*– por su elevado riesgo a causa del crecido endeudamiento de dicha empresa; operación de compra de acciones basada en un endeudamiento ◊ *We have been working on the tender offer and purchase by a leveraged buyout firm of one of the world's largest aluminum can companies*), **leveraged cash-out, LCO** (FIN compra apalancada con pago de acciones; a los antiguos propietarios se les paga con acciones de la nueva empresa), **leveraged equity** (FIN activo apalancado; valores que se apoyan en un apalancamiento financiero ◊ *Since the leveraged equity is less expensive, acquire the low cost levered stock portfolio and sell the high cost option portfolio*), **leveraged investment company** (SOC/FON sociedad apalancada de inversiones; sociedad o fondo de inversión con autorización para emplear capitales prestados –*borrow capitals*– en sus operaciones), **leveraged lease** (FIN arrendamiento apalancado; arrendamiento de bienes mediante la aceptación de un préstamo), **leveraged portfolio** (FIN cartera apalancada; cartera de activos de riesgo –*risky assets*– adquirida con fondos prestados ◊ *SureReturn is a conservatively managed leveraged* *portfolio comprised of government agencies and other AAA-rated bonds*), **leveraged recapitalization** (FIN/SOC/DIV apalancamiento defensivo; tiene lugar cuando una empresa se endeuda al máximo con el fin de pagar un dividendo extraordinario o recomprar acciones para evitar que sea adquirida por un tiburón –*raider*–; V. *shark repellent, stub*), **leveraged stock** (VAL valores financiados con créditos ◊ *Our bank protects unsophisticated investors from the risks of excessively leveraged stock holdings*)].

LIBOR *n*: FIN V. *London Interbank Offered Rate*.

lien *n*: FIN retención; pignoración; garantía; gravamen.

LIFFE *n*: FIN V. *London International Financial Futures Exchange*.

LIFO *n*: FIN V. *last in first out*.

lift *n/v*: NEGO alza, aumento, elevación; escalada, subida; alzar, elevar, subir; V. *boost, elevate, grow, increase, raise*. [Exp: **lifted** (NEGO en alza; oferta de compra de un valor mejorada por otra oferta superior; normalmente se da en el mercado secundario –*over-the-counter*– ◊ *Lower stock prices lifted the market in early trading today*), **lifting a leg** (NEGO/OPC cerrar una opción; ejercer una de las dos opciones en una situación de riesgo compensado o de cobertura; se suele entender como la venta de una opción de venta, quedándose sólo con la de compra, siendo la idea literal la de «retirar uno de los pies o piernas que sirven de apoyo»; también se llama *take off a leg*; V. *hedge, straddle, leg*)].

light *a*: GRAL ligero, liviano, leve, frágil; V. *casual, fragile, small, superficial*. [Exp: **light trading** (NEGO escasa negociación de valores ◊ *The Swiss stock market had a rather dull week, with trading marked by light trading on all five days*), **lighten up** (FIN aligerar; venta de parte de valores o posición en bonos con el fin de conjugar pérdidas o incrementar la liquidez)].

limit *n*: GRAL límite, precio límite. [Exp: **limit on close order** (NEGO orden con límite al cierre; orden de compra o venta de un valor al precio de cierre si alcanza un determinado nivel), **limit order** (NEGO orden con límite; orden de compra o venta de un valor a un determinado precio especificado por el cliente ◊ *By using a limit order you protect yourself from buying the stock at too high a price*; V. *at best; at market; day order; do not reduce order; good until cancelled; market order; stop limit order; stop order*), **limit order book** (NEGO libro de órdenes con límite; relación de órdenes con límite sin ejecutar –*unexecuted limit orders*– en posesión del corredor de Bolsa a la espera de su ejecución), **limit order information system** (NEGO sistema informático de órdenes con límite; se encarga de ofrecer información sobre las acciones negociadas en la Bolsa y sus precios), **limit price** (NEGO precio límite), **limit up/down** (NEGO/FUT límite al alza o a la baja; alude al precio máximo autorizado diariamente en un contrato de futuros ◊ *As many as 103 shares closed at limit-up yester-*

day), **limitation** (GRAL limitación, restricción; congelación), **limitation on conversion** (VAL límite de conversión; retraso en la conversión de una acción que puede suponer que su tenedor no reciba el dividendo final; V. *accrued interest*), **limitation on liens** (FIN límite de fianza; convenio de caución –*bond covenant*– que limita la capacidad de una mercantil de emitir hipotecas o fianzas –*liens*– sobre sus activos –*assets*–), **limitation on merger consolidation, or sale** (FIN/SOC límite de fusión o venta; convenio de caución que limita la capacidad de una mercantil de fusionarse o venderse a otra), **limitation on sale-and-leaseback** (FIN límite de venta o de cesión-arrendamiento; convenio de caución que limita la capacidad de una mercantil de entrar en una situación de venta o de cesión-arrendamiento financiero –*sale-and-leaseback transactions*–), **limitation on subsidiary borrowing** (FIN límite de endeudamiento subsidiario), **limited [liability] company** (SOC sociedad [de responsabilidad] limitada), **limited discretion** (FIN toma de decisión limitada; capacidad de negociar de un corredor sin que necesite consultar al cliente ◊ *And although it has limited discretion, the firm doesn't make any investment moves without consulting clients first*), **limited-liability instrument** (FIN instrumento de responsabilidad limitada; opción de compra –*call option*– en la que el inversor únicamente puede perder su inversión oficial), **limited market** (MER mercado escaso; con volumen de contratación exiguo), **limited partnership by shares** (SOC sociedad comanditaria por acciones), **limited price order** (NEGO orden de precios límite ◊ *It shall be unlawful for a specialist acting as a broker to effect on the exchange any transaction except upon a market or limited price order*; V. *limit order*), **limited risk** (FUT/OPC riesgo limitado; riesgo inherente a un contrato de opciones en contraposición con el riesgo ilimitado del contrato de futuros)].

Lipper Mutual Fund Industry Average *n*: FON índice Lipper de fondos de inversión.

liquid *n/a*: GRAL/FIN líquido, disponible, realizable. [Exp: **liquid asset** (FIN activo líquido, realizable; convertible con facilidad en efectivo o valores; V. *illiquid assets*), **liquid yield option note, LYON** (BON bono convertible con opción de recompra –*callable*– y reventa –*putable*– y de cupón cero –*zero-coupon*– ◊ *Chiron Corporation announced that it will raise $400 million through a relatively rare financial option note called liquid yield option note*), **liquidation** (FIN liquidación, disolución, cancelación, disolución; en Bolsa, cuando una operación se cierra en una posición corta o larga; V. *buy in, evening up*), **liquidation rights** (FIN derechos de liquidación de los accionistas de la empresa), **liquidating dividend** (DIV dividendo por liquidación; se percibe del capital y no de los beneficios ◊ *X is expected to pay a liquidating dividend of $55 million*), **liquidity** (FIN liquidez; se dice del mercado con un elevado nivel de actividad y escasa alteración de precios), **liquidity diversification** (FIN/VEN diversificación de la liquidez; invertir en valores con plazos distintos de vencimiento con el fin de reducir riesgos), **liquidity ratio** (FIN coeficiente de liquidez)].

Lisbon Stock Exchange, LSE *n*: MER Bolsa de Lisboa.

list *n/v*: GRAL lista, listado, relación, catálogo; boletín, nómina, plantilla; enumerar, hacer una lista; V. *catalogue, file, index, inventory, group, rank, record*. [Exp: **list of quotations** (MER lista de cambios), **listed firm/company** (MER sociedad cuyas acciones cotizan en Bolsa; V. *quoted company*), **listed option** (OPC opción cotizada; opción admitida a cotización en un mercado), **listed share/security/stock** (VAL títulos o valores admitidos a cotización en Bolsa; poseen las ventajas de conformar un mercado organizado, con liquidez, precio justo, información y seguimiento de su comportamiento y protección al inversor; V. *OTC security, dual listing, non- quoted securities, unlisted shares*), **listing** (MER cotización de valores en Bolsa; valores cotizados; derecho a cotizar en Bolsa ◊ *M-NET/SUPERSPORT will become the first South African company to achieve a listing on the Nigerian Stock Exchange*; V. *yellow sheets*), **listing fee** (NEGO comisión de cotización), **listing requirements** (FIN listado de requisitos; relación de condiciones exigibles a un valor, número en circulación –*shares outstanding*–, valor de mercado, etc., para ser admitido a cotización)].

little *a*: GRAL pequeño, corto, menor; V. *bit, minor, small, unimportant*. [Exp: **little board** (MER Bolsa pequeña; nombre que se da a la *American Stock Exchange* de Nueva York)].

load *n/v*: FON cargas; gastos de rescate de parte del capital de un fondo de inversión; comisión que se cobra al inversor por su participación en un fondo de inversión –*load/mutual fund*– o bono anual –*annuity*–; V. *back-end load, front-end load, level load*. [Exp: **load fund** (FON fondo de inversión con gastos de rescate muy elevados ◊ *This load fund invests in a combination of stocks and bonds in pursuit of long-term growth*)].

loan *n/v*: FIN préstamo, empréstito; prestar; V. *borrowing, cash loan, dead loan, debeture loan, hard loan, demand loan, term loan, time loan*. [Exp: **loan against pledge/securities** (FIN préstamos sobre valores ◊ *Our pledgee bank can give loan against pledge of dematerialised securities upto a maximum of 75 % of total value of securities*), **loan call** (FIN solicitud de préstamo; V. *call money*), **loan crowd** (FIN intermediarios financieros de préstamos; prestan o toman prestadas acciones para cubrir las ventas en descubierto –*short sales*– de sus clientes ◊ *In this period, the cost of shorting certain NYSE stocks was set in the loan crowd, a centralized stock loan market on the floor of the NYSE*; V. *crowd, cabinet crowd; short sale*), **loan shark** *col* (FIN usurero), **loan stock** (OBL obligaciones de interés fijo), **loan syndication** (FIN entidades de préstamo; V. *syndicate*), **loaned flat** (FIN préstamo de acciones sin intereses para cubrir las ventas en descubierto)].

local *n*: AG VAL operador de Bolsa –*exchange member*–; contrata –*trades securities*– en nombre propio. [Exp: **local expectations theory** (FIN teoría de expectativas propia; variedad de la teoría de expectativas puras –*pure expectations theory*– según la cual los rendimientos –*returns*– obtenidos por una inversión en bonos con diferente amortización –*expiration*– serán similares a corto plazo)].

lock *n/v*: NEGO cierre, cerradura; negociar a dos bandas, comprar y vender acciones –*bid and offer*– en una misma operación ◊ *A market maker may lock another market maker's quote if the market maker has made reasonable efforts to execute trades with all competing market makers*; V. *attach, fasten, secure; close*. [Exp: **lock box** (FIN depositado; sistema de ingresos de las rentas obtenidas por valores en la cuenta bancaria del cliente), **lock in** (FIN asegurarse en exclusividad; conseguir la exclusiva en las operaciones bursátiles de un cliente ofreciendo un buen servicio), **lock-out** (FIN/VEN cierre, periodo anterior a que se haga efectivo un fondo acumulativo –*sinking fund*– con amortización planificada –*PAC planned amortization class*–), **lock-up CDs** (FIN certificados de depósito cerrados; no son negociables por el comprador permaneciendo, a menudo, en la caja fuerte del propio banco que los emite), **lock up option** (FIN/SOC opción de cierre; privilegio que se le concede a un financiero amigo o caballero blanco –*white knight*– para adquirir una compañía saneada o joya de la corona –*crown jewel*– en peligro de una OPA hostil –*hostile takeover*–; V. *shark repellant*), **locked-in** (OPC posición cubierta bloqueada), **locked market** (MER mercado inmovilizado; se produce una neutralización de la contratación al coincidir los precios de oferta y de demanda de un valor ◊ *In a lock market, DELL was priced at 33 1/8 bid, and 33 1/8 offered*; V. *crossed market*)].

London *n*: GRAL Londres. [Exp: **London Clearing House** (INST Cámara de Compensación de Londres), **London Commodity Exchange, LCE** (INST Lonja de Mercaderías de Londres; se fusionó con el Mercado Internacional de Opciones y Futuros de Londres en 1996), **London Foreign Exchange Market**, (INST Mercado de Divisas de Londres), **London Fox Futures and Options Market** (INST Mercado de Materias Primas y Productos Agropecuarios de Londres; realiza las transacciones antes efectuadas por el *Baltic International Freight Futures Market*), **London Interbank Bid Rate, LIBID** (FIN LIBID; tipo de interés demandado del mercado interbancario de Londres), **London Interbank Offered Rate, LIBOR** (FIN LIBOR; interés libor; tipo de interés que se aplican los principales bancos internacionales en

LONG

Londres; este interés interbancario se fija diariamente y tiene trascendencia mundial en la aplicación de intereses variables a los préstamos de los clientes en general ◊ *LIBOR rates are published daily till 4 pm*; V. *AIBOR, PIBOR, MIBOR; bid rate*), **London International Financial Futures Exchange, LIFFE** (INST Mercado de Futuros de Londres), **London Metal Exchange, LME** (INST Mercado de Metales de Londres), **London Stock Exchange, LSE** (INST Bolsa de Londres; fundada en 1773, integró en 1973 las seis Bolsas regionales en lo que entonces se denominó Bolsa del Reino Unido e Irlanda; su índice de cotización es el FTSE 100 llamado coloquialmente *footsie*), **London Traded Options Market, LTOM** (INST Mercado Organizado de Opciones y Futuros de Londres, integrado en LIFFE)].

long *a/adv/v*: GRAL/FUT/NEGO largo; comprador de futuros; alude a la situación del tenedor de acciones, bonos, opciones o transacciones de futuros que ha satisfecho íntegramente y por adelantado su importe, lo que le otorga el derecho de comprar o vender en los mercados a un precio prefijado hasta un límite; esta situación contrasta con la del comprador o vendedor que va en corto –*short*–, esto es, que no ha adquirido aún las mercancías, acciones, etc., sino tan sólo una opción a cambio del pago de una prima. Ambas posiciones son especulativas, ya que el tenedor de una cobertura larga –*long hedger*– confía en que el precio suba, mientras que el de una cobertura corta –*short hedger*– juega a que baje; sin embargo, a menudo dichas opciones no se ejercen, y hay multitud de técnicas muy complejas de combinación de posiciones largas y cortas en las que lo más importante es el diferencial –*spread*– entre unas y otras, unido al juego intermedio de diferencias de primas, con todo lo cual el inversor busca el equilibrio o procura protegerse del riesgo. [Exp: **long account** (NEGO cuenta del comprador a largo plazo), **long bonds** (BON/VEN bonos largos, a largo plazo, es decir, con vencimiento corriente largo –*long current maturity*–), **long butterfly** (NEGO mariposa comprada; se trata de una estrategia de compras y ventas de opciones de compra –*calls*– y de venta –*puts*– ◊ *The long butterfly strategy would lead to a profit if the price of the underlying asset remains close to the strike price at which the two calls were sold*; V. *short butterfly*), **long condor** (NEGO cóndor largo o comprado ◊ *The long condor is similar to the butterfly, except that the strikes are at different levels and the trader is long the extreme strikes and short the intermediate strikes*; V. *short condor*), **long coupons** (NEGO/VEN cupón a largo plazo; se trata de bonos u obligaciones con vencimiento corriente largo o de bonos cuyo primer plazo de interés –*coupon period*– es más largo que los restantes; V. *short coupon*), **long-dated gilts** (VAL títulos del Estado a largo plazo), **long-dated securities** (VAL títulos a largo plazo), **long hedge** (NEGO cobertura larga ◊ *An exporter that sold 350,000 bushels to Japan but does not yet own wheat may put on a long hedge in KCBT wheat futures*; V. *buying hedge; short hedge*), **long leg** (NEGO componente largo; en la posición de riesgo compensado –hedge– de un inversor tenedor de dos opciones, una larga y otra corta en la misma mercancía o producto financiero; V. *leg, short leg, hedge*), **long position** (NEGO/FUT posición larga o compradora; situación del inversor de mercados de futuros y mercaderías –*commodities*– que ha pagado ya el importe de la opción con la que especula; situación en la que el intermediario o inversor de contratos de futuros, de acciones o de opciones ha desembolsado ya el precio de los valores, con lo que se ha cubierto frente a la eventualidad de que se ejerza la opción de compra; espera una subida en su cotización, es decir, compra, a su entender, a precios baratos para entregar en el futuro ◊ *Every long position holder is forced to be an index speculator even though he may have no interest in the index*; V. *short position*), **long purchase** (NEGO compra en largo; compra de productos financieros sin pagarlos porque se espera que su cotización suba ◊ *A long purchase implies having bought a stock, which has a positive outlook, without having paid for it*), **long sale** (NEGO venta de acciones en mano), **long straddle** (NEGO riesgo compensado largo; se da al tomarse una posición larga tanto en una opción de compra –*call*– como de venta –*put*– ◊ *A long straddle consists of buying an at-the-money call and put with the same expiration date*; V. *straddle*), **long-term debt** (NEGO deuda a largo plazo; obligación con vencimiento superior al año), **long-term debt/capitalization** (FIN capitalización o deuda a largo plazo; indicador de apalancamiento financiero –*financial leverage*–, se calcula al dividir la deuda a largo plazo por la suma de dicha deuda más el valor de las acciones preferentes y ordinarias), **long-term debt ratio** (FIN relación de endeudamiento a largo plazo), **long-term debt to equity ratio** (FIN relación de endeudamiento a largo plazo con el valor de los títulos de los accionistas), **long-term equity anticipation securities leap** (OPC opciones a largo plazo negociadas en el *Chicago Board Options Exchange*), **long-term financial plan** (FIN/FUT plan financiero a largo plazo; cubre más de dos años de inversiones en futuros), **long-term investor** (NEGO inversor a largo plazo), **long-term liabilities** (FIN pasivo a largo plazo; V. *short-term liabilities; deferred liabilities*), **long-term notes** (FIN pagarés a largo plazo), **long term option** (OPC opción a largo plazo ◊ *A long-term option may reduce the need to roll in and out of options, with attendant commission costs, as would be required with regular-term options*)].

look *n/v*: GRAL mirada, vistazo; análisis, examen; mirar, parecer, vigilar; V. *glance, gaze, watch; examine, inspect, observe*. [Exp:

lookback option (OPC opción retrospectiva; se trata de una opción europea de compra o de venta que faculta a su tenedor en el tiempo que dure su vigencia –*life*– a comprar o vender el activo subyacente –*underlying asset*– al mejor precio logrado por la opción ◊ *A lookback option has a very nice return, but the lookback is very expensive*), **lookback option with strike** (OPC opción retrospectiva con ejercicio; en ella entra en juego el precio de ejercicio –*strike price*–; en el caso de una opción de compra –*call*– su tenedor puede conseguir la diferencia entre el precio máximo alcanzado por el activo subyacente durante la vida de la opción y el precio de ejercicio, y si la opción es de venta –*put*– la diferencia que puede recibir su tenedor es la existente entre el precio de ejercicio y el mínimo del activo alcanzado durante la vida de la opción), **lookback price** (FIN precio retrospectivo de un activo financiero), **looking for** (NEGO sondeo; indica un interés por comprar al solicitar a un agente –*dealer*– que ponga a la venta un determinado valor –*offer stock*–; V. *in touch with*)].

loophole *n*: DER vacío legal; laguna en las leyes o reglamentos.

lots *n*: NEGO lote, porción, parte; bloques de acciones que se negocian en un determinado tiempo, generalmente al mismo precio ◊ *When the session closed, the dealer had traded 100 million in five lots of ten and two of twenty five*; V. *batch, group, parcel*.

low *a/n*: NEGO precio más bajo ◊ *IBM will sell 1000 with a fourth low*; V. *fall back; stage a rally; not-held; top*. [Exp: **low-coupon bond refunding** (NEGO reembolso de un bono de cupón bajo; generalmente por otro de mayor interés), **low grade** (BON bono de categoría inferior; B o inferior), **low-pitched offers** (NEGO ofertas de precios bajos; generalmente de materias primas), **low price** (NEGO precio bajo, barato; precio más bajo obtenido por una acción en una sesión), **low-yield bond** (BON bono de bajo rendimiento), **lowest bidder** (NEGO licitante o postor que presenta la oferta más baja ◊ *The ultimate selling price comes from the lowest bidder whose offer is still high enough to make it into the winner's circle*)].

lump sum *n*: FIN precio, suma global; tanto alzado, monto global.

LYON *n*: OBL V. *liquid yield option note*.

M

M¹ *n*: FIN/VAL quinta letra del código de símbolos del *NASDAQ* empleado para indicar que se trata de la cuarta categoría de las acciones preferentes de una mercantil. [Exp: **M²** (BON/VEN obligaciones vencidas; en los listados de la prensa especializada aparecen bajo la M de *matured bonds*)].

M-1, M-2 and M-3 *n*: FIN V. *money supply*.

macaroni defense col *n*: FIN/SOC/VEN defensa macarrón; táctica empleada por una mercantil sometida a una OPA hostil –*hostile takeover bid*– consistente en la emisión de un gran número de bonos que habrán de amortizarse a un valor superior si la empresa es absorbida ◊ *The «macaroni defense» is where a raided company issues a large quantity of bonds. Just like cooking macaroni, their redemption price «expands» with the intensity of the takeover effort.*

Madrid *n*: GRAL Madrid. [Exp: **Madrid Interbank Offered Rate, MIBOR** (FIN MIBOR; tipo de interés ofertado por el mercado interbancario de Madrid; tipo medio del interbancario ◊ *The new exchange launched an option on three-year treasury bonds and added an option on three-month MIBOR in October 1990*; V. *LIBOR, PIBOR*), **Madrid Stock Exchange** (INST Bolsa de Madrid)].

magic of diversification *fr*: FIN diversificación mágica; reducción del riesgo de una cartera sin merma en los beneficios previstos ◊ *The risk of an individual asset is of little importance to the investor; what matters is its contribution to the portfolio's risk as a whole. This is the magic of diversification*; V. *Markowitz diversification*.

maintenance *n*: GRAL mantenimiento; guarda, custodia; conservación; cuidados; V. *care, conservation, control; management*. [Exp: **maintenance call** (FIN petición de mantenimiento; solicitud de más fondos o valores cuando la cuenta de margen –*margin account*– cae por debajo del nivel exigido ◊ *If the stocks drop a lot, there could be a maintenance call, and what would have been your equity can evaporate overnight*), **maintenance fee**

(AG VAL comisión de mantenimiento; pago anual devengado a las agencias de valores por el mantenimiento de cuentas), **maintenance margin** (FUT depósito de mantenimiento; cantidad que forma parte del depósito de garantía –*margin*– que no puede emplearse al tratarse del saldo mínimo autorizado por un intermediario a un inversor para mantener una cuenta de futuros; V. *forward margin, margin, margin call, initial margin; security deposit*)].

majority *n*: FIN mayoría, mayoritario. [Exp: **majority interest** (SOC interés mayoritario), **majority shareholding** (SOC participación mayoritaria), **majority shareholder** (SOC accionista mayoritario, núcleo duro; controla más de la mitad de las acciones de una sociedad; V. *controlling shareholder*), **majority voting** (FIN votación mayoritaria)].

make *n*: GRAL marca, modelo; hacer, fabricar; V. *conceive, fabricate, manufacture; design, model*. [Exp: **make a bid** (FIN presentar una oferta, pujar, licitar), **make a market** (FIN crear mercado; las agencias de valores crean mercado al ofrecer y comprar valores e instrumentos financieros), **make whole provision** (FIN/BON cubrir todo; se refiere a la suma global pagada al ejercer la opción de venta de un bono –*call bond*– ◊ *The make-whole provision reimburses holders for lost coupon payments if the issue is called early*)].

Malaysia Commodity Exchange *n*: INST Mercado de materias primas de Malasia.

manage *v*: FIN dirigir, gestionar, administrar, controlar, planificar; V. *administer, control, direct, execute, oversee*. [Exp: **managed account** (FIN cuenta gestionada), **managed float** (FIN flotación dirigida o sucia –*dirty float*–; estrategia de control de los cambios de divisas por parte del banco central para reducir las fluctuaciones monetarias ◊ *Indonesia proposed a managed float for the rupiah, which has slipped again in recent weeks*), **management** (FIN gestión, administración, gerencia; V. *portfolio management*), **management buying** (FIN/SOC compra manteniendo la gerencia; adquisición de una empresa interesante conservando la dirección anterior aunque situando representantes propios en el consejo de administración –*board of directors*–), **management buyout, MBO** (FIN/SOC compra de una empresa por sus ejecutivos; suele tener un carácter de compra apalancada –*leveraged buyout*–), **management/closely held shares** (VAL acciones de la gerencia; V. *founder's shares*), **management fee** (FIN comisión de gestión o administración; V. *arrangement fee, front-end fees*), **management of portfolio** (VAL gestión de cartera de valores; V. *portfolio investments*), **manager[ess]** (FIN gerente, director[a]), **managing board** (FIN junta directiva), **managing director** (FIN director general), **managing shareholder** (FIN accionista gerente), **managing underwriter** (FIN director de una emisión de valores ◊ *The managing underwriter usually supports the company in the financial community after the* *offering by making a market in the company's stock*; V. *syndicate manager*)].

mandatory *a*: GRAL mandatario; preceptivo, obligatorio; V. *compulsory, essential, imperative, obligatory*. [Exp: **mandatory convertibles** (FIN deuda subordinada convertible en acciones de forma obligatoria), **mandatory redemption schedule** (FIN/VEN plazos preceptivos de amortización; plazos de pagos de fondos acumulativos –*sinking fund payments*–), **mandatory redemption value** (VEN valor preceptivo de amortización; V. *redemption value*)].

manipulation *n*: FIN manipulación; negociación ilegal de un valor para dar una falsa impresión de actividad y atraer así a otros inversores ◊ *Small investors, who are often the victims of manipulation, need to be protected. The stock market, with so much speculation, is like a casino*; V. *market rigging*.

margin[1] *n*: FIN margen; diferencia entre el precio de compra y el de venta; también se denomina *gross margin* o *profit margin*; V. *spread, security deposit*). [Exp: **margin**[2] (NEGO/FUT depósito de garantía; fianza –*collateral*–; cantidad pagada por un cliente cuando utiliza el crédito de un corredor –*broker's loan*– para comprar un valor; depósito en un contrato de futuros; anticipo al intermediario –*agent*– para comprar valores o contratos de futuros; acción pagada en parte por medio de un anticipo; V. *collateral; order to a broker; forward margin, maintenance margin, margin call, initial margin, buying on margin, additional margin; premium requirement; security deposit, securities account*), **margin account** (FIN cuenta de margen o de garantía; cuenta que permite la compra de valores mediante dinero en efectivo y en préstamo; V. *cash account; close out; minimum maintenance; carrying charges*), **margin agreement** (FIN acuerdo de fianza o margen), **margin buying** (FIN mercado a crédito; adquisición de valores pagando sólo una parte de su valor ◊ *Many investors in the stock market practice buying on margin, that is, buying stock on credit*), **margin call** (FIN demanda de cobertura suplementaria; aporte de más fondos debido a una fluctuación negativa en los precios; exigencia de reposición del margen por estar la cuenta del cliente por debajo del nivel mínimo de mantenimiento; V. *initial margin; maintenance margin; security deposit; forward margin*), **margin department** (FIN departamento de garantías; sección de una agencia de valores encargada del seguimiento de las cuentas de margen de sus clientes), **margin requirement** (FIN depósito mínimo exigido en las compras al margen), **margin security** (VAL acción que puede negociarse en una cuenta de margen ◊ *If the security being purchased is a margin security, the creditor must register*), **margin transaction** (NEGO operaciones a crédito; V. *margin buying*), **margining** (FIN compra de títulos a crédito; se paga sólo una parte de su importe ◊ *It's just a matter of time that the bull market and all that excessive* *trading and margining goes into decline*; V. *cross-margining, margin buying*)].

marginal *a*: FIN marginal, mínimo, insignificante; V. *insignificant, minimal, nonessential*. [Exp: **marginal buyer** (FIN comprador con límite; V. *marginal seller*), **marginal rate** (FIN tipo marginal; se aplica en las subastas de bonos o Letras del Tesoro), **marginal seller** (FIN vendedor con límite máximo de precio; V. *marginal buyer*), **marginal trading** (NEGO operaciones con margen ◊ *Many securities have been witnessing marginal trading in the last months*; V. *buying on margin*)].

mark *n/v*: GRAL marca, señal; marcar, señalar, fijar; V. *address, distinguish, indicate; brand, label; fix, tag*. [Exp: **mark-to-market** (FIN/NEGO fijar al precio de mercado; procedimiento de ajuste del valor de una acción en circulación –*book value*– al valor de mercado –*market value*– ◊ *A position trader who makes the mark-to-market election loses the ability to do year-end tax planning by selling losers and holding winners*), **markdown** (FIN/BON reducción, descuento; cantidad que se resta del precio de venta de un valor a un intermediario en el mercado secundario –*OTC market*–; también se refiere a la rebaja del precio de los bonos municipales si el mercado no muestra demasiado interés por adquirirlos; V. *dealer's spread*), **marked-to-market** (FUT según mercado; acuerdo por el cual se fijan diariamente los beneficios y pérdidas de un contrato de futuros), **marking up or down** (FIN subida o bajada; suma que el intermediario añade o descuenta de un valor según la oferta y la demanda del mismo ◊ *Their revenue comes from cash derived from selling out of investments and from marking up or down the value of their investments each quarter*)].

market *n/v*: MER mercado, Bolsa; valor de mercado; vender o poner en venta; lanzar al mercado; V. *bull/bear market; forward market; market-maker*. [Exp: **Market and Trading Information System, MANTIS** (INST Sistema de Información de la Bolsa de Londres que permite la ejecución automática de transacciones), **market, at** (NEGO a mercado; orden de compra o venta de valores al precio de mercado del día; V. *limit order*), **market-book ratio** (FIN coeficiente valor de mercado o de circulación; precio de una acción obtenido al dividir su precio de mercado por el de su circulación ◊ *We are particularly interested in how past profitability, past stock returns and the market/book ratio affect the issuing decision*), **market breadth** (MER volumen de contratación de un mercado ◊ *Market breadth was negative, with decliners outpacing advancers by 18 to 13*), **market break** (FIN V. *break*), **market capitalization** (MER capitalización bursátil; valor de mercado de todas las acciones emitidas), **market capitalization rate** (MER tasa de capitalización bursátil; beneficio estimado de un valor), **market clearing** (MER desatascamiento del mercado; medidas dirigidas a impulsar el mercado mediante cambios en las cotizaciones que buscan el equilibrio entre compradores y vendedores ◊ *Eventually there will be a lower market clearing price, the price where buyers simply can not resist the opportunity*), **market conversion price** (MER precio de conversión de mercado; precio pagado por un valor como resultado de adquirir un título convertible –*convertible security*– y ejercitar la opción de conversión; V. *conversion parity price*), **market cycle** (MER ciclo de mercado; periodo de tiempo comprendido entre los dos máximos y mínimos más recientes del *S&P 500* para indicar el rendimiento neto de un fondo en dichos periodos), **market external forces** (MER fuerzas externas al mercado; influyen en los precios), **market eye** (MER ojo del mercado; servicio británico de información sobre el comportamiento de los mercados financieros ◊ *Market-Eye Internet provides real-time and delayed prices from the London Stock Exchange and LIFFE*), **market hours** (MER horas de contratación bursátil), **market-if-touched, MIT** (NEGO negociar o ejecutar si se alcanza; orden de compra o de venta si los precios alcanzan un nivel de mercado por debajo o por encima respectivamente del precio especificado ◊ *Buy GM if the price declines to $55 market if touched order*), **market index** (MER índice del mercado; se suele calcular eligiendo unos valores sólidos y aplicándoles un determinado baremo), **market jitters** (MER nervios del mercado; situación de tensión que hace que los inversores compren o vendan, a menudo de manera irracional, produciendo una subida o bajada fuerte en los mercados ◊ *Venture capitalists say the stock market jitters won't necessarily translate into a significant drop-off in their investment activity*), **market letter** (MER boletín de noticias del mercado), **market leader** (FIN empresa líder; valor bursátil importante; V. *blue chip*), **market maker** (MER creador o hacedor de mercados; sociedad de contrapartida; se trata de un intermediario o sociedad instrumental que se encarga de crear un mercado secundario asegurando la oferta y la demanda de un determinado valor de renta fija o variable ◊ *ET plans to buy market maker Dempsey & Company for US$173.5 million in cash and stock*; V. *agent, dealer, make a market, specialist*), **market model** (MER modelo de mercado; se emplea para fijar el rendimiento –*return*– de un valor tomando en consideración la cartera teórica de mercado –*market portfolio*–, la aceptación del valor –*security's responsiveness*– y las condiciones específicas de la mercantil que lo emite; V. *capital asset pricing model, CAPM, modern portfolio theory; single-index model*), **market order, at the** (MER V. *market order*), **Market-On-Close order, MOC** (NEGO orden de compra o de venta al cierre ◊ *Under current New York Stock Exchange rules, a market on close order is assured of execution at the closing price if it* *is entered by a certain time*), **market opening** (MER apertura de los mercados; inicio de la sesión bursátil), **market order** (NEGO orden al mercado; orden de compraventa de un valor al mejor precio; en dichas órdenes no se pueden añadir restricciones del tipo «colocación todo o nada» –*all or none AON*– u «orden válida hasta su cancelación» –*good 'til cancelled order GTC*–; V. *limit order*), **market order go along** (NEGO V. *percentage order*), **market out clause** (NEGO cláusula de salida del mercado; clásula que permite al suscriptor de una emisión de acciones liberarse de su compromiso si la cotización de la acción es negativa ◊ *Many underwriting agreements contain a market out clause that mitigates the firm commitment nature of the underwriters' obligation*), **market overhang** (NEGO retardo del mercado; situación en la que se pospone la venta de un valor porque las condiciones del mismo, sometido a una fuerte presión vendedora, harían que su valor cayera ◊ *The company engaged in manipulative conduct in order to increase or stabilize the prices of the stocks against market overhang*), **market penetration/share** (MER cuota o penetración de mercado), **Market Performance Committee, MPC** (MER Comité de Análisis del Mercado; creado por la Bolsa de Nueva York se encarga de la vigilancia de los participantes en dicho mercado en su afán por mantener el mercado en orden y con precios justos), **market portfolio** (MER cartera teórica de mercado; recoge todos los títulos que cotizan en Bolsa con su valor de mercado y peso relativo en el mismo ◊ *The S&P 500 is commonly used as a proxy for the market portfolio*), **market price** (MER cambio o precio de mercado; último precio de cotización de un valor), **market price of risk** (MER precio de riesgo de mercado; medida del riesgo que un inversor quiere correr a cambio de un incremento en los rendimientos; relación riesgo-beneficio de una cartera teórica de valores; V. *market risk, market risk premium*), **market return** (FIN rendimiento de una cartera teórica de valores –*market portfolio*–), **market rigging** (MER manipulación o maniobra bursátil ◊ *SA Breweries may have been victim of market rigging in a phantom bid*; V. *rigged market*), **market risk** (MER riesgo de mercado), **market risk premium** (MER prima por riesgo de mercado), **market sectors** (MER sectores de mercado; clasificación de bonos según la naturaleza del emisor), **market segmentation theory** (FIN teoría de segmentación de mercado; teoría que sostiene que la curva de rendimiento de un valor –*yield curve*– viene determinada por la ley de oferta y demanda del mismo; para los mercados de interés, sostiene que los mercados a corto y a largo plazo son distintos y actúan con total independencia; también se denomina *preferred habitat theory*), **market sweep** (MER/SOC barrido de mercado; oferta que sigue a una OPA –*tender offer*– que permite al ofertante el control de la empresa al pagar un precio superior al de la OPA), **market timer** (NEGO oportunista del mercado; se aprovecha de los vaivenes del mismo ◊ *A market timer jumps in and out of the market, based on readings of historical market cycles, current market sentiment, volume and price trends*), **market timing** (MER sensibilidad inversora; habilidad para invertir en Bolsa), **market timing costs** (MER costes de oportunidad de mercado; costes originados por la variación del precio de un valor ocurrida en el periodo de negociación del mismo y por causas ajenas a dicho valor), **market-to book ratio** (MER relación entre el precio contable de una empresa y el del mercado bursátil), **market tone** (MER tono o tónica del mercado), **market upheaval** (MER sacudida del mercado ◊ *Finance Ministry officials also indicate the latest stock market upheaval has put a freeze until November on government plans*), **market value** (MER valor de mercado; precio de compra o de venta de una acción; valor de una empresa resultado de multiplicar el número de acciones de la misma por su valor de mercado; V. *face value; actual value*), **market value-weighted index** (FIN índice ponderado de valor de mercado; índice de un grupo de valores consistente en calcular la media de sus rendimientos con su peso proporcional en el valor de mercado), **marketability** (FIN comerciabilidad, negociabilidad; capacidad de un valor para ser vendido con facilidad en el mercado secundario), **marketable securities** (VAL títulos negociables, valores mobiliarios, valores transferibles ◊ *Short-term investments or marketable securities are current assets readily convertible to cash*; V. *securitization*), **marketed claims** (FIN/DER derechos negociables; derechos sobre bonos o acciones que pueden comprarse o venderse en los mercados financieros ◊ *The firm has two types of marketed claims outstanding, debt and equity*)].

Markowitz, Harry *n*: GRAL Premio Nobel en economía, creador de la teoría de análisis de la cartera de valores. [Exp: **Markowitz diversification** (FIN diversificación Markowitz; estrategia que busca reducir el riesgo de una cartera de valores –*portfolio*– sin menoscabo de su rendimiento –*yield*–; V. *naive diversification*), **Markowitz efficient frontier** (FIN frontera eficiente de Markowitz; gráfica del conjunto de carteras eficiente de Markowitz –*Markowitz efficient set of portfolios*– que representa el límite de dicho conjunto en la obtención del máximo rendimiento con un determinado riesgo; por encima de dicho límite es imposible conseguir más rendimientos y por debajo se produce el denominado efecto de «cartera eficiente de Markowitz»), **Markowitz efficient portfolio** (FIN cartera eficiente de Markowitz; cartera de valores que obtiene el máximo rendimiento con un determinado riesgo; también se denomina *mean-variance efficient portfolio*)].

married put *n*: OPC opción de venta vinculada; dicha opción se adquiere conjuntamente con su acción subyacente con el fin de protegerse –hedge– de las posibles pérdidas de valor de dicha acción ◊ *Tudor Investment Company established a married-put position by purchasing shares of stock and buying put options that would expire in two weeks for an identical number of shares.*

master *n*: GRAL maestro, original, principal; V. *chief, director, lord, principal, ruler*. [Exp: **master feeder funds** (FON fondo de fondos; instrumentos de inversión colectiva que colocan sus activos en diversos fondos de inversión o *feeders*), **master limited partnership** (SOC V. *partnership*)].

matador *n/a*: FIN matador; denominación que se da en los mercados anglosajones a los productos financieros de origen español. [Exp: **matador market** (MER mercado matador; se refiere al mercado de divisas en España ◊ *Some KTM debt is located in the Matador market*), **matador bond** (BON bono matador; obligación que se emitía en europesetas)].

match *n/v*: GRAL/FIN combate; emparejar, igualar, equilibrar, compensar; casar operaciones; V. *agree, correspond, harmonize; competition, contest, fight*. [Exp: **match fund** (FON/VEN fondo vinculado; se trata de unir un préstamo con un depósito con el mismo vencimiento –*expiration*–), **matched and lost** (FIN echar a suertes; decisión final entre dos agentes de Bolsa que compiten por el mismo negocio para ver quién se hace con él), **matched, matching**

orders (NEGO órdenes igualadas o casadas; participación pareja en el mismo negocio entre dos partes con la misma prioridad en el parqué –*exchange floor*–; a veces son órdenes ficticias cuyo fin es fijar un precio determinado sin que se produzca en realidad un cambio de tenencia de las acciones ◊ *On matched orders, we give you an advantageous price between the price to buy and sell*; V. *market maker; outside of you*)].

materiality *n*: FIN materialidad; influencia de un suceso o información sobre el valor de una acción.

Matif SA *n*: INST Mercado de futuros de Francia.

matrix trading *n*: FIN transacción matriz; trueque de bonos –*swapping bonds*– para beneficiarse de las diferencias de margen de rendimiento –*yield spread*– entre bonos de distinta clase o calificación –*rating*–.

mature *v/n*: FIN/VEN vencimiento, expiración; vencer, expirar; V. *age, conclude, expire, ripe*. [Exp: **matured bonds** (BON/VEN obligaciones vencidas), **matured coupon** (FIN/VEN cupón vencido), **maturities** (FIN/VEN valores vencidos o próximos a vencer), **maturing** (FIN/VEN vencimiento, de próximo vencimiento), **maturity** (FIN/VEN vencimiento; madurez; fecha en que se abona el principal de un bono u obligación ◊ *We offer investment-grade corporate bonds and mortgage-backed securities with maturities greater than one year*; V. *current maturities; yield to maturity; expiration; due date*), **maturity date** (FIN/VEN fecha de vencimiento), **maturity period** (FIN/VEN periodo de exigibilidad), **maturity premium** (FIN/VEN prima de reembolso o rescate; V. *redemption premium*), **maturity spread** (FIN/VEN diferencial de vencimiento ◊ *The risk profile of a fund can, to an extent, be assessed from its maturity spread*), **maturity structure** (FIN/VEN calendario de vencimiento), **maturity value** (FIN/VEN valor al vencimiento; V. *par value*), **maturity yield** (FIN/VEN rentabilidad de un efecto a su vencimiento; V. *redemption yield; yield to maturity*)].

maximum *n*: GRAL/FIN máximo, superior. [Exp: **maximum capital gains mutual fund** (FON fondo de inversión de máxima rentabilidad), **maximum issue yield** (FIN tipo máximo de remuneración)].

May day *n*: NEGO primero de mayo o fecha de liberalización de comisiones; hace referencia al 1 de mayo de 1975, fecha en que se liberalizaron las comisiones que los agentes de Bolsa podían cargar a sus clientes que con anterioridad estaban fijadas por ley.

MBO *n*: FIN V. *management buyout*.

MBSCC *n*: FIN V. *Mortgage Backed Securities Clearing Corporation*.

mean *a/n*: GRAL/FIN medio; promedio, media; V. *average, norm, ratio, standard*. [Exp: **mean return** (FIN V. *expected rate of return* ◊ *The magnitude of the mean return on weekends is between two to five times [200 to 500 per cent] that of ordinary weekends*), **mean-variance analysis** (FIN análisis de varianza de la media; evaluación del riesgo de una inversión teniendo en cuenta el valor calculado y los posibles factores que pudieran alterarlo), **mean-variance criterion** (FIN criterios de varianza de la media; selección de carteras según las medias y varianzas de sus rendimientos), **mean-variance efficient portfolio** (FIN cartera eficiente de varianza de la media ◊ *This resulting portfolio is sometimes referred to as the mean-variance efficient portfolio, i.e. the mix of assets that gets the best return given the investor's preference for risk*; V. *Markowitz efficient portfolio*)].

medium *a/v*: GRAL medio, mediano; instrumento; V. *device, instrument, tool, vehicle*. [Exp: **medium-term bond** (BON/VEN bono a medio plazo; generalmente con un vencimiento entre 2 y 10 años), **medium-term note** (OBL obligación a medio plazo)].

Meff Renta Fija *n*: MER mercado de productos financieros derivados de Barcelona. [Exp: **Meff Renta Variable** (FIN índice de valores y mercado de productos financieros derivados basado en el IBEX-35)].

member *n*: GRAL socio, miembro, afiliado, integrante; V. *affiliated, component, element, fellow*. [Exp: **member firm** (AG VAL agencia afiliada; agencia que opera oficialmente en la Bolsa; en los EE.UU. la afiliación se hace a nombre de un empleado y no de la empresa ◊ *The account protection applies when a NASD member firm fails financially and is unable to meet obligations to securities customers*), **member short sale ratio** (FIN coeficiente de ventas en corto por afiliados; cifra total de valores vendidos en corto por los miembros de la Bolsa de Nueva York dividido por el número total de ventas en corto; dicho coeficiente sirve para analizar las tendencias alcistas o bajistas del mercado), **membership or a seat on the exchange** (MER afiliación o plaza de contratación en la Bolsa; V. *member firm*), **membership shares** (VAL acciones de socio ◊ *At June, the total of all capital accounts in the 35 corporates was $3.8 billion; 47.8 % of it, was from membership shares*; V. *trading shares*)].

menu *n*: FIN menú, relación de ofertas de contratación ofrecidas a un cliente; ◊ *Menu of offerings to a customer buyer - a) 10m @ 24 1/4; b) 25m @ 24 1/2; or c) 50m @ 24 3/4*).

Merc, the *n*: INST Bolsa de Chicago.

Mercato Italiano Futures, MIF *n*: INST mercado de futuros de Italia.

merchant bank *n*: INST/FIN/SUS banco de finanzas; banco especializado en ofrecer servicios financieros como la suscripción de emisiones de valores; adquisiciones y fusiones –*takeovers and mergers*–, gestión de carteras de valores –*portfolio management*–, divisas y otros; también realiza operaciones clásicas bancarias pero con grandes clientes; V. *investment bank, issuing bank*.

merger *n*: GRAL fusión, incorporación de dos o más empresas; V. *alliance, association, consolidation, union*. [Exp: **mergers and brokers** (FIN agencias especializadas en fusiones y adquisiciones de empresas)].

mezzanine *n*: GRAL entresuelo. [Exp: **mezzanine bracket** (FIN/SUS segundo nivel de suscriptores; éstos asumen el nivel intermedio de riesgo –*second participation tier from the top*– en la emisión de nuevos títulos ◊ *In the newspaper tombstone advertisements that announce new securities offerings, the underwriters are listed in alphabetical groups, first the lead underwriters, then the mezzanine bracket, then the remaining participants*), **mezzanine financing** (FIN/SOC financiación de entresuelo; se trata de la financiación añadida a la puesta en marcha de una empresa), **mezzanine level** (FIN/SOC estadio intermedio de una empresa a punto de entrar en Bolsa; en este estadio los inversores de capital riesgo –*venture capital*– hacen su aportación dado el menor riesgo y la alta rentabilidad que esperan ◊ *Mezzanine- level financing seeks to take advantage of equity by providing current return and downside protection in the form of preferred stock or convertible bonds*; V. *seed money*)].

MHSs *n*: VAL V. *Manufactured housing securities*.

middle *a/n*: GRAL medio. [Exp: **mid cap** (FIN capitalización media), **middling stock performer** (VAL valor bursátil de rentabilidad media ◊ *In 2002, there will be some lukewarm recovery in the markets with middling stock gains*; V. *performer*)].

Milan Stock Exchange *n*: INST Bolsa de Milán; se trata del mercado de valores más importante de Italia.

mini *a*: GRAL mini. [Exp: **mini-manipulation** (FIN «minimanipulación»; intervención en el valor suscrito –*underwriting security*– de un contrato de opciones para manipular su precio y conseguir que la opción se convierta en dinero –*in-the-money*– ◊ *With a mini-manipulation strategy, they called their options by buying the underlying security in order to affect the price of the security higher than the exercise price*), **minimax bond** (BON obligación o bono mini-max; se trata de una obligación de interés variable con suelo –*floor*– y techo –*ceiling*–)].

minimum *n*: GRAL mínimo; menudo, insignificante, ínfimo; V. *insignificant, least, lowest, minor*. [Exp: **minimum maintenance** (FIN mantenimiento mínimo; saldo acreedor –*equity level*– mínimo en una cuenta de margen –*margin account*–; V. *margin call*), **minimum price fluctuation** (FUT fluctuación mínima en los precios de un contrato de valores o futuros; V. *point; tick*), **minimum purchases** (NEGO/FON compras mínimas, picotear; en fondos de inversión, cantidad mínima requerida para abrir una cuenta nueva o ingresar en depósito en otra ya existente ◊ *Government T-bills are subject to minimum purchases although you can usually buy smaller amounts through brokers*)].

minor *a/n*: GRAL menor, inferior, secundario; V. *inferior, secondary, subordinate*. [Exp: **minor shareholder** (FIN V. *minority shareholder, small stockholder*), **minority interest** (FIN interés minoritario), **minority shareholder** (FIN accionista minoritario; V. *assenting/non assenting shareholders; minor shareholder*), **minority shareholding** (SOC participación minoritaria en una compañía)].

minus *a/prep*: FIN menos, sin, negativo, desfavorable, deudor, signo [-] que se antepone a un valor para indicar que su cotización es menor que la del día precedente. [Exp: **minus tick** (NEGO venta de un título a precio inferior al de su cotización inmediatamente anterior; en estas ocasiones no se pueden realizar ventas cortas –*short sales*– ◊ *A strong minus tick is an indicator of negative sentiment and suggests the following day may also be weak*; V. *downtick, tick; last sale*)].

MIP *n*: VAL V. *Monthly income preferred security*.

mismatch bond *n*: BON bono asimétrico; bono a interés variable cuya tasa de interés se reajusta de manera más frecuente que su refinanciación –*rollover period*–.

miss the price/market *fr*: NEGO desaprovechar el mercado o la oportunidad; no ejecutar una orden favorable por negligencia del agente ◊ *When the bull market returns, market investors and agents blame themselves when they misjudge the market and miss the market highs.*

mix *n/v*: GRAL mezcla, combinación; mezclar, combinar; V. *amalgamate, blend, combine, mingle*. [Exp: **mixed account** (FIN cuenta mixta; contiene valores de posición larga y corta –*long and short positioned securities*–), **mixed bag** (GRAL/FIN cesta para todos los gustos; cesta o bolsa mixta; contiene valores alcis-

tas, bajistas y neutros ◊ *Ours is a mixed bag of resource stocks listed on the ASX with no commodity dominating*)].
MLP *n*: SOC V. *Master Limited Partnership*.
MMDA *n*: FIN V. *Money market demand account*.
mob spread *n*: FIN diferencial agrupado; alude al margen de rendimiento –*yield spread*– entre un bono municipal exento de impuestos y un bono del Tesoro con el mismo vencimiento.
mock trading *n*: NEGO contratación ficticia; juego de simulación para operar en Bolsa a modo de aprendizaje entre un agente y su cliente ◊ *VirtualStockExchange is a simulated securities broker that provides mock trading of all securities listed on the major U.S. exchanges*.
modern portfolio theory *n*: FIN teoría moderna de cartera; analiza la selección sensata de valores en razón del riesgo y la diversificación; V. *capital asset pricing model; market model*)].
modified *a*: GRAL modificado, rectificado, corregido; V. *adjusted, altered, conformed, corrected*. [Exp: **modified duration** (FIN/BON/VEN vencimiento corregido de un bono; duración corregida), **modified pass-throughs** (FIN/VEN subrogación modificada; garantiza los pagos de intereses y la amortización del principal en el plazo especificado)].
momentum *n*: GRAL/FIN ímpetu; impulso; ritmo de aceleración, tasa de crecimiento; indicador que mide la tasa de variación –*rate of change, ROC*– del precio de un valor; compra de valores aprovechando su buen momento. [Exp: **momentum indicator** (FIN indicador de crecimiento; analiza el índice de subida o bajada de los precios de los valores ◊ *In many stock markets a momentum indicator is designed to generate buy signals*)].
MONEP, Marche des Options Negociables de Paris *n*: INST Mercado de Opciones de París; filial de la Bolsa de París dedicada a la negociación de valores y opciones sobre índices –*index options*–.
monetary *a*: FIN monetario; V. *budgetary, financial, pecuniary*. [Exp: **monetarist** (FIN monetarista), **monetary asset** (FIN activo monetario), **monetary gold** (FIN oro monetario; reservas de oro empleadas por los gobiernos como activos financieros), **monetary indicators** (FIN indicadores monetarios), **monetary squeeze** (FIN restricción monetaria)].
money[1] *n/a*: FIN dinero; monetario, dinerario; V. *easy money, near money, real money, substitute money; legal tender*. [Exp: **money**[2] (MER/NEGO posición dinero; V. *paper*), **money, at the; ATM** (FIN/OPC a dinero; se dice de la opción en la que su precio de ejercicio –*strike price*– es igual al de su activo subyacente –*underlying asset*– ◊ *The short position in Treasury bond futures converts $100,000 of the investment in Treasury bonds into a $100,000 investment at the money market rate*; V. *in the money, out of the money, at the money*), **money-back option** (OPC opción de devolución de la prima si no se

ejerce), **money, for** (FIN en efectivo; V. *The Account, account*), **money broker** (AG VAL cambista, corredor de cambios), **money forward, at the** (OPC/VEN dinero a plazo o «forward»; surge esta situación cuando el precio de ejercicio –*strike price*– de una opción sobre divisas –*foreign currency option*– es igual al precio a plazo o «forward» de dicha divisa en el tiempo que queda hasta su fecha de vencimiento –*expiration date*– ◊ *Since 1993 the Bank of Israel has offered at-the-money-torward, ATMF, options for three and six months respectively*), **money, in the; ITM** (FIN en dinero/valor; se dice de la opción de compra cuyo precio de ejercicio es más favorable que el precio de mercado; es decir, inferior en el caso de la opción de compra –*call*– y superior si se trata de la de venta –*put*– ◊ *T-Bills are the majority of what's traded in the money market*; V. *deep in the money, out of the money, in the money*), **money option, in the** (OPC opción con beneficio probable), **money lender** (FIN prestamista; V. *borrower*), **money manager** (FIN V. *investment manager*), **money management** (FIN V. *investment management*), **money market** (MER mercado monetario o de dinero; en dicho mercado los valores que se negocian son bonos del Tesoro –*treasury bills*– o pagarés –*commercial paper*– de bancos o empresas), **money market account** (FIN cuenta en activos monetarios), **money market fund** (FON fondo de inversión a corto plazo; invierte en pagarés, bonos del Estado o contratos de recompra –*repurchase agreements*–), **money market investment fund** (FON/MER fondo de inversión en activos del mercado monetario), **money market mutual fund** (FON/MER fondo mutuo de inversión en activos del mercado financiero; V. *money market fund*), **money market notes** (OBL/MER obligaciones del mercado financiero; están garantizadas –*collateralized*– por hipotecas y titulizaciones hipotecarias –*mortgage-backed securities MBSs*–), **money market preferred stocks, MMPS** (VAL/DIV acciones preferentes con dividendo vinculado a un índice ◊ *This is a substantial market, at present there are $11 billion in money market preferred stocks outstanding*), **money market rate** (FIN tasa del mercado monetario; tasa de los fondos comunes de inversión), **money, out of the** (FIN fuera de dinero/valor; se dice del momento en que una opción cotiza a un precio desfavorable respecto del mercado; es decir, superior en el caso de la opción de compra –*call*– e inferior si se trata de la de venta –*put*– ◊ *Investors bought out-of-the-money options speculating that they would rise in value and become in-the-money*; V. *out of the money option*), **money position** (FIN posición dinero), **money spot, at the** (FIN/OPC dinero al contado o «spot»; surge esta situación cuando el precio de ejercicio –*strike price*– de una opción sobre divisas –*foreign currency option*– es igual al precio al contado), **money supply** (FIN oferta monetaria)].

monitor *n/v*: AG VAL monitor, controlar; por ejemplo el comportamiento de un agente de Bolsa –*trader*–.

monopsony *n*: FIN monopsonio; situación comercial en la que hay un solo comprador que impone a los vendedores un precio inferior al de referencia ◊ *The government through DoT and others is the biggest buyer and enjoys an effective monopsony*.

month *n*: GRAL mes. [Exp: **month order** (NEGO orden mensual; orden de efectuar una operación bursátil válida durante un mes), **monthly income preferred security, MIP** (VAL acción preferente con ingreso mensual; generalmente emitida en un paraíso fiscal –*tax haven*–)].

Montreal Exchange/Bourse de Montreal *n*: INST Bolsa de Montreal; mercado de valores más antiguo de Canadá; su índice se denomina *XXM Canadian Market Portfolio Index*.

Moody's investors service *n*: FIN/INST Servicio al inversor Moody; agencia privada encargada de clasificar la liquidez y solvencia de bonos y valores.

moral *a*: GRAL moral. [Exp: **moral hazard** (FIN riesgo moral; riesgo de que a la firma de un contrato una de las partes incumpla lo estipulado en el mismo –*breach of contract*– o no vele por su cumplimiento ◊ *Moral hazard increases the chances of a stock market bubble*)].

«more behind it» *fr*: NEGO más detrás; en el contexto de la negociación en Bolsa, dícese de la existencia de más títulos a la venta o compra por parte del mismo vendedor o comprador pero que no quiere revelar para no afectar negativamente su precio ◊ *We're hearing stories about dealers claiming losses and saying this was all they could sell, but surely they had more behind it*; V. *total*.

mortgage *n/v/a*: FIN hipoteca, fianza hipotecaria; hipotecario; hipotecar; V. *advance, credit, guarantee, pledge*. [Exp: **mortgage-backed securities, MBSs** (VAL titulizaciones hipotecarias; títulos con garantía hipotecaria; se trata de paquetes de hipotecas –*mortgage holdings*– convertidas por los bancos en bonos negociables –*marketable bonds*– en el mercado secundario ◊ *U.S. mortgage-backed securities prices were unchanged to weaker late Friday, while spreads of mortgage securities were narrower on strong demand*; V. *asset-backed securities, ABS; cash flow yield; pass-through, paythrough; securitization*), **mortgage bond** (BON bono con garantía hipotecaria; V. *floating debentures; bond debentures; collateral trust bonds; subordinate debenture bond*), **mortgage debenture** (FIN cédula hipotecaria; obligación hipotecaria; V. *fixed debenture; secured debenture; naked debenture*), **mortgage note** (FIN pagaré hipotecario), **mortgage pass-through security** (VAL valor titulizado de fondos de hipotecas; el valor se crea cuando un tenedor de hipotecas forma un fondo de hipotecas –*pool of mortgages*– y vende participaciones del mismo en el mercado secundario ◊ *Our mortgage pass-through securities provide the* *holder with the principal and interest from a pool of individual home mortgages*; V. *pass-through securities*), **mortgage rate** (FIN interés hipotecario), **mortgage securities** (VAL títulos con garantía hipotecaria ◊ *When mortgage prepayment rates are high, reflecting declining interest rates, mortgage securities have a shorter life and therefore require less hedging*), **mortgageable** (FIN hipotecable), **mortgagee** (FIN acreedor hipotecario), **mortgager/mortgagor** (FIN deudor hipotecario)].

Moscow Interbank Currency Exchange, MICEX *n*: INST Mercado Interbancario de Divisas de Moscú; se trata del mejor mercado financiero de Rusia.

most *a*: GRAL más. [Exp: **most active list** (FIN lista de valores más activos; incluye los valores más negociados del día), **most distant futures contract** (FUT último contrato de futuros; se refiere al último contrato de futuros que se firma en un grupo de contratos; V. *nearby futures contract*)].

moving average *n*: FIN media variable; se aplica a la media de un valor calculada tras unos días o incluso años de comportamiento en los mercados ◊ *Mutual funds and institutions use a stock's 50-day moving average to add to their positions.*

MPT *n*: FIN V. *modern portfolio theory*.

MSCI *n*: FIN V. *Morgan Stanley Capital International*.

MTN, Medium Term Notes *n*: OBL obligaciones a medio plazo.

multi- *pref*: GRAL multi, múltiple. [Exp: **multi-currency clause** (FIN cláusula multidivisa; cláusula de un europréstamo que permite al prestatario –*borrower*– cambiar de divisa), **multi-currency loans** (FIN préstamos multidivisa), **multi-currency stock** (VAL acción multidivisa ◊ *Your customers can create, modify, and display a personal multi-currency stock portfolio containing stocks from the UK, US, Germany, France and other countries*), **multi-index option** (OPC opción multi índice; los rendimientos del valor –*stock yields*– están condicionados a distintos índices bursátiles), **multi-option financing facility** (OPC instrumento financiero multi opción; se trata de un crédito sindicado –*syndicated loan*– que incorpora opciones), **multi-period immunization** (FIN inmunización multi periodo; se trata de una estrategia de cartera –*portfolio strategy*– según la cual se crea una cartera capaz de satisfacer sus obligaciones pese a las modificaciones que pueda haber en las tasas de interés), **multi-tranch tap notes** (BON/VEN pagarés o bonos del Tesoro de libre disposición y con varios tramos de vencimiento; V. *tap*)].

multiple *a/n*: GRAL múltiple; múltiplo; V. *many, numerous, various*. [Exp: **multiple asset performance, MAP** (FON gestión de fondo de renta fija en el que entran opciones y futuros), **multiple currency option bond** (BON bono u obligación con opción de cambio de divisa), **multiple placing agency** (AG VAL agente de colocación múltiple; V. *sole placing agency*), **multiple listing** (NEGO listado múltiple; acuerdo por el cual se otorga a un agente, miembro de una entidad que cotiza con una lista amplia de valores, unos derechos exclusivos de contratación y la obligación de distribuir la lista de los valores negociados –*traded stock list*– a otros agentes ◊ *Amex has been a big winner in the multiple listing of equity options*)].

municipal *a*: GRAL municipal. [Exp: **municipal bond** (BON bonos municipales o del Estado; bonos emitidos por las autoridades locales o nacionales para la financiación de obras de carácter público o social; el interés percibido suele estar libre de impuestos –*tax-free interest*–), **municipal improvement certificate** (BON bono o certificado de fomento municipal; utilizado por los ayuntamientos para la financiación de proyectos municipales, suele estar exento del pago de impuestos), **Municipal Investment Trust, MIT** (FIN Consorcio de Inversión Municipal; consorcio que compra bonos municipales, manteniéndolos hasta su vencimiento), **municipal notes** (OBL obligaciones municipales a corto plazo; emitidas con antelación a la percepción de impuestos; ingresos por la emisión de bonos, etc. ◊ *Tax-free money market funds invest exclusively in short-term municipal notes and bonds*), **municipal revenue bond** (BON bono municipal de rentas; bono emitido para financiar un proyecto público y que se costea con las rentas obtenidas por dicho proyecto)].

mutilated security *n*: VAL título mutilado; certificado en el que es imposible identificar el nombre de la emisión o del emisor ◊ *Any mutilated security or a security with a mutilated coupon will be replaced by the Company at the expense of the Holder upon surrender of such security to the Trustee*.

mutual *a*: GRAL mutuo, recíproco; V. *bilateral, concerted, reciprocal, shared*. [Exp: **mutual association** (FIN sociedad mutua; mutua; asociación de ahorro que se organiza a modo de cooperativa cuyos partícipes adquieren acciones, toman decisiones y se reparten los beneficios en forma de dividendos), **mutual fund** (FON fondo de inversión colectiva; se trata de fuentes de dinero que gestionadas por sociedades de inversión –*investing companies*– suelen tener diversos objetivos; oscilan desde la inversión conservadora destinada a mantener e incrementar lentamente el capital de sus suscriptores hasta la inversión agresiva en sectores económicos innovadores que pueden generar elevados rendimientos pero que también tienen un gran riesgo; cotizan diariamente en Bolsa y están constituidos por unidades participativas –*units*–; en el Reino Unido se denominan *unit trusts*; V. *open-end fund, closed-end fund; open-end investment companies; equity mutual funds*), **mutual fund custodian** (FON/INST banco custodio de los títulos de un fondo de inversión ◊ *State Street Bank is a Boston-based bank that dominates the mutual fund custodian bank business*), **mutual savings bank** (FIN mutua de ahorros)].

N

naive diversification *n*: FIN diversificación «naif»; inversión en distintos activos con la esperanza de que la varianza –*variance*– o discrepancia de la rentabilidad esperada disminuya ◊ *Many market participants use naive diversification strategies in making their portfolios*; V. *Markowitz diversification*.

naked *a*: GRAL desnudo; descubierto; V. *covered*. [Exp: **naked bond** (BON bono u obligación sin seguro; V. *unsecured bond*), **naked call option** (OPC opción de compra al descubierto o sin el respaldo del correspondiente activo subyacente; V. *covered option; naked option*), **naked call writing** (FIN venta en descubierto, compromiso –*writing*– de adquirir una opción de compra –*call option*– que no se posee ◊ *It is quite risky to write naked calls, since the price of the stock could zoom up and you would have to buy it at the market price*; V. *naked writing; covered call writing strategy*), **naked debenture** (OBL obligación sin garantía prendaria; V. *unsecured bond/debenture*), **naked option** (OPC opción al descubierto o sin el respaldo de correspondiente activo subyacente; V. *naked call option; covered option; selling short, writing naked*), **naked option strategies** (OPC estrategias de opción al descubierto; pueden ser: de compra larga –*long call*– o corta –*short call*– y de venta larga –*long put*– o corta –*short put*–; V. *covered option strategies*), **naked position** (FIN posición al descubierto o no respaldada por activos ◊ *If the price of a call does not fall but rises the seller is caught in a naked position, and must sustain the loss by buying at the higher price*), **naked warrant** (BON/SUS derecho especial de suscripción al descubierto del bono original), **naked writing** (BON venta de opciones en descubierto; V. *naked call writing*)].

name *n/v*: GRAL nombre; llamar, nombrar, designar, denominar; V. *call, label, term; assign, nominate*. [Exp: **name a price** (NEGO poner o fijar un precio o la cotización), **Name Day** (FIN día de intercambio de nombres; también llamado día de los boletos o *Ticket Day*; es el segundo día de la fase de liquidación de acciones –*the settlement*–, la cual comprende los últimos cinco días de la quincena de contratación bursátil a cuenta o a crédito –*account period* –; en el día del intercambio de nombres, el corredor de Bolsa entrega a los vendedores los boletos –*tickets*– en los que figuran los datos de los compradores de la quincena), **name-ticket** (NEGO V. *Name Day* ◊ *A contract note and a name ticket will be sent to the address of the first- named holder; no unit certificates will be issued*)].

narrow *a/v*: GRAL estrecho, reducido, escaso; reducir, estrechar, limitar; V. *confined, limited, restrictive, restricted*. [Exp: **narrow market** (MER mercado escaso; con escaso volumen de contratación), **narrower-range investment** (FIN inversiones de gama estrecha; valores de inversión obligatoria para ciertos fondos e instituciones; también se llaman inversiones de fideicomiso –*trustee investments*– o inversiones legales –*legal investments*–; son inversiones en valores muy seguros, en las que, por ley, deben invertirse el 50 % de ciertos fondos de inversión; V. *wider-rage investment*)].

national *a*: GRAL nacional. [Exp: **National Association of Securities Dealers, NASD** (INST Asociación Nacional de Operadores en Valores o Bolsa de los Estados Unidos), **National Association of Securities Dealers Automatic Quotation System, NASDAQ** (FIN Sistema de Negociación Automatizada de la Asociación Nacional de Operadores en Valores o Bolsa de los Estados Unidos; sistema informatizado de cotización de los valores principales negociados en el mercado extrabursátil o secundario –*over-the-counter market*–; V. *SOES, A shares*), **NASDAQ small capitalization companies** (FIN empresas de pequeña capitalización incluidas en el NASDAQ; grupo de unas 2000 sociedades que se listan individualmente en el sistema NASDAQ), **NASDAQ stock market** (MER Bolsa electrónica de Nueva York; abarca más de 5000 sociedades cotizadas –*listed*– y engloba dos mercados; por un lado el Mercado Nacional NASDAQ –*NASDAQ National Market*– que negocia títulos de grandes compañías y el Mercado de la Pequeña Capitalización NASDAQ –*NASDAQ Smallcap Market*– que opera con títulos de pequeñas empresas emergentes; el NASDAQ se ha convertido en el mercado de referencia de los valores y empresas tecnológicas), **national debt** (FIN deuda pública; compuesta por bonos, obligaciones y letras del Tesoro y otros instrumentos de deuda –*debt instruments*–), **National Futures Association, NFA** (INST/FUT Asociación Nacional de Futuros de los EE.UU.), **national market** (MER mercado nacional o interno; V. *internal market*), **National Market System, NMS** (MER Sistema del Mercado Interior; sistema de cotización de valores en el mercado secundario; ofrece a los inversores una información detallada sobre precio, volumen, rentabilidad, disponibilidad, etc., de los valores incluidos en el sistema), **National Quotation Bureau** (INST Oficina Nacional de Cotizaciones; servicio que publica las ofertas y precios de las sociedades de contrapartida –*market makers*– en las transacciones del mercado extrabursátil o secundario), **National Savings Income Bonds** (BON pagarés del Tesoro sin deducción en origen), **National Savings Certificates** (BON bonos de ahorro nacional; pertenecen a un grupo de títulos emitido por el Tesoro norteamericano para pequeños inversores ◊ *National Savings Certificates can be nice little earners in certain circumstances*), **national savings securities** (VAL títulos emitidos por el Tesoro norteamericano para pequeños inversores), **National Securities Clearing Corporation, NSCC** (INST Sociedad Nacional [estadounidense] de Compensación de Valores; se dedica a la compensación entre agencias de valores, Bolsas y demás mercados financieros)].

natural *a*: GRAL natural; normal, regular; V. *adequate, convenient, genuine, logical, reasonable*. [Exp: **natural hedge** (FIN cobertura natural; referido a las estragegias adoptadas por las empresas para protegerse de determinados riesgos ◊ *Companies with hard assets and net cash are a natural hedge against an inflationary spiral*), **natural person** (FIN/DER persona física)].

near money *n*: FIN quasidinero; V. *substitute money, real money*.

nearby *adv*: FIN/FUT cercano; referido al mes más reciente o cercano en un mercado financiero o de futuros; V. *deferred futures*). [Exp: **nearby futures contract** (FUT contrato de futuros cercano; se refiere a la fecha de acuerdo más cercana de un contrato de futuros cuando se están negociando varios a la vez; V. *most distant futures contract*), **nearby[est] month** (FUT/OPC mes más próximo; se trata de la fecha de caducidad más próxima a la presente de un futuro u opción)].

«need the tick» *fr*: FIN necesito el punto; se dice cuando es preciso alcanzar el valor mínimo de negociación [1/8] para cumplir con la normativa que regula los criterios de contratación de determinados títulos ◊ *I told my trader to short 10,000, using a 70-and- change low «need the tick,» which means I need an uptick, or a buyer of the stock above the last sale*.

negative *a/n*: GRAL negativo; V. *adverse, contrary, detrimental, unfavourable*. [Exp: **negative bubble** (FIN burbuja negativa; desviación especulativa a la baja del precio de un activo, respecto de su valor lógico, motivada por perspectivas de futuro poco claras ◊ *A bubble is an upward price movement over an extended range that then implodes, and an extended negative bubble is a crash*; V. *bubble*), **negative convenant** (BON garantía negativa; se aplica a un bono en el que quedan limitadas o prohibidas ciertas acciones sin el consentimiento de sus tenedores –*holders*–), **negative pledge clause** (BON cláusula de garantía negativa; garantía de un bono que exige al prestatario otorgar garantías al prestamista), **nega-**

tive yield curve (FIN curva de rendimientos invertidos; se trata de la situación en la que los rendimientos –*yield*– de un valor a corto plazo superan a los de otro a largo plazo ◊ *The US may have short term interest rates higher than long term rates which causes a negative yield curve*)].

neglect *n/v*: GRAL descuido, negligencia; descuidar, infravalorar, desatender; V. *deceive, disdain, ignore, omit, overlook*. [Exp: **neglected securities** (VAL acciones infravaloradas por los inversores), **neglected firm effect** (FIN efecto de las empresas infravaloradas; se refiere a la circunstancia de que empresas desdeñadas por los analistas financieros obtienen mejores resultados que otras más favorecidas ◊ *The neglected firm effect has been linked in many studies to the small firm effect*)].

negotiate *v*: NEGO negociar; gestionar, discutir; V. *arrange, bargain, contract; discuss*. [Exp: **negotiable** (NEGO negociable, transferible, transmisible; generalmente referido a valores y activos mobiliarios), **negotiable bill** (FIN letra de cambio negociable), **negotiable instrument** (FIN instrumento negociable), **negotiable order of withdrawal, NOW** (FIN orden negociable de retirada; cuenta corriente que devenga intereses), **negotiable paper** (VAL efectos negociables), **negotiable securities** (VAL títulos negociables; valores mobiliarios ◊ *Negotiable securities under this heading include government bonds, corporate stocks and bonds and other securities*), **negotiated certificate of deposit** (FIN certificado de depósito negociado; se trata de un certificado de depósito por una cantidad elevada que puede venderse pero no cobrarse antes de su vencimiento –*expiration*–), **negotiated commission** (NEGO comisión negociada; comisión variable y dependiente del tipo de operación realizada por el agente –*broker*–), **negotiated markets** (NEGO/MER áreas de negociación de mercados; áreas en las que cada transacción se negocia por separado entre comprador y vendedor), **negotiated offering** (NEGO/SUS oferta negociada; oferta de acciones en la que se negocian los terminos de la emisión entre el ofertante –*issuer*– y el suscriptor –*underwriter*– ◊ *Our issues can be arranged on either a competitive or negotiated offering*), **negotiated sale** (NEGO venta negociada; venta de acciones en la que los términos de la venta se negocian por anticipado y no se someten a la ley de la oferta y la demanda), **negotiated underwriting** (NEGO/SUS suscripción negociada; compra acordada en el precio de una emisión de acciones ◊ *The negotiated underwriting process generally assures that the bonds will find buyers, but does not necessarily result in the most advantageous pricing*)].

NEO *n*: OPC abreviatura de *non-equity options* u opciones sin títulos; son opciones sobre divisas, emisiones de deuda, mercaderías –*commodities*– e índices bursátiles –*stock indexes*–.

net *a*: neto, líquido; V. *earnings, gains, revenue, return*. [Exp: **net**

assets (FIN activos netos; resultan de restar al total de los activos las deudas a corto y largo plazo –*current liabilities and long-term liabilities*–), **net asset value, NAV** (FON valor neto del activo; se refiere al valor de la inversión en fondos teniendo en cuenta las oscilaciones del mercado –*market fluctuations*–), **net capital requirement** (FIN requisito de capital neto; exigencia de la Comisión de Valores –*SEC*– estadounidense de que las agencias de valores mantengan una relación entre endeudamiento o pasivo –*indebtedness*– y líquido de 15 a 1), **net change** (FIN variación neta; se refiere a la diferencia entre el valor de cierre de una acción de un día a otro), **net dividend per share** (DIV dividendo neto por acción ◊ *The directors of the group in 1998 increased the net dividend per share to 5c7, an increase of 5.55 per cent over 1997*), **net float** (FIN efectivo neto; suma del efectivo –*disbursement*– y de los intereses que se pueden perder en el cobro de un cheque –*collection float*–), **net income per share of common stock** (FIN V. *earnings per share*), **net option** (OPC opción de compra a precio prefijado), **net parity** (FIN paridad neta; precio de una acción convertible incluyendo el interés acumulado –*accrued interest*–), **net position** (FIN posición neta), **net quick assets** (FIN activo neto realizable), **net realized capital gains per share** (FIN ganancias netas de capital realizadas por acción), **net sales transaction** (FIN transacción neta de ventas; venta de valores en el mercado secundario con inclusión de las comisiones devengadas ◊ *This was a net sales transaction without fees or commissions in addition to the quotation price*), **net tangible assets per share** (FIN activos tangibles netos por acción; alude al resultado de dividir los activos de una mercantil a los que se resta el pasivo y el valor de las acciones preferentes por el número de acciones en circulación –*shares outstanding*–), **net transaction** (NEGO transacción neta; venta de acciones en la que no se paga comisión ni extras como en una OPV), **net worth** (FIN valor o patrimonio neto; total accionarial consistente en valores, plusvalías –*surplus*– y beneficios acumulados –*retained earnings*– ◊ *A continued rise in the holding of stock equity combined with a booming stock market accounts for a substantial part of the rise in net worth*), **net yield** (FIN rendimiento neto; rendimiento de un valor descontados los gastos de compra, comisiones o márgenes –*markups*–), **network A/network B** (FIN V. *consolidated tape*)].

neutral *n/a*: GRAL neutro, neutral, equilibrado; indiferente; V. *impartial, balanced, unprejudiced*. [Exp: **neutral hedge** (FIN protección equilibrada o indiferente; protección que garantiza el rendimiento estable de un valor u opción aunque se produzca una alteración de los precios ◊ *Equity neutral hedge funds are almost completely insensitive to stock market direction*; V. *delta*), **neutral period** (FIN período neutro; período en el que los eurodólares no se venden ni en

viernes ni en vísperas de festivo)].
new *a*: GRAL nuevo, reciente. [Exp: **new account report** (FIN informe de cuenta nueva; informe del agente con información de un cliente nuevo; V. *know your customer*), **new high/new low** (NEGO/VAL nuevo máximo o mínimo; valor máximo o mínimo de cotización alcanzado por una acción en el último año), **new issue** (VAL emisión nueva de acciones), **new issues market** (MER mercado de acciones nuevas), **new listing** (VAL cotización nueva; entrada de un valor en el mercado bursátil ◊ *The Nasdaq Stock Market today announced new listing requirements for issuers*), **new money** (FIN dinero fresco; subasta del Tesoro en la que el valor nominal de los títulos que se ofrecen supera el valor de los que vencen), **new time buying** (NEGO compra de acciones a crédito; se realiza en los dos últimos días del periodo de liquidación de transacciones bursátiles a crédito –*account period*– que serán liquidadas en la quincena siguiente; V. *Account day; trading period*)].
New York *n*: GRAL Nueva York. [Exp: **New York common stock index** (FIN índice ordinario de la Bolsa de Nueva York), **New York Cotton Exchange, NYCE** (INST Lonja de Contratación de Mercaderías de Nueva York; especializada en opciones y futuros de algodón, vegetales, además de opciones y futuros en general), **New York Curb Exchange** (INST Bolsa Secundaria de Nueva York; su nombre actual es *American Stock Exchange*), **New York Futures Exchange, NYFE** (INST Mercado de Futuros de Nueva York), **New York Mercantile Exchange, NYMEX** (INST Bolsa Mercantil de Nueva York; se trata de la lonja de contratación de futuros y mercaderías más grande del mundo), **New York Stock Exchange, NYSE** (INST Bolsa de Nueva York; también se la conoce como *Big Board* o *The Exchange*), **NYSE composite index** (FIN índice NYSE; índice en dólares y centavos del precio de los valores cotizados en la Bolsa de Nueva York; se basa en el nivel 50 que tenía dicha Bolsa el 31 de diciembre de 1965 y se divide en cuatro sectores: industrial, servicios, transporte y finanzas ◊ *The NYSE established the NYSE Composite Index to provide a comprehensive measure for measuring large-cap US stock market performance*)].
news *n*: GRAL noticia-s. [Exp: **news of, on** (FIN a la vista de, al tener conocimiento de, a raíz de), «**news out**» (FIN noticias frescas; alude a información reciente sobre un valor; se considera una norma de cortesía en el caso de que una de las partes en una operación bursátil desconozca dicha información ◊ *There was more or less horrific news out of Ciena, Lucent and Qwest*)].
next *a*: GRAL adyacente, cercano, inmediato, próximo. [Exp: **next day settlement** (NEGO acuerdo del día siguiente; operación que se cierra al día siguiente de llegar a un acuerdo ◊ *The Tokyo Bankers Association decides to change its*

domestic funds transfer system from next-day settlement to same-day settlement; V. *settlement date*), **next futures contract** (FUT/VEN contrato de futuros inmediato; contrato firmado inmediatamente después del contrato de futuros con vencimiento más próximo –*nearby futures contract–*)].

NICs *n*: FIN acrónimo de *Newly Industrialized Countries* o países de reciente industrialización como Hong Kong, Singapur o Malasia.

Nifty Fifty *col n*: VAL los cincuenta bonitos; alude a los cincuenta valores más populares ◊ *The Nifty Fifty of the last growth-stock mania, in 1972, plunged during the vicious bear market of 1973-74, leaving believers in the dust.*

Nikkei stock average *n*: FIN índice Nikkei; se aplica a 225 valores de la Bolsa de Tokio, equivalente al índice *Dow* o al IBEX-35.

nine-bond rule *n*: FIN/BON regla de los nueve bonos; norma de la Bolsa de Nueva York que exige la permanencia durante una hora de órdenes para al menos nueve bonos con el fin de hacer mercado.

ninety-ten call portfolio *n*: FIN/OPC cartera de opciones de compra noventa y seis; estrategia consistente en invertir el 90 % de la cartera en opciones de instrumentos monetarios y el 10 % restante en opciones de compra de otros activos.

no *adv*: GRAL no, sin; el adverbio *no* actúa como prefijo negativo en ciertas expresiones, al igual que *non*. [Exp: **no account** (FIN sin cuenta), **no advice** (FIN sin orden de pago), **«no Autex»** (NEGO expresión que manifiesta la falta de interés por comprar o vender y que se muestra en el sistema *Autex*; V. *Autex*), **no-action letter** (DER carta de cierre de diligencias; carta remitida por la Comisión de Valores especificando que no se van a emprender medidas judiciales contra un tercero), **no book** (NEGO sin circulación; se refiere a la falta de interés por un valor ◊ *Companies do not receive a receipt for taxation purposes for a gift of charitable options because they have no book value at the time of issue*), **no-brainer** *col* (FIN/NEGO sin ser sabios; expresión que alude a la facilidad de adivinar el comportamiento de los valores en un mercado alcista o bajista ◊ *Lucent is a no-brainer technology investment. They have ties to the telecom industry but are innovating all over the place*), **no effects/funds** (FIN sin fondos), **no-load fund, NL** (FON fondo de inversión sin comisiones ni intermediarios; V. *load fund, no-load mutual fund*), **no-limit order** (NEGO orden sin límite; V. *limit order, stop-limit order*), **no-load stock** (VAL acciones sin comisión; pueden adquirirse directamente en las sociedades emisoras ◊ *But in less than a year, the number of no-load stocks, including those of foreign companies, has doubled*), **no- load mutual fund** (FON fondo de inversión sin cargas; pueden venderse sin comisiones), **no orders/advice** (FIN sin orden de pago; se escribe al dorso de las letras presentadas al cobro y no aceptadas por no haber recibido órdenes de pago por parte del librado

–*drawee*–), **no par capital stock, no par stock, no-par value stock** (VAL acciones de valor designado; acciones sin valor nominal; acciones sin valor a la par ◊ *Nasdaq Japan has formally endorsed the no- par stock structure*), **no par value** (VAL sin valor nominal)].

NOB spread *n*: BON/VEN acrónimo de *notes over bonds spread* o diferencial entre obligaciones y bonos; alude a la diferencia de rendimiento entre las obligaciones del Estado –*Treasury notes*– con vencimiento de 2 a 10 años y los bonos del Estado –*Treasury bonds*– con vencimiento superior a 15 años.

noise *n*: FIN ruido, interferencia; se refiere a las oscilaciones de precio y volumen de contratación que pueden causar perturbaciones en la interpretación de los mercados ◊ *The noise can be very loud especially with bull markets.*

nominal *a/n*: FIN nominal. [Exp: **nominal exercise price** (FIN precio de ejercicio nominal; alude a las opciones sobre las obligaciones del Estado con garantía hipotecaria –*Government National Mortgage Association, GNMA*, o *Ginnie Mae*–; el precio de ejercicio efectivo –*adjusted exercise price*– se expresa como un porcentaje del nominal), **nominal price/quote/value** (NEGO precio, cotización; valor nominal de una acción o futuro en el periodo en el que no tiene lugar ninguna operación), **nominal quotation** (NEGO cotización nominal; precio de un valor ofrecido por una sociedad de contrapartida –*marketmaker*– a un cliente para su consideración y que se identifica con las siglas *FYI [for your information]* o *FVO [for valuation only]* ◊ *In case of bonds, nominal quotation for selling with high profit rates take a priority over one with low rates*), **nominal rate** (FIN tipo de interés nominal), **nominal share** (VAL acción nominativa; V. *bearer*), **nominal value/price** (NEGO valor nominal; V. *face/par value*), **nominal yield** (FIN rendimiento nominal; resultado de dividir el rendimiento obtenido por un valor de renta fija en un año por su valor nominal ◊ *The nominal yield on long-term Treasury bonds was approximately 7.0 percent at the end of the second quarter of 1996*; V. *coupon rate*), **nominee** (FIN sociedad interpuesta; tenedor nominativo de un título cuyo dueño es otro; V. *conduit company, dummy corporation; parking deal; street name*), **nominative** (FIN nominativo), **nominative bond** (BON bono nominativo), **nominative security** (AC título nominativo), **nominative share/stock** (VAL valor nominativo)].

non *pref*: GRAL no, sin, dis; *non* actúa como prefijo negativo al igual que *no-*; se traduce normalmente por «in», «sin», «falta de», «no-»; no obstante, a veces es preferible acudir a un antónimo o a una perífrasis para evitar, en lo posible, una traducción forzada o extranjerizante. [Exp: **non-accredited investor** (FIN inversor sin acreditar; se trata de un inversor al que no se le exigen los requisitos de fondos propios –*net worth*– estipulados por la Comisión Nacional de Valores estadounidense –*SEC*– ◊ *Discouragingly for the small, non-*

accredited investor, many of the long-standing companies such as Kleiner Perkins Caufield & Byers are totally inaccessible), **non-assenting shareholders** (FIN accionistas disidentes; V. *minority shareholders; assenting shareholders*), **non-callable** (VAL/VEN no retirable; bono o acción preferente que no se puede amortizar –*redeemed*– a voluntad), **non-competitive bid** (NEGO subasta de acciones, bonos, etc., no competitiva; en este caso el precio de los valores es el promedio ponderado del correspondiente a la subasta competitiva), **non-convertible funds** (BON bonos simples), **non-cumulative** (FIN/DIV sin acumular; clase de acción preferente que no acumula –*accrue*– los dividendos no devengados –*unpaid dividends*–; éstos se pierden), **non-cumulative preferred stock/share** (VAL acción preferente no acumulativa; sus tenedores no pueden reclamar los pagos atrasados de los dividendos no devengados ◊ *Canada Life Financial Corporation reported the completion of the previously announced issuance of 6 million 6.25 % non-cumulative preferred shares at $25.00 per share*; V. *cumulative preferred stock*), **non-divestiture options** (OPC opciones sin venta del capital), **non-equity securities** (VAL títulos de renta fija; V. *fixed income securities; floating income securities, equities, equity*), **non-interest-bearing note** (VAL/VEN pagaré sin intereses; pero se vende a descuento y con vencimiento a su valor nominal; V. *zero-coupon bond*), **non-listed securities** (VAL valores no inscritos o no cotizados en la Bolsa de Comercio ◊ *Non-listed securities are considered highly speculative*; V. *listed securities; non-quoted shares*), **non-marketable bond** (BON bono u obligación no transferible), **non-member broker** (AG VAL operador o intermediario independiente en el mercado de valores), **non-member firm** (FIN firma no asociada; casa de corretaje que no es miembro de un mercado principal de valores; dichas firmas realizan sus operaciones a través de sociedades asociadas; en las Bolsas regionales donde sí son miembros o en el tercer mercado –*third market*– ◊ *Two restrictions prohibit any non- member firm from touching a NYSE stock listed before 1979, which includes many blue chip issues of the Dow Jones Industrial Average*), **non-paid share** (VAL acción no liberada), **non-par value stock** (VAL acciones sin valor nominal), **non-public information** (FIN información reservada; información que puede afectar al comportamiento de un valor y que no es conocida por el público en general; V. *insider trading*), **non-purpose loan** (FIN préstamo sin propósito específico; préstamo que emplea valores como garantía –*collateral*– pero que no se utiliza para la contratación bursátil), **non-qualifying stock option** (OPC opción sobre acción sin clasificar; se refiere a una opción sobre acción que no cumple los requisitos de la Agencia Tributaria de los EE.UU. –*IRS*– y que debe tributar al ser ejercida –*exercise*– ◊ *In cases where a holder owns a* non-qualifying stock option, that holder must pay the appropriate taxes), **non-quoted securities** (VAL valores no inscritos o no cotizados en la Bolsa; valores no admitidos a cotización en Bolsa; V. *listed/unlisted/non-listed securities*), **non-rated** (FIN/BON sin calificar; bono que no ha sido valorado –*rated*– por una agencia de calificación; suele ocurrir en las emisiones pequeñas), **non-redeemable** (FIN/VEN no amortizable ◊ *If you opt for a non-redeemable term deposit, you'll earn an even higher rate of interest*), **non-refundable** (FIN no reembolsable), **non-registered bonds** (BON bonos u obligaciones al portador), **non-stock corporation** (SOC sociedad sin acciones), **non-voting stock** (VAL acciones sin derecho a voto ◊ *Fannie Mae may purchase voting and non-voting stock in either an established or a start-up enterprise*; V. *'A' shares; voting shares, classified common stock; preferred stock*)].

normal *a*: GRAL normal, usual, habitual, previsible, probable; V. *average, common, ordinary, standard, usual*. [Exp: **normal backwardation theory** (FIN teoría de mercado invertido habitual; según la misma, el precio de un futuro será licitado a la baja –*bid down*– con relación al precio de contado –*spot price*– previsto), **normal investment practice** (FIN práctica habitual inversora; historial inversor de un cliente que sirve de garantía en la asignación de una emisión dudosa –*hot issue*– ◊ *Those accounts that had been inactive suddenly experienced large investments that were inconsistent with the normal investment practice of the client*), **Normal Market Size, NMS** (FIN sistema de valoración de la liquidez de los valores; dicho sistema valora el tamaño de las operaciones de un determinado título y obliga a las sociedades de contrapartida –*market makers*– a operar según el mismo), **normal portfolio** (FIN cartera usual o corriente), **normal rate** (MER tipo de interés corriente o normal), **normal trading unit** (FIN V. *round lot*)].

nosedive *col n/v*: FIN caída en picado [de los precios o las cotizaciones] ◊ *Energis shares nosedived after earnings warning*; V. *slump, sink, drop, fall*.

not *adv*: GRAL no. [Exp: **not a name with us** (NEGO sin autorización o cualificación; alude a la contratación extrabursátil –*over-the-counter trading*– y se refiere a un creador de mercado no inscrito –*non-registered market-maker*–), **not-for-profit** (FIN sin ánimo de lucro), **not held order, NH order** (NEGO orden de compra o venta de título al mejor precio posible; con esta instrucción el cliente no responsabiliza al corredor por la gestión que haga ◊ *A not-held order is manually worked, not electronically executed, to minimize the impact of the order on the price of the stock*; V. *held order*), **not quoted** (FIN no inscrito; no cotizado en Bolsa ◊ *Securities not quoted on the OTCBB will be required to report their current financial information to the SEC*), **not rated, NR** (FIN sin calificación; no figura en las listas de calificaciones de las agencias calificadoras de riesgos –*rating agencies*–)].

note *n*: OBL/VEN pagaré, obligación; instrumento de deuda –*debt instrument*– con vencimiento entre uno y diez años. [Exp: **note issuance facility, NIF** (OBL programa o servicio de emisión de pagarés o euronotas, PEE; euronotas; programa de financiación a medio plazo; papel a corto plazo; constan estos programas de dos líneas de financiación: la primera es financiación desintermediada, y la segunda intermediada por si no se obtuvieran en la primera los fondos deseados ◊ *National Securities Corp has secured a $140 million note issuance facility from a consortium of 23 foreign and local banks*; V. *commitment; short-term note issuance facility*), **note payable** (FIN pagaré pendiente de pago)].

notice *n*: GRAL aviso, notificación formal, preaviso, emplazamiento, citación, convocatoria; V. *announcement, information, knowledge, notification*. [Exp: **notice day** (FIN/FUT día de aviso; fecha de entrega del bien o activo subyacente –*underlying asset*– al titular de una opción de compra en un contrato de futuro; V. *delivery notice*), **notice of sale** (FIN notificación de venta; alude a la información de una nueva emisión de bonos municipales o privados ◊ *A recent notice of sale of stock by Bank of America (BAC) has been made public*)].

notification date *n*: OPC fecha de aviso; día en que se ejerce o expira una opción.

notional *a*: GRAL nocional, teórico, especulativo, hipotético. [Exp: **notional bond** (BON bono nocional; este bono es uno de los subyacentes –*underlying*– del mercado de derivados –*derivative market*– de renta fija y está compuesto por una cesta –*basket*– de obligaciones del Tesoro fijada por las condiciones generales del mercado de derivados ◊ *A small consortium of French banks managed to breathe new life into the Euro-Notional bond contract*)].

Nouveau Marche *n*: INST Nuevo Mercado; sección de la Bolsa de París especializada en empresas tecnológicas y de la Nueva Economía ◊ *Qualiflow brilliantly entered the Nouveau Marché with a demand 14 times over the offer*.

number *n*: GRAL número. [Exp: **number, for a** (NEGO por una cantidad; expresión que informa de que el número de acciones negociadas no está cerrado sino que es aproximado)].

NYFE *n*: INST V. *New York Futures Exchange*.

NYMEX *n*: INST V. *New York Mercantile Exchange*.

O

O *n*: VAL quinta letra la clasificación de valores del NASDAQ que indica que se trata de la segunda clase de acciones preferentes de una mercantil.

OAS *n*: OPC V. *Option adjusted spread*.

objective [mutual funds] *n*: FON propósito, fines; alude a la estrategia inversora de un fondo de inversión, agresiva, equilibrada, conservadora, etc., según se informa en el folleto de emisión –*prospectus*–.

obligation *n*: DER obligación, compromiso, deber; V. *commitment, duty; contract, engagement*. [Exp: **obligation bond** (BON bono con obligación ◊ *The 30-year AAA general obligation bond yield was 5.00 %*), **obligee** (FIN acreedor, obligatorio, tenedor, acreedor de una obligación, obligante; V. *creditor*), **obligor** (FIN deudor, obligado, persona que contrae una obligación; V. *debtor*)].

OCC *n*: OPC V. *Options Clearing Corporation*.

odd *a*: GRAL extraño, poco corriente, singular; sobrante, único, solo; V. *even*. [Exp: **odd lot** (NEGO orden de pico; lote suelto de acciones inferior a cien acciones ◊ *The odd-lot repurchase offer expires on January 31, 2002*; V. *differential; even lot, round lot*), **odd lot dealer** (AG VAL corredor de pico; compra y vende lotes de acciones menores de cien), **odd lot order** (NEGO orden de picos; compraventa de acciones en lotes de cien ◊ *The EDT system was a simple order routing tool for brokerage firms to obtain an execution in a small or odd lot order of stock*; V. *small block of securities*), **odd-lot short-sale ratio** (NEGO relación orden de pico venta al descubierto; alude al porcentaje de órdenes de venta de pico compuesto por órdenes de venta en corto o al descubierto –*short selling*–), **odd-lot theory** (NEGO teoría de orden de pico; dicha teoría sostiene que los beneficios por la compra de acciones no se obtiene de las órdenes de pico ya que es difícil en este caso elegir el momento negociador adecuado –*timing*–), **odd lot trading system** (NEGO sistema de pequeños lotes; consiste en tomar posiciones bursátiles contrarias, en pequeños lotes, a las de los grandes inversores)].

OEX index *n*: FIN índice OEX de productos derivados –*derivative products*–; símbolo Quotron del índice de cien opciones de Standard and Poor's –*S&P*–.

off *a/adv*: GRAL ausente, de baja, fuera; cancelado; suspendido, apagado; V. *discontinue, interrupt, suspend, switch off*. [Exp: **off-balance sheet transactions** (NEGO/FUT transacciones efectuadas fuera del balance de situación; así por ejemplo, las operaciones de opciones, contratos a plazo –*forward contracts*– y contratos de futuros no suelen aparecer en los estados contables ◊ *The company stunned financial markets due to murky off-balance sheet transactions*), **off-board** (NEGO operaciones extrabursátiles; transacciones con títulos no registrados en las grandes Bolsas de carácter nacional, generalmente se negocian en el mercado extrabursátil –*OTC*–, Bolsas regionales –*regional exchange*– o directamente entre particulares), **off-board securities** (VAL valores no cotizados; valores no inscritos o no cotizados en la Bolsa de Comercio), **off-floor order** (NEGO orden de compraventa fuera del parqué; alude a las órdenes que un cliente da a un agente y se distinguen de las órdenes que los propios intermediarios y agencias realizan en su propio beneficio; según las normas establecidas hay una prioridad de ejecución de aquéllas sobre estas últimas ◊ *An off-floor order for an account in which a member has an interest is to be treated as an on-floor order if it is executed by the member who initiated it*; V. *on-floor order*), **off-shore** (FIN internacional; en el extranjero; se dice de los bancos y entidades financieras radicadas en países que ofrecen ventajas fiscales por no estar sujetas a ninguna autoridad estatal), **offshore finance subsidiary** (FIN sucursal financiera «off-shore» o transnacional; generalmente en un paraíso fiscal –*tax haven country*– encargada de la emisión de títulos para su negociación en el país de origen o en el extranjero), **off-shore funds** (FIN inversión en paraísos fiscales; V. *tax haven; umbrella investment fund*), **off-shore market** (MER mercado no regulado), **offset** (FIN/FUT contrarrestar; liquidación mediante compensación; neutralizar una posición larga u otra corta –*long or short position*– mediante una operación contraria; anulación de la obligación de entregar las materias primas –*commodities*– vendidas en un contrato de futuros; V. *liquidation*), **offsetting purchase** (FUT compra compensatoria de futuros ◊ *If the seller of a futures contract on a commodity exchange does not intend to deliver the actual commodity will cancel out his obligation by an offsetting purchase or sale*)].

offer *n/v*: GRAL/NEGO oferta; postura, posición, cotización; ofrecer, proponer; V. *bid, tender; proposal, submission*. [Exp: **offer by prospectus** (NEGO oferta de venta directa de acciones, sin intermediario, con prospecto informativo; V. *introduction; public issue*), **offer documents** (NEGO/SOC documento de oferta; documento informativo sobre la adquisición de una empresa –*takeover bid*– que se envía a los accionistas), **offer for sale** (NEGO oferta de venta de acciones a través de un intermediario –*public offering*– ◊ *Through the offer for sale to Indian public in 1997, ICICI had finally brought down its share to 55.59 per cent last year*; V. *offer by prospectus; flotation; issue by tender; placing of shares; public issue*), **offer price** (NEGO precio de oferta o de tanteo; precio de venta de un título; V. *asked/asking/ask price; bid price; bid-offer spread*), **offer to purchase** (NEGO/SOC oferta pública de adquisición de las acciones de una sociedad ◊ *The complete terms and conditions of the tender offer are set forth in an offer to purchase*; V. *takeover bid*), **offer wanted** (NEGO petición de ofertas; alude al comprador potencial de acciones en búsqueda de un vendedor; V. *bid wanted*), **offering date** (NEGO fecha de oferta; fecha de puesta a la venta de una nueva emisión de acciones o bonos), **offering for subscription** (NEGO/SUS oferta de suscripción; V. *tender*), **offering memorandum** (FIN memorándum de oferta; documento que señala las condiciones de una oferta de acciones), **offering scale** (NEGO/VEN gama o niveles de precios de la oferta; alude a los precios de una emisión de bonos con vencimientos diferentes), **offerings** (NEGO oferta; apunta a la oferta pública inicial –*initial public offerings*– en la que los valores de una mercantil salen por vez primera al mercado ◊ *Credit Suisse First Boston managed some of the most hyped stock offerings of the Internet boom era*), **offeror** (NEGO ofertante, oferente)].

official *a/n*: GRAL oficial, público; autorizado; V. *administrator, controller, principal; formal, authorized*. [Exp: **official list** (FIN lista oficial; contiene información sobre los valores cotizados, ampliaciones de capital, etc.; V. *listed*), **official market** (MER Bolsa oficial), **official quotation** (NEGO precio o cotización oficial de un valor en el mercado ◊ *The Board of Oslo Børs has approved Nordea Securities Bank A/S as a member of Oslo Børs with the right to participate in official quotation*), **official reserves** (FIN reservas de oro y divisas de una nación), **official statement** (FIN declaración oficial o pública; documento emitido por el emisor u organismo emisor que ofrece detalles propios y de la emisión), **official use only, for** (GRAL de uso oficial; reservado a la administración)].

OID *n*: FIN V. *original issue discount debt*.

«O.k. to cross» *fr*: NEGO vía libre a una transacción cruzada –*cross trade*–; alude al permiso otorgado para que un mismo agente actúe de intermediario del lado comprador y del vendedor.

oligopoly *n*: MER oligopolio; mercado dominado por unos pocos vendedores que fijan los precios y la oferta de un determinado bien o producto financiero. [Exp: **oligopsony** (MER oligopsonio; mercado dominado por unos pocos compradores que controlan todas las compras y, por consiguiente, los precios de un determinado bien o producto financiero ◊ *Historically, the pharma oligopsony has generated pricing in the context of strategic alliances*)].

OM Stockholm AB *n*: INST mercado de productos derivados de Estocolmo; se centra en la contratación de futuros y opciones.

omitted dividend *n*: FIN/DIV omisión de dividendos; declaración de dividendos no aprobada por el consejo de administración de una sociedad por razones financieras ◊ *If an omitted dividend is not expected, the corporation's stock price will usually decline*.

omnibus account *n*: FIN cuenta combinada; se refiere a las cuentas de dos o más clientes llevadas de manera conjunta por el mismo agente ◊ *From September 9, 2001 until September 2002, transfers from existing omnibus account to ultimate beneficiaries will not require supporting documents*; V. *commission house*.

on *prep/adv*: GRAL/NEGO/FIN en, sobre, encima de; en la Bolsa indica la disposición e interés por negociar ◊ *Looks 6 on 6000 shares at opening*; V. *for/at*. [Exp: **on a clean up** (NEGO por el resto; expresa la voluntad de comprar las acciones resultantes de una operación amplia ◊ *Damostock is a broker's firm embarked on a clean-up purchase of funds*), **on balance** (NEGO en equilibrio; alude a la situación de igualdad de órdenes de compra y de venta previa a la apertura de los mercados; V. *imbalance of orders*), **on balance volume** (NEGO balance de volumen; volumen general de operaciones de compra y venta de un valor), **on board** (FIN en posición larga o compradora –*long*–), **on credit** (FIN a crédito), **on-floor order** (NEGO orden de parqué; orden cursada por un miembro de la Bolsa en su propio beneficio ◊ *An order which establishes or increases a position in a series of options with a specialist on the Exchange for a covered account without so identifying shall be considered to be an on-floor order*; V. *off-floor order*), **on-shore** (FIN nacional, local, interior; V. *off-shore*), **on the close order** (NEGO orden al cierre; orden que debe ejecutarse según el precio de cierre –*closing price*– de la sesión), **on the money** (NEGO en el precio o dinero; orden al mismo precio que la última venta ◊ *Trading on the money will continue to have a bearing on what happens on the stock market*), **on the opening order** (NEGO orden a la apertura; se debe ejecutar al precio de apertura de la sesión), **on the print** (NEGO sobre la cinta; se refiere a la participación en la contratación de un paquete grande de acciones –*block trade*– una vez que la negociación se ha cerrado o está a punto de hacerlo), **on the run** (NEGO a la carrera; alude a la contratación de los bonos públicos de mayor liquidez ◊ *A panick move led to a large increase in the prices of on-the-run Treasury securities*), **on the sidelines** (NEGO al margen; se aplica a quien no se atreve a invertir a causa de los vaivenes del mercado), **on the take** (FIN en subida; se refiere al precio en alza de un valor debido al elevado número de compradores cuyas ofertas van en aumento; soborno ◊ *Most brokers aren't on the take, but an offer like this is aimed at the guys who don't have any particular loyalty to their clients*; V. *come in; get hit*), **on the tape** (FIN en la cinta; muestra las transacciones reflejadas en la cinta de cotizaciones –*ticker tape*–)].

one *a/pron*: GRAL uno, una; único; V. *extraordinary, original, singular, special*. [Exp: **one-class stock** (VAL acciones únicas; V. *class A stock*), **one decision stock** (VAL valor con futuro; título que aunque no tiene un precio alto, se mantiene por su potencial de crecimiento ◊ *But if there was ever a one-decision stock, Cisco was it*), **144 stock** (VAL valor 144; valor con derechos aplazados; V. *restricted stock*), **one man picture** (NEGO escenario único; se refiere al hecho de que los precios de compra y de venta –*bid and offered prices*– provienen del mismo cliente ◊ *The deal was a one-man picture because both the bid and offered prices came from the same source*), **one-off hedge** (FUT cobertura completa o única; modalidad de cobertura de riesgo completa en contratos de futuros; V. *rolling hedge, stack hedge*), **one-share-one vote rule** (FIN/DER regla de una acción un voto; criterio por el que se rigen los derechos decisorios y de votación en las asambleas de accionistas), **one-way market** (MER mercado de dirección única o unilateral ◊ *It's a one-way market right now as the Standard & Poor's 500-stock index numbers show*)].

OPD, opening delayed *n*: FIN apertura aplazada; señal o marca en la cinta de cotización que indica que se trata de la primera operación realizada por un valor tras un paréntesis en su contratación o que ha sufrido una fuerte alza o baja en el precio tras el cierre de la sesión anterior.

OPEC *n*: INST Organización de Países Exportadores de Petróleo, OPEP –*Organization of Petroleum Exporting Countries*–.

open *a/v*: GRAL/NEGO abierto; variable, modificable, ampliable; claro; no resuelto, pendiente; abrir; V. *disclose, free, notorious, public, release*; en Bolsa, estar abierto, mostrar interés por comprar o vender al precio de la última transacción ◊ *My clients are open on the buy/sell side*; V. *clean, are you open?* [Exp: **open bid** (FIN licitación u oferta pública), **open contracts** (FUT contratos abiertos; contratos, generalmente de futuros, que se compran o venden sin que se haya entregado la mercancía o el instrumento financiero contratado; V. *position*), **open depending on the floor** (NEGO abierto si lo permite el parqué o mercado; alude a la posibilidad de negociar más títulos si el volumen de negociación –*volume of trade*– en curso en el parqué así lo acepta), **open-end** (FIN abierto, ampliable, modificable, sin límite), **open-end bond** (BON obligación abierta), **open-end fund** (FON fondo abierto; fondo de inversión que se va ampliando según demanda ofreciendo nuevos títulos a nuevos partícipes ◊ *China's first open-end fund,*

Hua'an innovation investment fund, has finally entered into China's stock market; V. *closed-end fund*), **open-end investment company** (SOC sociedad de inversión mobiliaria de capital y de cartera variable, y fondo mutualista –*mutual fund*– cuyas acciones son rescatables –*redeemable*– a precio de mercado en cualquier momento; V. *closed-end investment company/trust*), **open-end investment fund** (SOC sociedad de cartera; V. *investment fund*), **open-end investment trust** (FON fondo de inversión abierto), **open-ended** (FIN modificable, sin límites establecidos, abierto), **open indent** (NEGO orden de compra abierta cursada a un agente), **open interest** (FIN interés abierto; alude a los contratos de derivados –*derivative contracts*– sin liquidar; V. *liquidation*), **open-market operation** (NEGO operación de mercado abierto; consiste en la compra o venta de bonos del Estado –*gilt-edged securities*– efectuadas por las autoridades monetarias con el fin de incrementar o disminuir la oferta monetaria –*money supply*– interna o influir en los tipos de interés a corto plazo ◊ *The Fed's open market operation is perhaps its most effective tool of monetary control*), **open-market purchase operation** (NEGO programa de compra de acciones en el mercado abierto), **open on the print** (NEGO abierto en la cinta; expresión empleada en la negociación de paquetes de acciones –*parcels of shares*– que indica que dicha negociación se ha realizado y publicado en la cinta de información conjunta de la Bolsa de Nueva York y de las demás Bolsas regionales estadounidenses –*consolidated tape*– aunque todavía restan acciones sin negociar), **open [good-til-cancelled] order** (NEGO orden abierta [válida hasta su cancelación]; dicha orden está activa hasta que se ejecuta o se cancela siguiendo órdenes del inversor), **open order, at the** (NEGO orden de compra o venta de acciones al precio de apertura del mercado ◊ *When prices have closed at your buy or sell point on an end-of-day chart, an at the open order becomes an effective way of trading*; V. *at the market order; at the close order, at the opening order*), **open-outcry** (NEGO a viva voz, cantar; método de contratación utilizado en los mercados de valores, futuros o de materias primas de manera que la información esté al alcance de todos los operadores ◊ *In several European markets, trading in shares and bonds occurs by open outcry*), **open position** (FIN posición abierta; se trata de una posición larga o corta –*long or short position*– que cambia de valor al cambiar los precios ◊ *If required to by TSE, members must provided documents detailing the open position and margin on each product for each customer*; V. *close-out*), **open up** (FIN abrirse; desvelar información relevante para un inversor; V. *put pants on it*), **opening, the** (FIN apertura de la sesión de Bolsa; V. *close, the*), **opening of bids** (NEGO apertura de ofertas), **opening order, at the** (NEGO a la apertura; define la orden de negociación –*market order*– u orden de precio limitado –*limited price order*– que se ejecuta en la apertura de la sesión), **opening price** (NEGO precio o cotización de apertura), **opening purchase** (NEGO/OPC compra abierta; operación cuyo interés radica en crear o aumentar una posición larga o compradora en una opción –*long position*– ◊ *The transaction where an investor grants the rights of the option to another buyer includes both the closing sale for the seller and the opening purchase for the buyer*), **opening range** (FIN banda de apertura; alude al diferencial entre la cotización de apertura más alta y la más baja; se aplica más a los mercados de productos que a la Bolsa), **opening sale** (NEGO/OPC venta abierta; operación cuyo interés radica en crear o aumentar una posición corta o vendedora en una opción –*short sale/position*–), **opening transaction** (NEGO transacción abierta o de apertura; se refiere a la creación de una posición larga o corta en un producto derivado o a la primera operación del día en la Bolsa)].

operate *v*: NEGO operar, contratar, negociar, especular, llevar a cabo operaciones comerciales; V. *conduct, run, work; exercise, manipulate*. [Exp: **operating costs** (FIN costes de explotación), **operating in the red** (FIN negociar con pérdidas ◊ *It was an era when high-tech companies operating in the red were earning*), **operating profits** (FIN beneficios de explotación), **operationally efficient market** (FIN mercado que opera con eficiencia; alude a un mercado eficiente en el que los inversores pagan lo justo por los servicios recibidos), **operations department** (FIN/AG VAL departamento de operaciones; V. *back office*), **operator** (AG VAL agente; corredor de Bolsa)].

OPM, other people's money *n*: NEGO dinero ajeno; alude a los créditos dedicados a aumentar el rendimiento de una inversión ◊ *The stock market's so-called margin system is another familiar illustration of the use of OPM.*

opportunity *n/a*: GRAL oportunidad, ocasión, posibilidad; V. *chance, occasion; contingency, fortuity*. [Exp: **opportunity costs** (FIN coste de oportunidad; diferencial entre el comportamiento real de una inversión y el esperado o deseado), **opportunity cost of capital** (FIN coste de oportunidad del capital; rendimiento esperado –*expected yield/return*– en una inversión)].

optimal *a*: GRAL óptimo; excelente, provechoso; V. *good, solid, stable, suitable*. [Exp: **optimal contract** (FIN contrato óptimo; contrato que trata de equilibrar y minimizar las tres clases de costes de una agencia de valores: contratación, seguimiento y malas prácticas ◊ *An optimal contract may induce trading by the portfolio manager*), **optimal, optimum portfolio** (FIN cartera óptima; cartera que trata de compensar las preferencias del inversor con los beneficios y riesgos posibles), **optimal redemption provision** (FIN/VEN disposición de rescate óptimo; norma que permite al emisor de un bono su rescate con anterioridad a la fecha de vencimiento –*maturity date*–), **optimization approach to indexing** (FIN aproximación óptima a los índices; enfoque con el que se trata de maximizar el rendimiento de una cartera –*portfolio yield*– o los beneficios totales esperados –*expected total returns*– ◊ *Capstone uses an optimization approach to indexing, which allows the managers to replicate the performance without purchasing every stock in the actual index*)].

option *n*: OPC opción; contrato que, mediante el pago de una prima, otorga el derecho de comprar o vender una determinada cantidad de valores, divisas o productos en una fecha fija y a un precio fijado –*exercise price*–; las opciones, al igual que los futuros, permiten a los intermediarios y a los particulares protegerse –*hedge*– de las fluctuaciones del mercado y especular a la vez; los que invierten en opciones de compra –*call options*– creen que el título tendrá más valor en el futuro que el precio pagado por ellas; los que invierten en opciones de venta –*put options*– creen que el título tendrá menos valor en el futuro que el precio fijado en ellas; las opciones forman parte de los denominados títulos derivados –*derivative stocks*– ya que su calidad procede del valor subyacente. [Exp: **option account** (OPC cuenta de opciones; cuenta de corretaje –*brokerage account*– autorizada para negociar posiciones en opciones –*option positions*–), **option-adjusted spread, OAS** (OPC diferencial ajustado por opciones ◊ *In September the option-adjusted spread over Treasuries rose 214 basis points to 1,014*), **option agreement** (OPC acuerdo de opciones; formulario cumplimentado por el inversor en opciones al abrir una cuenta que garantiza el cumplimiento de las normas dictadas al respecto y los recursos financieros destinados a cubrir las posibles pérdidas), **option bargain** (NEGO/OPC transacción a prima ◊ *The difference between the fair market value of the stock at the exercise date and the exercise price is the option's bargain element*), **option class** (OPC opciones similares con la misma fecha de ejercicio –*strike date*–), **option contract** (OPC contrato de opción; V. *option agreement*), **option cycle** (OPC/VEN ciclo para el ejercicio de la opción; se refiere a los meses de vencimiento; los ciclos más comunes son enero, abril, julio y octubre –*January, April, July, October [JAJO]*–; febrero, mayo, agosto y noviembre –*February, May, August, November [FMAN]*–; y marzo, junio, septiembre y diciembre –*March, June, September, December [MJSD]*–), **option dealing** (NEGO/OPC operación o transacción a prima; operación de opciones), **option elasticity** (OPC elasticidad de una opción; porcentaje de incremento del valor de una opción dado el cambio de un 1 % en el valor de la acción subyacente –*underlying security*– ◊ *The average option elasticity depends on volatility, the level of demand and the degree of excess capacity*), **option hedge** (OPC cobertura mediante opciones), **option holder**

(OPC titular o tenedor de una opción), **option margin** (OPC margen de la opción; estipulado en las pólizas de las agencias intermediarias –*brokerage firms*– ◊ *As we all know, the option margin requirements do not closely track the risk of the option position*), **option mutual fund** (FON/OPC fondo de inversión en opciones), **option on futures** (OPC/FUT opción sobre futuros; es decir, el derecho a tomar una posición larga en un contrato a plazo –*forward/time contract*– específico), **option premium** (OPC precio o prima de la opción), **option price** (OPC precio de la opción; V. *option premium*), **option pricing model** (OPC modelo de valoración de opciones), **option seller** (OPC vendedor de la opción; también llamado «option writer»), **option series** (OPC serie de opciones; grupo de opciones con el mismo activo subyacente –*underlying security*– e idéntico precio de ejercicio y fecha de vencimiento –*exercise price and maturity month*–), **option spread** (OPC diferencial o «spread» entre opciones; negociación simultánea de dos opciones del mismo tipo con el fin de beneficiarse del diferencial entre ambas ◊ *To create an option spread, you simultaneously buy and sell options with the same underlying stock in order to take advantage of specific market scenarios*), **option stock** (VAL acciones con prima), **option style** (OPC estilo de una opción; los dos estilos más importantes son la opción americana y la europea; V. *American option, European option*), **option to double** (VAL opción a comprar o vender el doble de las acciones estipuladas; en el primer caso se llama *call-of-more options*, y en el segundo *put-of-more options* ◊ *ING Beijing exercised its option to double acquiring an equity share in ChinaGo at nominal cost*), **option to purchase** (OPC opción de compra), **option to repeat/repeat option** (OPC operación facultativa a opción del vendedor; V. *put-of-more option*), **option to sell** (OPC opción de venta; V. *put option, selling option*), **option warrant** (OPC certificado, título o justificante de opción de compra o venta de acciones a precio fijo ◊ *The company issued charitable options to The Hospital for Sick Children Foundation using a share option warrant*), **option writer** (OPC V. *option seller*), **optional bond** (BON bono opcional), **optional dividend** (DIV dividendo opcional; el accionista elige entre recibirlo en metálico o en acciones), **optional payment bond** (BON/VEN bono con pago opcional; la amortización del bono –*bond redemption*– se puede realizar en moneda nacional o en divisas a elección del tenedor), **optional redemption** (FIN/OPC cláusula sobre amortización anticipada), **optionee** (OPC tenedor de una opción), **Options Clearing Corporation, OCC** (INST Cámara de Compensación de Opciones), **options contract** (OPC contrato de opciones; otorga el derecho pero no la obligación de comprar o vender –*call/put*– un activo a un determinado precio de ejercicio –*exercise price*– en una fecha futura), **op-

tions exchange/market (MER Bolsa/mercado de opciones), **options on physicals** (OPC/FUT opciones en tangibles; alude a las opciones de tasas de interés suscritas sobre acciones de renta fija –*fixed-income securities*– y diferentes de las suscritas en tasas de interés sobre contratos de futuros ◊ *The Commission removed the prohibition on the offer or sale of exchange-traded options on physicals on certain commodities*; V. *futures options*)].

or better *fr*: NEGO o mejor; alude a la indicación sobre el boleto –*ticket*– de una orden con límite –*limit order*– de comprar o vender el valor si se consigue un precio mejor al estipulado en dicha orden.

oral contract *fr*: DER contrato verbal; no está por escrito ni registrado en un ordenador.

order *n/v*: NEGO orden, mandato, pedido; ordenar, dar instrucciones; instrucciones a un agente para que compre, venda, entregue o reciba valores o bienes según los términos especificados en la orden; V. *indication, inquiry, bid wanted, offer wanted*. [Exp: **order flow** (NEGO flujo de órdenes), **order imbalance** (NEGO desequilibrio de órdenes; causa una desigualdad –*spread*– entre el precio de puja y el de oferta –*bid and offer prices*– ◊ *Stock markets tend to react more strongly to a sell order imbalance*), **order room** (AG VAL sala de órdenes; departamento de la casa de corretaje –*brokerage firm department*– en la que se recogen y procesan las órdenes de compraventa de títulos), **order splitting** (NEGO partición o desdoblamiento de órdenes ◊ *We believe that if feasible, regulation banning order splitting on an exchange is optimal*), **order ticket** (NEGO boleto-a de órdenes; formulario que detalla las características de una orden y que el cliente envía a la agencia para su ejecución ◊ *If you plan to buy or sell a stock, the typical order ticket will give you several choices*), **order to broker** (NEGO orden de compra o de venta dirigida al agente de Bolsa)].

ordinary *a*: GRAL ordinario, regular, común, corriente, normal; V. *average, common, plain, standard, usual*. [Exp: **ordinary dividend** (DIV dividendo ordinario), **ordinary income** (FIN ingresos regulares), **ordinary shares** (VAL acciones ordinarias, también llamadas *equities*; V. *common stock*; en los EE.UU., alude a las acciones internacionales de compañías extranjeras que se cotizan en sus respectivas Bolsas nacionales y que no pueden entregarse en los EE.UU. ◊ *The principal trading market for the Company's ordinary shares is the London Stock Exchange*; V. *ADR*)].

organization *n*: GRAL organización; estructura; V. *association, corporation, structure*. [Exp: **organization chart** (SOC organigrama), **organized exchange** (MER mercado o Bolsa organizada; mercado de valores en el que los inversores acuden regularmente a negociar valores de acuerdo con las normas del mismo ◊ *The Frankfurt Stock Exchange, FWB, is the world's third largest organized exchange-*

trading market in terms of turnover and dealings in securities)].

original *a/n*: GRAL original, inicial, documento original; V. *guide, model, standard; initial, innovative*. [Exp: **original issue discount debt, OID debt** (FIN deuda con descuento sobre la emisión inicial; alude a la deuda que se ofrece por debajo de la par ◊ *A zero coupon bond is an original issue discount debt obligation which means it is issued and sold at a price below its face value*), **original margin** (FIN margen inicial; margen necesario para cubrir una posición; V. *margin, security deposit*), **original maturity** (FIN/VEN vencimiento inicial)].

orphan stock *n*: VAL valor huérfano; alude al valor que es ignorado por analistas e inversores ◊ *IPOs can become rapidly an orphan stock*.

OTC *n*: FIN V. *over-the-counter*. [Exp: **OTC Buletin Board** (FIN boletín electrónico OTC; listado electrónico de los precios de puja y de oferta de valores OTC que no figuran en el listado del NASDAQ), **OTC margin stock** (VAL valor con margen OTC; valor que se negocia en el mercado extrabursátil –*over-the-counter*– que bajo la norma T regula dichas operaciones; puede usarse como un valor listado –*margin security*– ◊ *In order to be a OTC margin stock four or more dealers will stand willing to make a market in such stock*), **OTC security** (VAL V. *unlisted security*)].

out *adv/prep*: GRAL/NEGO fuera, afuera, pasado; en la negociación bursátil alude a la cancelación de una orden o al anuncio en el *Autex*. [Exp: **out-of-favour stock** (VAL valor sin respaldo público; valor poco querido por su pobre relación precio-beneficio ◊ *A high yield signifies an out of favour stock, which we then buy, hold and wait for the turnaround*), **out of line** (FIN fuera de onda; se aplica a un valor con precio muy alto o muy bajo en comparación con valores similares), **out-of-the-money option** (OPC opción fuera de dinero/valor, opción con pérdida probable; se dice de la opción que cotiza a un precio desfavorable respecto del mercado; es decir, superior en el caso de una opción de compra –*call option*– e inferior si se trata de la de venta –*put*– ◊ *If an out-of-the-money option is not exercised on or before expiration, it no longerexists and expires worthless*; V. *in the money, deep out of the money*), **out of the name** (NEGO salir corriendo; alude al valor que no presenta actividad negociadora ◊ *Verity's stock plummeted $3.08, or 24.3 %, to $9.62 Thursday as investors tripped over themselves to get out of the name*), **out there** (NEGO está ahí fuera; expresión que alude a la existencia externa de demanda de un determinado valor y que se debe encontrar ◊ *Feels like IBM is «out there»*)].

out *pref*: GRAL recoge la idea de «más alto, hacia afuera, en exceso, etc.». [Exp: **outcry trading** (NEGO mercado de corros), **outbid** (NEGO licitar más alto; sobrepujar), **outperform** (NEGO superar, sacar mejores rendimientos ◊ *It is a well-known fact that stocks will outperform bonds in the long run*), **outside market (MER mercado sin posibilidades; es decir el que está por encima de la oferta de venta más baja y por debajo de la oferta de compra más alta), **outside of you** (NEGO además de ti/usted; alude a la orden de compra o de venta de un valor que se solicita a más de un agente de Bolsa ◊ *30 stocks will trade outside of you*; V. *away from you, matching orders*), **outside trading range option** (OPC opción ejercible fuera de unos límites fijados; la opción sólo se puede ejercer cuando el precio del activo subyacente –*underlying asset*– es superior o inferior a los límites fijados), **outstanding** (FIN en circulación; se refiere a los títulos en manos de los accionistas), **outstanding bond** (BON bono en circulación), **outstanding shares** (VAL acciones en manos de los accionistas ◊ *Splitting its stock would allow DoCoMo, which doesn't have that many outstanding shares, to diversify its shareholder base*; V. *issued share capital*), **outstanding share capital** (FIN capital suscrito o emitido en acciones), **out-trade** (FUT transacción de un mercado de futuros no compensada con otra de signo contrario)].

- **over** *prep*: GRAL sobre, de más, por exceso; también es un prefijo que significa «exceso, sobre». [Exp: **over-the-counter, OTC** (MER mercado extrabursátil; mercado secundario, desregulado; en este mercado, los agentes –*dealers*– no están ubicados en una Bolsa o parqué concreto sino que negocian mediante el teléfono o los ordenadores; su actividad se centra en valores no listados –*unlisted stocks*–, es decir, fuera de los mercados normalizados; el NASDAQ es el mercado secundario de los EE.UU. ◊ *Fransabank is to issue shares on the Beirut over-the-counter market, rather than on the official stock exchange*; V. *listed*), **overage** (FIN superávit; diferencial; se trata de la diferencia entre los títulos que una parte desea vender y los que la otra quiere adquirir en una situación de permuta –*swap situation*– ◊ *The overage of more than $1.5 billion a year is a hidden tax on investors and market professionals*), **over-the-counter corporation** (SOC sociedad que negocia la compraventa de valores en mostrador; es decir, en un mercado no organizado; V. *over-the- counter*), **over-the-counter transaction** (NEGO operación o contratación extrabursátil), **over-the- telephone market** (MER mercado de contratación por teléfono ◊ *OTC Market means any over-the-counter market or over- the-telephone market in any country in any part of the world*), **overall market price coverage** (FIN cobertura total del precio de mercado), **overbought** (NEGO sobrevalorado; comprado en exceso; posición sobrevalorada; alude a los valores con un precio demasiado alto por la demanda y proclives a una bajada técnica ◊ *We expect the market to consolidate this week as the index is extremely overbought*; V. *heavy; oversold*), **overbought\oversold indicator** (FIN indicador de sobreventa y sobrecompra; dicho indicador muestra los valores con una trayectoria de precios irregular y proclives a una reacción en sentido contrario), **overcharge** (FIN cobrar en exceso), **overdue coupon** (FIN cupón pendiente de pago), **overhang** (FIN en espera; alude al paquete de acciones de gran tamaño que si se lanza al mercado provocará una bajada de los precios ◊ *The rise in overhang level is explained partly by the fact that employees exercised fewer options in 2000 when the stock market dropped*), **overheating** (FIN sobrecalentamiento; de una economía con riesgo de provocar inflación), **overissue** (VAL emisión excesiva de acciones y por tanto no cubierta), **overlap the market** (MER mercado duplicado o superpuesto; se refiere a crear una negociación cruzada –*cross trade*– en la que se expresa el deseo de vender según lo ofertado por el mercado y de comprar según el mismo criterio), **overnight loan** (FIN préstamo a veinticuatro horas), **overnight position** (NEGO posición final; posición en un valor a la terminación de la sesión bursátil ◊ *We were stopped out of our overnight position with a 5 point loss, but reentered long at 9,800*), **overnight repo** (FIN pacto de recompra de un día de duración), **overperform** (VAL comportamiento excedido o anormal; alude a la apreciación de un valor por encima de lo estimado y de la media del mercado), **overpriced** (OPC prima sobrevalorada en una opción; en relación con el valor real del activo subyacente), **overreaching** (FIN mercado excesivo; alude a la creación de un mercado artificial en un valor por razones especulativas ◊ *Microsoft risks overreaching itself by placing stakes across the whole computer industry*), **overreaction hypothesis** (FIN hipótesis de la repercusión exagerada; alude a la exagerada reacción de los inversores ante determinadas noticias que causan un excesivo movimiento en los precios de un valor), **oversold** (NEGO sobrevendido, posición sobrevendida; se refiere al valor con un precio demasiado bajo y proclive a una subida técnica; V. *overbought*), **oversubscribed issue** (SUS emisión suscrita o cubierta en exceso ◊ *An oversubscribed issue may jump in price when secondary market trading commences*), **oversubscription privilege** (SUS privilegio de suscripción añadida; acuerdo según el cual los accionistas disponen del derecho de suscribir aquellos títulos que queden sin cubrir), **overtrading** (NEGO negociación cruzada; negociación según la cual los suscriptores –*underwriters*– de una emisión nueva intentan convencer a una casa de corretaje para que adquiera parte de la emisión a cambio de la compra con prima –*premium*– de otros títulos de dicha casa; también se refiere a un exceso de contratación por parte de un agente ◊ *We firmly believe that overtrading is the best way to get broke, yet we find the wish for weekly picks understandable*), **overvalued** (NEGO sobrevalorada; precio de una acción por encima de la solidez demostrada por la compañía), **overwriting** (NEGO venta en exceso; estrategia especulativa por la cual se venden opciones de compra o de venta sobre un valor que se cree sobre o minusvalorado y que no se espera que se ejerza –*exercised*– ◊ *In general, overwriting adds modestly to returns in most periods with an occasional opportunity loss in a bull market*)].

own *v/a*: GRAL/FIN poseer, tener; propio, particular, suyo; V. *dominate, have, hold, possess, retain*. [Exp: **owner** (GRAL/FIN dueño, propietario), **own capital** (FIN capital, recursos propios), **own share/stock** (VAL valores propios), **owner's equity** (FIN patrimonio neto), **ownership** (FIN propiedad, titularidad)].

P

P&I *n*: FIN/VAL abreviatura de principal e interés en bonos y titulaciones hipotecarias –*mortgage-backed securities*–.

P&L *n*: FIN declaración de ganacias y pérdidas –*profits & losses*–.

P&S *n*: FIN declaración de compras y ventas de productos financieros –*purchases & sales*–.

PAC Bond *n*: BON/VEN acrónimo de *Planned Amortization Class bond* o bono de amortización planificada; se trata de bonos con garantía hipotecaria ◊ *A PAC bond can be constructed with a constant paydown of principal, regardless of actual prepayment speeds*; V. *controlled amortization bond; targeted amortization class bonds.*

Pacific Stock Exchange *n*: INST Mercado de Valores del Pacífico; Bolsa radicada en Los Ángeles y San Francisco.

Pac-Man strategy *n*: FIN estrategia comecocos; dícese de la estrategia defensiva de una empresa asediada por una OPA hostil –*takeover bid*– consistente en lanzar a su vez una contra OPA a la empresa asediadora ◊ *Companies were often acquired by larger companies for their strategic value or by other venture capital firms in a sort of Pac-Man strategy.*

paid *a*: FIN pagado, retribuido, liquidado; V. *clear, deliver, disburse, liquidate, render*. [Exp: **paid in capital** (FIN/DIV capital fundacional; capital desembolsado [por inversores] a cambio de acciones; se trata de la parte del capital escriturado aportado por los accionistas a través de los dividendos pasivos; V. *contributed capital; share capital*), **paid in surplus** (FIN prima de emisión; V. *paid in capital*), **paid up** (FIN pagado por entero, liquidado, saldado), **paid in/up shares/stock** (VAL acciones cubiertas, liberadas; acciones pagadas en su totalidad ◊ *The tenant-stockholder must own fully paid-up stock in the CHC to obtain the tax benefits accorded*)].

painting the tape *fr*: col FIN manipular las cotizaciones; práctica ilegal consistente en manipular el mercado comprando y vendiendo un valor para crear la falsa impresión de una gran actividad que se refleje en el indicador automático –*tape*– y atraer así el interés de los inversores ◊ *It has been published that a consortium of brokerage firms or mutual fund groups may be painting the tape in their trades*; V. *bear raid, kitting, rigging*.

paired *a*: GRAL en pares, emparejado. [Exp: **paired off** (NEGO emparejadas; se trata de órdenes conjuntas de compra y de venta de valores), **paired shares** (VAL títulos emparejados; acciones de dos compañías distintas pero con mismo dueño que se venden de forma conjunta con un mismo certificado ◊ *Under the terms of the acquisition, each share of ITT common stock outstanding was converted into 1.543 paired shares of Starwood*)].

panic buying or selling *fr*: FIN avalancha de compras o de ventas de títulos; suele estar motivada por el anuncio de una fuerte subida o caída de las cotizaciones ◊ *Many major City firms are optimistically waiting for a bit of panic buying and have extended their opening hours especially.*

paper *n*: FIN posición papel; instrumentos del mercado monetario; efectos negociables a corto plazo –*commercial paper*– etc. [Exp: **paper dealer** (FIN intermediario del mercado monetario), **paper gain/loss** (FIN ganacias o pérdidas de papel; realizaciones de capital de una cartera de valores ◊ *Ellison's paper gain on the 40 million options is $445*), **paper loan** (FIN préstamo documentario), **paper title** (VAL título sin valor/garantía)].

par, at *n*: FIN a la par; a su valor o precio nominal; V. *par value, premium, below par, nominal price, face value, discount*. [Exp: **par bond** (BON bono a su valor nominal), **par value** (FIN paridad; valor nominal; importe que el emisor está dispuesto a pagar en el vencimiento de un bono u obligación), **par value capital stock** (VAL acciones con valor nominal), **par value common stock** (VAL acciones ordinarias con valor a la par ◊ *The firm distributed a 10 % stock dividend on 800,000 shares of $5 par value common stock*), **par value of currency** (FIN tipo de cambio a la par entre las monedas de dos países), **par value stock** (VAL acción a la par)].

parallel shift in the yield curve *fr*: FIN/VEN giro paralelo en la curva de rendimientos; alteración en la curva de rendimientos de unos títulos a su vencimiento en la que las modificaciones que se aprecian alcanzan el mismo porcentaje.

parcel of shares *fr*: VAL paquete de acciones ◊ *When any large parcel of shares lands on the market, the price collapses*; V. *block, batch of shares*.

Paris *n*: GRAL París. [Exp: **Paris Bourse** (INST Bolsa de París; mercado nacionalde valores de Francia), **Paris Interbank Offer Rate, PIBOR** (FIN tasa o tipo del mercado interbancario de París; V. *LIBOR, MIBOR*)].

parity *n*: FIN paridad, igualdad, cambio a la par. [Exp: **parity value** (FIN valor de paridad ◊ *The study compares Big Mac prices in several countries to estimate the purchasing power parity value of the dollar*)].

parking *n*: FIN aparcamiento de valores; se refiere a la reinversión temporal en valores sólidos de rentabilidad segura, aunque no muy alta, de los ingresos procedentes de la venta de un producto financiero; el dinero queda «aparcado» mientras el inversor decide el destino definitivo que quiere darle ◊ *Putting money in a money market fund is just a way of parking your cash between buy and sell points.* [Exp: **parking deal** (FIN operación de aparcamiento de valores; el vendedor de los mismos lo hace con carácter fiduciario preservando su identidad; V. *nominee*), **parking violation** (FIN contravención del aparcamiento de valores; retención de valores por un tercero con el fin de ocultar el nombre del auténtico propietario)].

part *n/v*: GRAL parte, sección, pieza, trozo; papel; dividir, liberar, separar, repartir; V. *divide, separate, split; fragment, portion; allotment, quota*. [Exp: **part, partly-paid shares/stock** (VAL acción parcialmente liberada ◊ *Their R&T agent will electronically convert the partly paid shares to fully paid shares*; V. *fully paid shares; bonus shares/stock; stock dividend; cash bonus*), **partly-paid bond** (BON obligación con desembolso aplazado)].

partial *a*: NEGO operación parcial; se negocia sólo una parte de la orden completa del cliente para conseguir un precio mejor o una posición ventajosa frente a un competidor; V. *total*.

participate *v*: GRAL participar, intervenir, operar, tomar parte, compartir; V. *collaborate, enter, join, share*. [Exp: **«participate but do not initiate»** (NEGO participar sin tomar la iniciativa; alude a la participación en una operación bursátil pero en un segundo plano y después de que otro operador la haya iniciado; V. *market order go along, percentage order*), **participating bond** (BON bono participativo; bono con participación en los beneficios líquidos de la sociedad; también se denomina *income bond/debenture* ◊ *The participating bond markets will, in an EMU environment, continue to trade at a credit spread between each other*), **participating capital stock** (VAL/DIV acciones con participación; son acciones preferentes con participación adicional en un dividendo fijo), **participating buyer/seller** (NEGO comprador o vendedor copartícipe; cliente que negocia conjuntamente con otro por un porcentaje), **participating dividend** (DIV dividendo con participación; alude a los tenedores –*holders*– de acciones preferentes con participación –*participating preferred stock*– ◊ *The Series A Preferred Shares bear a pro rata participating dividend equal to 6 % of net income*), **participating forward contract** (FIN contrato a plazo participativo; contrato «forward» participativo), **participating preferred stock** (VAL/DIV acciones preferentes con participación; ofrecen al tenedor un dividendo específico más otros beneficios –*earnings*– según determinadas condiciones; en el Reino Unido se denominan *participating preference* *shares*), **participating stock** (VAL acciones preferidas con participación; acciones participantes preferentes ◊ *CMSS will safeguard all participating stock certificates at no charge to shareholders*), **participation** (FIN participación, cuota; V. *share; participation certificate*), **participation certificates** (FON certificado de participación en un fondo de inversión; usualmente en un fondo de hipotecas titulizadas –*securitized mortgage fund*– o en valores extranjeros; V. *trust certificate*)].

partner *n*: FIN socio, asociado, partícipe; V. *affiliate, associate, collaborator*. [Exp: **partnership** (SOC/FIN sociedad colectiva, sociedad comanditaria, entidad social; compañía; alude a la propiedad compartida de un empeño empresarial por varias personas; V. *general partnership, limited partnership by shares, master limited partnership, special partnership, corporation*), **partnership agreement** (SOC/FIN contrato de sociedad; detalla las condiciones y los términos de las partes de una sociedad), **partnership limited by shares** (SOC/VAL sociedad comanditaria por acciones ◊ *My uncle set up a partnership limited by shares with Mr. Jones and Mr. Broughton*), **partnership at will** (SOC asociación voluntaria)].

pass *n/v*: GRAL permiso, licencia, pase, autorización; aprobar, pasar; V. *advance, progress; license, permit; discontinue, omit*. [Exp: **pass a dividend** (DIV omitir el pago de un dividendo; no declarar o pagar el dividendo de un ejercicio; V. *declare a dividend*), **pass the book** (NEGO pasar el libro; alude al traspaso de las cuentas de los clientes de una sociedad de valores de sus oficinas en un país a las de otro con el fin de poder operar las veinticuatro horas del día ◊ *Firms today can pass the book and engage in 24 hour trading in markets around the globe*), **pass-through** (FIN con título subrogado; se dice de los valores creados por la titulización –*securitization*– de unas obligaciones cuyas rentas antes de llegar a sus propietarios –*registered security holders*– pasan previamente –*pass through*– por las manos del obligacionista primitivo, el cual las envía a sus nuevos dueños según le llegan; V *money-backed securities, pass-through securities*), **pass-through basis** (FIN rendimientos de un activo, título, bono, etc.; basados en su transferencia inmediata tan pronto como éstos se producen; régimen de transferencia inmediata de los rendimientos de un producto financiero a los tenedores de sus títulos; ◊ *It is a mechanism through which orders are routed on a pass through basis for execution by the receiving market-making firm*; V. *pass-through securities*), **pass-through coupon rate** (FIN tasa de cupón subrogado; se refiere a la tasa de interés pagada por un fondo de activos titulizados –*securitized pool of assets*–), **pass-through derivatives** (FIN derivados de titulizaciones), **pass-through securities** (VAL títulos subrogados; valores titulizados de fondos de hipotecas; son fondos de valores de renta fija garantizados por determinados activos como hipotecas ◊ *A pass-through security is created when one or more debt holders form a collection, or pool of mortgages*; V. *asset/mortgage-backed securities MBS, collateralized mortgage obligations, mortgage pass-through security*), **passig of a dividend** (DIV omisión o retención de dividendos)].

passive *a*: FIN pasivo, inactivo, quieto; V. *debt, debit; calm, inactive, quiet*. [Exp: **passive asset** (FIN activo intangible), **passive bond** (BON bono sin intereses), **passive investment management** (FIN gestión de inversión pasiva; adquisición de una cartera equilibrada y diversificada sin tratar de conseguir gangas –*mispriced securities*–), **passive investment strategy** (FIN V. *passive investment management*), **passive portfolio** (FIN cartera pasiva; se trata de una cartera formada según los índices bursátiles ◊ *The preferable long-run passive portfolio is a mix of bonds and stocks*), **passive portfolio strategy** (FIN estrategia de cartera pasiva; cartera estable y con rendimientos procedentes del comportamiento de un índice bursátil; V. *active portfolio strategy*)].

path *n*: GRAL senda, camino, curso; trayecto, trayectoria; V. *access, course, direction, way*. [Exp: **path dependent option** (@PC opción según trayectoria; se trata de una opción cuyo valor depende de las variaciones de precios del activo subyacente –*underlying asset*– ◊ *To price a path-dependent option, it is not enough to know the current price of the underlying good*), **path-finder** (FIN emisión exploratoria, también llamada «abrecaminos»; en realidad, se trata de un prospecto informativo previo a una emisión de bonos o acciones, conocido en los Estados Unidos con el nombre de *red-herring*)].

pattern *n*: FIN modelo, esquema, patrón; cuadro o tabla diseñada para realizar predicciones sobre la evolución del mercado tras observar los precios de las acciones.

pawned/pledged securities *n*: VAL valores pignorados o dados en garantía ◊ *The lender may realise the pledged securities to the extent that the borrower fails to meet the obligations secures by pledge in due time*.

pay *n/v*: FIN paga, sueldo, abono, remuneración; pagar, satisfacer, retribuir, abonar, liquidar, cancelar; V. *income, salary, wage; cancel, liquidate, remunerate*. [Exp: **pay a call on a share** (VAL/DIV liberar una acción del dividendo pasivo correspondiente), **pay down** (FIN adelanto, pagar a cuenta), **pay in** (FIN pagar, amortizar, desembolsar), **pay off** (FIN liquidar), **pay-out** (VAL/DIV beneficio de una sociedad; éste se distribuye como dividendo), **pay-out ratio** (DIV cobertura de dividendo; ratio de distribución de dividendos; se refiere al número de veces que se podría pagar cada dividendo con los beneficios netos obtenidos; V. *dividend cover*), **pay-through securities** (VAL bonos, títulos garantizados en el pago, con un calendario prefijado, por un fondo –*pool*– de hipotecas; también se llama *cash* *flow bond* ◊ *Our company has led the market in securitizing day trading including pass-through and pay-through securities*; V. *money-backed securities; pass-through securities*), **pay-to-play** (FIN/SUS pagar por participar; prácticas de determinadas sociedades suscriptoras de bonos institucionales para conseguir el favor político y por tanto la suscripción de dichos bonos), **pay-up** (FIN pago añadido o adicional; alude a la compra de valores de una empresa sólida –*blue chip*– a un precio superior al de mercado), **pay-up a share** (VAL liberar una acción totalmente; V. *payment in full*), **payable coupon** (FIN cupón al cobro; V. *due coupon*), **payables** (FIN pagadero, por pagar, debido, pendiente de pago), **pay day** (FIN V. *account day, settling day*), **paydown** (FIN precio a la baja; pagar por un valor un precio inferior al de mercado ◊ *An early paydown allowed TeamStaff to save approximately $475,000 in reduced interest and other expenses charged by its financial lender*; V. *pay up*), **payee** (FIN tenedor, perceptor, beneficiario), **payee** (FIN beneficiario), **payer** (FIN pagador), **paying agent** (FIN agente pagador; se encarga de tramitar los pagos a los tenedores de bonos en representación del emisor), **payment** (FIN/DIV pago, contraprestación), **payment date** (FIN/DIV fecha de pago de dividendos), **payment in full** (FIN pago de liberación total de una acción ◊ *Most investors maintain a cash account that requires payment in full for each security purchase*; V. *pay up a share; pay a call on a share*), **payment in instalments** (FIN pago fraccionado o a plazos), **payment in kind, PIK** (FIN pago en especie; valores de cupón en especie; *in kind* también significa «con acciones o con títulos»; es decir, en vez de pagar intereses, el rendimiento de un título se materializa con la entrega de otros ◊ *The company said it would not make the payment-in-kind dividend scheduled for January 15 on its exchangeable redeemable preferred stock*), **payment in kind bond** (FIN/BON bono con pago en especie; bono que permite a su tenedor el pago en dinero o con bonos adicionales), **payment order** (FIN orden de pago), **payment schedule** (FIN calendario de pagos, tablas de amortización), **payment terms** (FIN condiciones de pago), **payoff diagram** (FIN/VEN diagrama de rentabilidad; valor de la opción a su vencimiento en relación con el precio del activo subyacente –*underlying asset price*–), **payout** (FIN/DIV beneficios asignados a dividendos; técnicamente es el cociente resultante de dividir la cantidad destinada al pago del dividendo por el beneficio total de la mercantil), **payout ratio** (FIN/DIV coeficiente de beneficios; se refiere a la parte de los beneficios de una sociedad pagados a los accionistas en forma de dividendos ◊ *The dividend payout ratio, measured as dividends per share divided by earnings per share, has swung widely in recent years*)].

PC *n*: FIN V. *Participation certificate.*
P-coast *n*: INST V. *Pacific Stock Exchange.*

P/E *n*: FIN coeficiente precio-beneficios; V. *Price/Earnings ratio*. [Exp: **P/E effect** (FIN efecto P-B; se aplica a las carteras que con una baja relación precio-beneficio de sus valores muestran rendimientos ajustados al riesgo –*risk-adjusted returns*– superiores a las carteras con una relación precio-beneficio alta), **P/E ratio** (FIN V. *Price/Earnings ratio*)].

PEG ratio *n*: FIN V. *Prospective Earnings Growth Ratio*.

pegging *n*: NEGO fijación artificial de precios; se refiere a la intervención en los mercados para mantener o aumentar el precio o cambio de un valor o divisa ◊ *The Slovak CB stopped pegging the koruna (crown) to DM and USD in October 1998 and it has been floating ever since.*

penny stock *n*: VAL acción de precio bajo o poco valor; se refiere al escaso importe pagado por dicha acción en una OPV –*public offering*–, aunque su precio pueda subir bastante en la negociación ulterior ◊ *When in doubt, avoid a penny stock investment, especially if your broker specializes in penny stocks.*

Penultimate Profit Prospect, PPP *n*: NEGO penúltima perspectiva de beneficios; se aplica al penúltimo valor de cotización más baja entre los diez títulos de mayor rendimiento del índice Dow Jones y que, según los analistas financieros, presenta las mejores posibilidades de conseguir resultados por encima de la media.

people pill *n*: FIN/SOC píldora de personal; especie de píldora envenenada –*poison pill*– por la cual el consejo directivo de una mercantil amenaza con dimitir si la empresa es absorbida por otra –*takeover*–.

PERC *n*: VAL V. *preferred equity redemption stock*.

per *prep*: GRAL por. [Exp: **per annum, p.a.** (GRAL por año, anualmente), **per capita debt** (FIN deuda per cápita; total del pasivo, reflejado en bonos –*bonded debt*–, de un municipio dividido por su población), **per cent** (FIN por ciento), **percent to double** (VAL porcentaje para doblar; se refiere al porcentaje que un valor debe subir o bajar para doblar el precio de compra o de venta –*call; put*– ◊ *When we hit a pre-established price, we will look to see if all technical indicators are still good and what the percent to double is*), **per pro, per procurationem** (DER por poder-es), **percentage** (FIN porcentaje, tanto por ciento), **percentage order** (NEGO orden según porcentaje; orden de precio límite –*limited price order*– para comprar o vender un determinado porcentaje de acciones ◊ *With proper instructions, a specialist may convert a percentage order on a destabilizing tick to narrow the quote providing the bid/offer is no higher/lower than $0.10 from the last sale*; V. *participating buyer/seller*, «*participate but do not initiate*»), **percentage point** (FIN entero, punto porcentual), **percentage premium** (FIN prima por porcentaje; prima sobre la paridad de un bono convertible), **percentile** (FIN percentil)].

perfect *a*: GRAL perfecto, legal, completado, formalizado; V. *complete,* *entire, ideal, pure, round*. [Exp: **perfect capital market** (MER mercado perfecto de capitales; en él, no hay necesidad de arbitraje), **perfect competition** (FIN competencia perfecta; mercado ideal en el que los partícipes no tienen poder suficiente para alterar los precios), **perfectly competitive financial markets** (MER mercados financieros de competencia perfecta; en estos mercados, negociar es libre y gratuito, se accede a toda la información financiera sin cortapisas y el número de partícipes es variado y sin capacidad de influir en los precios), **perfect fixed hedge with futures** (FUT cobertura fija perfecta con futuros), **perfect hedge** (FIN cobertura perfecta; situación financiera en la que se igualan las ganancias y las pérdidas del activo subyacente –*underlying asset*– y la posición de cobertura –*hedge position*– ◊ *A perfect hedge is an awesome strategy to use in order to reduce your risk to nothing if you are unsure what the market will do*)].

performance *n*: FIN rendimiento, rentabilidad; cumplimiento, actuación, desempeño, ejercicio, ejecución; V. *achievement, behaviour, execution, profitability, yield*. [Exp: **performance attribution** (FIN atribución de rentabilidad o rendimiento; se utiliza en la gestión de carteras –*portfolio management*–), **performance shares** (VAL acciones por resultados; títulos entregados a los directivos de una sociedad en razón de la rentabilidad –*earnings*– obtenida por la empresa), **performance stock** (VAL título de elevado rendimiento; se trata de títulos que por su elevado rendimiento, se retienen sus ganacias para financiar el crecimiento de la empresa y por tanto no devenga dividendos ◊ *High performance stock picks for active traders*), **performer** (FIN valor bursátil de buen rendimiento; valor estrella ◊ *The top one-year performer is Puma Technology Inc., a software company with a 1999 return of 3,770 %*; V. *middling stock performer*)].

period *n*: GRAL época, ejercicio, periodo, plazo. [Exp: **period of digestion** (FIN periodo de digestión; comprende el plazo de tiempo de gran volatilidad de una nueva emisión –*issue*– hasta que el mercado estabiliza su precio ◊ *There is always a period of digestion and a period of revving up the engines for new issues*), **period of maturity** (FIN/VEN periodo de amortización), **period of rising prices** (NEGO periodo de alzas; V. *bull*), **periodic payment plan** (FON plan de pagos periódicos; pagos regulares mensuales o trimestrales en un fondo de inversión)].

PERLS *n*: FIN acrónimo de *Principal Exchange-Rated-Linked Securities* [títulos con principal ligado al tipo de cambio]; títulos con principal e intereses en dólares, pero cuyo pago depende del cambio del dólar con otra divisa.

permanent *a*: GRAL permanente, definitivo, duradero, estable; irreversible; V. *constant, durable, lasting*. [Exp: **permanent financing** (FIN financiación permanente o a largo plazo), **permanent market**

(MER mercado continuo ◊ *The Over-the-Counter Market is not a permanent market, and is used for occasional transactions in non-listed securities*), **permanent revolving fund** (FON fondo rotativo permanente)].

perpendicular spread *n*: FIN/VEN margen o «spread» perpendicular; compra de opciones con la misma fecha de vencimiento –*expiration dates*– pero con precios de ejercicio –*exercise prices*– diferentes.

perpetual *a*: GRAL perpetuo, continuo, vitalicio. [Exp: **perpetual bond** (BON/VEN bono continuo o perpetuo; bono sin rescate – *non-redeemable bond*– y sin fecha de vencimiento –*maturity date*– que devenga intereses de forma regular e indefinida ◊ *Income securities allow investors some of the benefits of buying a perpetual bond but with the advantage of a floating interest rate*), **perpetual debenture** (OBL obligación perpetua; acciones irredimibles o privilegiadas; V. *debenture stock*), **perpetual floating rate note** (BON bono perpetuo con interés variable), **perpetual option** (OPC opción perpetua), **perpetual warrants** (FIN pagarés perpetuos)].

person *n*: GRAL persona, individuo, sujeto; V. *being, individual, people*. [Exp: **personal assets** (FIN patrimonio personal), **personal bond** (BON obligación personal, particular o nominativa), **personal equity plan, PEP** (FIN plan personal de adquisición de acciones; posee ventajas fiscales y está orientado al fomento de la inversión bursátil del pequeño ahorrador ◊ *$3,000 can be invested in the shares of just one company and protected from tax through a single company PEP*), **personal share/stock** (VAL acciones nominativas)].

phantom *n*: FIN fantasma; artificial, ficticio, simulado; V. *artificial, fake, simulated*. [Exp: **phantom stock plan** (FIN plan de valores ficticios; incentivos que recibe un directivo basados en el incremento de los precios de las acciones de su empresa ◊ *A phantom stock plan enables non-owner employees to share in the growth of the company without actually owning the stock*)].

phone switching *n*: FIN cambio por teléfono; alude a la posibilidad de trasladar por teléfono participaciones dentro de una misma familia de fondos de inversión.

physical[1] *n*: GRAL físico, material, real, tangible. [Exp: **physical-s**[2] (FIN activos físicos o tangibles; contrato con aporte físico del activo), **physical commodity** (FIN activo o bien tangible)].

PIBOR *n*: FIN V. *Paris Interbank Offer Rate*.

pickup[1] *n/v*: col GRAL/FIN ganar, embolsarse, cobrar; recogida ◊ *The market's recent pickup in volatility is not very unusual*. [Exp: **pickup**[2] (NEGO ganancia; rendimientos obtenidos cuando se permutan unos bonos por otros de cupón más alto), **pickup bond** (BON bono con prima por rescate anticipado)].

picture *n*: NEGO panorama, visión; información sobre precios y ofertas de valores que ofrece un corredor o agente de valores.

piece *n*: FIN trozo, porción, lote; bonos en porciones mínimas de mil dólares; V. *lot, parcel, tranche, share*.

piggybacking *n*: col FIN a cuestas, a caballito; se trata de una práctica ilegal consistente en montar una operación financiera a título personal por parte de un corredor con los valores que acaba de negociar para un cliente, aprovechándose de la información confidencial que éste tenía ◊ *A company with mediocre revenues can ride high on the stock market by piggybacking*. [Exp: **piggyback registration** (NEGO lanzamiento o emisión combinada de acciones; alude a la emisión cuyo prospecto aclara que las emisiones nuevas se ofrecen en combinación con otras antiguas puestas en venta por sus titulares, cuya identidad debe figurar en el pliego de condiciones ◊ *The investor usually receives piggyback registration rights under which the investor's shares are included in any primary registration statement*; V. *prospectus, placement memorandum; red herring*)].

PIK [Payment-In-Kind] securities *n*: VAL/DIV títulos pagaderos en especie, es decir, bonos o acciones preferentes que producen intereses o dividendos en forma de bonos o acciones preferentes adicionales; V. *payment in kind bond*.

pink *a*: GRAL rosa; V. *black, blue, grey, green, white, yellow*. [Exp: **pink sheets** (FIN cuaderno o suplemento rosa; publicación diaria que ofrece una relación pormenorizada de los valores y operadores –*market makers*– que cotizan en el mercado secundario –*over-the-counter trading*– ◊ *The companies quoted in the pink sheets tend to be extremely small and thinly traded*), **pink sheet market** (MER mercado bursátil informal, por teléfono, en donde cotizan los recibos de depósito americanos –*American depository receipt, ADR*–)].

pip *n*: FIN «pipo»; alude a la división mínima de una moneda; por ejemplo, centavos, céntimos, peniques, chelines, etc.

pipeline *n*: FIN/SUS en proyecto, en la cocina; alude al proceso de suscripción de una nueva emisión enviado por la sociedad emisora –*issuer*– a la Comisión Nacional del Mercado de Valores –*SEC*– antes de poder ser ofrecida al público ◊ *The backlog of companies in the IPO pipeline is high by historical standards*.

pit *n*: NEGO patio, parqué; corro de operaciones financieras, especialmente las de los mercados de productos –*commodity markets*– donde las transacciones se efectúan a viva voz –*in open cry*– ◊ *Find out what the market trend is, how buyers and sellers are battling on the screen and in the pit*; V. *rings*. [Exp: **pit committee** (FUT comité del mercado de futuros; se encarga de fijar los precios de los contratos de futuros), **pit trader** (AG VAL operador de mercados de materias primas)].

place *v*: FIN colocar, poner, posicionar; comercialización de nuevas acciones; V. *float, position*. [Exp: **place an issue** (FIN colocar una emisión), **place and date of issue** (FIN lugar y fecha de la emisión), **place money** (FIN invertir dinero), **placement** (FIN colocación; comercialización institucional de una emisión nueva de valores –*new issue of shares*–), **placing of shares** (FIN colocación de una emisión de acciones ◊ *Through a placing of shares with institutions and private investors, Myratech is raising new money for expansion*; V. *public issue, issue by tender, offer for sale, public offering, private/public placement*)].

plain vanilla *n*: *col* FIN pan comido; término coloquial que alude a la sencillez de una operación financiera, como, por ejemplo, una permuta –*swap*– clásica de intereses o divisas ◊ *Instead of granting the plain-vanilla stock options at fair market value with a 10-year term, they are offering such things as premium-priced options*.

plan *n/v*: GRAL plan, proyecto, diseño, programa; planificar, programar, planear; V. *devise, project, scheme*. [Exp: **plan amortization class, PAC** (VAL/VEN clase de títulos con amortización planificada; se trata de títulos con garantía hipotecaria; V. *controlled amortization bond; targeted amortization class*)].

plastic bond *n*: BON bonos de plástico; se trata de obligaciones titulizadas –*securitized bonds*– o bonos de crédito emitidos con cargo a las deudas de los usuarios de las tarjetas de crédito.

play *n/v*: GRAL juego; actuar, apostar, jugar, participar; V. *act, execute, gamble, participate, perform*. [Exp: **play, in** (NEGO en juego; término empleado por los operadores bursátiles –*traders*– para referirse a los títulos afectados por rumores; V. *garbatrage; rumortrage*), **player** (NEGO jugador, especulador, partícipe dedicado a la negociación en Bolsa), **playing the market** (NEGO jugar a la baja; jugar a la Bolsa con riesgo ◊ *Playing the market is somewhat like driving defensively. You have to anticipate what the market is going to do and stay with the trends*)].

pledge *n/v*: GRAL promesa, pignoración, garantía, caución, prenda; dar o dejar en prenda, pignorar, prometer; V. *bond, collateral, promise, security*. [Exp: **pledge of shares** (NEGO promesa de participación en el accionariado), **pledge share certificates** (NEGO pignorar acciones), **pledged/pawned securities** (VAL valores pignorados o dados en garantía; V. *against pledge securities; securities held in pledge*)].

plunge *n/v*: MER caída brusca, desplome; caer en picado, hundirse, desplomarse ◊ *Markets plunged in a frenzied sell-off*; V. *collapse, drop, fall, plummet, sink*.

plus *prep/a*: GRAL más. [Exp: **plus a match** (NEGO más órdenes casadas; alude a la presencia en el parqué de otro operador que en las mismas condiciones –*equal priority standing*– desea negociar el mismo número de valores y al mismo precio; V. *matched orders; ahead*), **plus tick** (NEGO venta de un título a precio superior al de su cotización inmediatamente anterior; aumento en la cotización de un título; llamado también *uptick*; según la normas de la Bolsa estadounidense, la ejecución de la venta en corto –*short sale*– sólo se permite si el precio de ejecución es superior –*has had a plus tick*– a la cotización inmediatamente anterior, o bien, siendo igual a ésta, si es superior a la cotización anterior distinta, en cuyo caso se llama *zero plus tick* ◊ *NYSE trading rules prohibit short selling except on a plus tick in order to protect companies and investors against short-sale speculation*; V. *last sale; tick, minus tick, zero plus tick, zero minus tick*), **plus tick seller** (NEGO vendedor a un precio superior al de su cotización inmediatamente anterior; vendedor en corto –*short seller*– según la norma *plus tick*)].

PN *n*: FIN V. *project notes*.

PO *n*: FIN V. *principal only*.

point *n/v*: MER/NEGO punto, entero; llamado también *tick*; unidad de precio más pequeña en la contratación bursátil equivalente al uno por cien en un porcentaje; V. *minimum price fluctuation, tick*. [Exp: **point and figure chart** (FIN gráfico de punto y precio; gráfico que muestra los cambios totales y enteros de los precios de un valor)].

poison *n/v*: GRAL veneno; envenenar. [Exp: **poison pill** (FIN/SOC píldora envenenada; estrategia defensiva ante una OPA hostil consistente en vender los activos o las acciones de la empresa asediada a un precio más bajo que el de mercado), **poison put** (FIN opción de venta envenenada; cláusula que permite al tenedor de un bono –*bondholder*– recuperar su inversión en el caso de una OPA hostil –*hostile takeover*– ◊ *The poison put structure allows investors to sell their bonds back to the issuer in the event of a takeover of the company*)].

policy *n*: GRAL política, programa, línea de actuación; póliza; V. *action, strategy; security, warranty*. [Exp: **policyholder loan bonds** (FIN bonos de préstamo sobre póliza; se refiere a préstamos tomados por titulares de pólizas que tienen como garantía el valor de rescate de su póliza –*secured by the cash surrender value of the policies*–; se ofertan en forma de bonos por agentes y operadores)].

pool *n/v*: FIN consorcio; mancomunar intereses, hacer un fondo común; V. *fund, reserve*. [Exp: **pooled shares** (VAL acciones mancomunadas ◊ *The pooled shares can only be transferred if the transferee agrees to have their shares subject to the pooling agreement*)].

portfolio *n*: FIN cartera; cartera de valores. [Exp: **portfolio adjustment** (FIN reajusta de cartera), **portfolio assets** (FIN activos de cartera), **portfolio beta** (FIN coeficiente beta de cartera; V. *beta; alpha*), **portfolio company** (FIN sociedad de cartera; la especulación se efectúa en la compraventa de participaciones accionariales ◊ *The majority of our portfolio companies have completed their development stage and have begun marketing and sales of their products*), **portfolio consideration** (FIN prima de cartera), **portfolio enhancement** (FIN revalorización de cartera), **portfolio holding company** (FIN sociedad de cartera), **portfolio insurance** (FIN cartera asegurada; seguro de cartera), **portfolio internal rate of return** (FIN tasa interna de rendimiento de cartera), **portfolio investments** (FIN inversiones de cartera), **portfolio management** (FIN gestión o administración de una cartera de valores; V. *investment management*), **portfolio manager** (FIN gestor de carteras; profesional que gestiona los valores e instrumentos financieros incluidos en las carteras de sus clientes ◊ *StockSelector.com has the very best portfolio managers on the Internet*; V. *investment manager*), **portfolio managing company** (FIN sociedad gestora de carteras), **portfolio performance** (FIN rendimiento de carteras), **portfolio protective put strategy** (FIN/OPC estrategia protectora de cartera por medio de opciones de venta), **portfolio restructuring** (FIN reorganización de carteras; consiste en vender los títulos menos rentables o deseables y adquirir otros nuevos ◊ *As a part of its portfolio restructuring, the company has divested its stake in Siemens Public Communications Network in favor of Siemens AG*; V. *program trading*), **portfolio securities** (FIN valores de cartera, valores de inversión), **portfolio selection theory** (FIN teoría de la selección de cartera), **portfolio separation theorem** (FIN teorema de separación de carteras; según el cual, la decisión de un inversor por una cartera de riesgo es independiente de su actitud hacia el riesgo; V. *Fisher's separation theorem*), **portfolio theory** (FIN teoría del análisis de carteras de valores; análisis económico destinado a minimizar los riesgos y maximizar las ganancias en Bolsa ◊ *Modern portfolio theory teaches us the need for diversification*; V. *alpha, beta; modern portfolio theory*), **portfolio transfer** (FIN cesión de cartera), **portfolio variance** (FIN varianza de cartera; suma ponderada de la varianza y covarianza de los activos incluidos en una cartera)].

position *n/v*: FIN/FUT posición; compromiso financiero; contratos de futuros y opciones que no han sido vendidos –*offsetting*–; el comprador de una mercadería adopta una posición larga –*long position*– y el vendedor, corta –*short position*–; V. *open contracts*. [Exp: **position building** (FIN creación de posición; compra de títulos para crear una posición larga o venta de títulos para crear una posición corta ◊ *Short position covering and the reciprocal long position building have pushed prices higher*), **position diagram** (FIN/VEN diagrama de posición; muestra las amortizaciones posibles de un producto derivado –*derivative investment*–; opciones, futuros, etc.), **position limits** (FUT límite de posición; posición máxima en un contrato de futuros o de opciones), **position self** (FIN posición personal; buscar una posición larga o corta anticipándose al movimiento de un valor), **position sheet** (FIN informe de posición; listado de posiciones largas o cortas de un operador o agencia de valores ◊ *My position sheet reflects a certain level of caution. The fund was 65 % long, 20 % short and holding a lot of cash on March 10th, the day the market* *topped*), **position trader** (FIN operador de posiciones; operador de mercaderías que mantiene posiciones largas hasta la fecha de entrega del bien –*delivery date*–; V. *spreader*), **positioning** (FIN situación, toma de posición; V. *daylight trading, interpositioning*)].

positive *a*: GRAL positivo. [Exp: **positive carry** (FIN financiación positiva), **positive covenant [of a bond]** (BON garantía positiva [de un bono]; garantiza determinadas actuaciones de la sociedad emisora; se denomina también *affirmative covenant*), **positive convexity** (FIN convexidad positiva; característica de los bonos sin opciones por la cual la apreciación en el precio de los mismos en una tendencia alcista en las tasas de interés será superior a su depreciación en una bajada similar de dichos tipos), **positive float** (FIN flotación positiva ◊ *Amazon enjoys a positive float, and a negative working capital*; V. *float*), **positive offer** (FIN oferta en firme), **positive yield curve** (FIN curva de rendimientos positivos; en esta situación, los intereses a largo plazo son superiores a los de a corto plazo; V. *inverted yield curve*)].

post- *pref*: GRAL post-, pos-. [Exp: **post-obit bond** (BON bono post mortem; obligación pagadera después de la muerte de un tercero del que el prestatario es heredero), **posttrade benchmarks** (FIN precio de referencia postnegociación)].

post *n*: NEGO puesto; lugar del parqué en el que se negocian valores ◊ *His job was to check the stock and commodities prices on the brokerage's price quotations post*; V. *pit, ring*.

pot *n*: FIN fondo; bote; alude a los restos de una emisión de valores o de bonos que son devueltos al director de la emisión –*managing underwriter*– por los bancos de inversión –*investment banks*– para ser vendidos a inversores institucionales ◊ *The size of the pot can get bigger or smaller, depending on the number of investors involved*. [Exp: **pot is clean** *col* (FIN el bote está limpio, frase coloquial que alude a que el director de una emisión ha colocado todo el bote –*pot*–)].

power of attorney *fr*: DER poder notarial; poder de representación; por ejemplo en la negociación de los valores contenidos en una cartera en nombre de su tenedor.

praecipium *n*: FIN comisión previa; anticipo de comisión.

pre- *pref*: GRAL/FIN pre; previo; de antemano. [Exp: **pre-emptive right** (FIN derecho preferente, de tanteo; derecho prioritario de los accionistas ante cualquier valor que reparta la compañía ◊ *Some states even provide policyholders with a pre-emptive right to maintain their pro rata ownership of the stock company*; V. *rights issue; right offering; first refusal rights, bought deal*), **pre-emptor** (FIN el que ejercita su derecho de preferencia), **pre-holiday effect** (NEGO efecto víspera de festivo; V. *day's effect*), **pre-paid interest** (FIN descuento prepago), **pre-maturing** (VEN anticipación del vencimiento), **pre-opening** (NEGO preapertura; momento anterior a la apertura de la sesión en Bolsa), **pre-refunded bond** (BON bono de refundición), **pre-refunding** (FIN/VEN pre-reembolso, preconversión; alude al procedimiento de flotación de un bono adicional a interés reducido para amortizar el bono principal en la fecha de reembolso –*call date*– ◊ *Another use of financial futures is in pre-refunding existing assets when rates are expected to fall*), **pre-sale order** (NEGO orden de precolocación; orden de compra de una emisión de bonos municipales antes de su salida a Bolsa –*public offering*– ◊ *Osem is capable of delivering orders on a pre-sale order system which is fully computerized*), **pre-sold issue** (NEGO emisión precolocada; emisión vendida de antemano), **pre-tax rate of return** (FIN tasa de rendimiento bruta; ganancias conseguidas en un título antes de impuestos)].

precedence *n*: FIN preferencia, prioridad; alude al sistema de organización de las órdenes en Bolsa, así, la orden más alta y la oferta más baja tienen preferencia o las órdenes grandes tienen prioridad sobre las pequeñas ◊ *Instead of queuing by time precedence, limit orders are now prioritized by price*.

precious metals *n*: FIN metales preciosos; oro, plata, platino y paladio que se negocian en Bolsa tanto en su valor físico y de producción como en forma de acciones, opciones, futuros, bonos o fondos de inversión.

predatory pricing *n*: FIN precios opresivos o de rapiña; se refiere a la fijación de precios a la baja para hundir a los competidores ◊ *Many firms have the productive capacity to grow rapidly. They will even follow predatory pricing practices to gain volume*.

preference *n/a*: FIN preferente, privilegiado, prioritario; V. *inclination, partiality; priority, privilege, tendency*. [Exp: **preference, preferential bond** (BON obligación preferente), **preference dividend** (DIV dividendo preferencial), **preference option** (OPC opción de preferencia), **preference, preferential stock** (VAL/DIV acción de capital; se trata de una acción por debajo de la preferente –*preferred stock*– pero por encima de la ordinaria –*common stock*– a la hora de la percepción de dividendos ◊ *The firm has commenced an exchange offer for all outstanding shares of common stock and preference stock of TRW Inc*), **preference shareholder** (VAL titular de acciones de capital), **preferred dividend coverage** (DIV cobertura de dividendos preferentes; ingresos netos divididos por los dividendos obtenidos por las acciones preferentes ◊ *After giving pro forma effect to this offering, the annual preferred dividend coverage ratio is 26.1 times*), **preferred equity redemption stock, PERC** (VAL acción preferente rescatable), **preferred securities** (VAL/DIV acciones preferentes; ofrecen un dividendo fijo y una prioridad de cobro del mismo sobre las acciones ordinarias; V. *preferred stock*), **preferred shares/stock** (VAL/DIV acciones privilegiadas; acciones de capital; también se les llama «obligaciones participativas» porque, al ser títulos intermedios entre la acción y la obligación, dan derecho a un dividendo fijo con cobro prioritario al de las acciones ordinarias pero no tienen derecho de voto ◊ *Because many preferred stock issues trade at yield premiums versus long-term Treasuries, investors are able to realize attractive returns*; V. *'A' shares; non-voting stock, voting shares, common stock; classified common stock; convertible preferred stock, auction market preferred stock, fixed-rate perpetual preferred stock*), **preferred stockholders** (VAL accionistas preferentes), **preferred stock ratio** (coeficiente de acciones preferentes; se calcula al dividir las acciones preferentes a la par por la capitalización total)].

preliminary prospectus *n*: FIN folleto o prospecto de emisión preliminar.

premium *n*: FIN/FUT prima de emisión; diferencia del precio de un título en el mercado secundario –*secondary/OTC market*– con relación al de emisión o a la par; en los contratos de futuros, se refiere al precio del futuro que excede al del bien disponible –*spot commodity*– ◊ *Widening the pool of investors sharing in stock market risk should also lower the required risk premium*. [Exp: **premium, be at a** (FIN estar por encima de la par; tener agio; tener prima; V. *par value; above/below par, nominal price, face value*), **premium bond** (BON bono con prima; obligaciones del Estado con prima; bonos del Estado que entran en un sorteo periódico; cotizan por encima de la par), **premium income** (FIN ingresos por venta de una opción ◊ *This is a technique which generates premium income through the sale of covered options on portfolio positions*), **premium on share/stock** (VAL prima de acciones), **premium over bond value** (BON prima sobre el valor de la obligación; se refiere a la diferencia de cotización en el mismo mercado entre la obligación convertible y la no convertible –*convertible and non convertible bonds*– emitidas por la misma sociedad), **premium over conversion value** (FIN prima sobre valor de conversión; se refiere a la diferencia en el mismo mercado entre la cotización de la obligación convertible y el precio al que ésta es convertible), **premium raid** (FIN ataque prima en mano; alude al intento del tiburon –*raider*– de hacerse con el control de una empresa al ofrecer a los accionistas una prima sobre el valor de mercado de sus acciones ◊ *After a premium raid, the shareholders agreed to the takeover*), **premium stock** (VAL acción con prima)].

president *n*: GRAL/SOC presidente; vicepresidente; segundo puesto de responsabilidad en el organigrama de una sociedad tras el director general –*Chief Executive Officer; managing director*–. [Exp: **presidential election cycle theory** (FIN teoría sobre el periodo presidencial norteamericano; teoría que trata de explicar las tendencias de los mercados de valores a la luz de los ciclos de cuatro años en la elección del presidente de los EE.UU. ◊ *The Presidential Election Cycle Theory* relates to the stock market as a whole, not to individual stocks)].

price-s *n/v*: FIN precio, importe, valor; cotización; cambio; fijar el precio, calcular, valorar; V. *quotation; spot price, forward price*. [Exp: **price bidding** (FIN oferta o puja de precios), **price/book ratio** (FIN coeficiente precio-valor anotado; relaciona el precio de mercado de un título con el valor de los activos una vez restado el pasivo; se calcula al dividir el precio de mercado del título –*market value*– por su valor en circulación –*book value*–), **price ceiling** (FIN techo o tope de precios; precio máximo permitido por la ley o autorizado en el mercado ◊ *The CMA stated that the two firms circumvented the five percent price ceiling because the deal was carried out at a price which was higher than the market price of the shares*; V. *price floor; ceiling price*), **price change** (FIN modificación del precio o cotización; diferencial del precio de cotización de un valor al cierre de la sesión –*closing*– en relación con el precio de cierre de la sesión anterior), **price compression** (FIN compresión del precio; alude al recorte en la apreciación del valor de un bono debido a la reducción de los intereses ◊ *Price compression will hit this bond hard over time, with consequences in the equity markets*), **price dividend ratio, PDR** (FIN/DIV relación entre precio y dividendo), **price-earnings ratio, PER** (FIN relación precio-beneficio, P-B; se refiere al resultado que se obtiene de dividir el precio de mercado de una acción por los beneficios obtenidos por la misma en el periodo anterior; también se denomina *earnings yield*; V. *earnings per share*), **price gap** (FIN brecha, separación en los precios; término utilizado para referirse a la profunda separación en la cotización de un valor de una sesión a otra), **price floor** (FIN precio mínimo autorizado; V. *price ceiling*), **price give** (NEGO dar precio; alude a la disponibilidad de un operador a negociar el precio de un valor ◊ *The broker should understand that the size being considered requires price give*; V. *takes price*), **price impact costs** (FIN costes por el impacto de los precios), **price indexes** (FIN índice de precios; V. *consumer price index*), **price of admission** (FIN precio de admisión; se refiere al coste de participar en una Bolsa; sea para apostar –*play*– en un mercado agresivo o para disputar un cliente a otro operador ◊ *The stock market is down 1 % since we ran our numbers last year, but the price of admission to the 400 still rose more than 5 %*), **price persistence** (FIN persistencia de los precios; V. *relative strength*), **price range** (FIN gama de precios; intervalo de precios máximos y mínimos de un valor en un periodo de tiempo), **price risk** (FIN riesgo de precios; alude al riesgo de bajadas en la cotización de un valor ◊ *We generally say now that there is market price risk for Microsoft stock*), **price/sales ratio** (FIN relación precio-venta; se calcula dividiendo el precio de mercado de un valor por su rendimiento; dicho rendimiento se calcula, a su vez, dividiendo el rendimiento obtenido en el último año por el número de acciones que se poseen), **price spread** (OPC diferencial de precios; estrategia consistente en comprar y vender dos opciones sobre el mismo valor con igual fecha de vencimiento –*date of maturity*– pero con precios de ejercicio diferentes ◊ *The price spread chaos was evident when Buffett called for delivery of more than 42 million oz. of the silver he had bought*; V. *spread, bear spread, butterfly spread, debit spread, put, call*), **price support** (FIN sostenimiento de los precios; alude a la intervención de los gobiernos para mantener un determinado nivel de precios y favorecer así la industria nacional), **price value of a basis point, PVBP** (FIN valor del precio de un punto básico; se refiere a la medida del cambio de precio de un bono si el rendimiento exigido se modifica en un punto básico), **price/volume relationship** (MER relación precio-volumen; relación entre las subidas y bajadas de los precios de un valor y los volúmenes de acciones negociadas), **price-weighted index** (FIN índice de ponderación de precios; índice que da una gran importancia a los títulos más valiosos al ponderar valores con su cotización ◊ *JPN is a modified price-weighted index that measures the aggregate performance of 210 common stocks actively traded on the Tokyo Stock Exchange*), **prices [of equity]** (FIN precio, cotización de un valor en una fecha dada), **pricey** *col* (FIN carero; término coloquial referido al precio poco realista de un valor ◊ *When stocks become pricey, companies routinely announce stock splits*), **pricing efficiency** (FIN eficacia en la fijación de precios; en esta situación los precios reflejan toda la información de interés que sirve para determinar el valor de las acciones)].

primary *a*: GRAL primario, básico, original, elemental; V. *initial, basic; fundamental, key; central, outstanding*. [Exp: **primary earnings per [common] share** (VAL/DIV rentabilidad básica por acción; beneficios utilizados para el pago de dividendos repartidos según el volumen de acciones en circulación –*common shares outstanding*– ◊ *The changes in the markets will wipe out the old primary earnings per share standard which included options and convertible stock*), **primary dealer** (AG VAL operador básico; alude a las agencias seleccionadas para operar con las emisiones nuevas de bonos del Estado), **primary distribution** (FIN distribución primaria; se refiere a la venta de una emisión nueva de acciones o bonos; V. *secondary distribution*), **primary market** (MER mercado primario; V. *secondary market*), **primary offering** (NEGO oferta primaria; venta de una nueva emisión de acciones ◊ *The law requires companies selling primary offerings to send prospectuses to anyone who wants to buy them*)].

prime *a*: GRAL principal, fundamental, básico, de primera clase. [Exp: **PRIME** (DIV/DER acrónimo de *Prescribed Right to Income and*

Maximum Equity, o derecho legal a la percepción de dividendos y beneficios; se trata de un certificado que otorga el derecho a la percepción de dividendos de una acción, aunque no a su revalorización), **prime bill** (FIN efecto comercial de primera clase; letra de cambio sin riesgo, también llamada *prime trade bill* y *first-class paper*; V. *fine bank bill*), **prime commercial paper** (FIN pagaré de empresa a corto plazo, de seguridad y rentabilidad; V. *commercial paper*), **prime paper** (FIN papel de primera clase; efectos comerciales a corto plazo –*commercial paper*– y con solvencia según las agencias de calificación –*rating agencies*– como Moody's ◊ *Dealers can package a portfolio of notes combining them with prime paper holdings*), **prime rate** (FIN tipo de interés preferencial), **prime rate fund** (FON fondo de inversión de tipo de interés preferencial; adquiere préstamos a interés preferencial y pasa los intereses a sus tenedores)].

primitive security *n*: VAL/DIV título elemental; el pago de dividendos de una acción o bono elemental depende de la situación financiera de la mercantil emisora ◊ *Derivatives derive their value from a primitive security*.

principal[1] *a*: GRAL principal, fundamental, básico, primario; V. *basic, fundamental, main, essential*. [Exp: **principal**[2] (FIN capital, principal), **principal**[3] (FIN principal, ordenante; jefe; mandante; V. *dean, director, head, leader*), **principal-agent relationship** (FIN relación principal-agente; situación en la que un agente actúa en nombre de otro, el principal), **principal amount** (FIN principal, montante principal), **principal of diversification** (FIN principal de diversificación; se trata de carteras muy diversificadas con un nivel de riesgo bajo ◊ *The principal of diversification would require to invest in growth and specialized tech funds when the prices of these funds are low*), **principal only, PO** (FIN obligaciones sólo capital; es decir que su tenedor únicamente recibe el principal ◊ *Nasdaq returns are principal only; dividends are not included*), **principal stockholder** (FIN accionista principal; accionista que controla más del diez por ciento de los títulos de una mercantil)].

print *v/n*: FIN imprimir; impreso, por escrito; ejecutar una operación que queda impresa en la cinta de cotizaciones –*ticker tape*–; V. *put it on, put on*.

prior *a*: GRAL anterior, previo, primero; privilegiado; V. *antecedent, former, previous; priviledged*. [Exp: **prior-lien bond** (BON bono u obligación con garantía preferente ◊ *The payment will not be made until revenues are sufficient to pay prior lien bond debt service*), **prior-preferred stock** (VAL acción preferente con derechos especiales), **prior stock** (VAL acción con derechos especiales), **priority** (NEGO prioridad; norma del mercado según la cual se ejecutan las órdenes que se presentan primero aunque las subsiguientes sean más altas o mejores; V. *standing*)].

private *a*: GRAL privado, propio, íntimo; V. *exclusive, intimate, personal, privy*. [Exp: **private company/corporation** (SOC/DER empresa privada, sociedad particular, corporación privada, entidad de derecho privado; V. *public company, limited liability, partnership, general partnership*), **private-label pass-throughs** (FIN V. *pass-throughs*), **private limited company** (SOC sociedad de responsabilidad limitada), **private limited partnership** (SOC sociedad colectiva de responsabilida limitada; tiene un número inferior a treinta y cinco socios o partícipes), **private placement** (NEGO colocación privada de valores; colocación directa de un bono o valor a un número seleccionado de inversores ◊ *Axonyx announces $6.4 million private placement of common stock and warrants*; V. *direct placement, placing of shares, public offering*), **private purpose bond** (BON bono con fines privados; bono municipal que destina más del diez por ciento de sus beneficios a actividades privadas), **private share/stockholder** (NEGO accionista independiente), **privatization** (FIN privatización)].
privilege *n*: GRAL privilegio, concesión, trato de favor, prerrogativa; desventaja; V. *advantage, prerogative, privilege*. [Exp: **privilege broker** (NEGO corredor de opciones), **privilege stock** (AC acción privilegiada)].
proceeds sale *n*: NEGO venta de beneficios; alude a la compra de títulos del mercado secundario –*OTC securities*– con los rendimientos obtenidos por otros títulos.

produce *n/v*: GRAL producto; elaborar, producir, fabricar; V. *product; elaborate, make, manufacture*. [Exp: **produce broker** (AG VAL V. *commodity broker*), **produce exchange** (MER lonja de productos perecederos; lonjas o Bolsas de contratación –*commodities markets*– especializadas en cualquier materia prima excepto metales, donde las transacciones se efectúan con productos físicos –*actuals*– o con futuros –*commodities exchage*–)].
profile buyer/seller *n*: NEGO perfil del comprador o vendedor.
profit *n*: FIN beneficio, ganancia, rédito, rendimiento; V. *earnings, benefits, gains, yield*. [Exp: **profit, at a** (FIN/NEGO con beneficios), **profit-sharing** (FIN reparto de beneficios; participación de los empleados en los beneficios empresariales ◊ *We hadn't heard of profit-sharing plans for years because stock options took their place*), **profit-sharing debenture** (OBL obligación participativa; acción preferente; es un título de renta fija intermedio entre la obligación y la acción que garantiza una rentabilidad fija anual, sólo si la empresa emisora genera beneficios), **profit-sharing trust fund** (FON fondo fiduciario de participación de beneficios en fideicomiso), **profit taking** (FIN realización de beneficios; suele hacerse tras una subida rápida de los mercados –*market rally*– ◊ *Stocks moved lower Tuesday morning on profit-taking following the previous day's sharp gains*; V. *ring the [cash] register*), **profit-sharing plan** (FIN plan de

participación en los beneficios empresariales; dicho plan consiste en la adquisición de acciones o bonos de la empresa), **profitability index** (FIN índice de rentabilidad), **profiteer** (FIN agiotista, acaparador ◊ *Funds are profiteer, and the reason why stock markets are still around and not stock supermarkets is because the market has calculated risk*)].

programme, program *n*: GRAL programa, plan; V. *agenda, itinerary, outline, plan, schedule*. [Exp: **program trades** (NEGO contratación programada; alude a la ejecución de un gran número de órdenes en un tiempo previsto; V. *block trade*), **program trading** (NEGO contratación informatizada de valores bursátiles, opciones y futuros; son transacciones de arbitraje –*arbitrage*– entre el mercado de contado –*spot market*– para los títulos integrantes del índice y el mercado de futuros de índices bursátiles –*futures index market*–; V. *arbitrage, index arbitrage; portfolio restructuring*)].

project *n/v*: GRAL proyecto; proyectar, prever; V. *anticipate, conceive, devise, desing*. [Exp: **project loan securities** (VAL valores para préstamos de ejecución de proyectos; son títulos respaldados por préstamos para la construcción inmobiliaria, hospitales, etc.), **project notes, PNs** (OBL obligaciones para proyectos; emitidos por las corporaciones municipales para la financiación de obras públicas)].

promise *n/v*: GRAL promesa, compromiso; prometer; V. *commit, covenant, pledge*. [Exp: **promissory bill** (FIN pagaré), **promissory note, PN** (FIN pagaré, abonaré, papel comercial)].

promote *v*: GRAL fomentar, promover, impulsar, dar publicidad; V. *advocate, encourage, recomend*. [Exp: **promoter's shares/stock** (VAL acciones del fundador ◊ *The promoter's stock shall constitute not less than 35 percent of the total stock capital planned to be issued by the company*)].

proportional representation *n*: SOC representación proporcional; sistema de votación que permite a los pequeños accionistas hacer oír su voz en los consejos de administración –*board of directors*– de las empresas.

proprietary *n/a*: FIN propietario, dueño, patrimonial; V. *holder, owner, possessor*. [Exp: **proprietary company** (FIN sociedad tenedora; sociedad anónima en Australia y Sudáfrica)].

prospectus *n*: FIN folleto, prospecto de emisión; documento que describe las características de una emisión de acciones, bonos o fondos de inversión ◊ *Vanguard funds are offered by prospectus only*.

protect[1] *v*: GRAL proteger, amparar, favorecer, salvar; V. *cover, defend, guard, secure*. [Exp: **protect**[2] (NEGO proteger; alude a la salvaguardia de los intereses compradores o vendedores de un operador en Bolsa; éstos serán atendidos si las condiciones del mercado les son favorables), **protected bear** (FIN V. *covered bear*), **protective covenant** (FIN cláusula de protección ◊ *A protective covenant which rèstricts actions of the company* *like limiting the amount of dividends or merging with another firm*), **protective put buying strategy** (NEGO/OPC estrategia protectora de compra de una opción de venta; alude a la compra de una opción de venta sobre el activo subyacente –*underlying security*– de una cartera), **protective put purchasing** (NEGO/OPC compra protectora de una opción de compra)].

provision *n*: DER disposición, estipulación, precepto, artículo; V. *article, clause, condition, stipulation*. [Exp: **provisional call feature** (FIN/VEN cláusula provisoria de amortización anticipada; dicha cláusula permite la amortización, aunque no corresponda, de un bono o título convertible si alcanza un determinado precio de mercado)].

proxy *n*: DER poder, procuración, delegación, apoderado; V. *agent, delegate, deputy, representative*. [Exp: **proxy contest/fight** (FIN lucha por la delegación del voto; generalmente se manifiesta como un desafío al consejo de administración y para controlar al mismo), **proxy document** (FIN documento de información; ofrece la información necesaria para que los accionistas puedan ejercer su voto en las asambleas de accionistas; delegación de voto de los accionistas ◊ *HP stocked jumped to $19.81, gaining back about $5.7 billion, according to the proxy document*), **proxy holder** (DER apoderado, poderhabiente), **proxy statement/form** (DER declaración o impreso de delegación de voto; documento exigido por la Comisión Nacional de Valores de los EE.UU. –*SEC*– que deben cumplimentar los accionistas que deseen ejercer su derecho al voto por delegación), **proxy vote** (DER voto por delegación o poder)].

prudence *n*: GRAL prudencia. [Exp: **prudent shopping** (FIN prudencia bursátil; comparación de precios u obtención de cotizaciones antes de comprar ◊ *A bit of prudent shopping in the Fall may save you time, money and give you a nice revenue*)].

public, the *n*: FIN el público; alude a los inversores que operan en los mercados de manera privada y no profesional. [Exp: **public auction** (FIN subasta pública), **public auctioneer** (FIN subastador público), **public bid** (FIN oferta pública de adquisición, OPA), **public bond** (BON letra del Tesoro ◊ *In the 1870's, a securities system was introduced in Japan and public bond negotiation began*; V. *treasury bill, treasury bond*), **public company** (SOC empresa que cotiza en Bolsa; sociedad anónima de responsabilidad limitada cuyo capital social está dividido en acciones que pueden ser adquiridas por el público; por ley tiene la obligación de incluir la mención *public limited company* o *plc* en su razón social; V. *public limited company, private company*), **public debt** (FIN deuda pública o del Estado; también llamada *national debt* en el Reino Unido; títulos de renta fija del Estado; papel del Estado; bonos del Tesoro; la deuda se emite para compensar la falta de ingresos del Estado por medio de impuestos; V. *government debt*), **public housing au-**

thority bond (BON bonos municipales para la construcción de viviendas sociales), **public issue** (FIN oferta pública de acciones nuevas ◊ *The hottest news of the month in the stock market in December 1999 was the public issue of shares of Nepal Industrial and Commercial Bank*; V. *introduction, issue by tender; flotation; offer for sale; placing of shares; public offering; public issue; offer by prospectus*), **public limited company, plc** (SOC sociedad anónima cuyas acciones cotizan en Bolsa; en los EE.UU. el nombre es *incorporated business/company, INC*; V. *private company, public company*), **public offering** (FIN salida a Bolsa; oferta pública de venta de acciones a través de un intermediario; V. *offer for sale; offer by prospectus; issue by tender; introduction; direct placing/placement; placing of shares; private placement, primary distribution and secondary distribution*), **public offering price** (FIN precio de salida de una nueva emisión de valores), **public ownership** (FIN propiedad pública; alude al número de acciones de propiedad pública), **public purpose bond** (BON bono de finalidad pública; se emplean para la financiación de proyectos públicos como la construcción de carreteras, hospitales, escuelas, etc. ◊ *This public purpose bond issue has been utilized for the construction of public parking garages in Seattle*), **Public Securities Administration, PSA** (INST Administración de Efectos Públicos; se refiere a la asociación de intermediarios que se especializan en deuda pública), **public share offer** (FIN/SUS oferta de acciones en suscripción pública), **public utility bond** (BON obligación de utilidad pública; emitida por una empresa del sector del servicio público), **publicly-held** (FIN del público, en manos privadas; alude a las acciones de propiedad privada), **publicly-held corporation** (SOC empresa estatal; V. *closely-held company*), **publicly-held stocks** (VAL acciones colocadas entre el público ◊ *Shares of Utah's top publicly held companies stood up surprisingly well in 2001 despite the economic turmoil*), **publicy issued bonds** (BON bonos u obligaciones emitidas mediante oferta pública), **publicly traded assets** (FIN activos de negociación pública; como por ejemplo en la Bolsa ◊ *AT&T Liberty Media probably has the most liquid balance sheet of any company in the world. If you look at its publicly traded assets, it is at a slight discount*), **publicy traded company** (SOC sociedad cuyas acciones cotizan en Bolsa)].

puke *v*: *col* GRAL/FIN vomitar; expresión coloquial que alude a la venta de un valor con pérdidas ◊ *When in doubt, puke it out.*

pull *n/v*: GRAL estirón, tirón; tirar, estirar. [Exp: **pullback** (FIN retroceso, retirada; alude al fin de un periodo prolongado de subidas en la Bolsa), **pulling in their horns** *col* (FIN mal de altura; expresión coloquial que indica la intención de los inversores, tras una fuerte subida del precio de los valores, de recoger beneficios o protegerse

–*hedging*– frente a caídas en los índices ◊ *Faced with mounting layoffs and a sagging stock market, investors were already pulling in their horns*)].

purchase *n/v*: FIN compra, adquisición; comprar, adquirir, obtener; V. *acquisition, buy, gain, order, secure, trade*. [Exp: **purchase and sale** (FIN compra y venta; compra por parte de una agencia de valores de acciones para revenderlas a mejor precio; si la operación de compraventa es rápida –*purchase and-immediate resale*– se trata de una operación mete-saca –*in-and-out*– ◊ *Investors will pay a commission on each purchase and sale of Vanguard Total Stock Market*; V. *in-and-out, jobbing in-and-out*), **purchase fund** (FIN fondo de rescate; V. *sinking fund*), **purchase group** (FIN V. *underwriting syndicate*), **purchase order** (FIN pedido u orden de compra; carta de pedido ◊ *To be able to buy stocks, you must have sufficient funds in your account to cover your purchase order*), **purchasing power** (FIN poder adquisitivo)].

pure *a*: GRAL puro, limpio, natural, simple; V. *absolute, clean, genuine, natural, perfect*. [Exp: **pure-discount bond** (BON bono de descuento puro; se trata de un bono que efectúa un solo pago de intereses y de principal; V. *zero-coupon bond, single-payment bond*), **pure index fund** (FON fondo de índice puro; se trata de una cartera que refleja con exactitud la cartera teórica de mercado –*market portfolio*–)].

purpose *n/v*: GRAL propósito, fin, intención; planear; V. *aim, design, end, intention*. [Exp: **purpose loan** (FIN préstamo con un fin; se trata de un préstamo avalado por acciones que se emplea en la compra de más acciones ◊ *The margin requirements apply whenever a bank makes a purpose loan secured by margin stock*), **purpose statement** (FIN declaración de fines o intenciones; formulario que el prestatario debe cumplimentar y en el que indica que el préstamo garantizado por acciones será dedicado a la compra de más acciones)].

put *n/v*: FUT/OPC opción de venta de un activo; opción que otorga el derecho de vender el contrato de futuros subyacente –*underlying futures contract*–; se puede vender o comprar una opción de venta; la primera da opción a vender el efecto o producto en la fecha acordada; la segunda obliga a comprarlo por el precio acordado; V. *call*). [Exp: **put a ceiling on** (FIN poner un límite), **put an option** (OPC ejercer una opción de venta), **put and call option** (OPC opción a vender y a comprar; operación de doble opción; doble opción; V. *double option*), **put bond** (BON/VEN bono con opción de recompra; dicho bono puede amortizarse en un fecha establecida, a su par, o ampliarlo durante un determinado número de años ◊ *Rising interest rate environments can send put bond to the red*), **put-call parity relationship** (OPC relación de paridad de una opción de venta y de compra), **put-call ratio** (OPC coeficiente venta-compra; relación entre las opciones de venta y de compra negociadas; sirve de indicador de la tendencia del mercado ◊ *Notice that as of today's close, the put/call ratio moving average has pushed over 1.0*), **put guarantee letter** (FIN/SUS documento de garantía de una opción de venta; certificado bancario que demuestra que el suscriptor de una opción de venta dispone de los fondos necesarios para cubrir su precio de ejercicio –*exercise price*–), **put in an indent** (FIN cursar una orden de compra; V. *indent*), **«put it on»** *col* (FIN póntelo; expresión coloquial que anima a intervenir en el parqué; V. *print*), **put-of-more option** (OPC opción del vendedor de ejercer el doble de acciones estipuladas si lo desea; V. *option to repeat; call-of-more option*), **put on** (FIN negociar un paquete de acciones de cantidad y precio determinado; V. *print*), **put on gains** (FIN experimentar o registrar subidas), **put option** (OPC opción de venta; opción de venta de acciones, prima de opción a vender o a la baja; contrato que da a su propietario el derecho a vender el activo subyacente –*underlying asset*– en el mercado de valores –*stock market*–, de materias primas –*commodities*– o de divisas –*currency*–, a un precio determinado –*strike/exercise price*– hasta una fecha fijada –*expiration date*– ◊ *The seller, or grantor, of the put option is obliged to take delivery if the buyer wishes to exercise the option and for that charges a premium*; V. *option to sell; call-and-put option; seller's/selling option*), **put out bonds** (BON emitir obligaciones; V. *issue bonds*), **«put pants on it»** *col* (NEGO ponte los pantalones, apriétate los machos; expresión coloquial que indica que el inversor debe manifestar sus intenciones de compra o venta, en especial el número y precio de las acciones que desea negociar; V. *open up*), **put premium** (OPC prima de opción a vender; prima a la baja o la venta), **put price** (OPC precio de la opción de venta; precio del activo si se ejercita la opción de venta –*exercise price of a put option*– ◊ *If the price of the underlying stock is heading downward, the put's price will rise faster than the stock price falls*), **put provision** (BON/DIV disposición de venta; otorga al tenedor de un bono de renta variable el derecho a amortizarlo –*redeem*– a la par en la fecha de pago de dividendos –*coupon payment date*–), **put ratio backspread** (OPC diferencial o «spread» retroactivo o inverso; se da entre los valores proporcionales de las opciones de venta; V. *call ratio backspread*), **put ratio spread** (OPC diferencial o «spread» entre los valores proporcionales de las opciones de venta), **put ratio spread** (OPC diferencial con opciones de venta), **put to seller** (OPC opción de venta a vendedor; ejercicio de una opción de venta por su tenedor al requerir que el inversor de la opción –*option writer*– compre el valor a su precio de ejercicio –*strike price*–), **put up** (FIN V. *print*), **puttable** (OPC con opción de reventa; la opción corresponde al titular –*holder*– del valor ◊ *Perkin Elmer's $400million August deal which contained a zero-coupon with a conversion premium* *of 30 % is puttable after three years*), **puttable bond** (BON bono con opción de reventa o retorno; su titular posee una opción de venta –*put*– que le da derecho a devolverlo a un precio pactado; V. *callable bond; call privilege*), **puttable stock** (VAL acción retornable ◊ *IRS officials will analyze whether puttable stock is equity in order to determine whether the COI requirement is satisfied*)].

PVBP *n*: FIN V. *price value of a basis point*.

Q

Q *n*: FIN/VAL quinta letra de la clasificación de valores del NASDAQ que indica que el valor se encuentra en situación de bancarrota.

quadratic programming *n*: FIN programación cuadrática.

qualification *n*: GRAL capacitación, preparación; requisito; V. *ability, competence, suitability*. [Exp: **qualified endorsement** (FIN endoso limitado o condicional), **qualifying share** (VAL acción con garantía; la depositan los miembros del Consejo de Administración durante el tiempo de su mandato en calidad de garantía de su responsabilidad; número de acciones que deben poseerse para acceder a determinados puestos de una sociedad de emisión de valores –*issuing corporation*– ◊ *The monies raised by qualifying share issues must be wholly employed by the issuing company for the purpose of the qualifying business activity*), **qualifying stock option** (OPC opción sobre acción cualificada; oportunidad que se ofrece a los empleados de una empresa de comprar acciones de la misma con descuento)].

quality *n*: GRAL calidad, cualidad, atributo; V. *worth, value*. [Exp: **quality option** (FIN opción de calidad; permite al vendedor elegir su entrega en bonos del Tesoro o contratos de futuros en obligaciones del Estado ◊ *We provide investors with quality option picks*; V. *cheapest to deliver issue*), **quality spread** (FIN «spread» o diferencial de calidad; diferencial entre los valores del Tesoro y los industriales idénticos en todo menos en su valoración de calidad; V. *credit spread*)].

quantos *n*: OPC «cuantos»; opciones en divisas con un tipo de cambio garantizado.

quarter, qrt *n*: GRAL cuarto, trimestre; moneda estadounidense de 25 centavos. [Exp: **quarter stock** (VAL acción con un valor a la par de 25 dólares ◊ *Priceline misses quarter stock estimates*), **quartile** (FIN cuartil)].

quick *a*: GRAL rápido, ágil, breve, veloz; V. *active, alert, dinamic, fast, keen, lively*. [Exp: **quick asset**

(FIN activo líquido, disponible o realizable), **quick buck** (FIN dinero fácil), **quick ratio** (FIN; V. *acid-test ratio, current ratio*), **quickie** *col* (NEGO [uno] rápido; expresión coloquial inglesa de cariz sexual que, en el contexto bolsístico, significa especulación rápida ◊ *The stock market is not meant to be a quickie*; V. *in-and-out*)].

quiet period *n*: FIN periodo tranquilo; momento en el que el emisor de una nueva emisión está en trámites con la Comisión de Valores y todavía no hace promoción de su emisión ◊ *Emerging from the SEC-imposed quiet period that precedes and follows an IPO, Akamai trumpeted its achievements over the last two months.*

quote *v*: NEGO cotizar, ofertar; V. *bid, offer, price, tender*. [Exp: **quotation** (NEGO cotización, precio, oferta; V. *price; exchange; rate; marking*), **quotation board** (NEGO pantalla de negociación; pantalla de una agencia de valores que muestra los precios de cotización de los valores), **quotation list** (NEGO boletín de cotizaciones), **quotation of stocks** (NEGO cotización de acciones), **quoted company** (FIN mercantil cuyas acciones cotizan en Bolsa ◊ *Yahoo offers the latest information on UK quoted companies*; V. *listed firm/company*), **quoted price** (NEGO precio de cotización), **quoted securities** (VAL títulos cotizados), **quotient** (FIN cociente)].

R

R *n*: FIN/VAL quinta letra del código de símbolos del NASDAQ que especifica que el valor tiene derechos.

radar alert *n*: MER/SOC alerta o señal de radar; se refiere a la vigilancia establecida por los dirigentes de una empresa sobre las operaciones bursátiles de sus títulos con el fin de detectar cualquier intento de absorción –*takeover attempt*– ◊ *Our radar alert monitors patterns of stock of takeover target to see if there is unusual buying activity*; V. *shark watcher*.

raid *n*: MER ataque; toma de posición en los mercados por sorpresa. [Exp: **raider** (MER/SOC tiburón; dícese del individuo o empresa con intención de hacerse con el control de una empresa con procedimientos poco éticos; V. *corporate raider; black/white knight; takeover, greenmail*), **raiding** (MER/SOC caza; se refiere a la maniobra bursátil dirigida a la compra de acciones a bajo precio o al control de una mercantil mediante la adquisición imprevista de la mayoría de las acciones ◊ *Foreign investors are raiding undervalued stocks*; V. *bear raid*)].

rails *n*: VAL acciones o valores ferroviarios. [Exp: **railroad bond** (BON obligación emitida por los ferrocarriles), **railway shares/stocks** (VAL valores ferroviarios), **railways** (VAL títulos ferroviarios)].

rally *v*: FIN alza, subida, repunte; recuperación de los precios del mercado ◊ *The bear market may be over, but the current stock market rally will probably fail soon*.

ramping *n/a*: NEGO desenfreno, galopante; alude a la compra masiva de títulos para mejorar la imagen de la propia empresa, provocando la subida de los mismos; subida incontrolada de los mercados ◊ *He failed in his predictions of a ramping stock market over the past two years*.

random *a*: GRAL aleatorio, azaroso, casual, fortuito, imprevisto; V. *accidental, casual, fortuitous, unintentional*. [Exp: **random walk theory** (VAL teoría del recorrido aleatorio; teoría que sugiere que los precios de los valores cambian de manera aleatoria sin que sea posible predecir los resultados a partir de comportamientos previos sin correr riesgos adicionales ◊ *The random-walk theory says that investors can't beat the stock market because news travels too rapidly*), **random walk index** (VAL índice de recorrido aleatorio de los precios bursátiles)].

range *n*: NEGO gama, horquilla, serie; ofertas de compra y de venta de acciones o precios máximos y mínimos registrados en un periodo de tiempo.

rate *n/v*: FIN índice, coeficiente, tasa, cotización, precio, tarifa, honorarios; calificar, evaluar, cotizar, fijar precio, tasar; V. *assess, classify, estimate, evaluate, measure, ponder, rank*. [Exp: **rate anticipation swaps** (BON permuta de bonos de descuento por pronto pago; se refiere al intercambio de unos bonos por otros con la misma duración porque el investor piensa que se van a producir cambios en los tipos de interés ◊ *Rate anticipation swaps require some level of market disequilibrium*), **rate of earnings on common equity** (VAL tipo o tasa de rendimiento de las acciones ordinarias), **rate of interest** (FIN tasa de interés, precio del dinero), **rate of return** (FIN/DIV tasa o índice de rentabilidad o rendimiento de la inversión; se calcula restando al valor actual el valor que tenía en el momento de la compra; en las acciones al valor actual se suman los dividendos obtenidos; V. *return, annual rate of return, yield rate*), **rating** (FIN valoración, tasación, evaluación, clasificación, puntuación; servicio que analiza la solvencia de empresas a cargo de agencias calificadoras como Moody's, S&P o Fitch Investors Service), **rating agency** (AG VAL agencia calificadora; agencia evaluadora de riesgos), **rating service** (AG VAL servicio de clasificación de valores ◊ *Ours is the biggest and best-known mutual fund rating service*)].

ratio *n*: FIN cociente, coeficiente, grado, índice, porcentaje, ratio, razón; V. *average, degree, division, mean, percentage, proportion*. [Exp: **ratio spread** (FIN diferencial o «spread» a ratio; se refiere a' la compra o a la venta de opciones de compra –*calls*– o de venta –*puts*–, en proporciones diferentes, siempre que tengan la misma fecha de ejercicio –*strike date*– y que sus precios de ejercicio –*strike prices*– sean distintos ◊ *Using a ratio spread to manage risk in options trading is one of the most popular and successful strategies*), **ratio writer** (NEGO vendedor a porcentaje; se refiere a un vendedor de opciones –*option writer*– que no posee las acciones suficientes para cubrir las opciones de compra –*call option*– que vende)].

raw material *n*: GRAL materias primas.

reaction *n*: NEGO reacción, corrección; bajada de precios de los valores seguida de una recuperación; V. *rally*. [Exp: **reaction capability** (MER capacidad de reacción de los mercados), **reaction trading system** (FIN sistema reactivo operativo; este sistema anticipa lo que puede pasar en el mercado utilizando datos históricos)].

reading the tape *fr*: MER leer la cinta o pantalla; analizar el comportamiento de los valores mediante la observación de los cambios de precio que se observan en la cinta de cotización –*ticker tape*– ◊ *It takes a long time before you are able to identify stocks by reading the tape.*

real *a*: GRAL/FIN/VAL real, auténtico, acreditado, constante, verdadero; en Bolsa alude a valores naturales sin protección añadida, libres de impuestos, sin rotación de dividendos –*dividend roll*– ni contratación programada –*program trading*–; V. *authentic, concrete, factual, substantial, true*. [Exp: **real assets** (FIN activos tangibles como bienes inmuebles, equipos, patentes, etc., distintos de los activos financieros; V. *financial assets*), **real [estate] bond** (BON bono hipotecario o inmobiliario), **Real Estate Investment Trust, REIT** (SOC sociedad mercantil que invierte en inmuebles y emite participaciones de dichas inversiones), **Real Estate Mortgage Investment Conduit, REMIC** (SOC entidad financiera dedicada a la emisión de valores titulizados –*secutirized assets*– con cobro de rendimientos por el sistema de subrogación o *pass-through*; las *remics*, nombre coloquial con el que se las conoce, son entidades caracterizadas por su flexibilidad, pudiendo ser creadas como sociedades mercantiles –*corporations*–, sociedades colectivas –*partnerships*–, etc. ◊ *REMICs are a package of individual mortgages pooled by Wall Street investment firms*; V. *mortgage- backed securities*), **real market** (MER mercado real; a menudo las ofertas de los agentes no suelen reflejar la realidad sino una imagen distorsionada y artificial del mercado), **real money** (FIN dinero real, de curso legal; V. *easy money, real money, substitute money*), **real obligation** (OBL obligación hipotecaria o real), **real securities** (FIN garantías hipotecarias o reales ◊ *The derivative is something whose value is derived from underlying real securities*), **real time** (NEGO a tiempo real, se aplica a los títulos que se negocian a los precios últimos de oferta y demanda), **real rate of return** (FIN tasa de rendimiento real; porcentaje de rendimiento ajustado a la inflación)].

realised, realized *v*: GRAL/FIN darse cuenta, englobar, comprender, ver; liquidar, realizar, vender, convertir en efectivo; V. *accomplished, achieved, clear, fulfilled, profit*. [Exp: **realized compound yield** (FIN/VEN rendimiento compuesto realizado; rendimiento en el que se asume que los pagos por cupón –*coupon payments*– se reinvierten al interés vigente hasta el vencimiento del bono ◊ *The realized compound yield takes into account the interest rate you receive from reinvesting the coupons*), **realized profit or loss** (FIN realización de ganancias o pérdidas; cómputo financiero que se produce en una cartera tras la venta de unos determinados títulos), **realized return** (FIN realización de rendimientos; ganacias obtenidas tras un determinado periodo de tiempo)].

reallowance *n*: BON/FON comisión de venta en una emisión de bonos o fondos de inversión ◊ *Reallowance is typically offered to draw attention to a new fund.*

rebalancing *n*: FIN compensación; reajuste de los activos de una cartera.

rebate *n/v*: FIN rebaja, descuento, bonificación, devolución; se refiere a la devolución de una parte de los intereses cobrados por el prestamista de acciones en una posición corta –*short position*–, en especial cuando el prestatario –*borrower*– puede conseguir dichas acciones de otras fuentes ◊ *Market orders that are eligible for rebate will be paid at 50 % of the corresponding rebate schedule for that stock and order.*

recapitalize *v*: FIN recapitalizar ◊ *China has set out to recapitalize the assets of her aluminum industry.*

receive *v*: FIN recibir, cobrar, devengar, percibir; V. *acquire, collect, earn, procure*. [Exp: **receive versus payment** (FIN recibir las acciones contra pago), **receiver's certificate** (FIN certificado del síndico; pagaré a corto plazo extendido por el síndico a fin de obtener fondos operativos para la empresa que se encuentra en apuros financieros), **receiver** (FIN receptor)].

recession *n*: FIN recesión; caída de los índices de actividad económica; se produce cuando el PIB retrocede durante dos trimestres consecutivos.

recíproco *a*: GRAL bilateral, recíproco, mutuo, solidario; V. *bilateral, mutual, shared*. [Exp: **reciprocal holding** (VAL tenencia recíproca de acciones ◊ *Cross-shareholding is the reciprocal holding of stock that serves as a protection against hostile takeovers*), **reciprocal shareholding** (VAL V. *cross holdings; reciprocal holding*)].

reclamation *n*: VAL reclamación; derecho de devolución de una acción aceptada con anterioridad a causa de irregularidades en el contrato o en la entrega de la misma.

record date *n*: MER/DIV fecha de reparto de dividendos; fecha límite de adquisición o tenencia de acciones para tener derecho a los dividendos correspondientes; las empresas suelen anunciar con unos treinta días de antelación el pago de dividendos a los accionistas que acrediten haber desembolsado sus acciones antes de esa fecha límite ◊ *Technology Solutions Company sets record date and distribution date for eLoyalty spinoff*; V. *ex-dividend; date of record*.

recovery *n*: FIN recuperación, cobranza; se refiere a la subida de precios de las acciones tras un periodo de bajadas –*period of falling prices*–.

red herring *col n*: MER prospecto preliminar; contiene la información requerida por la Comisión de Valores –*SEC*– en torno a una nueva emisión de acciones, aunque no incluye el precio ni el cupón; en el Reino Unido se denomina *pathfinder prospectus* ◊ *The preliminary prospectus is called a red herring because written vertically on the side of the front cover is a statement that is traditionally printed in red.*

redeemable *a*: FIN/VEN amortizable, rescatable, exigible; V. *rescuing,* *recoverable, retrievable*. [Exp: **redeemable coupon** (BON/VEN cupón canjeable), **redeemable bond** (BON/VEN bono u obligación rescatable o amortizable), **redeemable securities** (VAL/VEN títulos rescatables o amortizables), **redeemable stock** (VAL/VEN acciones rescatables ◊ *The implementation of their plan will affect the FHLBank's redeemable stock and its credit rating*), **redeemable trust certificates** (FON/VEN participaciones reembolsables adquiridas en un fondo de inversión de renta fija), **redeemed bond/shares** (VAL/VEN bono o acciones amortizadas)].

redemption *n*: FIN/VEN reembolso, redención, rescate, vencimiento; amortización de bonos u obligaciones; alude al reembolso de un empréstito –*debt security*– o acción preferente –*preferred stock*– antes de su vencimiento a la par o mediante pago de prima ◊ *In March of 2001, $15.7 billion net redemption from domestic stock funds was recorded*. [Exp: **redemption before/prior maturity** (FIN/VEN amortización antes del vencimiento, **redemption charge** (FIN gastos por rescate anticipado; dicha comisión varía según el tiempo de tenencia de los títulos; también se denomina *back end load*; V. *exit fee*), **redemption cushion** (FIN/VEN colchón de amortización; alude al porcentaje en que el valor de conversión de una acción convertible excede al precio de rescate –*redemption price, strike price*–, **redemption date** (FIN/VEN fecha de amortización o rescate de un bono u obligación), **redemption of bonds** (BON/VEN amortización de bonos u obligaciones), **redemption or call** (FIN/VEN/DIV amortización o dividendo pasivo; derecho del emisor a obligar a los tenedores de acciones convertibles a amortizarlas en dinero con el fin de convertirlas en ordinarias antes de la fecha de rescate –*redemption date*– ◊ *Junk bonds may contain redemption or call provisions*), **redemption premium** (FIN/VEN pago o prima de rescate o amortización; V. *maturity premium*), **redemption price** (FIN/VEN precio de rescate; V. *call price*), **redemption price of bond at maturity** (BON/VEN precio de rescate al vencimiento del bono), **redemption value** (FIN/VEN valor de amortización; V. *mandatory redemption values*), **redemption yield/yield to redemption** (FIN/VEN rentabilidad o rendimiento de un efecto en la fecha de rescate ◊ *Sutherland ensures that the redemption yield of the fund is kept broadly in line with the income yield*; V. *maturity yield*)].

rediscount *a*: FIN redescuento; volver a descontar instrumentos de deuda negociables a corto plazo –*short-term negotiable debt instruments*– una vez que han sido ya descontados por un banco ◊ *The Central Bank increased the bank rediscount rate from 33 % in 1994 to 45 % in 1995*.

reduce *v*: GRAL deducir, descontar, disminuir, rebajar, reducir; V. *alleviate, decrease, diminish, shrink*. [Exp: **reduce capital stock/share capital** (FIN reducir el capital social), **reduce order, do not; DNR** (NEGO/DIV orden de mantener el precio; orden dada por el cliente al operador bursátil para que éste no rebaje el precio de compra o de venta fijado en una orden *stop* o límite, aun cuando los títulos objeto de la transacción se encuentren en periodo de cobro de dividendos –*dividend payment period*– y, como consecuencia, su cotización baje en la cantidad del dividendo pagadero ◊ *A do not reduce order applies only to ordinary cash dividends, and not to stock dividends or rights*; V. *limit order, stop order, stop-limit order; ex-dividend, fill or kill*), **reduce the par value** (NEGO rebajar la paridad ◊ *Intraco said it will reduce the par value of all shares in the company to S$0.50 from S$1.00*), **reduction of capital stock** (FIN reducción del capital social)].

reference *a/n*: GRAL/FIN referencia, importancia. [Exp: **reference bond** (FIN bono de referencia), **reference rate** (FIN tipo de referencia; tasa de interés de referencia –*benchmark interest rate*– como el LIBOR utilizado en la fijación de intereses al público)].

refugee money *n*: FIN dinero refugio; dinero especulativo procedente del extranjero; V. *hot money*.

refund *n/v*: FIN devolución, reintegro, reembolso; bonificar; retirada de una emisión de bonos mediante la venta de otra nueva por la que se paga un interés menor; V. *compensate, reimburse, remunerate, repay*. [Exp: **refundable** (FIN reembolsable), **refunded bond** (BON bono de conversión; alude al bono que en su origen se emitió como una obligación pero que ha sido cubierto por un fondo en plica –*escrow fund*– formado por obligaciones del Estado ◊ *The firm said net fourth-quarter profits, including realized investments and refunded bond issues, rose to $156.4 million*), **refunding** (FIN/VEN reintegro, amortización, reembolso), **Refunding Escrow Deposits, REDs** (FIN depósitos con garantía de reintegro)].

regional *a*: GRAL regional, zonal. [Exp: **regional fund** (FON fondo regional; se trata de un fondo de inversión en el extranjero ◊ *Enterprise Ireland has contributed to another regional fund with the launch of Kernel Capital Partners' new EUR25 million investment vehicle*), **regional stock exchanges** (INST mercados de valores regionales; se refiere a las Bolsas norteamericanas fuera de Nueva York: Boston, Cincinnati, Intermountain [Salt Lake City], Midwest [Chicago], Pacific [Los Angeles and San Francisco], Philadelphia [Philadelphia and Miami] y Spokane)].

register *n/v*: FIN lista, registro, relación; certificar, inscribirse, registrarse; V. *daybook, enlist, ledger, list*. [Exp: **register of shareholders** (VAL lista o registro de accionistas), **registered bond/share** (VAL bono o acción nominativa; se trata del valor a nombre de su tenedor y distinto del título al portador –*bearer bond*– cuya posesión es su único título de propiedad ◊ *This registered bond issued by the U.S. government can be purchased in denominations from $25 to $1,000*), **registered company** (AG

VAL sociedad inscrita en el registro de la Comisión Nacional de Valores estadounidense –*SEC*–), **registered competitive market maker** (AG VAL sociedad de contrapartida autorizada; se refiere a la agencia registrada en el NASD que está autorizada para crear mercado –*make market*– en valores extrabursátiles –*over-the-counter stocks*–), **registered equity market maker** (AG VAL sociedad de contrapartida autorizada), **registered holder** (FIN tenedor registrado), **registered instrument** (FIN título o instrumento nominativo), **registered investment adviser** (AG VAL asesor de inversiones registrado en la Comisión Nacional de Valores a la que paga una cuota anual de miembro ◊ *TAM is an SEC-registered investment adviser managing asset class portfolios*), **registered investment company** (AG VAL sociedad de inversión registrada en la Comisión Nacional de Valores), **registered options trader** (AG VAL operador de opciones registrado), **registered representative** (AG VAL agente de Bolsa dependiente de o autorizado por un corredor de Bolsa –*stockbroker*– ◊ *In a full brokerage house, a registered representative solicits clients' business and provides advice*; V. *stockbroker*), **registered secondary offering** (NEGO oferta secundaria registrada; se refiere a la segunda vez que se ofrece una emisión de acciones a cargo de un tenedor primario y a través de una sociedad de inversión), **registered securities** (VAL valores o títulos nominativos), **registered stockholder** (FIN accionista registrado; V. *stockholder/shareholder of record*), **registered trader** (AG VAL operador de Bolsa registrado; realiza operaciones bursátiles a título propio)].

registrar *n*: FIN registrador; institución financiera encargada de llevar el registro de la emisión y propiedad de los títulos de las sociedades mercantiles ◊ *Shares certificates are issued weekly by the registrar, and can be collected by the new owner against presentation of the temporary ownership card*. [Exp: **registration** (FIN asiento de inscripción; proceso por el que las emisiones de acciones –*stock issues*– han de ser revisadas con anterioridad por la Comisión Nacional de Valores), **registration statement** (DER documento obligatorio de registro de una mercantil en la Bolsa de valores; se trata de la declaración que presenta una sociedad emisora de títulos a la Comisión Nacional de Valores en torno a sus actividades, la naturaleza del producto financiero que ofrece y su propuesta económica ◊ *United States Marine Repair, Inc. announced that it filed a registration statement with the Securities and Exchange Commission for an initial public offering of its common stock*; V. *registration*)].

regular *a*: GRAL regular, ordinario, corriente, periódico; V. *current, normal, ordinary, standard, usual*. [Exp: **regular settlement** (NEGO liquidación ordinaria; operación de liquidación y entrega de los valores adquiridos en el plazo de cinco días a partir de la fecha de compra;

aunque el plazo depende de los países, oscila de los tres días en Japón a las tres semanas en Londres ◊ *With an IPO, a regular settlement period takes three or four days before the banks see the shares and then another day or two before lenders and institutional banks deliver them*)].

regulation *n*: GRAL/DER disposición, norma, reglamento, regulación; V. *directive, instruction, ordinance, rule*. [Exp: **regulation A** (DER/VAL disposición o norma A; exime a las pequeñas emisiones de los requisitos de registro de la Comisión Nacional de Valores –*SEC*–), **regulation T** (DER/VAL disposición o norma T; regula, por parte de la Reserva Federal, la concesión de préstamos de las agencias de valores a sus clientes), **regulation U** (DER/VAL disposición o norma U; regula, por parte de la Reserva Federal, el límite crediticio que un banco puede conceder a sus clientes para la compra de acciones), **regulated commodities** (FUT mercaderías reguladas; conjunto de futuros sobre mercaderías –*commodity futures*– y contratos de opciones negociados en las lonjas de futuros –*futures exchanges*– de los EE.UU. ◊ *Enron manipulated wholesale electricity prices to a far higher degree than when the company had to trade electricity in a regulated commodities exchange*), **regulated investment company** (SOC sociedad de inversión regulada; está autorizada a transmitir beneficios, dividendos e intereses a sus accionistas evitando así la doble imposición), **regulated market** (MER mercado regulado)].

rehypothecation *n*: FIN rehipoteca; se solicita a los bancos por parte de los corredores de Bolsa como garantía –*collateral*– de sus préstamos para la compra de acciones y ventas en corto –*selling short*– de sus clientes ◊ *Loans to brokers representing rehypothecation of customers' securities carried for the account of such customers are not subject to Regulation U*.

reinvestment *n*: FIN reinversión. [Exp: **reinvestment privilege** (FON/DIV derecho de reinversión; otorga al accionista el derecho a reinvertir sus dividendos en más acciones de la empresa o participaciones en un fondo de inversión), **reinvestment rate** (FIN tasa de reinversión; tasa de interés que asume un inversor sobre un título de deuda –*debt security*– que puede reinvertirse durante su periodo de vigencia)].

relative *n/a*: GRAL relativo, relacionado, tocante. [Exp: **relative strength** (FIN fortaleza relativa; comportamiento de un valor durante el año comparado con el comportamiento del índice general ◊ *Extremely high relative strength levels are not very common in the stock market*; V. *price persistence*), **relative value** (FIN valor relativo; alude al riesgo, liquidez y rendimiento de un producto financiero en comparación con otro semejante), **relative yield spread** (FIN margen de rendimiento relativo de un bono)].

release *n/v*: GRAL/FIN/NEGO descargo, liberación de una obligación, cesión, rescisión; liberar, descargar, eximir; en Bolsa liberar de obligaciones previas a un inversor de manera que pueda acudir a otros agentes. [Exp: **release order** (FIN orden de entrega)].

remain *v*: GRAL permanecer; V. *continue, linger, persist*. [Exp: **remaining maturity** (FIN/VEN vencimiento resultante; periodo de tiempo que resta hasta el vencimiento de un bono ◊ *Typically, the longer the remaining maturity of a fund's portfolio securities, the greater the volatility*)].

remargining *n*: FIN cobertura suplementaria adicional; consiste en añadir más capital o valores en una cuenta de cobertura –*margin account*– para el mantenimiento de la misma ◊ *The degree of exposure, called the variation margin, which would trigger remargining, should be agreed in advance with the other counterparty*.

Rembrandt market *n*: MER mercado Rembrandt, mercado de divisas de Holanda.

renewal *n*: NEGO renovación; alude a la repetición de una orden para el día –*day order*– que no fue cubierta el día anterior.

reoffering yield *n*: FIN/VEN oferta de rendimiento; se refiere al rendimiento que al vencimiento de un bono ofrecerá el suscriptor a los inversores ◊ *The Series B Bonds were priced with serial bonds ranging from a 3.70 % reoffering yield in 1999 to 4.90 % in 2012*.

reopen an issue *fr*: FIN reabrir una emisión; estrategia del Tesoro público de añadir más títulos a una emisión previa en lugar de emitir otra nueva ◊ *Under the previous rules, the Treasury generally could reopen an issue only if the price of the issue had not fallen by more than a minimus amount*.

reorganization bond *n*: BON bono de restructuración; emitido por una compañía en proceso de reorganización.

replicating portfolio *n*: VAL cartera duplicada; cartera que se crea a semejanza de un índice o punto de referencia –*benchmark*– ◊ *Our replicating portfolio usually includes the stocks with the greatest weight*.

repo *n*: FIN/NEGO/VAL pacto de recompra; acuerdo por el que una parte compra un título a otra parte con el compromiso de recompra –*repurchase agreement*– en una fecha y precio determinado ◊ *Despite the heart-breaking performance of interest rates, the volume of Repo agreements continued to increase*; V. *repurchase agreement*.

report *n/v*: GRAL/NEGO informe, boletín, memoria; informar, relatar, comunicar; confirmación oral o por escrito que una orden de compra o venta ha sido ejecutada; V. *account, bulletin, description, flyer*.

repurchase *v/n*: FIN recomprar; recompra. [Exp: **repurchase agreement** (FIN/VAL pacto de recompra o retroventa, operación de dobles, venta con pacto de retrocesión, repo; se trata de un acuerdo que compromete al vendedor a recomprar los valores vendidos a un precio fijo y en una fecha determinada; V. *repo; reverse repo*), **repurchase of stock** (VAL recompra de títulos; pago en metálico a los accionistas cuando se puede obtener un tratamiento fiscal mejor que si se paga con dividendos)].

require *v*: GRAL exigir, requerir, reclamar; V. *ask, demand, force, order*. [Exp: **required yield** (FIN rendimiento demandado; alude al rendimiento de un bono o una acción requerido por los mercados para que iguale los beneficios obtenidos por instrumentos financieros de riesgo similar ◊ *The required yield on a security is equal to the difference between the rate of return demanded from that class of securities and its expected rate of growth*)].

rescind *v*: DER cancelar, rescindir, revocar, anular un contrato por prácticas ilegales o fraudulentas; V. *abrogate, annul, repeal, revoke*.

research *n/v*: GRAL investigar, sondear; investigación, sondeo; V. *analyze, examine, investigate; study, test*. [Exp: **research portable** (FIN datos trasladables o portátiles; se trata de un servicio *on-line* de seguimiento del precio de los valores), **research department** (SOC departamento de sondeo; es el área de las sociedades de inversión encargada del análisis de los mercados)].

reset *v*: GRAL reajustar, recomponer, poner a cero; V. *conform, readjust, rest*. [Exp: **reset bonds** (BON bonos reajustables; ajustan sus intereses periódicamente con el fin de que siempre se negocien con el valor que tenían cuando fueron emitidos ◊ *Reset bonds usually start with a low coupon interest, which is later increased*)].

residual *a*: GRAL remanente, residual; V. *excess, remnant*. [Exp: **residual dividend approach** (DIV enfoque de dividendos remanentes o residuales; la empresa aplica el pago de dividendos únicamente si no puede invertir de manera adecuada esos fondos), **residual losses** (FIN pérdidas remanentes; minusvalías causadas por una mala gestión empresarial), **residual risk** (FIN V. *unique risk*), **residuals** (FIN residuos; parte del rendimiento de un valor que no puede justificarse por el rendimiento general de los índices del mercado)].

resistance level *n*: NEGO nivel de resistencia, soporte; nivel de precios difícil de superar por un valor o mercado; techo de precios en el que suele venderse un título ◊ *We advice investors to take profits as the market reaches its resistance level;* V. *heavy*.

resolution *n*: FIN/NEGO resolución, fallo; decisión favorable a la emisión de una emisión de bonos.

restricted *a*: GRAL/FIN/NEGO restringido, circunscrito, limitado; V. *indeterminate, narrow, restrain*; en el contexto bursátil alude a los títulos con los que un agente no puede mantener una posición ni negociar; V. *directorship, grey list*. [Exp: **restricted account** (FIN cuenta restringida; cuenta de margen –*margin account*– que carece de los activos necesarios para cubrir el depósito inicial exigido –*initial margin requirement*– por lo que no puede operar hasta cubrir dicha exigencia ◊ *Clients wishing to place orders in a restricted account will have to speak to a broker in order to place a trade*), **restricted**

stock (VAL/DIV acciones con derechos aplazados o sin derecho a dividendos hasta alcanzar un cierto nivel de beneficios; también se refiere a aquellos títulos que se negocian según unos requisitos impuestos por la Comisión Nacional de Valores ◊ *Sitaras violated the registration provisions of the securities laws by offering MHN restricted stock over an Internet auction site*; V. *144 stock*), **restricted surplus** (DIV excedente restringido; parte de los beneficios que, por ley, no pueden emplearse para el pago de dividendos)].

retail *n/v*: FIN/NEGO venta o vender al menudeo; se aplica a los clientes particulares en contraposición a los agentes y corredores. [Exp: **retail house** (AG VAL sociedad de valores que trabaja con venta al menudeo ◊ *The Consumer Bank at Chase is a dud and should be sold to some asset hungry European retail house such as HSBC to improve shareholder value*), **retail price** (NEGO precio al por menor), **retail sale/trade** (NEGO venta minorista)].

retention *n*: GRAL/FIN retención; número de acciones adjudicadas a un sindicato de emisión –*underwriting syndicate*– descontadas las que se destinan a la venta institucional; V. *confiscation, custody, detention, decomiso*. [Exp: **retention rate** (FIN/DIV tasa de retención; alude al porcentaje de beneficios retenido por la empresa una vez pagados los dividendos), **retained earnings** (FIN reservas; ganancias acumuladas y no distribuidas como dividendos y necesarias para la reinversión ◊ *The company is free to reinvest retained earnings in new business opportunities, expansion of operations, or share repurchases*)].

retire *v*: FIN redimir; liquidar un valor como pago de una deuda. [Exp: **retire bonds** (BON rescatar bonos), **retirement** (FIN/VEN redención; suprimir la contratación de un valor o bono por haber sido recomprado o amortizado –*redeemed*–)].

retrace *v*: FIN desandar, retroceder; movimiento de los precios de un valor en sentido opuesto al del periodo anterior ◊ *A bear market is underway whenever the major stock indices retrace 20 % from their highs*.

return *n/v*: FIN beneficio, devolución, reembolso, recuperación, rendimiento, resultado; devolver, reembolsar, restituir, pagar; modificación del valor de una cartera a lo largo de un periodo de tiempo incluyendo las posibles ventas de valores de la misma –*distributions*–; V. *earn, profit, render, repay, revert, yield*. [Exp: **return on equity, ROE** (FIN indicador de rentabilidad; se calcula dividiendo los ingresos netos por las acciones de la compañía; sirve para determinar en qué se invierte el dinero de la empresa ◊ *Return on equity is the most basic measure of how effectively management is using the capital entrusted to it by the shareholders*), **return on investment, ROI** (FIN rendimiento de la inversión; V. *financial return*), **return on total assets** (FIN rentabilidad sobre los activos totales), **return-to-maturity expectations** (FIN/VEN expectativas de rendimiento al

vencimiento), **returns** (FIN rendimientos, ganancias)].
revenue *n*: FIN beneficios, ganancias, ingresos, rentas; V. *earnings, income, profit, return*. [Exp: **Revenue Anticipation Note, RAN** (OBL/VEN obligación de renta anticipada; alude a la obligación que se amortiza con el cobro anticipado de impuestos por la entidad emisora, generalmente un organismo institucional ◊ *The worst scenario assumes that total receipts for the sale of the Revenue Anticipation Note will drop at least 7 %*), **revenue bond** (BON/OBL obligación abonable con ingresos fiscales; se emite para financiar obras públicas), **revenue fund** (FON V. *revenue bond*)].
reversal *n*: FIN/VAL reversión, reconversión; alude a la venta de acciones convertibles y compra de ordinarias, a la conversión de una opción de compra en una de venta; y también, al cambio de dirección de los mercados ◊ *There was a sharp reversal in oil services from early highs and declines in airline, paper and banking with volume on the lighter side*. [Exp: **reversal arbitrage** (NEGO arbitraje de reversión; consiste en vender una opción de venta, comprar otra de compra y vender el activo subyacente –*underlying asset*–), **reverse** (FIN cambiado, contrario, divergente, invertido, opuesto; V. *inverse, change, withdraw*), **reverse a swap** (BON revocar o deshacer una permuta financiera para beneficiarse de unos beneficios fiscales o de unos diferenciales de beneficios –*yield spread*– y volver a la cartera de bonos inicial ◊ *Many participants make agreements to reverse a swap in the event of unfavorable rate movement*), **reverse cash and carry** (FIN venta de valores al contado y compra de contados a plazo), **reverse conversion** (FIN conversión inversa; estrategia empleada por las agencias de valores que venden en corto y con protección –*hedge*– las acciones de sus clientes e invierten el dinero obtenido en cuentas del mercado monetario –*money market accounts*–), **reverse repo** (FIN operación de dobles; acuerdo de recompra –*repurchase agreement*–; se trata de un método de financiación a corto plazo consistente en la compra de valores por un banco o intermediario al tomador del crédito, estipulando, además, la reventa del mismo a un precio convenido ◊ *Although the reverse repo rates were brought down by early April, by 50 basis points, the market did not react*; V. *repurchase agreement, dollar roll*), **reverse stock split** (VAL reducción de acciones; se trata de una disminución del número de acciones, aunque manteniendo su valor total por lo que los accionistas conservan el valor de su inversión ◊ *Orem, Utah-based firm, expects shareholders to approve a 1-for-4 reverse stock split*), **reversing trade** (FUT/NEGO operación inversa; consiste en negociar la parte opuesta de una negociación de futuros –*futures position*– para cerrarla)].
revolving underwriting facility, RUF *n*: NEGO/SUS suscripción renovable garantizada; fondo perma-

nente de garantías sucesivas; se trata de la obligación contraída por un consorcio de bancos –*bank consortium*– de adquirir en firme, en condiciones de mercado más un margen fijo, pagarés de empresa –*commercial paper*– sobrantes a medio plazo; V. *transferible revolving underwriting facility, TRUF.*

reward-to-volatility ratio *n*: FIN coeficiente de premio a la volatilidad; alude al exceso de beneficios de una cartera según la desviación típica de cartera –*portfolio standard deviation*–.

rich *a*: FIN rico, apetitoso; alude al exceso de precio de una acción según su trayectoria anterior en los mercados.

ride *v*: GRAL/FIN cabalgar, conducir, controlar, guiar, manejar; V. *control, handle, manage*. [Exp: **riding the yield curve** (BON manejar o seguir la curva del rendimiento; alude a la compra de bonos a largo plazo con la idea de que los rendimientos de capital –*capital gain yields*– disminuyan con la cercanía de su vencimiento –*expiration*– ◊ *We should evaluate the profitability of riding the yield curve using T-bills*)].

rigged market *n*: MER mercado controlado o manipulado; se controlan los precios para atraer a los inversores ◊ *These stocks offer incredible value to long-term investors who wish to take advantage of the rigged market*; V. *market rigging*.

right *a/n/v*: FIN/SUS derecho, privilegio; prerrogativa que se da a los accionistas para suscribir nuevas emisiones de acciones antes de ser lanzadas al mercado, generalmente a un precio inferior al ofrecido al público –*public offering price*–; V. *privilege, prerogative, warrant*. [Exp: **right here** (NEGO hasta aquí/eso; expresión que indica que se aproximan la oferta y la demanda de una acción por lo que el trato es inminente; V. *tight*), **rights issue** (VAL emisión de acciones nuevas con derechos preferentes para los accionistas; ampliación de capital; V. *ex-new, pre-emptive right, scrip issue*), **rights offering** (VAL oferta con derechos; alude al privilegio que se otorga a los accionistas para que adquieran nuevas acciones con descuento –*discount shares*–; este derecho es transferible a otros interesados ◊ *With the share price reaching a high of Rs550, I do believe the present right offering gives a good opportunity once again*; V. *pre-emptive right*), **rights, with** (VAL con derechos; se refiere a la compra de acciones en la que el comprador tiene derecho a comprar las acciones de una empresa ◊ *The stock price and number of shares in Softronic have been adjusted for a stock split, but not for a new share issue with rights to existing shareholders*), **rights-on** (VAL con derechos; se refiere a las acciones que se negocian con derechos incluidos)].

rings *n*: MER corros de contratación en la Bolsa; V. *pit*. [Exp: **ring trading** (NEGO negociación a viva voz –*open cry*–; se da en corros bursátiles o en mercados de opciones y futuros ◊ *In ring trading as practiced in Switzerland, the traders stand in a ring, and so are equally treated*)].

«ring the cash register» *col fr*: FIN suena la bolsa [caja registradora]; expresión coloquial que alude a la recogida de beneficios en Bolsa ◊ *The money is in the market and doing a careful job can ring the cash register*; V. *profit taking*.

rising bottoms *n*: FIN subida de mínimos; modelo gráfico que muestra la tendencia alcista de un valor de precio bajo ◊ *Intel has completed a perfect series of declining tops and rising bottoms from Dec. 19.*

risk *n/v*: FIN riesgo, peligro; arriesgarse; alude a la posible desviación de los beneficios esperados *–expected return/yield–* en una inversión y muestra el grado de incertidumbre del rendimiento de una inversión; V. *gamble, speculate, venture; systematic risk*. [Exp: **risk-adjusted profitability** (FIN rentabilidad ajustada al riesgo), **risk-adjusted return** (FIN V. *risk-adjusted profitability*), **risk arbitrage** (FIN/SOC arbitraje especulativo; consiste en que el arbitrajista *–arbitrageur–* adquiere acciones de una empresa objeto de una OPA, vendiendo simultáneamente las que posee de la empresa adquirente, con la esperanza de que, durante la operación, suba el valor de las primeras y baje el de las segundas; si no se cumple la previsión, las pérdidas pueden ser drásticas ◊ *Our risk arbitrage strategy consists in buying the common stock of a company that is about to be acquired while shorting the stock of the company making the acquisition*), **risk averse** (FIN aversión al riesgo, alude al inversor que ante dos inversiones con semejante previsión de beneficios *–expected return–* elige la de menor riesgo ◊ *Because misperceptions increase price uncertainty, traders crowd out risk-averse informed investors*), **risk indexes** (FIN/VEN índices de riesgo; alude a las clases de riesgo empleadas para el cálculo del coeficiente beta de un valor como las ocilaciones en los precios y beneficios, escasa apreciación, falta de vencimiento o poca envergadura del mismo *–smallness–*, su grado de crecimiento o su riesgo financiero), **risk lover** (FIN amante del riesgo, torero; se refiere al inversor capaz de aceptar una previsión de beneficios menor con una alta dosis de riesgo ◊ *In extreme cases, a risk lover might even invest in something with a negative expected value*), **risk management** (FIN gestión de riesgo; proceso de identificación y evaluación de los posibles riesgos, así como la aplicación de medidas encaminadas a minimizarlos), **risk premium** (FIN prima de riesgo; premio por mantener una cartera con un componente de riesgo), **risk prone** (FIN propenso al riesgo; disposición a pagar una suma por la transferencia del riesgo), **risk rating** (FIN valoración del riesgo), **risk-return trade-off** (FIN compensación por un rendimiento con riesgo; alude al hecho de que una elevada previsión de beneficios va unida a un elevado componente de riesgo y al contrario ◊ *Investors can reach a satisfactory risk-return trade-off using a portfolio*), **risk-reward ratio** (FIN coeficiente de premio al riesgo; alude a la exigencia de compensación en razón al riesgo que se corre en la inversión), **riskless arbitrage** (FIN arbitraje sin riesgo; se refiere a la compra y venta simultánea del mismo activo para obtener un beneficio –*yield a profit*– ◊ *In a competitive market, there are seldom any riskless arbitrage opportunities*), **riskless or risk-free asset** (FIN activo libre de riesgo; normalmente alude a obligaciones y bonos del Estado; V. *zero-beta portfolio*), **riskless rate** (FIN tasa sin riesgo), **riskless transaction** (NEGO operación sin riesgo; se garantizan unos beneficios), **risky asset** (FIN activo con riesgo; activo con un rendimiento futuro incierto).

ROA *n*: FIN V. *Return on assets*.

road show *n*: FIN/VAL campaña promocional; presentación de una emisión de acciones antes de salir a Bolsa para explicar sus ventajas a los clientes potenciales ◊ *Launching an IPO means having to do the road show. This can make or break a company's stock market debut.*

rocket scientist *col n*: FIN/VAL experto en cohetes; alude a un especialista en productos financieros innovadores que, a menudo, posee un título o doctorado en ciencias ◊ *You don't need to be a market maven or a rocket scientist to see which way the Dow and NASDAQ are going.*

ROE *n*: FIN V. *Return on equity*.

ROI *n*: FIN V. *Return on investment*.

roll *n/v*: GRAL rollo; expediente; girar, renovar, rodar; V. *gyrate, revolve, rotate*. [Exp: **roll down** (NEGO/OPC renovar a la baja una opción de compra), **roll forward** (NEGO/OPC/VEN renovar una opción con otra que tenga una fecha de vencimiento posterior –*later expiration date*– ◊ *Thursday, Dec. 13, is the day that the active futures contracts roll forward to the March 2002 contracts*), **rolling hedge** (FUT/NEGO/VEN cobertura completa sucesiva; se trata de un tipo de cobertura de riesgos en un contrato de futuros consistente en la compra continuada de contratos con vencimientos sucesivos; V. *one-off hedge, stack hedge*), **roll order** (NEGO/OPC/VEN orden de renovación; se renueva una opción vencida por otra similar con nuevo vencimiento), **roll over** (FIN/OPC/VEN refinanciar; reinvertir el capital obtenido por una opción vencida en otra similar), **rollover** (FIN/VEN refinanciación; emisión de títulos u obligaciones cubierta con el vencimiento de otra anterior; reembolso de obligaciones por intercambio con otras de la misma clase; emisión de valores del Estado que se cubren con la amortización de los títulos anteriores; cierre de posiciones en un contrato y apertura en otro de vencimiento posterior; renovación; reinversión; refinanciamiento o refinanciación continuo-a ◊ *The new rule allows the rollover of funds from a previously funded qualified retirement plan into a thrift savings plan*; V. *roll over, roll up, rollover funds*), **rollover fund** (FON fondo de reinversión; fondos procedentes de una inversión anterior reinvertidos en otra nueva, normalmente para aprovecharse de las ventajas fiscales; V. *rollover*), **roll up** (NEGO/

OPC negociar al alza una opción de compra), **rolling hedge** (NEGO/OPC cobertura renovable), **rolling over** (NEGO/OPC renovación; se sustituye una opción por otra con fecha vencimiento y precio de ejercicio diferentes)].

round *a/v*: GRAL redondo; pleno; serie; V. *period, session; circular, series*. [Exp: **round lot** (VAL/NEGO lote completo; paquete de cien acciones o múltiplo de cien; V. *differential; even lot, odd lot; normal trading unit*), **round trip trade** (NEGO/VAL operación de ida y vuelta, transacción doble; alude a la compra y posterior venta al poco tiempo de un título ◊ *I paid the trader an eighth on a round trip trade of Sun Systems*), **round-trip transactions costs** (FIN costes de una operación de ida y vuelta; incluyen comisiones, gastos de impacto de mercado –*market impact costs*– e impuestos; V. *transaction costs*), **round-turn** (NEGO entrada y salida; compra o venta para compensar otra compra o venta ◊ *The round turn effective commission rate on the stock futures is around 1 %*; V. *comission*), **rountripping operations** (FIN operaciones de ida y vuelta)].

RUF *n*: FIN V. *revolving underwriting facility*.

rule *n/v*: FIN/DER regla, artículo, ley, norma, principio; reglamentar, estatuir, fallar, resolver, dictaminar; V. *act, article, decree, law, norm, provision, regulation*. [Exp: **rule 13-d** (FIN/DER norma 13-b; requerimiento de inscribir en los diez días siguientes de su realización una operación que suponga la adquisición del 5 % o más del paquete accionarial de una mercantil; dicha información debe remitirse tanto a la Comisión Nacional de Valores –*SEC*– como a la Bolsa de valores en la que se haya realizado la operación; debe informarse sobre cómo se ha realizado la operación, quién la ha hecho y cuáles son los fines de dicha compra), **rule 14-d** (FIN/DER norma 14-d; se aplica a la regulación del arbitraje especulativo –*risk arbitrage*–), **rule 144** (FIN/DER norma 144; limita la petición de compradores para completar una orden de venta por parte de un iniciado –*insider*–), **rule 144a** (FIN/DER norma 144a; regulación de la Comisión Nacional del Mercado de Valores de los EE.UU. –*SEC*– que permite a compradores institucionales negociar valores no listados –*unregistered securities*–), **rule 415** (FIN/DER norma 415; permite a las mercantiles archivar el registro de una emisión de acciones –*registration for securities*– hasta que se den unas condiciones favorables en los mercados; V. *shelf registration*), **rule 405** (FIN/DER norma 405; disposición de la Bolsa de Nueva York aplicada a los deberes de los clientes que exige una situación financiera adecuada para realizar cualquier operación bursátil), **rules of fair practice** (FIN/DER reglas de juego limpio; establecen los procedimientos exigibles para que las operaciones que se efectúan en los mercados de valores sean justas y equitativas)].

rumortrage *n*: FIN «rumoritraje»; término que combina las palabras «rumor» y «arbitraje» para referirse a las transacciones de arbitraje motivadas por la rumorología ◊ *The rumortrage impelled the CEOs to sell at a discount in case the takeover succeed*; V. *in play; garbatrage*.

run *n/v*: FIN lista de valores actualizada; es la utilizada por los operadores bursátiles y en ella constan los precios de puja –*bid prices*– y los del vendedor –*asked prices*–. [Exp: **rundown** (FIN/VEN resumen de la cantidad y precio de una emisión de bonos de vencimiento escalonado –*serial bond issue*– todavía a la compra), **running ahead** (FIN compra ventajosa; alude a la práctica ilegal de negociar un valor para el propio beneficio del agente antes que el de su cliente ◊ *The broker ran ahead his client to obtain a better price for his own*), **running broker** (AG VAL intermediario de efectos de descuento; V. *bill broker*), **runoff** (FIN/NEGO cola; operaciones impresas en la cinta de cotizaciones de la Bolsa de Nueva York pero que están todavía sin hacerse públicas a causa de la cola producida por un exceso de contrataciones ◊ *The market can open anywhere between 08h55 and 09h00; and can move to runoff any time between 16h00 and 16h05*)].

runaway *a*: GRAL incontrolado, desbocado, galopante. [Exp: **runaway gap** (FIN agujero o hueco de «continuación» en un gráfico de barras; V. *breakaway gap, common gap, exhaustion gap*)].

Russell Indices *n*: FON/MER índices Russell; índices de los valores estadounidenses según su valor de mercado –*market capitalization*– que los inversores emplean en la contratación de fondos de inversión.

Russian Trading System, RTS *n*: MER Sistema Ruso de Cotización; sistema electrónico similar al del *NASDAQ* por el que se realizan la mayoría de operaciones bursátiles en Rusia.

S

$ *n*: GRAL equivale a *dollar*.

S *n*: FIN/VAL quinta letra de la clasificación de valores del NASDAQ que indica que se trata de un interés con beneficios.

S&P *n*: FIN *Standard & Poor's Corporation*; mercantil estadounidense que publica un índice con las 500 empresas más sólidas de los EE.UU. [Exp: **S&P Phenomenon** (FIN fenómeno S&P; tendencia que muestran los valores una vez incorporados al índice S&P ◊ *The company's stock rose $4.50, to hit $58, on trading volume 19 times higher than average. It was the beneficiary of the so-called S&P Phenomenon*), **S&P's Rating** (FIN coeficiente S&P; coeficiente que mide el riesgo de una inversión según S&P), **S&P's 500 Composite Index** (FIN índice S&P 500; se basa en los 500 valores más populares y sirve de indicativo de la marcha de los mercados)].

safe *a*: GRAL/FIN seguro, garantizado, sin riesgo, de confianza; V. *guarded, kept, protected, secured, sheltered*. [Exp: **safe box** (FIN caja fuerte, caja de seguridad), **safe harbor** (FIN puerto seguro; alude a la toma de decisiones sensatas a la hora de invertir; también se aplica a un «auyentatiburones» –*shark repellent*– destinado a evitar las OPAS no deseadas, consistente en la adquisición por la empresa objeto de la OPA –*target company*– de otra empresa sometida a una estricta reglamentación federal, haciendo menos atractiva, de esta forma, la adquisición de la empresa principal ◊ *A downturn is pending, but savvy investors can find safe harbor*; V. *fat man*), **safekeep** (FIN en custodia; alude a los documentos de prueba de posesión de bonos, valores, etc., guardados en una entidad financiera), **safety margin** (FIN margen de seguridad; alude al respaldo real en activos fijos de un título bursátil ◊ *Since the future is never certain, the need for a higher safety margin to cover a possible future decline in stock prices is greater*)].

sale *n*: FIN venta, transacción, enajenación; V. *bargain, trade, vending*. [Exp: **sale against the box** (NEGO venta corta, al descubierto o a futuro –*short sale*– de valores por el

tenedor efectivo que, por razones tácticas o fiscales, prefiere mantener oculta su titularidad, confiándolos a la custodia de una institución financiera –*box*– mientras él aparece en el negocio como prestatario de los títulos que vende; gracias a esta artimaña, parece estar en posición corta cuando en realidad va largo ◊ *When selling short against the box, the capital gain can be long-term. Under the current tax law, a short sale against the box can remain open until death*; V. *long positition, short sale*), **sale with repurchase option** (NEGO venta con compromiso de recompra), **sales charge** (FON cargo por venta; comisión cobrada por un fondo de inversión para pagar los servicios del agente o asesor financiero que ha intervenido en la operación), **sales order** (FIN order de ventas), **sales tax** (FIN impuesto sobre ventas; impuesto sobre tráfico de empresas), **salesman/saleswoman/salesperson** (FIN vendedor-a)].
Salomon Brothers World Equity Index, SBWEI *n*: FIN índice de valores mundiales de Salomon Brothers; mide el comportamiento de los valores de unas seis mil empresas en veintidós países.
Samurai market *n*: MER mercado Samurai; alude al mercado japonés. [Exp: **Samurai bond** (BON bono samurai; bono emitido en yenes y en Tokio por un emisor internacional ◊ *IBM on Thursday became the first U.S. company to tap the Samurai bond market after the September 11 attacks*; V. *bulldog bond, Yankee bond*)].

Santa Claus Rally *n*: NEGO repunte por Santa Claus; alude a la subida estacional de los índices bursátiles en la última semana del año ◊ *The final full trading week of the year will spark a historical Santa Claus rally amid hopes for a better 2002.*
Sao Paulo Stock Exchange *n*: MER Bolsa de Valores de Sao Paulo.
Saturday night special *n*: FIN especial sábado noche; se trata de una pequeña pistola utilizada como defensa personal y se aplica al intento súbito de absorción de una empresa mediante una OPA hostil ◊ *This quick strike occurring most often on a Saturday evening and by which the acquiring company made a sudden grab for its prey is described as the Saturday Night Special.*
saucer *n*: FIN platillo, plato; gráfico que muestra la evolución del precio de un valor desde un nivel mínimo hacia arriba ◊ *John Stance is still predicting a saucer-shaped recovery in the stock market.*
savings *n*: FIN ahorro, economías, reservas; V. *funds, stocks, reserves.* [Exp: **savings and loan shares** (VAL acciones de sociedades de ahorro y crédito inmobiliario), **savings bank** (INST caja de ahorros), **savings bond** (BON bonos de ahorro; se trata de bonos del Estado con un valor nominal entre $50 y $10,000 libres de impuestos y con una amortización semestral de intereses ◊ *U.S. savings bond rates dropped Thursday, reflecting the decline in inflation and market interest rates over the last six months*; V. *series EE/HH bonds*), **savings certificate** (FIN certificado de depósito)].

scale *n*: FIN escala, baremo, medida, tarifa; V. *measure, degree, ratio*. [Exp: **scale in** (NEGO tomar posiciones; alude a la gradual entrada de un inversor en el mercado), **scale order** (NEGO orden escalonada o con escala; se trata de una orden de compra o de venta de títulos bursátiles en la que se indican de modo sucesivo y a la baja [o al alza] los precios ofrecidos ◊ *Another scale order from Iran worth 185 million Euro has not been taken into account in the two-months figures for 2001*)].

scalp *col v*: NEGO jugar a la Bolsa en pequeña escala; supone la compra y venta rápida de un valor normalmente en el mismo día. [Exp: **scalper** (NEGO posicionista de un solo día; pretende obtener beneficios rápidos, aunque pequeños, del diferencial entre el precio de compra y de venta de un valor –*price spread*– ◊ *Some types of trades might be easier for the scalper to enter in and out and profit nicely*; V. *dabber; spreader*)].

scattered *a*: FIN dispersar; se aplica a la compra o venta diseminada de títulos.

scenario analysis *n*: FIN análisis de casos hipotéticos o previsibles; se emplea para proyectar el comportamiento de un bono según diversas circunstancias de liquidez.

schedule *n*: FIN anexo; calendario, periodificación, programa, relación; V. *appendix, agenda, calendar, enclosure, itinerary, list*. [Exp: **schedule C** (FIN anexo C; alude a los requisitos exigidos para pertenecer al *NASD*), **schedule 13d** (FIN anexo 13d; formulario informativo requerido cuando se adquiere más del 5 % de las acciones de una empresa ◊ *During the sixty days preceding the date of this Schedule 13D, AILP purchased shares of common stock all in open market transactions*)].

scorched-earth policy *n*: FIN política de tierra quemada; se aplica a toda estrategia encaminada a desanimar a competidores y adversarios; así, por ejemplo, se trataría de hacer poco atractiva la compra de una empresa –*takeover*– por parte de un tiburón –*raider*– mediante la venta de sus activos más atrayentes –*crown jewels*– o haciendo inmediato el pago de sus deudas una vez se consumara la absorción ◊ *Some accused the Deutsche Börse of pursuing a scorched earth policy which could put off other potential partners*; V. *shark repellent*.

SCORE *n*: VAL acrónimo de Derecho Especial sobre Valores Residuales –*Special Claim on Residual Equity*–; se trata de un certificado que da a su tenedor derecho a la apreciación de capital –*capital appreciation*– de un valor subyacente –*underlying security*– pero no a percibir dividendos de dicho valor.

screen *n/v*: GRAL/FIN pantalla; selección, criba; seleccionar, cribar; V. *examine, filter, investigate*. [Exp: **screen stocks** (VAL análisis de valores; se refiere a la búsqueda de unos valores que cumplan determinados requisitos), **screen-based system** (NEGO sistema de contratación en pantalla *SEAQ*; V. *routing; Stock Exchange Automatic Quotation*), **screen trading** (NEGO contratación bursátil por pantalla ◊ *The Nasdaq Stock Market is unique in its use of a flexible computer-screen trading system that enables people to trade by computer from wherever they are located*)].

scrip *n*: FIN/DER título provisional; certifica la posesión de una porción de un valor; generalmente se otorga tras un desdoble de acciones –*stock split*– o tras una constitución de una nueva sociedad por escisión –*spin-off*– ◊ *The exchange is relatively modern and there are plans to implement a central scrip depository*. [Exp: **scrip dividend** (DIV dividendo abonado con pagaré), **scrip holder** (VAL tenedor de un título provisional), **scrip issue** (VAL emisión liberada; entrega de acciones gratuitas a los accionistas; también se le llama *capitalization issue* y *bonus issue*, y en los EE.UU., *stock dividend* y *stock split* ◊ *After the name of the company was changed to Investment AB Kinnevik, the board decided on a scrip issue and rights issue*; V. *capitalization issue; rights issue; share splitting; share premium account*), **scripophily** (FIN «titulofilia»; alude a la afición de coleccionar certificados de títulos y valores más por su rareza que por su valor bursátil ◊ *The collecting of stock certificates or scripophily is one of the fastest growing hobbies*)].

SEAEF *n*: FIN V. *Stock Exchange Automatic Exchange Facility*.

SEAQ *n*: FIN V. *Stock Exchange Automated Quotations System*. [Exp: **SEAQ automated execution facility** (NEGO servicio de liquidación automática de la contratación bursátil efectuada por el sistema *SEAQ*)].

seasoned *a*: FIN consolidado, afianzado, asegurado; se refiere a aquellos valores que, con el tiempo, han adquirido una consideración de calidad y liquidez; V. *consolidated, matured, ripen, veteran*. [Exp: **seasoned issue** (VAL emisión consolidada; emisión para la que ya existe un mercado consolidado ◊ *The market typically declines when a seasoned issue is announced*; V. *unseasoned issue*), **seasoned new issue** (VAL nueva emisión consolidada; emisión nueva de acciones que sigue a una emisión previa de la misma compañía), **seasoned security** (VAL títulos o valores consolidados)].

seat *n*: FIN asiento, posición; miembro de un mercado o una comisión de valores ◊ *A member is a company or individual who «owns» a seat on the NYSE*; V. *chair, position, spot*. [Exp: **SEATS** (NEGO V. *Stock Exchange Alternative Trading System*)].

SEC *n*: INST Comisión Nacional del Mercado de Valores, CNMV, de los EE.UU.; V. *The Securities and Exchange Commission*. [Exp: **SEC fee** (FIN comisión del SEC; tasa de escasa cuantía que cobra el SEC a los vendedores de títulos en Bolsa por sus operaciones)].

second *a/v*: GRAL/FIN segundo; secundar, amparar, apoyar, respaldar; V. *minor, subordinate; back, support*. [Exp: **second market** (MER segundo mercado; V. *over the counter market OTC*), **second pass regression** (FIN regresión de segundo pase; cálculo del coeficiente beta de regresión de los rendimientos de una cartera –*portfolio yields*–), **second-preferred stock** (VAL acciones con segunda preferencia; alude a los valores preferentes con menos prioridad a la hora del cobro de dividendos ◊ *In June 1912, the company's charter was amended to increase the first preferred stock, common stock, and the right to convert second preferred stock to first preferred stock*), **secondary distribution/offering** (FIN oferta o distribución secundaria; venta de valores, generalmente institucionales, emitidos con anterioridad, a cargo de agencias y casas de valores y a precio de mercado; V. *primary distribution*), **secondary issue** (VAL emisión secundaria; venta de títulos ya emitidos o de acciones en lotes –*lot/ batch*– ◊ *At the end of 1997, Speedfam did a secondary issue and raised money at $52 per share, more than 3-1/2 times today's price*), **secondary market** (MER mercado secundario; mercado de valores ya emitidos; contratación de valores entre inversores; en estos mercados se comercializan activos financieros ya existentes; los beneficios de estas operaciones revierten a los inversores y no a las empresas; V. *primary market; premium*), **secondary mortgage market** (NEGO mercado secundario de hipotecas; negociación de préstamos hipotecarios en forma de títulos respaldados por hipotecas –*mortgage-backed securities*–), **secondary stocks/securities** (VAL valores de segundo orden; alude a los valores de menor capitalización en el mercado, inferior calidad y mayor riesgo que los propios de las grandes compañías –*blue chips*– ◊ *Although we have invested in secondary stocks, we still think the best opportunities are in the big companies*)].

sector *n*: VAL zona, círculo; se refiere al grupo de títulos similares en cuanto a su tipo, vencimiento –*expiration*–, calificación –*rating*–, sector industrial –*industry*– y cupón.

secure *a/v*: GRAL seguro, firme, protegido, sólido; garantizar, asegurar; V. *assure, guard, protect, safe, shelter*. [Exp: **secured bond** (BON bono hipotecario o con garantía; bono colateral), **secured debenture** (OBL cédula hipotecaria, obligación o bono con garantía de activos, llamado *debenture bond* en el Reino Unido ◊ *The secured debenture holders of Rogers and Company Limited have been informed that the debentures will reach their maturity on 19th March, 2002*; V. *mortgage debenture; unsecured/simple debenture*)].

securities *n*: VAL valores, títulos, activos financieros, acciones, bonos; V. *asset-backed security, bonds, debentures, dated securities, listed securities, shares*. [Exp: **Securities Act of 1933** (DER Ley de Valores de 1933; primera ley promulgada en los EE.UU. para regular los mercados financieros), **Securities Acts Amendments of 1975** (DER Reforma de 1975 de la Ley de Valores; destinada a la creación de un sistema nacional de mercados financieros), **securities account**

(VAL cuenta de valores ◊ *If you want to buy or sell securities in the secondary market first open a securities account through any of the 15 stock brokers or registered custodian banks*; V. *margin*), **securities analysts** (VAL V. *financial analysts*), **Securities and Commodities Exchanges** (INST Bolsas de Valores y Materias Primas), **Securities & Exchange Commission, SEC** (INST Comisión de Vigilancia y Control del Mercado de Valores de los EE.UU., similar a la Comisión Nacional del Mercado de Valores española; en el Reino Unido se denomina *Securities and Investments Board*), **Securities and Exchange Commission Rules** (DER normas de la Comisión de Vigilancia y Control del Mercado de Valores; promulgadas para regular los mercados financieros en los EE.UU.), **securities broker** (AG VAL agente o corredor de Bolsa; V. *stockbroker*), **securities clearing** (VAL compensación de títulos o valores ◊ *The Barcelona Stock Exchange is also a shareholder of the Securities Clearing and Settlement Service [SCLV], which is the organisation that centralises the settlement of all securities operations*), **securities held in pawn/pledge** (VAL valores pignorados o dados en garantía; V. *pledged/pawned securities, against pledged securities*), **securities dealer/firm/house** (AG VAL corredor, sociedad o casa de valores), **Securities Industry Association, SIA** (INST Asociación del Sector de Bolsa; se trata de una asociación de corredores de Bolsa que negocian acciones, realizan seguimientos de los mercados, etc.), **Securities Industry Committee on Arbitration, SICA** (INST Comité de Arbitraje del Sector de Bolsa; se encarga de canalizar y arbitrar en las quejas de los clientes con las agencias y casas de valores), **securities investment trust** (FON fondo de títulos o valores; fondo de inversión cuyo patrimonio se invierte en acciones, obligaciones y otros títulos), **Securities Investor Protection Corporation, SIPC** (SOC Sociedad de Protección del Inversor en Valores; agencia sin ánimo de lucro que asegura las inversiones y capitales gestionados por las casas y agencias de valores frente a la quiebra de las mismas), **securities loan** (VAL préstamos de títulos; se da entre agentes para cubrir la venta en corto –*short sale*– de sus clientes o los préstamos garantizados con valores ◊ *In Australia a securities loan may not be outstanding for longer that 12 months or it is classified as a sale and the return as a purchase*), **securities markets** (MER mercado de valores, incluidos los secundarios –*over-the-counter markets*–), **securities portfolio** (VAL cartera de valores), **securitites trading department** (AG VAL sección de valores, negociado de títulos), **securities underwriting and distribution** (NEGO aseguramiento y colocación de emisiones de valores)].

securitization *n*: VAL titulización; «securitización»; convertir activos bancarios, hipotecas, etc., en títulos negociables –*marketable securities*– en el mercado secundario; vender bonos y obligaciones respaldados con hipotecas, etc. ◊ *Securitization is a funding tool that allows a company to raise funds backed by a pool of assets*; V. *marketable securities; mortgage-backed securities, MBS; asset-backed securities, pass-through*. [Exp: **securitize** (VAL titulizar; «securitizar»), **securitized paper** (VAL efectos titulizados)].

security *n*: VAL título, valor, activo financiero; documento que da fe de la propiedad de valores, bonos, etc.; V. *bond, collateral, hedge, shield*. [Exp: **security deposit** (FUT depósito de garantía; depósito que se entrega al agente en las ventas a plazo y como garantía de cumplimiento de un contrato de futuros; V. *margin; maintenance margin; original margin*), **security/stock holding** (VAL cartera de acciones o títulos; paquete accionarial; V. *block; parcel of shares; batch of shares*), **security in hand** (VAL valor en cartera), **Security Industry Automated Corporation, SIAC** (SOC Sociedad de Automatización de Valores; ejecuta las órdenes DOT, *Designated Order Turnaround System*, de manera automatizada), **security issuance** (VAL emisión de valores ◊ *This research studies the impact of security issuance activity on stock liquidity in the London Stock Exchange*), **security market line** (FIN línea del mercado de valores; representa la relación entre el rendimiento esperado –*expected return*– y el riesgo del mercado –*market risk*–), **security market plane** (FIN plano del mercado de valores; plano que indica el equilibrio existente entre el rendimiento esperado y el coeficiente beta de más de un factor), **security ratings** (VAL valoración de un título; evaluación del riesgo y prestigio de un título por parte de las agencias de valores ◊ *Our first requirement in offering security ratings would be that they must be accurate and up-to-date*), **security transaction** (NEGO operación bursátil)].

seed money *n*: FIN capital inicial o seminal; capital empleado para la puesta en marcha de un proyecto empresarial; a menudo se logra comprando bonos convertibles –*convertible bonds*– o acciones preferentes –*preferred stock*– ◊ *To secure seed money for start-ups and spin-offs, companies grant private managers broad disclosure*; V. *mezzanine level*.

seek a market *n*: MER búsqueda de mercado, para la compra o venta de valores –*bed-and-breakfast deals*– .

segregation of securities *fr*: VAL segregación, separación de valores.

select *a/v*: GRAL selecto, seleccionado, escogido, preferido, de primera; seleccionar, escoger, elegir; V. *appoint, choose, prefer*. [Exp: **select ten portfolio** (FIN cartera de diez valores escogidos; se trata de una cartera de inversión mobiliaria –*unit investment trust*– que, durante un año, compra y retiene los diez valores de mayor rendimiento en la Bolsa), **selected dealer agreement** (FIN/SUS convenio con la sociedad de valores elegida; normas que deben seguir el grupo vendedor en el proceso de suscripción –*underwriting*– ◊ *In order to* *sell a new issue, the selling group members must abide by the selected dealer agreement which outlines the terms of the relationship with the underwriting group*)].

self *a/pref*: GRAL propio; auto-, por sí mismo. [Exp: **Self-Regulatory Organization, SRO** (INST organismo autorregulatorio; se trata de entidades dedicadas a velar por el cumplimiento justo, ético y eficiente de las normas que rigen las actividades bursátiles en los mercados), **self-supporting debt** (BON deuda autosuficiente; se trata de bonos cuyos rendimientos se emplean para saldar las deudas originadas por la financiación de determinados proyectos ◊ *Self-supporting debt usually funds projects such as roads that are paid off with tolls*; V. *revenue bond*)].

sell *v*: FIN vender, comerciar, negociar, tener demanda; resultar aceptable; V. *distribute, peddle, trade, vend*. [Exp: **sell at the closing/opening market** (NEGO vender a precio de cierre o apertura del mercado), **sell hedge** (FIN V. *short hedge*), **sell limit order** (NEGO orden de venta con límite; indica el precio al que una acción puede negociarse ◊ *If you want to sell XYZ stock, but are not willing to sell at a price less than 50, you could place a sell limit order of XYZ at 50*; V. *buy limit order*), **sell off** (NEGO realizar, liquidar; venta de acciones generalmente por presiones externas; V. *dumping*), **sell order** (NEGO orden de venta de un determinado activo financiero; la manda el inversor a su agente de Bolsa –*broker*–), **sell out** (NEGO liquidar una cuenta de margen –*margin account*–; ocurre a causa de la incapacidad del cliente para aportar el capital requerido por una demanda de cobertura adicional –*margin call*–), **sell-plus order** (NEGO orden de venta plus; alude al precio de venta de un valor siempre que éste no sea inferior al de la última venta realizada del mismo valor ◊ *Some investors wanted to sell stock only on an uptick, but unfortunately, at that time the software systems at some firms could not handle sell-plus orders*), **sell-side analyst** (AG VAL analista de ventas; se trata de un analista financiero que trabaja para una casa de valores –*brokerage firm*– y se encarga de recomendar operaciones de venta a sus clientes), **sell short** (NEGO vender en corto o en descubierto; vender a la baja; V. *go a bear*), **sell the book** (NEGO vender la cuenta o el libro; orden de venta del mayor número de títulos posibles al precio del momento ◊ *Where I worked, we offered the seller 30 % of what we perceived we could sell the book for in cash*), **sell the spread** (NEGO vender un *spread* o diferencial; consiste en vender el contrato más cercano –*most nearby contract*– y comprar el más alejado –*most distant contract*–; V. *buy the spread*), **seller financing** (FIN financiación del vendedor; el vendedor presta al comprador que no adquiere plena propiedad de lo comprado hasta saldar la deuda), **seller's market** (MER mercado favorable al vendedor; hay exceso de demanda por lo que el vendedor puede fijar los precios ◊ *A good buyer may be able to root out good values even in a seller's market*), **seller's/selling option** (NEGO/OPC opción de venta; V. *delayed settlement/delivery; put option, option to sell; call and put option*), **sellers over** (NEGO mercado débil; finalización de la sesión de la Bolsa con posición de papel; exceso de vendedores y falta de compradores), **selling basis** (NEGO diferencial de venta), **selling climax** (NEGO clímax vendedor; caída súbita de los precios de las acciones), **selling concession** (FIN comisión por venta; se ofrece a los vendedores de una nueva emisión de acciones ◊ *Participating dealers also received a 2 basis point selling concession on all auction awards*), **selling dividends** (DIV venta de dividendos; procedimiento empleado por los vendedores de fondos de inversión para convencer a sus potenciales clientes de que adquieran acciones para beneficiarse de los posibles dividendos futuros), **selling group** (INST grupo de colocadores; generalmente alude a los bancos encargados de comercializar nuevas emisiones de acciones o bonos –*underwriting banks*–), **selling short** (NEGO venta en corto o en descubierto; venta de valores, divisas, productos –*commodities*–, o contratos de futuros por quien no los posee aunque espera obtenerlos a un precio más bajo en un mercado bajista antes del día pactado para la entrega –*delivery date*–; esta práctica la suelen seguir los especuladores cuando el mercado es bajista ◊ *The art of selling short is to make money from a declining share price*; V. *sale against the box; bear spread, bear squeeze, bear clique*), **selling short against the box** (NEGO V. *sale against the box*), **selling on the good news** (NEGO vender ante las buenas noticias; estrategia de venta de acciones tras las buenas noticias divulgadas por la empresa con el fin de obtener ganancias ◊ *BT 's stock nosedived to around $64, this 11 % fall came from profit takers selling on the good-news bounce*), **selling the spread** (NEGO V. *sell the spread*), **sold away** (NEGO vendido; alude a una práctica en el mercado extrabursátil –*over-the-counter trading*– consistente en haber vendido los títulos a otro agente antes de hacer la oferta –*offering*–), **sold-out market** (MER/VEN mercado vendido; circunstancia en la que es imposible adquirir un contrato de futuros de una determinada mercancía –*commodity*– o fecha de vencimiento –*maturity date*– debido a la escasez de oferta ◊ *Silver is a sold out market and that is why its price has rebounded from sell offs*)].

semi-strong form efficiency *n*: FIN eficiencia de modalidad semifuerte; modalidad de eficiencia en la fijación de precios –*pricing efficiency*– por la que el precio de un valor refleja la información hecha pública sobre el mismo; V. *weak form efficiency; strong- form efficiency*.

senior *a*: GRAL mayor; de más antigüedad, decano; V. *chief, elder, principal*. [Exp: **senior bond** (BON obligación prioritaria ◊ *Senior bond holders may not be as sensi-*

tive to risk as subordinated notes and debenture holders, due to their more protected position; V. subordinated/junior bond), **senior issue** (VAL emisión prioritaria), **senior refunding** (FIN/VEN amortización a mayor antigüedad; sustitución de bonos u obligaciones con un vencimiento de 5 a 12 años por otras con un vencimiento superior a 15 años), **senior mortgage** (FIN hipoteca preferente), **senior mortgage bond** (BON bono hipotecario prioritario; alude al bono que, en caso de quiebra, tiene prioridad de pago), **senior partner** (FIN socio mayoritario), **senior security/share** (VAL título o acción prioritaria; valor que, en caso de quiebra, tiene prioridad de pago)].

sensitive market *n*: MER mercado impresionable o sensible; mercado que reacciona con desmesura ante las buenas o las malas noticias ◊ *The bears allegedly got sensitive market information from the BSE president about the company's trading details.*

sentiment indicator *n*: FIN indicador de ánimo; alude al estado emocional de los inversores ante los vaivenes de los mercados, según sean alcistas –*bullish*– o bajistas –*bearish*– ◊ *The distinguishing difference is that our indicators do not reflect only the overall market, we've been able to develop sentiment indicators all the way down to individual stocks.*

separate *a/v*: GRAL separado, dividido, independiente; separar-se. [Exp: **separate customer** (FIN clientes separados; alude al sistema de aseguramiento individual y de mayor cobertura de las inversiones en Bolsa), **Separate Trading of Registered Interest and Principal Securities, STRIPS** (FIN segregación de cada uno de los flujos que un bono genera a lo largo de su vida)].

series *n*: OPC/VEN serie; en el caso de las opciones alude a los contratos con igual fecha de vencimiento y valor de amortización –*expiration date and exercise price*–; con valores, se refiere a aquellos títulos con similares derechos de propiedad y voto –*rights to ownership and voting*–; dividendos y par –*par value*–. [Exp: **series bond** (BON bono seriado; se trata del bono que se emite en diversas series y con las mismas condiciones –*indenture*– ◊ *Rates for the second coupon of OMZ's third series bond have been set at 10 %*), **series EE bond** (BON V. *savings bond*), **series E bond** (BON bono de serie E; clase de bonos exentos de impuestos emitidos en los EE.UU. de 1941 a 1979 y que fueron sustituidos por los de la serie HH), **series HH bond** (BON V. *savings bond*), **serial bonds** (BON/VEN bono u obligación de vencimiento escalonado; bono con amortización parcial ◊ *Sinking fund and serial bonds are not types of bonds, just methods of retiring them*; V. *term bonds*), **serial redemption** (BON/VEN amortización seriada; alude al vencimiento escalonado de un bono seriado –*serial bond*–)].

set *n/v*: GRAL conjunto; juego, expediente; fijar, señalar; V. *adjust, arrange, lay, place.* [Exp: **set-aside**

(FIN reservado; se refiere al porcentaje de bonos municipales que se reservan a las agencias de valores), **set up** (FIN arreglo; alude al arbitraje –*arbitrage*– en acciones convertibles consistente en hacer larga la posición convertible y corta un cierto porcentaje del valor subyacente; V. *Chinese hedge*)].

settlement *n*: FIN finiquito, liquidación, pago; V. *compensation, deal, payment, reimbursement*. [Exp: **Settlement, The** (FIN/MER liquidación de los valores en Bolsa; fase de liquidación de las operaciones bursátiles de la quincena; esta fase está formada por los últimos cinco días del *account period* o quincena de contratación bursátil a cuenta o a crédito; al último día de la fase de liquidación de valores bursátiles se le llama *Settling Day, Account Day* o *Pay Day* ◊ *The settlement period is T+2, two work days following the trade date*; V. *contango, continuation; continuous net settlement*), **Settlement Day/date** (FON/NEGO día de liquidación; generalmente tres días después de formalizar el contrato; aunque en los fondos es al día siguiente), **settlement price** (FUT precio de finiquito; cifra derivada de calcular las ganancias y pérdidas en una cuenta de futuros ◊ *The STI futures contracts will be cash settled by a cash amount equal to the difference between the previous day's settlement price of the contract and the final settlement price on the last trading day*; V. *closing range*), **settlement to market** (FIN liquidación por acomodación continua), **settling day** (FIN V. *Account Day, pay day, the Settlement*), **settler** (FIN ajustador, conciliador)].

severally but not jointly *fr*: FIN/SUS unidos pero no responsables solidarios; resume el acuerdo entre un grupo de suscriptores que, de forma conjunta, deciden la compra de una nueva emisión de valores, pero no se hacen responsables de las acciones que los otros miembros hayan dejado de vender –*unsuscribed stock*– ◊ *Subject to the terms and conditions of this Agreement, each Purchaser severally but not jointly agrees to purchase at the Closing, such number of shares of the Company's Series B Preferred Stock, par value $0.001 per share*; V. *joint and several*.

shade *n/v*: GRAL/FIN sombra, matiz; ganar por un pelo. [Exp: **shadow calendar** (VAL calendario en la sombra; retraso en la puesta a la venta de una emisión de acciones por falta de oferta), **shadow stock** (VAL valor en la sombra; valor fantasma –*phantom stock*– creado por una empresa con el fin de analizar su comportamiento o como comisión a sus directivos ◊ *We have a shadow stock plan that gives employees the benefit of profit-sharing*)].

shakeout *n/a*: FIN sacudida; cambio espectacular del mercado que genera ventas con fuertes pérdidas ◊ *Irrational and speculative bubbles led to the stock market shakeout of December 6, 1996.*

share *n/v*: FIN/VAL participación, acción, cupo; certificado de posesión de una mercantil; participar; V. *al-*

SHARK 288

locate, allot; part, quota; stock. [Exp: **share broker** (AG VAL agente a descuento; alude al corredor de Bolsa que cobra por acción vendida y cuya comisión disminuye a la par que aumenta el volumen negociado ◊ *Barclays Stockbrokers, the UK's largest share broker, plans to make the first ever «real time» share trade in the United Kingdom over the Internet*), **share buy-back** (VAL/NEGO rescate, recompra de títulos propios; procedimiento de reducción de capital de una mercantil mediante la recompra de acciones y la consiguiente amortización de las mismas ◊ *A share buy-back helps to avert a hostile takeover bid by reducing the number of shares in circulation*), **share capital** (VAL capital en acciones, llamado en los EE.UU. *capital stock*; V. *equity capital; paid in capital*), **share certificate/warrant** (VAL título físico o resguardo de una acción), **share dealings** (VAL contratación o compraventa de acciones), **share dividend** (VAL/DIV dividendo en acciones), **share index** (VAL índice bursátil), **share issued at a premium** (VAL acción con prima), **share premium account** (VAL/DIV cuenta de primas de emisión; contiene las reservas que resultan del exceso del precio efectivo de las acciones sobre el valor nominal –*face value*– de las mismas; estas partidas no se pueden distribuir en forma de dividendos, pero sí en forma de acción liberada –*bonus share*– ◊ *The share premium account is regarded as paid-up capital for tax purposes*; V. *bonus share, stock dividend,*

scrip issue), **share purchase warrant** (VAL certificado de opción para adquirir acciones), **share pusher** (VAL colocador de acciones dudosas ◊ *The Government used the share pusher's rumour factory to convert what were unmarketable stocks*), **share register** (VAL registro o libro de acciones), **share split-up, splitting** (VAL fraccionamiento de acciones de alto valor nominal en otras de nominal inferior a fin de facilitar su contratación; V. *scrip issue*), **share transfer** (VAL certificado de transferencia de acciones al portador), **shareholders** (VAL accionista, persona o entidad que posee títulos de una mercantil), **shareholders' equity** (FIN activo o patrimonio, recursos propios de una empresa menos el pasivo –*liabilities*–), **shareholders' letter** (FIN carta del accionista; alude a la parte del informe anual de la dirección de una mercantil en la que se ofrece de manera accesible y libre de tecnicismos aspectos concretos de la política de la empresa ◊ *On Saturday, Warren Buffett published his latest shareholders' letter which, as usual, it's a very informative and educational read*), **shareholders' meeting** (FIN junta de accionistas), **share repurchase** (VAL V. *share buy-back*), **shares authorized** (VAL máximo permitido de acciones; alude al número total de acciones emitidas por una mercantil y que sólo se puede variar en la asamblea de accionistas –*share/stock holders meeting*–; V. *issued, outstanding*)].

shark *col n*: FIN tiburón, especulador hábil; V. *raider*. [Exp: **shark re-**

pellent (FIN repelente de tiburones; se trata de una medida defensiva frente a una absorción no deseada ◊ *The SEC has warned that some shark repellant amendments appeared to be inconsistent with the protection of investors*; V. *golden parachutes, leveraged recapitalization; poison pills, safe harbor, scorched-earth policy*), **shark watcher** (FIN vigía; empresa dedicada a detectar iniciativas de OPAS hostiles o especulativas; V. *radar alert*)].

Sharpe, William *n*: FIN Premio Nobel de economía creador del modelo de formación o valoración de los precios de los activos de capital –*capital asset pricing model*–. [Exp: **Sharpe ratio** (FIN coeficiente Sharpe; coeficiente que calcula el redimiento de más de una cartera –*portfolio's excess return*– en razón de la variabilidad de la misma)].

shelf *n*: GRAL estante, anaquel. [Exp: **shelf offering** (FIN oferta registrada; oferta de una nueva emisión de acciones según el folleto de emisión –*prospectus*– de la misma ◊ *Procter & Gamble has filed a shelf offering for $4.9 billion in debt securities with the Securities and Exchange Commission*), **shelf registration** (FIN registro previo de una emisión; con dicho registro «*on the shelf*», la mercantil emisora, tras la remisión de informes trimestrales y anuales actualizados a la Comisión Nacional de Valores –SEC–, puede seguir operando en los mercados con un mínimo de costes; V. *rule 415*)].

shock absorbers *n*: FIN parachoques o paragolpes; V. *circuit breakers* ◊ *Securities markets have implemented intermediate measures, or so called «speed bumps» or «shock absorbers», to slow securities trading when markets experience significant volatility.*

Shogun bond *n*: BON bono shogun; bono en dólares emitido en Japón.

shop col *n*: AG VAL tienda; término coloquial empleado en *Wall Street* para referirse a una agencia de valores. [Exp: **shopped stock** (VAL títulos comprados; alude a la oferta de venta que se presenta a ciertos intermediarios financieros –*dealers*– antes de acudir a un banco de negocios –*investment bank*–), **shopping** (NEGO de compras; se trata de lograr la mejor oferta de compra o de venta tras sondear a un cierto número de agentes e intermediarios financieros)].

short *a*: GRAL/FIN corto, reducido; al descubierto, deudor, en posición deudora, bajista; V. *sell short; long; futures contract*. [Exp: **short bonds** (BON/VEN bonos u obligaciones con vencimiento –*expiration*– a corto plazo), **short butterfly** (OPC mariposa vendida; se trata de una estrategia de compras y ventas de opciones de compra –*calls*– y de venta –*puts*– ◊ *The short butterfly is a limited risk, a limited reward strategy*; V. *butterfly, long butterfly*), **short condor** (OPC cóndor corto o vendido; alude a la combinación de compras y/o ventas de opciones de venta y de compra –*puts and/or calls*– en la que, por una parte, se venden dos opciones de compra, la primera con el precio de ejercicio –*strike* *price*– alto y la segunda bajo, y por otra, se compran dos opciones de compra, una con un precio de ejercicio medio alto y la otra con un precio de ejercicio medio bajo ◊ *When your feeling on a stock is that it's about to move one way or the other, but you're not sure which way, the short condor can be an effective strategy*; V. *condor, long condor; straddle, butterfly, leg*), **short coupon** (FIN cupón corto; pago de intereses por un periodo inferior a seis meses devengados por un bono debido a que la fecha de emisión de dicho bono es inferior a seis meses de la fecha prevista para el primer pago de intereses; V. *long coupon*), **short covering** (FIN cobertura a corto plazo; se compran acciones en corto para sustituir las que se habían tomado en préstamo con anterioridad para cubrir una venta en corto *–short sale–* ◊ *Tighter government regulations on equity trading triggered a wave of short-covering in bluechips such as Toyota Motor Corp and low-priced stocks alike*), **short-dated securities** (VAL/VEN títulos con vencimiento a corto plazo, normalmente inferior a una semana), **short exempt** (FIN venta en corto exenta; condición negociadora que permite al poseedor de una acción convertible a la par *–at parity–* vender en corto la cantidad equivalente del valor ordinario *–common–* a un precio inferior al de su cotización inmediatamente anterior *–minus tick–* ◊ *The AMEX trades several indices, QQQ, SPY, and others, that allow you to sell short exempt, which does not require an uptick*), **short hedge** (FIN cobertura corta, operación de cobertura por venta a plazo *–forward sale–*; V. *long hedge; sell hedge*), **short interest** (FIN interés en posiciones cortas; alude al total de acciones vendidas en corto pero que no han sido recompradas para cerrar la posición; suele ser un indicativo del grado de pesimismo de los mercados), **short interest theory** (FIN teoría del interés en posiciones cortas; se trata de una teoría según la cual, un elevado interés en posiciones cortas precede a una subida de los precios de mercado de los valores debido a que las posiciones cortas deben cubrirse a corto plazo con la compra de los valores), **short leg** (FIN componente corto en la posición de riesgo compensado *–hedge–* ◊ *RBI signals higher interest rates on short-leg gilts*; V. *long leg*), **short of the basis** (FUT/NEGO posición corta en la base; alude a la venta de valores para cubrir la posición con la compra de un contrato de futuros), **short paper** (VAL papel bursátil a corto plazo), **short position** (FIN posición corta, deudora o vendedora; se trata de vender títulos que no se poseen y que se toman en préstamo antes de la venta para poder efectuar la entrega al cliente; más tarde dichos valores se compran con la esperanza de que su precio sea más bajo ◊ *It is possible to place a limit order when you want to get out of a short position which went up*), **short ratio or short interest ratio** (FIN ratio de las posiciones cortas), **short sale** (NEGO/FUT venta en descubierto; venta corta; venta de valores, divisas, contratos de futuros, etc., por quien no los posee aunque espera obtenerlos a un precio más bajo en un mercado bajista antes del día pactado para la entrega; V. *selling short, sale against the box, bear squeeze, loan crowd; close out; short covering; cover*), **short-sale rule** (FIN/DER regla de la venta en corto; se trata de una norma de la Comisión Nacional de Valores de los EE.UU. –SEC– que establece que la venta en corto únicamente se puede realizar en un mercado alcista), **short seller** (FIN vendedor en corto o en descubierto; vende valores que no tiene con la esperanza de que los precios caigan y así comprarlos más baratos ◊ *To protect himself, the short seller should always use a buy stop order GTC, Good Till Canceled*), **short selling** (FIN V. *short sale*), **short settlement** (FIN liquidación corta; alude a los acuerdos que se formalizan antes de los cinco días preceptivos por petición del cliente), **short squeeze** (FIN apretrujón, presión vendedora; alude al *stress* padecido por los vendedores al descubierto; presión a la que se ven sometidos los especuladores en posición corta –*short position*– en los contratos y opciones a futuro ante una subida inopinada de las cotizaciones; para proteger su posición se ven obligados a comprar títulos idénticos a los que ya tienen a cotizaciones más altas, lo que provoca una espiral de alzas cuyas consecuencias pagan los que no se han protegido ◊ *This is my advice, get only short sell stocks with a large float to avoid the short squeeze*), **short straddle** (OPC/VEN cono vendido, «straddle» corto o vendido, también llamado *top straddle*; consiste en la venta de una opción de compra –*call option*– y de una opción de venta –*put option*– con los mismos precios de ejercicio –*strike prices*–, generalmente igual al precio de contado –*spot price*– del activo subyacente –*underlying asset*– y las mismas fechas de vencimiento –*maturity dates*– ◊ *The short straddle will profit from limited stock movement and will suffer losses if the underlying stock moves substantially in either direction*; V. *straddle, strangle*), **short synthetic call** (FIN/OPC venta de una opción de compra –*call*– sintética; V. *synthetic*), **short synthetic put** (FIN/OPC venta de una opción de venta –*put*– sintética; V. *synthetic*), **short tender** (NEGO oferta en corto; alude a la práctica, generalmente ilegal, de utilizar títulos prestados para cubrir una OPA –*tender offer*–), **short term** (FIN/VEN a corto plazo; alude a las inversiones con vencimiento inferior al año), **short-term bond** (BON/VEN bono a corto plazo ◊ *The slowing economy has caused the Federal Reserve to cut short term bond yields*), **short-term bond fund** (BON/VEN fondo de bonos a corto plazo; vencen entre los tres y los cinco años), **short-term debt** (FIN/VEN deuda a corto plazo; normalmente se exige su pago en el año en curso), **short-term equity participation unit, STEP** (FON fondo de renta variable de Morgan Stanley; V. *steps*), **short-**

term gain [or loss] (FIN ganancias [o pérdidas] a corto plazo), **short-term note issuance facility, SNIF** (FIN/VEN programa de emisión de pagarés a corto plazo; V. *note issuance facility, NIF; transferible revolving underwriting facility, TRUF*), **short-term liabilities** (FIN/VEN pasivo a corto plazo; V. *long-term liabilities*), **short-term tax exempts** (FIN títulos libres de impuestos a corto plazo; normalmente emitidos por organismos oficiales para financiar proyectos urbanísticos)].

show *n/v*: GRAL demostración; exposición, feria; mostrar, demostrar; V. *explain, reveal; display, exhibit*. [Exp: **show & tell list** (FIN listado de paquetes de acciones –*block list*– que contiene las instrucciones del cliente ◊ *The investor handed his agent a thorough show and tell list*)].

shut out the book *fr*: FIN cerrar el libro; excluir una oferta pública de adquisición, OPV.

SIAC *n*: INST V. *Security Industry Automated Corporation*.

SIB *n*: INST V. *Securities and Investments Board*.

side *n*: GRAL cara, lado; V. *backing, shoulder, support*. [Exp: **side-by-side trading** (NEGO negociación codo con codo; se refiere a la negociación conjunta del valor –*security*– y opción de un mismo título en el mismo mercado –*exchange*– ◊ *On April 5, the Chicago Board of Trade will cancel side-by-side trading for its DJIA futures and futures-option contracts*), **sidelines** (NEGO al margen; se refiere a la contemplación de la evolución del comportamiento de un valor sin intervenir; V. *take a powder*), **sideline trader** (NEGO barandillero)].

significant *n*: GRAL/FIN significativo, apreciable, considerable, importante, notable; V. *important, indicative, notable, representative*. [Exp: **significant order** (NEGO orden importante; orden de compra o venta de valores en cantidad suficiente para alterar su precio de mercado), **significant order imbalance** (NEGO desequilibrio importante de órdenes; la oferta amplia de compra o venta de un valor genera un importante desequilibrio entre el diferencial –*spread*– de precios de compra y venta que, a menudo, suele causar un parón en las cotizaciones hasta que se restablece el equilibrio ◊ *When a significant order imbalance arises, a specialist may contact a floor official and request an assessment of the appropriateness of a trading halt*)].

silent partner *n*: FIN socio secreto, comanditario o capitalista ◊ *With $500 from a silent partner, Loftin bought Glenn's interest and renamed the firm Loftin & Company*.

SIMEX *n*: MER mercado de futuros y derivados de Singapur.

simple debenture *n*: OBL obligación simple o sin garantía específica; V. *secured debenture; floating charge*.

single *a*: GRAL simple, sencillo, elemental, fácil, único; V. *basic, exclusive, individual, odd, unique*. [Exp: **single-capacity system** (FIN sistema de capacidad simple; en él las sociedades de valores –*market makers*– pueden actuar de principal y de intermediarios ◊ *This strategy* *avoids the artificial mechanisms employed in the traditional single capacity system to evade the enforced distinction between brokers & jobbers*; V. *dual capacity system; dealer*), **single country fund** (FON fondo de país único; fondo que invierte en un solo país), **single factor model** (FIN modelo de factor único; modelo sobre el rendimiento de un valor que considera un solo factor común –*common factor*–, normalmente el rendimiento del mercado –*market return*–; V. *factor model*), **single index model** (FIN modelo de índice único; V. *market model*), **single market** (MER mercado único), **single option** (OPC opción única; alude a una única opción de venta o de compra en contraposición al «spread» que supone distintas opciones de compra y venta –*calls and puts*– ◊ *By buying a single option contract, you control 100 shares of stock but small movements in the underlying stock can lead to large movements in the option price*), **single-payment bond** (BON/VEN bono de pago único; alude al bono que sólo amortiza un pago de capital principal e intereses –*principal and interest*–)].

sink *v*: GRAL/FIN hundir-se, bajar, caer bruscamente, disminuir; V. *nosedive, fall, slump*. [Exp: **sinker** (BON acumulador; alude al bono cuyos pagos de capital e intereses se originan en los resultados –*proceeds*– de un fondo acumulativo –*sinking fund*– ◊ *Our super sinker bond is attractive to investors because it offers long-term interest on what is effectively a shorter term security*), **sinking fund** (FON fondo acumulativo), **sinking fund requirement** (FIN/VEN requisito del fondo acumulativo; alude a la estipulación que obliga al emisor de una obligación a la amortización anual de parte de la deuda; el principal que resta al vencimiento se denomina vencimiento globo –*balloon maturity*–; V. *purchase fund*)].

sit tight *fr*: FIN/NEG no moverse del sitio; mantener la calma; alude a la recomendación del agente a su cliente de permanecer tranquilo en la seguridad de que su orden se ejecutará ◊ *How many people are going to want to sit tight and hold stock as the market, or should I say the bubble losses air?*

size *n*: FIN tamaño; magnitud, volumen; se refiere al tamaño o magnitud tanto de una oferta de acciones como de su negociación; se aplica a un volumen de negociación de acciones por encima de las 100.000 ◊ *John can buy size at 102-22*. [Exp: **size out the book** (FIN desbordar o sobrepasar el libro; alude a la acción encaminada a excluir una oferta pública de adquisición, OPA –*public bid*– de participar en una operación mediante la negociación de un volumen de acciones superior al existente en el libro; V. *shut out the book*)].

skip *n/v*: GRAL omisión, salto; saltarse, omitir-se. [Exp: **skip-day settlement** (FIN acuerdo del día antes; se refiere a la negociación que finaliza un día hábil antes de lo normal ◊ *Skip day settlement for the 3-, 6-, and 1-year maturities will be used with the stop price of the* *auction to calculate price and money market yield on the issue*)].

sleep *v*: GRAL dormir, dormitar, reposar; V. *delay, ignore, neglect; appease, quiet*. [Exp: **sleeper** (FIN dormida-s; alude a las acciones que despiertan poco interés pero con un elevado potencial de ganacias ◊ *Shares of AVP have quietly climbed over 20 %; today, Bank of America brings this sleeper stock to investors' attention*; V. *high flyer*), **sleeping beauty** *col* (FIN/SOC bella durmiente; se refiere a las empresas que por su estructura financiera y situación saneada atraen la atención de los tiburones, considerándose por ello objetivos probables de OPAs hostiles *–hostile takeover–*; V. *shark, takeover*), **sleeping partner** (FIN/SOC socio secreto; socio camanditario)].

slump *n/v*: FIN/NEGO caída repentina y continuada del precio de las acciones ◊ *What is clear, the recent stock market crash represents a first tremor of an impending slump in the world capitalist economy*; V. *nosedive, sink, drop, fall*.

small *a*: GRAL pequeño, menor, mínimo, modesto; V. *brief, inferior, insignificant, limited*. [Exp: **small blocks of securities** (VAL picos de títulos; V. *odd lot order*), **small cap** (FIN baja capitalización, capitalización pequeña; se refiere a los títulos de capitalización inferior a 500 millones de dólares ◊ *The small cap Aegis Value fund was recently launched but it turned out that small value stocks were just about to take a dive*), **small investor** (FIN pequeño inversor), **Small Order Execution System,**

SOES (FIN Sistema de Ejecución Automática de Pequeñas Órdenes), **small-firm effect** (FIN/SOC efecto de las pequeñas compañías; tendencia de determinadas compañías pequeñas a destacar en los mercados), **small issues exemption** (FIN dispensa por emisiones pequeñas; se refiere a las emisiones de acciones con un valor inferior al millón y medio de dólares exentas de registrarse ante la Comisión Nacional de Valores de los EE.UU. *–SEC–* ◊ *When selling stock under the small issues exemption on the Internet, a company must provide an investor with direct access to a final offering circular with financial information about the company*), **small share/stockholder** (NEGO/VAL pequeño accionista; V. *minor shareholder*)].

smidge *n*: FIN pizca, mínimo; precios bajos pagados por un valor, normalmente +/- un 1/8 o un 1/4 ◊ *In 1960, the Dow climbed just a smidge of 0.3 per cent*.

sneak attack *n*: NEGO ataque furtivo; alude a la compra secreta de un paquete de acciones, bajada imprevista de tipo de interés, etc. ◊ *Even before the Federal Reserve's sneak attack and the explosive rally that followed, the stock market seemed to be getting back on its feet*.

snowballing *n*: NEGO efecto «bola de nieve»; se refiere al proceso en el que el número de las órdenes límite *–stop orders–* es tal que provocan una presión alcista o bajista en los precios dando lugar a más órdenes límite y por tanto a una mayor presión en los precios ◊ *It was a Government's attempt to forestall a* *snowballing effect when investors were forced to sell stocks into a falling market.*

socially conscious mutual fund *fr*: FON fondo de inversión de compromiso social; alude al fondo que no invierte en empresas que se dedican a actividades poco recomendables desde el punto de vista ético como, por ejemplo, las contaminantes.

society *n*: SOC sociedad, compañía, asociación; V. *company, corporation, partnership.*

SOES *n*: NEGO V. *Small order execution system*; V. *NASDAQ.*

SOFFEX *n*: INST acrónimo de *Swiss Options and Financial Futures Exchange* o Mercado Suizo de Opciones y Futuros Financieros.

soft *a*: GRAL/FIN blando, caído, débil, flojo, vacilante; V. *delicated, muted; kind, tender, light, weak.* [Exp: **soft dollars** (FIN dólares blandos; alude al valor estimado de los servicios que las agencias de valores ofrecen de manera gratuita a los gestores de carteras –*portfolio managers*– a cambio de su negocio; V. *hard dollars*), **soft market** (FIN mércado débil; mercado vendedor en el que la oferta supera a la demanda con la consiguiente escasez de órdenes de compra), **soft spot** (FIN zona débil, debilidad; se refiere a las acciones o grupos de acciones que mantienen una posición débil en un mercado alcista; tener debilidad o querencia por un valor o empresa ◊ *I had a soft spot for high-tech stocks*), **softs** *col* (FIN forma coloquial de *soft commodities* o mercaderías agrícolas, generalmente de procedencia tropical como el cacao, el azúcar o el café)].

sole *a*: GRAL sólo, individual, único. [Exp: **sole agent** (AG VAL agente exclusivo), **sole placing agency** (AG VAL/FIN agente único; V. *multiple placing agency*)].

sour bond *n*: BON bono amargo; se refiere a la emisión de bonos que no ha cumplido –*defaulted*– con el pago del principal o intereses –*interest or principal payments*– por lo que se negocia a descuento u ofrece una baja calificación crediticia –*credit rating*–; *SPOR sour bond left thousands without the expected yield.*

source of funds seller *fr*: FIN vendedor de origen de fondos; alude al inversor que vende paquetes de acciones con el fin de obtener financiación para adquirir otros nuevos.

SPDRs *n*: FON SPDRs, también conocidos como *Spiders* son el acrónimo de *Standard & Poor's Depositary Receipt* o Recibo de Depósito de Standard & Poor's; son parecidos a los fondos de inversión cerrados –*closed-end funds*–.

special *a*: GRAL especial, excepcional, extraordinario, singular; V. *exceptional, distinctive, singular, uncommon, unique.* [Exp: **special arbitrage account** (FUT/OPC cuenta especial de arbitraje; cuenta de margen –*margin account*– con un requisito de capital bajo y reservada para transacciones protegidas –*hedged*– por opciones y futuros ◊ *According to the new law, the person who sells a security for a special arbitrage account will be entitled to acquire an equivalent num-*

SPECIALIST 296

ber of securities of the same class as the securities sold), **special bid** (NEGO oferta especial; compra de paquetes de acciones –*parcels of shares*– consistente en sumar órdenes de venta pequeñas para cubrir una oferta de compra grande), **special assessment bond** (BON bono de impuesto especial; alude al bono municipal cuyo interés se paga con las tasas devengadas por los beneficiarios del proyecto financiado con dicho bono), **special bond account** (FIN/BON cuenta de bonos especial; alude a una cuenta de margen especial –*special margin account*– utilizada para la adquisición de bonos del Estado, municipales o convertibles de empresa), **special dividend** (DIV dividendo extra o especial), **special miscellaneous account** (FIN cuenta de orden especial; en ella, depositada por un corredor o agente de Bolsa, se lleva el saldo de los valores del cliente por encima del mínimo legal exigido por la cuenta de margen –*margin account*–), **special partnership** (SOC sociedad constituida para una finalidad empresarial determinada; V. *partnership*), **special purpose vehicle, SPV** (FIN entidad instrumental en la titulización –*securitization*– de activos; se encarga de la emisión de títulos-valores ◊ *With the establishment of SPV, special purpose vehicle, bonds can be issued to the public*)].

specialist *n*: FIN/VAL/NEGO especialista; alude a la agencia designada como creadora de mercados –*market maker*–; sólo puede designarse un especialista por valor, aunque las agencias pueden ser especialistas en varios valores; en el mercado secundario –*OTC market*–, sin embargo, puede haber varios creadores de mercado; sus funciones consisten en la ejecución de órdenes con límite –*limit order*– a nombre de otras agencias del parqué a cambio de una comisión y la compra y venta de valores para mantener el equilibrio en los precios de los valores ◊ *Each NYSE-listed stock is allocated to a specialist, who trades only specific stocks at a designated location called a trading post*. [Exp: **specialist block purchase and sale** (FIN/NEGO compra y venta de paquete de acciones por especialista), **specialist market** (FIN/NEGO mercado de especialistas; no acepta órdenes del público en general), **specialist unit** (FIN/NEGO unidad especialista; especialista que mantiene un mercado estable al ejercer de principal y agente –*principal and agent*– para otros agentes en determinados valores), **specialist's book** (FIN libro del especialista; registro cronológico de las operaciones bursátiles realizadas por el especialista ◊ *It was impossible to determine what the daily aggressive buying and selling volumes were. The specialist's book was not available, and no other source of such data could be located*), **specialist's short-sale ratio** (FIN ratio de ventas cortas o al descubiero –*short sales*– realizadas por especialistas)].

specific *a*: GRAL concreto, específico, especial; V. *accurate, detailed, ex-*

act. [Exp: **specific indent** (NEGO orden de compra cerrada dada a un agente), **specific issues market** (MER mercados de emisiones concretas; alude a los mercados donde los corredores invierten en las acciones que quieren vender en corto), **specific risk** (FIN V. *unique risk*)].

spectail *a*: FIN/NEGO especulador minorista ◊ *John is a spectail because although he handles retail client accounts, his main occupation is speculative trading on his own account.*

speculation *n*: FIN especulación; V. *gamble, play, venture*. [Exp: **speculative demand, for money** (FIN demanda especulativa; necesidad de efectivo para aprovecharse de oportunidades inversoras), **speculative grade bond** (BON bono de tipo especulativo; bono con calificación Ba o inferior según *Moody's*, o BB o inferior según *S&P* ◊ *The rating agency says that the global speculative-grade bond default rate in 2001 almost doubled compared to the previous year*), **speculator** (FIN especulador; alude al inversor que se anticipa a los precios del mercado para obtener beneficios)].

spider *n*: FIN V. *SPDR*.

spike *n/v*: FIN punta, pico; boleto-a de orden –*order ticket*– que muestra el nombre del valor, su precio, número de acciones, clase y cuenta de la orden; también alude al cambio súbito de los precios de un valor ◊ *Stocks spiked higher on Friday.*

spin-off *n*: SOC sociedad segregada; alude a la compañía que, independizada de la matriz –*parent company*–, emite sus propias acciones; V. *exchangeable instrument*.

SPINs *n*: FIN acrónimo de *Standard & Poor's 500 Index Subordinated Notes* u Obligaciones Subordinadas al Índice 500 de Standard and Poor's.

split *a/n/v*: FIN dividido, desdoblado; división, escisión; dividir-se, desdoblar-se, escindir-se; alude al desdoblamiento de las acciones de una compañía en paquetes más amplios, en los que el inversor mantiene el procentaje que tenía antes de la escisión canjeando, por ejemplo, dos nuevas por cada una de las antiguas ◊ *Other stock market standouts include THQ Incorporated (Nasdaq: THQI), up 5 % on 2.3 million shares after announcing completion of 3 for 2 stock split*; V. *break, cut, divide, separate*. [Exp: **split commission** (FIN comisión dividida; alude al reparto de la comisión entre el agente y el asesor financiero que le proporcionó el cliente), **split coupon bond** (BON bono de cupón desdoblado; define el bono que en una etapa inicial tiene cupón cero –*zero-coupon*–, es decir, no devenga intereses para hacerlo con posterioridad en el futuro), **split-fee option** (OPC opción con cuota dividida), **split off** (FIN segregación; reparto de acciones al escindirse una filial de la sociedad matriz ◊ *In the split-off, the holders of CarMax Group stock would receive one share of CarMax, Inc. stock for each share of stock redeemed by the company*), **split offering** (BON/VEN oferta desdoblada; alude a la emisión de bonos municipales compuesta de bonos con vencimiento escalonado –*serial bonds*– y bonos con vencimiento fijo –*term bonds*–), **split order** (NEGO orden de venta de acciones por lotes y a precios diferentes; tiene el fin de evitar fluctuaciones en los precios), **split print** (FIN impresión separada; lote de acciones publicada con dos precios distintos), **split rating** (FIN calificación en desacuerdo; alude a la discrepancia en la calificación de un mismo valor por diferentes agencias calificadoras ◊ *Although JCR has downgraded companies during the interim period, the level of split rating between JCR and the other three rating companies has expanded*), **split stock** (VAL dividir acciones en paquetes más pequeños ◊ *Starbucks Corp. said Tuesday it will split its shares 2-for-1. The stock split will double the number of shares to 393.6 million but halve their value*), **split up** (VAL división de acciones; aumento del número de acciones manteniendo el capital de la sociedad)].

sponsor *n*: FIN/SUS patrocinador, avalista; en Bolsa alude a la sociedad inversora y suscriptora –*underwriting investment company*– que ofrece valores de alta valoración.

spot[1] *n*: GRAL/FIN punto, lugar, sitio; V. *place, location, site; cash*. [Exp: **spot**[2] (FIN compra para entrega en el acto; V. *forward*), **spot cash** (FIN pago y entrega inmediata; V. *Stock Index Futures*), **spot futures parity theorem** (FIN/FUT teorema de paridad acto-futuros; analiza la relación entre los precios de la entrega en el acto –*spot*– y en el futuro –*futures*–), **spot market** (MER mercado al/de contado ◊ *Critics argue that introduction of futures contracts in financial markets has increased the volatility in spot markets and attracted more speculators than hedgers*; V. *cash markets*), **spot month** (FUT/VEN mes inmediato; es el mes de vencimiento inmediato al de negociación de un contrato de futuros u opciones), **spot option** (OPC opción a la americana ◊ *Cotton prices closed higher for the week. That is, if you give all the credit to the spot option, which reached a nine-point gain*), **spot price** (FIN precio de entrega inmediata; precio al contado; cotización en efectivo; V. *quotation; cash market price; forward price*), **spot rate** (FIN tipo de cambio al contado; alude al tipo de interés vigente en el momento de entrega de un producto o instrumento financiero; cotización de contado; alude al rendimiento obtenido por un valor del Tesoro con cupón cero; V. *spot price; forward rate*), **spot rate curve** (FIN curva de la cotización de contado), **spot secondary** (FIN oferta secundaria en el acto; alude a la distribución secundaria de un valor que no precisa ser registrado ante la Comisión Nacional de Valores –*SEC*– ◊ *A growing list of companies in recent weeks have put together spot secondary stock offerings which are sold to investors in a matter of minutes or hours*), **spots** (FIN mercancías de entrega inmediata)].

spread[1] *n/v*: FIN margen, «spread»; diferencial entre el precio de oferta y de compra de un valor ◊ *The bid-ask spread is collected by the market makers, who organize the trading for that particular security*; V. *appreciste, increase, multiply*. [Exp: **spread**² (FIN/FUT/OPC compra y venta simultánea de opciones o futuros de un mismo activo o mercadería –*commodity*– con fechas de entrega distintas; V. *straddle*), **spread**³ (FIN/SUS margen; diferencial entre el precio de compra de una emisión por parte del suscriptor –*underwriter*– y el de venta que aplica al público), **spread between spot and forward quotation** (FIN margen entre las cotizaciones al contado y a término), **spread broker** (AG agente, comisionista en diferenciales), **spread hedge** (FIN cobertura diferencial), **spread income** (FIN renta de margen; establece la diferencia entre los ingresos y los gastos), **spread margin** (FIN garantía reducida de diferencial), **spread option** (OPC/VEN opción diferencial; consiste en la compra de una opción y la venta de otra con el mismo activo subyacente –*underlying security*– pero con precio de ejercicio y fecha de vencimiento distintas ◊ *To price and hedge a spread option accurately, you are going to need at least a two-factor model*), **spread position** (FIN posición diferencial; situación de una cuenta tras la ejecución de órdenes «spread»), **spread strategy** (FIN/OPC/VEN estrategia diferencial o «spread»; alude a tomar una posición en una o más opciones con el fin de financiar la compra de una opción con la venta de otra con el mismo activo subyacente), **spreader** (FUT/VEN especulador en diferenciales, especulador de contratos de futuros y a plazo; compra y vende simultáneamente contratos con el mismo activo subyacente con diferentes vencimientos a la espera de obtener un beneficio en el diferencial ◊ *A paltry number of purchases keeps the forgotten options at bargain-price levels. This enables the calendar spreader to buy the bargain*; V. *scalper, position trader*)].

SPX *n*: FIN/VAL sigla del índice *Standard and Poor's 500*.

squeeze *v/n*: FUT/NEGO apretar, estrujar; aprieto; presión compradora; alude al ciclo durante el cual los futuros y valores aumentan de precio lo que obliga a los inversores que han vendido en corto a cubrir sus posiciones –*cover/hedge their positions*– para evitar pérdidas sustanciales ◊ *The increase in secondary trade is a reflection of the liquidity squeeze that compelled investors to exchange their securities for cash*.

SS1 *n*: FIN sistema de comunicación de operaciones bursátiles en ámbitos regionales.

stack hedge *n*: FUT/VEN cobertura completa concentrada; modalidad de cobertura de riesgo en contratos de futuros consistente en la compra simultánea de contratos de vencimientos sucesivos –*staggering maturity contracts*– ◊ *The company will hedge the position by using copper futures. This would require the setting up of a stack hedge since futures prices do not extend beyond about three years*;

STAG

V. *one-off hedge, stripped hedge, rolling hedge.*

stag *n/v*: FIN/NEGO especulador ciervo o gamo; se caracteriza por la rapidez con la que adquiere y revende participaciones –*investments*– en nuevas emisiones –*initial public offerings*–; especular para conseguir ganancias inmediatas ◊ *If you get a few lots in initial public offerings and stag them for an immediate gain, in a bull market, it's almost a sure thing.* [Exp: **stagging** (FIN/NEGO/SUS mayorización; suscripción inflada; táctica dirigida a obtener la máxima asignación de títulos cuando la demanda es superior a la oferta ◊ *The book should be read by anyone who fancies their chances of stagging new issues*; V. *flipping*)].

stage a rally *fr*: NEGO recuperación del precio de las acciones; V. *fall back.*

stagflation *n*: FIN «estanflación»; alude a un periodo económico de estancamiento, paro e inflación.

staggering maturities *n*: FIN/VEN vencimientos escalonados; estrategia de inversión en bonos con distinto vencimiento para protegerse de las fluctuaciones de los tipos de interés ◊ *By staggering maturities, you protect yourself somewhat from interest-rate risk.*

stagnation *n*: FIN estancamiento; periodo de poco crecimiento económico que produce una escasa contratación de valores ◊ *Japan has suffered through more than a decade of economic stagnation, and the stock market has suffered right along with the economy.*

stake *n*: FIN participación, interés, prorrateo; V. *holding, investment, part.* [Exp: **stakeholders** (FIN interesados; partícipes en una empresa, sean accionistas, empleados, acreedores, clientes, directivos, etc.)].

stamp duty *n*: FIN impuesto del timbre; se aplica a las transacciones realizadas con valores internacionales.

stand *n/v*: FIN/NEGO cotizar. [Exp: **stand at a discount** (FIN/NEGO cotizar por debajo de su valor nominal ◊ *Swan Hill's shares now stand at a discount of 38 %*), **stand up to** (FIN/NEGO disposición a cotizar; expresa la disposición del inversor a comprar)].

standard *a/n*: GRAL/FIN corriente, estándar, medida, normal, normalizado, patrón; V. a*rchetype, model, pattern; current, usual.* [Exp: **Standard and Poor's 500 Stock Index, S&P 500** (FIN índice bursátil de Standard and Poor's), **standard deviation** (FIN desviación normal, típica), **standard price** (FIN precio corriente, normal), **standard-yield method** (FIN método de rendimiento estándar)].

standby *v/n*: GRAL estar a la espera, a la expectativa; estar en lista de espera; reserva, recurso. [Exp: **standby agreement** (FIN/SUS acuerdo de reserva; acuerdo según el cual el suscriptor de una emisión de acciones con derecho de compra preferencial a los accionistas –*rights offering*– se compromete a comprar los títulos que hayan quedado por vender ◊ *A group of persons led by management of Digital Gem has entered into a standby agreement to purchase up* to $7.0 million in units not acquired by shareholders through the exercise of rights), **standby commitment** (FIN compromiso de reserva; acuerdo entre una mercantil y una sociedad de inversión por la que ésta se compromete a comprar la parte de la emisión de acciones con derecho de compra preferencial para los accionistas que no se cubra en un plazo de dos a cuatro semanas), **standby fee** (FIN/SUS comisión por reserva; cantidad percibida por el suscriptor que se compromete a comprar la parte de la emisión de acciones con derecho de compra preferencial para los accionistas –*rights offering*– ◊ *The applicant proposes a $70 per annum per lot standby fee*)].

standing *a/n*: GRAL/FIN crédito, posición, reputación; situación; en Bolsa indica el nivel de prioridad entre los agentes de Bolsa –*trading crowd*–; V. *credit, reliability, solvency; priority*.

state *n/v*: GRAL estado, condición; afirmar, declarar, estipular, indicar; V. *assert, declare, express; condition, situation*. [Exp: **stated conversion price** (FIN precio de conversión estipulado; alude al precio que el emisor de una acción convertible –*convertible stock*– paga al tenedor equivalente al par dividido por el coeficiente de conversión), **stated value** (FIN valor estipulado; valor que se asigna a un título a efectos contables y que no suele coincidir con el de mercado ◊ *Par value stock has a stated value on its face and represents the minimum worth of the shares*)].

statement *n*: GRAL estado, situación; extracto; V. *account, report*. [Exp: **statement of accounts** (FIN estado contable), **statement of earnings** (FIN declaración de beneficios)].

statistical tracking error *n*: FIN error estadístico de seguimiento; se refiere a la desviación típica –*standard deviation*– de la diferencia entre el rendimiento real de una cartera de valores y el rendimiento esperado.

staying power *n*: FIN capacidad de mantener una posición; aun cuando los títulos invertidos bajan de precio ◊ *After a long hibernation, the IPO market is finally showing signs of life. And that may prompt some to think the IPO rebound has staying power*.

steenth *n*: FIN dieciseisavo 1/16 (.0625) del precio de un punto.

steepening of the yield curve *fr*: FIN subida de la curva de rendimiento; modificación de la curva de rendimiento con un incremento del diferencial –*spread*– entre un bono a corto y otro a largo plazo.

step *n/v*: GRAL escalón, grado, paso, trámite; escalonar; V. *degree, grade, point, stage*. [Exp: **step aside** (FIN apartarse, quitarse de enmedio; alude al desinterés por parte del inversor en una operación), **step down bond** (BON bono declinante ◊ *The Eurobond is a ten-year step-down bond with an average annual yield of 6 %*), **step down note** (OBL obligación declinante; se trata de una obligación a interés variable cuya tasa de interés disminuye progresivamente), **step-up bond** (BON bono ascendente; se trata de un bono con interés ajustable al alza; V. *deferred-interest bond, payment-in-kind bond*), **stepped-rate bond** (BON bono con tipo de interés escalonado), **stepped-wise cap** (FIN contrato con tipo de interés máximo escalonado), **steps** (FIN V. *short-term equity participation unit*)].

sticky deal *col n*: FIN/NEGO operación peliaguda; alude a la dificultad de vender una emisión de acciones por problemas de la mercantil emisora ◊ *Underwriters are in a really sticky deal with the new KILO issue of shares.*

stock *n*: FIN/VAL acciones, valores; es un término empleado en los EE.UU. mientras que en el Reino Unido se emplea *shares*, usándose *stock* como valores de renta fija. [Exp: **stock ahead** (NEGO prioridad de órdenes; se refiere a la situación en la que se cursan dos órdenes al mismo tiempo para un mismo valor; en estos casos se da prioridad a la orden cursada en primer lugar y en caso de igualdad a aquélla por un número mayor de acciones; V. *ahead*), **stock basket** (VAL cesta de acciones ◊ *The stock basket will comprise 30 stocks selected from the FTSE 100 Index each equally weighted at 1/30 of the value of the basket*), **stock bonus plan** (FIN plan de incentivos mediante acciones), **stockbroker** (FIN/AG VAL corredor, agente de cambio y Bolsa; en plural significa agencia de valores; V. *registered representative*), **stockbrokerage** (AG VAL corretaje de acciones y valores), **stockbroker company** (AG VAL sociedad instrumental de agentes), **stockbroking** (AG VAL correduría de Bolsa), **stock buyback** (NEGO/VAL recompra de acciones; a cargo de la propia mercantil emisora con el propósito de aumentar los rendimientos por acción –*earnings per share*– ◊ *Coca-Cola's stock buyback has turned 14 % annual gains in profitability into 18 % annual growth in per-share earnings*), **stock capital** (SOC sociedad por acciones), **stock certificate** (FIN/VAL certificado o título de acciones), **stock dividend** (DIV acción liberada, acción gratuita, dividendo en acciones llamado *bonus share, scrip issue* o *capitalization issue* en Gran Bretaña; V. *stock split; share premium account*), **stock exchange** (INST/MER Bolsa de valores; como adjetivo significa bursátil), **Stock Exchange Alternative Trading System, SEATS** (INST/MER Bolsa londinense complementaria del *SEAQ*), **Stock Exchange Automatic Exchange Facility, SEAEF** (INST/MER Servicio Automático de Transacciones Bursátiles en la Bolsa Internacional), **Stock Exchange Automatic Quotation, SEAQ** (INST/MER Sistema Automático de Información y de Transacciones de la Bolsa de Londres; V. *screen-based system*), **stock exchange brokers** (AG VAL agencia de valores), **stock exchange clearing house** (INST cámara de compensación de valores bursátiles), **Stock Exchange Comission, SEC** (INST Comisión Nacional del Mercado de Valores, CNMV, de los EE.UU.), **Stock Exchange Commitee** (INST Cámara Sindical de Agentes de Cambios), **Stock**

Exchange Daily Official List (FIN boletín de la Bolsa; V. *Daily Official List*), **stock exchange operations** (NEGO operaciones bursátiles, negociaciones de títulos), **stock exchange securities** (VAL valores bursátiles), **stock exchange turnover** (NEGO volumen de negocio en Bolsa ◊ *Zagreb Stock Exchange turnover is very low as a result of serious collapses of other stock exchanges around the world*), **stock/security holding** (VAL paquete accionarial; cartera de acciones), **stockholder** (VAL accionista; V. *shareholder*), **stockholder equity** (VAL/FIN activo, patrimonio o valor neto; capital social ◊ *On the strength of the Global Crossing and other similar investments, the stockholder's equity had surged 86 % in 1998*), **stockholder/shareholder of record** (VAL accionista registrado en los libros de la mercantil; posee el derecho a percibir dividendos; V. *registered stockholder*), **stockholder's register** (VAL registro de accionistas), **stock holding** (SOC/VAL tenencia de acciones), **stock holding company** (SOC/VAL sociedad por acciones), **stock index** (VAL índice bursátil), **stock index futures** (FUT contrato de futuros sobre índices bursátiles; se realiza con fines especulativos o defensivos ante posiciones largas o cortas; V. *futures contract; financial futures; currency futures; spot cash; hedging*), **stock index option** (OPC opción sobre índices bursátiles), **stock insurance company** (SOC compañía de seguros con accionariado; es propiedad de los accionistas y no de los tenedores de las polizas), **stock investment funds** (FON fondos de inversión mobiliaria, FIM), **stock jobber** (AG VAL bolsista, agiotista ◊ *Each stock jobber on Ukraine's securities market is to be member of at least one self-regulated stock jobbers' organization*), **stock jobbing** (NEGO agiotaje), **stock jockey** (AG VAL colocador de acciones; corredor que mueve las carteras de sus clientes con frecuencia ◊ *In the booming 1980s, brokers bragged about their stock jockey status*), **stock list** (MER sección de listados; departamento del mercado de valores encargado de hacer cumplir la normativa a los partícipes en la Bolsa), **stock lock-up** (VAL encierro por emisión de acciones; bloqueo en la negociación de acciones ◊ *Since the stock lock up period was lifted in early January though, a number of insiders have been selling stock*), **stock market** (MER mercado de valores; la Bolsa; V. *equity market*), **stock note** (VAL pagaré garantizado por acciones ◊ *Long time followers of the stock note usually give up more rapid gains to consolidate at a lower level*), **stock option** (OPC opción de compra o venta de acciones; opción sobre acción), **stock owner** (VAL accionista), **stock power** (DER poder notarial autorizando la venta de valores), **stock purchase plan** (VAL plan de compra de acciones; alude al plan de la empresa de ofertar acciones con descuento a sus empleados ◊ *A qualified 423 employee stock purchase plan allows employees to purchase stock at a dis-*

count from fair market value without any taxes owed), **stock rating** (VAL calificación de valores; generalmente realizada por una empresa especializada), **stock record** (VAL registro de valores; mantenido por las agencias de valores, recoge todos los títulos negociados por ellas), **stock replacement strategy** (FIN/VAL estrategia de sustitución de acciones; se aplica para incrementar el rendimiento de una cartera mediante la permuta –*swap*– de futuros, letras del tesoro u otros valores ◊ *We should wonder if the time's just about right for a stock replacement strategy because these options are priced to favor buyers*), **stock repurchase** (FIN/VAL recompra de acciones), **stock right** (VAL/SUS derecho de suscripción; V. *stock option*), **stock selection** (FIN/VAL selección de valores; alude a la creación de una cartera compuesta por unos pocos valores de unas determinadas características), **stock split** (FIN/VAL emisión de acciones gratuitas a los accionistas; desdoble de acciones; en el reino Unido se denomina *capitalization issue* y *scrip/bonus issue*; el valor resultante de esa nueva emisión es inferior al que tenía antes del desdoble ◊ *Stocks tend to outperform the market after a stock split*; V. *split*), **stock suscription** (VAL suscripción de acciones), **stock syndication** (FIN/VAL sindicación de acciones), **stock ticker** (VAL indicativo de valor; se trata de un símbolo alfabético que se aplica a los valores y fondos negociados en las Bolsas de los EE.UU.), **stock transfer** (VAL transferencia de valores), **stock watcher, NYSE** (FIN/VAL vigilante de valores: servicio computarizado de la Bolsa de Nueva York encargado del control de las operaciones en el parqué para detectar cualquier anomalía o actividad ilegal que se produzca ◊ *A stock watcher made a report predicting a rebound for certain tech sectors*), **stock yield** (VAL rendimiento por acción)].

stop[1] *n/v*: GRAL parada, alto, interrupción; parar, detener, interrumpir; V. *cease, conclude, finish, terminate; decelerate, discontinue, close, interrupt*. [Exp: **stop**[2] (FIN «stop» o límite en una posición abierta en mercados de futuros fijado por el inversor; V. *stop-loss order*), **stop and reverse** (NEGO parada y reversión ◊ *Stop and reverse strategies should only be employed in trending markets when it provides excellent entry and exit points*), **stop basis** (NEGO nivel de parada o «stop»; alude a un tipo de negociación en el mercado extrabursátil –*OTC*– consistente en iniciar una operación sin notificarlo a dicho mercado), **stop-close-only order** (NEGO orden «stop» sólo al cierre; se ejecuta únicamente en el período de cierre de la sesión bursátil), **stop-limit order** (NEGO orden «stop» con límite; orden de comprar o vender títulos entre dos cotizaciones predeterminadas; combinación de orden «stop» y de orden límite; la orden es de comprar o vender valores una vez alcancen una cotización determinada, siempre y cuando se haya llegado con anterioridad a otra cotización especificada; ésta se llama *stop price* y aquélla *stop-limit price* ◊ *Your stop-limit order tells your broker to buy a stock at no more than $50 once it exceeds $48*; V. *do not reduce order, no- limit order, limit order, day around order; at best; at market; good until cancelled*), **stop-loss order** (NEGO orden de pérdida limitada; orden de venta de un valor cuando el precio cae por debajo de un nivel predeterminado; se suele aplicar a fondos de inversión de alto riesgo –*high risk funds*– ◊ *If you purchase a stock at $50 a share with a price objective of $70, you should consider a stop-loss order at around $47 in the event something went wrong*), **stop order** (NEGO orden límite o «stop»; orden de compra o de venta de un valor si su precio alcanza un precio superior [comprar] o inferior [vender] al que tenía cuando se cursó la orden; V. *no-limit order; limit order; day order; at best; at market; good until cancelled; do not reduce order*), **stop-out price** (FIN precio final; el precio más bajo que se alcanza en una subasta de letras del Tesoro –*Treasury Bill Tender*– ◊ *Allotments are made at the marginal accepted bid which represents the stop-out price*), **stopped** (NEGO detenido; alude al precio garantizado de un valor que se guarda a la espera de conseguir otro mejor), **stopped out** (NEGO orden límite ejecutada)].

story stock/bond *n*: VAL/BON bono o valor con historia; alude a la necesidad de ofrecer una información detallada sobre un determinado activo para persuadir a los posibles inversores en su compra ◊ *Inversors would find diversification risky and would be looking for story stocks like Microsoft or Intel*.

straddle *n*: OPC cobertura mixta o a horcajadas; posición de riesgo compensado; consiste en la compra o venta simultánea de un número igual de opciones de compra –*call*– y de venta –*put*– en las mismas condiciones; se trata de una estrategia bastante segura si se invierte en títulos de elevada volatilidad, aunque se puedan sufrir pérdidas si alguna de las opciones falla –*break a leg*– ◊ *It is distressing to watch the straddle gain 2 or 3 points in a short period of time only to lose that and more when the stock fails*; V. *long/top/short stradlle; condor, butterfly; strangle; spread*. [Exp: **straddle unwinding order** (NEGO orden de anular una cobertura mixta)].

straight *a/adv*: GRAL/FIN directo, ordenado, recto; exacto; simple; V. *correct, fair, just; direct, orderly*. [Exp: **straight bond** (BON bono clásico, simple u ordinario; bono no convertible), **straight-debt bond** (BON bono a interés fijo), **straight value** (VAL/OPC valor simple; llamado también valor de inversión; alude al valor de una acción convertible sin su opción de conversión ◊ *To estimate the straight value of a bond, we must determine the required yield on a nonconvertible bond with the same quality*), **straight voting** (FIN votación directa; en ella, los accionistas eligen a sus representantes en el Consejo de Administración –*Board of Directors*–)].

strangle *n*: FIN/OPC estrangulamiento; posición mixta de compras o ventas de opciones a distintos precios; consiste en la combinación de compras o ventas simultáneas de opciones de compra –*calls*– o de venta –*puts*– sobre el mismo activo subyacente –*underlying asset*– y con diferentes precios de ejercicio –*strike price*– teniendo las dos las mismas fechas de vencimiento; esta estrategia especulativa puede dar lugar a varias posiciones mixtas, siendo la más corriente la compra de una opción de compra por un precio superior al del activo subyacente, y la de compra simultánea de una opción de venta por un precio inferior al del activo subyacente ◊ *When choosing an expiry date for writing a strangle, options with an expiry date of no more than 4 weeks work best*; V. *short straddle, straddle; condor, butterfly*.

strap *n/v*: FIN/OPC/VEN correa; sujetar con correa; se refiere a una combinación de más opciones de compra que de venta; operación financiera consistente en combinar la compra y/o venta de opciones de compra –*call*– y de venta –*put*– con el mismo precio de ejercicio y fecha de vencimiento.

stratify *v*: FIN estratificar. [Exp: **stratified equity indexing** (FIN/VAL índice estratificado de valores; método de confeccionar una cartera duplicada –*replicating portfolio*– en la que los valores se clasifican por estratos), **stratified sampling approach to indexing** (FIN índice estratificado por atributos; consiste en clasificar los valores por características como el vencimiento, duración, etc.), **stratified sampling bond indexing** (BON índice estratificado de bonos por atributos; el índice se divide en categorías y los bonos se adquieren en razón de ellas)].

stray *a*: FIN ausente, perdido, alejado; alude a que el inversor no interviene en la operación que se está llevando a cabo ◊ *Some plans allow employees to stray from company-picked options*.

street *n*: GRAL/FIN calle; dicho término engloba a los agentes, corredores, suscriptores y demás miembros de la comunidad financiera que operan en *Wall Street*. [Exp: **street broker** (AG VAL agente de Bolsa no oficial ◊ *Francis, a street broker, managed a multimillion dollar mutual fund*), **street dealing** (NEGO contratación de valores no oficial; es decir, antes o después del cierre de la Bolsa), **street jobber** (AG VAL agente de Bolsa no oficial), **street market** (NEGO transacciones en horario no oficial), **street name** (NEGO a nombre de la agencia; alude a los títulos que un corredor tiene con titularidad de un cliente pero que aparecen registrados a nombre de la agencia de valores ◊ *Shareholders who hold their stock in street name are not eligible to participate in PG&E Corporation's Dividend Reinvestment Plan*; V. *nominee*), **street price** (NEGO precio o cotización no oficial; se produce después del cierre de la sesión de la Bolsa), **Street The** (INST Wall Street)].

strike *n/v*: FIN ejercicio; actuación. [Exp: **strike index** (OPC índice de ejercicio; se refiere a la opción sobre índices bursátiles –*stock index option*– por la que el comprador de la opción puede comprar o vender el índice de acciones subyacente ◊ *Before selling my option's underlying stock, I had to calculate in dollars the option's strike index*), **strike offered yield, SOY** (FIN/NEGO precio de emisión o de referencia ◊ *It is common in Euronote distribution that the strike offered yield is set by the arranger*; V. *issuer set margin*), **strike price** (FIN/NEGO precio de ejercicio, precio de compra en el mercado de valores, de materias primas o de divisas; se denomina también *exercise price*)].

strip *n/v*: OPT/VEN desdoble; franja, cobertura en franjas; combinación de más acciones de venta que de compra; se trata de una estrategia combinatoria similar al *strap* con la diferencia de que el *strip* combina dos opciones de venta –*puts*– y una de compra –*call*– de un valor, mientras que el *strap* son dos de compra por una de venta, siempre con el mismo precio de ejercicio y fecha de vencimiento –*strike price, expiration date*–; V. *expose, deprive, dispossess*. [Exp: **stripped bond** (BON bono desdoblado; puede dividirse en diversos bonos de cupón cero –*zero-coupon bonds*– ◊ *Buy a $10,000 2 year stripped bond for $9,300 today and invest the remaining $700 in an aggressive equity fund*), **stripped mortgage-backed securities, SMBSs** (BON bonos con garantía hipotecaria desprovistos de cupón, cuyo cobro ha motivado la adquisición con título subrogado –*passthrough*–), **stripped hedge** (FUT/VEN cobertura completa escalonada; modalidad de cobertura de riesgo en contratos de futuros consistente en la compra escalonada, cuando se necesiten, de contratos con vencimientos sucesivos –*successive maturity contracts*–; V. *stacked hedge, one-off hedge, rolling hedge*), **stripped yield** (FIN rendimiento desdoblado ◊ *A finance minister asked what the stripped yield was and then followed up with another pearl: Why are those bonds called Bradies?*), **stripping** (FIN desdoble o separación de acción y cupón; suele tener lugar en las ampliaciones de capital; V. *asset stripper; clipping off; dividend stripping, zero-coupon bond/CD coupon stripping*), **strips** (FIN segregación de los flujos que genera un bono a lo largo de su vida; es el acrónimo de *Separate Trading of Registered Interest and Principal Securities*; V. *coupon stripping*)].

strong-form efficiency *n*: FIN eficiencia elevada; eficiencia en el precio de un valor ya que refleja toda la información disponible sobre el mismo ◊ *Strong-form efficiency assumes that security prices fully incorporate all public information plus all non-public information, such as information available to the managers in the corporation*; V. *weak-form efficiency, semi-strong form efficiency*.

structured portfolio strategy *n*: FIN estrategia estructurada de cartera; alude a la cartera que se crea con el fin de cubrir unas obligaciones –*li-*

abilities– que deberán amortizarse más adelante.

stub *n*: FIN/VEN restos; se refiere a los valores sobrantes tras una amortización en metálico o una distribución de títulos debida a una concentración –*recapitalization*– ◊ *The stub's trading value can be at times less than its intrinsic value because the true business value of the stub becomes obscured*; V. *leveraged recapitalization*.

subject *n/v*: FIN sujeto a; someter a; alude a una propuesta de venta o compra de acciones –*bid, offer*– que no puede ejecutarse –*execute*– sin la confirmación expresa del cliente por lo que aún se puede negociar. [Exp: **subject market** (NEGO mercado por ratificar; alude a las cotizaciones –*quotes*– con precios sin confirmar; V. *fast market*), **subject to a print/execution/trading** (NEGO operación sujeta a ejecución; se trata de un paquete de acciones próximo a ser negociado ◊ *The market maker bought 10,000 shares subject to a print and sold half that amount to another party*), **subject to a [NY] can** (FIN pendiente de cancelación; alude a la capacidad negociadora del agente para cancelar una orden en la Bolsa indicada entre paréntesis)].

subordinate *a/n/v*: GRAL/FIN dependiente, subordinado, subalterno; subordinar; V. *agent, assistant, inferior, subaltern*. [Exp: **subordinated debenture bond** (BON cédula hipotecaria o pagaré de empresa subordinado; se trata de un bono sin garantía prendaria –*unsecured bond*– que se sitúa tras la deuda garantizada –*secured debt*–, los pagarés de empresa –*debenture bonds*– e incluso tras los acreedores en las reclamaciones de activos y beneficios ◊ *Imperial Equities Inc. announced that it intends to raise $2 million through a subordinated debenture bond offering with an annual interest of 8 percent*; V. *debenture bond, mortgage bond, collateral trust bonds*), **subordinated debt** (FIN deuda subordinada a la deuda principal o preferencial –*senior debt*–), **subordinated/junior bond** (BON bono subordinado ◊ *Maybank Wednesday said it appointed Deutsche Bank AG and JP Morgan Chase & Co. as lead managers for its planned $300 million subordinated bond issue*), **subordinated issue** (VAL emisión subordinada), **subordination clause** (FIN cláusula de subordinación; disposición en una escritura de emisión de bonos –*bond indenture*– que restringe la capacidad endeudadora del emisor al hacer depender las posibles demandas a la mercantil a las previas de los tenedores del bono)].

subperiod return *n*: FIN rentabilidad a corto plazo; alude a la rentabilidad obtenida por una cartera en un periodo más breve que el de evaluación –*evaluation period*–.

subscribe *v*: FIN/SUS suscribir, firmar; V. *authorize, endorse, underwrite*. [Exp: **subscribe shares** (VAL/SUS suscribir acciones), **subscribed capital** (FIN/SUS capital suscrito; V. *issued capital stock*), **subscription** (SUS/FIN/VAL suscripción, adquisición de títulos y valores. [Exp: **subscriber** (SUS/VAL suscriptor), **subscription of shares/stocks** (SUS/VAL suscripción de acciones o valores), **subscription price** (SUS/VAL precio de suscripción; precio que los accionistas están dispuestos a pagar en una oferta de compra de acciones nuevas –*rights offering*–; V. *subscription privilege*), **subscription privilege** (SUS/VAL privilegio de suscripción; derecho otorgado a los accionistas de una mercantil para la adquisición de nuevos títulos de la empresa antes de salir al mercado ◊ *The offering guaranteed that each holder could buy additional new shares under the subscription privilege*), **subscription warrant** (SUS/VAL certificado, resguardo provisional o cédula de suscripción; se trata de una clase de título emitido junto a un bono o acción que otorga a su tenedor el derecho a comprar un determinado número de acciones ordinarias –*common stock*– a un precio fijado, en general más elevado del que tenía en el momento de la emisión –*time of issuance*– ◊ *The purpose of the issuance of the bond with subscription warrant is to grant the subscription warrants to the Company's selected employees*)].

substitute *a/n/v*: GRAL sustitutorio, sustituto, suplente; sustituir, reemplazar; V. *alternate, replace, represent*. [Exp: **substitute sale** (FIN/FUT venta sustitutiva; sistema de protección del riesgo de los precios mediante el empleo de instrumentos de deuda como los futuros de tasas de interés –*interest rate futures*–, o mediante la venta de títulos prestados –*borrowed securities sale*–), **subtitute money** (FIN sucedáneo de dinero; se trata de efectos de comercio que, no siendo moneda de curso legal, se aceptan como dinero; V. *real money, near money*)].

substitution swap *n*: FIN permuta de sustitución; permuta de un bono por otro similar en cuanto al cupón, vencimiento, calificación pero de mayor rentabilidad ◊ *In a substitution swap a security is sold if its relative yield is expected to rise or is bought if its yield is expected to fall compared to other similar bonds*.

suicide pill *n*: FIN píldora suicida; cianuro; se trata de una táctica para evitar una OPA hostil –*hostile takeover*– que puede llevar a la quiebra de la propia empresa asediada, por ejemplo, al endedudarse de manera excesiva.

suitability rules *n*: FIN normas de adecuación; patrón de comportamiento que deben seguir los corredores y agentes de Bolsa para asegurarse que los inversores disponen de los medios financieros necesarios para cubrir los riesgos que quieran tomar ◊ *Many hedge funds offered in the private market have strict suitability rules; participants must be investors of means and understand hedge-fund complexities*.

super *pref*: GRAL super, sobre. [Exp: **Super Bowl indicator** (FIN indicador de la *Super Bowl*; curiosa teoría que afirma que si gana la copa un equipo de la Liga Americana de Fútbol, AFC, anterior a 1970, los mercados bajarán al año siguiente, mientras que si el que la gana es un equipo de la liga anterior a 1990, la NFC, los índices subirán en el ejercicio siguiente ◊ *According to the Super Bowl indicator, 2002 will be a down year since an AFC team won*), **super sinker bond** (BON/VEN/DIV bono de gran amortización; se trata de un bono ventajoso con cupón o dividendo a largo plazo pero con vencimiento a corto)].

supervisory analyst *n*: FIN analista supervisor; profesional cualificado para dar el visto bueno a los informes financieros emitidos por los mercados bursátiles.

support *n/v*: GRAL apoyo, subvención; soporte; apoyar, avalar, ayudar, respaldar, suscribir; V. *back up, uphold, endorse, second*. [Exp: **support level** (FIN nivel de precios, umbral de intervención; se refiere al precio mínimo que alcanza un valor y que es difícil que rebase ya que en ese punto la demanda supera a la oferta ◊ *The Dow held support level at 10,292 for Monday, Tuesday, but collapsed*), **support the market** (MER mantener los precios del mercado)].

surplus *n/a*: FIN excedente, sobrante, superávit; plusvalía; V. *accumulation, excess, oversupply*. [Exp: **surplus dividend** (DIV dividendo por superávit), **surplus of money/paper** (FIN posición dinero o papel), **surplus value** (FIN plusvalía)].

Sushi bond *n*: BON bono *sushi*; se trata de un eurobono emitido por una mercantil japonesa.

suspended trading *n*: NEGO suspensión de las operaciones en un valor; generalmente se produce ante la inminencia de noticias de relieve sobre el mismo o ante un desequilibrio de órdenes –*imbalance of orders*– de compra y venta ◊ *MICEX has suspended trading in the foreign currencies;* V. *delayed opening*.

swap *n/v*: FIN permuta financiera, canje financiero; operación «swap»; se trata de acuerdos contractuales en mercados no organizados –*over-the-counter*– por los que dos partes se comprometen a intercambiarse flujos financieros en la misma moneda –*interest swap*– o en distinta –*currency swap*–; aunque también se intercambian bonos y valores –*bond, equity swap*– ◊ *The Bangkok Bank sold USD in the spot and swap markets and use the baht to invest in the stock market*; V. *barter, exchange, switch*. [Exp: **swap buyback** (FIN recompra del «swap»; se trata de finalizar una operación de permuta financiera al volver a adquirir un «swap» de tipos de interés), **swap option** (OPC V. *swaption, quality option*), **swap rate** (FIN cotización «swap»; es la diferencia entre el tipo de cambio a plazo –*forward rate*– y en efectivo –*spot rate*–), **swaption** (FIN opciones sobre permutas financieras o «swaps» ◊ *A swaption agreement will specify whether the buyer of the swaption will be a fixed-rate receiver or a fixed-rate payer*)].

sweetener *col n*: VAL edulcorante; endulzador; alude a las condiciones de una acción que la hacen especialmente atractiva a los inversores ◊ *They are not likely to have any sweetener offer for the minority share holders*.

SWIFT *n*: FIN sistema electrónico de transferencias; acrónimo de *Society for Worldwide Interbank Financial Telecommunication;* V. *TARGET.*

Swissy *col n*: FIN coloquialismo referido al franco suizo.

switch *n/v*: GRAL/FIN rotación, cambio, trasladar, transferir; cambio de posición; V. *exchange, replace, swap.* [Exp: **switch order** (NEGO orden de rotación; orden de compra o venta de un valor y venta o compra de otro con un diferencial de precio acordado ◊ *A switch order is technically a spread order where you exit your current position and roll to another position at the same time*; V. *contingency order*), **switching** (VAL/OPC/FUT/VEN cambio de vencimientos; rotación de contratos de opciones y futuros, cambiándolos por otros sobre el mismo activo subyacente con vencimiento posterior; se venden los que se poseen y se sustituyen por otros similares que vencen más tarde; también se aplica a la rotación de títulos en la gestión de una cartera de valores; se venden los que ofrecen un perfil poco atractivo y se sustituyen por otros con mejores perspectivas ◊ *The level of transaction activity, such as switching between funds, often spiked up to three, four, even six times normal levels*)].

symbol *n*: FIN símbolo; letras empleadas para la identificación de las sociedades en los sistemas de transmisión electrónica de las cotizaciones de la Bolsa. [Exp: **symbol book special** (FIN acción con marca especial; alude al valor sin liquidez, inactivo y desconocido *–illiquid, inactively traded stock–* en los mercados)].

synchronous data *n*: FIN datos sincrónicos; en los modelos de evaluación del precio de las opciones, establece que el precio de la opción y del activo subyacente *–underlying asset–* deben ir a la par y reflejar una situación análoga en el mercado.

syndicate *n*: FIN/INST corporación de síndicos; consorcio bancario que garantizan la colocación de una nueva emisión de acciones o bonos; V. *consortium, pool, bank syndicate, loan syndication, underwriting syndicate.* [Exp: **syndicate manager** (FIN V. *managing underwriter* ◊ *A syndicate manager may bid on the stock in the offering to «stabilize» the price*)].

synthetics *a*: FIN sintético; V. *short synthetic call/put*; instrumento híbrido o a la medida *–customized hybrid instrument–* que combina un activo financiero y una operación de cobertura. [Exp: **synthetic call option** (OPC opción de compra sintética; consiste en comprar una opción de venta con un precio de ejercicio *–exercise price–* mayor que el del activo subyacente *–underlying asset–* para así comprar dicho activo), **synthetic convertible** (FIN/VEN valor convertible sintético; se trata de una combinación de bonos y pagarés que vencen después del bono que imitan las características de los bonos convertibles), **synthetic position** (OPC posición sintética; combinación de opciones o de los activos subyacentes para crear un posible escenario de riesgo o rentabilidad), **synthetic put option** (OPC opción de venta sintética), **synthetic security/stock** (VAL título sintético; está formado por la combinación de varios derivados –*derivatives*– ◊ *ABN Amro last year issued a synthetic collateralised loan obligation credit-linked to mortgages. This is the first synthetic security in the region*)].

system *n*: GRAL sistema, fórmula, procedimiento, régimen; V. *method, pattern, structure; operation, procedure, technique; network*. [Exp: **systematic** (NEGO sistemático; alude a la venta de valores por el agente –*broker*– cuando el cliente no los paga; también se aplica cuando un cliente, que no ha dado orden de compra, pide al agente que le muestre los títulos que están a la venta así como su precio; V. *bidding buyer*), **systematic risk** (FIN riesgo sistemático; se denomina también *undiversifiable risk* o *market risk* y alude al riesgo mínimo de una cartera de valores por la diversificación de sus títulos ◊ *If the stock market rises upon the release of good economic news, all stocks are more or less affected. This is systematic risk*; V. *unsystematic risk; undiversifiable risk*), **systematic risk principle** (FIN pricipio de riesgo sistemático; establece que, en carteras bien diversificadas, sólo debe importar el riesgo sistemático), **systematic withdrawal plan** (FON plan de reintegro sistemático; cláusula de determinados fondos de pensiones que establecen las cantidades que deben percibir los mutualistas tras un periodo de tiempo determinado ◊ *Instead of investing in bonds, using a systematic withdrawal plan connected to an equity mutual fund could well allow a retired person a higher after-tax income*)].

T

T *n*: GRAL/VAL quinta letra de la clasificación de valores del *NASDAQ* que sirve para indicar que el valor mencionado tiene derechos de suscripción –*warrants, rights*–. [Exp: **T-bills** (BON letras del Tesoro; V. *Treasury Bills*), **T-bonds** (BON bonos del Tesoro; V. *Treasury bonds*), **T-Rex Fund** (FON fondo monstruo, alude a un fondo de capital de dimensiones considerables, en general por encima de los mil millones de dólares)].

TAA *n*: FIN V. *tactical asset allocation.*

TAC bonds *n*: BON/VEN V. *targeted amortization class bond.*

Tactical Asset Allocation, TAA *n*: FIN/VAL asignación táctica de activos; alude a la estrategia de cartera consistente en modificar su composición en razón de criterios de rentabilidad –*returns*–, volatilidad –*volatility*–, etc. ◊ *Tactical asset allocation models typically reduce stock exposure when stocks appear overvalued or particularly volatile.*

tail *n*: FIN cola; se refiere a la diferencia entre el precio medio de una subasta del Tesoro y el precio fijado –*stopout price*–. [Exp: **tailgating** (FIN/NEGO a escondidas, por la espalda; estas expresiones describen la compra de valores por parte de un corredor –*broker*– una vez que ha ejercido una orden de compra del mismo valor para un cliente; espera, así, obtener un beneficio personal bien porque posee información obtenida por el cliente o bien porque el volumen de la operación es lo suficientemente grande para ejercer un efecto en el precio del valor; se trata de una práctica poco ética ◊ *The broker was accused of tailgating many of his clients*)].

tailor-made commercial paper *n*: FIN pagaré singular o hecho a medida.

Taiwan Stock Exchange *n*: MER/INST Mercado de Valores de Taiwan.

take *v/n*: NEGO tomar, aceptar; alude a la aceptación de los términos de venta de un valor al precio ofrecido; V. *accept, undertake; obtain, secure.* [Exp: **take a bath** *col* (NEGO pegarse un baño o batacazo; sufrir fuertes pérdidas como resultado de una mala inversión o especulación ◊ *John took a bath on the stock market with his high tech stocks last year*), **take a flier** col (NEGO especular en títulos de gran riesgo ◊ *In 1999, I had the bright idea to take a flier on the high-tech market*), **take a position** (NEGO tomar posiciones; adquirir títulos con mayor o menor riesgo; la posición puede ser larga –*long*– o corta –*short*–), **take a powder** col (NEGO poner tierra de por medio; se trata de cancelar todas las órdenes sobre un determinado valor, aunque se siga manteniendo un interés por el mismo ◊ *We should be careful, take a powder and lock in the gains of the past bull market*; V. *back on the shelf, sidelines*), **take a swing** col (NEGO dar un golpe; realizar una operación por un precio superior al normal con el propósito de conseguir una mayor cuota de mercado –*market share*– ◊ *Motorola Inc, Eastman Kodak Co and Sharp Electronics Corp are all lining up to take a swing at the emerging high tech market*), **take bids** (FIN licitar, subastar), **take down** (NEGO aceptar valores de una nueva emisión), **«take it down»** (NEGO [re]bajarlo; se trata de reducir el precio de la oferta o de buscar otras con el fin de hacer bajar el mercado), **«take me along»** (NEGO llévame contigo; alude al deseo de participar junto a otro inversor o agente en una operación de Bolsa), **take off** (VAL despegue; aumento brusco de los precios de las acciones o de la situación del mercado ◊ *To succeed in the stock market, you only have to make one decision: Get out if the stock doesn't take off*), **take-out** (NEGO sacar; conseguir un extra en metálico con la venta de un paquete de acciones –*block/parcel of shares*– y la compra de otro, también se aplica a la oferta de adquisición de valores que se realiza a un operador con el fin de sacarlo del mercado ◊ *I took out a nice cash selling a block of bonds at 99 and buying another block at 95*), **takeover bid** (NEGO oferta pública de adquisición, OPA; consiste en ofrecer a los accionistas de una empresa la compra de sus acciones; si no la aprueba el consejo de la empresa ofertada, se considera hostil; V. *tender offer; offer to purchase; dawn raid, corporate raider*), **take private** (NEGO salir de Bolsa ◊ *There is a take-private phenomenon which over the past two years has seen a number of small and medium sized quoted companies remove themselves from the stock market*; V. *going public*), **take the offer** (NEGO aceptar la oferta; adquirir valores al precio ofrecido por el agente; V. *hit the bid*), **take-up fee** (FIN/NEGO comisión de adquisición; la reciben los bancos suscriptores –*underwriter banks*– por cada título que compran de acuerdo con su compromiso de colocación –*underwriting agreement*– ◊ *ANKA bank charges a take-up fee of $.287 per share*), **take-up shares** (VAL suscribir acciones), **takedown** (FIN anotación; se refiere al número o al precio de los títulos que cada banco suscriptor se queda en una nueva emisión), **takeover target** (FIN/SOC empresa atacada por una

OPA hostil o amistosa), **taker in** (AG VAL agente que toma prestados títulos de otros), **takes a call** (NEGO hacer una llamada; alude a la necesidad de confirmar la operación mediante una llamada telefónica), **takes price** (NEGO ajustar el precio; exigencia por parte de la parte compradora de que la vendedora baje el precio u ofrezca alguna compensación antes de cerrar la operación; V. *price give*), **taking a view** *col* (NEGO echar un vistazo; hacerse una idea; expresiones que aluden a la necesidad de esperar a ver hacia donde van los precios para actuar en consecuencia ◊ *Taking a view on the market is less risky than betting on an individual stock*), **taking delivery** (FUT asumir, recibir la entrega; generalmente en un contrato de entrega diferida –*forward contract*– o de futuros –*futures contract*– o de bonos y acciones)].

tangible *a*: GRAL tangible, concreto, material, real, sustancial; V. *actual, concrete, physical, real.* [Exp: **tangibility** (FIN «tangibilidad»; alude a la capacidad de usar un activo como garantía –*collateral*– de una deuda ◊ *The intangible benefit of e-business has become accepted as a perverse tangibility in itself*), **tangible asset** (FIN activo fijo, real, tangible; se trata del activo físico y material como un edificio o una pieza de maquinaria; se denominan también *real assets*; V. *intangible asset*), **tangible net worth** (FIN valor neto tangible; se refiere al valor de los activos reales y sus pasivos –*liabilities*– descontados los intangibles –*intangible assets*–)].

TANs *n*: OBL V. *tax anticipation notes.*

tap *n/v*: GRAL grifo, llave; explotar, aprovechar. [Exp: **tap issue** (FIN emisión continua; emisión de bonos del Tesoro –*T-bonds*– disponibles en cualquier momento ◊ *The announcement of the 15-year on-tap issue took the market by surprise*), **tap stock** (VAL emisión de títulos del Estado; V. *gilt-edged stock*)].

tape *n*: FIN cinta; servicio electrónico que refleja las cotizaciones y el volumen de las transacciones bursátiles ◊ *Our preferred way to read stock market is tape reading which allows us to make our decisions objectively*; V. *consolidated tape*. [Exp: **tape is late** (FIN retraso o desfase en la cinta; sucede cuando se produce un desfase superior al minuto entre el momento en que se produce una operación y su reflejo en la cinta debido a un exceso de contratación)].

target, TARGET *n/v*: GRAL/FIN blanco, diana, meta, objetivo; dirigir-se a; fijar-se como meta; sistema de pago interbancario en tiempo real; se trata de un servicio centralizado en la sede del Banco Central Europeo –*European Central Bank*– en Frankfurt y coordina el sistema de pagos de los países de la zona euro; es el acrónimo de *Trans-European Automated Real Time Gross Settlement Express Transfer*; V. *aim, goal, objective; SWIFT*. [Exp: **target company/firm** (SOC sociedad blanco; empresa objeto de una OPA o ataque por parte de un tiburón empresarial –*corporate raider*–; en los EE.UU., por ley, el comprador puede adquirir hasta un 5 % de las acciones de dicha empresa de manera anónima, pero si supera dicho límite debe notificarlo a la Comisión Nacional de Valores –SEC–, a la Bolsa y a la propia empresa asediada ◊ *The acquiring company snapped up a substantial block of shares in the target company at the opening of the trading day*; V. *raider*), **target investment mix** (NEGO suma de objetivos de inversión; combinación porcentual de valores, bonos y reservas que el inversor considera apropiada a tenor de su estrategia inversora), **target price** (FIN/SOC/OPC/VAL precio del blanco; alude al precio que el adquiriente está dispuesto a pagar por una empresa; en opciones se refiere al precio de la acción soporte –*underlying security*– por el que la acción se convierte en dinero –*in the money*–; en acciones, se trata del precio que el inversor espera que alcance una acción en un futuro), **Targeted Amortization Class, TAC bonds** (BON/VEN bonos con objetivo de amortización; se rigen por los parámetros de los fondos acumulativos –*sinking funds*–; son bonos protegidos con garantía hipotecaria; V. *PAC bonds*), **targeted repurchase** (NEGO/SOC recompra defensiva; se refiere a la recompra por una sociedad de sus propias acciones, generalmente, pagando un sobreprecio, con el fin de anticiparse a una posible adquisición ◊ *The company said its shares were very cheap at current prices but declined to disclose the targeted repurchase price*; V. *greenmail*), **targeted registered offerings** (NEGO emisiones de acciones preadjudicadas; se trata de emisiones vendidas a instituciones financieras internacionales predeterminadas por la Comisión Nacional del Mercado de Valores –*Securities and Exchange Commission*–)].

tax *n/a/v*: FIN impuesto, contribución, tasa; tributario, impositivo, fiscal; gravar, tributar; V. *levy, load; duty, excise, tariff*. [Exp: **Tax Anticipation Bills/bonds, Tabs** (BON bono del Estado deducible al hacer la declaración de la renta ◊ *The Treasury Department also offers Tax Anticipation Bills through special auctions*), **Tax Anticipation Notes, Tans** (OBL obligaciones del Estado deducibles; las emite tanto el Estado como las municipalidades para la financiación de proyectos públicos), **tax avoidance** (FIN remoción de impuestos, rebaja de impuestos utilizando recursos legales; V. *bond washing*), **tax differential view [of dividend policy]** (DIV visión diferencial sobre la carga fiscal [en política de dividendos]; punto de vista por el cual los accionistas prefieren las ganacias de capital –*capital gains*– a los dividendos ya que tienen un tipo impositivo –*tax rate*– menor), **tax-equivalent yield** (FIN rendimiento equivalente a la carga fiscal; se trata del rendimiento bruto que se exigiría a un bono gravable *taxable bond*– para que igualara el rendimiento de un bono municipal libre de impuestos ◊ *Based solely on tax equivalent yield, the Treasury Bond is the best bet for* any conservative investor), **tax-exempt bond** (BON bono exento de impuestos; se trata de bonos municipales o estatales cuyos intereses no devengan impuestos), **tax-exempt income** (FIN rentas exentas de impuestos; referidas a dividendos o intereses), **tax-exempt income fund** (FON fondos de inversión exentos del pago de impuestos ◊ *The goal of the AG&T Philanthropic Tax- Exempt Income Fund is to maximize tax-exempt income in a manner consistent with preservation of capital*), **tax-exempt money market fund** (FON fondo de dinero exento del pago de impuestos; generalmente porque invierte en valores municipales de vencimiento corto), **tax-exempt sector** (FIN sector exento del pago de impuestos; alude a los valores, bonos, etc., emitidos por entidades locales, regionales o nacionales que no están gravados por impuestos), **tax-exempt security** (VAL títulos exentos de impuestos), **tax haven** (FIN paraíso fiscal o tributario ◊ *Belize is the perfect tax haven for offshore Trusts, company formations and offshore accounts*; V. *offshore finance subsidiary; offshore funds; umbrella investment funds*), **tax on gainful activities** (FIN impuesto de actividades económicas o lucrativas), **tax payable** (FIN deuda tributaria), **tax relief** (FIN desgravación), **tax selling** (FIN venta para reducir impuestos; se trata de la venta de valores con el fin de enjugar pérdidas y reducir la carga fiscal ◊ *Small investors can benefit more from tax selling than large institutional investors*; V. *wash sale*), **tax straddle** (NEGO operación cubierta o «straddle» con fines fiscales o de compensación fiscal; consiste en proteger una plusvalía mediante la adquisición de contratos de opciones o futuros para provocar una pérdida artificial en el ejercicio actual, aplazando la deuda fiscal por la plusvalía a un ejercicio posterior ◊ *The purchase of a put is treated in the same manner as a short sale and may result in the creation of a tax straddle with respect to the underlying stock*), **tax swap** (FIN permuta de impuestos; alude a la permuta de dos bonos similares con el fin de obtener ventajas fiscales), **taxable acquisition** (SOC adquisición de empresas con carga fiscal; los accionistas vendedores son tratados fiscalmente como si hubieran vendido sus acciones), **taxable municipal bond** (BON bonos municipales gravables; se trata de bonos emitidos por entidades públicas pero con fines privados o no considerados como de interés público ◊ *The New Jersey Economic Development Authority is preparing the largest taxable municipal bond issue to date: $2.8 billion*), **taxable security** (FIN valor gravable), **taxable year** (FIN año fiscal), **taxpayer** (FIN contribuyente)].

TBA [to be announced] *n*: FIN pendiente de aviso; se trata del contrato de compra o venta de una titulación hipotecaria –*mortgage backed security, MBS*– con entrega en una fecha futura acordada pero que no especifica ni el fondo ni la cantidad que debe abonarse.

T-bills *n*: OBL V. *treasury bills*.
T-bonds *n*: BON V. *treasury bonds*.
tear sheet *n*: FIN separata; especie de anexo del índice Standard and Poor's o de otras entidades financieras que ofrece información sobre valores y que se envía a posibles inversores ◊ *At Forbes.com, investors can get a handy tear sheet with charts and the best quotes.*
teaser rate *n*: FIN tipo de interés «engatusador»; alude a la tasa de interés baja que se aplica inicialmente a una hipoteca de interés variable con el fin de atraer al prestatario; dicha tasa se reemplaza con posterioridad con la normal del mercado ◊ *Capital One and First USA have started offering low, single rate credit cards, about 9.9 % interest, instead of the teaser rate offers.*
technical *a*: GRAL técnico. [Exp: **technical analysis** (FIN análisis técnico; análisis de los factores que intervienen en los mercados de valores y en los precios de los mismos; se analizan aspectos como la demanda, las variaciones de las cotizaciones, volumen de contratación, etc.; V. *chartism; W-type bottom*), **technical analysts** (FIN analistas técnicos, llamados también *chartistas*; estudian mediante procedimientos mecánicos las variaciones en la oferta y la demanda de valores en Bolsa ◊ *Most of today's respected technical analysts are actually traders, and not hired guns of Wall Street*), **technical condition of a market** (FIN condiciones técnicas del mercado; se refiere a los factores de oferta y demanda que influyen en los precios), **technical descriptors** (FIN descriptores técnicos; alude a las variables empleadas en la descripción de los datos históricos de los mercados financieros), **technical drop** (FIN bajada técnica ◊ *The Treasury's repurchase of longer bonds has created a technical drop in yields*; V. *technical rally*), **technical insolvency** (FIN insolvencia técnica; alude al impago de las deudas de una empresa), **technical rally** (FIN subida técnica; subida temporal de los índices bursátiles durante un periodo bajista, debido al interés de los inversores de aprovechar las gangas existentes –*bargain hunting*– ◊ *Although the market has bottomed, any technical rally is expected to be short-lived*; V. *technical drop; correction*), **technical sign** (FIN indicio técnico; tendencia a corto plazo en el movimiento de los índices que los analistas consideran significativo ◊ *The only technical sign of danger was on Aug. 26 when the stock fell to 50*)].
TED spread *n*: FIN diferencial o «spread» TED; se refiere a la diferencia entre las tasas de interés de los bonos del Estado de los EE.UU. –*US Treasury bill rate*– y del Eurodolar.
teddy bear hug *col n*: FIN/SOC abrazo del osito; situación en la que el consejo de una sociedad establece contacto con el de otra manifestando sus deseos de comprar sus acciones; la oferta no se rechaza aunque se pide un precio mayor por ellas ◊ *The company accepted the teddy bear hug, but demanded*

a higher price for its stock; V. *bear hug*.

teeny *n*: FIN -avo; el 1/16 o 0,0625 de un entero del precio de un valor; V. *steenth*.

Tel Aviv Stock Exchange *n*: INST Bolsa de valores de Tel Aviv.

telephone switching *n*: FON cambio por teléfono; alude a la transferencia de activos de un fondo de inversión a otro efectuada por teléfono ◊ *Our families of funds offer additional services, such as telephone switching from one fund to another within the family*.

temporary *a/n*: GRAL eventual, interino, momentáneo, provisional, temporal, transitorio; V. *brief, momentary, transitory; conditional, provisional*. [Exp: **temporary financing** (FIN financiación temporal; se refiere al total de los pasivos transitorios de una sociedad), **temporary investment** (FIN inversión transitoria; inversiones a corto plazo en fondos de los mercados monetarios, papel del Estado o certificados de depósito)].

10-K *n*: FIN informe 10-K; informe anual exigido por la Comisión Nacional de Valores de los EE.UU. –SEC– en el que se explica la situación financiera y comercial de una empresa ◊ *Since all publicly held companies are required to file annual financial reports with the Securities and Exchange Commission, SEC, the 10-K reports are available on microform from 1978 to 1996*. [Exp: **10-Q** (FIN informe 10-Q, igual que el anterior pero de presentación trimestral)].

1040 form *n*: FIN formulario estándar del IRPF en los EE.UU.

1099 *n*: FIN formulario 1099; recoge la información remitida a la Agencia Tributaria estadounidense –IRS– por parte de los pagadores de dividendos y emisores de títulos gravables.

ten largest holdings *n*: FIN los diez valores en cartera más importantes; alude al porcentaje que esos diez valores tienen en una cartera, de manera que si ese porcentaje aumenta, también lo hace la volatilidad de la cartera al depender ésta de menos valores ◊ *ISF's ten largest holdings included a variety of companies located throughout Europe and the Far East*.

tenant *n*: VAL tenedor parcial de un título; inquilino.

tenbagger *n*: VAL décuplo; título que aumenta diez veces su valor ◊ *ICH shares have tripled in value since last January, shareholders hope they'll be a ten-bagger within this year*.

tender *n/v*: FIN licitación, oferta de suscripción; licitar, hacer una oferta; V. *auction, bid, offer*. [Exp: **tender offer** (FIN/SOC oferta pública de adquisición de una empresa, OPA ◊ *There was a company's extension of the tender offer period for shares of Pure Foods Corporation, until August 13, 2001*; V. *takeover bid*), **tender panel** (FIN comisión de licitación de suscripción; unión o consorcio de suscriptores del mercado del Eurocrédito; se trata de un consorcio del sector bancario que licita –*tenders*– para adquirir efectos a corto plazo del mercado financiero a través de un sistema de suscripción rotativa –*revolving underwriting facility*– ◊

The total sum of Rp. 210 billion raised was over-subscribed by tender panel members leading to calls for Indovest Securities to manage more of such issues in the future; V. competitive bidding), **tender panel agreement** (FIN cláusula de asignación de títulos; mediante ella los suscriptores –underwriters– se comprometen a la colocación de los títulos no vendidos)].

term *n*: FIN trimestre, plazo, duración, vigencia; V. duration, extent; provision, stipulation. [Exp: **term bonds** (BON bono con vencimiento fijo ◊ Investors in term bonds in both 2000 and 2001 made money; V. dated bond; serial bond), **term certificate** (FIN certificado de depósito con vencimiento fijo), **Term Fed Funds** (FON/BON fondos federales a plazo con vencimiento fijo), **term loan** (FIN préstamo a plazo), **term premiums** (FIN primas según plazo; se refiere al rendimiento superior de los bonos a largo plazo sobre los de a corto plazo), **term structure of interest rates** (FIN/VEN estructura temporal de las tasas de interés; se trata de un gráfico o curva de rendimiento –yield curve– que muestra la relación entre los tipos de interés de varios bonos con vencimientos distintos), **term to maturity** (FIN/BON/VEN periodo hasta el vencimiento; alude al tiempo restante hasta el vencimiento definitivo de un bono u obligación ◊ As regards Treasury bonds, a total of Rs.7.0 billion was issued during February with Rs.6.5 billion of these bearing a term to maturity of 3 years), **term repo** (FIN pacto de recompra a plazo superior a un día ◊ The trading activity in the term repo market remained somewhat thin which the worried sentiment of players in the market)].

test *n*: FIN prueba, test; comprobación del precio un valor según un nivel de resistencia establecido por el mercado; V. analysis, check, inquire, research, study.

theoretical hedge *n*: FIN cobertura teórica; alude al diferencial entre el precio de mercado de una opción y su valor teórico.

theta *n*: OPC zeta; coeficiente de variación del precio de una opción a medida que se aproxima al vencimiento; también se denomina time decay ◊ His current investing strategy uses puts vs. calls because of the better premium and the benefit of theta decay.

thin market *n*: MER mercado escaso o de poco volumen, sin liquidez. [Exp: **thinly traded** (NEGO de escasa negociación ◊ Most stocks were too thinly traded in this declining market)].

third market *n*: MER tercer mercado, de carácter extrabursátil, en el que se negocian valores listados –listed securities– ◊ Third market trading already accounts for in excess of ten percent of trading in NYSE-listed stocks.

thirty *n*: GRAL treinta. [Exp: **thirty-day visible supply** (FIN provisión a treinta días; volumen de dinero en bonos municipales con vencimiento a 13 meses que se espera se lance al mercado en el plazo de treinta días), **thirty-day wash rule** (FIN norma de lavado de valores a treinta días; regla de la Agencia Tributaria que establece que las pérdidas por la venta de un valor no pueden computarse como minusvalías –*capital losses*– si se compra otro valor similar en un plazo inferior a los treinta días de la venta)].

three steps and a stumble rule *fr*: FIN regla de «los tres pasos y el tropezón»; se trata de una regla que predice que el precio de los valores suele caer tras incrementar tres veces la Reserva Federal la tasa de descuento –*discount rate*– ya que los inversores prefieren los fondos o certificados de depósito por su mayor interés ◊ *If there is one thing that Wall Street truly fears, this is the «three steps and a stumble» rule because when short-term interest rates rise, the stock market often falls.*

tick *n/v*: FIN punto; valor mínimo de variación del precio de un valor; unidad empleada para medir las oscilaciones del precio de los activos financieros –*financial assets*– y los productos derivados –*derivatives*– equivalente a la diezmilésima parte del valor nominal del instrumento en todas las monedas, excepto en el yen, que es la millonésima ◊ *Stocks are expected to tick higher at Monday's open, recovering from a slide on Friday*; V. *minus tick, plus tick, zero tick, point*. [Exp: **tick indicator** (FIN indicador «tick» de operaciones; se trata de un indicador de los títulos que en la última sesión variaron de precio, al alza –*uptick*– o a la baja –*downtick*–; sirve de referente para predecir la tendencia de los mercados), **tick-test rules** (FIN norma de comprobación del valor mínimo de variación; restringe la venta en corto –*short sale*– para impedir que se desestabilice el precio de los valores cuando su precio de mercado cae en demasía; así sólo se puede hacer una venta en corto cuando el precio de venta del valor sea más alto que el último referenciado –*uptick trade*– o cuando no haya modificación –*zero uptick*– ◊ *As short selling can be destabilizing because selling could drive down prices, there are tick-test rules to determine if a short sale is allowed*), **ticker** (NEGO teletipo de cotizaciones de la Bolsa, transmisión telegráfica de las cotizaciones), **ticker symbol** (NEGO símbolo del valor cotizado; se trata de una abreviatura utilizada para agilizar la contratación ◊ *We have moved to 'ILOG' as our ticker symbol for operational simplicity and ease of communication within the investment community*), **ticker tape** (NEGO cinta de cotizaciones)].

ticket *n*: NEGO boleto-a; lo entrega el corredor de Bolsa a los vendedores de acciones del día de los boletos –*Ticket Day*–, para la liquidación –*settlement*– de los valores bursátiles comprados a cuenta o a crédito durante la quincena o *account period*, y contiene los datos de los compradores de dichos valores ◊ *As the stock market crash progresses, we will also enter into a subsequent deflationary period for investments and large ticket items.* [Exp: **Ticket Day** (NEGO día de lo-as boleto-as, también llamado día de intercambio de nombres,

–*Name Day*–; se trata del segundo día de la fase de liquidación de acciones –*The settlement*–, la cual comprende los últimos cinco días del *account period* o quincena de contratación bursátil a cuenta; en ese día, el corredor de Bolsa entrega a los vendedores boleto-as –*tickets*–, que contienen los datos de los compradores de la quincena ◊ *On Ticket Day, clerks had to sort tickets carefully so that the correct amount of final payment could be made to the ultimate seller for the exact amount of stock*)].

tie *n/v*: GRAL empate; empatar, vincular, inmovilizar. [Exp: **tied share** (VAL acción vinculada)].

TIGER *n*: BON V. *Treasury Investors Growth Receipt*.

tight *a/v*: GRAL/FIN restringido, restrictivo, ceñido, apretado, estrecho; difícil de lograr; se aplica cuando el precio de un valor es prácticamente el mismo del pagado en la última venta; V. *on the money; right here*). [Exp: **tight market** (MER mercado ajustado; a diferencia del mercado estrecho –*thin market*–, éste se caracteriza por un elevado volumen de contratación y actividad pero con unos márgenes –*spreads*– entre los precios de oferta y de demanda –*bid and ask prices*– apretados ◊ *Many investors have expressed concern over the tight market that exists in the trading of our stock*), **tight money** (FIN dinero escaso o caro; V. *easy money*)].

tilted portfolio *n*: FIN cartera sesgada; describe la cartera cuya selección de valores se rige por criterios como su rentabilidad, coeficiente precio-beneficios, pertenencia a un determinado sector económico, comportamiento en Bolsa, inflación, etc. ◊ *A tilted portfolio is more likely to have more nonmarket (residual) risk than a portfolio that is well diversified across all yield levels*.

tiki *col n*: NEGO «tick» o variación mínima de los valores del índice Dow Jones.

time *n/v*: GRAL tiempo, lapso, plazo, vencimiento; medir el tiempo, cronometrar; V. *duration, measure, period; chance, opportunity*. [Exp: **time bargain** (NEGO venta al descubierto ◊ *I rarely recomend options over 4 weeks but the march 850 call for 15 points ($150) is a time bargain*), **time call spread** (FIN margen estacional), **time decay** (FIN pérdida de valor temporal; disminución de los plazos de tiempo según se acerca el vencimiento de un bono o hipoteca; V. *Theta*), **time draft** (FIN pago a plazo fijo), **time deposit** (FIN depósito o imposición a plazo; V. *certificate of deposit*), **time horizon** (FIN horizonte temporal; periodo de tiempo durante el cual el inversor piensa mantener su inversión ◊ *The longer the time horizon, the more certain you can be that the expected outcome will occur*), **time note** (OBL pagaré a plazo), **time order** (NEGO orden con limitación temporal; se trata de una orden de precio limitado –*limited price order*– o que se cancela una vez transcurrido un tiempo especificado), **time paper** (VAL valor, título a plazo), **time premium** (BON prima por tiempo; exceso de rentabilidad de un bono por encima de su precio de ejercicio –*exercise price*–), **time spread** (FIN diferencial horizontal; compraventa de opciones de compra y de venta con igual precio de ejercicio pero diferentes fechas de vencimiento –*expiration dates*–), **time to maturity** (FIN/VEN tiempo restante hasta el vencimiento; también se llama *time until expiration* ◊ *The average time to maturity of the securities held in our mutual fund is five years*), **time value** (OPC/VEN valor por tiempo o temporal; refleja el valor de una opción en el tiempo que resta hasta su vencimiento; V. *time premium*), **time value of an option** (OPC/VEN valor de una opción según tiempo; rentabilidad de una opción calculada según el tiempo que resta para su vencimiento y que puede variar en cualquier momento según el rumbo del mercado ◊ *The time value of an option is directly related to how much time the option has until expiration*), **timing** (FIN calendario, organización, planificación), **timing option** (OPC/OBL/FUT Papel del Estado o contrato de futuros)].

tin parachute *n*: FIN paracaídas de estaño u hojalata; alude al contrato sujeto a una cláusula de indemnización por despido; alude también a la compensación económica que se paga a ciertos empleados al ser despedidos; V. *golden parachute*.

tip *n/v*: FIN pista, información bursátil confidencial; V. *insider trading*. [Exp: **tippee** (NEGO avisado; alude al agente o inversor que posee información privilegiada sobre determinados valores ◊ *Claims against a tippee are limited to those occasions on which the tippee knew or ought to have known that the transaction was tainted*), **tipster** (NEGO enterado; se trata del especialista en dar consejos de inversión ◊ *«More slumpin' and a dumpin is still to come», said a bearish stockmarket tipster who nobody likes very much*)].

tired *a*: NEGO agotado, debilitado; alude al valor que se ha mantenido fuerte pero que da síntomas de cansancio debido al aumento de oferta ◊ *Anything that might revive Xerox's tired stock will create interest*; V. *debilitated, exhausted; heavy*.

title *n*: GRAL/FIN título; derecho de propiedad, inscripción. [Exp: **tittle by prescription** (FIN título por prescripción adquisitiva)].

today *n*: GRAL hoy. [Exp: **today order** (NEGO orden limitada a la sesión del día)].

toehold purchase *n*: FIN compra de apoyo; adquisición de un número inferior al 5 % de las acciones de la empresa que se desea adquirir, lo que evita la notificación obligatoria –*formal notice*– a la Comisión Nacional del Mercado de Valores, fijada en el 5 % ◊ *The purpose of a toehold purchase is to reduce the cost of the acquisition by averaging the low cost of pre-announcement purchases with the high cost of shares purchased later at a premium*; V. *Rule 13d*.

Tokyo *n*: GRAL Tokio. [Exp: **Tokyo Commodity Exchange, TOCOM** (INST Mercado de Futuros de Tokio), **Tokyo International**

Financial Futures Exchange (INST Mercado Financiero Internacional de Futuros de Tokio; se especializa en opciones y futuros en dólares, yenes y euroyenes), **Tokyo Stock Exchange, TSE** (INST Bolsa de Tokio; uno de los mercados financieros más activos del mundo)].

toll revenue bond *n*: BON bono con beneficios generados por tasas; se trata de un bono municipal –*municipal bond*– que se amortiza con las tasas pagadas por los usuarios del proyecto financiado por dicho bono.

tom next *n*: NEGO [abreviatura de *tomorrow next*] ejecución o terminación mañana; se aplica en los mercados interbancarios y de divisas y establece la fecha de ejecución de una transacción en el siguiente día laborable.

tombstone *col*: VAL lápida; lista; anuncio publicado en el que se informa de la relación de suscriptores –*underwriters*– de una emisión de acciones –*security issue*–; así como de las características de la misma ◊ *Many investment banks print «tombstone» advertisements that offer «barebones» information to prospective investors*.

ton *col*: FIN cien millones de dólares.

tootsie *n*: FIN índice «tootsie»; refleja las acciones de las cien empresas más importantes de la Bolsa de Londres.

top *a/n/v*: GRAL/NEGO alto, máximo; superior, pico, tope; subir, alcanzar el máximo; V. *ceiling, peak, summit; limit, maximun; excellent, prime*. [Exp: **top-down approach** (FIN enfoque descendente o de arriba-abajo; alude a la selección de valores de un mismo sector industrial teniendo en cuenta la importancia de la empresa), **top out** (FIN fin del pico; se refiere al valor que tras alcanzar continuos máximos entra en un periodo de estabilidad o incluso de bajada en su precio ◊ *The blue chips are the last stocks to top out at major bull markets*), **top straddle** (FIN «straddle» superior, también llamado *short straddle*, consiste en vender simultáneamente una opción de compra –*call option*– y de venta –*put option*– con los mismos precios de ejercicio –*strike price*– y fechas de vencimiento –*expiry date*– sobre el mismo activo subyacente –*underlying asset*– especialmente cuando la volatilidad del precio de éste es muy baja ◊ *A lower strike price on the top straddle creates a payoff pattern that is similar to a bear spread, and hence a strategy that only benefits from decreasing stock prices*; V. *straddle*)].

Toronto Stock Exchange, TSE *n*: INST Bolsa de Valores de Toronto; la más importante de Canadá.

total *a/n/v*: GRAL/FIN total, suma, monto; totalizar; en Bolsa se aplica al volumen completo de valores que se desea comprar o vender; V. *all, complete, whole; more behind it; partial*. [Exp: **total asset turnover** (FIN volumen total de activos; se trata del coeficiente que relaciona las ventas netas con la suma de los activos), **total capitalization** (FIN capitalización total; suma del activo y del pasivo de una sociedad), **total cost** (FIN coste total; cantidad global pagada por una acción que incluye su precio más las comisiones del agente o intereses acumulados –*accrued interest*– en caso de bonos ◊ *Before buying you should compare the charge per trade, the administration charge and the total cost of service from the brokers*), **total debt-to-equity ratio** (FIN coeficiente global deuda-patrimonio; se trata del coeficiente de capitalización obtenido al comparar el pasivo con los activos de la sociedad), **total market capitalization** (FIN capitalización total de mercado; alude al valor de mercado de las acciones en circulación –*outstanding securities*– de una sociedad ◊ *The Russell 2000 Index represents approximately 8 % of the total market capitalization of the entire US stock market*), **total return for calendar year** (FIN beneficio global anual; ganancias o pérdidas acumuladas por una inversión en un año natural), **total risk** (FIN riesgo vivo; suma del riesgo sistemático y no sistemático de una cartera de valores –*systematic and unsystematic risk*– ◊ *While the total risk of buying options is limited to the cost of the premium, a futures player can lose much more than the original investment*), **total volume** (NEGO volumen de negociación; número total de valores, opciones, futuros, etc., negociados diariamente en Bolsa)].

touch *n*: GRAL tacto, contacto [Exp: **touch, the** *col* (MER el pequeño; en la jerga bolsística británica alude al mercado interior; también se puede traducir por contacto o roce, al referirse a la negociación entre inversores y agentes ◊ *The relationship between investor transaction costs and the best bid-ask spreads, also known as «the touch», was analized, and found that dealers operating on the London Stock Exchange offer systematic discounts from posted prices*), **touch with, in** (NEGO en contacto con; expresión que indica una solicitud de información de venta de un valor; V. *looking for*)].

tough on price *fr*: NEGO firme o inflexible en el precio; precio de venta de un valor sin rebaja ◊ *Some stock players are tough on price and slow on paying*.

tout *col v/n*: VAL promocionar, revender, colar; revendedor, gancho; se trata de destacar las virtudes de un valor para atraer a los compradores ◊ *Many of our competitors tout excellent stock gains, but fail to show how much money they have lost*; V. *extol, flatter; advertise, announce*.

track *n/v*: GRAL pista, seguimiento, carril; seguir la pista, rastrear; V. *line, way; follow, pursue*. [Exp: **tracking error** (FIN error de seguimiento; en una estrategia de indización –*indexing strategy*–, alude a la desviación estándar –*standard deviation*– que se produce en los comportamientos de la cartera de referencia y la duplicada –*benchmark and replicating portfolio*–), **tracking stock** (VAL acción paralela; se trata de acciones que una empresa crea para una filial –*subsidiary*–; tienen un comportamiento correlativo a las de la sociedad matriz –*parent company*– y pueden comprarse para protegerse –*hedge*– de las fluctuaciones de los mercados ya que unas pueden compensar las pérdidas de las otras ◊ *A company has a good reason to issue a tracking stock for one of its subsidiaries, if the tracking stock shoots up, the parent company can make acquisitions and pay in stock instead of cash*)].

trade *n/v*: FIN/NEGO comercio, actividad comercial, transacción; negocio, negociación; tráfico; industria, ramo, sector; mercancía; comercial; negociar, comerciar, contratar, llevar a cabo transacciones comerciales; en Bolsa; alude a la compra o venta de un valor con un plazo de entrega o liquidación –*settlement*– a los cinco días de haberse cerrado el trato; V. *bargain, barter, deal, exchange; negotiate, operate; business, industry*. [Exp: **trade acceptance** (FIN aceptación mercantil; efecto por escrito que establece el compromiso de pago de una empresa a su acreedor; V. *banker's acceptance*), **trade away** (NEGO transacción ejecutada por otro agente –*broker, dealer*– ◊ *In a Personal Choice Retirement Account, trading on margin and trade-away trades are permitted*), **trade bill** (FIN letra de cambio; efecto comercial, recibe también los nombres de *commercial bill, commercial paper* o *merchantile paper*), **trade credit** (FIN crédito comercial; se concede para la compra de bienes y servicios; cantidades pendientes de pago –*outstanding payment*– por mercancías adquiridas con anterioridad), **trade date** (FIN/NEGO fecha de ejecución de la transacción; se trata del momento de cierre de la operación con el consiguiente pago y entrega –*settlement*– de los valores negociados, generalmente entre 1 y 5 días después del acuerdo ◊ *A Stock Exchange member shall ensure that on the trade date the securities bought for account of a client are allocated to such client's account*), **trade flat** (NEGO transacción sin interés acumulado –*accrued interest*–; es el caso de las acciones preferentes –*preferred stock*–; también alude a la compra o venta de un valor sin beneficios ni pérdidas), **trade house** (FIN mercantil), **trade notes** (FIN documentos o pagarés comerciales), «**trade me out**» (NEGO venta de una posición larga –*long position*–; V. *buy them back*), **trade on the wire** (NEGO negociación agresiva; se trata de hacer una oferta de compra o de venta de títulos –*bid or offer*– sin que importe su situación de mercado –*floor conditions*– ◊ *He traded 1000 IBK's on the wire regardless of the price he should pay*), **trade on top of** (NEGO comprar por encima del valor; se trata de una compra, generalmente de bonos del Estado, por encima de su precio de subasta), **traded options** (OPC opciones negociadas en mercados financieros organizados; V. *traditional options*), **trader** (FIN/NEGO operador, negociador; profesional que se posiciona en valores con el fin de obtener beneficios; V. *dealer, broker's broker*), **trader in actuals** (NEGO operador de Bolsa; V. *actuals*), **trader in futures** (FUT operador en futuros; V. *futures*), **trades by appointment** (NEGO negociación por concertación; se aplica a valores de difícil venta por su falta de liquidez ◊ *If you invest in a stock that trades by appointment only, you may get a low price if you are forced to sell the issue on short notice*), **trading** (FIN contratación, compraventa de valores; operaciones en Bolsa), **trading authorization** (DER otorgamiento, autorización para operar; se trata de un poder de representación –*power of attorney*– que el cliente otorga a un agente para que éste pueda operar en su nombre ◊ *We require a full trading authorization to allow us to place your security orders and remove assets from your account*), **trading costs** (FIN gastos por operación; gastos originados por la negociación de valores e incluyen comisiones a los agentes, gastos por demora –*slippage*– o el diferencial comprador-vendedor –*bid/ask spread*–; V. *transactions costs*), **trading dividends** (DIV lavado de dividendos; estrategia empresarial para conseguir los mayores beneficios consistente en la adquisición de valores cuyos dividendos están exentos del pago de impuestos ◊ *Trading dividends is possible, because the stock has a low burden of circulating capital and is considered as a stable tool for investment*; V. *dividend stripping; dividend rollover plan; dividend capture*), **trading floor** (NEGO parqué, patio de operaciones en la Bolsa; en los EE.UU. se denomina *pit*), **trading halt** (NEGO suspensión de la negociación; es posible interrumpir la negociación de un valor, bono, opción o futuro si se producen noticias que puedan afectar al precio de dichos instrumentos ◊ *Some argue that trading halt can increase risk by inducing trading in anticipation of a trading halt*), **trading hours** (NEGO horario de apertura y operación de la Bolsa), **trading limits** (NEGO límite en las transacciones), **trading on the equity** (FIN operar con capital o títulos ajenos; situación de la estructura financiera de una empresa que emplea los fondos ajenos a plazo fijo para incrementar el rédito de las acciones ordinarias), **trading paper** (NEGO papel para operar; se trata de certificados de depósito –*Cds*– o valores que se adquieren con la intención de volverlos a vender ◊ *He thinks of stock investing as trading paper with no intrinsic value other than what the market will bear*), **trading pattern** (NEGO gráfica de operaciones de un valor; se trata de un gráfico en el que una línea indica el precio máximo alcanzado por un valor, mientras que otra línea muestra el precio mínimo durante un periodo determinado de tiempo; V. *technical analysis*), **trading periods** (NEGO periodos de contratación bursátil; hay veinticuatro periodos en un año de catorce días cada uno, durante los cuales los operadores liquidan entre sí las transacciones efectuadas a cuenta durante la quincena; V. *account period, The Account, Account Day; contango; new time buying*), **trading posts** (NEGO puntos de contratación; áreas del parqué en las que los agentes operan ◊ *The NYSE floor houses 20 trading posts each manned by a specialist and specialist clerks; every listed security* is traded in a unique location at one of these posts and by one specialist), **trading price** (NEGO valor o precio de la operación), **trading profit** (NEGO beneficios por contratación de valores; se trata de la rentabilidad obtenida en operaciones bursátiles a corto plazo, inferiores al año), **trading range** (NEGO fluctuación en la contratación; alude a los precios máximos y mínimos obtenidos en la negociación de un valor durante un periodo de tiempo ◊ *The trading range has been swinging between sell signals and short buying trends right up to the first week in June*), **trading ring** (NEGO V. *trading posts*), **trading shares** (NEGO/VAL valores contratables; V. *membership shares*), **trading symbol** (FIN/NEGO V. *ticker symbol*), **trading unit** (NEGO unidad de contratación; alude al número mínimo de acciones de un determinado título para poder ser negociadas en Bolsa ◊ *Stocks typically have a normal trading unit of 100 shares*), **trading variation** (NEGO ajuste negociador; redondeamiento al alza o a la baja del precio de un título ◊ *If difference between the best bid and offer is greater than the minimum trading variation, all market orders receive an opportunity for price improvement*), **trading volume** (NEGO volumen de contratación)].

traditional *a*: GRAL tradicional, común, familiar, habitual; V. *average, conventional, standard, regular*. [Exp: **traditional options** (OPC opciones tradicionales; no son negociables en los mercados financieros ◊ *We offer many traditional options such as 15, 25 and 30-year amortizations; including a host of fixed, adjustable and balloon choices*; V. *traded options*), **traditional view of dividend policy** (FIN postura tradicional en política de dividendos; se trata de la opinión según la cual los inversores prefieren unos dividendos altos a otros bajos ya que aquéllos son seguros mientras que las posibles plusvalías de capital –*capital gains*– prometidas por unos dividendos bajos son inciertas)].

tranche *n*: VAL paquete, bloque; alude a los títulos que se ofrecen al mismo tiempo y que poseen características propias en cuanto al riesgo, dividendos o vencimientos ◊ *The sale of the telecoms company's fifth tranche of stock was a huge international success*; V. *block, parcel, lot*.

transaction *n*: NEGO/FIN transacción, negociación, operación, gestión; alude a la entrega de un título por un vendedor a un comprador que acepta el precio acordado; V. *bargain, deal, operation, settlement, trade*. [Exp: **transaction costs** (FIN/NEGO costes de transacción; incluyen aspectos como comisiones, gastos de transferencias, diferencial comprador-vendedor –*bid/ask spread*– e, incluso, el tiempo y esfuerzo dedicados a la operación ◊ *Considering the risks taken, this stock offers an atractive profit after taxes and transactions costs*; V. *round-trip transactions costs, trading costs, information costs*), **transaction exposure** (FIN riesgos de transacción; alude a los riesgos de las empresas con flujos de caja en divisas ante las variaciones de los tipos de cambio), **transaction fee** (FIN/NEGO comisión por operación; generalmente devengada a un agente o banco), **transaction tax** (FIN/NEGO impuestos por transacción; se aplica en la negociación de los títulos ◊ *Sales of stocks listed and traded on the Exchange are subject to a stock transaction tax at the rate of 1/2 of 1 % of the value of transaction in lieu of the capital gains tax*)].

transfer *n/v*: FIN cesión, transferencia, traspaso; ceder, trasferir, traspasar; V. *delegate, entrust, grant; direct, refer, send*. [Exp: **transfer agent** (FIN agente de transferencias; cuida del traspaso de propiedad de los títulos contratados ◊ *The transfer agent has the responsibility, among other duties, to resolve problems arising from lost, destroyed or stolen certificates*), **transfer price** (FIN precio de transferencias; precio que cobra la sección de una empresa por un bien o servicio prestado a otra sección de la misma empresa), **transfer tax** (FIN impuesto de transferencias; se aplica a las transacciones y ventas de valores y bonos), **transferable put right** (OPC derecho de transferencia de una opción de venta; dicha opción es transferible porque se puede negociar en Bolsa ◊ *Thanks to my transferable put right contract I exercised my right to sell 80 % of my common stock back to the company*), **transferable revolving underwriting facility, TRUF** (FIN sistema transferible de suscripción rotatoria; servicio de suscripción autorrenovable rotatoria transferible; la suscripción –*underwriting*– es transferible de unos bancos de negocios –*underwriting banks*– a otros; V. *note issuance facility; SNIF*), **transferable security** (VAL acción o valor transferible), **transferee** (FIN cesioniario, beneficiario de la cesión,) **transferor** (FIN cesionista)].

transmit *v*: GRAL comunicar, divulgar, enviar, informar, transmitir; V. *communicate, inform; convey, carry*. [Exp: **transmittal letter** (FIN/NEGO carta de comunicación; se trata de un documento que pormenoriza los detalles de una operación de cambio de titularidad de un valor ◊ *When you donate the stock, send one stock power for each security and include one photocopy of the transmittal letter that accompanied the stock*), **transmission of shares** (NEGO/VAL traspaso o cesión de acciones)].

treasure *n*: FIN tesoro. [Exp: **treasurer** (FIN tesorero), **treasuries** (FIN V. *treasury securities* ◊ *Even with the stock fall, traders may have been too aggressive in buying treasuries*), **Treasury** (FIN/INST tesorería; Tesoro público, erario, Hacienda Pública; dichos organismos son los encargados de la emisión y puesta en circulación del papel del Estado o *Treasury bills, bonds or notes*), **Treasury bill, T-bill** (FIN letra del Tesoro con vencimiento inferior al año), **Treasury bond, T-bond** (FIN/BON bono del Tesoro con vencimiento a largo plazo, 10 años o más; V. *coupon issue*), **Treasury commer-**

cial paper (FIN pagaré del Tesoro), **Treasury Direct** (FIN compra directa de Hacienda; sistema que permite al ciudadano la compra de papel del Estado sin necesidad de acudir a agencias o casas de valores ◊ *Foreigners are allowed to open Treasury Direct accounts*), **Treasury fund** (FIN/FON Fondo del Tesoro o Fontesoro), **Treasury Income Growth Receipt, TIGR, TIGER** (FIN/BON bono titulizado del Tesoro, llamado también *Treasury Investors Growth Receipt*, título de obligación del estado, parecido a los *CATS*, pero aquí la garantía subyacente –*underlying cover*– puede ser indistintamente el bono original o el cupón correspondiente; como en el caso de los *CATS* no producen interés aunque se venden a un descuento muy favorable, siendo rescatables –*redeemable*– a su vencimiento –*expiration*–, al valor nominal –*par value*–), **Treasury notes** (FIN/OBL obligaciones del Tesoro con vencimiento a medio plazo, entre 2 y 10 años), **Treasury securities** (VAL valores del Tesoro ◊ *Traditionally, as the economy improves, investors pursue higher returns in the stock market, dumping Treasury securities in the process*), **treasury stock** (VAL autocartera; acciones propias recompradas por la empresa; acciones en cartera ◊ *Treasury stock has no vote and does not get dividends while held by the company*)].

«**treat me subject**» *fr*: FIN/NEGO oferta de compraventa de acciones con condiciones; dichas condiciones pueden venir dictadas por los vaivenes del mercado o por alianzas empresariales.

trend *n*: FIN tendencia, tónica, propensión; alude a la dirección de los mercados financieros; V. *direction, inclination, tendency*. [Exp: **trend line** (NEGO línea de tendencia de las cotizaciones; gráfica que muestra los movimientos de un valor y que sirve de tónica para el futuro ◊ *There have been years which have resulted in above trend line yields*)].

Treynor Index *n*: FIN índice Treynor; mide el rendimiento extraordinario –*excess return*– por unidad de riesgo; siendo dicho rendimiento el resultado de restar del rendimiento obtenido por una cartera, la tasa de rendimiento sin riesgo –*risk-free rate of return*– a lo largo de un determinado tiempo; la unidad de riesgo es el coeficiente beta de dicha cartera –*portfolio's beta*–.

TRIN *n*: acrónimo de *TRading INdex* o índice de contratación; se calcula dividiendo el número de emisiones al alza por las emisiones a la baja; el resultado se divide, a su vez, entre el resultado de dividir el volumen de contratación al alza y el volumen a la baja ◊ *The higher the TRIN value, the more oversold the market is and the higher the probability of an upside reversal*; V. *closing tick*.

triple *a/v*: FIN triple; triplicar. [Exp: **triple bottom** (NEGO triple valle; V. *double bottom*), **triple tax-exempt** (BON exentos de tributación triple; se trata de bonos municipales que no tributan a ninguno de los tres gobiernos estadounidenses: el federal, el estatal y el municipal), **triple top** (NEGO triple pico), **triple witching hour** (FUT/OPC triple hora bruja; alude a las cuatro veces al año, tercer viernes de mayo, junio, septiembre y diciembre, en las que expiran simultáneamente los contratos de futuros del índice *S&P*, los contratos de opciones sobre el índice *S&P 100* y los contratos de opciones sobre acciones ◊ *The deluge of orders on the triple witching hour at the market closing price often caused the ticker to be delayed up to a half hour at the closing*)].

trough *n*: FIN seno; punto de transición entre la recesión y la recuperación de un ciclo económico.

trust¹ *n*: GRAL confianza; V. *belief, confidence, dependance.* [Exp: **trust**² (INST/FIN grupo industrial, consorcio, cártel; V. *conglomerate, consortium, cartel*), **trust**³ (INST/FIN fideicomiso; fiducia, fundación; relación fiduciaria por la que un administrador –*trustee*– custodia los activos del beneficiario; a la persona que crea el fideicomiso, que puede ser o no el beneficiario, se le llama cesionista –*grantor*–; V. *custody, guardianship*), **trust bond** (OBL obligación de fideicomiso ◊ *The company spent $200 million in stock repurchase and trust bond redemption*), **trust certificate** (FIN certificado de participación en una sociedad de inversión; V. *participation certificate*), **trust company/corporation** (SOC compañía fiduciaria), **trust deed** (FIN escritura de emisión; escritura fiduciaria, contrato de fideicomiso ◊ *With your IRA account, you can earn higher yields with trust deed investments*), **trust fund** (FON fondo fiduciario, de fideicomiso o de custodia), **trustbusting** (FIN disolución de un monopolio ◊ *Trustbusting prosecutors stormed Bill Gates' software fortress, cheered on by Microsoft competitors with market-dominating dreams of their own*), **trustee** (FIN fideicomisario, administrador fiduciario; administrador de un consorcio o trust), **trustee savings bank** (INST caja de ahorros que al fundarse se regía como una organización fiduciaria)].

TSE 300 *n*: FIN acrónimo de *Toronto Stock Exchange 300 index*; equivalente canadiense del *S&P 500*.

tumble *col v/n*: FIN desplomarse, hundirse; caída brusca o en picado ◊ *Cisco shares tumble amid earnings concerns*; V. *collapse, drop, fall, plunge, surge.*

tunnel *n*: OPC túnel; se trata de comprar una opción –*call*– y de vender otra –*put*– de precios y primas similares.

turkey *col n*: FIN «fiasco»; alude a una inversión ruinosa.

turn¹ *n/v*: FIN/NEGO rotación; cambio de tendencia en Bolsa. [Exp: **turn**² (FIN ganancias; V. *earnings, gains, profits*), **turnaround** (NEGO giro, cambio de tendencia; compra y venta de acciones el mismo día para su liquidación en Bolsa –*settlement*– ◊ *Motor Corp said yesterday it expects a record turnaround in earnings*), **turning point** (FIN/FON punto de cambio de tendencia), **turnover** (FIN volumen de contratación; alude al volumen de títulos negociados en relación al total en un momento determinado;

en fondos de inversión, mide la actividad negociadora en forma de un porcentaje del total de los activos del fondo durante un año ◊ *Last year, the company had a turnover of 16.7 million shares worth 48.7 million in 145 deals*; V. *equity turnover*), **turnover rate** (FIN tasa del volumen de contratación; calcula la actividad negociadora de un valor o cartera durante un periodo de tiempo)].

12B-1 fees *n*: FIN/FON comisión o tasa 12B-1; se refiere al porcentaje de los activos de un fondo de inversión empleados para sufragar los costes de marketing y distribución; la cuantía de dicho pago se indica en el folleto de emisión del fondo –*fund's prospectus*–. [Exp: **12B-1 funds** (FIN/FON fondos 12B-1; se trata de fondos de inversión que no cargan comisión de entrada ni de salida o reembolso –*up-front or back-end commission*– sino que retiran anualmente hasta un 1,25 % de los activos para cubrir los gastos derivados de la venta y comercialización de los valores que lo componen ◊ *12b-1 funds must register with the SEC and disclose their fees*)].

twenty *a*: GRAL/FIN veinte. [Exp: **twenty bond index** (BON índice de los veinte bonos; se trata de un indicador de referencia –*benchmark indicator*– de los rendimientos obtenidos por veinte bonos municipales con un vencimiento a veinte años y con una calificación –*rating*– equivalente; sirve para cotejar los rendimientos generales obtenidos por este tipo de bonos), **twenty-day period** (FIN periodo de los veinte días; comprende el periodo de tiempo empleado por la Comisión Nacional del Mercado de Valores de los EE.UU. –*SEC*– para comprobar la veracidad y ajuste a la ley de los términos del documento de registro –*registration statement*– y del folleto preliminar –*preliminary prospectus*– de una nueva emisión de títulos ◊ *If current market conditions do not reflect the value of the stock, the commission may extend the twenty day period*), **25 % rule** (FIN norma del 25 %; alude al precio de un valor al que se le añade la comisión del agente)].

twisting *n*: FIN engaño, farsa; comportamiento poco ético o treta del agente consistente en convencer al inversor de que haga una inversión innecesaria con el propósito de cobrar la comisión ◊ *The agent twisted the information to serve his own interest*.

two *a/pro*: GRAL/FIN dos. [Exp: **two-dollar broker** *col* (FIN agente de tres al cuarto; alude al agente bursátil –*floor broker*– que negocia órdenes de otros agentes más importantes que no pueden abarcar con todo el negocio ellos mismos ◊ *CBOE rules do not allow orders from broker dealers to be placed on its electronic book, so a two-dollar broker would have to physically run out to the trading crowd*), **two-sided market** (MER mercado equilibrado; se trata del mercado en el que existe un equilibrio entre los precios de oferta –*bid prices*– y los de demanda –*asked prices*– debido al concurso de los creadores de mercado –*market makers*– ◊

Among other responsibilities, specialists are required to provide a two-sided market in the stock), **two-tier bid** (FIN OPA de dos niveles; se trata de una oferta de adquisición en la que el posible adquiriente ofrece un precio superior por las acciones que precisa para hacerse con la empresa y otro inferior por las restantes o se aviene a pagar el mismo precio por todas las acciones pero a plazos; V. *any-or-all bid*), **two-tier tax system** (FIN sistema de doble tasación; por ese sistema, los ingresos obtenidos por los accionistas tributan doble ◊ *China is trying to modernize the current two-tier tax system for domestic and foreign enterprises*), **two way** (FIN precio de compra y de venta; se aplica al precio de las divisas que paga un banco que diferirá según sea de compra o de venta)].

type *n/v*: FIN clase, tipo; alude a la naturaleza de un contrato de opciones, sea de venta –*put*– o de compra –*call*–.

U

ultra *pref*: GRAL ultra-, super-; muy. [Exp: **ultra-short-term bond fund** (FON/BON fondo en bonos de vencimiento a corto plazo –*short-term maturity*–; generalmente inferior al año ◊ *If your time horizon is less than six years, then you may feel more comfortable with an ultra short-term bond fund for emergencies*)].

umbrella *n*: GRAL paraguas, pantalla, parachoques, protección. [Exp: **umbrella investment funds** (FON fondos paraguas; se trata de fondos de gran cobertura; V. *off-shore funds; tax haven*)].

un- *pref*: GRAL in-, des-. [Exp: **unamortized bond discount** (BON/VEN descuento por bono sin amortizar; alude al valor par de un bono al que se restan los gastos derivados de su venta y la parte que pueda haberse amortizado del mismo), **unamortized premium on investment** (VAL/VEN prima sin amortizar sobre inversión; se refiere a la diferencia entre el precio pagado por un título y su valor nominal –*par value*–), **unbiased predictor** (FIN predictor objetivo; se trata de una teoría que establece que el precio de entrega inmediata –*spot price*– en un futuro cercano será igual a la cotización a plazo o «forward» de hoy –*forward rate*–), **unbundling** (FIN/SOC venta de una filial; se da durante el proceso de adquisición de la central –*parent company*–), **uncallable** (FIN no exigible ◊ *The debt securities must, at the time of delivery, have a remaining uncallable term of 8.5 to 10.5 years*), **uncalled** (FIN no desembolsado), **uncovered call** (FIN compra en descubierto; se aplica en una posición de opción de compra en corto –*short call option position*– en la que el inversor no posee los valores reflejados en el contrato de la opción; se trata de una posición de riesgo, ya que si el comprador ejerce la opción de compra –*exercise the option*– el inversor tendrá que comprar dichos valores al precio de mercado ◊ *The writer of an uncovered call is in an extremely risky position and may incur large losses*), **uncovered put** (FIN venta en descubierto; describe una posición de opción de venta en corto

–*short put option position*– en la que el inversor no posee la posición corta sobre el valor o no ha depositado en una cuenta en efectivo –*cash account*– el equivalente al ejercicio de la venta; se trata de una posición de riesgo en la que el suscriptor debe comprar el activo a un determinado precio si el comprador de la opción decide ejercerla ◊ *When you sell an uncovered put, you must make a deposit in an options account equal to a portion of the cost of the underlying shares*), **undated securities** (VAL títulos sin vencimiento fijo; V. *dated securities*), **undigested securities** (VAL títulos sin digerir; alude a una emisión nueva que se queda sin cubrir por falta de demanda en el periodo de oferta pública inicial –*initial public offering*– ◊ *The steel industry was undoubtedly slipping due to the accumulation of undigested securities*; V. *digest-ed securities*), **undiversifiable risk** (FIN riesgo sin diversificar; V. *systematic risk*), **unearned increment** (FIN plusvalía ◊ *This is my own personal investment in speculative land from which I will derive some unearned increment*), **unfunded debt** (FIN deuda flotante, no consolidada; se trata de una deuda a corto plazo que se ejecuta en el plazo de un año; V. *funded debt*), **unfunded trust** (FIN fideicomiso sin depósito de fondos), **unissued capital stock** (VAL acciones no libradas o por emitir), **unissued shares** (VAL acciones no emitidas; aunque están autorizadas por la mercantil emisora ◊ *We have 50,000,000 authorized but unissued shares of pre-*

ferred stock), **unlimited** (NEGO por lo mejor), **unlimited tax bond** (BON bono de tasas ilimitadas; se trata de un bono municipal garantizado por el cobro de impuestos o tasas hasta su amortización total), **unlisted company** (SOC sociedad mercantil que no cotiza en Bolsa), **unlisted security** (VAL valor no listado; que no cotiza en Bolsa, aunque sí lo hace en el mercado secundario –*over-the-counter*– ◊ *If one buys a listed security, one can exit at a price but with an unlisted security, exit becomes difficult*; V. *non-quoted security*), **unlisted securities market, USM** (MER segundo mercado; Bolsa secundaria), **unlisted trading** (NEGO negociación secundaria; se trata de la contratación de valores en el mercado no registrado o secundario), **unloading** (NEGO aligerar; librarse de acciones cuya cotización cae para amortiguar las pérdidas ◊ *Heavy buying featured the trading on the stock market despite some unloading by jobbers and sundry speculators*), **unmargined account** (FIN cuenta sin margen; cuenta en efectivo abierta en una casa de corretaje –*brokerage firm*–), **unpaid dividend** (DIV dividendo sin pagar), **unseasoned issue** (VAL emisión inmadura, sin rendimiento; alude a una emisión de acciones para la que no hay mercado ◊ *When Bridge City Tool Works had their initial public offering, IPO, it was an unseasoned issue*; V. *seasoned issue*), **unsecured debenture/bond** (BON obligación o bono sin garantía prendaria; V. *naked bond; secured debenture*),

unwind a trade (NEGO deshacer un trato; dar marcha atrás en una operación de venta de valores mediante una operación compensatoria –*offsetting transaction*– ◊ *We were forced to unwind the trade due to changing market conditions*)].

under *prep/pref*: GRAL bajo, debajo de, de acuerdo con, según, en virtud de; *under* como prefijo es sinónimo de *sub-* y antónimo de *over-* en la mayoría de los casos, significando secundario, accesorio, menor, inferior, infra, etc. [Exp: **underbanked** (SUS infracolocado [por el banco]; término utilizado cuando un banco inversor –*investment bank*– no encuentra suficientes agencias para colocar una nueva emisión ◊ *Indonesia, like the Philippines, is an underbanked market*), **underbid** (FIN ofertar a la baja), **underbooked** (SUS escaso interés de suscripción; se refiere al poco entusiasmo que despierta una nueva emisión entre los posibles compradores), **underbought** (SUS infracomprado; no suscrito en su totalidad; contratación por debajo de lo usual ◊ *Analysts believe the Nasdaq is underbought*), **undercapitalized** (FIN descapitalizado), **underinvestment problem** (FIN problema de escasa inversión; los accionistas se niegan a que se invierta en activos de bajo riesgo –*low-risk assets*– para evitar que el capital pase de sus manos a los acreedores de la empresa), **underpar** (NEGO debajo de la par), **under the belt** (FIN a sus espaldas; mantenerse firme; alude a una posición larga en un valor ◊ *Our stock has been two months of the quarter under the belt*), **underlying asset** (FUT activo subyacente), **underlying debt** (BON deuda subyacente; se refiere a los bonos emitidos por entidades locales y regionales y garantizados por el gobierno central), **underlying futures contract** (FUT contrato con futuro subyacente; alude al contrato de futuros con una opción subyacente sobre dicho futuro que puede ejercerse), **underlying market** (MER mercado secundario ◊ *Our analysis seeks to reduce market risk by recognizing the underlying market trend*), **underlying security** (VAL valor subyacente; en el caso de opciones, alude al título que puede comprarse o venderse al ejercerse el contrato de la opción), **undermargined account** (FIN cuenta sin margen; alude a la cuenta de margen que ya no cubre los requisitos mínimos de mantenimiento, por lo que se exige al inversor una demanda de cobertura suplementaria –*margin call*– ◊ *This regulation requires a futures commission merchant to obtain the consent of a customer to liquidate positions on an undermargined account*), **underperform** (VAL bajo rendimiento; de una acción en los mercados), **underpricing** (NEGO precio bajo; alude a la emisión de valores con un precio inferior al de mercado), **undervalued** (FIN infravalorado; alude al precio demasiado bajo de un valor), **underwrite** (SUS/FIN asegurar, reasegurar; suscribir acciones; garantizar la colocación de acciones ◊ *We have the brokers who underwrite the stock, and make all sorts of deals*), **underwrite an is-**

sue (SUS suscribir una emisión), **underwrite bonds** (SUS/BON suscribir bonos u obligaciones), **underwriter** (SUS suscriptor de emisiones; generalmente un banco o una agencia de valores que adquiere una emisión de una mercantil y la revende al público inversor), **underwriter bank** (SUS banco suscriptor; garantiza la colocación de acciones y obligaciones), **underwriter's fees** (FIN/SUS comisión del banco asegurador), **underwriting** (SUS suscripción; aseguramiento de colocación de una emisión por parte del banco suscriptor *–underwriter bank–*; V. *revolving underwriting facility, RUF; transferible revolving underwriting facility, TRUF*), **underwriting agreement** (FIN/SUS acuerdo de suscripción de una emisión ◊ *Davis & Henderson Income Fund entered an underwriting agreement and filed a preliminary prospectus for public offering of units*), **underwriting commitment** (SUS compromiso de suscripción o colocación de una nueva emisión de bonos o acciones asumido por un banco suscriptor), **underwriting fee** (SUS comisión de suscripción; la cobran las entidades emisoras en compensación por el riesgo que supone la suscripción), **underwriting prospectus** (SUS prospecto de emisión o suscripción; V. *issue/suscription prospectus*), **underwriting spread** (FIN/SUS margen de suscripción; diferencial entre el precio pagado al emisor de los títulos y el obtenido por su venta ◊ *Prudential's offering was priced with a 6 percent underwriting spread*; V. *dealer's spread*), **underwriting syndicate** (FIN sindicato o consorcio de garantía; es responsable de la suscripción o colocación de una emisión de bonos/acciones hecha por un consorcio bancario; V. *bank syndicate; lead underwriter; syndicate*)].

uniform practice code *n*: FIN código normalizado de prácticas comerciales; reglamento consensuado o normalizado que rige las operaciones del *NASDAQ*, generalmente en las operaciones extrabursátiles *–over-the-counter–*.

unique risk *n*: FIN riesgo único; se denomina también asistemático o idiosincrásico *–unsystematic, idiosyncratic risk–* ◊ *Silicon Valley investors are at a unique risk in terms of their stock portfolios*; V. *specific risk*.

unit *n*: FON/VAL unidad; referido a una participación de una acción o de un fondo de pensiones; V. *element, part, portion, quota, share*. [Exp: **unit holder** (FON partícipe en un fondo de inversión colectiva o *unit trust*), **unit-linked policy** (FON póliza de seguro de vida vinculada a un fondo de valores; el valor de rescate es el precio de venta de las participaciones o *units* del fondo menos gastos ◊ *This unit-linked policy is one where the premiums are invested as units in stock market funds*), **unit investment trust** (FON fondo de inversión colectiva de renta variable; cartera de inversión mobiliaria que cotiza diariamente en Bolsa, constituido por participaciones o unidades *–units–*; en los EE.UU. se denominan *mutual funds* u *open-*

end funds; V. *unit holder, authorised funds; investment trust*)].

United States government securities *n*: VAL valores de los Estados Unidos; alude a los instrumentos de deuda emitidos por el Gobierno de los EE.UU.

universe of securities *fr*: VAL cúmulo de valores; se refiere al grupo de títulos que guardan relación entre sí, como la pertenencia a un mismo sector empresarial ◊ *DSBI intends to adopt an approach that involves quantitative valuation of securities to identify an appropriate universe of securities from which to select investments.*

up *adv/a/v*: GRAL/FIN arriba; que ha subido de valor o precio; subir; V. *augment, appreciate, increase, raise*. [Exp: **up-and-in put** (OPC opción de venta con tope mínimo; sólo puede ejercerse cuando el valor del activo subyacente –*underlying asset*– sobrepasa un tope mínimo fijado), **up-and-out put** (OPC opción de venta con tope máximo; no puede ejercerse si el valor del activo subyacente sobrepasa un tope máximo), **up-front fees** (FON cuota de entrada a un fondo de inversión), **upgrade** (FIN aumento de calificación; alude al incremento de la valoración de un título por diversas causas, lo que contribuye al aumento de la confianza de los inversores y, por tanto, a su precio ◊ *The upgrade process of our funds make them the best positioned in the current market environment*; V. *downgrade*), **upset price** (NEGO precio mínimo de venta de un activo), **upside potential** (FIN potencial de subida; se refiere al precio que puede alcanzar un valor según las estimaciones de los analistas), **upstairs market** (MER mercado de arriba; alude a la red informática y telefónica que conecta las oficinas de las principales agencias de Bolsa para facilitar las operaciones de grandes paquetes de acciones –*block trades*– o de opciones y futuros –*program trades*– ◊ *BLOX is designed to offer participants in the upstairs market much greater choice and flexibility in trading*), **uptick** (NEGO «tick» más alto; alude a la transacción de una acción a un precio más alto que la transacción anterior de la misma acción; V. *tick-test rules* ◊ *Heavy uptick volume is bullish in almost every case*), **up tick** (NEGO V. *plus tick*), **upswing** (FIN recuperación; subida del precio de un valor tras un periodo de pérdidas ◊ *The Swiss stock market will tend to be at a disadvantage in the early phase of an upswing*)].

U.S. *n*: GRAL *United States*, los Estados Unidos de América. [Exp: **U.S. Treasury bill** (FIN/BON letras del Gobierno de los EE.UU. de vencimiento inferior al año), **U.S. Treasury bond** (BON bonos del Gobierno de los EE.UU. de vencimiento superior a los diez años), **U.S. Treasury note** (OBL obligaciones del Gobierno de los EE.UU. de vencimiento entre uno y diez años)].

utility *n*: GRAL/FIN/SOC utilidad, facilidad; empresa de servicio público; V. *conveniece, service, value*. [Exp: **utility function** (FIN función de utilidad; en la teoría de carteras indica las preferencias de los organismos económicos frente al

UTILITY 340

riesgo y los posibles rendimientos de una inversión ◊ *We use a simple utility function formulation for balancing risk against known costs*), **utility revenue bond** (BON bonos de utilidad pública; emitidos por empresas de servicio público para la financiación de proyectos de expansión), **utility value** (FIN valor de utilidad; se asigna a un inversión en razón del riesgo y rendimiento que produzca)].

V

V *n*: FIN/VAL quinta letra del código del *NASDAQ* que especifica cuando se emite y se distribuye un valor.

VaR *n*: FIN V. *Value-at-Risk model*.

valid *a*: FIN válido, valedero; V. *competent, efficient, satisfactory, useful*. [Exp: **valid for one day** (NEGO orden válida por un día ◊ *Only orders valid for one day may be entered to the various Spanish stock markets*)].

valuation *n*: FIN valoración; estimación de los valores de una sociedad en razón de sus beneficios y el valor de sus activos.

value *n/v*: FIN valor; valorar; V. *measure, prize; assess, evaluate*. [Exp: **value-added tax** (FIN impuesto de valor añadido), **value at maturity** (FIN/VEN valor al vencimiento ◊ *With our bonds you get the full value at maturity with no interest payments in between*), **Value-at-Risk model, VaR** (FIN modelo de valor-riesgo; método de estimación de las posibles pérdidas de una cartera de valores por encima de lo que ha sido usual en el pasado ◊ *A 99 percent value-at-risk model on a one-day time limit is the one-day loss that will be exceeded only on one percent of the total days*), **value broker** (AG VAL agente a porcentaje; se refiere al agente libre –*discount broker*– cuyas tarifas se establecen según un porcentaje en metálico del valor de la operación), **value date** (FIN fecha valor, día de valor), **value line investment survey** (FIN informe de inversión según línea de valor; servicio que evalúa un título según su seguridad y oportunidad), **value manager** (NEGO gestor por valor; alude al gestor dedicado a la búsqueda de títulos con descuento sobre su precio de mercado con la intención de revenderlos a un precio superior ◊ *The investment fund has a value manager who actually managed to beat a popular index by losing less than the index lost*; V. *growth stock*), **valuer** (FIN tasador)].

Vancouver Stock Exchange, VSE *n*: INST Bolsa de Vancúver.

vanilla issue *n*: FIN/SUS emisión vainilla; alude a la emisión de acciones que no presenta características fuera de lo normal ◊ *The com-*

pany has been running at the peak of efficiency for an eternity and its stock is just a bland, plain vanilla issue.

variable *a*: FIN variable, cambiante, desigual, inestable; V. *alterable, changeable, mutable; versatile*. [Exp: **variable annuities** (FIN anualidades variables; se trata de contratos de bonos –*annuity contracts*– por los que el emisor paga una cantidad periódica en razón del comportamiento inversor de los valores subyacentes), **variable life insurance policy** (FIN póliza de seguro de vida variable; se trata de una póliza cuyo valor depende del valor de mercado de los títulos asegurados en el momento del fallecimiento del suscriptor ya que la aseguradora invierte las primas en acciones), **variable price security** (VAL acción a precio variable; depende de las fluctuaciones de los mercados), **variable rate CDs** (FIN certificados de depósito a interés variable; se trata de certificados a corto plazo –*short-term certificates*– que devengan intereses en la fecha de renovación –*roll dates*– ◊ *The 18-Month Variable-Rate CD gives you an interest rate that changes with market conditions, plus the ability to make additional deposits at any time*), **variable rated demand bond, VRDB** (BON bono a vista de renta variable; se trata de un bono que puede venderse periódicamente a su emisor), **variable-rate demand note** (OBL obligación a vista de renta variable; obligación pagadera a exigencia del tenedor y con un interés ligado a los mercados monetarios ◊ *You can extend credit on a variable-rate demand note for a consumer purpose*), **variable spread** (OPC diferencial variable; alude a la compra y venta simultánea aunque en diferente número de opciones con el mismo activo subyacente), **variable yield securities** (VAL títulos de renta variable)].

variance *n*: FIN varianza, variable; discrepancia; la raíz cuadrada de la varianza es la desviación típica –*standard deviation*–. [Exp: **variance rule** (FIN regla de varianza; especifica la cantidad máxima o mínima autorizada de valores que pueden utilizarse en una operación de letras del Tesoro deducibles de la declaración de renta –*TBA trade*–)].

velda sue *n*: INST acrónimo de *Venture Enhancement & Loan Development Administration for Smaller Undercapitalized Enterprises;* institución del Gobierno de los EE.UU. encargada de adquirir préstamos para la pequeña empresa a la banca privada y ofrecerlos en forma de acciones a los inversores institucionales.

vendor *n*: FIN vendedor o proveedor.

venture *n*: FIN operación empresarial con riesgo, actividad económica novedosa; V. *bet, gamble, speculate; enterprise, investment, undertaking*. [Exp: **venture capital** (FIN capital riesgo; se trata de capital ajeno al mercado de capitales que se emplea en la puesta en marcha de un negocio con buenas perspectivas ◊ *Despite the ongoing concerns about the health of the venture-capital market, some firms continue to raise very large funds*),

venture capital limited partnership (SOC sociedad limitada de capital riesgo; se trata de una asociación entre una empresa que inicia su andadura –*start-up company*– y una agencia de valores –*brokerage firm*– que ofrece el capital necesario a cambio de acciones de la empresa o participación en los beneficios)].

vertical *a*: FIN vertical. [Exp: **vertical acquisition** (FIN adquisición vertical; alude al proceso de adquisición según el cual la empresa adquiriente y la adquirida no ofrecen sistemas parejos de producción), **vertical bear/bull spread** (FUT/OPC estrategia combinatoria de compra y venta simultánea; vertical bajista o alcista en el mercado de futuros y en el mercado de opciones, de opciones de compra –*call options*– o de venta –*put options*– sobre el mismo activo subyacente –*underlying asset*– aunque con precios o fechas de ejercicio –*strike price/dates*– distintas ◊ *One long hedge alternative utilizing gasoline options is the vertical bull spread*), **vertical spread** (FIN «spread», diferencial vertical; compra y venta simultánea de dos opciones con precios de ejercicio distintos ◊ *A vertical spread is a family of spreads involving options of the same stock, same expiration month, but different strike prices*; V. *debit spread, horizontal spread*)].

V formation *n*: FIN representación en V; tabla en forma de V que indica que el precio de una acción ha tocado fondo e inicia su recuperación.

Vienna Stock Exchange, VSX *n*: INST Bolsa de Viena.

visible supply *n*: FIN oferta saliente; alude a una emisión de bonos municipales de aparición inminente.

volatility *n*: FIN volatilidad; medida del riesgo de una inversión calculada según la desviación típica –*standard deviation*– del rendimiento del activo. [Exp: **volatility risk** (FIN riesgo de volatilidad; riesgo de una cartera de opciones debido a la volatilidad impredecible de los activos subyacentes –*underlying assets*– ◊ *Dennis has developed a proprietary risk management model to manage volatility risk in the trading of financial futures*)].

volume *n*: FIN/NEGO volumen; alude a la cantidad diaria de acciones que se negocian en el parqué; V. *magnitude, number, quantity, total*. [Exp: **volume deleted** (NEGO supresión del volumen; alude a la nota que aparece en las cintas de cotización –*tape*– en momentos de gran movimiento y que indica la única aparición del nombre del valor y su precio en operaciones por debajo de las 5000 acciones), **volume discount** (NEGO descuento por volumen; rebaja en los precios de operaciones grandes ◊ *Commission rebates are made the second trading week following the calendar month in which a trading volume discount is met*)].

voluntary *a*: GRAL voluntario; espontáneo; V. *gratuitous, optional, willing, volunteer*. [Exp: **voluntary accumulation plan** (FON plan de acumulación voluntario; opción por la que el mutualista de un fondo de inversión puede comprar acciones por un periodo de tiempo), **voluntary liquidation** (FIN liquidación voluntaria; procedimiento de liquidación respaldado por los accionistas ◊ *Excelstocks has gone into voluntary liquidation after running out of funding*)].

vote *n/v*: GRAL voto, sufragio, votación; votar, elegir; V. *ballot, ticket, suffrage*. [Exp: **voting right** (FIN derecho de voto de los accionistas en la elección de consejeros –*directors*–), **voting shares/stock** (FIN acciones con derecho a voto; V. *preferred shares*), **voting trust** (FIN grupo o consorcio que acumula acciones con derecho a voto ◊ *Eaton Vance voting shares do not trade and are held in a voting trust*; V. *founder's shares*)].

voucher *n*: GRAL/FIN cupón, justificante, resguardo, talón, vale; V. *certificate, coupon, ticket, warrant*.

VRDB *n*: BON V. *variable rated demand bond*.

W *n*: FIN/VAL quinta letra del código de valores del *NASDAQ* que especifica que ese valor es un título con derecho de suscripción *–warrant–*.

waiting period *n*: FIN periodo de espera o de carencia; alude al periodo de tiempo que la Comisión Nacional de Valores de los EE.UU. *–Securities and Exchange Commission (SEC)–* dedica al estudio del documento obligatorio de registro *–registration statement–* de una mercantil ◊ *With the expiration of the legal waiting period Wednesday, Smith & Nephew can now proceed with its tender offer for Oratec Interventions.*

walk away *v*: FIN desentenderse; se trata de cerrar la posición en un valor ◊ *Elway decided to walk away on May 2nd, 1999 while his price was trading at $101.59*; V. *trade me out, buy them back.*

wallpaper *n*: VAL papel mojado; sin valor monetario.

Wall Street *n*: FIN/MER centro financiero de Nueva York; denominación genérica que se aplica a las sociedades que negocian en Bolsa. [Exp: **Wall Street analyst** (FIN V. *sell-side analyst*)].

wallflower *col n*: VAL excluido, marginado; alude al título que no atrae a los inversores ◊ *Value shares have played wallflower during the high-tech party.*

wanted for cash *fr*: FIN se paga al contado; se trata de la anotación en los teletipos de cotizaciones *–market tickers–* en señal de que hay ofertas en metálico por un determinado valor.

war babies *col n*: VAL/BON niño de la guerra; término coloquial aplicado a los títulos de las empresas de armamento ◊ *After September, 11th, war babies have rose steadily.*

warrant *n/v*: FIN vale; certificado, resguardo; justificante que otorga a su tenedor el derecho a comprar un valor en una fecha futura, a un precio prefijado; hasta ese momento, dicho certificado se negocia como si de una acción se tratara; se consideran como acciones de compra *–calls–* aunque de duración mucho más prolongada; bono de suscripción de títulos nuevos en condiciones fijadas con anterioridad;

derecho especial de suscripción o adquisición; alude a un derecho de compra o suscripción de acciones nuevas o viejas por parte de la empresa emisora a un precio convenido que suele ir unido a diferentes activos financieros como acciones, tipos de interés, índices bursátiles, deuda pública, etc.; derecho especial de suscripción o de compra; se diferencian de las opciones de compra –*calls*– en que aquéllas producen un aumento en el accionariado y en que son emitidas por terceros; pagaré a corto plazo emitido por autoridades locales, abonable con motivo de una circunstancia, por ejemplo, cuando se hayan cobrado los impuestos locales ◊ *If you buy a warrant to buy a stock at 5 dollars for 1 dollar, and the stock ends up being issued at 10 dollars a share, then you can sell the shares for a profit of 4 dollars per share, since you paid only 6 dollars total, and sold them at 10 dollars*; V. *assure, certify, guarantee; charter, credential, license, vouch*. [Exp: **warrant bond** (BON bono con derecho de suscripción incorporado), **warrantee** (FIN persona a quien se avala), **warrantor** (FIN avalista, fiador, garante)].

wash *n/v*: FIN lavado; lavar, igualar ganancias con pérdidas; V. *clean, launder, submerge*. [Exp: **wash sale** (FIN transacción cruzada; compra y venta simultánea de un valor con la idea de declarar una minusvalía impositiva –*tax loss*– ◊ *With the market decline starting in 2000, the wash sale rules became critically important, especially for incentive stock options*; V. *tax selling*)].

wasting asset *n*: FIN activo desechable; se refiere al activo que por tener una vida limitada disminuye su valor con el tiempo.

watch list *n*: FIN/SOC lista de alerta o vigilancia; se trata de listas de empresas posibles objetivos de absorción, de empresas que piensan lanzar nuevas emisiones o de valores que muestran una actividad desacostumbrada.

water *n/v*: FIN agua; aguar, diluir, rebajar; V. *attenuated, diluted, weaken*. [Exp: **watered stock** (VAL valor diluido; se trata del título cuyo valor total es inferior al del capital invertido en el mismo ◊ *Even today many people believe that the stock market crash caused the Great Depression in the 1930s when in reality it was watered stock*), **watering of share capital** (VAL dilución del capital en acciones)].

weak *a*: GRAL/FIN débil, frágil, gastado, inestable; V. *ineffectual, fragile, soft, thin, wasted*. [Exp: **weak-form efficiency** (FIN eficiencia o rendimiento débil; se refiere a un tipo de rendimiento de los precios –*pricing efficiency*– por el que el precio de un valor refleja el precio que ha tenido en el pasado; V. *semi-strong form efficiency, strong form efficiency*), **weak demand** (NEGO atonía de la demanda), **weak market** (MER mercado débil; atonía de los mercados)].

WEBS *n*: FIN V. *World Equity Benchmark Series*.

weekend effect *n*: FIN efecto de fin de semana; se refiere a la usual bajada y atonía de los precios que se produce en la Bolsa de viernes a lunes ◊ *The weekend effect will* start to reduce because there are more people entering the market looking for bargains.*

weight *n*: GRAL/FIN peso, importancia; V. *burden, load, pressure; importance, significance*. [Exp: **weighted average cost of capital, WACC** (FIN coste medio de capital ponderado; se refiere al rendimiento que se espera de los valores que componen una cartera), **weighted average portfolio yield** (FIN/BON rendimiento medio ponderado de una cartera de bonos ◊ *The weighted average yield of the Medallion Loan portfolio decreased 64 basis points from 9.92 % at December 31, 1996 to 9.28 % at December 31, 1997*), **weighted hedge** (FIN cobertura ponderada; V. *cross hedge*)].

well-diversified portfolio *n*: VAL cartera bien diversificada; se trata de una cartera cuyos valores tienen un peso equilibrado sobre el conjunto de manera que su riesgo se aproxima al riesgo sistemático –*systemic risk*– del mercado en su conjunto.

when *adv*: GRAL cuando; en el momento de. [Exp: **when distributed** (VAL; V. *issued when, when issued*), **when issued, WI** (VAL cuando se emita; se refiere a las operaciones que se realizan de manera condicional aunque legal de un valor aún sin emitir, también se denomina *with ice* ◊ *It is expected that the Nasdaq Stock Market will authorize a when issued market for the new split shares under the MSFTV symbol*)].

whip *n*: GRAL látigo. [Exp: **whiplash** (NEGO patinazo, batacazo; alude a las pérdidas generalizadas tanto en posiciones compradoras como vendedoras), **whipsawed** (NEGO patinazo o batacazo en pleno; se refiere a la compra de valores antes de que caiga su precio o a su venta antes de que suban a causa de una mala interpretación de determinados síntomas del mercado ◊ *Consumers are also getting whipsawed by the stock market, which has failed to rally despite Fed rate cuts*)].

whisper *n/v*: GRAL suspiro; cuchicheo, rumor; cuchichear, rumorear; V. *mutter, confide, disclose, make public, pass on*. [Exp: **whisper number or forecast** (FIN de oídas; predicción sin fundamento; se refiere a la información sin confirmar que el analista pasa a su cliente sobre los resultados reales de un valor), **whisper stock** (VAL rumor sobre un valor; se refiere, por ejemplo, a los valores que se consideran el objetivo de una absorción ◊ *Whisper stocks are when somebody says you ought to look at a certain stock for your own account because it could be a big winner*)].

whistle blower *n*: FIN soplón; conocedor de actividades ilegales de una sociedad.

white *a*: GRAL/FIN blanco; V. *black, blue, grey, green, pink, yellow*. [Exp: **white knight** (FIN/SOC caballero blanco; describe al financiero cuya opción de compra o participación en la empresa es bien recibida por contrarrestar otra de carácter hostil), **whitemail** (FIN/SOC extorsión fingida; estrategia que emplea una empresa asediada –*target company*– consistente en vender un importante paquete de acciones de una empresa amiga a un precio inferior al de mercado para que la empresa asediadora –raider– se vea obligada a comprar un elevado número de acciones a un precio superior ◊ *For firms such as I.G.I., cracking so-called whitemail campaigns has proved lucrative in recent years*; V. *blackmail*), **white sheets** (FIN páginas blancas; alude a las listas de precios que emiten los organismos oficiales de sociedades de contrapartidas –*market makers*–), **white-shoe firm** (FIN/AG VAL sociedad de guante blanco; esta expresión se aplica a las sociedades de valores que rechazan prácticas como OPAS hostiles –*hostile takeovers*– entre otras ◊ *When it comes to investment banking, Goldman Sachs is a ubiquitous white-shoe firm*), **white squire** (FIN escudero blanco; alude al financiero que compra una participación minoritaria o no mayoritaria de acciones de una empresa), **whitewash** (FIN blanquear)].

whole *a*: GRAL completo, entero, íntegro, pleno, total; V. *complete, entire, gross, total*. [Exp: **wholesaler** (AG VAL/NEGO mayorista; suscriptor o agencia de valores dedicada a operar con otras agencias y no con el público en general), **wholly owned subsidiary** (FIN/SOC sociedad filial cuyas acciones están en manos de la sociedad matriz –*parent company*–)].

WI *n*: VAL V. *when issued*. [Exp: **wi wi** (VAL letras del Tesoro negociadas en régimen de «cuando se emitan» entre el día de la subasta y el de la formalización del contrato)].

wide *a*: GRAL amplio, ancho, espacioso, grande; V. *big, broad, extensive, huge, large, vast*. [Exp: **wide opening** (FIN/NEGO apertura amplia; alude al diferencial –*spread*– inusual que se produce entre el precio de venta y de compra de un valor en la apertura de la sesión bursátil ◊ *With prices hovering close to support, I did not want to see a wide opening range in prices on Friday*), **wider-range investment** (FIN inversiones de gama ancha; se trata de inversiones en valores, como las acciones de cotización en Bolsa, menos seguras aunque más rentables que las inversiones de gama estrecha –*narrower-range investment*–)].

widow-and-orphan stock *n*: VAL valor viudo y huérfano; se trata del valor de elevado rendimiento con un beta bajo, lo que supone una buena inversión ◊ *During the Great Depression, AT&T kept its dividend constant, even as other industrial giants cut theirs. It was the classic widow and orphan stock*.

wild card option *n*: FIN/FUT opción del comodín; derecho del vendedor de un contrato de futuros de bonos del Estado –*Treasury Bond futures contract*– de entregarlo después de que se haya fijado el precio del futuro ◊ *According to some analysts, using the wild card option in T-bond futures is relatively worthless*.

wildcat security *n*: VAL acción o valor sin garantía o respaldo.

Wilshire indices *n*: FIN índices Wilshire; se trata de un índice muy

windfall profit *n*: FIN beneficio inesperado.

window *n*: AG VAL ventanilla; departamento de la agencia de valores encargado de la entrega de los títulos y la formalización de las operaciones de sus clientes. [Exp: **window dressing** (NEGO escaparatismo; alude a las operaciones bursátiles que se realizan al finalizar el año fiscal con el fin de maquillar la cartera a la hora de presentar resultados ◊ *Year-end portfolio window dressing pushed the Amman Stock Exchange half a point higher on Monday to close at 175.30 points*)].

winners's curse *n*: FIN/NEGO maldición del ganador; alude al hecho de obtener un número superior de acciones al realmente deseado, por ejemplo en una OPV, por desconocimiento de su valor real por lo que suelen estar sobrevaloradas.

wire *n/v*: GRAL cable, sistema de telecomunicaciones, teletipo. [Exp: **wire house** (AG VAL casa de corretaje que posee su propio sistema de comunicación electrónica con sus filiales u otras agencias), **wire room** (AG VAL sala de operaciones electrónicas de una casa de corretaje o agencia de valores ◊ *John started his career as a wire room clerk*)].

withdraw *v*: GRAL retirar-se, anular, reintegrar, rescindir; V. *remove, revoke, take away*. [Exp: **withdrawal plan** (FON/VEN plan de amortizaciones; alude al establecimiento de plazos periódicos de amortizaciones de un fondo de inversión)].

withhold *v*: GRAL detener, impedir, negar, ocultar, retener; V. *conceal, keep, retain; control, restrict*. [Exp: **withholding** (FIN retención; alude a una práctica ilegal por parte de un participante en una OPV que retiene un determinado número de títulos para sí mismo o un familiar, empleado, con el objeto de beneficiarse y lucrarse), **withholding tax** (FIN retención del impuesto en origen; normalmente sobre intereses o dividendos)].

without *prep*: GRAL sin; es una expresión que se aplica a los mercados que siguen una misma dirección, es decir, con exceso de ventas o de compras.

woody *col a*: FIN/MER petardazo; en inglés, término coloquial sexual que alude a un levantamiento o alza enérgica de los mercados; ◊ *The Spanish market had a woody yesterday*.

work *n/v*: GRAL trabajo, obra, labor; trabajar; V. *labour, task; execute, operate*. [Exp: **working** (NEGO en activo; alude a la tarea de cerrar una operación ya sea consiguiendo compradores o vendedores), **working away** (NEGO negociar una orden con otro agente ◊ *Both brokers were merrily working away buying and selling the earth for profit*), **working capital** (FIN capital circulante; fondo de maniobra; define la diferencia entre los activos circulantes –*current assets*– y el pasivo corriente –*current liabilities*–), **working capital management** (FIN gestión del capital circulante para obtener la máxima liquidez),

working control (FIN control operativo; control de una mercantil con menos del 51 % de los votos debido a la excesiva dispersión de los mismos), **working order** (NEGO orden de trabajo; orden a los agentes de comprar o vender un determinado lote de acciones –*lot*– en el momento más propicio ◊ *Our traders will show you a real working order that was placed in one of their own accounts*), **workout market** (MER mercado trillado; se trata del mercado en el que es previsible conseguir un precio determinado en un plazo razonable)].

world *n*: GRAL mundo. [Exp: **World Bank** (FIN Banco Mundial; organismo de ayuda financiera a los países en vías de desarrollo), **World Equity Benchmark Series, WEBS** (FIN series de valores de referencia mundial; similares a los SPDRs y negociados en multitud de países, entre ellos España), **world investible wealth** (FIN riqueza inversora mundial; se refiere a la parte de la riqueza mundial que puede negociarse y por tanto al alcance de los inversores), **World Trade Organization, WTO** (INST Organización Mundial del Comercio; organismo encargado de fomentar las relaciones comerciales entre los países miembros, así como de solventar sus contenciosos)].

wrap *n/v*: GRAL envoltorio; envolver. [Exp: **wrap annuity** (FIN anualidad cruzada o protegida; consiste en que el contrato no especifica el activo subyacente –*underlying asset*– al que se aplican los pagos, por lo que se aumentan las ventajas fiscales propias de este tipo de contrato), **wraparound mortgage** (FIN segunda hipoteca garantizada con la propiedad objeto de la primera)].

wrinkle *n*: FIN guiño; alude al aspecto atractivo de una nueva acción que logra engatusar al inversor.

write *v*: FIN/OPC apuntar, escribir; efectuar operaciones en los mercados financieros y de opciones; V. *inscribe, operate, record, subscribe*. [Exp: **write-down** (FIN devaluar; reajuste a la baja del valor de un activo en los libros), **write-down of portfolio** (FIN devaluación de la cartera de valores ◊ *After taking a conservative approach in the write down of portfolio investments, any upside in the technology market will provide a gain*), **write-off** (FIN eliminar fallidos; deuda incobrable), **write out** (FIN separar; procedimiento por el cual un especialista o hacedor de mercados –*market maket/specialist*– realiza una operación que implica, por un lado, sus propios valores y por otro una orden de un comisionista –*broker/jobber*–; éste debe completar, en primer lugar, la operación con el comisionista, para, a continuación, realizar la operación de su cliente), **writer** (FIN/OPC vendedor de contratos de opciones; puede ser una persona o institución que adquiere la obligación de vender –*call option*– o de comprar –*put option*– el activo subyacente si el comprador decide ejercer la opción ◊ *The writer of the call, on the other hand, has the obligation to sell the stock at the strike price at any time prior to expiration*), **writing cash-secured puts** (OPC opción de compra con efectivo garantizado; se trata de una estrategia para evitar la cuenta de margen –*margin account*– de manera que en vez de aportar el depósito –*margin*– el comprador de la opción deposita una cantidad igual al precio de ejercicio de la opción –*option exercise price*–, evitándose así las demandas de cobertura adicionales –*margin calls*–), **writing index options** (OPC emisión de opciones sobre índices), **writing naked** (OPC opción al descubierto ◊ *He lost 20 years of profits in a single bad day of writing naked puts*; V. *naked option*), **writing puts to acquire stock** (OPC suscribir opciones de compra para adquirir acciones; dicha opción se vende al precio de ejercicio si el tenedor cree que el valor subyacente va a bajar), **written-down value** (FIN valor de reajuste; valor en libro de un activo una vez descontada la depreciación y amortización del mismo)].

W-type bottom *n*: FIN suelo en W; suelo doble en el que el precio tiene forma de W; V. *technical analysis*.

xa *n*: FIN V. *ex all*.
xb *n*: FIN V. *ex bonus*.
xc *n*: FIN V. *ex cap*.
xcp *n*: FIN V. *ex coupon*.

xd *n*: FIN V. *ex dividend*.
xr *n*: FIN V. *ex rights*.
xw *n*: FIN V. *ex warrants*.

Y

¥ *n*: GRAL equivale a *yen*.

Y *n*: FIN/VAL quinta letra del código de valores del *NASDAQ* que especifica que se trata de un recibo de depósito americano –*ADR*–.

yankee *a/n*: GRAL yanqui. [Exp: **yankee bonds** (BON bonos yanquis; bonos emitidos en los EE.UU. por bancos y sociedades extranjeras; obligaciones en dólares emitidos y colocados internacionalmente por un consorcio americano ◊ *The success of Reliance Industries' $200 million Yankee Bonds could open the floodgates for the other Indian corporates*; V. *Bulldog bond, Samurai bond*), **yankee CD** (FIN certificado de depósito yanqui; emitido generalmente por una sucursal americana de un banco extranjero), **yankee market** (MER mercado yanqui; mercado internacional en los EE.UU.)].

yard *col n*: FIN «yarda»; término coloquial que significa un billón americano [mil millones] de una divisa; ◊ *I'm a buyer of a yard of yen*.

year *n*: GRAL/FIN año; ejercicio. [Exp: **year-end dividend** (DIV dividendo a cierre de ejercicio), **year-to-date, YTD** (FIN a día de hoy; se refiere al periodo que comienza con el año hasta la fecha actual)].

yellow sheets *n*: FIN hojas o páginas amarillas; publicación de la Oficina Nacional de Cotizaciones –*National Quotation Bureau*– que detalla los precios de oferta y venta de valores –*bid and ask prices*– junto con las sociedades creadoras de mercado secundario ◊ *The yellow sheets increase order flow to OTC Market Makers and provide best execution to buyers and sellers of OTC equities and taxable bonds*.

Yen bond *n*: BON bono yen; bono emitido en la divisa japonesa.

yield *n/v*: FIN rendimiento, rentabilidad, producto, renta; rendir, producir intereses o dividendos; V. *generate, produce, return; benefits, gains, porfit*. [Exp: **yield advantage** (FIN aprovechar los rendimientos; ventajas de comprar valores convertibles en lugar de ordinarios ◊ *The high yield bond market currently offers an attractive yield advantage over money market* *funds and investment grade bonds*), **yield curb** (FIN diferencial de rendimiento; disparidad en el rendimiento corriente –*current yield*– entre el convertible y el subyacente de una acción), **yield curve** (FIN curva de rendimiento; presentación gráfica de los rendimientos obtenidos por bonos con diferentes vencimientos; V. *inverted yield curve, positive yield curve*), **yield curve option-pricing models** (FIN/OPC modelo de fijación de precios de opciones según la curva de rendimiento; también se denomina *arbitrage-free option-pricing models*), **yield curve strategies** (FIN estrategias de curva de rendimiento ◊ *It is prudent to adopt yield curve strategies of investment when investing in the local money market*), **yield differential/pickup** (FIN diferencial de rendimiento; representación gráfica que muestra la variación de tipos de interés basándose en el rendimiento de bonos de la misma clase y con vencimientos que oscilan del más próximo al más lejano), **yield gap** (FIN brecha de rendimiento; alude al diferencial de rendimiento entre las acciones ordinarias y los títulos del Estado –*gilts*– ◊ *The yield gap points away from Nasdaq*), **yield equivalence** (FIN equivalencia de rendimiento; interés similar que obtiene el inversor de un bono exento de impuestos y el de un valor gravable de la misma clase), **yield rate** (FIN tasa de rentabilidad; V. *rate of return*), **yield ratio** (FIN coeficiente de rendimiento; cociente del rendimiento de dos bonos), **yield rigging** (FIN/BON falsificación de los rendimientos; reducción fraudulenta de los rendimientos obtenidos en bonos municipales antes de proceder a la refinanciación de la deuda; quema o absorción de rendimientos), **yield spread** (FIN diferencial de rendimientos; generalmente entre distintas emisiones de acciones ◊ *The yield spread between the two-year and 10-year bond moved to 202.4 basis points from 200.6 in the previous session*), **yield spread strategies** (FIN estrategias de diferencial de rendimiento; alude a la toma de posición de una cartera de bonos para aprovecharse de cualquier modificación en los diferenciales de rendimiento –*yield spreads*– de distintas áreas del mercado de bonos), **yield to average life** (FIN rendimiento de vida media; alude al cálculo del rendimiento de los bonos que se retiran en el transcurso de la vida de su emisión ◊ *The FNMA certificate sells for a premium over par at $100.5625 and yields about 6.90 % on a yield-to-average life basis of seven years*), **yield to call** (FIN rendimiento a la fecha de retiro; rendimiento obtenido por un bono u obligación si se mantiene hasta la fecha de retiro –*call date*–), **yield to/at maturity** (FIN/VEN rentabilidad al vencimiento; estimación del precio anual de mercado de un valor para transacciones en el mercado secundario –*over-the-counter*– hecha por un agente de Bolsa en el que está incluido el rendimiento total en su vencimiento ◊ *The BTr awarded Pts 3 billion worth of the*

10-year bonds at the auction, with a yield to maturity of 12.75 percent; V. *basis price, current yield; earnings yield; maturity yield; accumulation*), **yield to worst** (BON rendimiento en lo peor; rendimiento de un bono calculado según el porcentaje más bajo obtenido en la fecha de retiro –*call date*–)].

yo-yo stock *n*: VAL valor yo-yo; acción muy volátil que sube y baja como un yo-yo ◊ *We are in the age of the yo-yo stock market.*

Z

Z *n*: FIN/VAL quinta letra del código de valores del *NASDAQ* que especifica que se trata de una acción preferencial de clase quinta, un resguardo –*stub*–, un certificado que muestra una relación con una sociedad anónima, acciones preferentes extranjeras cuando se emitan o un bono de suscripción –*warrant*– de segunda clase.

zabara *n*: FIN transacción de títulos japoneses por subasta en la que se prioriza la orden de venta o compra de precio más bajo o alto y el momento en que se realiza.

Z bond *n*: BON bono Z; obligación a largo plazo de cupón cero con garantía hipotecaria –*accrual bond*–; V. *zero-coupon bond*.

zero *n*: GRAL cero, nada; V. *naught, nil, nothing*. [Exp: **zero-beta portfolio** (FIN cartera beta cero; se trata de una cartera diseñada para un riesgo sistemático cero –*zero systematic risk*–; V. *risk-free asset*), **zero coupon** (FIN cupón cero; cupón acumulado al vencimiento de la operación ◊ *Zero coupon bonds are often particularly appealing to conservative investors*), **zero-coupon bond/CD** (FIN/BON bono o certificado de depósito de cupón cero; bono sin cupón por lo que el principal y el interés se pagan al vencimiento; V. *pure-discount bond*), **zero-coupon security** (VAL título sin cupón; es decir, que no paga interés hasta su vencimiento –*expiration*–), **zero-coupon convertible security** (VAL acción convertible de cupón cero; se trata de un bono de cupón cero que se convierte en una acción ordinaria al alcanzar ésta un determinado precio y ejercerse su opción de venta –*put option*– intrínseca), **zero-investment portfolio** (FIN cartera de inversión cero; se refiere a una cartera con valor neto cero por la posición corta de los valores que la componen ◊ *The Q5-Q1 zero investment portfolio produced positive returns*), **zero-minus/plus tick** (FIN V. *last sale; tick, minus tick, plus tick*), **zero tick** (FIN «tick» cero; venta de un título a precio igual al de su cotización inmediatamente anterior ◊ *ETFs can be shorted on a downtick, unlike individual stock issues which need* *an uptick or a zero-tick*; V. *tick, plus tick, minus tick*)].

zombies *n*: FIN zombis; describe las empresas que continúan operando pese a haber sido declaradas insolventes o en quiebra ◊ *Those vulture traders will choose the most interesting ones in the South American supermarket of zombies companies.*

SPANISH-ENGLISH

abandonar *v*: GEN abandon; S. *dejar, olvidar, renunciar*. [Exp: **abandono** (GEN abandonment)].

abejas asesinas *n*: *col* GEN killer bees; usually investment bankers who devise strategies to help and defend companies in a hostile takeover.

abierto *a/n*: GEN open; S. *ampliable, claro, pendiente, público*. [Exp: **abierto según el parqué o mercado** (TRAD/MARK open depending on the floor)].

abonar *v*: FIN pay; S. *cancelar, liquidar, pagar, retribuir*. [Exp: **abono**¹ (FIN deposit, dep; S. *depósito, ingreso*), **abono², pago de intereses** (FIN interest payments), **abono**³ (FIN pay; S. *paga, sueldo*)].

abrazo *n*: GEN hug. [Exp: **abrazo del oso** (FIN/CORP bear hug; it happens when a company approaches the board of another company with an offer for their shares; the price per share offered for the target firm is usually too high for the board to refuse the offer), **abrazo del osito** (FIN/CORP teddy bear hug; when a company approaches the board of another company indicating that an offer is about to be made for their shares; the target company agrees but they want a higher price; S. *abrazo del oso*)].

absorber *v*: GEN absorb, takeover; S. *consolidar, incorporar*. [Exp: **absorbido** (STCK absorbed; it applies when securities have corresponding orders to buy and sell), **absorción de empresas** (FIN/CORP company takeover)].

acaparador *n*: FIN profiteer; S. *agiotista*.

acción *n*: STCK share, securitiy, common stock, equity; S. *títulos, valores, participación, renta variable*. [Exp: **acción a la par** (STCK full stock), **acción a precio variable** (STCK variable price security), **acción aceptada** (STCK assenting stock), **acción acumulativa** (STCK cumulative capital stock), **acciones amortizables** (STCK redeemable stocks/shares, callable shares/stocks), **acción aplazada** (STCK deferred equity/stock; a security with a dividend that will not be paid until after a specific date), **acciones autorizadas, libradas o emitidas** (STCK/TRAD authorized/issued

ACCIÓN

stock), **acción beneficiaria** (STCK jouissance share), **acción con derecho a voto** (FIN/STCK voting shares/stock; S. *acción preferente*), **acción con derechos aplazados o sin derecho a dividendos** (STCK restricted stock), **acciones con derecho de suscripción de acciones nuevas** (STCK cum new; S. *«ex-nueva», «ex-dividendo»*), **acción con derechos especiales** (STCK prior stock), **acción con garantía** (STCK qualifying share), **acción con prima** (STCK/OPT premium stock, share issued at a premium, option stock), **acción con segunda preferencia** (STCK second-preferred stock), **acción con un valor a la par de 25 dólares** (STCK quarter stock), **acción convertible o canjeable** (STCK convertible share/stock), **acción convertible de cupón cero** (STCK zero-coupon convertible security), **acción cotizada** (STCK active stock; S. *valor inactivo*), **acción con valor nominal** (STCK par value capital stock), **acción cotizada en los mercados internacionales** (STCK/TRAD international share), **acción cubierta, liberada** (STCK paid up shares/stock), **acción de capital** (STCK preference/preferential stock), **acciones de dividendo diferido** (STCK deferred shares/stocks), **acciones de la clase A y B** (STCK class A, class B shares/stocks; S. *acciones únicas, acciones con derecho a voto, acciones sin derecho a voto*), **acciones de la gerencia** (STCK management/closely held shares), **acciones del fundador [con derecho especial de voto]** (STCK founder's shares/stocks; promoter's shares/stock; S. *acciones en manos de la gerencia/dirección, acciones de dividendo diferido, acciones con derecho a voto*), **acciones de moda o muy solicitadas** (STCK fashion shares), **acción de oro** (STCK golden share; a share in a company, sometimes held by governments, that controls at least 51 % of the voting rights), **acción de precio bajo o poco valor** *col* (STCK penny stock), **acciones de propiedad simulada** (STCK dummy stocks), **acciones de sociedades de ahorro y crédito inmobiliario** (STCK savings and loan shares), **acciones de socio** (STCK membership shares; S. *valores contratables o a la venta*), **acciones de tesorería** (STCK treasury stocks), **acción de valor designado, sin valor nominal o sin valor a la par** (TRAD no par capital stock, no par stock, no-par value stock), **acciones diferidas** (STCK deferred shares), **acciones diluidas** (STCK watered shares; diluted stocks), **acciones en circulación** (STCK outstanding shares/stocks), **acciones en manos de la gerencia/dirección** (STCK management held shares/stock), **acciones en manos de los accionistas** (STCK outstanding shares), **acciones excedentes o sin cubrir** (STCK excess shares), **acciones favoritas** (STCK leading shares), **acciones flotantes** (STCK floating securities), **acción fraccionada** (STCK fractional share), **acción garantizada por activos** (STCK asset-backed security; S. *valor titulizado de fondos de hipotecas*), **acciones gratuitas** (STCK bonus shares/stocks; S. *ac-*

ción liberada; dividendo extraordinario; acción parcialmente liberada), **acciones infravaloradas por los inversores** (STCK neglected securities), **acción liberada** (STCK/DIV stock dividend, paid up/in share; S. *desdoble de acciones*), **acciones mancomunadas** (STCK pooled shares), **acción multidivisa** (STCK multi-currency stock), **acciones no cotizadas** (STCK unquoted shares, unlisted stock), **acciones no emitidas** (STCK unissued shares), **acción no liberada** (STCK non-paid share), **acciones no libradas o por emitir** (STCK unissued capital stock), **acciones no redimibles o privilegiadas** (STCK debenture stock), **acción nominativa** (STCK nominal share, personal stock; S. *portador, tenedor*), **acciones o valores ferroviarios** (STCK rails, railroad bond, railway shares/stocks, railways), **acciones ordinarias** (STCK ordinary shares; equities), **acciones ordinarias garantizadas** (STCK authorized common stock), **acción paralela** (STCK tracking stock; a stock issued by a parent company to track the performance of a particular subsidiary), **acción parcialmente liberada** (STCK part, partly-paid shares/stock), **acciones participantes preferentes** (STCK participating stock), **acciones por resultados o rendimiento** (STCK performance shares), **acciones preferentes o privilegiadas** (STCK preferred shares; preferred stock; S. *acciones sin derecho a voto, acciones con derecho a voto, acciones ordinarias; acciones preferentes de subasta, acción preferente perpetua y de tipo fijo*), **acción preferente acumulativa** (STCK cumulative auction market preferred stock, CAMPS, cumulative preferred stock), **acciones preferentes acumulativas rescatables** (STCK cumulative preferred redemption stock), **acciones preferentes amortizables** (STCK/MAT callable preferred stock), **acciones preferentes con dividendo vinculado a un índice** (STCK money market preferred stocks, MMPS), **acción preferente con ingreso mensual** (STCK monthly income preferred security, MIP), **acciones preferentes con participación** (STCK participating preferred stock; participating capital stock), **acciones preferentes con tipo de interés variable** (STCK adjustable rate preferred stock, ARPS), **acciones preferentes de dividendo variable** (STCK floating-rate preferred), **acciones preferentes de primera clase** (STCK first preferred stock), **acciones preferentes de subasta** (STCK auction market preferred stock, AMPS; S. *acción preferente o privilegiada*), **acción preferente no acumulativa** (STCK non-cumulative preferred stock/share; S. *acción preferente acumulativa*), **acción preferente con derechos especiales** (STCK prior-preferred stock), **acción preferente perpetua y de tipo fijo** (STCK fixed-rate perpetual preferred stock), **acción preferente rescatable** (FIN preferred equity redemption stock, PERC), **acción que puede negociarse en una cuenta de margen** (STCK margin security), **acción que genera divi-**

dendos (STCK/DIV dividend-paying share, carrying share), **acciones que suben y bajan con mucha rapidez** (STCK high flier/flyer), **acción recuperable** (STCK redeemable share), **acción retornable** (STCK puttable stock), **acciones sin comisión** (STCK no-load stock), **acción sin cupones** (STCK bare shell), **acciones sin derecho a voto** (STCK non-voting stock), **acción sin valor monetario** (STCK wallpaper), **acciones sin valor nominal** (STCK non-par value stock), **acción sucia** (STCK dirty stock; a stock that fails to fulfill prerequisites to attain good delivery status), **acciones sujetas a desembolsos futuros** (STCK assessable capital stock), **acciones totalmente desembolsadas** (STCK/TRAD fully paid/pay-out/up shares; S. *acciones parcialmente liberadas*), **acciones únicas** (STCK one-class stock), **acción vinculada** (STCK tied share), **accionariado** (STCK corporate stock), **accionista** (STCK shareholder, stockholder, equityholder, holder of shares; S. *tenedor de acciones*), **accionistas disidentes** (TRAD non-assenting shareholders; S. *accionista minoritario*), **accionista ficticio o testaferro** (FIN dummy stockholder; S. *testaferro*), **accionista fundador** (FIN founding shareholder), **accionista mayoritario** (CORP majority shareholder, controlling shareholder; S. *accionista minoritario*), **accionista minoritario** (STCK minor shareholder, small stockholder, minority shareholder), **accionista registrado** (STCK/FIN registered stockholder), **accionista registrado en los libros de la mercantil** (STCK stockholder/shareholder of record; S. *accionista registrado*)].

aceptar *v*: GEN accept, agree; endorse; assume; come to assume; S. *asumir; reconocer, admitir*. [Exp: **aceptar la oferta** (TRAD take the offer, hit the bid), **aceptar valores de una nueva emisión** (NEGO take down)].

acrecentamiento *n*: FIN accretion; increase; S. *acumulación, plusvalía*. [Exp: **acrecentar** (FIN accrue; S. *devengar*)].

acreedor *n*: GEN/FIN creditor, obligee. [Exp: **acreedor de una obligación** (FIN obligee; S. *obligante, acreedor*), **acreedor hipotecario** (FIN mortgagee), **acreedor preferente o privilegiado** (FIN preferred creditor)].

actividad *n*: GEN job; S. *empleo, puesto de trabajo, trabajo, tarea*. [Exp: **actividad comercial** (FIN/TRAD trade; S. *comercio, negocio, negociación, operación, transacción*), **actividad económica novedosa** (FIN venture; S. *operación empresarial con riesgo*), **actividad empresarial** (TRAD business; S. *operación, negocio, empresa*)].

activo[1] *a*: GEN active; S. *productivo*. [Exp: **activo-s**[2] (FIN asset-s), **activos circulantes** (FIN/STCK current assets, working capital), **activo con riesgo** (FIN risky asset), **activos de cartera** (FIN/STCK portfolio assets), **activo disponible** (FIN cash; S. *dinero efectivo*), **activo fijo o inmovilizado** (FIN fixed asset, tangible asset; S. *activos, valores intangibles*), **activos financieros** (FIN financial assets; S. *activos tangibles*), **activos financieros de primera calidad** (FIN grade assets),

activo flotante (FIN floating asset), **activo subyacente** (FIN/FUT underlying asset), **activo libre de riesgo** (FIN riskless or risk-free asset), **activo líquido, disponible o realizable** (FIN quick asset), **activo real** (FIN commodity; S. *artículo de consumo, género, mercancía, mercadería, producto genérico o básico*), **activos realizables** (FIN liquid assets), **activos tangibles** (FIN real assets; S. *activos financieros*), **activos tangibles netos por acción** (FIN net tangible assets per share), **activos, valores intangibles** (TRAD intangible assets; S. *activos tangibles*)].

acto *n*: GEN acto. [Exp: **actuación de común acuerdo** (FIN acting in concert)].

acuerdo *n*: GEN/TRAD arrangement; deal; bargain; S. *negociación, pacto, trato*. [Exp: **acuerdo ABC** (AG ABC agreement; a contract between an employee and a brokerage firm which explains the rights of the firm when it purchases an NYSE membership for that employee), **acuerdo del día siguiente** (TRAD next day settlement; it refers to a transaction in which the contract is settled the day after the trade is executed; S. *día de liquidación*), **acuerdo de compra** (NEGO acquisition/purchase agreement), **acuerdo de suscripción de una emisión** (UNDER underwriting agreement), **acuerdo de quiebra** (CORP cramdown down deal), **acuerdo de valor suelo** (TRAD equity floor; an agreement in which one party agrees to pay the other if a specific stock market benchmark falls below a predetermined level), **acuerdo general de préstamos y garantías** (FIN general loan and collateral agreement), **acuerdo de reserva** (FIN/UNDER standby agreement; commitment that the underwriter will purchase any stock not purchased by investors), **acuerdo del día anterior** (FIN skip-day settlement; settling a trade one business day beyond what is normal), **Acuerdo General sobre Aranceles y Comercio** (TRAD General Agreement on Tariffs and Trade, GATT)].

acumular *v*: FIN accumulate, accrue; S. *acrecentar, almacenar, reservar*. [Exp: **acumulación de vencimientos** (MAT bunching of maturities), **acumulación** (FIN accumulation, accrual), **acumulativo** (GEN/FIN cumulative; S. *adicional*)].

adecuar *v*: GEN adjust; S. *ajustar*.

adefesios *col n*: STCK big uglies; stocks which are out of favour.

adelanto *n*: GEN advance; S. *anticipo, aumento*.

adeudar *v*: FIN debit; S. *anotar en debe, cargar en cuenta, debitar*. [Exp: **adeudo** (FIN debt, debit; S. *cargo, débito, debe*)].

adicional *a*: GEN/FIN cumulative; S. *acumulativo*.

adjudicar *v*: GEN allot, award; S. *asignar, repartir*. [Exp: **adjudicación de acciones** (TRAD allotment of shares), **adjudicador** (TRAD adjudicator, allotter), **adjudicatario o suscriptor** (TRAD allottee)].

administración[1] *n*: GEN/FIN administration, custody; S. *custodia, garantía, salvaguardia*. [Exp: **administración**[2] (FIN management; S. *gestión, gerencia*), **administrar** (GEN/FIN administer, manage, regu-

late; S. *dirigir, gestionar*), **administrar una cartera de valores** (STCK administer a portfolio)].
admisible *a*: GEN eligible; S. *apto, con derecho*.
admisión *n*: GEN admission. [Exp: **admisión a cotización** (TRAD admission to quotation)].
adquisición *n*: GEN/FIN acquisition, purchase; S. *compra*. [Exp: **adquisición de activos** (FIN acquisition of assets), **adquisición de títulos y valores** (UNDER subscription; S. *suscripción*), **adquisición de valores [pagando sólo una parte de su valor]** (TRAD margin buying), **adquisición horizontal** (FIN/CORP horizontal acquisition; merger between two companies that produce similar goods or services), **adquisición vertical** (FIN vertical acquisition; buying or taking over a firm in which the acquired firm and the acquiring firm represent different steps in the production process)].
afiliar *v*: GEN affiliate; S. *asociar, inscribir*. [Exp: **afiliación o plaza de contratación en la Bolsa** (MARK membership or a seat on the exchange, member firm), **afiliado** (GEN member; S. *miembro, socio, integrante*)].
agencia *n*: AG agency, brokering house, house; S. *casa, correduría, sociedad de valores*. [Exp: **agencia afiliada [opera oficialmente en la Bolsa]** (AG member firm), **agencia calificadora** (AG rating agency), **agencia de Bolsa pequeña y especializada** (AG boutique; S. *supermercado financiero*), **agencia de calificación de riesgos** (AG/FIN credit reference agency), **agencia o sociedad de valores** (AG brokerage house; stock exchange brokers), **agencias especializadas en fusiones y adquisiciones de empresas** (CORP/FIN mergers and brokers), **Agencia Tributaria de los EE.UU.** (INST Internal Revenue Service, IRS)].
agente[1] *n*: GEN agent. [Exp: **agente**[2] (TRAD/AG operator, broker, dealer; S. *corredor de Bolsa, operador*), **agente a descuento** (AG share broker), **agente a la contra** (AG contra broker), **agente auxiliar de Bolsa** (AG floor broker, authorized clerk), **agente bursátil por cuenta propia** (AG floor dealer/trader), **agente o corredor de Bolsa** (AG securities broker), **agente de Bolsa** (AG broker-dealer, crowd), **agente de Bolsa a comisión** (AG commission broker; S. *agente de valores*), **agente de Bolsa no oficial** (AG street broker, street jobber), **agente de Bolsa dependiente de un corredor de Bolsa [o autorizado por el mismo]** (AG registered representative; customer's broker; S. *agente auxiliar de Bolsa, corredor de Bolsa*), **agente de Bolsa de servicios completos** (AG full-service broker), **agentes de bonos y obligaciones** (BOND/AG bond crowd), **agente de colocación múltiple** (AG multiple placing agency; S. *agente único*), **agente de grandes lotes de títulos** (AG/TRAD block positioner), **agente de grandes paquetes de títulos** (AG/TRAD block trader; S. *agente de grandes lotes de títulos, agente bursátil por cuenta propia, principal, sociedad de contrapartida*), **agente de transferencias** (AG/FIN

transfer agent), **agente de valores** (AG broker, dealer; S. *corredor*), **agente intermediario de sí mismo** (AG/MARK broker's broker; S. *operador*), **agente mediador o intermediario financiero** (AG/TRAD dealer, broker, trader, intermediary), **agente que paga intereses de demora en el pago de acciones compradas** (AG/TRAD giver; S. *comprador de una opción*), **agente que presta títulos a otros** (AG/TRAD giver on), **agente que toma prestados títulos de otros** (AG taker in), **agente único** (AG sole placing agency; S. *agente de colocación multiple*)].

agiotista *n*: TRAD jobber; gambler; profiteer, speculator; S. *acaparador, especulador, intermediario*. [Exp: **agiotaje** (TRAD jobbery, jobbing)].

agregación *n*: GEN addition; S. *anexión, suma*. [Exp: **agregado** (GEN aggregate; S. *íntegro, total*)].

agrupación *n*: GEN group; S. *consorcio, grupo, sociedad*. [Exp: **agrupamiento por lotes [de las operaciones bursátiles]** (FIN bunching)].

ahorro *n*: FIN savings.

airear *v*: GEN air; S. *divulgar, publicar*.

ajustar *v*: GEN adjust; S. *adecuar*. [Exp: **ajuste** (GEN adjustment; S. *corrección, modificación*), **ajuste al mercado** (TRAD mark to market), **ajuste contable** (FIN accounting adjustment), **ajuste de la paridad** (FIN crawling peg), **ajuste de precio** (TRAD break price), **ajuste negociador** (TRAD trading variation)].

alcista *n*: TRAD bull; S. *especulador de acciones*.

alerta de radar *n*: CORP radar alert; close monitoring to uncover unusual buying activity that might lead to a takeover attempt; S. *vigía*.

alto[1] *a*: GEN high; S. *elevado, superior*. [Exp: **alto**[2] (TRAD top; S. *máximo, superior, tope; pico*)].

alza *n*: FIN/TRAD rise, increase, upswing; advance; S. *incremento, subida*. [Exp: **alza artificial de precios** (FIN ballooning)].

amante del riesgo *n*: FIN risk lover.

amortización *n*: MAT amortization; S. *reembolso, vencimiento*. [Exp: **amortización acelerada** (BOND/MAT accelerated depreciation), **amortización de deuda** (BOND/MAT defeasance), **amortización antes del vencimiento** (FIN/MAT redemption before/prior maturity), **amortización de bonos u obligaciones** (BOND/MAT redemption of bonds), **amortización o dividendo pasivo** (FIN/MAT redemption or call), **amortización seriada** (BOND/MAT serial redemption), **amortizable** (OPT/MAT callable, redeemable; S. *exigible, rescatable*)].

ampliar *v*: GEN extend; S. *extender, prolongar, renovar*. [Exp: **ampliable** (GEN open; S. *abierto, claro, pendiente, público; mostrar interés*), **amplio** (GEN broad; S. *extenso, general*)].

análisis *n*: FIN analysis. [Exp: **análisis chartista, chartismo** (MARK chartism; S. *análisis técnico*), **análisis de comportamiento de Barra** (FIN BARRA's performance analysis, PERFAN), **análisis de la cartera de negocios** (FIN business portfolio analysis), **análisis de riesgo** (TRAD risk analysis), **análisis de valores** (STCK screen stocks),

análisis técnico (FIN technical analysis; a method of evaluating securities by analyzing statistics generated by market activity; S. *análisis chartista*), **analista** (GEN analyst), **analista financiero** (FIN financial analyst), **analista de ventas** (AG sell-side analyst), **analista que recomienda la inversión en oro**; **entusiasta del oro** *col* (FIN goldbug)].

anchura de mercado *n*: MARK breadth of the market.

ángel *n*: FIN angel; a financial backer providing venture capital funds for small startups or entrepreneurs; S. *caballero blanco*. [Exp: **ángel caído** *col* (FIN fallen angel; stock that has fallen significantly from its all time highs)].

anexo *n*: FIN schedule, annex; S. *calendario, periodificación, programa, relación*.

anómalo *n*: GEN abnormal, irregular.

anotar en debe *n*: FIN debit; S. *adeudar, cargar en cuenta, debitar*.

anticipado *a*: GEN early; S. *adelantado, prematuro*. [Exp: **anticipación del vencimiento** (MAT pre-maturing), **anticipar** (GEN accelerate), **anticipo** (GEN advance; anticipation; S. *aumento, adelanto*)].

anualidad *n*: GEN annuity. [Exp: **anualidad cruzada o protegida** (FIN wrap annuity), **anualidad incondicional** (FIN annuity certain), **anualidades variables** (FIN variable annuities)].

anular *v*: GEN cancel, invalidate; break up; revoke. [Exp: **anulación de órdenes** (TRAD broken up), **anular una orden de compra o venta** (TRAD cancel)].

año *n*: GEN/FIN year; S. *ejercicio*. [Exp: **año, por; anualmente** (FIN per annum, p.a.), **año civil** (GEN civil year), **año fiscal** (FIN taxable year), **año natural** (GEN calendar year)].

apalancamiento *n*: FIN leverage; gearing. [Exp: **apalancamiento financiero** (FIN financial leverage, leverage; gearing), **apalancamiento casero** (FIN/TRAD homemade leverage), **apalancamiento defensivo** (FIN/CORP/DIV leveraged recapitalization; S. *repelente de tiburones*)].

aparcamiento de valores *n*: STCK/TRAD parking; investing into safe stocks while deciding where else to invest.

apertura *n*: GEN opening; S. *comienzo, inicio*. [Exp: **apertura, a la** (TRAD at the opening order), **apertura amplia** (TRAD wide opening; a large price difference between the opening bid and ask prices), **apertura de cuenta** (FIN build a book), **apertura de la sesión** (TRAD come-out, the), **apertura de la sesión de Bolsa** (TRAD opening, the; S. *cierre de la sesión*), **apertura de los mercados** (MARK/TRAD market opening; S. *inicio de la sesión bursátil*), **apertura o cierre, en la** (TRAD at the bell; S. *orden de compra o de venta al cierre*), **apertura retrasada** (TRAD delayed opening; this happens when the opening of trading for a security is delayed temporarily due to an excess in buy and sell orders for it; S. *suspensión de las operaciones en un valor*)].

aplazar *v*: GEN defer, adjourn, postpone; S. *demorar, diferir, suspender*. [Exp: **aplazamiento de la liquidación de los valores de Bolsa a la siguiente quincena o**

Account day (TRAD continuation; S. *reporte, cuenta*)].

aplicar *v*: GEN allocate, dedicate; S. *consignar, destinar.*

apoderado *n*: GEN/LAW proxy holder; S. *comisionado, poderhabiente.*

apreciación *n*: FIN appraisal, appreciation; S. *consideración, plusvalía.*

aprobación *n*: GEN approval, confirmation; S. *confirmación, ratificación.*

aprovechar *v*: GEN take advantage of; capitalize on. [Exp: **aprovechar el momento para comprar o vender valores** (TRAD jump on/off stocks and shares), **aprovechar los rendimientos** (FIN yield advantage)].

apto *a*: GEN eligible; S. *admisible, con derecho.*

arbitraje TRAD arbitrage, arbitraging. [Exp: **arbitraje entre el precio al contado y el precio a plazo** (FIN covered interest arbitrage), **arbitraje especulativo** (FIN/TRAD risk arbitrage), **arbitraje sin riesgo** (FIN riskless arbitrage), **arbitrajista** (TRAD arbitrageur; S. *arbitraje especulativo*)].

arriesgado *n*: GEN aggressive.

arruinarse *col n*: FIN go broke, go bust.

artículo[1] *n*: GEN/LAW provision; S. *estipulación, disposición, precepto.* [Exp: **artículo**[2] **[de consumo]** (FIN commodity; S. *activo real, género, mercadería, mercancía, producto genérico o básico*)].

asalariado *n*: GEN employee; S. *empleado, trabajador.*

asamblea *n*: GEN/FIN meeting, assembly, general meeting; S. *comité, consejo.* [Exp: **asamblea anual** (FIN annual general meeting), **asamblea de accionistas** (FIN sharehoder's meeting), **asamblea plenaria** (FIN plenary meeting)].

asegurar *v*: GEN/ FIN/UNDER assure, insure; underwrite; S. *garantizar, garantizar la colocación de acciones, reasegurar, suscribir acciones.* [Exp: **aseguramiento y colocación de emisiones de valores** (TRAD securities underwriting and distribution)].

asesor *n*: FIN adviser; S. *consejero.* [Exp: **asesor de inversiones registrado** (AG registered investment adviser), **asesor financiero** (FIN financial adviser), **asesoramiento** (FIN counsel, advise), **asesoría** (FIN consultancy)].

asiento, posición [miembro de un mercado o una comisión de valores] *n*: FIN/TRAD/MARK seat. [Exp: **asiento de inscripción** (FIN registration)].

asignación *n*: FIN assignment; allocation, allotment; S. *adjudicación, concesión.* [Exp: **asignación táctica de activos** (FIN Tactical Asset Allocation, TAA)].

asimilación *n*: TRAD assimilation; S. *absorbido.*

asociación *n*: GEN/INST association. [Exp: **Asociación Federal Nacional Hipotecaria, Fannie Mae** (INST Federal National Mortgage Association, Fannie Mae; a publicly traded company that guarantees mortgage money for present and potential homeowners in the United States), **Asociación Internacional de Agentes Intermediarios de Permutas Financieras o** *swaps* (INST International Swap Dealers Association, ISDA), **Asociación Internacional de Mercados de**

Opciones y de Cámaras de Compensación (INST International Association of Options Exchanges and Clearing Houses, IAOECH), **Asociación Nacional de Futuros de los EE.UU.** (INST National Futures Association, NFA), **Asociación Nacional de Operadores en Valores o Bolsa de los Estados Unidos** (INST National Association of Securities Dealers, NASD), **asociado** (GEN partner; joint; S. *socio, partícipe; colectivo, conjunto; copartícipe*)].

asumir *v*: GEN assume, assumption; S. *apropiar, arrogar*.

atonía *a*: GEN slackness, sluggishness, lethargy; S. *abulia, dejadez*. [Exp: **atonía general** (MARK/TRAD general slackness), **atonía de la demanda** (TRAD weak demand), **atonía de los mercados** (MARK weak market)].

ataque *n*: MARK raid; S. *absorción de empresas, caballero blanco, caballero negro, órdago, tiburón*. [Exp: **ataque sorpresa o furtivo** (TRAD sneak attack)].

atrás, atrasado *a/adv/n*: GEN back; S. *vencido*.

atributo *n*: GEN quality; S. *calidad, cualidad*.

autocartera *n*: TRAD/STCK treasury stock, buying-in shares.

autorización *n*: GEN authorization, licence, permit, permission, warrant; S. *licencia, permiso, poder*. [Exp: **autorizado** GEN authorized, registered, official; S. *público; oficial*)].

auditar *v*: FIN audit.

aumento *n*: GEN advance; S. *anticipo, adelanto*. [Exp: **aumento brusco** (GEN jump; S. *salto*), **aumentar** (GEN grow; S. *crecer, desarrollar-se*)].

autocartera *n*: TRAD/STCK treasury stock, buying-in shares.

autorización *n*: GEN authorization, licence, permit, permission, warrant; S. *licencia, permiso, poder*. [Exp: **autorización o cualificación, sin** (TRAD not a name with us; it applies to over-the-counter trading meaning we are not dealing with a registered market maker in the security), **autorizado** (GEN authorized, registered, official; S. *público; oficial*)].

avalar *v*: GEN endorse, guarantee; S. *endosar, garantizar, ratificar, respaldar*. [Exp: **aval** (FIN guarantee; S. *caución, fianza, garantía*), **aval bancario** (FIN bank guarantee), **avalista**[1] (FIN guarantor; backer; S. *fiador, garante*), **avalista**[2] (FIN/UNDER sponsor; S. *patrocinador*)].

aversión al riesgo *n*: FIN risk averse; an investor who when faced with two investments with a similar expected return, but different risks, will prefer the one with the lower risk.

avisado *n*: TRAD tippee; a trader who knows relevant information which may be used in making buy or sell decisions but which is not available to the general public.

aviso *n*: GEN notice; S. *citación, convocatoria, emplazamiento, notificación formal, preaviso*. [Exp: **aviso de entrega de futuros** (FUT delivery notice; S. *día de aviso de entrega del bien o activo subyacente*), **aviso de vencimiento** (FIN due notice)].

ayuda *n*: GEN aid, help. [Exp: **ayuda estatal** (FIN grant-in-aid)].

B

baja, bajada *n*: GEN/TRAD drop, fall; S. *caída, descenso*. [Exp: **baja, a la** (TRAD downtick), **baja en las cotizaciones** (TRAD downturn in share prices), **bajada de precio** (TRAD dip, correction, break), **bajada de precio de un valor debido a ofertas a la baja en el mercado** (TRAD get hit; S. *en posición*), **bajada técnica** (FIN technical drop; S. *subida técnica*), **bajar** (GEN/FIN sink; S. *hundir-se, caer bruscamente*), **bajar de categoría, calificación o valoración** (FIN demote, downgrade)].

bajista *n*: TRAD bear; short; S. *alcista; al descubierto, corto; vender en corto/descubierto; largo; contrato de futuros*. [Exp: **bajista cubierto** (FIN covered bear), **bajistas o especuladores del dólar** (TRAD dollar bears)].

bajo, debajo *prep/adv*: GEN below; down, low. [Exp: **bajo par** (TRAD/STCK below par; S. *par*)].

bancarrota *n*: FIN bankruptcy; S. *quiebra*.

banco *n*: FIN bank. [Exp: **banco agente** (FIN agency bank), **Banco Central Europeo** (INST European Central Bank, ECB), **banco central o emisor** (INST central bank), **banco comercial, de depósitos o de crédito** (INST/FIN commercial bank, retail bank, deposit bank, joint-stock bank and full-service bank), **banco custodiador de títulos** (INST custodian bank), **banco de descuento** (INST/FIN discount bank/house), **banco de finanzas** (INST/FIN merchant bank; S. *banco de inversión*), **banco de inversión** (INST investment bank; issuing bank/house; S. *banco de finanzas; suscriptor de emisiones*), **banco custodio de los títulos de un fondo de inversión** (FIN/INST mutual fund custodian), **banco emisor** (INST issuing bank), **banco especializado en la suscripción de valores del Estado** (TRAD dealer bank, broker-dealers), **banco fiduciario** (INST trust company), **banco suscriptor** (UNDER underwriter bank), **bancario** (FIN finantial; S. *financiero, monetario*)].

barandillero *n*: TRAD sideline trader.

baremo *n*: GEN scale; S. *escala, tarifa*.

base *n*: GEN basis. [Exp: **base imponible** (FIN tax, taxable base)].

básico *a*: GEN basic; primary; S. *elemental, primario; estándar, fundamental.*

bella durmiente *col n*: CORP/FIN sleeping beauty; a potential company for takeover but which has not been approached by a acquirer; S. *absorción de empresas, tiburón.*

beneficios *n*: FIN earnings, profit, return, revenue; S. *ingresos, ganancias, rentas, rédito, rentabilidad, reembolso, recuperación, rendimiento, resultado.* [Exp: **beneficios acumulados** (FIN accumulated profits), **beneficios brutos** (FIN gross profit, gross return), **beneficios, con** (FIN profit, at a), **beneficio, en su propio** (TRAD going ahead; an illegal trade carried by a broker-dealer in his personal interest prior to filling the orders of his or her clients), **beneficios o rendimientos por acción** (TRAD/VAL earnings per share), **beneficios por contratación de valores** (TRAD trading profit), **beneficiario** (FIN payee; S. *perceptor, tenedor*)].

bien-es *n*: GEN good-s; S. *géneros, mercancías, mercaderías, productos.* [Exp: **bienes consumibles** (FIN consumable goods), **bienes de capital** (FIN capital assets/goods), **bienes intangibles** (FIN intangible assets/goods), **bienes materiales** (FIN physical/visible assets/goods)].

billete *n*: FIN note, bill. [Exp: **billete de banco** (FIN bank note; bill; S. *bono de caja, letra del Tesoro*)].

blanqueo *n*: FIN laundering. [Exp: **blanqueo de activos** (FIN laundering of assets), **blanqueo de capitales** (FIN money laundering)].

bloque *n*: GEN block. [Exp: **bloque de acciones** (TRAD/STCK batch, block, lots, parcel, tranche S. *paquete, porción, lote*)].

boleta-o *n*: TRAD floor ticket, ticket; dealing slip; S. *impreso de operaciones bursátiles*; a written statement detailing an order instruction to a broker. [Exp: **boleta-o de órdenes** (TRAD order ticket; spike)].

boletín *n*: GEN list; newsletter; report; S. *informe, memoria.* [Exp: **boletín de cotizaciones** (TRAD quotation list), **boletín de la Bolsa** (FIN/MARK Stock Exchange Daily Official List, Daily Official List), **boletín de noticias del mercado** (MARK/TRAD market letter)].

Bolsa *n*: INST Stock Exchange; stock market; Bourse; S. *lonja, mercado.* [Exp: **Bolsa de Chicago** (INST Merc, the), **Bolsa de Comercio de Nueva York** (INST Big Board), **Bolsa de instrumentos financieros de Nueva York** (INST Finantial Instrument Exchange, FINEX), **Bolsa de Londres** (INST London Stock Exchange, LSE), **Bolsa de Madrid** (INST Madrid Stock Exchange), **Bolsa de Nueva York** (INST New York Stock Exchange, NYSE; Big Board, The Exchange), **Bolsa de París** (INST Paris Bourse), **Bolsa de valores** (INST/MARK stock exchange), **Bolsa electrónica de Nueva York** (INST/MARK NASDAQ stock market), **Bolsa londinense complementaria del** *SEAQ* (INST Stock Exchange Alternative Trading System, SEATS), **Bolsas, Lonjas de Valores y Materias Primas** (INST Securities and Commodities Exchanges), **Bolsa, mercado de opciones** (FIN/TRAD options exchange, market), **Bolsa Mercantil de Nueva York** (INST New York Mercantile Exchange, NYMEX), **Bolsa oficial** (TRAD/MARK official market), **Bolsa Secundaria de Nueva York** (INST New York Curb Exchange; American Stock Exchange, AMEX), **bolsín o mercado extrabursátil** (MARK curb market), **bolsista, jugador de Bolsa** (TRAD exchange man; stock jobber)].

bonificación *n*: FIN discount; rebate; S. *descuento, rebaja; devolución.*

bono *n*: BOND bond; bill. [Exp: **bono a corto plazo** (BOND/MAT short-term bond), **bono a interés fijo** (BOND straight-debt bond), **bono a tipo fijo** (BOND fixing-rate bond), **bonos aceptados** (BOND assented bonds), **bono a largo plazo** (BOND accrual bond), **bono a medio plazo** (BOND medium-term bond), **bono a plazo fijo** (BOND fixed-term bond), **bonos u obligaciones al portador** (DEB/BOND bearer bond, coupon bond, non-registered bonds), **bono a su valor nominal** (BOND par bond), **bono insolvente o amargo** (BOND sour bond; a bond issue that has defaulted on interest or principal payments and therefore has a poor credit rating), **bono amortizable a plazos** (BOND instalment bond), **bono anticipado de caja** (BOND Bond Anticipation Note, BAN), **bono ascendente** (BOND step-up bond; S. *bono de interés diferido*), **bono asimétrico a interés variable** (BOND mismatch bond), **bono basura** (BOND junk bond), **bono cielo-infierno** *col* (BOND heaven and hell bond; a variety of dual currency bond with principal redemption linked directly to the change in the spot exchange rate from issuance to maturity), **bono clásico, simple u ordinario** (BOND straight bond), **bono colchón o amortiguador** (BOND cushion bonds; high-coupon bonds that sell at a price only slightly above par because of a call provision permitting the issuer to repurchase the security near its current price), **bono con beneficios generados por tasas** (BOND toll revenue bond), **bono con cupón entero** (BOND full coupon bond), **bono con cupón estable** (BOND level-coupon bond), **bono con derecho de suscripción incorporado** (BOND warrant bond), **bono con doble garantía** (BOND double-barreled bond), **bono con fianza** (BOND bailout bond), **bonos con garantía** (BOND; collateral bond), **bono con garantía hipotecaria** (BOND mortgage bond; S. *bonos con garantía prendaria*), **bono con garantía hipotecaria controlada** (BOND controlled amortization bond, CAB; S. *bono de amortización planificada*), **bonos con garantía prendaria** (BOND collateral trust bonds; S. *bono con garantía hipotecaria; cédula hipotecaria o pagaré de empresa subordinado*), **bono u obligación con garantía preferente** (BOND prior-lien bond), **bono con interés aplazado** (BOND deferred interest bond), **bono con interés fijo** (BOND fixed bond; S. *bono de interés variable*), **bonos con objetivo de amortización** (BOND Targeted Amortization Class, TAC bonds; S. *bono de amortización planificada*),

bono con obligación (BOND obligation bond), **bono con opción de amortización anticipada** (BOND/OPT accelerated note), **bono u obligación con opción de cambio de divisa** (BOND/DEB multiple currency option bond), **bono con opción de conversión en otro instrumento de deuda** (BOND flip-flop), **bono con opción de recompra** (BON/MAT callable bond, put bond; S. *privilegio de redención*), **bono con opción de reventa o retorno** (BOND puttable bond; S. *bono con opción de recompra; privilegio de redención*), **bono con pago en especie** (BOND payment in kind bond), **bono con pago opcional** (BOND optional payment bond), **bono con prima; obligaciones del Estado con prima** (BOND/DEB premium bond), **bono con prima por rescate anticipado** (BOND pickup bond), **bono con tipo de interés escalonado** (BOND stepped-rate bond), **bono, pagaré con tipo de interés variable y techo máximo** (BOND capped floating rate note; S. *cupón; contrato de cobertura suelo-techo*), **bonos, obligaciones con vencimiento a corto plazo** (BOND short bonds), **bono con vencimiento aplazado** (BOND/MAT continued bond), **bono con vencimiento fijo** (BOND/MAT term bonds, dated bond; S. *bono, obligación de vencimiento escalonado*), **bono con vencimiento final o único** (BOND bullet bond), **bono de caja** (FIN bill; bank commercial paper; S. *letra del Tesoro, billete de banco*), **bonos convertibles en acciones ordinarias** (BOND convertible bonds), **bono convertible con opción de recompra, reventa y de cupón cero** (BOND liquid yield option note, LYON), **bonos convertibles con opción de reventa a la entidad emisora** (BOND convertible puttable bonds; S. *con opción de reventa*), **bonos de ahorro indiciados con la inflación, bonos I** (BOND I-bonds), **bono de alto rendimiento** (BOND high-yield bond; S. *bono basura; bono de primera calidad*), **bono de amortización planificada** (BOND/MAT PAC Bond), **bono de bajo rendimiento** (BOND low-yield bond), **bono de categoría inferior; B o inferior** (BOND low grade), **bono de consolidación** (BOND funding bond), **bono de cupón desdoblado** (BOND split coupon bond), **bono de demanda de renta variable** (BOND variable rated demand bond, VRDB), **bono de descuento** (BOND discount bond), **bono de descuento puro** (BOND pure-discount bond; S. *bono de cupón cero, bono de pago único*), **bonos de empresa** (BOND corporate bonds; S. *títulos no aptos para inversión bancaria*), **bono de entrega** (BOND delivery bond), **bono de finalidad pública** (BOND public purpose bond), **bono de gran amortización** (BOND super sinker bond), **bono de gran liquidez** (BOND active bond), **bono de hipoteca consolidada** (BOND consolidated mortgage bond), **bono, certificado de depósito de cupón cero** (BOND zero-coupon bond/CD), **bono de ingreso** (BOND income bond/debenture), **bonos de interés diferido** (BOND deferred bonds), **bono de interés variable** (BOND floating rate note), **bono de interés variable inverso** (BOND inverse floating rate note; S. *bono con interés fijo; bono de interés variable*), **bono de opción** (BOND stock option bond), **bono de pago único** (BOND/MAT single-payment bond), **bono de primera calidad** (BOND investment grade bonds; angel; S. *calificación de solvencia de un bono, bono de elevado rendimiento*), **bono de primera clase** (BOND high-grade bond; S. *valores de toda garantía*), **bono de restructuración** (BOND reorganization bond), **bono de reorganización** (BOND adjustment bond), **bono de suscripción de títulos nuevos según índice** (BOND index warrant), **bono de tipo especulativo** (BOND speculative grade bond), **bonos del Estado** (BOND/DEB government bond/debt; S. *deuda pública*), **bono del Estado deducible** (BOND Tax Anticipation Bills/bonds, Tabs), **bonos del Gobierno de los EE.UU. [de vencimiento superior a los diez años]** (BOND U.S. Treasury bond, T-bond; S. *obligación con cupón*), **bono, obligación de vencimiento escalonado** (BOND/MAT serial bonds; S. *bono con vencimiento fijo*), **bonos del Tesoro** (BOND T-bonds, HH bond; S. *bonos del Estado*), **bono del Tesoro con tasa de recompra más elevada** (BOND cheapest to deliver issue; S. *tasa de recompra implícita; opción de calidad*), **bono desdoblado** (BOND stripped bond), **bonos, obligaciones emitidas mediante oferta pública** (BOND publicy issued bonds), **bono emitido por un organismo o empresa estatal** (BOND authority bond), **bonos en cartera** (BOND holdings of bonds), **bono en circulación** (BOND outstanding bond), **bono en moneda subordinada** (BOND currency-linked bond), **bonos en porciones mínimas de mil dólares** (BOND piece), **bono exento de impuestos** (BOND tax-exempt bond), **bonos exentos de tributación triple** (BOND triple tax-exempt), **bono extranjero** (BOND foreign bond; S. *bono matador*), **bono garantizado con impuestos** (BOND assessment bond), **bono garantizado por otra sociedad** (BOND assumed bond; S. *bono respaldado*), **bono hipotecario de primera clase** (BOND first mortgage bond), **bono hipotecario o con garantía** (BOND secured bond), **bono hipotecario o inmobiliario** (BOND real [estate] bond), **bono impagado en mora** (BOND defaulted bond), **bonos, obligaciones indiciadas** (BOND index-linked savings bonds/certificates), **bono indiciado** (BOND indexed bond), **bono indiciado a la Bolsa** (BOND bull-bear bond), **bono industrial** (BOND industrial revenue bond, IRB), **bonos largos, a largo plazo** (BOND/MAT long bonds), **bono mancomunado** (BOND joint bond), **bono matador** (BOND matador bond; bond issued in the Spanish markets), **bono menguante** (BOND step down bond), **bonos municipales o del Estado** (BOND municipal bond), **bonos municipales gravables** (BOND taxable municipal bond), **bono, obligación no transferible** (BOND non-marketable bond), **bono o acción no amortizable** (BOND/STCK/MAT non-callable), **bono o acción nominativa** (STCK/BOND registered bond/share), **bono o deuda perpetua** (BOND annuity bond, irredeemable/perpetual bond), **bono, obligación o cédula del Tesoro de cupón cero** (BOND/STCK CATS, Certificate of Accrual on Treasury Securities), **bono oro** (BOND gold bond), **bonos, obligaciones renovables** (BOND/DEB extendible bonds/notes), **bono, obligación sin seguro** (BOND/DEB naked bond), **bonos o valores del Estado** (BOND/STCK gilt-edged securities/stock, gilts), **bono pagadero a la vista** (BOND callable bond payable), **bono participativo** (BOND participating bond), **bono perpetuo o sin vencimiento** (BOND perpetual bond), **bono poco activo** (BOND cabinet security), **bonos populares sin título** (BOND citizen bonds), **bono post mortem** (BOND post-obit bond; bond given by an expectant heir or legatee, payable on or after the death of the person from whom the obligor has expectations), **bono, obligación rescatable o amortizable** (BOND/MAT redeemable bond), **bono respaldado** (BOND endorsed bond), **bono samurai [emitido en yenes]** (BOND Samurai bond; S. *bono matador*), **bono seriado** (BOND series bond), **bonos simples** (BOND non-convertible funds), **bono sin intereses** (BOND passive bond), **bono subordinado** (BOND subordinated/junior bond), **bono titulizado del Tesoro** (BOND Treasury Income Growth Receipt, TIGR, TIGER), **bonos, títulos a interés fijo** (STCK/BOND fixed- interest bearing bonds/securities), **bonos, títulos garantizados en el pago** (BOND/STCK pay-through securities; S. *opción con devolución de prima si no se ejerce; valor titulizado de fondos de hipotecas*), **bono variable o flotante** (BOND floater), **bono vinculado a una mercadería** (BOND commodity-backed bond), **bono Z** (BOND Z bond; a bond whose interest instead of being paid is added to the principal balance of the Z bond; S. *bono de cupón cero*), **bonista** (BOND/TRAD holder of bonds)].

bote *n*: FIN pot; the portion of stock or bond issue that is returned to the managing underwriter.

brecha de rendimiento *n*: FIN yield gap.

bruto *a*: GEN gross; S. *íntegro*.

burbuja especulativa *n*: FIN bubble.

búsqueda de mercado *n*: MARK seek a market.

C

caballero *n*: GEN knight. [Exp: **caballero blanco** *col* (FIN/CORP white knight; it is applied to a company that makes a friendly takeover offer to a target company which is being threatened by a hostile takeover from a third party), **caballero gris** *col* (FIN/CORP gre/ay knight; a second bidder in a company takeover attempt who hopes to benefit from any hostilities that may exist between the first bidder and the corporation), **caballero negro** *col* (FIN/CORP black knight; an investor or company that makes a takeover offer considered hostile to the existing management of the target company; S. *caballero blanco, caballero gris, tiburón, especulador de órdagos*)].

caballito, a *col phr*: FIN piggybacking; a broker who trades in a personal account following a trade just made for a customer and assuming his customer had a valuable inside information; S. *a cuestas*.

caducidad *n*: GEN/MAT expiration, maturity; age; S. *vencimiento, expiración*.

caer *v*: GEN drop; S. *declinar, descender*. [Exp: **caer bruscamente** (GEN/FIN sink; S. *bajar, hundir-se*; *caída, caída en picado de precios o cotizaciones, caída repentina y continuada del precio de las acciones*), **caída** (GEN/TRAD fall, drop; S. *descenso, bajada*), **caída brusca** (MARK plunge; S. *desplome, hundimiento*), **caída de los precios** (TRAD come in; S. *bajada de precio de un valor debido a ofertas a la baja en el mercado*), **caída en la contratación de valores** (TRAD downturn), **caída en picado de precios o cotizaciones** (TRAD nosedive; S. *caer, caída*), **caída o abaratamiento de los precios** (TRAD fall in price), **caída repentina y continuada del precio de las acciones** (TRAD slump; S. *caer, caída*)].

calado, profundidad del mercado *n* MARK depth of the market.

calcular *v*: GEN/FIN fix, adjust; price; S. *fijar, valorar*. [Exp: **calcular el rendimiento de un mercado de futuros monetario** (FIN/FUT figuring the tail)].

calendario *n*: GEN/FIN schedule, timing; S. *anexo, periodificación, pro-*

CALIDAD

grama, relación. [Exp: **calendario de vencimientos** (MAT maturity structure)].
calidad *n*: GEN quality; S. *atributo, cualidad*.
calificar *v*: FIN rate; S. *evaluar, cotizar, fijar precio, tasar*. [Exp: **calificación** (FIN rating), **calificación, sin** (FIN not rated, NR; it happens when a recognized rating service has not rated a particular security), **calificación de riesgo** (TRAD risk rating), **calificación de solvencia de un bono** (BOND bond rating; S. *bono de primera calidad*), **calificación de valores** (STCK stock rating), **calificación en desacuerdo** (FIN split rating)].
calle *n*: GEN/FIN street; it refers to the Wall Street financial participants; brokers, dealers, underwriters, etc.
cámara *n*: INST chamber; clearing institution. [Exp: **cámara de compensación de contratos de futuros** (INST clearing house), **cámara de compensación de valores bursátiles** (INST stock exchange clearing house), **Cámara Internacional de Compensación del Mercado de Productos y de Futuros** (INST International Commodities Clearing House, ICCH), **Cámara Sindical de Agentes de Cambios** (INST Stock Exchange Commitee)].
cambio *n*: GEN exchange; tendency; S. *intercambio, trueque*. [Exp: **cambio a la par** (TRAD par exchange rate), **cambio al cierre del mercado** (TRAD closing rate), **cambio, al último** (TRAD at the close order), **cambio de tendencia del mercado** (MARK back-up), **cambio o precio de mercado** (TRAD market price), **cambio de tendencia en Bolsa** (FIN turn, turnaround; S. *rotación*)].
cancelar *v*: GEN/FIN clear; pay; S. *cerrar, compensar, liquidar; abonar, pagar, retribuir*. [Exp: **cancelar la posición** (TRAD clear a position), **cancelación** (FIN liquidation; S. *disolución, liquidación*), **cancelación anticipada de un bono con rendimiento** (BOND/MAT extraordinary call)].
canje *n*: FIN conversion; S. *conversión, reconversión*. [Exp: **canje de valores** (STOCK securities exchange; redemption of stocks)].
capacidad *n*: GEN capability, capacity, ability, competence, power; S. *alcance, cabida, espacio*. [Exp: **capacidad de mantener una posición** (FIN staying power), **capacidad de reacción de los mercados** (MARK reaction capability), **capacitación** (GEN qualification, training; S. *preparación*)].
capción *n*: OPT caption; a put or call option with maximum capitalization.
capital *n*: FIN capital, principal; S. *bienes, patrimonio, recursos propios*. [Exp: **capital accionarial emitido** (TRAD/STCK issued share capital; S. *acciones en manos de los accionistas*), **capital circulante** (FIN working capital), **capital emitido o en cartera** (TRAD/UNDER issued capital stock; S. *acciones no libradas o por emitir; capital subscrito*), **capital desembolado** (TRAD/UNDER called-up share capital; paid in/up capital; S. *carta de asignación*), **capital en acciones** (FIN/STCK equity capital; contributed capital; share capital; capi-

tal stock; S. *capital en acciones; capital fundacional, capital social*), **capital especulativo** (FIN hot money; refugee money), **capital fundacional** (FIN paid in capital; S. *capital en acciones*), **capital inicial o seminal** (FIN seed money; S. *estadio intermedio de una empresa [a punto de entrar en Bolsa]*), **capital inscrito** (FIN registered capital), **capital mobiliario** (FIN investment in securities), **capital nominal o societario** (FIN stock capital), **capital riesgo** (FIN risk/venture capital; an investment in a new business), **capital social o comercial** (FIN capital shares/stock), **capital subscrito** (UNDER subscribed capital; S. *capital emitido o en cartera*), **capital suscrito o emitido en acciones** (FIN/STCK outstanding share capital), **capital vinculado** (FIN dedicated capital)].

capitalización *n*: FIN capitalization, cap. [Exp: **capitalización bursátil** (TRAD market capitalization), **capitalización pequeña** (FIN small cap; applies to company stocks with a relatively small market capitalization; that is between $300 million to $2 billion in market cap), **capitalización total de mercado** (FIN total market capitalization)].

captación de «stops» u órdenes límite *phr*: TRAD gather in the stops.

carencia *n*: GEN deficiency; S. *déficit, deficiencia*.

cargar *v*: FIN charge; S. *cobrar*. [Exp: **cargar en cuenta** (FIN debit; S. *adeudar, anotar en debe, debitar*)].

cargas *n*: FIN load; S. *deudas, gravámenes, impuestos, tasas*; cuota de entrada a un fondo de inversión o unit trust, recargo por amortización anticipada. [Exp: **carga fiscal elevada** (FIN fiscal drag)].

cargo *n*: FIN debit; S. *adeudo, débito, debe*. [Exp: **cargo por amortización anticipada** (FIN back-end load), **cargo por venta** (FIN sales charge)].

caro *n*: GEN expensive, dear; S. *costoso, oneroso, valioso*.

carrera, a la *n*: TRAD on the run; it refers to the most recently issued government bond in a particular maturity range.

carta *n*: GEN letter. [Exp: **carta de comunicación** (FIN/TRAD transmittal letter; a letter which describes the contents and purpose of a security transaction), **carta o aviso de inversión** (FIN investment letter; a private contract between a buyer and seller in which the buyer states that the security is being purchased as an investment and not for resale), **carta de asignación** (FIN allotment letter), **carta de crédito** (FIN letter of credit, LOC), **carta de garantía** (FIN guarantee letter; a letter from a bank to a brokerage firm which confirms that a customer owns the underlying stock and the bank will guarantee delivery if the call is assigned), **carta de ratificación** (FIN comfort letter), **carta o nota de compromiso** (FIN letter stock; the SEC requires a letter from the purchaser stating that the stock he is buying is not intended for resale), **carta o notificación de adjudicación de acciones** (TRAD letter of allotment), **carta o notificación de solicitud**

[de acudir a una suscripción o compra de valores] (TRAD letter of application), **carta o notificación de denegación** [de la solicitud de acciones] (FIN/TRAD letter of regret), **carta del accionista** (FIN shareholders' letter; a section of an annual report containing information about general overall discussion by management of successful and failed strategies)].

cártel *n*: INST/FIN trust; S. *consorcio, grupo industrial*.

cartera *n*: FIN/STCK/TRAD portfolio. [Exp: **cartera asegurada; seguro de cartera** (FIN/STCK portfolio internal rate of return), **cartera, valores en cartera** (STCK holdings), **cartera apalancada** (STCK leveraged portfolio), **cartera beta cero** (STCK zero-beta portfolio; a portfolio constructed to have zero systematic risk; S. *activo libre de riesgo*), **cartera bien diversificada** (STCK well-diversified portfolio), **cartera completa** (STCK complete portfolio), **cartera corriente** (TRAD/STCK normal portfolio), **cartera de acciones o títulos; paquete accionarial** (FIN/STCK security/stock holding; S. *lote de acciones, paquete, paquete de acciones*), **cartera de activos y valores** (STCK assets portfolio), **cartera de diez valores escogidos** (TRAD select ten portfolio), **cartera de inversión cero** (FIN zero-investment portfolio), **cartera de inversiones** (STCK investment portfolio), **cartera de títulos** (STCK investment securities/shares/stock), **cartera de valores finalista** (STCK dedicating a portfolio), **cartera defensiva** (GEN defensive portfolio), **cartera doble** (STCK duplicative portfolio), **cartera duplicada** (STCK replicating portfolio), **cartera eficiente** (TRAD efficient portfolio), **cartera eficiente de varianza de la media** (FIN mean-variance efficient portfolio), **cartera pasiva** (TRAD passive portfolio; portfolio related to a market index), **cartera protegida** (FIN hedged portfolio), **cartera sesgada** (FIN tilted portfolio; a portfolio centered on a particular industry sector, selected performance factors or economic factors), **cartera teórica de mercado** (MARK/TRAD market portfolio), **cartera viable** (STCK feasible portfolio)].

casa *n*: AG house; S. *agencia, correduría, valores*. [Exp: **casa de descuento** (AG discount broker/house), **casa emisora; banco de emisión de valores** (TRAD issuing house; S. *banco de finanzas; banco de inversión*) **casa matriz o central** (CORP parent company, head office)].

catálogo *n*: GEN catalogue, list; S. *listado, relación, lista; boletín*.

caución *n*: GEN/FIN guarantee, pledge; S. *aval, fianza, garantía, pignoración, promesa*. [Exp: **caución de licitación** (TRAD bid bond)].

caza *n*: MARK/CORP raiding; individual or corporate investor's attempt to take control of a company by buying a controlling interest; S. *manipulación a la baja*. [Exp: **caza de dividendos** (DIV dividend capture, dividend stripping; S. *con dividendo, cupón cero, desdoble, «ex div», lavado de cupón o bono, sin dividendo*)].

cazador de gangas *col n*: TRAD bargain hunter.

ceder *v*: FIN/TRAD give; transfer; S. *dar, ofrecer; traspasar, transferir*.

cédula¹ *n*: GEN/FIN licence, scrip, certificate, warrant; S. *ficha, papeleta, título*. [Exp: **cédula**² (FIN/DEB/BOND debenture, bond), **cédula de suscripción** (UNDER subscription warrant), **cédula hipotecaria, pagaré de empresa subordinado** (BOND subordinated debenture bond; S. *bono con garantía hipotecaria, bonos con garantía prendaria*), **cédula hipotecaria, obligación o bono con garantía de activos** (DEB/BOND secured debenture; S. *obligación/cédula hipotecaria; obligación o bono sin garantía prendaria*)].

ceñido *a*: GEN/FIN tight; S. *apretado, estrecho, restringido*.

cerrar *v*: GEN clear; close; S. *cancelar, cerrar, compensar*. [Exp: **cerrar el libro** (FIN shut out the book, size out the book; exclude a public bid or offer from participation in a print), **cerrar una opción** (TRAD/OPT lifting a leg, take off a leg; closing one side of a straddle option position while leaving the other side open; S. *cobertura, cobertura a horcajadas, componente*), **cerrar una posición** (TRAD close a position; S. *cobertura; cerrar una posición abierta*), **cerrar una posición abierta** (TRAD close out; S. *posición abierta, posición compensada; venta corta o en descubierto*)].

certificado *n*: GEN certificate, warrant; acknowledgement; S. *resguardo, título, vale*. [Exp: **certificado, título de acciones** (FIN/STCK stock certificate), **certificado de cambio de propiedad de acciones o valores** (STCK certificate of transfer), **certificado de depósito** (FIN certificate of deposit, CD), **certificados de depósito a interés variable** (FIN variable rate Cds), **certificado de depósito a la baja** (FIN bear CD; S. *bull CD*), **certificado de depósito al alza** (STCK bull CD), **certificado de depósito con interés variable** (STCK floating note certificate of deposit), **certificado de depósito con vencimiento fijo** (FIN term certificate), **certificado de depósito en oro** (FIN gold certificate), **certificado de depósito negociado** (FIN negotiated certificate of deposit), **certificado de opción** (STCK warrant), **certificado de participación en un fondo de inversión** (FUND participation certificate; S. *certificado de participación en una sociedad de inversión*), **certificado, título, justificante de opción de compra o venta de acciones a precio fijo** (FIN option warrant), **certificado de opción para adquirir acciones** (FIN/STCK share purchase warrant), **certificado de participación en una sociedad de inversión** (FIN trust certificate), **certificado de transferencia de acciones al portador** (STCK share transfer), **certificado provisional** (FIN detachable warrant), **certificados de depósito cerrados** (FIN lock-up Cds), **certificar** (FIN register; S. *inscribirse, registrarse*)].

cesión *n*: FIN cession; abandonment; grant; transfer, transmission; S. *traspaso; transferencia*. [Exp: **cesión de cartera** (FIN/STCK portfolio transfer), **cesionario** (FIN grantee,

CESTA

transferee), **cesionista** (FIN grantor, transferor)].
cesta *n*: FIN/GRAL basket, stock basket. [Exp: **cesta de divisas** (FIN currency basket, currency cocktail), **cesta de fondos** (FUND fund family), **cesta de valores** (STCK stock basket)].
chartista, analista de inversiones bursátiles *n*: MARK chartist.
cheque *n*: GEN check; S. *talón*.
chicharros *col n*: STCK cheap stock; cats and dogs.
chiringuito financiero *col n*: AG bucket shop.
ciclo *n*: GEN/FIN cycle. [Exp: **ciclo de mercado** (TRAD market cycle; the period between the two latest highs or lows of the S&P 500), **ciclo para el ejercicio de la opción** (OPT option cycle; the cycle of option expiration months; these are: January, April, July, and October (JAJO); February, May, August, and November (FMAN); and March, June, September, and December (MJSD)].
cierre *n*: GEN/FIN close, closing; S. *conclusión, término*. [Exp: **cierre de la sesión** (TRAD the close), **cierre de la sesión bursátil** (TRAD finish)].
cifra *n*: GEN/FIN figure; S. *guarismo, número; precio, suma*.
cinta *n*: FIN tape; a service that reports prices and volumes of transactions on major exchanges-ticker tapes; S. *información conjunta de las cotizaciones [de la Bolsa de Nueva York, la American Stock Exchange o The Curb, Bolsa secundaria de Nueva York, y otras Bolsas regionales]*. [Exp: **cinta de cotizaciones** (TRAD ticker tape)].

circulación[1] *n*: GEN circulation. [Exp: **circulación**[2] FIN movement, trade, traffic), **circulación, en** (TRAD outstanding; stocks held by shareholders)].
citación *n*: GEN notice; S. *aviso, convocatoria, emplazamiento, notificación formal, preaviso*.
clase *n*: STCK class; S. *lote*. [Exp: **clase de títulos con amortizatión planificada** (STCK/MAT plan amortization class, PAC; S. *bono con garantía hipotecaria controlada; bonos con objetivo de amortización*)].
clasificación *n*: GEN/FIN rating; classification. [Exp: **clasificación o valoración financiera** (FIN finantial rating)].
cláusula *n*: GEN/FIN clause, provision; covenant; S. *estipulación, requisito*. [Exp: **cláusula bono** (BOND bond covenant), **cláusula de arbitraje** (FIN arbitration clause), **cláusula de conversión de las acciones de una sociedad en las de otra** (FIN flip-flop provision), **cláusula de garantía negativa** (FIN negative pledge clause), **cláusula de protección** (FIN protective covenant), **cláusula de salida del mercado** (TRAD market out clause), **cláusula de salvaguardia** (TRAD hedge clause), **cláusula provisoria de amortización anticipada** (FIN/MAT provisional call feature)].
cliente *n*: GEN/FIN customer.
clímax vendedor *n*: TRAD selling climax.
cobertura *n*: GEN/FIN cover; hedge; S. *protección, recompra de valores vendidos en corto*. [Exp: **cobertura a corto plazo** (FIN short cover-

ing), **cobertura a horcajadas** (OPT straddle; purchase or sale of an equal number of puts and calls with identical conditions at the same time; S. *compra y venta simultánea de opciones o futuros de un mismo activo, cóndor, cono o «straddle» corto o vendido, estrangulamiento, posición larga de mariposa, riesgo compensado largo, «straddle» superior*), **cobertura anticipada** (FIN anticipatory hedge), **cobertura artificial** (FIN artificial hedge), **cobertura china** (TRAD Chinese hedge; a trading hedge where one is short the convertible and long the underlying common hoping that the convertible's premium will fall), **cobertura completa concentrada** (FIN/MAT stacked hedge; a large position in an existing futures contract is partly rolled over into a later contract month; S. *cobertura de riesgo completa en contratos de futuros, cobertura completa escalonada*), **cobertura completa escalonada** (FUT stripped hedge; S. *cobertura completa concentrada, cobertura de riesgo completa en contratos de futuros, cobertura completa sucesiva*), **cobertura completa sucesiva** (FIN rolling hedge), **cobertura corta** (FIN short hedge; S. *cobertura larga*), **cobertura con posición larga** (TRAD buying hedge; S. *cobertura larga*), **cobertura cruzada o recíproca** (FIN cross hedge; S. *cobertura ponderada*), **cobertura de riesgo completa en contratos de futuros** (FIN one-off hedge), **cobertura larga** (TRAD long hedge; S. *cobertura con posición larga; cobertura corta*), **cobertura perfecta** (FIN perfect hedge; a hedge where the change in the value of the future contracts is identical to the change in the value of the other asset or liability), **cobertura ponderada** (FIN weighted hedge; S. *cobertura cruzada o recíproca*), **cobertura suplementaria adicional** (FIN remargining), **cobertura teórica** (FIN theoretical hedge)].

cobrar *v*: FIN charge; receive; S. *recibir, percibir*.

cocina *n*: AG boiler room; a room where salespeople call long lists of prospective investors and try to sell them speculative or fraudulent securities.

código normalizado de prácticas comerciales *n*: FIN uniform practice code; a U.S National Association of Securities Dealers regulation which supervises the execution, settling, and clearing of over-the-counter transactions.

coeficiente *n*: FIN ratio; index factor; rate; S. *índice; tasa, cotización, precio, tarifa, honorarios*. [Exp: **coeficiente alfa** (FIN alpha; measure of risk-adjusted performance; an alpha is usually generated by regressing the security or mutual fund's excess return on the S&P 500 excess return; S. *coeficiente de regresión beta, teoría del análisis de carteras de valores*), **coeficiente coste-beneficio** (FIN cost-benefit ratio, profitability index), **coeficiente de amortización** (FIN depreciation/amortization rate), **coeficiente de beneficios** (FIN payout ratio), **coeficiente de cobertura** (FIN hedge ratio), **coeficiente de cobertura de obligaciones por ac-**

tivos (FIN asset coverage), **coeficiente de premio al riesgo** (FIN risk-reward ratio), **coeficiente de regresión beta** (FIN beta; S. *teoría del análisis de carteras de valores*), **coeficiente de rendimiento** (FIN yield ratio), **coeficiente de valor de mercado o de circulación** (FIN market-book ratio), **coeficiente de ventas en corto por afiliados** (FIN/TRAD member short sale ratio), **coeficiente gamma** (FIN gamma; the ratio of a change in the option delta to a small change in the price of the asset on which the option is written), **coeficiente según el índice S&P** (FIN S&P's Rating)].
cola[1] *n*: FIN tail; the difference between the average price in Treasury auctions and the stopout price. [Exp: **cola**[2] (TRAD runoff; series of trades printed on the ticker tape but which are not reported until later due to heavy trading)].
colaterización *n*: FIN collaterization.
colectivo *a*: GEN joint, collective; S. *conjunto; asociado, copartícipe*.
colgado, pillado *col n*: TRAD hung up; lame duck; describes the position undertaken by an investor whose stocks or bonds have dropped in value below their purchase price.
colocación *n*: TRAD placement; investment. [Exp: **colocación directa** (TRAD/UNDER direct placement), **colocación garantizada de acciones** (TRAD assured placement), **colocación de valores a comisión** (AG/TRAD broker's placement), **colocación institucional de una emisión nueva de valores** (TRAD placement, placing of shares), **colocación privada inicial** (TRAD initial private placement), **colocación privada de valores** (TRAD private placement; S. *colocación directa, colocación institucional de una emisión nueva de valores, salida a Bolsa*), **colocador de acciones** *col* (AG/TRAD stock jockey), **colocador de acciones dudosas** (AG/STCK share pusher), **colocador de emisiones** (TRAD/AG issue manager; S. *suscriptor de emisiones*), **colocar** (TRAD place; float; S. *comercialización de nuevas acciones, poner*), **colocar una emisión** (TRAD place an issue)].
comanditario *n*: FIN/TRAD special/silent partner. [Exp: **comandita** (CORP limited/silent partnership)].
combinación *n*: GEN mix; S. *mezcla*. [Exp: **combinar** (GEN mix; S. *mezclar*)].
comercialización de nuevas acciones *n*: TRAD place; float; S. *colocar, poner*.
comercio *n*: FIN/TRAD trade, bargain, exchange; S. *actividad comercial, transacción; negocio, negociación*. [Exp: **comerciar** *v*: TRAD deal, barter, exchange; S. *operar, negociar*)].
comisión *n*: FIN/INST charge, fee, comission; S. *coste, precio; honorarios, porcentaje*. [Exp: **comisión asesora** (FIN advisory board), **comisión de adquisición** (FIN take-up fee), **comisión de compromiso o mantenimiento** (FIN commitment fee), **comisión de corretaje** (TRAD brokerage fee), **comisión de cotización** (TRAD listing fee), **comisión de gestión** (TRAD arrangement fee), **comisión de mantenimiento** (FIN maintenance

fee), **comisión de suscripción** (UNDER underwriting fee), **comisión de valores** (STOCK securities commission), **comisión de venta [en una emisión de bonos o fondos de inversión]** (FIN reallowance), **comisión del corredor por operaciones de compra a plazo** (TRAD carrying charge), **comisión del SEC** (FIN SEC fee), **comisión dividida** (FIN split commission), **comisión fija** (FIN flat charge/commision/fee), **Comisión Nacional del Mercado de Valores, CNMV, de los EE.UU.** (INST The Securities and Exchange Commission, SEC), **comisión por gestión de agencia** (AG agency basis), **comisión por operación** (TRAD transaction fee), **comisión por reserva** (FIN/UNDER standby fee), **comisión por venta** (FIN selling concession), **comisionista** (TRAD commission agent, broker), **comisionista autorizado del mercado de futuros** (FUT futures commission merchant)].

companía *n*: CORP firm, corporation, society; S. *empresa, sociedad mercantil*. [Exp: **compañía de seguros con accionariado** (CORP stock insurance company; subordinated debt), **compañía fiduciaria** (SOC trust company/corporation), **compañía matriz** (SOC parent company)].

compensar *v*: GEN clear; S. *cerrar, liquidar*. [Exp: **compensación de títulos, valores** (STCK securities clearing), **compensación por un rendimiento con riesgo** (FIN risk-return trade-off)].

componente *n*: GEN/FIN component; part, leg; S. *lado*. [Exp: **componente corto en la posición de riesgo compensado** (FIN short leg), **componente largo en la posición de riesgo compensado** (FIN long leg)].

compra *n*: GEN buy, purchase; S. *adquisición*. [Exp: **compra a plazo** (TRAD buying forward; S. *compra al contado; contrato de futuros*), **compra a término** (TRAD forward purchase), **compra abierta** (TRAD opening purchase), **compra al alza** (TRAD buy for the rise), **compra agresiva** (TRAD strong buy), **compra al cierre** (TRAD buy on close; closing purchase), **compra al contado** (TRAD buying spot; S. *compra a plazo; contrato de futuros*), **compra al descubierto** (TRAD bull purchase; S. *venta corta o en descubierto*), **compra al/sobre margen** (TRAD buying on margin; S. *operación marginal*), **compra a la apertura** (TRAD buy on opening), **compra apalancada** (FIN leveraged buyout, LBO), **compra apalancada con pago de acciones** (TRAD leveraged cash-out, LCO), **compra apresurada alcista** (TRAD bull run), **compra aventajada** (TRAD running ahead; an illegal practice of trading where a broker places an order in his personal account before placing it for the same security for a customer), **compra compensatoria de futuros** (FUT offsetting purchase), **compra cruzada de títulos del mercado a crédito** (TRAD cross-margining; S. *adquisición de valores [pagando sólo una parte de su valor]*), **compra de títulos a crédito [pagando sólo una parte de su importe]** (TRAD margining; S. *compra cruzada de títulos del mercado a crédi-*

to; adquisición de valores pagando sólo una parte de su valor), **compra de valores para cubrir ventas al descubierto** (TRAD bear closing), **compra en descubierto** (OPT uncovered call), **compra o venta en firme** (TRAD firm purchase/sale), **compra en largo** (TRAD long purchase), **compra larga** (TRAD buy), **compra o negociación fuera del parqué** (TRAD ex-pit transaction), **compra para entrega en el acto** (FIN spot; S. *a plazo*), **compra por encima del valor** (TRAD trade on top of), **compra por los beneficios potenciales** (TRAD buy earnings), **compra y venta** (TRAD purchase and sale; a firm purchases securities from the issuer for its own account at a stated price in order to resell them; S. *especulación rápida en Bolsa, especulación en Bolsa de compra y venta rápida de valores*), **compra y venta simultánea de opciones o futuros de un mismo activo** (FIN spread; S. *cobertura a horcajadas*), **comprador** (FIN buyer), **comprador con límite** (TRAD marginal buyer; S. *vendedor con límite máximo de precio*), **comprador o vendedor copartícipe** (NEGO participating buyer/seller), **comprador de una opción** (TRAD giver; S. *agente que paga intereses por demora en el pago de acciones compradas*), **comprador, por cuenta y riesgo del** (TRAD caveat emptor), **comprar y vender al flujo de lo que hagan los expertos financieros** (TRAD go along), **compras mínimas en fondos de inversión** (TRAD minimum purchases), **comprar** (FIN buy, purchase; S. *adquirir*),

comprar un «spread» o diferencial (TRAD buy a spread; S. *sell a spread*), **compraventa de valores** (TRAD trading; S. *contratación; operaciones en Bolsa*)].

comprobar *v*: GEN check; S. *probar, revisar, verificar*. [Exp: **comprobante** (FIN slip, voucher, warrant)].

comprometer *v*: FIN/LAW commit, oblige, obligate; contract; S. *aceptar, empeñar; contratar, pactar*. [Exp: **compromiso** (GEN obligation; S. *obligación, deber*), **compromiso de reserva** (FIN standby commitment; an agreement by which an investment firm purchases the part of a stock issue which has not been subscribed to in the standby period), **compromiso de suscripción o colocación de una nueva emisión** (UNDER underwriting commitment), **compromiso firme de suscripción** (UNDER firm commitment underwriting; it happens when an investment bank commits to buy and sell an entire issue of stock or keep the unsold shares)].

comunicación de ejercicio de una opción *phr*: TRAD/OPT assignment.

conceder *v*: GEN grant; S. *subsidiar, subvencionar*. [Exp: **concesión** (GEN grant, privilege; S. *donación, privilegio, subsidio, subvención*), **concesionario** (FIN licensee, dealership)].

condición *n*: GEN condition; state; S. *cualidad, estado*. [Exp: **condiciones técnicas del mercado** (FIN technical condition of a market)].

cóndor *n*: FIN/OPT condor; option strategy implying both puts and calls at different strike prices to capitalize on a narrow range of volatility, this results in a diagram with the shape of a bird; S. *cóndor largo o comprado/corto; cobertura a horcajadas, componente, posición larga de mariposa*. [Exp: **cóndor corto o vendido** (OPT short condor; S. *cóndor, cóndor largo o comprado; cobertura a horcajadas, componente, posición larga de mariposa*), **cóndor largo o comprado** (OPT long condor; S. *cóndor, cóndor corto*)].

conjunto *a*: GEN joint; S. *colectivo; asociado, copartícipe*. [Exp: **conjunto de comisiones [acumuladas por un intermediario financiero en un determinado periodo de tiempo]** (FIN gross per broker)].

cono, «straddle» corto o vendido *n*: OPT/MAT short straddle; a straddle where one put and one call are sold; S. *cobertura a horcajadas, estrangulamiento*.

consejero *n*: FIN director; S. *miembro del consejo de administración*. [Exp: **consejo** (FIN board), **consejo de administración** (CORP board; board of directors)].

consolidar *v*: GEN consolidate; absorb; S. *absorber, incorporar, globalizar, refundir*. [Exp: **consolidar, sin** (FIN unconsolidated)].

consolidar *v*: GEN consolidate; absorb; S. *absorber, incorporar, globalizar, refundir*.

consorcio *n*: FIN/CORP consortium; pool; group, trust, syndicate; S. *agrupación, cártel, grupo de empresas; fondo, reserva*. [Exp: **consorcio bancario** (CORP bank syndicate; S. *corporación, sindicato o consorcio de garantía*), **consorcio de agencias de valores o bancos de negocios** (FIN distributing syndicate)].

contado *a*: FIN cash, spot. [Exp: **contado contra futuros** (FUT against actuals), **contado más convertible** (FIN cash plus convertible; it applies to a convertible bond that requires cash payment upon conversion)].

contagio *n*: FIN cotagion; it refers to the excessive correlation of equity or bond returns.

contra *prep*: GEN against. [Exp: **contrabono** (BOND back bond)].

contratación *n*: TRAD trading, dealing; S. *compraventa de valores; operaciones en Bolsa*. [Exp: **contratación bursátil** (TRAD exchange business), **contratación bursátil informatizada** (TRAD computer trading), **contratación bursátil por pantalla** (TRAD screen trading), **contratación de posicionistas de un solo día** (TRAD daylight trading; S. *operador de posiciones, posicionista de un solo día en varios corros*), **contratación de valores en grandes cantidades** (TRAD block stock), **contratación de valores no oficial** (TRAD street dealing), **contratación en Bolsa con información privilegiada** (TRAD insider trading; S. *delito de iniciado*), **contratación ficticia** (TRAD mock trading), **contratación o compraventa de acciones** (TRAD share dealings), **contratación programada** (TRAD program trade), **contratar** (FIN/LAW trade, contract; S. *comerciar, negociar, operar; comprometerse, pactar*), **contrato** (FIN/LAW contract; S. *convenio, garantía, pacto; escritura*), **contrato a plazo con un tipo de interés acordado** (FIN forward/future rate agreement,

FRA), **contrato a plazo en divisas** (FIN foreign currency forward contract), **contrato a plazo o «forward»** (TRAD forward contract), **contrato a plazo o «forward» participativo** (FIN participating forward contract), **contrato blindado** col (TRAD golden parachute, tin parachute), **contrato con futuro subyacente** (FUT underlying futures contract), **contrato de asociación** (FIN partnership contract), **contrato de cobertura suelo-techo** (FIN collar; collared floating rate note; S. *bono o pagaré con tipo de interés variable y techo máximo, precio mínimo, techo de una opción*), **contrato de corretaje** (AG/MARK broker note), **contrato de fideicomiso** (FIN trust deed), **contrato de futuros** (FUT futures contract; S. *contrato de futuros a largo plazo*), **contrato de futuros a largo plazo** (TRAD back contract; S. *contrato de futuros*), **contrato de futuros con vencimiento más próximo** (FUT nearby futures contract), **contrato de futuros en divisas** (FUT currency future; foreign currency futures contract), **contrato de futuros sobre índices bursátiles** (FUT Stock Index Futures; S. *contrato de futuros, contrato de futuros en divisas, estrategia de cobertura, futuros financieros, pago y entrega inmediata*), **contrato de futuros sobre mercaderías** (FUT commodity futures contract), **contrato de futuros sobre tipos de interés** (FUT interest-rate futures contract), **contrato de inversión bancaria** (FIN bank investment contract, BIC), **contrato diferido** (FIN deferred cap].

contravalor *n*: GEN collateral; S. *seguridad, garantía.*
contribución *n*: FIN tax; S. *impuesto, gravamen, tasa.*
control *n*: FIN control; S. *fiscalización, intervención.* [Exp: **controlador** (FIN controller), **controlar** (FIN control; S. *fiscalizar, intervenir*)].
convenio *n*: FIN/LAW arrangement, contract, promise; S. *pacto, contrato, escritura.*
conversión *n*: FIN conversion; S. *canje, reconversión, vuelta.* [Exp: **conversión a la par** (FIN conversion at par), **conversión de deuda en valores respaldados por una garantía** (FIN debt-for-collateralised securities conversion), **conversión inversa** (FIN reverse conversion; interest-earning strategy carried out by brokerage firms who sell the stocks they hold for their customers short and invest the proceeds in money market accounts)].
convocatoria *n*: GEN notice [of meeting]; S. *aviso, citación, emplazamiento, notificación formal, preaviso.*
cooperativa *n*: GEN cooperative; union. [Exp: **cooperativa de crédito** (INST credit union)].
copartícipe *a*: GEN joint; S. *asociado, colectivo, conjunto.*
corporación *a*: GEN company, corporation, guild, syndicate; S. *empresa, sociedad.* [Exp: **corporación de síndicos** (FIN/INST syndicate; S. *consorcio, consorcio bancario, grupo de empresas, sindicato o consorcio de garantía*), **corporativo** (CORP corporate; S. *empresarial, incorporado, societario*)].
correa *n*: FIN/OPT strap; an options strategy where you are long in one

put and two call options having all the same strike price.

corrección *n*: GEN/FIN adjustment, correction; reaction; S. *ajuste, bajada de precio, modificación, subida técnica*. [Exp: **correcto** (GEN fair; good; S. *bueno, equitativo, justo, razonable, válido*)].

corredor *n*: AG agent, broker, dealer; S. *agente de valores*. [Exp: **corredor, sociedad, casa de valores** (AG securities dealer/firm/house), **corredor o agente financiero** (AG financial broker), **corredor de cambio y Bolsa** (FIN/AG stockbroker, operator; S. *agente, agente de Bolsa dependiente de un corredor de Bolsa o autorizado por el mismo, operador*), **corredor de comercio** (AG account executive; S. *agente de Bolsa*), **corredor de obligaciones** (DEB bill broker; S. *intermediario de efectos de descuento*), **corredor de opciones** (TRAD/OPT privilege broker), **corredor de pico** (TRAD/AG odd lot dealer), **corredor de valores** (TRAD/AG investment broker), **corredor especializado en los mercados de materias primas** (AG commodity broker), **corredor institucional** (AG institutional broker; a broker who trades securities for institutional investors such as banks, mutual funds, etc.), **corredor por cuenta propia** (AG independent broker), **correduría de Bolsa** (AG stockbroking, stockbrokerage, stockbroker's firm), **corretaje** (AG/MARK brokerage)].

corriente *a/n*: GEN/FIN current, circulating, general; standard; ordinary; S. *actual, común, estándar, medida, normal, normalizado, ordinario, patrón, presente, vigente*.

corro *n*: FIN/TRAD pit, ring. [Exp: **corros de contratación** (MARK rings), **corro de operaciones financieras** (TRAD pit; S. *patio, sala*)].

corto *a*: GEN/FIN short; S. *bajista, contrato de futuros, descubierto, largo, vender en corto o descubierto*.

cortafuegos *n*: FIN firewall; a legal barrier established within a financial institution to prevent the exchange of inside information in banking and broker/dealer operations.

costar *v*: FIN cost; S. *calcular, presupuestar, valer*. [Exp: **coste-s** (FIN charge, cost; S. *comisión, gastos, importe, precio*), **coste de adquisición** (AG acquisition cost; the sales charge to pay to invest in a specific mutual fund), **coste de oportunidad** (FIN opportunity costs; the difference in return between a chosen investment and one that is not considered), **costes de transacción** (TRAD transaction costs; trading costs; S. *costes de transacción de ida y vuelta*), **costes de transacción de ida y vuelta** (FIN round-trip transaction costs), **coste medio de acciones y valores** (TRAD average cost), **coste medio de capital ponderado** (FIN weighted average cost of capital; the required rate of return a company must pay to raise long-term capital), **coste total** (FIN all-in cost), **costes de agencia** (AG agency costs)].

cotización *n*: FIN/TRAD offer; quotation, price, trade, trading; rate; S. *coeficiente, índice, tasa; honorarios, tarifa, precio; oferta, postura, posición*. [Exp: **cotización de ac-**

ciones (TRAD quotation of stocks), **cotización de apertura** (TRAD opening price), **cotización decimal** (TRAD decimal trading), **cotización electrónica** (TRAD broad tape; S. *cinta de cotizaciones*), **cotización futura** (TRAD forward quotation), **cotización nueva** (TRAD new listing), **cotización «swap»** (FIN swap rate), **cotizar** (FIN/TRAD quote; stand; rate; S. *calificar, evaluar, fijar precio, tasar*), **cotizar en Bolsa** (FIN/TRAD listed in the Exchange), **cotizar por debajo de su valor nominal** (FIN/TRAD stand at a discount)].

«crack» bursátil *n*: FIN crash; S. *desplome de la Bolsa*.

creación de posición *n*: TRAD position building; building up a long position by buying shares or creating a short position by selling them.

crear *v*: GEN create; make; S. *hacer, producir*. [Exp: **crear mercado** (TRAD/MARK make a market), **creador de mercados** (MARK/TRAD market maker; S. *sociedad de contrapartida*)].

crecer *v*: GEN grow; accrue; S. *aumentar, desarrollar-se*. [Exp: **crecimiento** (GEN accrual; S. *incremento*)].

crédito *n*: FIN credit, standing; S. *posición, préstamo, reputación, solvencia*. [Exp: **crédito bursátil flotante** (FIN floating security investment credit), **crédito prendario** (FIN pledged credit)].

crisis *n*: FIN crisis. [Exp: **crisis crediticia** (FIN credit crunch)].

cuaderno o suplemento rosa *n*: TRAD pink sheets; daily publication that reports the bid and ask prices of thousands of unlisted stocks, as well as the market makers who trade them.

cuadro *n*: GEN chart; S. *esquema, tabla*.

cuando se emita *phr*: TRAD when issued, WI; it refers to a transaction made conditionally, because the security, although authorized, has not yet been issued.

cuarto *n*: GEN quarter, qrt; S. *trimestre; moneda de 25 centavos*.

cuenta *n*: AG account. [Exp: **cuenta, a** (TRAD binder, on account), **cuenta activa** (AG active account), **cuenta bursátil discrecional** (TRAD discretionary account), **cuenta combinada** (FIN omnibus account; an account carried by one futures trader with another futures trader in which the transactions are combined and carried in the name of the originating broker), **cuenta de acrecentamiento** (BOND accretion account), **cuenta de corretaje** (TRAD general account), **cuenta de custodia** (TRAD custody account), **cuenta de explotación** (TRAD operating account), **cuenta de futuros con rentabilidad mínima garantizada** (FUT guaranteed futures account), **cuenta de la agencia** (AG/TRAD house account), **cuenta de margen** (FIN margin account), **cuenta de margen restringida** (FIN restricted account), **cuenta de opciones** (OPT option account), **cuenta de resultados** (FIN profit and loss account), **cuenta de transacciones en efectivo** (FIN cash account), **cuenta de una sociedad de valores** (AG asset management account), **cuenta de valores** (STCK securities account; S.

margen; diferencial), **cuenta de venta a la baja** (TRAD bear account), **cuenta especial de arbitraje** (FIN special arbitrage account), **cuenta mixta con valores de posición larga y corta** (FIN/STCK mixed account), **cuenta sin margen** (FIN unmargined account)].

cuestas, a *col phr*: FIN piggybacking; S. *a caballito*.

cuestionario *n*: GEN form; S. *formulario, modelo*.

cultura del pelotazo *col n*: FIN get-rich-quick attitude.

cúmulo de valores *n*: STCK universe of securities; a group of stocks which have a common feature.

cuota *n*: FIN instalment; S. *plazo; entrega*. [Exp: **cuota de entrada a un fondo de inversión o *unit trust*** (FUND initial charge, up-front fees, front-end load; S. *gastos por amortización o rescate anticipado de la inversión colocada en un fondo, gastos por rescate anticipado, recargo por amortización anticipada*)].

cupón *n*: FIN coupon, dividend warrant, voucher; S. *justificante, resguardo, talón*. [Exp: **cupón al cobro** (FIN current coupon, payable coupon; S. *cupón vencido*), **cupón cero** (FIN zero coupon), **cupón corto** (FIN short coupon), **cupón de dividendo** (DIV dividend coupon), **cupón largo** (FIN long coupon), **cupón pendiente de pago** (FIN overdue coupon), **cupón vencido** (TRAD due coupon, payable coupon, matured coupon)].

cursar una orden de compra *phr*: TRAD put in an indent.

curva *n*: FIN curve. [Exp: **curva de rendimiento** (FIN yield curve), **curva de rendimientos invertidos** (FIN inverted yield curve; negative yield curve), **curvatura** (FIN steepness)].

custodia *n*: GEN/FIN custody; escrow; hold; S. *salvaguardia, garantía, administración; garantía bloqueada, plica, posesión*. [Exp: **custodia, en** (FIN safekeep), **custodia hasta el vencimiento** (MAT Escrowed To Maturity, ETM), **custodia o administración de valores** (FIN custody of stock/bonds)].

D

datar *v*: GEN date; S. *fechar*.
debe *n*: FIN debit; S. *adeudo, cargo, débito*. [Exp: **debido** (FIN due; S. *vencido*), **debitar** (FIN debit; S. *adeudar, anotar en debe, cargar en cuenta*), **débito** (FIN debit; S. *adeudo, cargo, debe*), **deber** (GEN owe; obligation; S. *compromiso, obligación*)].
declaración *n*: GEN declaration. [Exp: **declaración de dividendo** (DIV dividend announcement), **declaración de intenciones sobre el ejercicio de una opción** (OPT declaration of options), **declarar si se piensa ejercer o no los derechos de una opción** (OPT declare an option)].
décuplo *n*: STCK tenbagger; a stock that grows in value ten times.
deducción *n*: FIN deduction. [Exp: **deducción por cobro de dividendos** (DIV dividends-received deduction)].
defensa de las joyas de la corona *col n*: FIN crown jewel defense; a company's management agrees to sell the company's most valuable assets to another company in an effort to avoid a hostile takeover by a third party, making the company less attractive to the takeover party; S. *política de tierra quemada*.
deficiencia *n*: GEN deficiency; S. *carencia, déficit*. [Exp: **déficit** (FIN/GEN deficiency; S. *carencia, deficiencia*)].
delito de iniciado *n*: TRAD insider trading; S. *contratación en Bolsa con información privilegiada*.
demanda *n*: GEN demand; S. *exigencia, requerimiento*. [Exp: **demanda de cobertura suplementaria** (FIN margin call; S. *depósito de mantenimiento, margen a plazo, margen inicial*)].
demora *n*: GEN delay, demurrage, arrearage; S. *retraso, tardanza*.
departamento *n*: GEN department, desk, section; S. *despacho, dependencia, sección, ventanilla*.
depositar *v*: FIN deposit; bank. [Exp: **depósito** (FIN deposit, dep; S. *abono, ingreso*), **depósito o imposición a plazo** (FIN time deposit; S. *certificado de depósito*), **depósito o imposición a la vista** (FIN demand deposit), **depósitos con garantía de reintegro** (FIN Refunding Escrow Deposits,

REDs), **depósitos de acciones extranjeras** (STCK authorized depositary receipts), **depósito de valores** (STCK deposit of securities), **depósito de mantenimiento** (FIN maintenance margin; S. *diferencial, demanda de cobertura suplementaria, margen, margen inicial, margen a plazo*), **depósito en garantía** (FIN deposit in escrow), **depósito mínimo exigido en la compra al margen** (FIN margin requirement)].

derecho *n*: LAW law, right; S. *jurisprudencia, ley, privilegio*. [Exp: **derecho a la percepción de dividendos** (DIV dividend rights), **derecho de libre cambio** (TRAD free right of exchange), **derechos de liquidación [de los accionistas de la empresa]** (FIN liquidation rights), **derecho de preferencia o prioridad** (STCK first right), **derecho de propiedad** (GEN/FIN title; S. *inscripción, título*), **derecho de reinversión** (FIN/DIV reinvestment privilege), **derecho de suscripción** (STCK/UNDER stock/subscription right; S. *opción sobre acción*), **derecho de transferencia de una opción de venta** (OPT transferable put right), **derecho de voto de los accionistas** (FIN voting right), **derecho preferente, de tanteo** (FIN pre-emptive right; S. *emisión de acciones nuevas con derechos preferentes, emisión de acciones suscrita por completo, oferta con derechos*), **derechos, con** (STCK cum/with rights; rights-on; the right to declare a stock not yet paid)].

derivado *a*: FIN derivative; S. *producto financiero derivado*.

desapalancamiento financiero *n*: FIN/STCK degearing.

descenso *n*: GEN/TRAD drop, fall; S. *bajada, caída*.

descontar *v*: FIN discount; rebate; S. *bonificación, devolución, rebaja*. [Exp: **descuento** (FIN discount; S. *bonificación, rebaja*), **descuento por bono sin amortizar** (BOND unamortized bond discount), **descuento por volumen** (TRAD volume discount)].

descubierto, al *n*:GEN/FIN short; S. *corto, bajista, contrato de futuros, largo, vender en corto o al descubierto*.

desdoble[1] *n*: FIN clipping, , split stripping; S. *escisión*. [Exp: **desdoble; franja** (OPT strip), **desdoble de acciones** (FIN/STCK stock split; S. *split*), **desdoble final de acciones** (TRAD last split), **desdoble**[2] **o separación de acción y cupón** (TRAD clipping off, stripping; S. *bono de cupón cero, desdoble*[1]), **desdoblado** (FIN split; S. *dividido*), **desdoblar-se** (FIN split; S. *dividirse, escindir-se*)].

desembolsar *v*: FIN disburse, pay; S. *amortizar, gastar, pagar*. [Exp: **desembolsar, sin** (FIN uncalled)].

desequilibrio *n*: FIN imbalance. [Exp: **desequilibrio de órdenes** (TRAD imbalance of orders, order imbalance; S. *en equilibrio*), **desequilibrio por orden importante** (TRAD significant order imbalance; a large number of buy or sell orders for a stock that make the exchange stop the trade of that stock until balance is reestablished)].

deshacerse de grandes cantidades de títulos *phr*: TRAD dump, dumping; sell off.

desintermediación *n*: FIN disintermediation; S. *intermediación.*
desistir *v*: GEN abandon; S. *abandonar, renunciar.*
despacho *n*: GEN bureau, desk, office; S. *departamento, dependencia, sección, ventanilla.*
desplomarse *col n*: FIN/TRAD/MARK plunge, tumble; S. *hundirse.* [Exp: **desplome** (MARK plunge; S. *caída brusca, hundimiento*), **desplome de la Bolsa** (FIN crash; S. *«crack» bursátil*)].
destinar *v*: GEN dedicate; S. *aplicar, consignar.*
deuda *n*: FIN debt; S. *endeudamiento, obligación.* [Exp: **deuda a corto plazo** (FIN/MAT short-term debt), **deuda conjunta** (FIN joint and several debt), **deuda del Tesoro** (FIN Funds, the), **deuda flotante**[1] **[corto plazo]** (FIN floating debt, unfunded debt), **deuda flotante**[2] **[no consolidada]** (FIN unfunded debt), **deuda garantizada** (FIN bonded debt), **deuda perpetua o consolidada** (FIN consolidated debt, irredeemable bond/debenture; funded debt), **deuda pública o del Estado** (FIN public debt; government debt), **deuda pública perpetua** (BOND consolidated stock, consols), **deuda subordinada convertible en acciones de forma obligatoria** (FIN mandatory convertibles), **deuda subyacente** (BOND underlying debt), **deudor** (FIN debtor; S. *prestatario*), **deudor hipotecario** (FIN mortgager/mortgagor)].
devolver *v*: FIN repay, return, reverse; S. *pagar, reembolsar, restituir.* [Exp: **devolución** (FIN rebate, refund, return; S. *beneficio, bonificación, descuento, rebaja, reembolso, recuperación, rendimiento, reintegro, resultado*)].
devaluación *n*: FIN devaluation, depreciation; write down. [Exp: **devaluación de la cartera de valores** (STCK write-down of portfolio)].
devengar *v*: GEN accrue; S. *acrecentar, beneficiar, cobrar.*
día *n*: GEN day. [Exp: **día de aviso de entrega del bien o activo subyacente** (TRAD/FUT notice day; S. *aviso de entrega de futuros*), **día de intercambio de nombres** (TRAD Name Day, Ticket Day), **día de liquidación** (TRA account day; Settlement Day/date; settling day; S. *aplazamiento de la liquidación de los valores de Bolsa a la siguiente quincena o Account day, día de liquidación, operación bursátil al contado, reporte, vencimiento*), **día de los-as boletos-as** (TRAD Ticket Day, settlement day; the day on which payment is made to settle a trade), **día de rescate** (TRA redemption date), **día del impacto** (TRAD impact day; it refers to the day when a company has a secondary offering of shares to the public), **día final de negociación** (TRAD last trading day), **día hábil** (TRAD business day), **día inhábil** (GRAL/TRAD legal holiday; S. *día hábil*)].
diagrama *n*: FIN diagram. [Exp: **diagrama de rentabilidad** (FIN payoff diagram)].
dictaminar *v*: FIN/LAW rule; S. *estatuir, reglamentar, resolver.* [Exp: **dictamen jurídico** (LAW legal opinion)].
diferencial *n*: FIN differential, margin, spread. [Exp: **diferencial a ra-**

tio comprador (FIN call ratio spread), **diferencial, «spread» a ratio** (FIN ratio spread; it consists of buying a number of options and then selling a larger quantity of more out-of-the-money options), **diferencial ajustado por opciones** (OPT option-adjusted spread, OAS), **diferencial bruto** (FIN gross spread), **diferencial caimán** (TRAD alligator spread; a term referring to the large commissions charged upon transactions which lead to unprofitable spreads), **diferencial compensado** (OPT back spread) **diferencial comprador-vendedor** (TRAD bid-offer spread; S. *precio de oferta o de tanteo*), **diferencial de bajista** (TRAD/OPT bear spread; an option strategy involving the purchase at the higher strike price and simultaneous sale at a lower strike price of options; the options must have the same expiration date), **diferencial de alcista** (TRAD bull spread), **diferencial de calendario** (TRAD/OPT calendar spread; buying and selling options within the same class [all puts or all calls] but with different expiration dates; S. *diferencial entre el precio de compra y el de venta de una opción*), **diferencial de precios** (FIN/OPT price spread; S. *diferencial, diferencial de bajista, diferencial mariposa, diferencial entre el precio de compra y el de venta de una opción*), **diferencial de rendimientos** (FIN yield spread, yield curb, yield differential/pick-up), **diferencial de vencimiento** (MAT maturity spread), **diferencial entre activos** (TRAD intercommodity spread; a spread consisting of taking a long position and a short position in different but related commodities), **diferencial entre el precio de compra y el de venta** (TRAD bid-asked spread), **diferencial entre el precio de compra y el de venta de una opción** (FIN/TRAD debit spread; S. *diferencial, diferencial de alcista, diferencial de bajista, diferencial mariposa*), **diferencial entre tipos de interés** (FIN interest spread), **diferencial horizontal** (FIN horizontal spread; time spread; an option trading strategy involving the simultaneous purchase and sale of two options of the same type with the same strike price but different expiration dates), **diferencial mariposa** (OPT butterfly spread), **diferencial intramercado** (TRAD/FUT intramarket spread), **diferencial o «spread» entre opciones** (OPT option spread), **diferencial por compra venta de futuros** (FUT/TRAD intracommodity spread), **diferencial por compra-venta simultánea del mismo contrato de futuros en dos mercados de futuros distintos** (FIN/FUT intermarket spread; S. *diferencial intramercado*)].

dilución *n*: GEN dilution; S. *disminución, reducción, reajuste a la baja*. [Exp: **dilución del capital** (FIN stock watering), **dilución total del beneficio por acción** (FIN fully diluted earnings per shares)].

dinero *n*: FIN money, currency; S. *divisa, moneda*. [Exp: **dinero, a** (OPT/TRAD money, at the; ATM; S. *en dinero, fuera de dinero*), **dinero al contado o «spot»** (FIN money spot, at the; spot cash), **dinero caro a interés muy alto** (FIN dear money, tight money), **dinero efectivo** (FIN cash; S. *activo disponible*), **dinero/valor, en** (OPT/TRAD money, in the; ITM; S. *muy o fuera de dinero*) **dinero escaso o caro** (FIN tight money), **dinero especulativo** (FIN hot money), **dinero especulativo procedente del extranjero** (FIN refugee money), **dinero fácil** (FIN quick buck), **dinero falso** (FIN fake/bad money), **dinero fingido** (FIN funny money), **dinero negro** (FIN black money), **dinero no convertible** (FIN fiat money

dirección *n*: GEN directorship, management; S. *administración, gerencia, gobierno*. [Exp: **directivo** (FIN director), **director de una emisión de valores** (STCK/TRAD managing underwriter), **dirigir** (GEN/FIN lead; manage; S. *administrar, guiar, gestionar*)].

disminución *n*: GEN dilution; S. *dilución, reducción, reajuste a la baja*. [Exp: **disminuir** (GEN reduce; S. *rebajar, reducir*)].

disolución *n*: FIN liquidation; S. *cancelación, liquidación*. [Exp: **disolución de un monopolio** (FIN trustbusting)].

disponible *n*: GEN/FIN liquid; S. *líquido*. [Exp: **disponible líquido** (FUND fund; S. *fondo*)].

disposición[1] *n*: GEN/LAW regulation; provision; S. *artículo, estipulación, norma, precepto, reglamento, regulación*. [Exp: **disposición**[2] (GEN/TRAD readiness, availability), **disposición a cotizar** (FIN/TRAD stand up to)].

distribución *n*: GEN/FIN distribution, delivery; S. *entrega, partición, reparto*. [Exp: **distribución, en el momento de su** (TRAD distributing when; it applies to a transaction made conditionally, because the stock, although authorized, has not been issued yet)].

distrito financiero de la ciudad de Londres *fr*: MARK the City.

dividendo *n*: DIV dividend; S. *cupón*. [Exp: **dividendo a cierre de ejercicio** (DIV year-end dividend), **dividendos a cuenta** (DIV account dividend), **dividendos a pagar** (DIV dividends payable), **dividendo abonado con pagaré** (DIV scrip dividend), **dividendo acumulado** (DIV accrued dividend; S. *acción preferente acumulativa*), **dividendo atrasado** (DIV dividend in arrears), **dividendo, con** (STCK/DIV cum/with dividend; S. *«ex div», sin dividendo*), **dividendo con impuesto diferido** (DIV bailout), **dividendo en acciones** (DIV **dividendo en efectivo a los accionistas** (DIV cash dividend), **dividendo en especie** (DIV dividend in kind), **dividendo en documentos** (DIV scrip dividend), **dividendo establecido** (DIV indicated dividend), **dividendo extra o especial** (DIV special dividend), **dividendo extraordinario** (DIV cash bonus; S. *acciones gratuitas; acción parcialmente liberada*), **dividendo neto por acción** (DIV net dividend per share), **dividendo opcional** (DIV optional dividend), **dividendo ordinario** (DIV common dividend; S. *dividendo provisional*), **dividendo pasivo** (DIV capital call), **dividendo preferencial** (DIV preference dividend), **dividendo por acción** (DIV dividends per share), **dividendo por superávit** (DIV surplus dividend), **dividendo provisional** (DIV interim dividend), **dividendo sin pagar** (DIV unpaid dividend), **dividendo vencido** (DIV/MAT dividend in arrears)].

dividir-se *v*: FIN split; S. *desdoblarse, escindir-se*. [Exp: **dividido** (FIN split; S. *desdoblado*), **dividir acciones en paquetes más pequeños** (STCK split stock)].

divisa *n*: FIN currency; S. *dinero, moneda*. [Exp: **divisa fuerte** (FIN hard currency)].

doblar *v*: GEN double; S. *duplicar*. [Exp: **doble** (GEN double, dual), **doble cotización** (TRAD dual listing), **doble pico** (TRAD double top)].

documento *n*: FIN document, paper; instrument; S. *carta, escritura, título*. [Exp: **documento de información** (FIN proxy document; document intended to inform shareholders in order to vote on matters to be brought up at a stockholders' meeting), **documento de garantía de una opción de venta** (OPT put guarantee letter), **documento negociable** (FIN negotiable document, commercial paper), **documentos o pagarés comerciales** (FIN/TRAD trade notes)].

donación *n*: GEN grant; S. *concesión, privilegio, subsidio, subvención*.

duplicar *v*: GEN double; S. *doblar*.

duradero *a*: GEN permanent; S. *definitivo, estable, irreversible, permanente*. [Exp: **duración** (GEN/FIN term; S. *plazo, trimestre, vigencia*)].

E

efecto[1] *a*: GEN effect, result, product; S. *consecuencia, producto, resultado*. [Exp: **efecto**[2] (FIN bill, draft, instrument, paper; S. *letra, pagaré*), **efecto antidilutivo** (FIN antidilutive effect), **efecto bola de nieve** (TRAD snowballing; process by which the exercise of stop orders in a declining or advancing market causes further downward or upward pressure on prices, thus triggering more stop orders and more price pressure, and so on), **efecto calendario** (TRAD calendar effect), **efecto comercial de primera clase** (FIN prime bill; S. *letra de cambio de máxima garantía*), **efecto de fin de semana** (FIN weekend effect; the common circumstance in which stock prices tend to be negative from Friday through to Monday), **efecto de reducción** (STCK dilutive effect), **efecto día de la semana** (TRAD day's effect), **efecto enero** (NEGO January effect; a phenomenon occurring at the end of the year when investors sell some stocks which are down so they can write off the losses against their capital gains), **efectos comerciales** (FIN commercial paper), **efectos comerciales de primera clase** (FIN first-class paper; S. *letra de cambio de máxima garantía*), **efectos financieros** (FIN instruments), **efectos o papel financiero** (FIN finance paper), **efecto monetario** (FIN monetary gain or loss), **efectos negociables** (FIN negotiable paper), **efectos titulizados** (STCK securitized paper), **efectos, valores, títulos del Estado** (STCK government paper/securities)].

eficacia *n*: GEN efficiency; S. *eficiencia, diligencia, presteza*. [Exp: **eficacia informativa** (TRAD informational efficiency; the degree of correct information delivered by market prices in order to know the true value of an underlying asset)].

ejecución *n*: GEN/TRAD execution; S. *cumplimiento, formalización*. [Exp: **ejecución de una orden de compra o venta** (TRAD fill), **ejecución de una hipoteca** (FIN foreclosure of a mortgage)].

ejercer *n*: GEN/OPT exercise, perform. [Exp: **ejercer una opción de venta** (OPT put an option), **ejercicio** (GEN/OPT exercise, strike; period, year; S. *año, periodo, plazo*), **ejercicio de una opción** (OPT exercise; the investor's decisión to proceed with the transaction of a put or call option he holds)].

el gigante azul *n*: CORP big blue; nickname for IBM.

el gran cambio *n*: MARK Big Bang; the term is applied to the liberalization in 1986 of the London Stock Exchange when trading was automated.

emisión *n*: UNDER/TRAD issue, issuance; flotation; S. *flotación, salida a Bolsa*. [Exp: **emisión consolidada** (STCK/UNDER seasoned issue), **emisión continua** (FIN tap issue), **emisión cubierta** (UNDER/TRAD bought issue), **emisión de acciones, valores** (TRAD/STCK issue of securities/shares), **emisiones de acciones dirigidas** (NEGO targeted registered offerings), **emisión de acciones de capital social** (STCK capital stock issuance), **emisión de acciones nuevas con derechos preferentes** (STCK/UNDER rights issue; S. *derecho preferente de tanteo, emisión liberada, «ex nueva»*), **emisión de acciones suscrita por completo** (UNDER bought deal; S. *derecho preferente de tanteo*), **emisión de bonos** (BOND bond issue), **emisión de obligaciones despojadas de cupón** (DEB coupon stripping; S. *cupón cero*), **emisión de opciones sobre índice** (OPC index option writing), **emisión de referencia o al vuelo** (STCK benchmark issue), **emisión de títulos** (FIN/TRAD issue), **emisión de títulos del Estado** (STCK tap stock; S. *valor bursátil importante*), **emisión de valores** (STCK/UNDER security issuance), **emisión excesiva de acciones y por tanto no cubierta** (STCK overissue), **emisión exploratoria o abrecaminos** (FIN path-finder), **emisión gratuita** (STCK bonus issue; S. *acción liberada, desdoble de acciones, emisión liberada*), **emisión liberada** (STCK scrip issue; S. *emisión de acciones nuevas con derechos preferentes, fraccionamiento de acciones*), **emisión nueva de acciones** (STCK new issue), **emisión menor** (TRAD/DIV junior issue; an equity issue from one company over which the issue of another firm takes precedence with respect to dividends, interest, principal, or security in the event of liquidation), **emisión precolocada; vendida de antemano** (TRAD pre-sold issue), **emisión prioritaria** (STCK senior issue), **emisión pública** (STCK/UNDER public issue), **emisión secundaria** (STCK/UNDER secondary issue), **emisión sin rendimiento** (STCK unseasoned issue; a newly issued security with no prior exposure to the effects of supply and demand; S. *emisión consolidada*), **emisión subordinada** (STCK subordinated issue), **emisión suscrita o cubierta en exceso** (TRAD oversubscribed issue), **emisión vainilla** (FIN/UNDER vanilla issue; a security issue that has usual features), **emisión vigente** (STCK/TRAD current issue), **emisor, persona o sociedad emisora de valores** (TRAD issuer), **emitir** (FIN/TRAD issue, float), **emitir acciones** (TRAD/UNDER/STOCK issue shares/stocks), **emitir obligaciones** (TRAD/DEB issue bonds, put out bonds)].

emplazamiento *n*: GEN notice; S. *aviso, citación, convocatoria, notificación formal, preaviso.*

empleado *n*: GEN employee; S. *asalariado, trabajador.* [Exp: **empleo** (GEN job; S. *actividad, puesto de trabajo, trabajo, tarea*)].

empresa *n*: CORP business, company, corporation, firm, private company/corporation, society; S. *actividad empresarial, compañía, corporación, negocio, sociedad anónima, sociedad mercantil.* [Exp: **empresa accionista** (CORP corporate stockholder), **empresa controladora de dos o más bancos** (CORP bank holding company), **empresa filial** (CORP affiliate; affiliated corporation), **empresas de pequeña capitalización incluidas en el NASDAQ** (CORP/TRAD NASDAQ small capitalization companies), **empresa de propiedad limitada** (CORP closed corporation), **empresa en manos de pocos accionistas** (CORP closely-held company), **empresa estatal** (CORP publicly-held corporation), **empresa fantasma o simulada** (CORP dummy corporation; conduit company), **empresa matriz** (CORP parent company), **empresa que cotiza en Bolsa** (CORP public company; S. *sociedad anónima*), **empresa tenedora** (CORP holding company), **empresarial** (CORP corporate; S. *corporativo, incorporado, societario*)].

empréstito *n*: FIN loan; S. *préstamo.*

endeudamiento *n*: FIN debt; S. *deuda, obligación.*

endosar *v*: GEN endorse; S. *avalar, garantizar, respaldar, ratificar.* [Exp: **endoso absoluto** (FIN absolute endorsement), **endoso en blanco** (FIN blank endorsement), **endoso limitado o condicional** (FIN conditional or qualified endorsement)].

enfoque descendente o de arriba-abajo *phr*: FIN top-down approach; a method of allocating securities which goes from a given sector or industry to individual security selection.

engaño *n*: FIN twisting; trying to persuade a customer that a trade is necessary in order to obtain a commission.

entero *n*: GEN/TRAD full; full point; point, tick; S. *completo, entero, punto.* [Exp: **entero, punto porcentual** (FIN percentage point), **enteros, en** (TRAD at the figure)].

entidad *n*: FIN institution, entity; S. *organismo.* [Exp: **entidad crediticia** (FIN credit grantor), **entidad de crédito** *n*: FIN bank), **entidad financiera** (FIN/INST finance company/corporation/ house), **entidad financiera dedicada a la emisión de valores titulizados** (FIN/CORP Real Estate Mortgage Investment Conduit, REMIC), **entidad gubernamental** (FIN/INST government office)].

entrar *v*: FIN enter, going; S. *afiliarse, ingresar, inscribirse.* [Exp: **entrar en el mundo de los negocios** (TRAD going into the trade), **entrar en posición corta o deudora** (TRAD going short; S. *entrar en posición larga*), **entrar en posición larga o compradora** (TRAD going long; S. *entrar en posición corta, posición larga*)].

entrega *n*: GEN/FIN delivery; instalment; S. *envío, reparto; cuota, plazo.* [Exp: **entrega contra pago** (FIN delivery against payment), **entrega en efectivo** (FIN cash delivery), **entrega gratuita de acciones** (STCK/TRAD free delivery; S. *entrega contra pago*), **entrega según lo acordado** (TRAD good delivery), **entregar** (GEN deliver; S. *enviar, repartir*)].

entresuelo *n*: FIN mezzanine; the period before a company goes public.

enviar *v*: GEN deliver, send; S. *entregar, repartir*. [Exp: **envío** (GEN delivery; S. *reparto, entrega*)].

equilibrio *n*: GEN balance, even; S. *estabilidad, igualdad, par*. [Exp: **equilibrio, en** (TRAD on balance; S. *desequilibrio de órdenes*)].

equitativo *n/a*: GEN equal; even; fair; S. *igual, regular, uniforme*.

erario público, Tesorería del Reino Unido *n*: INST Exchequer.

escala *n*: GEN scale; S. *baremo, tarifa*.

escalón *n*: GEN step; S. *grado, paso, trámite*.

escaparatismo *col n*: TRAD/FUND window dressing; a trading activity used by mutual fund and portfolio managers near the year or quarter end to improve the appearance of the portfolio/fund performance before presenting it to clients or shareholders.

escaso *a*: GEN narrow; light; S. *reducido, restringido, estrecho*. [Exp: **escasa negociación de valores** (TRAD/STCK light trading), **escaso interés de suscripción** (UNDER underbooked)].

escindir-se *v*: FIN split, spin off; S. *dividir-se, desdoblar-se*. [Exp: **escisión** (FIN split, spin-off; S. *desdoble*)].

escritura *n*: FIN/LAW contract, deed; S. *convenio, contrato, pacto*. [Exp: **escritura de emisión de bonos** (BOND bond indenture), **escritura de emisión de obligaciones** (DEB/LAW debenture indenture), **escritura de la sociedad** (FIN partnership articles), **escritura fiduciaria** (FIN trust deed), **escritura o contrato de emisión de bonos u obligaciones** (FIN indenture)].

escudero blanco *col n*: FIN white squire; similar to a white knight, but he purchases a lesser interest in the target firm.

especial *a*: GEN special; S. *excepcional, extraordinario, singular*. [Exp: **especialista** (FIN/STCK/TRAD specialist)].

especulación *n*: FIN/TRAD speculation, gamble, agiotage; S. *agio, inversión*. [Exp: **especulación de lanzamientos** (FIN/TRAD flipping, stagging), **especulación en Bolsa** (TRAD agiotage), **especulación en Bolsa de compra y venta rápida de valores** (TRAD jobbing in- and-out; S. *compra y venta, especulación rápida en Bolsa*), **especulación mixta de compra y venta de valores** (TRAD cross-book; S. *cobertura a horcajadas, orden cruzada*), **especulación rápida en Bolsa** *col* (TRAD quickie; in-and-out), **especulador** (TRAD jobber, gambler, player, speculator; S. *agiotista, intermediario, jugador, partícipe dedicado a la negociación en Bolsa*), **especulador ciervo** *col* (TRAD stag; speculator who buys stocks and sells them immediately to make quick profits), **especulador de acciones** (TRAD bull; S. *alcista*), **especulador de activos** (FIN asset stripper; a corporate raider that takes over a target company in order to sell large assets of it to repay debt), **especulador de contratos de futuros y a plazo** (FIN/MAT spreader; S. *posicionista de un solo día, operador de posiciones*), **especulador en Bolsa de poca monta** *col* (TRAD dabber; S. *posicionista de un sólo día*), **especulador de órdagos** (FIN/TRAD greenmailer), **especulador minorista** (FIN/TRAD spectail), **especular** (TRAD speculate; gamble, bet), **especular a la baja o al alza** (TRAD go a bear/bull), **especular en títulos de gran riesgo** *col* (TRAD take a flier), **especulativo** (FIN/TRAD hot)].

esquema *n*: GEN chart; S. *cuadro, tabla*.

estadio intermedio de una empresa [a punto de entrar en Bolsa] *phr*: FIN/CORP/TRAD mezzanine level; S. *entresuelo*.

estado *n*: GEN state; statement; S. *condición*. [Exp: **estado de resultados** (FIN profit and loss statement)].

estancamiento *n*: FIN stagnation.

estanflación *n*: FIN stagflation.

estar por encima de la par *phr*: FIN premium, be at a; S. *bajo par, cotización o valor nominal de una acción o futuro precio, valor a la par, valor nominal*.

estatuir *v*: FIN/LAW rule; S. *reglamentar, resolver, dictaminar*.

estándar *a/n*: GEN/FIN standard, basic; S. *básico, corriente, fundamental, medida, normal, normalizado, patrón*.

estipular *v*: GEN stipulate, provide. [Exp: **estipulación** (GEN/LAW provision; S. *disposición, precepto, artículo*), **estipulación de precio justo** (TRAD/LAW fair price provision)].

estrangulamiento *n*: OPT strangle; buying or selling an out-of-the-money put option and call option on the same underlying asset, with the same maturity; S. *cono, «straddle» corto o vendido, cobertura a horcajadas; cóndor, posición larga de mariposa*. [Exp: **estrangulamiento al especulador en descubierto** (TRAD bear squeeze; S. *venta corta o en descubierto*)].

estrategia *n*: GEN strategy; S. *medio, plan, proyecto*. [Exp: **estrategia combinatoria de compra y venta simultánea** (FUT/OPT vertical bear/bull spread), **estrategia comecocos** *col* (FIN Pac-Man strategy; takeover defense strategy in which the prospective acquiree launches its own tender offer for the acquire's firm), **estrategia contraria** (TRAD contrarian; an investor who does the opposite of other investors), **estrategia de cartera activa** (FIN active portfolio strategy), **estrategia de cartera pasiva** (FIN passive portfolio strategy), **estrategia de compra y venta a cubierto** (TRAD buy and write strategy), **estrategia de compra y mantenimiento** (TRAD buy-and-hold strategy), **estrategia de cobertura** (TRAD hedging), **estrategia de inversión** (TRAD investment strategy), **estrategias de opción al descubierto** (TRAD naked option strategies), **estrategias de protección de una opción** (FIN covered or hedge option strategies, **estrategia de venta a cubierto de una opción de compra que se posee** (FIN covered call writing strategy;

S. *estrategias de protección de una opción, venta en descubierto*), **estrategia diferencial** (FIN/OPT/MAT spread strategy), **estrategia en escalera o escalonada** (BOND ladder strategy; a bond portfolio strategy that invests similar amounts in every maturity within a given range), **estrategia haltera** (MAT barbell strategy; a fixed income strategy which consists in concentrating the maturity's of the securities included in the portfolio at two extremes), **estrategia protectora de compra de una opción de venta** (FIN/OPT protective put buying strategy)].
euro *pref/n*: GEN euro. [Exp: **Eurobono** (BOND Eurobond), **Eurobono en dólares australianos** (BOND Aussie bond), **Eurodólar** (FIN Eurodollar), **Euronotas o pagarés a medio plazo** (DEB Euro-medium term note, Euro-MTN), **Europapel o pagaré comercial en euromoneda** (FIN Euro-commercial paper, ECP)].
evaluación *n*: GEN assessment; S. *tasación, valoración*. [Exp: **evaluación de mercados** (MARK market assessment), **evaluar** (GEN/FIN assess; rate; S. *calificar, cotizar, fijar precio, tasar, valorar*)].
eventual *n*: GEN temporary; S. *provisional, temporal*.
ex *prep/pref*: GEN ex; S. *fuera de, franco, sin*. [Exp: **«ex cupón», sin cupón** (TRAD ex-coupon), **«ex derecho»; acción sin derecho de suscripción** (TRAD ex-rights), **ex div», sin dividendo** (DIV ex-dividend; S. *con dividendo*), **«ex nueva»; sin derecho de suscripción de acciones nuevas** (TRAD ex-new; S. *acciones con derecho de suscripción de acciones nuevas; emisión de acciones nuevas con derechos preferentes, emisión liberada*)].
excedente *n*: GEN/FIN excess, surplus; S. *exceso, plusvalía, superávit, sobrante*.
excepcional *a*: GEN special; extraordinary, exceptional; S. *especial, extraordinario, singular*.
excluido, marginado; título que no atrae a los inversores *n*: TRAD/STCK wallflower.
exigencia *n*: GEN demand; S. *demanda, requerimiento*. [Exp: **exigir** (GEN demand; S. *demandar, requerir*), **exigible** (FIN/MAT redeemable; S. *amortizable, rescatable*)].
exit *n*: salida.
expectativas de rendimiento al vencimiento *phr*: FIN return-to-maturity expectations.
expiración *n*: GEN/MAT expiration; maturity; S. *caducidad, vencimiento*. [Exp: **expirar** (FIN/MAT mature; S. *vencer*)].
extra *n*: GEN bonus; S. *gratificación, prima, plus*. [Exp: **extrabursátil** (TRAD over-the-counter)].
extracto *n*: TRA account statement.

F

factor *n*: GEN/FIN factor; S. *coeficiente*. [Exp: **factor de confianza** (FIN feelgood factor), **factorización** (FIN/CORP factoring; an investor borrows against securities owned to finance a new position in the stock market)].
factura-r *n/v*: FIN invoice; S. *cuenta, detalle*.
fallar *v*: TRAD fail; S. *errar, fracasar, malograr*.
fallido *n*: GEN default; S. *impago, incumplimiento de pago*.
fase de crecimiento *n*: FIN growth phase.
fecha *n*: GEN date; S. *plazo*. [Exp: **fecha de amortización o rescate de un bono u obligación** (FIN/MAT redemption date), **fecha de ampliación** (OPT extension date; the day on which the first option either expires or is extended), **fecha de anuncio de dividendos** (DIV declaration date), **fecha de aviso [día en que se ejerce o expira una opción]** (TRAD/OPT notification date), **fecha de cierre** (TRAD closing date), **fecha de ejecución de la transacción** (FIN/TRAD trade date), **fecha de ejecución o reembolso de la opción** (OPT/MAT call date), **fecha de ejercicio de una opción** (TRAD/OPT exercise date), **fecha de emisión** (STCK date of issue), **fecha de entrega según un contrato de futuros** (FUT delivery date), **fecha de inicio** (TRAD srat-up date), **fecha de pago de dividendos** (DIV date of payment, payment date), **fecha de registro** (TRAD date of record), **fecha de reparto de dividendos** (DIV date of record), **fecha de vencimiento** (MAT due date, date of expiration, maturity date), **fecha de vencimiento de una opción** (OPT/MAT expiration date), **fecha límite** (TRAD closing/limit date), **fecha límite de adquisición o tenencia de acciones [para tener derecho a los dividendos correspondientes]** (DIV record date; S. *«ex div», fecha de reparto de dividendos, sin dividendo*), **fecha con efectos retroactivos** (TRAD backdate)].
fianza *n*: GEN/FIN bail; guarantee; S. *aval, caución, garantía*. [Exp: **fiador** (TRAD guarantor; S. *avalista, garante*), **fianza de caución** (FIN surety bond)].

fiasco; inversión ruinosa *n*: FIN turkey.
ficticio *a*: GEN dummy; S. *simulado*.
fideicomiso *n*: INST/FIN trust; S. *fiducia, fundación*. [Exp: **fideicomiso activo** (FIN active/living trust), **fideicomiso pasivo** (FIN naked trust), **fideicomiso sin depósito de fondos** (FIN unfunded trust), **fideicomisario** (FIN trustee)].
fiducia *n*: INST/FIN trust: S. *fideicomiso, fundación*. [Exp: **fiduciario** (FIN fiduciary)].
fijar *v*: GEN/FIN fix, adjust; S. *calcular, valorar*. [Exp: **fijar al precio de mercado** (TRAD mark-to-market; S. *margen del intermediario*), **fijar precio** (FIN rate; S. *calificar, cotizar, evaluar, tasar*), **fijar un dividendo** (DIV declare a dividend), **fijación** (FIN fixing, setting), **fijación ajustable** (FIN adjustable peg; S. *ajuste de la paridad*), **fijación artificial de precios** (FIN/TRAD pegging), **fijación de precios a la baja [precios opresivos o de rapiña]** (FIN predatory pricing), **fijación del precio del oro** (FIN gold fixing)].
fin *n*: GEN end; S. *meta, objetivo*. [Exp: **fin del pico** (FIN top out)].
financiar *v*: FIN finance, fund. [Exp: **financiero** (FIN financer; financial; S. *avalista, garante; bancario, monetario*), **finanzas** (FIN finance; S. *fondos, recursos*), **financiación** (FIN financing, funding), **financiación exterior** (FIN external finance), **financiación extrapresupuestaria** (FIN back-door financing), **financiación previa a la salida en Bolsa** (FIN bridge financing)].
finiquito *n*: FIN settlement; S. *liquidación, pago*.

firme, inflexible en el precio *n*: TRAD tough on price.
fiscal *a*: FIN fiscal; S. *tributario*. [Exp: **fiscalización** (FIN control; S. *control, intervención*), **fiscalizar** (FIN control; S. *controlar, intervenir*)].
flotación *n*: UNDER/TRAD flotation; S. *emisión, salida a Bolsa*. [Exp: **flotación positiva** (FIN positive float), **flotador inverso** (FIN inverse floater; a bond or other type of debt whose coupon rate changes inverse to short term interest rates)].
fluctuar *v*: GEN fluctuate; S. *oscilar, variar*. [Exp: **fluctuación en la contratación** (TRAD trading range), **fluctuación mínima en los precios de un contrato de valores o futuros** (TRAD minimum price fluctuation)].
flujo *n*: FIN flow; stream. [Exp: **flujo de caja** (FIN cash flow), **flujo de efectivo por acción** (FIN cash flow per common share), **flujo de fondos** (GEN flow of funds)].
folleto, prospecto de emisión *n*: FIN brochure, flyer/flier, prospectus. [Exp: **folleto, prospecto de emisión preliminar** (FIN preliminary prospectus)].
fondo *n*: FIN/FUND fund; pool; S. *disponible, líquido; consorcio, reserva*. [Exp: **fondo abierto** (FUND open-end fund; S. *fondo de inversión cerrado*), **fondo acumulativo** (FUND sinking fund), **fondo de acciones para empleados** (FUND employee stock fund), **fondo de amortización** (FUND sinking fund), **fondo de bonos a corto plazo** (BOND/MAT short-term bond fund), **fondo de cobertura** (FUND

hedge fund), **fondo de crecimiento** (FUND growth fund), **fondo de dinero exento de impuestos** (FUND tax-exempt money market fund), **fondo de fondos** (TRAD master feeder funds), **fondo de ganancias de empresa** (FUND Corporate Income Fund, CIF), **fondo de índice** (FUND index fund), **fondo de inversión a corto plazo** (FUND money market fund), **fondo de inversión cerrado** (FUND closed-end fund; S. *fondo abierto*), **fondo de inversión con gastos de rescate muy elevados** (FUND load fund), **fondo de inversión colectiva** (FUND mutual fund, unit trusts; collective investment fund, master trust account; S. *fondo abierto, fondo de inversión cerrado, fondo de inversión colectiva de renta variable*), **fondo de inversión de alto rendimiento** (FUND high current income mutual fund), **fondo de inversión de alto riesgo** (FUND aggressive growth mutual fund), **fondo de inversión colectiva de renta variable** (FUND equity mutual fund, unit investment trust; S. *sociedades de inversión registradas en el Reino Unido; sociedad de cartera*), **fondo de inversión de amortización anticipada** (FUND back-end load fund), **fondo de inversión de máxima rentabilidad** (FUND maximum capital gains mutual fund), **fondo de inversión de tipo de interés preferencial** (FIN prime rate fund), **fondo de inversión en activos** (FUND asset allocation mutual fund), **fondos de inversión en activos del mercado monetario** (FUND money market investment fund), **fondo de inversión en bonos** (BOND bond mutual fund), **fondo de inversión equilibrado** (FUND balanced mutual fund), **fondo de inversión en opciones** (OPT option mutual fund), **fondos de inversión exentos de impuestos** (FUND tax-exempt income fund), **fondos de inversión mobiliaria, FIM** (FUNDS stock investment funds), **fondo de inversión internacional** (FUND international mutual fund), **fondo de inversión que invierte en fondos distintos** (FUND fund of funds), **fondo de inversión sin cargas** (FUND no-load mutual fund), **fondo de inversión sin comisiones ni intermediarios** (FUND no-load fund, NL; S. *fondo de inversión con gastos de rescate muy elevados, fondo de inversión sin cargas*), **fondo de inversión variable** (FUND flexible mutual fund), **fondo de renta** (FUND income fund), **fondo de reinversión** (FUND rollover fund), **fondo de renta variable** (FUND common stock fund), **fondo de renta variable de Morgan Stanley** (FUND short-term equity participation unit, STEP), **fondo de reposición** (FUND renewal fund), **fondo de rescate** (FIN purchase fund; S. *fondo acumulativo*), **fondo de títulos o valores** (FUND securities investment trust), **fondo en bonos de vencimiento a corto plazo** (FUND ultra-short-term bond fund), **Fondo del Tesoro o Fontesoro** (FUND Treasury fund), **fondo estrella de una sociedad de valores** (FUND flagship fund), **fondo fiduciario, de fideicomiso o de custodia** (FUND trust fund), **fondo fiduciario de participación de**

beneficios en fideicomiso (FUND profit-sharing trust fund), **fondo go-go** *col* (FUND go-go fund; a mutual fund invested in highly speculative common stocks in order to gain high, short-term profits), **fondos mixtos o mezclados** (FUND commingling/commingled funds), **Fondo Monetario Internacional, FMI** (INST International Monetary Fund, IMF), **fondo monstruo** (FUND T-Rex Fund), **fondos paraguas** (FUND umbrella investment funds; S. *inversión en paraísos fiscales; paraíso fiscal o tributario*), **fondo perdido** (FUND non-recoverable fund), **fondo vinculado** (FUND match fund), **fondos** (FIN finance; S. *finanzas, recursos*)].

formalización *n*: GEN/TRAD execution; S. *ejecución*.

formulario *n*: GEN form; S. *cuestionario, modelo*.

forzar los precios al alza o a la baja *phr*: FIN force up/down.

fraccionamiento de acciones *n*: STCK share split-up, splitting; S. *emisión liberada*.

franco *prep/pref*: GEN ex; S. *fuera de, ex, sin*.

fuera, lejos de *prep/pref/adv*: GEN/FIN away; ex; a market-maker's quote stating that the best bid or offer price is not his/hers; S. *ex, franco, sin*. [Exp: **fuera de dinero** (FIN money, out of the), **fuera de mercado o cotización** (TRAD away from the market)].

fundación *n*: INST/FIN trust, foundation: S. *fiducia, fideicomiso*.

fuerte *a*: GEN hard, strong; S. *considerable, importante; difícil, resistente*. [Exp: **fuerte baja en la Bolsa** (MARK/TRAD heavy fall)].

fusión, incorporación de dos o más empresas *n*: FIN/CORP merger.

futuros *n*: FUT futures. [Exp: **futuros financieros** (FIN/FUT financial futures), **futuros sobre divisas** (FUT currency futures) **futuros sobre índices** (FUT index futures), **futuros sobre materias primas** (FUT commodity futures), **futuros sobre tipos de cambio** (FUT exchange rate futures), **futuros sobre tipos de interés** (FUT interest rate futures)].

G

gama *n*: TRAD range; S. *horquilla, serie*. [Exp: **gama o nivel de precios de la oferta** (TRAD offering scale)].
ganancias *n*: FIN/TRAD earnings, gains, profit; pickup, revenue; S. *beneficios, ingresos, rédito, rentabilidad, rentas*. [Exp: **ganancias acumuladas y no distribuidas como dividendos** (FIN retained earnings), **ganancias brutas** (FIN gross profits), **ganancias declaradas** (FIN declared profits), **ganancias decrecientes** (FIN diminishing returns), **ganancias inesperadas** (FIN windfall profits), **ganancias netas** (FIN net profits), **ganancias netas de capital realizadas por acción** (FIN net realized capital gains per share)].
garante *n*: FIN backer, guarantor; S. *avalista, fiador*.
garantía[1] *n*: GEN/FIN collateral, guarantee, pledge; S. *aval, caución, contravalor, fianza, promesa, pignoración, seguridad*. [Exp: **garantía**[2] (GEN/LAW/FIN convenio; S. *contrato, convenio, pacto*), **garantía**[3] (GEN/FIN custody, lien; S. *administración, custodia, salvaguardia*), **garantía absoluta** (FIN unconditional guarantee), **garantía bloqueada** (FIN escrow; S. *custodia, plica*), **garantía colateral** (GEN collateral security), **garantía de título** (FIN warrany of title), **garantía prendaria** (FIN pledge)].
garantizar *v*: GEN/FIN guarantee, pledge; assure; endorse; S. *asegurar, avalar, endosar, prometer, pignorar, respaldar, ratificar*. [Exp: **garantizar [la colocación de acciones]** (FIN/UNDER underwrite; S. *asegurar, reasegurar; suscribir acciones*)].
gastos *n*: FIN cost; S. *costes, importe, precio*. [Exp: **gastos alegres [tirar la casa por la ventana]** *col* (FIN go on a spending spree), **gastos amortizables** (FIN deferred expenses), **gastos anuales de gestión de fondos** (FIN annual fund operating expenses), **gastos de custodia y administración de valores** (FIN custodial fees/charges), **gastos de operación** (FIN operating costs), **gastos devengados** (FIN accrued expenses) **gastos encubiertos** (FIN hidden load), **gastos por amortización o rescate anticipado de la inversión colocada en un fondo**

(FUND/MAT exit fee; S. *cargo por amortización anticipada, gastos por rescate anticipado*), **gastos por operación** (NEGO trading costs; S. *costes de transacción*), **gastos por rescate anticipado** (FIN redemption charge; S. *gastos por amortización o rescate anticipado de la inversión colocada en un fondo*), **gasto único** (FIN non-recurring charge)].

géneros *n*: GEN/FIN goods, commodities; S. *activos reales, artículos de consumo, bienes, mercaderías, mercancías, productos, productos genérico o básicos.*

gerencia *n*: FIN management; S. *administración, gestión.* [Exp: **gerente** (FIN administrator, manager, general manager; S. *administrador, gestor.*

gestión *n*: FIN management; negotiation; S. *administración, gerencia.* [Exp: **gestión de cartera de valores** (STCK management of portfolio, portfolio management), **gestión de fondo de renta fija [en el que entran opciones y futuros]** (FIN/OPT/FUT multiple asset performance, MAP), **gestión de riesgo** (FIN risk management), **gestión de valores** (STOCK portfolio management), **gestionar** (FIN manage; S. *administrar, dirigir*)].

gestor *n/a*: FIN agent, business agent, manager, promoter; administrative, managing; S. *administrador, gerente.* [Exp: **gestor de bonos** (BOND/AG bond broker), **gestor de fondos** (FUND fund manager), **gestión de inversiones o carteras** (FIN investment management; S. *gestor de carteras*), **gestor líder** (TRAD lead manager; the issuing bank with the essential responsibility for organizing bond issues), **gestoría** (CORP accountant's firm), **gestores de carteras** (TRAD investment manager, portfolio manager, money manager)].

globalizar *v*: GEN consolidate; S. *consolidar, refundir.*

grado *n*: GEN step; S. *escalón, paso, trámite.*

gráfico-a *n*: GEN chart, diagram, graph, table. [Exp: **gráfico con forma de cabeza y dos hombros** (FIN head & shoulders; it is a graph showing a security's central price peak higher than the surrounding peaks)].

gran negocio *n*: col TRAD killing.

gratificación *n*: GEN bonus; S. *extra, plus, prima.*

gratuito *a*: GEN free, gratis; S. *sin cargas.*

gravamen *n*: FIN tax; S. *contribución, impuesto, tasa.* [Exp: **gravamen general** (FIN general lien), **gravar** (FIN tax; S. *tributar*)].

grupo *n*: GEN/FIN/INST group, consortium, pool, trust; S. *agrupación, consorcio.* [Exp: **grupo de colocadores** (INST selling group; all finantial institutions involved in selling or marketing a new issue of stock or bonds), **grupo de empresas** (CORP consortium; S. *consorcio*), **grupo industrial** (INST/FIN/CORP holding, trust; industrial conglomerate; S. *consorcio, cártel*), **grupo o consorcio que acumula acciones con derecho a voto** (FIN voting trust; S. *acciones del fundador con derecho especial de voto*)].

guarismo *n*: GEN/FIN figure; S. *guarismo, número; precio, suma.*

H

habilidad para invertir en Bolsa *phr*: TRAD market timing.

hacer *v*: GEN do, make; act, carry out, produce; S. *actuar, efectuar, ejecutar*. [Exp: **hacer agiotaje** (TRAD gamble in stock), **hacer una oferta** (FIN tender; S. *licitar*)].

hipoteca *n*: FIN mortgage. [Exp: **hipoteca abierta** (FIN open mortgage), **hipotecas de amortización gradual** (FIN/MAT graduated-payment mortgages, GPMs), **hipotecas de segundo grado** (FIN second mortgages), **hipoteca general** (FIN blanket or general mortgage), **hipoteca titulizada** (FIN securitized mortgage), **hipotecable, hipotecario** (FIN/MAT mortgageable), **hipotecado** (FIN mortagagee), **hipotecante** (FIN mortgagor), **hipotecar** (FIN mortgage)].

historial de dividendos *n*: DIV dividend record; a publication reporting companies' payment histories and policies.

hoja *n*: GEN sheet, page; form. [Exp: **hojas amarillas** (FIN yellow sheets; a list the U.S. National Quotation Bureau publishes daily for market makers offering prices for over-the-counter corporate bond prices), **hojas blancas** (FIN white sheets; a list the U.S. National Quotation Bureau publishes daily for market makers offering prices for over-the-counter securities), **hoja de cupones** (FIN coupon sheet)].

honorarios *n*: GEN comission, emolument, fees, pay; S. *comisión, porcentaje*. [Exp: **honorarios, comisión o pagos de intermediación financiera** (FIN finder's fee)].

horario *n*: GEN hours, schedule, timetable; plan. [Exp: **[triple] hora bruja** (TRAD witching hour; the Triple Witching Hour happens only four times a year, on the third Friday of March, June, September and December; three types of investment contracts expire then: contracts on stock index futures, on stock index options and on individual stock options), **horario completo** (TRAD full time), **horario de apertura y operación de la Bolsa** (TRAD trading hours), **horario de contratación bursátil** (TRAD market hours), **horario discontinuo** (TRAD split timetable)].

horquilla *n*: TRAD range; S. *gama, serie.*

hundimiento *n*: MARK plunge; S. *desplome, desmoronamiento.* [Exp: **hundir-se** (GEN/FIN/MARK plunge; sink; S. *bajar, caer bruscamente, caída en picado de precios o cotizaciones, desplomarse*)].

I

IBEX-35 *n*: FIN/STCK IBEX-35; Madrid's 35 stock index; S. *índice CAC40, índice Nikkei; índice Dow Jones.*
igual *n/a*: GEN equal, same; S. *equitativo.* [Exp: **igualar** (GEN equal, even; S. *nivelar*)].
impago *n*: GEN default, unsettled; S. *fallido, incumplimiento de pago.*
importe *n*: FIN cost; S. *costes, gastos, precio.*
impreso de operaciones bursátiles *n*: TRAD dealing slip; S. *boleto-a.*
impuesto *n*: FIN tax; S. *contribución, gravamen, tasa.* [Exp: **impuesto al valor añadido** (FIN value added tax), **impuesto de transferencias** (FIN transfer tax), **impuesto de sociedades** (FIN/CORP company tax), **impuesto de valor añadido** (FIN value-added tax), **impuesto por ganancias inesperadas** (TRAD windfall tax), **impuestos por transacción** (TRAD transaction tax), **impuesto sobre la renta; IRPF** (FIN income tax), **impuesto sobre las actividades económicas** (FIN tax on gainful activities), **impuesto sobre tráfico de empresas** (FIN sales tax), **impuesto vencido** (FIN tax overdue)].
inactivo *n*: GEN inactive, dead.
incentivo *n*: GEN kicker.
incidir *v*: GEN imply; S. *implicar, presuponer, suponer.*
incorporar *v*: GEN absorb; S. *absorber, consolidar.* [Exp: **incorporado** (CORP corporate; S. *corporativo, empresarial, societario*)].
incremento *n*: GEN accrual; S. *aumento, crecimiento.*
incumplimiento de pago *n*: GEN default; S. *fallido, impago.*
incursión al amanecer *n*: CORP dawn raid; a firm or investor buys a significant number of shares in a company early in the morning when the stock markets open to make that company a target for takeover.
indexar *v*: FIN index; S. *indiciar, referenciar.*
indicador *n*: FIN indicator, pointer; barometer. [Exp: **índicador de ánimo** (FIN sentiment indicator; the general feeling of investors about the tendency of the market), **indicador de las tendencias de los mercados** (FIN market indicator), **indicadores de tendencia en**

Bolsa (TRAD leading indicators), **indicador de rentabilidad** (FIN return on equity, ROE), **indicativo de valor** (STCK stock ticker), **indicar** (GEN/FIN indicate, point), **indicación de un cliente a su agente de su interés por comprar o vender títulos** (TRAD indication; S. *orden*)].

índice *n*: FIN index, rate, ratio; S. *cociente, coeficiente, grado, porcentaje, ratio, razón; cotización, precio, tarifa, tasa; honorarios*. [Exp: **índice bursátil** (FIN/STCK share index, stock index), **índice bursátil de Standard and Poor's** (FIN Standard and Poor's 500 Stock Index, S&P 500), **índice CAC 40** (FIN CAC 40 index), **índice 100 de títulos convertibles** (FIN convertible 100), **índice de comportamiento anómalo** (FIN abnormal performance index), **índice de ejercicio** (OPT strike index), **índice de precios** (FIN price indexes; S. *índice de precios al consumo*), **índice de precios al consumo, IPC** (FIN consumer price index, CPI; S. *índice del coste de la vida; índice de precios*), **índice de precios de productos y mercaderías** (FIN commodity indices), **índice de ponderación de precios** (FIN price-weighted index), **índice de rentabilidad** (FIN profitability index), **índice de rotación** (FIN turnover ratio), **índice del coste de la vida** (FIN cost of living index), **índice Dow Jones de valores industriales** (FIN Dow Jones industrial average), **índice estratificado de valores** (FIN stratified equity indexing), **índice Nikkei** (FIN Nikkei stock average; S. *Dow; IBEX-35*), **índice NYSE** (TRAD NYSE composite index), **índice ordinario de la Bolsa de Nueva York** (FIN New York common stock index), **índice de solvencia crediticia** (FIN credit rating), **índice ponderado de la tendencia de las cotizaciones** (TRAD hi-lo index), **índice ponderado de valor de mercado** (TRAD market value-weighted index), **indiciación** (FIN indexation), **indiciar** (FIN index; S. *indexar, referenciar*)].

inflación *n*: FIN inflation. [Exp: **inflación galopante** (FIN rampant inflation)].

información *n*: FIN information; data, facts. [Exp: **información asimétrica** (FIN asymmetric information), **información bursátil confidencial** (FIN tip; S. *delito de iniciado*), **información confidencial** (FIN/TRAD insider information; information concerning the price of a company's securities that is known by a company's directors and officers, but which is not available to the public; trading securities using inside information is illegal), **información conjunta de las cotizaciones** [de la Bolsa de Nueva York, la *American Stock Exchange* o *The Curb*, Bolsa secundaria de Nueva York, y otras Bolsas regionales] (FIN consolidated tape, CQS; S. *cinta*)].

informe *n*: FIN account, memorandum, record, report, statement; S. *boletín, memoria*. [Exp: **informe de cuenta nueva** (FIN new account report)].

infravalorado *a*: FIN undervalued.

ingreso *n*: FIN deposit, dep; income, revenue; S. *abono, depósito; be-*

neficios, ganancias, rentas. [Exp: **ingresos** (FIN income; S. *renta; producto*), **ingresos fiscales** (FIN fiscal revenue; S. *rentas*), **ingresos íntegros, brutos** (FIN gross earnings or income), **ingresos por venta de una opción** (FIN/OPT premium income)].

inicio de la sesión bursátil *n*: MARK/TRAD market opening; S. *apertura de los mercados.*

inmunización delta *n*: FIN delta hedge.

inscribir-se *v*: FIN register; S. *apuntar-se, registrar-se*. [Exp: **inscribir, sin [no cotizado en Bolsa]** (TRAD not quoted), **inscripción** (GEN/FIN title; S. *derecho de propiedad, título*)].

instancia *n*: GEN application; S. *petición, solicitud.*

instrumento *n*: FIN instrument, paper, document. [Exp: **instrumento de deuda a largo plazo** (FIN note; S. *obligación, pagaré*), **instrumento negociable** (FIN negotiable instrument, commercial paper)].

integrante *n*: GEN member; S. *afiliado, miembro, socio.*

íntegro *a*: GEN gross; S. *bruto.*

intención del inversor de participar en una operación *phr*: TRAD great call.

inter *prep*: GEN inter-; S. *entre.*

intercambio *n*: GEN exchange; S. *cambio, trueque*. [Exp: **intercambio de títulos** (TRAD/CORP exchange of stock; purchase of another company by accumulation of its stock in exchange for cash or shares)].

interés *n*: FIN interest; rate. [Exp: **interés abierto** (FIN open interest), **interés acumulado o corrido** (FIN accrued interest), **interés de aplazamiento de valores en Bolsa** (FIN contango), **interés libor** (FIN London Interbank Offered Rate, LIBOR), **interés devengado** (FIN accrued interest), **interés en posiciones cortas** (FIN short interest; it refers to the total number of shares investors have borrowed and sold hoping that they will fall in value), **interés interbancario** (FIN interbank deposit rate), **interés personal en un valor** (TRAD axe to grind)].

interino *n*: GEN temporary; S. *momentáneo, transitorio.*

intermediación *n*: FIN intermediation, brokering; S. *desintermediación*. [Exp: **intermediación anónima** (MARK blind brokering)].

intermediario *n*: FIN/TRAD/AG intermediary, broker, dealer, jobber, go between, middleman; S. *agente, agente mediador, agiotista, «broker», corredor, intermediario financiero, especulador, operador.* [Exp: **intermediarios bajistas** (TRAD bear clique; a group that tries to force down the price of a specific stock; this practice is illegal), **intermediario de efectos de descuento** (FIN/TRAD running broker; S. *corredor de obligaciones*), **intermediario de mercado monetario** (FIN paper dealer), **intermediarios financieros** (FIN financial intermediaries), **intermediarios financieros [que prestan o toman prestadas acciones para cubrir las ventas en descubierto de sus clientes]** (TRAD loan crowd; S. *agente de Bolsa, pandilla de los archivadores; venta corta o en descubierto*)].

internacional *a/n*: GEN off-shore.
interior *a*: GEN internal, inside; S. *interno; nacional.*
interno *a*: GEN internal; inside; S. *interior; nacional.*
interposición *n*: TRAD interpositioning; a dishonest practice carried out by one broker when he uses another broker to execute a deal between a client and the market; the client then has to pay for two agency transactions instead of one; S. *tomar posiciones.*
intervención *n*: FIN control; S. *control, fiscalización.* [Exp: **intervenir** (FIN control; S. *controlar, fiscalizar*)].
intra- *pref*: GEN intra-. [Exp: **intradía** (TRAD intraday; same as within the day, to refer to the high and the low price of a stock)].
inversión *n*: FIN investment; S. *colocación, especulación.* [Exp: **inversión a plazo** (FIN time investment), **inversión anticipada en valores [por parte de un corredor para su propio beneficio]** (TRAD front running), **inversión de capital** (FIN capital investment), **inversión en Bolsa** (TRAD equity investment), **inversión en activos monetarios** (FIN money-market investment), **inversión en paraísos fiscales** (FIN off-shore funds; S. *fondos paraguas, paraíso fiscal o tributario*), **inversión en valores** (FIN/STCK investment in securities), **inversor** (FIN investor), **inversor a largo plazo** (TRAD long-term investor), **inversor extranjero en Japón** (TRAD gaijin), **inversor novel** *col* (TRAD Aunt Millie), **inversor tranquilo o paciente** (FIN buck investor), **inversores institucionales** (TRAD institutional investors), **invertir** (FIN invest)].
ir *v*: GEN/FIN go, move. [Exp: **ir [referido al precio de las acciones]** (TRAD goes), **ir a por todas** *col* (FIN go for broke), **ir cuesta abajo, ir de mal en peor** *col* (TRAD go to the dogs)].
irrealizable *a*: FIN illiquid.
irredimible [no amortizable] *a*: FIN irredeemable.
IVA *n*: FIN value-added tax, VAT.

J

jefe *n*: FIN principal; S. *mandante, ordenante*.
jerga financiera *n*: GEN finance parlance.
jugador *n*: GEN/TRAD player; S. *especulador, inversor, partícipe dedicado a la negociación en Bolsa*. [Exp: **jugar** (GEN/TRAD play; S. *especular, invertir, participar*), **jugar al alza y a la baja en la Bolsa** (NEGO job in stocks), **jugar a la Bolsa con riesgo** (TRAD playing the market), **jugar a la Bolsa en pequeña escala** *col* (TRAD scalp)].
junta *n*: GEN/FIN/CORP committee, board, meeting. [Exp: **junta de síndicos** (INST board of trustees), **junta general de accionistas** (INST general meeting of shareholders)].
jurisprudencia *n*: LAW law; S. *ley, derecho*.
justiprecio *n*: FIN fair price.

L

lado *n*: FIN leg; an option that is one side of a spread transaction.

lanzar *v*: FIN /TRAD/STCK launch, bring out, issue release, float, promote, strat up. [Exp: **lanzar al mercado** (TRAD market; S. *poner en venta*), **lanzar una emisión de bonos o valores** (TRAD/BOND float a loan or securities), **lanzamiento de una emisión de títulos** (TRAD flotation of an issue)].

lápida *col n*: STCK/UNDER tombstone; advertisement listing the underwriters to a security issue.

largo *a/adv*: GEN/TRAD long.

lavado *n*: FIN washing, trading; laundering. [Exp: **lavado de cupón o bono** (BOND bond washing; S. *caza de dividendos*), **lavado de dividendos** (DIV trading dividends; S. *caza de dividendos, plan de compra rotatoria de acciones a punto de generar dividendos*)].

leer la cinta o la pantalla *phr*: MARK reading the tape; analysing the performance of stocks as they are displayed on the ticker tape.

letra *a*: FIN bill, commercial draft, draft. [Exp: **letra a plazo** (FIN time bill, time draft), **letra de cambio** (FIN bill of exchange, commercial bill, commercial paper, merchantile paper, trade bill), **letra de cambio de máxima garantía** (FIN fine bank bill; S. *efectos comerciales de primera clase*), **letras del Gobierno de los EE.UU. de vencimiento inferior al año** (DEB U.S. Treasury bill, T-bill), **letra del Tesoro** (TRAD/BOND bill, public bond, T-bills; S. *bono de caja, billete de banco*), **Letra del Tesoro a corto plazo** (FIN cash management bill), **letra de cambio** (FIN bill of exchange), **letra en cartera** (FIN portfolio bill), **letras y bonos del Tesoro británico** (DEB exchequer bills/bonds), **letras y efectos emitidos por el gobierno de los EE.UU.** (FIN Federal Bills)].

ley *n*: LAW law; rule; statue, act; S. *derecho, jurisprudencia; norma, regla*. [Exp: **ley de inversiones** (LAW securities act), **ley de sociedades** (LAW company/corporation law) **leyes sobre emisión y contratación de valores** (LAW blue-sky laws)].

liberar *v*: FIN clear, free, issue. [Exp: **liberar acciones** (STCK issue

LIBRAR

shares/stock), **liberar una acción del dividendo pasivo correspondiente** (STCK/DIV pay a call on a share)].
librar *v*: FIN draw, issue. [Exp: **librado** (FIN drawee), **librador** (FIN drawer), **libramiento** (FIN draft; S. *letra*)].
licitación *n*: TRAD bidder, bidding; tender; S. *oferta, oferta de suscripción, puja*. [Exp: **licitación agresiva** (TRAD bidding through the market), **licitación no competitiva** (TRAD non- competitive bid), **licitación pública** (FIN competitive bidding, open bidding; S. *panel de subasta continua*), **licitación simultánea** (TRAD basket bidding; S. *contratación programada*), **licitador o licitante** (TRAD bidder), **licitante o postor que presenta la oferta más baja** (TRAD lowest bidder), **licitar** (TRAD bid; make a bid, take bids; tender; S. *hacer una oferta, ofertar, pujar*), **licitar más alto [sobrepujar]** (TRAD outbid)].
límite *n*: TRAD ceiling; S. *máximo, techo*. [Exp: **límite al alza o a la baja** (TRAD limit up/down), **límite de dividendos** (DIV dividend limit, dividend limitation), **límite de ejercicio de opciones** (TRAD/OPT exercise limit; number of option contracts of one class that can be exercised within a five-day period contract), **límite de endeudamiento** (DIV borrowing limit), **límite en las transacciones** (TRAD trading limits), **límite o «stop»** (FIN stop; S. *orden de pérdida limitada*)].
línea de tendencia de las cotizaciones *phr*: TRAD trend line.
lingote de oro o plata sin acuñar *n*: FIN bullion.

liquidación *n*: FIN liquidation, dissolution; settlement, sale; S. *cancelación, disolución, finiquito, pago*. [Exp: **liquidación corta** (FIN short settlement), **liquidación de los valores en Bolsa** (FIN Settlement, The; S. *aplazamiento de la liquidación de los valores de Bolsa a la siguiente quincena o Account day, reporte, Sistema de Compensación Permanente*), **liquidación de un lote de acciones** (TRAD clean up), **liquidación de una cuenta de margen** (FIN sell out), **liquidación final** (FIN final settlement) **liquidación inmediata** (TRAD immediate settlement), **liquidación preferencial forzosa** (FIN involuntary liquidation preference), **liquidación y entrega ordinaria de valores** (FIN regular settlement), **liquidado** (FIN paid; S. *retribuido, pagado*), **liquidar** (GEN/FIN clear; dissolve, liquidate, pay, settle; S. *cancelar, compensar, cerrar; abonar, pagar, retribuir*)].
liquidez *n*: FIN/TRAD liquidity; a high level of trading activity which enables to buy and sell with ease and minimum price agitation; V. *bono de gran liquidez*. [Exp: **líquido** (GEN/FIN liquid; net; S. *disponible, neto*), **líquido, sin** (FIN cashout; a firm runs out of cash and cannot sell its securities)].
lista *n*: GEN/FIN list, account, register; S. *catálogo, listado, registro, relación; boletín*. [Exp: **lista o registro de accionistas** (STCK register of shareholders), **lista de cambios** (TRAD list of quotations), **lista de valores más activos** (TRAD most active list), **listado** (GEN list, printout; S. *catálogo, lista,*

relación; boletín), **listado de acciones recomendadas** (TRAD focus list)].

lonja *n*: INST commodity exchange; stock market; S. *Bolsa*. [Exp: **lonjas o Bolsas de contratación de mercaderías** (MARK commodity exchange), **Lonja de Contratación de Mercaderías de Nueva York** (INST New York Cotton Exchange, NYCE), **lonja de productos perecederos** (MARK produce exchange)].

los cincuenta principales *col n*: STCK Nifty Fifty; the 50 favorite stocks of institutional investors.

lote *n*: GEN/FIN/TRAD batch, lot, parcel; class; piece; S. *porción; bloque de acciones*. [Exp: **lote de acciones** (STCK batch of shares; S. *cartera de acciones o títulos, paquete, paquete de acciones, paquete accionarial*), **lote de acciones suelto o incompleto** (STCK odd lot), **lote completo [de cien acciones o múltiplo de cien]** (STCK/TRAD full lot, normal trading unit, round lot; S. *diferencial; lote uniforme de acciones, lote de acciones suelto*), **lote suelto de acciones** (STCK broken lot; S. *orden de pico*), **lote uniforme de acciones** (STCK even lot; S. *lote de acciones suelto, lote completo de cien acciones o múltiplo de cien*)].

lugar *n*: GEN spot: S. *punto, sitio*. [Exp: **lugar y fecha de la emisión** (FIN place and date of issue)].

lunes negro *n*: FIN/TRAD/MARK Black Monday; it refers to Monday, October 19, 1987 or the sharpest one day plunge in NYSE history.

M

machacar *v*: GEN/TRAD hammer. [Exp: **machacar el mercado** (TRAD hammering the market; a persistent selling of stocks to force prices down)].

magnitud *n*: FIN size; S. *tamaño, volumen*.

maldición del ganador *n*: FIN winners's curse; problems faced by uninformed bidders who receive larger allotments of issues that informed participants know are overpriced.

mandante *n*: FIN principal; S. *jefe, ordenante*. [Exp: **mandato** (TRAD order; S. *orden*)].

manifestación de interés *n*: TRAD indication of interest; a dealer's or investor's interest in purchasing securities that are still in the underwriting stage.

manipulación *n*: GEN manipulation. [Exp: **manipulación o maniobra bursátil** (TRAD market rigging), **manipulación a la baja** (TRAD bear raid; an illegal stock price manipulation carried out by a group of investors and which consists in selling large quantities of the stock short to make its price sink; then the investors buy the stock back, benefiting from the difference), **manipulación de las cotizaciones** *col* (TRAD painting the tape), **manipulación e inflación del precio de un valor** (TRAD kiting)].

mantener *v*: GEN hold, keep, maintain, support; S. *guardar, poseer*. [Exp: **mantener los precios del mercado** (MARK support the market)].

maquillaje de cartera *n*: FIN dressing up a portfolio.

margen *n*: FIN margin; spread; S. *compra al o sobre margen diferencial, cuenta de valores, demanda de cobertura suplementaria, depósito de mantenimiento, garantía, prima*. [Exp: **margen a plazo** (FIN forward margin), **margen adicional** (FIN additional margin), **margen inicial** (FIN initial margin), **margen de rendimiento relativo de un bono** (BOND relative yield spread), **margen de suscripción** (UNDER underwriting spread), **margen del intermediario** (UNDER dealer's spread), **margen diferencial o «spread» diagonal** (FIN/OPT diagonal spread; an options strategy involving a long and a short position in the same class of option at different strike prices and different expiration dates), **margen entre las cotizaciones al contado y a término** (FIN spread between spot and forward quotation), **margen estacional** (FIN time call spread)].

mariposa *n*: TRAD butterfly; S. *posición larga de mariposa*. [Exp: **mariposa comprada** (TRAD long butterfly; an option strategy created by buying one option at each of the outside exercise prices and selling two options at the inside exercise price), **mariposa vendida** (OPT/MAT short butterfly; S. *mariposa comprada, posición larga de mariposa*)].

más *a*: GEN plus. [Exp: **más órdenes casadas** (TRAD plus a match; floor indication that shows someone with equal priority standing who wants to buy or sell the same number of shares at the same price as you)].

matador *n*: FIN matador; the foreign market in Spain.

máximo *a/n*: GEN/FIN maximum; highest, top; cap; S. *alto, límite, pico, superior, techo, tope*. [Exp: **máximos** (TRAD highs), **máximos acumulados** (TRAD ascending tops; this alludes to a series of peaks, each peak higher than the previous one), **máximos descendentes** (FIN/TRAD descending tops; this alludes to a series of peaks, each peak lower than the previous one), **máximo permitido de acciones** (STCK shares authorized; S. *en circulación*), **máximos y mínimos** (TRAD highs and lows), **máximo, techo de una opción** (OPT cap; S. *capción; máximo, precio mínimo, techo; contrato diferido*)].

mayoría *n*: FIN/GEN majority. [Exp: **mayoritario** (FIN/GEN majority; S. *mayoría*)].

mayorista *n*: AG wholesaler; an underwriter or a broker-dealer specialized in trading with other broker-dealers, rather than with the public.

mayorización *n*: TRAD stagging; S. *especulación de lanzamientos*.

media *a/n*: FIN average; mean; the buying or selling of securities in order to obtain a better overall price; S. *promedio*.

medida *a/n*: GEN/FIN standard; S. *estándar; corriente, normal, normalizado, patrón*.

mejor *a*: GEN best. [Exp: **mejor, a/por lo** (TRAD at or better; S. *orden «stop» con límite*), **mejor venta posible** (TRAD best-efforts sale)].

memoria *n*: GEN/TRAD report; S. *informe, memoria*.

menesteroso [manos débiles] *col n*: TRAD barefoot pilgrim; a colloquial expression describing an inexperienced investor who has lost everything on the stock market.

mercadería[1] *n*: FIN commodity, goods; S. *artículo de consumo, bienes, género, mercancía, producto genérico o básico; activo real*. [Exp: **mercaderías**[2] (FUT actuals), **mercadería en garantía** (FIN/FUT collateral commodity), **mercadería futura** (FUT commodity futures)].

mercado *n*: MARK market; S. *Bolsa; valor de mercado*. [Exp: **mercado, a** (TRAD at market; S. *orden con límite*), **mercado a término** (MARK forward market, future market),

mercado a la baja o sin variación (MARK heavy or depressed market; S. *mercado indeciso*), **mercado activo** (MARK brisk market), **mercado ajustado** (MARK tight market), **mercado alcista** (MARK bull market), **mercado al contado** (MARK cash markets, spot markets; S. *mercados de derivados*), **mercado amplio** (MARK broad market; S. *mercado activo*), **mercado bursátil informal [por teléfono]** (MARK pink sheet market), **mercado comprador** (MARK buyer's market), **mercado con escaso volumen de contratación** (MARK/TRAD limited market), **mercado continuo** (MARK continuous market, automated order/dealing system; permanent market), **mercado controlado o manipulado** (MARK rigged market; S. *manipulación o maniobra bursátil*), **mercado de acciones** (MARK equity market, stock market), **mercado de acciones ordinarias** (MARK common stock market), **mercado de bonos de sociedades anónimas** (MARK/CORP corporate bond market), **mercado de cohtado** (MARK spot market), **mercado de contratación por teléfono** (MARK over-the-telephone market), **mercado de derivados** (MARK derivative markets), **mercado de deuda** (MARK debt market), **mercado de dirección única o unilateral** (MARK one-way market), **mercado o negocio de divisas a plazo** (TRAD/MARK forward exchange deal/market), **mercado de entrega diferida o a plazo fijo** (MARK cash forward market), **mercado de especialistas** (FIN/TRAD specialist market), **mercado de factores de producción** (FIN/MARK factor market), **mercado de futuros** (FUT futures market; the main futures markets are *LIFFE, The Baltic Exchange, The London Fox, The London Metal Exchange, The International Petroleum Exchange*; S. *mercado al contado*), **mercado de futuros a plazo** (MARK forward market), **Mercado de Futuros de Nueva York** (INST New York Futures Exchange, NYFE), **Mercado de Índices y Opciones** (MARK Index and Option Market, IOM), **mercado de intermediación** (AG/MARK brokered market), **mercado de intermediarios financieros** (MARK dealer market), **mercado de negociación de bonos y acciones preferentes** (MARK/TRAD fixed-income market), **mercado de pagarés de empresa a corto plazo** (MARK commercial paper market; S. *pagaré de empresa a corto plazo*), **mercado de subasta** (MARK auction markets), **mercado de subasta doble** (MARK double auction market), **mercado de valores [la Bolsa]** (MARK stock market; S. *mercado de acciones*), **mercado de valores [incluidos los secundarios]** (MARK securities markets), **mercado de valores no registrados** (STCK fourth market; it applies to two large institutions executing a securities deal without using a broker), **mercados del sureste asiático** (MARK dragon markets), **mércado débil** (MARK soft market), **mercados emergentes** (MARK emerging markets), **mercado en calma** (MARK easy market), **mercado en posición dinero** (MARK buyers over), **mercado equilibrado (MARK two-sided market), **mercado extrabursátil** (MARK over-the-counter, OTC), **mercado extranjero** (MARK foreign market; it is the part of a nation's internal market which issues and trades securities of institutions and companies located outside that nation; S. *mercado interno*), **mercado escaso o plano [con escaso volumen de contratación]** (TRAD narrow market), **mercado financiero** (FIN/MARK financial market), **mercado global de acciones** (MARK global equity market), **mercado gris** (TRAD gre/ay market; describes the sale of securities that have only been issued to the underwriting syndicate, it may serve as a good indicator of potential demand for the new issue in the public market), **mercado indeciso** (MARK hesitant market; S. *mercado a la baja*), **mercado inmovilizado** (MARK locked market; S. *mercado invertido o cruzado*), **mercado internacional de obligaciones en divisas** (DEB international bond market), **mercado interno** (MARK domestic market, inside market; it reflects the highest quoted bid and the lowest offer price among competing market makers in a security trading; S. *mercado no organizado o no reglado*), **mercado invertido o cruzado** (MARK inverted market, crossed market; backwardation; S. *mercado inmovilizado, reporte*), **mercado mayorista** (MARK wholesale market), **mercado minorista** (MARK retail market), **mercado monetario o de dinero** (MARK money market), **mercado monetario en eurodivisas** (MARK Eurocurrency market), **mercado no organizado o no reglado** (MARK over the counter, OTC market), **mercado no regulado** (MARK off-shore market), **mercado o Bolsa organizada** (MARK organized exchange), **mercado primario** (MARK primary market; S. *mercado secundario*), **mercado real** (MARK actual market), **mercado regulado** (MARK administered market), **mercado secundario o desregulado** (MARK aftermarket, secondary market, over-the-counter, OTC, underlying market), **mercado sin liquidez** (MARK thin market), **mercado tomador** (MARK buying or sellers' market) **mercado vendido** (MARK/FUT sold-out market), **mercado veloz** (MARK fast market; a delay in the electronic updating caused by fast trading in a particular security)].

mercancía *n*: FIN commodity, goods; S. *artículo de consumo, género, mercadería, producto genérico o básico; activo real*. [Exp: **mercancía física** (FIN cash commodity)].

mercantil *n*: FIN/CORP company, corporation, society; S. *compañía, empresa*. [Exp: **mercantil cuyas acciones cotizan en Bolsa** (CORP/TRAD quoted company, listed firm/company), **mercantil objeto de una OPA** (CORP target company)].

mes *n*: GEN month. [Exp: **mes de entrega efectiva de los futuros** (FUT delivery month), **mes inmediato** (FUT/MAT spot month; the nearest delivery month on a futures contract), **meses vencidos** (MAT/OPT/FUT back months)].

miembro *n*: GEN member; S. *afiliado, integrante, socio*. [Exp: **miembro del consejo de administración** (FIN director; S. *consejero*), **miembro fundador** (FIN founding or chater member)].

minusvalías *n*: FIN holding losses; capital loss.

modalidad de dividendo acumulativo *n*: DIV cumulative dividend feature.

modelo *n*: GEN model; form; S. *cuestionario, formulario; arquetipo, prototipo*. [Exp: **modelo de factor único** (FIN single factor model; a model of security returns that acknowledges only one common factor, usually the market return), **modelo de mercado** (FIN modelo de mercado), **modelo de valor-riesgo** (FIN Value-at-Risk model, VaR), **modelo de valoración de los precios de los activos** (FIN asset pricing model), **modelo de valoración de los precios de los activos de capital** (FIN capital asset pricing model, CAPM; S. *teoría moderna de cartera*)].

modificación *n*: GEN adjustment; S. *ajuste, corrección*.

momentáneo *n*: GEN temporary; S. *interino, transitorio*.

moneda *n*: FIN currency; S. *dinero, divisa*. [Exp: **monedas [acuñaciones de oro]** (FIN gold coins), **moneda [dinero de curso legal]** (TRAD legal tender; S. *sucedáneo de dinero*), **moneda de 25 centavos** (GEN quarter, qrt; S. *cuarto, trimestre*), **moneda extranjera, divisas** (FIN foreign currency), **moneda fiduciaria** (FIN fiduciary money), **monetario** (FIN monetary, money; finantial; S. *bancario, financiero*)].

monopolio *n*: FIN monopoly, trust. [Exp: **monopolizar o acaparar el mercado** *phr*: FIN corner a market)].

monopsodio *n*: FIN monopsony.

monto *n*: GEN/FIN amount, sum, total; S. *suma, total*. [Exp: **monto global** (FIN lump sum; S. *suma global, tanto alzado*)].

mostrar *v*: GEN chart; S. *trazar*. [Exp: **mostrar interés** (GEN/FIN open; S. *abierto, ampliable, claro, pendiente, público*)].

movimiento horizontal de precios *n*: FIN horizontal price movement; stock price movement within a narrow price range over an extended period of time which creates the appearance of a relatively straight line on a graph of the stock's price.

muralla china *n*: FIN Chinese wall; a barrier set up between the trading side of a broker-dealer firm and its financing bank in order to prevent broker-dealers from using bank's inside information.

mutuo *a*: GEN mutual; S. *recíproco*.

muy en dinero/valor, muy fuera de dinero/valor *phr*: OPT deep in/out of the money; S. *en dinero, fuera de dinero*.

N

nacional *a*: GEN domestic, internal; S. *interior, interno*.

negociación *n*: TRAD bargain, deal, transaction, trade; S. *actividad comercial, acuerdo, comercio, negocio, operación, transacción, trato*. [Exp: **negociación a viva voz** (TRAD open outcry, ring trading), **negociación agresiva** (TRAD trade on the wire), **negociación codo con codo** (TRAD side-by-side trading), **negociación cruzada** (NEGO overtrading; underwriters persuade brokerage clients to purchase some part of a new issue in return for the purchase by the underwriter of other securities from them at a premium), **negociación, de escasa** (NEGO thinly traded), **negociación de paquetes de acciones** (TRAD block trading), **negociación dual** (TRAD dual trading; trading the same security on two different exchanges at the same time), **negociación en conjunto o al montón** (TRAD crowd trading; group of exchange members specialized in a defined trading field who tend to congregate around a trading post pending execution of orders), **negociación fija** (TRAD flat trades), **negociación libre** (TRAD free dealings), **negociación libre de valores** (TRAD free to trade), **negociación por concertación** (TRAD trades by appointment), **negociación por conocimiento de información** (TRAD information-motivated trades; the investor trades believing he holds relevant information which the stock's price does not reflect), **negociación rotatoria de dividendos** (TRAD/DIV dividend trade roll/play), **negociación secundaria** (TRAD unlisted trading), **negociación tras cierre** (TRAD after-hours dealing or trading), **negociabilidad de un valor** (TRAD marketability)].

negociar *v*: NEGO negotiate, bargain, deal, operate, trade; S. *comerciar, contratar, operar, tratar*. [Exp: **negociar a dos bandas** (TRAD lock; make a market both ways, bid and offer), **negociar al alza una opción de compra** (TRAD/OPT roll up), **negociar con pérdidas** (TRAD operating in the red), **negociar o ejecutar si se alcanza** (TRAD market-if-touched, MIT; an order to buy or sell as soon as a security can be bought or sold at a predetermined market price), **negociar un volumen de acciones superior al anunciado** col (TRAD fry a bigger fish), **negociar una orden con otro agente** (NEGO working away), **negocio** (FIN/TRAD business, deal, trade; S. *actividad comercial, actividad empresarial, comercio, empresa, negociación, operación, transacción*)].

neto *a*: GEN clear; net; S. *libre, limpio*; *líquido*.

nervios del mercado *n*: TRAD market jitters; worried investors who sell their stocks and bonds, pushing prices down.

niños de la guerra col *n*: STCK war babies; securities issued from companies related to the military industry.

nivel *n*: GEN level; even. [Exp: **nivel de precios o umbral de intervención** (FIN support level), **nivel de resistencia** (TRAD resistance level)].

no *adv/pref*: GEN no; not; non-; dis-, un-. [Exp: **no amortizable** (MAT non-redeemable), **no aumentar** (TRAD Do Not Increase, DNI; a restriction placed on a good until canceled order to prevent an order increase in the case of a stock dividend or stock split), **no exigible** (FIN uncallable), **no reembolsable o rescatable** (FIN non-refundable, irredeemable), **no reducir** (TRAD Do Not Reduce, DNR; a limit order to buy or to sell, or a stop-limit order to sell that is not to be reduced by the amount of an ordinary cash dividend on the ex-dividend date; S. *orden con límite*)].

nominal *a*: FIN face, nominal.

norma *n*: FIN/LAW rule, regulation; norm, standard; S. *disposición, ley, principio, reglamento, regulación, regla*. [Exp: **norma de lavado de valores a treinta días** (FIN thirty-day wash rule)].

normal *a/n*: GEN/FIN ordinary, average, usual, standard; normal; S. *común, corriente, estándar, habitual, medida, normalizado, ordinario, patrón, previsible, probable*. [Exp: **normalizado** (GEN/FIN standard; S. *corriente, estándar, medida, normal, patrón*)].

nota *n*: GEN note, notice; memo, report, slip. [Exp: **nota de abono** (TRAD credit note, call credit), **nota de negociación** (TRAD bill of transaction)].

notificación *n*: GEN notification, advice, communication, warning. [Exp: **notificación de deficiencias** (FIN deficiency letter; a letter sent by the Securities and Exchange Commission during the registration period of a security informing the issuer that the registration is deficient and that he must proceed to make changes in it before the SEC can approve the security), **notificación formal** (GEN notice; S. *aviso, citación, convocatoria, emplazamiento, preaviso*)].

nuevo *a*: GEN new. [Exp: **nuevo máximo o mínimo** (TRAD new high/new low), **Nuevo Mercado** (INST Nouveau Marche; a section of the Paris Bourse dedicated to innovative, high-growth companies)].

número *n*: GEN/FIN figure, number; S. *cifra, guarismo; suma, precio*. [Exp: **número CUSIP** (FIN CUSIP number; a number assigned by the

Committee of Uniform Security Identification Procedure that appears on the face of all securities documents to identify them), **número de identificación fiscal; NIF** (FIN fiscal identity number)].

nulo *a*: GEN empty; S. *sin efecto, vacío.*

O

obligación[1] *n*: DEB debenture, note; debt; S. *bono, endeudamiento, pagaré; deuda valor de renta fija, instrumento de deuda a largo plazo*. [Exp: **obligación**[2] (GEN obligation; S. *compromiso, deber*), **obligación a demanda de renta variable** (DEB variable-rate demand note), **obligación a medio plazo** (DEB medium-term note), **obligación abierta** (DEB/BOND open-end bond), **obligación abonable con ingresos fiscales** (DEB revenue bond), **obligación al consumidor** (DEB consumer debenture), **obligación amortizable** (DEB/MAT redeemable debenture or bond), **obligación amortizable con acciones** (DEB/MAT convertible stock note), **obligación bancaria** (STCK bank bond), **obligaciones bancarias anticipadas** (STCK bank anticipation notes, BAN), **obligación con beneficios acumulados** (DEB accumulated benefit obligation, ABO), **obligación con cupón** (DEB coupon issue), **obligación con desembolso aplazado** (BOND partly-paid bond), **obligación con garantía hipotecaria** (DEB collaterized mortgage security; general mortgage bond), **obligación con garantía multilateral** (DEB Collateralized Bond Obligation, CBO), **obligación convertible** (DEB convertible debenture), **obligación convertible de prima elevada** (DEB high-premium convertible debenture), **obligaciones convertibles en acciones** (DEB convertible debenture stock), **obligación de fideicomiso** (DEB trust bond), **obligaciones de interés fijo** (DEB loan stock), **obligaciones de interés variable** (DEB flottant bonds), **obligaciones del mercado financiero garantizados por hipotecas y titulizaciones hipotecarias** (DEB money market notes), **obligaciones de plena confianza** (DEB full faith-and-credit obligations), **obligaciones del Estado** (DEB government obligations), **obligaciones del Estado deducibles** (DEB Tax Anticipation Notes, Tans), **obligaciones del Gobierno de los EE.UU. de vencimiento entre uno y diez años** (DEB U.S. Treasury note), **obligación de renta anticipada**

(DEB/MAT Revenue Anticipation Note, RAN), **obligaciones del Tesoro con vencimiento a medio plazo** (DEB Treasury notes), **obligación declinante** (DEB step down note), **obligaciones derivadas** (STCK/DEB derivative security; an option or future whose value is derived in part from the value and characteristics of the underlying asset), **obligación flotante con garantía de un activo** (DEB floating debenture; S. *préstamo garantizado con un determinado activo*), **obligación garantizada** (DEB guarantee debenture), **obligación o cédula hipotecaria** (DEB mortgage debenture), **obligación hipotecaria o real** (DEB real obligation), **obligación hipotecaria garantizada o *colaterizada*** (DEB Collateralized Mortgage Obligation, CMO; S. *valor titulizado de fondos de hipotecas*), **obligación hipotecaria** (BOND/DEB bond debenture; S. *bono con garantía hipotecaria*), **obligaciones municipales a corto plazo** (DEB municipal notes), **obligación negociable** (FIN commercial paper), **obligación o bono sin garantía prendaria** (BOND unsecured debenture/bond; naked debenture S. *bono u obligación sin seguro, cédula hipotecaria, obligación o bono con garantía de activos*), **obligación o cédula del Tesoro de cupón cero** (BOND/DEB certificate of accrual on Treasury securities, CATS; S. *bono titulizado del Tesoro*), **obligación participativa** (DEB profit-sharing debenture), **obligación perpetua** (DEB perpetual debenture; S. *acciones no redimibles o privilegiadas*), **obligación preferente** (BOND preference/preferential bond), **obligación prioritaria** (DEB/BOND senior bond; S. *bono subordinado*), **obligación simple** (DEB simple debenture; S. *cédula hipotecaria, obligación o bono con garantía de activos*), **obligaciones sólo capital** (DEB principal only, PO), **obligaciones sólo intereses** (DEB interest-only securities), **obligaciones vencidas** (DEB/MAT matured bonds), **obligacionista** (DEB debenture holder; holder of debentures; S. *tenedor de obligaciones*), **obligado** (FIN obligor; S. *deudor*), **obligante** (FIN obligee; S. *acreedor de una obligación*)].

oferta *n*: TRAD bid; offer; S. *cotización, licitación, postura, posición*. [Exp: **oferta con derechos** (STCK right offering; S. *derecho preferente de tanteo*), **oferta de acciones a precio fijo** (STCK/TRAD fixed price basis), **oferta de acciones en suscripción pública** (TRAD/STCK public share offer), **oferta de acciones mediante una licitación pública** (FIN competitive offering), **oferta de adquisición** (TRAD bid; S. *posición, puja*), **oferta de compra de un valor mejorada por otra oferta superior** (TRAD lifted), **oferta de conversión** (FIN conversion feature; the right to transform a particular investment to another form of investment, such as bonds to common stock, etc.), **oferta del todo o la parte** (TRAD any-or-all bid; S. *OPA de dos niveles*), **oferta de rendimiento** (FIN/MAT reoffering yield; the yield to maturity at which an underwriter offers to sell bonds to investors),

oferta de suscripción (FIN tender; S. *licitación*), **oferta de venta de acciones a través de un intermediario** (TRAD offer for sale; S. *colocación institucional de una emisión nueva de valores, flotación, oferta de venta directa de acciones, oferta pública de acciones nuevas, venta de acciones por subasta*), **oferta de venta directa de acciones** (TRAD offer by prospectus; S. *oferta pública de acciones nuevas*), **oferta desdoblada** (BOND/MAT split offering), **oferta en corto** (FIN short tender), **oferta en firme** (TRAD firm quote), **oferta especial** (TRAD special bid), **oferta flotante de acciones de compra inmediata** (STCK/TRAD floating supply), **oferta general al contado** (TRAD general cash offer), **oferta negociada** (TRAD negotiated offering), **oferta pública** (FIN public bidding, public offer, public tender), **oferta pública de compra de acciones a precio fijo** (TRAD fixed-price tender offer), **oferta pública de acciones nuevas** (FIN public issue; S. *colocación institucional de una emisión nueva de valores, flotación, oferta de venta de acciones a través de un intermediario, oferta de venta directa de acciones, oferta pública de acciones nuevas, OPA de dos niveles, salida a Bolsa, venta de acciones por subasta*), **oferta pública de adquisición, OPA** (FIN public bid; take-over bid; offer to purchase; S. *incursión al amanecer, oferta pública de adquisición de una empresa, OPA; tiburón*), **oferta pública de adquisición de una empresa, OPA** (FIN/CORP tender offer), **oferta pública inicial** (TRAD initial public offering, IPO), **oferta protegida** (TRAD hedged tender), **oferta registrada** (STCK shelf offering), **oferta secundaria registrada** (TRAD registered secondary offering), **oferta o distribución primaria** (TRAD primary distribution, primary offering), **oferta o distribución secundaria** (TRAD secondary distribution, secondary offering), **ofertar** (GEN/TRAD bid, offer; S. *licitar, pujar; ofrecer, proponer*)].

oficial *a/n*: GEN official; S. *público; autorizado*.

oficina *n*: GEN/AG office; agency. [Exp: **oficina de contratación y de atención al cliente** (AG front office; S. *trastienda*), **oficina de contratación y gestión de activos** (AG dealing room, front office, trading room), **oficina matriz o principal** (AG head office, main office)].

ofrecer *v*: GEN/TRAD give; offer; S. *ceder, dar; ofertar, proponer*.

omisión de caducidad *n*: AG aged fail.

oligopolio *n*: MARK oligopoly.

oligopsonio *n*: MARK oligopsony.

omitir el pago de un dividendo *phr*: DIV pass a dividend; S. *fijar un dividendo*.

OPA *n*: CORP take-over bid; S. *oferta pública de adquisición de las acciones de una sociedad*. [Exp: **OPA de dos niveles** (FIN two-tier bid; S. *oferta del todo o la parte*), **OPA hostil** (FIN/CORP/TRAD hostile takeover), **OPA relámpago** (CORP Blitzkreig tender offer)].

opción *n*: OPT option. [Exp: **opción a doblar la amortización de bonos** (BOND/MAT double call in sinking

OPCIÓN

funds), **opción a la americana** (OPT American option; spot option; S. *precio, tipo; oferta del todo o la parte; precio de entrega futura*), **opción a largo plazo** (OPT long term option), **opción al descubierto** (OPT naked option, writing naked), **opción a repetir** (OPT call-of-more option), **opción barrera** (TRAD barrier options), **opción con beneficio probable** (OPT money option, in the), **opción con cuota dividida** (OPT split-fee option), **opción con devolución de prima si no se ejerce** (OPT money-back option), **opción convencional** (OPT conventional option), **opción cotizada** (OPT listed option), **opción cubierta** (OPT covered option; S. *opción de compra al descubierto*), **opción de calidad** (FIN quality option; they reflect the seller's choice of deliverables in Treasury Bond and Treasury note futures contract), **opción de compra** (OPT call option), **opción de compra a precio prefijado** (OPT net option), **opción de compra al descubierto** (OPT naked call option; S. *opción cubierta*), **opción de compra con barrera mínima** (OPT down-and-in call), **opción de compra con tope máximo en el activo subyacente** (OPT down-and-out call), **opción de compra condicional** (TRAD conditional call), **opción de compra diferida** (BOND deferred call), **opción de compra de bonos** (BOND debt warrant), **opción de compra de efectivo garantizado** (FIN/OPT writing cash-secured puts), **opción de compra de valores** (TRAD call; S. *opción, opción de compra, opción de venta*), **opción de compra y venta** (OPT call and put option; S. *cobertura a horcajadas, opción de venta*), **opción de devolución de la prima si no se ejerce** (OPT money-back option), **opción del comodín** (FUT wild card option; the right of the seller of a Treasury bond futures contract to give notice of intent to deliver it after the closing of the exchange when the futures settlement price has been fixed), **opción del mercado extrabursátil o secundario** (OPT dealer options), **opción de reventa, con** (OPT puttable), **opción de venta** (TRAD/OPT put, put option, seller's/selling option; an option granting the right to sell the underlying futures contract; S. *opción de compra, opción de compra y venta, opción de venta*), **opción de venta a cubierto** (OPT covered put), **opción de venta a vendedor** (OPT put to seller), **opción de venta con tope máximo** (OPT up-and-out put), **opción de venta con tope mínimo** (OPT up-and-in put), **opción de venta envenenada** (FIN/CORP poison put; a clause which allows the bondholder to demand repayment in the case of a hostile takeover), **opción de venta vinculada** (OPT married put), **opción diferencial** (OPT spread option), **opción doble** (OPT double option, put and call option), **opción ejercible en unos límites fijados** (OPT inside trading range option), **opción ejercible fuera de unos límites fijados** (OPT outside trading range option), **opción europea** (OPT European option; option that may be exercised only at the expiration date; S. *opción a la americana*), **opción fuera de dinero**

(OPT out-of-the-money option; S. *en dinero, muy fuera de dinero*), **opción incluida o contenida** (OPT embedded option), **opción multi índice** (OPT multi-index option), **opción negociada [en mercados financieros organizados]** (TRAD/OPT traded options; S. *opción tradicional*), **opción no ejercitable o negociable** (OPT/MAT lapsed option), **opción perpetua** (OPT perpetual option), **opción retrospectiva** (OPT lookback option), **opción retrospectiva con ejercicio** (OPT lookback option with strike), **opción similar con la misma fecha de ejercicio** (OPT option class), **opción sin valor** (OPC knock-out option), **opción sobre acción** (OPT/STCK equity option; stock option), **opción sobre acción cualificada** (FIN/STCK qualifying stock option), **opción sobre divisas** (OPT foreign currency option), **opción sobre futuros** (OPT/FUT futures option; option on futures), **opción sobre índice** (OPT index option), **opción sobre opción** (OPT compound option), **opción sobre permutas financieras o «swaps»** (OPT swaption, swap option), **opción sobre precios medios** (OPT average price option, APO), **opción sobre tipos de interés** (OPT interest rate options), **opción túnel** (OPT tunnel option; a set of collars, typically zero-cost, that cover a series of maturities from the current date), **opción tradicional** (OPT traditional options; S. *opción negociada en mercados financieros organizados*), **opción única** (OPT single option)].

operación *n*: FIN/TRAD business, deal, operation, trade, transaction; S. *actividad empresarial, empresa, negociación, negocio, transacción*. [Exp: **operación a plazo** (TRAD forward transaction), **operación basura** (TRAD garbatrage; it happens when a big takeover involving two companies in one sector causes a rise in stock prices and increases market activity in the entire sector; S. *rumoritraje*), **operación bursátil** (TRAD security transaction), **operación bursátil al contado** (TRAD cash deal), **operación cruzada** (TRAD crossed trade; an illegal practice of compensating buy and sell orders without recording the trade on the exchange), **operación de aparcamiento de valores** (STCK/TRAD parking deal; S. *aparcamiento de valores, sociedad interpuesta*), **operación de dobles** (FIN reverse repo; S. *pacto de recompra o retroventa*), **operación de doble opción** (OPT put and call option), **operación de préstamo en el mercado interbancario con acuerdo de recompra** (FIN interbank market repurchase agreement), **operación de reducción de cupón** (FIN couponing), **operación de mercado abierto** (TRAD open-market operation), **operación de opciones o a prima** (OPT option dealing), **operación en Bolsa** (TRAD dealing; trading; S. *contratación, compraventa de valores*), **operación o contratación extrabursátil** (TRAD over-the-counter transaction; off-board), **operación facultativa a opción del vendedor** (TRAD option to repeat, repeat option), **operación inversa** (TRAD reversing trade; entering the opposite

OPERADOR 440

side of a currently held futures position to close out the position), **operación o emisión peliaguda** (FIN/TRAD sticky deal; a new securities issue difficult to sell because of market or corporation problems), **operación empresarial con riesgo** (FIN venture; S. *actividad económica novedosa*), **operación marginal** (TRAD marginal trading), **operación pendiente o fallida** (TRAD «cannot complete»), **operación sin riesgo** (TRAD riskless transaction), **operación sujeta a ejecución** (TRAD subject to a print/execution/trading), **operación última o más reciente de un valor** (TRAD last sale; S. *venta de un título a precio superior o inferior al de su cotización inmediatamente anterior*)].

operador *n*: TRAD operator, broker-dealer, dealer, trader; S. *agente, corredor de Bolsa*. [Exp: **operador básico** (AG primary dealer; it refers to the list of securities firms authorized to deal in new issues of government bonds), **operador de Bolsa** (TRAD trader in actuals), **operador de Bolsa [que contrata en nombre propio]** (AG/TRAD local), **operador de Bolsa registrado** (AG registered trader), **operador de mercados de materias primas** (AG pit trader), **operador de opciones registrado** (AG registered options trader), **operador de posiciones** (FIN/TRAD position trader; S. *especulador en Bolsa de poca monta, especulador de contratos de futuros y a plazo*), **operador o intermediario independiente en el mercado de valores** (AG/TRAD non-member broker),

operador en futuros (TRAD trader in futures), **operar** (FIN/TRAD deal, trade; operate; S. *comerciar, contratar, negociar*)].

operativo *a*: GEN effective; S. *efectivo, práctico*.

oportunista del mercado *n*: TRAD market timer.

órdago *n*: FIN/CORP greenmail; a circumstance in which a large block of stock is controlled by an unfriendly company, forcing the target company to repurchase the stock at a substantial premium to prevent a takeover; S. *recompra defensiva*.

orden *n*: TRAD order, instruction, mandate; warrant. [Exp: **orden abierta [válida hasta su cancelación]** (TRAD open [good-til-cancelled] order, good [un]'til cancelled order, GTC; S. *orden para el día, orden con límite*), **orden a la apertura** (TRAD on the opening order), **orden al cierre** (TRAD on the close order), **orden al mercado** (TRAD market order; S. *orden con límite*), **orden con limitación temporal** (NEGO time order), **orden, a la mejor** (TRAD best order, at), **orden con límite** (TRAD limit order; S. *al mejor precio, a mercado, orden para el día, orden «no reducir», orden abierta [válida hasta su cancelación], orden al mercado, orden «stop» con límite, orden límite o «stop»*), **orden con límite al cierre** (TRAD limit on close order), **órdenes conjuntas de compra y de venta de valores** (TRAD paired off), **orden contingente o condicional** (TRAD contingency order; S. *orden de rotación, permuta*), **orden cruzada** (TRAD cross-order; S. *especulación mixta de compra y venta de valores*), **orden de cancelación de un valor** (TRAD back on the shelf), **orden de compra** (TRAD buy order; indent; S. *cursar una orden de compra, solicitud de cotización*), **orden de compra abierta** (TRAD open indent), **orden de compra cerrada** (TRAD specific indent), **orden de compra con límite** (TRAD buy limit order; S. *orden de venta con límite*), **orden de compra límite** (TRAD buy stop order; an order to buy a security at the best price available after it has hit a certain price), **orden de compra o de venta al cierre** (TRAD Market-On-Close order, MOC), **orden de compra o venta de acciones al precio de apertura del mercado** (TRAD open order, at the), **orden de compra o venta de ejecución immediata** (TRAD immediate order), **orden de compra o venta de títulos al mejor precio posible** (TRAD not held order, NH order), **orden de compra o de venta dirigida al agente de Bolsa** (TRAD order to broker), **orden de compra o venta parcial** (TRAD any-part-of order; S. *orden todo o nada*), **orden de compraventa fuera del parqué** (TRAD off-floor order; S. *orden de parqué*), **orden de cubrir una posición corta** (TRAD initiate coverage), **orden de efectuar una operación bursátil válida un mes** (TRAD month order), **orden de ejecución inmediata o de cancelación** (TRAD immediate-or-cancelled order, IOC order; S. *orden todo o nada*), **orden de ejecución inmediata o de cancelación [si no puede ejecutarse en un tiempo prefijado]** (TRAD fill or kill order, FOK), **orden de entrega** (FIN release order), **orden de mantener el precio** (TRAD reduce order, do not; DNR; S. *«ex div», orden con límite, orden límite o «stop», orden «stop» con límite, orden de ejecución inmediata o de cancelación [si no puede ejecutarse en un tiempo prefijado], sin dividendo*), **orden de pago de dividendos** (DIV dividend mandate), **orden de parqué** (TRAD on-floor order; S. *orden de compraventa fuera del parqué*), **orden de pérdida limitada** (TRAD stop-loss order), **orden de pico** (TRAD odd lot order; S. *diferencial, lote uniforme de acciones, lote completo de cien acciones o múltiplo de cien*), **orden de precios límite** (TRAD limited price order), **orden de precolocación** (TRAD pre-sale order), **orden de renovación de una opción vencida por otra similar** (TRAD/OPT/MAT roll order), **orden de rotación** (TRAD switch order; S. *orden contingente*), **orden de trabajo** (TRAD working order; standing order a broker fills in a series of lots at certain times hoping to obtain the best price), **orden de venta** (TRAD sell order), **orden de venta con límite** (TRAD sell limit order; S. *orden de compra con límite*), **orden de venta de acciones por lotes** (TRAD split order), **orden de venta plus** (TRAD sell plus order), **orden en firme de compra o venta de valores** (TRAD firm order), **orden escalonada** (TRAD scale order), **orden fraccionada discrecional** (TRAD fractional discretion order; an order that gives the broker discretion to alter the price within a specific fractional range in order to guarantee an execution), **órdenes igualadas** (TRAD matched, matching orders), **orden importante** (TRAD significant order), **orden limitada a la sesión del día** (NEGO today order), **orden límite o «stop»** (TRAD stop order; S. *a mercado, al mejor precio, orden abierta [válida hasta su cancelación], orden con límite, orden sin límite, orden para el día, orden «no reducir»*), **orden límite ejecutada** (TRAD stopped out), **orden negociable de retirada** (FIN/TRAD negotiable order of withdrawal, NOW), **orden «no reducir»** (TRAD DNR Order «Do Not Reduce Order»), **orden para el día** (TRAD day order; S. *orden con límite*), **orden para el día rectificada** (TRAD day around order; a day order that cancels and replaces a previous one by modifying its size or price limit), **orden para el mes o la semana** (TRAD good-this-month/week order, GTM), **orden según porcentaje** (FIN percentage order), **orden sin límite** (TRAD no-limit order; S. *orden con límite, orden «stop» con límite*), **orden «stop» con límite** (TRAD stop-limit order; S. *a mercado, al mejor precio, orden abierta [válida hasta su cancelación], orden con límite, orden para el día rectificada, orden «no reducir», orden sin límite,*), **orden todo o nada** (TRA all or none/all-or- none order/placement, AON), **orden válida hasta determinada fecha** (TRAD good through/until date order), **orden válida para un día** (TRAD valid for one day), **ordenante** (FIN principal; S. *jefe; mandante*)].

ordinario *a*: GEN general; ordinary; S. *común, corriente, general, normal*.

organigrama *n*: FIN organization chart.

otorgamiento [autorización para operar] *n*: LAW/TRAD trading authorization.

oro *n*: FIN gold. [Exp: **oro puro que puede fundirse en la acuñación de monedas o en lingotes** (FIN gold bullion)].

oscilar *v*: GEN fluctuate; S. *fluctuar*.

P

pactar *v*: FIN/LAW contract; S. *contratar, comprometerse.*
pacto *n*: GEN/LAW/FIN/TRAD agreement, bargain, contract, deal; S. *acuerdo, contrato, convenio, garantía, trato.* [Exp: **pacto de recompra o retroventa** (FIN/TRAD repo; repurchase agreement S. *operación de dobles*), **pacto de recompra a plazo superior a un día** (FIN term repo), **pacto de recompra de un día de duración** (FIN overnight repo)].
paga *n*: FIN pay; S. *abono, sueldo.* [Exp: **pagado** (FIN paid; S. *liquidado, retribuido*), **pagado por entero [liquidado]** (FIN paid up), **pagador** (FIN payer), **pagar** (FIN pay, return; S. *abonar, cancelar, devolver, liquidar, reembolsar, restituir, retribuir*), **pagar por adelantado** (FIN prepay, pay in advance)].
pagaré *n*: FIN/DEB/STCK promissory bill, promissory note, PN note; S. *instrumento de deuda a largo plazo, obligación.* [Exp: **pagaré a corto plazo** (FIN commercial paper), **pagaré a demanda** (STCK/MAT demand master note), **pagarés a largo plazo** (DEB long-term notes), **pagarés a largo plazo del Banco Mundial** (STCK continuously offered long-term securities, COLTS), **pagaré con resguardo** (FIN collateral note), **pagaré con tipo de interés variable** (STCK floating-rate bond, FRN), **pagaré de empresa a corto plazo** (FIN prime commercial paper), **pagaré del Tesoro** (DEB currency note, Treasury note, Treasury commercial paper), **pagarés o bonos del Tesoro de libre disposición y con varios tramos de vencimiento** (BOND/MAT multi-tranch tap notes), **pagarés, títulos, obligaciones del gobierno federal estadounidense** (DEB agency note/security/obligation), **pagaré garantizado por acciones** (STCK stock note), **pagarés perpetuos** (FIN perpetual warrants), **pagaré sin garantía** (FIN unsecured note), **pagaré singular o hecho a medida** (FIN tailor-made commercial paper)].
pago *n*: FIN payment, disbursement, liquidation, settlement; S. *finiquito, liquidación.* [Exp: **pago a plazo o fraccionado** (FIN instalment payment, time payment), **pago a plazo**

fijo (FIN time draft), **pago al contado** (FIN cash or spot payment), **pago contra entrega** (STCK delivery versus payment, cash on delivery; S. *entrega gratuita de acciones*), **pago de dividendos** (DIV disbursement of dividends), **pago de liberación total de una acción** (STCK payment in full; S. *liberar una acción del dividendo pasivo correspondiente*), **pago del primer dividendo pasivo** (TRAD first-call), **pagos efectuados por un cliente a una agencia de valores** (TRAD hard dollars), **pago inicial** (FIN first or down payment), **pago o prima de rescate o amortización** (FIN/MAT redemption premium; S. *prima de reembolso o rescate*), **pago y entrega inmediata** (FIN spot cash)].

país inversor *n*: FIN/TRAD home country.

pan comido *col n*: FIN plain vanilla; it refers to relatively simple and standard issues.

pandilla de los archivadores *n*: AG cabinet crowd; exchange members who trade a low volume of bonds daily.

panel de subasta continua *n*: TRAD continuous tender panel.

pánico bajista *n*: TRAD bear panic.

pantalla *n*: GEN/FIN screen. [Exp: **pantalla de negociación** (TRAD quotation board)].

papel *n*: FIN/STCK paper, document; security. [Exp: **papel bursátil** (STCK stock paper, listed security), **papel bursátil a corto plazo** (STCK short paper), **papel de primera clase** (FIN prime paper), **papel del Tesoro** (DEB/BOND Treasury bonds and notes), **papel para operar** (TRAD trading paper)].

paquete *n*: FIN/STCK parcel, block, batch, lot, tranche. [Exp: **paquete accionarial** (STCK stock/security holding), **paquete de acciones** (STCK parcel of shares; S. *lote de acciones, paquete*), **paquete de acciones en manos de los accionistas mayoritarios** (STCK control stock), **paquete voluminoso de acciones o bonos** (STCK block; S. *paquete de acciones*)].

par, paridad *n*: FIN/STCK/TRAD parity; par value. [Exp: **par, a la [a su valor o precio nominal]** (FIN par, at; S. *bajo par, cotización o valor nominal de una acción o futuro, descuento, paridad, prima, precio, valor nominal*), **par, por encima de o sobre la** (TRAD above par; S. *a la par, bajo par, valor nominal*), **paridad neta** (FIN net parity)].

paracaídas de hojalata *n*: FIN tin parachute; a plan that offers benefits to all employees who lose their jobs after a corporate takeover; S. *contrato blindado*.

paraíso fiscal o tributario *n*: FIN tax haven.

parqué de la Bolsa *n*: FIN/TRAD floor; exchange floor, pit, trading floor.

partición o desdoblamiento de órdenes *n*: TRAD order splitting.

participación *n*: FIN/STCK participation, interest; equity holding, share; investment, stake; S. *acción; aportación, contribución, porción*. [Exp: **participación accionarial** (STCK/CORP share/stockholding), **participación mayoritaria o de control** (FIN/CORP controlling stake, majority shareholding), **participación minoritaria** (CORP/STCK minority shareholding), **participa-**

ciones reembolsables fiduciarias [adquiridas en un fondo de inversión de renta fija] (FIN/MAT redeemable trust certificates), **participación societaria cruzada** (CORP/STCK cross holdings, reciprocal shareholding), **participar** (GEN/TRAD participate, share; play; S. *jugar, especular, invertir, operar*), **participar sin tomar la iniciativa** (NEGO participate but do not initiate; S. *orden según porcentaje*)].

partícipe *n*: FIN partner; S. *asociado, socio*. [Exp: **partícipe dedicado a la negociación en Bolsa** (GEN/TRAD player; S. *especulador, jugador*), **partícipe en un fondo de inversión colectiva** (FIN unit holder)].

pasivo *n*: FIN liability; debit. [Exp: **pasivo a corto o largo plazo** (FIN short-term/long-term liabilities), **pasivo circulante** (FIN current liability), **pasivo consolidado** (FIN funded liability), **pasivo fijo** (FIN fixed liability)].

paso *n*: GEN step; S. *escalón, grado, trámite*.

patio *n*: TRAD pit; S. *corro de operaciones financieras; sala*. [Exp: **patio de operaciones en la Bolsa** (TRAD floor; exchange floor, trading floor)].

patrimonio *n*: FIN equity, personal assets. [Exp: **patrimonio neto** (FIN shareholder's funds or equity), **patrimonio social** (FIN partnership capital), **patrimonial** (FIN proprietary; S. *proprietario*)].

patrocinador *n*: FIN/UNDER sponsor; S. *avalista*.

patrón *a/n*: GEN/FIN standard; S. *estándar; corriente, medida, normal,* *normalizado*. [Exp: **patrón monetario** (FIN monetary standard), **patrón oro** (FIN gold standard)].

pegar un patinazo [o un baño] *phr*: TRAD take a bath; to suffer a loss on a speculation or an investment.

peligro *n*: FIN danger; risk; S. *riesgo*.

penalización *n*: FIN penalty. [Exp: **penalización por demora** (GEN demurrage), **penalización por retirada anticipada** (MAT early withdrawal penalty)].

pendiente *a/n*: GEN open; S. *abierto, ampliable; público; claro, mostrar interés*.

pequeño *a*: GEN small; S. *menor, modesto*. [Exp: **pequeño accionista** (STCK/TRAD small share/stockholder, minor shareholder)].

percentil *n*: FIN percentile.

perceptor *n*: FIN payee; S. *beneficiario, tenedor*.

percibir *v*: FIN receive; S. *cobrar, recibir*.

pérdida *n*: FIN loss, damage; S. *daño, perjuicio, quebranto*. [Exp: **pérdida bruta** (FIN gross loss), **pérdida de apreciación** (FIN disappreciation), **pérdida oculta** (FIN concealed loss)].

periodificación *n*: FIN accrual, schedule; S. *anexo, calendario, programa, relación*.

periodo *n*: GEN period; age; S. *ejercicio, plazo; caducidad, vigencia*. [Exp: **periodo de amortización** (FIN/MAT period of maturity, depreciation period), **periodo de alzas** (TRAD period of rising prices), **periodos de contratación bursátil** (TRAD trading periods; S. *aplazamiento de la liquidación de los valores de Bolsa a la siguiente quincena, periodo de liquidación, re-*

porte), **periodo de digestión** (FIN period of digestion; the period of time between the release of a new issue and its consolidation in the market), **periodo de distribución** (FIN distribution period; the few days between the board of directors' declaration of a stock dividend [declaration date] and the date of record, or the date an individual must own shares to be entitled to a dividend), **periodo de espera** (FIN waiting period; the 20 days between a company's filing of its registration statement and the date the Securities and Exchange Commission has approved for the company's securities to be publicly sold), **periodo de liquidación** (TRA account period; S. *periodo de contratación bursátil*), **periodo de pago de dividendos** (DIV ex-stock dividends), **periodo de tenencia de un título** (TRAD holding period), **periodo hasta el vencimiento** (FIN/BOND/MAT term to maturity), **periodo tranquilo** (FIN quiet period; the period of time when a new issue is being registered with the SEC and may not be promoted)].

permanente *a*: GEN permanent; S. *definitivo, duradero, estable; irreversible*.

permuta *n*: GEN barter; swap. [Exp: **permuta de activos o de deudas de activos** (FIN asset for asset swap), **permuta de bonos** (BOND bond swap), **permuta de bonos de descuento por pronto pago** (BOND rate anticipation swaps), **permuta de diferenciales en mercados diferentes** (FIN intermarket spread swaps), **permuta financiera, «swap»** (FIN swap), **permuta financiera de divisas a un precio fijo acordado** (FIN currency swap), **permuta financiera o «swap» de deuda u obligaciones por acciones o capital social** (FIN debt for equity swap), **permuta o «swap» de mercaderías** (FIN commodity swap), **permuta por acciones iguales** (TRAD equal shares swap)].

perspectivas *n*: GEN horizon; S. *futuro, porvenir; esperanzas, expectativas*. [Exp: **perspectivas de beneficios** (FIN horizon return)].

perros del Dow *col n*: TRAD dogs of the Dow; an investing strategy that consists of buying the ten stocks with the highest dividend yield at the beginning of the year; at the beginning of each year it must be adjusted so it will always include the ten highest yielding stocks.

pescador de gangas *col n*: TRAD bottom fisher; an investor who looks for bargains among stocks whose prices have deeply dropped.

petición *n*: GEN application; S. *solicitud, instancia*. [Exp: **petición de mantenimiento de una cuenta de margen** (FIN maintenance call), **petición de ofertas** (TRAD offering for subscription; offer wanted; offering date; S. *licitación, solicitud de ofertas*)].

pico *n*: GEN/NEGO top; S. *alto, máximo, superior, tope*. [Exp: **picos de títulos** (STCK small blocks of securities; S. *orden de pico*)].

pignoración *n*: FIN pledge; hypothecation; the act of transferring property to a lender as security for a loan or other obligation; S. *caución, garantía, promesa*.

pignorar *v*: GEN/FIN pledge; S. *garantizar, prometer*. [Exp: **pigno-**

rar acciones (STCK pledge share certificates)].

píldora *n*: GEN pill. [Exp: **píldora de suicidio [cianuro]** (FIN/CORP suicide pill; a tactic to prevent a hostile takeover; in some cases it could destroy the target company, like taking on a large amount of debt), **píldora envenenada** *col* (FIN/CORP poison pill; anti-takeover device that gives a prospective acquiree's shareholders the right to buy shares of the firm)].

«pipo» *n*: FIN pip; smallest unit of a currency.

pirámide financiera *n*: FIN financial pyramid; a risk structure that spreads investor's risks across low, medium, and high-risk instruments keeping the majority of the assets in safe, low-risk holdings at the base of the pyramid while placing a few high-risk ventures at the top.

pista *n*: GEN/FIN track; S. *seguimiento*.

pistolero *col n*: FIN gunslinger; an aggressive investor who puts money into speculative risky investments in search of high returns.

plan *n*: GEN plan, project; programme, program scheme S. *programa*. [Exp: **plan de acumulación voluntario** (FUND voluntary accumulation plan), **plan de compra rotatoria de acciones a punto de generar dividendos** (FIN/DIV dividend rollover plan; S. *lavado de dividendos*), **plan de incentivos mediante acciones** (STCK stock bonus plan), **plan de participación en los beneficios empresariales** (FIN profit-sharing plan), **plan de pensiones anticipado** (FIN advanced funded pension plan), **plan de valores ficticios** (FIN phantom stock plan; a company incentive plan in which managers receive bonuses if the company's common stock increases in value), **plan personal de adquisición de acciones** (STCK personal equity plan, PEP), **plan de reintegro sistemático** (FUNDS systematic withdrawal plan)].

plazo *n*: GEN/FIN date; instalment, term, time; S. *fecha; entrega; cuota*. [Exp: **plazo, a** (TRAD forward; S. *compra para entrega en el acto* o *«spot»*), **plazo, a corto** (FIN/MAT short term), **plazo de vencimiento** (MAT term of maturity), **plazos de vencimiento contemplados en los contratos de opciones** (MAT/OPT farther out; farther in), **plazo de vencimiento más largo** (MAT furthest month; S. *meses vencidos*)].

plica *n*: GEN escrow, tender; S. *garantía bloqueada; custodia*.

plus *n*: GEN bonus; S. *extra, gratificación, prima*.

plusvalía *n*: FIN accretion; holding gain; unearned increment; surplus; S. *acrecentamiento, excedente, sobrante; superávit*. [Exp: **plusvalías de capital** (FIN capital gain)].

poder de suscripción *n*: UNDER binding cover.

poderhabiente *n*: GEN/LAW proxy holder; S. *apoderado*.

política de tierra quemada *n*: FIN scorched-earth policy; any technique a company, target of a takeover attempt, uses to make itself unattractive to the acquirer; S. *repelente de tiburones*.

póliza *n*: FIN policy; certificate, scrip; contract. [Exp: **póliza de seguro de vida vinculada a un fondo de**

valores (FIN unit-linked policy), **póliza de seguros ligada a valores mobiliarios** (FIN/TRAD equity-linked policy)].
poner *v*: GEN/TRAD put, place; go; float; S. *comercialización de nuevas acciones, colocar.* [Exp: **poner a cero** (GEN/FIN reset; S. *recomponer, reajustar*), **poner en Bolsa** (TRAD going public; S. *OPV*), **poner en venta** (TRAD market; S. *lanzar al mercado*), **poner o fijar un precio o la cotización** (TRAD name a price)].
porcentaje[1] *n*: GEN comisión; S. *comisión, honorarios.* [Exp: **porcentaje**[2] **[tanto por ciento]** (FIN percentage), **porcentaje de beneficios destinado al pago de dividendos** (DIV dividend payout ratio), **porcentaje para doblar** (FIN/STCK percent to double; indicates the percentage that the stock price has to rise or fall to double the price of the call or put)].
porción *n*: TRAD lots; piece; S. *lote; bloque de acciones.*
portador *n*: GEN/STCK bearer; S. *tenedor.*
poseedor *n*: GEN/TRAD holder; S. *tenedor, titular.* [Exp: **poseer** (GEN hold; S. *guardar, mantener*), **posesión** (GEN hold; S. *custodia*), **posesión legal o ilegal** (LAW lawful or unlawful possession), **posesión continuada de un valor por un periodo largo de tiempo** (TRAD hold maintaining)].
posición *n*: GEN/TRAD offer; position; standing; S. *crédito, reputación; cotización, oferta, postura.* [Exp: **posición abierta** (TRAD open position), **posición al alza** (TRAD bull position), **posición bajista** (TRAD bear position), **posición compensada** (TRAD flat position), **posición corta, deudora o vendedora** (FIN short position; the investor's position after shorting a security, option, or futures contract), **posición dinero** (FIN money position, paper; surplus of money/paper), **posición de un solo día** (TRAD day trading), **posición, en** (TRAD on the take), **posición en descubierto** (TRAD naked position), **posición final del precio de un valor** (GEN overnight position), **posición larga de mariposa** (TRAD butterfly; an option strategy which combines a bull and bear spread and uses three strike prices; the lower two strike prices are exercised in the bull spread and the higher strike price in the bear spread; S. *cobertura a horcajadas, cóndor*), **posición larga o compradora** (TRAD long position; S. *posición corta, deudora o vendedora*), **posición papel** (FIN paper), **posición personal** (FIN position self; taking a long or short position in anticipation of a stock's movement), **posicionamiento** (TRAD positioning), **posicionista de un solo día** (TRAD in-and-out trader, scalper; S. *especulador en Bolsa de poca monta; especulador de contratos de futuros y a plazo*), **posicionista de un solo día en varios corros** (TRAD day trader; S. *orden abierta [válida hasta su cancelación]*)].
postura *n*: GEN/TRAD offer; S. *cotización, oferta, posición.*
potencial de subida *n*: FIN upside potential; the amount analysts or investors expect the price of a security will increase.

práctico *a*: GEN effective; S. *efectivo, operativo*.

pre- *pref*: GEN pre-. [Exp: **prereembolso, preconversión** (BON/MAT prerefunding; it is the case when a bond issuer floats a second bond at a lower interest rate to pay for an outstanding bond at the first call date)].

preaviso *n*: GEN notice; S. *aviso, citación, convocatoria, emplazamiento, notificación formal*.

precepto *n*: GEN/LAW provision; S. *artículo, disposición, estipulación*.

precio *n*: FIN/TRAD price, charge, cost; figure; quotation, rate; S. *coeficiente, cotización, tasa; índice; tarifa, comisión, costes, honorarios, importe, gastos*. [Exp: **precio a la baja** (TRAD depressed price), **precio al cierre** (TRAD closing price), **precio al contado** (FIN cash price, physical or actual price), **precio bajista** (TRAD bear price) **precio bajo, barato** (FIN low price), **precio base** (MAT basis price), **precio [cotización o valor nominal de una acción o futuro]** (TRAD nominal price/quote/value), **precio de admisión** (FIN price of admission), **precio o cotización de apertura** (TRAD opening price), **precio de compra y de venta de un valor** (TRAD bid and asked), **precio de conversión** (FIN conversion price), **precio de conversión estipulado** (FIN stated conversion price), **precio de cotización** (TRAD quoted price), **precio de ejercicio** (FIN/TRAD strike price, exercise price), **precio de ejercicio de una opción** (OPT exercise price), **precio de ejercicio nominal** (FIN nominal exercise price), **precio de emisión, por encima del** (TRAD above issue price), **precio de emisión o de referencia** (FIN strike offered yield, SOY), **precio de entrega futura** (FIN forward price), **precio de entrega inmediata** (FIN stop price), **precio o prima de la opción** (OPT option premium), **precio de la opción de venta** (FIN/OPT put price), **precio de mercado al contado** (FIN cash market price; S. *precio de entrega futura; precio de entrega inmediata*), **precio de mercado justo** (TRAD fair market price), **precio de oferta o de tanteo** (TRAD asking price, offer price; S. *diferencial comprador-vendedor, precio de puja, precio máximo de un valor*), **precio de puja o precio del vendedor** (TRAD ask, offer price, ask price), **precio de rescate al vencimiento del bono** (FIN/AMORT redemption price of bond at maturity), **precio de rescate o por amortización anticipada** (MAT call price, redemption price), **precio de salida de una acción** (TRAD coming-out price), **precio de salida de una nueva emisión de valores** (FIN public offering price), **precio de suscripción** (UNDER subscription price; S. *privilegio de suscripción*), **precio de tanteo** (TRAD asked to bid/offer; S. *precio máximo de un valor*), **precio [cotización de un valor en una fecha dada]** (STCK/TRAD prices [of equity]), **precio o dinero, en el** (TRAD on the money), **precio efectivo de una opción de compra** (OPT effective call price), **precio fijo** (FIN flat, clean price; full price), **precio final** (FIN stop-out price), **precio inferior al de mercado** (FIN paydown), **precio más bajo** (TRAD low; S.

máximo), **precio máximo de un valor** (TRAD bid price, ceiling price; S. *precio de tanteo*), **precio máximo diario** (TRAD daily price limit), **precio medio de adquisición** (FIN average acquisition), **precio medio de mercado de un grupo de valores** (TRAD base market value), **precio mínimo** (TRAD floor; S. *suelo*), **precio mínimo autorizado** (FIN price floor; S. *techo o tope de precios*), **precio mínimo de venta de un activo** (TRAD upset price), **precio o cambio, al mejor** (TRAD at best; S. *a mercado, orden con límite*), **precio o cotización no oficial** (TRAD street price), **precio o cotización oficial de un valor en el mercado** (TRAD official quotation), **precio de rescate** (FIN/MAT redemption price; S. *precio de rescate o por amortización anticipada*), **precio sucio [en bruto]** (BOND dirty price; bond price which includes the accrued interest), **precio total de ejercicio** (TRAD aggregate exercise price)].

predominio *n*: GEN lead; *ventaja; principal, primacía.*

preferencia *n*: TRAD precedence; the broker's right to buy a security before other brokers, his precedence is based on the time of his bid and the size of that bid. [Exp: **preferente** (FIN preference; S. *privilegiado, prioritario*)].

prematuro *a*: GEN early; S. *anticipado.*

preparación *n*: GEN qualification; S. *capacitación.*

prerrogativa *n*: GEN privilege; S. *concesión, privilegio.*

presentar una oferta *v*: TRAD make a bid; S. *licitar, pujar.*

presente *a*: GEN current; S. *actual, corriente, vigente.*

préstamo *n*: FIN borrow, borrowing, credit, loan; S. *crédito, empréstito.* [Exp: **préstamo a la vista o a la orden** (FIN demand loan; broker's call loan, call loan), **préstamo al intermediario financiero** (FIN dealer loan) **préstamo con prima** (FIN lending at a premium; a securities loan between two brokers to cover a customer's short position with a borrowing fee included), **préstamo con cuotas amortizadas crecientes o decrecientes** (FIN front-end, back-end loan), **préstamo de acciones** (STCK/TRAD lending securities), **préstamo de acciones sin intereses para cubrir las ventas en descubierto** (FIN/TRAD loaned flat), **préstamo de día a día** (TRAD day-to-day acommodation/loan), **préstamos de títulos** (STCK securities loan), **préstamo de títulos a un agente** (STCK give on; S. *reporte*), **préstamo documentario** (FIN documentary loan), **préstamo en efectivo** (FIN cash loan), **préstamo garantizado con un determinado activo** (FIN fixed debenture; S. *obligación flotante con garantía de un activo*), **préstamo prendario o pignorado** (FIN pledge loan), **préstamo sin fecha de vencimiento** (FIN/MAT dead loan), **préstamos sobre valores** (TRAD/STCK loan against pledge/securities), **prestar** (FIN lend), **prestamista** (FIN lender), **prestatario** (FIN borrower, debtor; S. *deudor*)].

previo *a*: GEN prior; S. *anterior; privilegiado.*

presuponer *v*: GEN imply; S. *implicar, incidir, suponer.*

presupuestar *v*: FIN cost; S. *costar, calcular, valer.*

previsible *a*: GEN normal; S. *habitual, normal, probable.*

prima *n*: GEN premium; bonus; S. *extra, gratificación, plus.* [Exp: **prima a la baja o a la venta** (OPT put premium), **prima de acciones** (FIN share premium), **prima de cartera** (FIN portfolio consideration), **prima de conversión** (FIN conversion premium; the difference of a convertible security's market value above the price of its underlying stock), **prima de emisión** (FIN/FUT premium paid in surplus), **prima de rescate o amortización anticipada** (MAT call premium), **prima de reembolso o rescate** (TRAD/MAT maturity premium, redemption premium), **prima de riesgo** (FIN risk premium), **prima por mora o impago** (BOND/TRAD default premium), **prima por porcentaje** (FIN percentage premium), **prima por tiempo** (BOND time premium), **prima sin amortizar sobre inversión** (FIN unamortized premium on investment)].

primacía *n*: GEN lead; S. *predominio, principal, ventaja.*

primario *a*: GEN principal; primary; S. *fundamental, principal; básico, elemental.*

primer *a/n*: GEN first. [Exp: **primer día de entrega** (TRAD first notice day), **primer gravamen** (FIN first lien), **primera fecha de pago indicada en una obligación** (GEN first call date)].

principal *n*: GEN lead; prime; principal; S. *fundamental, de primera clase, primario; predominio, primacía, ventaja.* [Exp: **principal de diversificación** (FIN principal of diversification), **principal stockholder** (FIN accionista principal; accionista que controla más del diez por ciento de los títulos de una mercantil)].

principio *n*: FIN/LAW rule, principle; S. *ley, norma, regla.* [Exp: **principios de contabilidad de aceptación general** (FIN Generally Accepted Accounting Principals, GAAP)].

prioritario *a/adv*: GEN/FIN ahead; preference; S. *privilegiado, preferente.* [Exp: **prioridad absoluta** (FIN absolute priority), **prioridad de órdenes** (TRAD stock ahead)].

privilegio *n*: GEN/TRAD right, grant; privilege; S. *concesión, prerrogativa; concesión, derecho, donación, subsidio, subvención.* [Exp: **privilegio de redención** (BOND call privilege; S. *bono con opción de recompra, precio de rescate*), **privilegio de suscripción** (UNDER subscription privilege), **privilegiado**[1] (GEN prior; S. *anterior, previo*), **privilegiado**[2] (FIN preference; S. *preferente, prioritario*), **privilegiado**[3] (FIN insider; any person who can access advantageous nonpublic information about a company)].

problema de escasa inversión *n*: FIN underinvestment problem.

proceso *n*: GEN process. [Exp: **proceso de difusión** (FIN diffusion process)].

procedimientos de liquidación y entrega según lo acordado *phr*: FIN good delivery and settlement procedures].

productivo *a*: GEN active; S. *activo.*

producto-s *n*: FIN product; commodity; goods; income; S. *ingresos,* *renta; artículo de consumo, bienes, géneros, mercancías, mercaderías; activo real.* [Exp: **producto financiero derivado** (FIN derivative; S. *derivado*), **producto interior bruto, PIB** (FIN gross domestic product, GDP), **producto nacional bruto, PNB** (FIN gross national product, GNP)].

programa *n*: GEN/FIN programme; plan, schedule, policy; S. *anexo, calendario, periodificación, plan, relación.* [Exp: **programa de compra directa de acciones al emisor** (TRAD direct stock-purchase program), **programa de emisión de pagarés a corto plazo** (FIN/MAT short-term note issuance facility, SNIF; S. *servicio de suscripción autorrenovable rotatoria transferible*), **programa o servicio de emisión de pagarés o euronotas** (DEB note issuance facility, NIF), **programa de oferta de acciones a los empleados** (STCK/CORP employee stock ownership plan, ESOP)].

prolongar *v*: GEN extend; S. *ampliar, extender, renovar.*

promedio *a/n*: GEN/FIN mean; S. *media.* [Exp: **promedio de pérdidas** (FIN averaging losses), **promedio ponderado o compensado** (FIN weighted average), **promedio variable** (FIN averaging)].

promesa *n*: GEN/FIN pledge; S. *caución, garantía, pignoración.* [Exp: **prometer** (GEN/FIN pledge; S. *garantizar, pignorar*)].

proponer *v*: GEN/TRAD offer; S. *ofrecer, ofertar.*

propietario *a/n*: FIN proprietary; S. *patrimonial.* [Exp: **propietario absoluto** (FIN freeholder), **propietario registrado** (FIN owner of record)].

prórroga *n*: GEN extension; S. *ampliación, aplazamiento.*

prospecto *n*: GEN prospectus; S. *folleto.* [Exp: **prospecto de emisión o suscripción** (TRAD/UNDER issue prospectus; underwriting prospectus), **prospecto preliminar** *col* (TRAD red herring)].

protección *n*: FIN/TRAD hedge, cover; S. *cobertura, recompra de valores vendidos en corto.* [Exp: **protección contra rescate** (TRAD call protection), **protección frente a la inflación** (FIN inflation hedge), **protección neutra** (FIN neutral hedge; S. *valor delta*), **proteger** (GEN protect; S. *amparar, favorecer*)].

provocar la demanda *phr*: TRAD draw a call; inducing a customer to inquire or buy a stock

publicar *v*: GEN air; publish; circulate, issue; S. *airear, emitir.* [Exp: **publicación** (GEN/STCK publication), **publicación de títulos, a la** (STCK as if and when), **público** (GEN official; S. *autorizado; oficial*)].

puerto seguro *n:* GEN/TRAD safe harbor; a defense strategy adopted by a target company consisting in buying a business so onerously regulated that it makes its acquisition less attractive.

puesto *n:* TRAD post; stall; the area of the exchange floor where securities are traded, bids and offers accepted and price quotes provided. [Exp: **puesto de trabajo** (GEN job; S. *empleo, trabajo; tarea, actividad*)].

puja *n*: FIN/TRAD bid, make a bid, auction; S. *licitación, oferta, oferta* *de adquisición, posición, subasta.* [Exp: **puja fallida** (TRAD bid away), **puja hostil** (FIN/TRAD hostile bid), **pujador** (TRAD bidder)].

punto[1] *n:* FIN/TRAD point, unit; issue, item. [Exp: **punto**[2] (FIN tick; a security's successive transaction prices; S. *entero, punto*[1]*, «tick» cero, venta de un título a precio superior o inferior al de su cotización inmediatamente anterior*), **punto**[3] (GEN spot: S. *lugar, sitio*), **punto base** (FIN/BOND basis point), **punto muerto o de equilibrio** (TRAD break-even point; the point at which gains equal losses or the market price a stock must reach before option buyers exercise it without losing), **punto de cambio de tendencia** (FIN/TRAD turning point), **puntos de contratación** (TRAD trading posts)].

Q

quiebra *n*: FIN bankruptcy; S. *bancarrota*.

R

ratificación *n*: GEN confirmation; S. *aprobación, confirmación*.
ratificar *v*: GEN endorse; S. *avalar, endosar, garantizar, respaldar*.
ratio *n*: FIN ratio; S. *coeficiente, razón*. [Exp: **ratio de premio a la volatilidad** (FIN reward-to-volatility ratio; relation between the excess return and the portfolio standard deviation), **ratio financiero** (FIN financial ratio), **ratio inmediato** (FIN acid-test ratio; quick ratio)].
reabrir una emisión *phr*: FIN/TRAD reopen an issue.
reajuste *n*: FIN renegociation, readjustment, dilution; S. *disminución, dilución, reducción*. [Exp: **reajuste a la baja** (GEN dilution), **reajuste a la baja del valor de un activo en los libros** (FIN write-down), **reajuste de los activos de una cartera** (FIN rebalancing)].
real *a*: GEN/FIN real, actual; tangible; S. *auténtico, constante; concreto, tangible*.
realizar *v*: FIN realize, sell off; S. *liquidar, vender*. [Exp: **realizar [venta de acciones]** (TRAD sell off; S. *deshacerse de grandes cantidades de títulos*), **realización de beneficios** (FIN profit taking), **realizaciones de capital de una cartera de valores** (FIN paper gain/loss), **realización de rendimientos** (FIN realized return)].
reasegurar *v*: FIN/UNDER underwrite; S. *asegurar; garantizar la colocación de acciones, suscribir acciones*.
rebajar *v*: GEN/FIN cut; discount, rebate; reduce; S. *reducir, recortar; disminuir, reducir*. [Exp: **rebajar la calificación de un valor o agencia de calificación** (FIN downgrade; drop the rating), **rebajar la paridad** (TRAD reduce the par value)].
rebote *n*: TRAD bounce.
recargo *n*: FIN surcharge, additional charge; load. [Exp: **recargo por amortización anticipada** (FUND back-end load; S. *gastos por amortización o rescate anticipado de la inversión colocada en un fondo*), **recargo por prórroga** (GEN back fee)].
recibir *v*: FIN receive; S. *cobrar, percibir*. [Exp: **recibir las acciones contra pago** (FIN receive

versus payment), **recibo** (FIN receipt; voucher, warrant, slip; statement; S. *garantía, resguardo*), **recibo de custodia** (FIN escrow receipt; a document provided by a bank in options trading to guarantee that the underlying security is on deposit and available for potential delivery), **recibo de depósito** (STCK depository receipt; S. *recibo de depósito americano, ADR*), **recibo de depósito americano** (FIN American Depository Receipts, ADRs), **recibo de depósito europeo** (FIN European Depository Receipt, EDR; S. *recibo de depósito americano*), **recibo de depósito global** (FIN global depositary receipt; a receipt proving ownership of foreign-based corporation stock shares traded around the world), **recibo de depósito internacional** (FIN International Depository Receipt, IDR; S. *recibo de depósito americano, ADR; recibo de depósito europeo*)].

recíproco *a*: GEN mutual; S. *mutuo*.

reclamación *n*: STCK reclamation; the right to return a security after a bad delivery or irregularities in the settlement process.

recomendación de compra *n*: TRAD/STCK blanket recommendation.

recomponer *v*: GEN/FIN reset; S. *poner a cero, reajustar*.

recompra *n*: FIN/TRAD repurchase, buy-back. [Exp: **recompra de acciones** (TRAD/STCK stock buyback, stock repurchase), **recompra de empresa** (FIN/CORP corporate repurchase), **recompra de títulos** (STCK repurchase of stock), **recompra de títulos propios** (STCK/TRAD share buy-back, share repurchase), **recompra de valores vendidos en corto** (GEN/FIN cover; S. *cobertura, protección*), **recompra defensiva** (TRAD targeted repurchase; the firm buys back its own stock from a potential acquirer, usually at a substantial premium, to anticipate a takeover attempt; S. *órdago*), **recompra del «swap»** (FIN swap buy-back)].

recortar *v*: GEN cut; S. *rebajar, reducir*. [Exp: **recorte** (GEN cut; reduction; *col* haircut. S. *reducción, rebaja*)].

recuperación *n*: FIN recovery, return; S. *beneficio, devolución, reembolso, rendimiento, resultado*. [Exp: **recuperación bursátil** (TRAD bounce back), **recuperación de los precios del mercado** (TRAD rally), **recuperación del precio de un valor** (TRAD upswing)].

recursos *n*: FIN finance, capital; assets; S. *fondos, finanzas*. [Exp: **recursos financieros** (FIN financial resources), **recursos propios** (FIN own resources)].

redención *n*: FIN/MAT redemption; S. *reembolso, rescate*. [Exp: **redención de un valor o bono por recompra o amortización** (STCK/MAT retirement)].

rédito *n*: FIN profit; S. *beneficio, ganancia*.

reducción *n*: GEN dilution; cut; S. *disminución, dilución, reajuste a la baja; rebaja, recorte*. [Exp: **reducción de acciones** (STCK reverse stock split), **reducción de los rendimientos por acción** (STCK dilution of earnings per share), **reducción fraudulenta de los rendimientos** (FIN yield rigging),

reducido (GEN narrow; S. *estrecho, escaso, restringido*), **reducir** (GEN/FIN reduce; cut; S. *disminuir, rebajar, recortar*), **reducir el capital social** (FIN reduce capital stock/share capital; reduction of capital stock)].

reembolso *n*: MAT amortization, drawback, redemption, return, refund; S. *amortización, beneficio, devolución, reintegro, recuperación, rendimiento, resultado, redención, rescate*. [Exp: **reembolso anticipado** (FIN advance refunding; S. *depósitos con garantía de reintegro*), **reembolso de bono con cupón elevado** (BOND/MAT high-coupon bond refunding), **reembolso de un bono de cupón bajo** (TRAD low-coupon bond refunding), **reembolsar** (FIN return; S. *devolver, pagar, restituir*)].

referenciar *v*: FIN index; S. *indiciar, indexar*. [Exp: **referencia** (TRAD benchmark)].

refinanciación de títulos u obligaciones con el vencimiento de otra anterior *phr*: TRAD/OPC/MAT roll over; to reinvest the funds obtained from a maturing security in a similar security; S. *fondo de reinversión, negociar al alza una opción de compra*.

refundir *v*: GEN consolidate; S. *consolidar, globalizar*.

registrador *n*: FIN registrar. [Exp: **registrarse** (FIN register; S. *certificar, inscribirse*), **registro** (GEN/FIN register, registry; record, registration; S. *lista, relación*), **registro de accionistas** (STCK stockholder's record), **registro de valores** (STCK stock record), **registro previo de una emisión** (STCK shelf registration)].

regla *n*: FIN/LAW rule; S. *ley, norma, principio*. [Exp: **reglas de juego limpio** (FIN/LAW rules of fair practice)].

reglamentación *n*: FIN/LAW regulations, rules. [Exp: **reglamentar** (FIN/LAW rule; S. *dictaminar, estatuir, resolver*), **reglamento o regulación** (GEN/LAW regulation; S. *disposición, norma*)].

regresivo *a/adv*: GEN backward.

regular *a*: GEN regular; even; S. *corriente, ordinario, periódico; uniforme, equitativo*.

reintegro *n*: FIN refund; S. *devolución, reembolso*. [Exp: **reintegro automático** (FIN automatic withdrawal; a mutual fund that gives shareholders the right to receive a fixed payment from dividends on a quarterly or monthly basis)].

relación *n*: GEN account, list; ratio; register; schedule; S. *catálogo, listado, lista, registro; boletín; calendario, periodificación, programa; anexo*. [Exp: **relación activos-acciones** (FIN asset-equity ratio), **relación automatizada de bonos** (BOND automated bond system, ABS), **relación de cotizaciones** (TRAD blue list), **relación de endeudamiento a largo plazo con el valor de los títulos de los accionistas** (FIN long-term debt to equity ratio), **relación de ofertas de contratación** (TRAD menu), **relación de operaciones ejecutadas** (AG/MARK broker's ticket), **relación de valores negociables en más de un país** (TRAD cross-border listing), **relación entre el dividendo y el precio de la acción** (DIV/FIN dividend price ratio), **relación precio contable de una**

empresa-mercado bursátil (FIN market-to book ratio), **relación precio-dividendo** (FIN/DIV price-dividend ratio, PDR), **relación precio-beneficio P/B** (FIN price-earnings ratio, PER; S. *beneficios por acción*), **relación principal-agente** (FIN principal-agent relationship; the agent acts on the behalf of the principal)].

rendimiento *n*: FIN/DIV/TRAD return, yield, performance, earnings, efficiency; S. *beneficio, devolución, rentabilidad, reembolso, recuperación, resultado*. [Exp: **rendimiento a la fecha de retiro** (FIN yield to call), **rendimiento anómalo** (FIN abnormal return), **rendimiento anual de una inversión** (FIN compound annual return, CAR; S. *tasa de rendimiento interno*), **rendimiento anual de un valor comprado a descuento** (FIN discount yield), **rendimiento compuesto realizado** (FIN/MAT realized compound yield; yield obtained from the investment of coupon payments at the current market interest rate at the time of their receipt and held until the bond's maturity), **rendimiento corriente** (DIV earnings yield, return, yield to maturity, current yield, earnings per share), **rendimiento de carteras** (FIN/STCK portfolio performance), **rendimiento de cupón** (FIN coupon equivalent yield), **rendimiento del dividendo** (DIV dividend yield), **rendimiento de una cartera teórica de valores** (FIN market return), **rendimiento del periodo de tenencia de un título** (FIN holding period return), **rendimiento de la inversión** (FIN return on investment, ROI; S. *rendimiento financiero*), **rendimiento demandado** (BOND required yield), **rendimiento de vida media** (FIN yield to average life), **rendimiento desdoblado** (FIN stripped yield), **rendimiento efectivo de una acción** (DIV effective annual yield), **rendimiento financiero** (FIN financial return; S. *rendimiento de la inversión*), **rendimiento fiscal** (FIN fiscal yield), **rendimiento histórico** (TRAD historical yield; the measure of a mutual fund's yield over a specific period of time), **rendimiento medio ponderado de una cartera de bonos** (BOND weighted average portfolio yield), **rendimiento neto** (FIN gross yield), **rendimiento por acción** (STCK stock yield), **rendimiento neto de un valor** (FIN/STCK net yield), **rendimiento de valores respaldados por una hipoteca** (FIN cash flow yield; S. *valores respaldados por hipotecas*), **rendimiento por acción** (DIV earnings per share, EPS), **rendimiento previsto de dividendos** (DIV expected dividend yield)].

renovar *v*: GEN extend, renew; S. *ampliar, extender, prolongar*. [Exp: **renovación de una orden para el día** (TRAD renewal), **renovar a la baja una opción de compra** (TRAD/OPT roll down), **renovar una opción con otra de fecha de vencimiento posterior** (TRAD/OPT/MAT roll forward)].

renta *n*: FIN income; revenue; S. *beneficios, ganancias, ingresos; producto*. [Exp: **renta de margen** (FIN spread income), **renta fija** (STCK fixed-income securities, fixed interest securities, fixed rate securities), **renta variable** (TRAD equities, shares, securities, common stock; S. *acciones ordinarias; títulos*), **rentas** (FIN fiscal revenue; S. *ingresos fiscales*), **rentista** (FIN fund holder; annuitant)].

rentabilidad *n*: FIN earnings; perfomance; yield; S. *beneficios, ganancias; rendimiento.* [Exp: **rentabilidad ajustada al riesgo** (FIN risk-adjusted profitability), **rentabilidad al vencimiento** (FIN/MAT yield to/at maturity; S. *precio base, rendimiento corriente; acumulación*), **rentabilidad básica por acción** (FIN/STCK primary earnings per [common] share), **rentabilidad de las plusvalías de capital** (FIN capital gains yield), **rentabilidad de un efecto a su vencimiento** (FIN maturity yield, redemption yield, yield to maturity), **rentabilidad, rendimiento de un efecto en la fecha de rescate** (FIN/MAT redemption yield, yield to redemption), **rentabilidad mínima límite** (FIN/TRAD hurdle rate), **rentabilidad sobre los activos totales** (FIN return on total assets)].

renunciar *v*: GEN abandon; S. *abandonar, desistir, dejar, olvidar.* [Exp: **renunciar al derecho de opción** (OPT abandonment of option; S. *opción*)].

repartir *v*: GEN deliver; distribute; allot; S. *enviar, entregar; distribuir; adjudicar.* [Exp: **reparto** (GEN/FIN allotment, delivery, distribution; S. *entrega, envío*), **reparto de acciones** (STCK split off; S. *segregación*), **reparto de beneficios** (FIN profit-sharing)].

repelente de tiburones *col n*: FIN shark repellent; measures taken by a company to discourage an unwanted takeover attempt; S. *apalancamiento defensivo, contrato blindado, píldora envenenada, puerto seguro, política de tierra quemada.*

reporte, «contango» *n*: FIN contango; it happens when commodities futures prices rise as maturities lengthen, hence creating negative spreads as contracts go further out; S. *mercado invertido o cruzado, préstamo de títulos a un agente.*

repunte *n*: TRAD recovery, upturn. [Exp: **repunte de última hora** (TRAD come with a late burst), **repunte por Santa Claus** (TRAD Santa Claus Rally; a rise in the price of stocks during the week between Christmas and the New Year, due, perhaps, to the generalized optimism of the time)].

requerimiento *n*: FIN request, requirement, demand; call; S. *exigencia, demanda.* [Exp: **requerimiento de la agencia** (FIN/AG/TRAD house maintenance requirement; house call; a notification to a client by the brokerage house informing him that his margin account is below the minimum maintenance level, the client must then provide more cash or equity, or the account will be cancelled), **requerimiento del pago de dividendos** (DIV dividend requirement), **requerir** (GEN demand; request, require; S. *exigir, demandar*)].

rescatable *a*: FIN/MAT recallable, redeemable; S. *amortizable, exigible.* [Exp: **rescatar** (FIN/MAT buy back, redeem), **rescate** (FIN/MAT recall, redemption; S. *redención, reembol-*

so), **rescatar las acciones propias** (STCK buy back; S. *pacto de recompra o retroventa*)].

rescindir *v*: TRAD cancel, revoke; S. *anular una orden de compra o de venta*.

reserva *n*: FIN pool; S. *consorcio, fondo*.

resguardo *n*: FIN receipt, warrant; S. *certificado, vale*. [Exp: **resguardo de acciones** (STCK share certificate), **resguardo provisional** (STCK balance receipt or ticket)].

resistir *v*: GEN abandonment; S. *abandonar, dejar, olvidar, renunciar*. [Exp: **resistente** (GEN hard; S. *difícil, fuerte*)].

resolver *v*: FIN/LAW rule; S. *dictaminar, estatuir, reglamentar*.

respaldar *v*: GEN endorse; S. *avalar, endosar, garantizar, ratificar*.

resto *n*: GEN/FIN rest, remainder; S. *saldo, sobrante*. Exp: **resto, por el** (TRAD on a clean up; expresses the wish to participate in part of a trade if all of the stock available is reserved except for the «clean up amount»), **restos** (TRAD/STCK odds and ends; leaves; S. *sobrantes*)].

restringido *a*: GEN/FIN tight; S. *apretado, ceñido, estrecho*. [Exp: **restricciones crediticias** (FIN credit restriction, credit squeeze)].

resultado *n*: FIN result, return, profit or loss; S. *beneficio, devolución, reembolso, recuperación, rendimiento*. [Exp: **resultado acumulado** (FIN accumulated profit), **resultado extraordinario** (FIN windfall profit)].

retardo del mercado *n*: TRAD market overhang; it happens when institutions wishing to sell their shares postpone the sale because large orders under current market conditions would drive down the share price.

retención *n*: TRAD withholding; it occurs when a part of the securities from an offering is kept by a broker-dealer who sells the remaining portion to employees. [Exp: **retenido en la apertura de la sesión** (TRAD held at the opening; specialists or regulators do not allow trading until imbalances disappear or news is spread)].

retraso *n*: GEN delay, demurrage; S. *demora, tardanza*.

retribuido *a*: FIN paid; S. *liquidado, pagado*. [Exp: **retribuir** (FIN pay; S. *abonar, cancelar, liquidar, pagar*)].

reversión *n*: FIN/STCK reversal; selling a convertible and buying the underlying common; change in direction in the stock or commodity futures markets.

revocar o deshacer una permuta financiera *phr*: FIN/BOND reverse a swap.

riesgo *n*: FIN risk; danger; exposure, hazard; gamble; S. *peligro*. [Exp: **riesgo compensado largo** (TRAD long straddle), **riesgo de base** (MAT basis risk), **riesgo de impago** (BOND default risk), **riesgo de volatilidad** (FIN volatility risk; S. *volatilidad*), **riesgo idiosincrásico** (FIN idiosyncratic risk; the risk that is firm-specific and can be diversified through holding a portfolio of stocks), **riesgo de precios** (FIN price risk; the risk that the value of a security or portfolio of securities will fall in the future), **riesgo sin diversificar** (FIN undiversifiable risk; S. *riesgo sistemático*), **riesgo**

sistemático (FIN systematic risk, undiversifiable risk, market risk; S. *riesgo asistemático, riesgo sin diversificar*), **riesgo único, asistemático o idiosincrásico** (FIN unique risk, unsystematic, idiosyncratic risk), **riesgo vivo** (FIN total risk; the combination of systematic and unsystematic risk)].

rotación *n*: FIN turn; S. *cambio de tendencia en Bolsa*. [Exp: **rotación de contratos de opciones y futuros** (STCK/OPT/FUT switching), **rotación del capital** (FIN capital turnover)].

«rumoritraje» *n*: FIN rumortrage; a combination of rumor and arbitrage which serves to describe trading based on rumours of a takeover.

ruptura [de una tendencia] *phr*: TRAD breakout.

S

sacudida *n/a*: FIN/MARK shakeout, upheaval. [Exp: **sacudida del mercado** (MARK/TRAD market upheaval)].

sala[1] *n*: GEN/TRAD room, lounge. [Exp: **sala**[2] (TRAD pit, floor; V. *corro, parqué, patio*), **sala del tablero electrónico** (AG board room; a room at a brokerage firm with an electronic board where clients can watch stock prices and transactions), **sala de operaciones electrónicas de una casa de corretaje o agencia de valores** (AG wire room), **sala de órdenes** (AG order room)].

saldo *n*: GEN balance; difference; S. *diferencia*. [Exp: **saldo acreedor** (FIN credit balance), **saldo de apertura** (FIN opening balance), **saldo de cierre** (FIN closing balance), **saldo inversor** (FIN investor's equity; S. *compra al o sobre margen, margen inicial*)].

salida *n*: GEN/FIN/TRAD exit, way out; departure; opening. [Exp: **salida a Bolsa** (FIN/UNDER/TRAD flotation, public offering; S. *colocación directa, colocación institucional de una emisión nueva de valores, colocación privada de valores, emisión, flotación, oferta de venta de acciones a través de un intermediario, oferta de venta directa de acciones oferta o distribución primaria y secundaria, venta de acciones por subasta*), **salir al mercado** (TRAD come on to the market)].

salto *n*: GEN jump, bounce; S. *aumento brusco*. [Exp: **salto del gato muerto** col (TRAD dead cat bounce; a temporary recovery in a stock price after a prolonged decline or bear market, it is very likely the price will drop again)].

salvaguardia *n*: GEN/FIN custody; S. *administración, custodia, garantía*.

sección *n*: GEN section, bureau, desk, department; S. *despacho, departamento, ventanilla*. [Exp: **sección de listados** (MARK stock list), **sección de valores, negociado de títulos** (AG securitites trading department)].

segregación [separación de valores] *n*: STCK segregation of securities, split off; S. *reparto de acciones*.

seguimiento *n*: GEN/FIN track; S. *pista*. [Exp: **seguir la corriente**

(TRAD don't fight the tape; sentence exhorting not to trade against the market trend)].
segundo *a*: GEN/FIN second, secondary. [Exp: **segundo mercado [Bolsa secundaria]** (MARK second market, secondary market, unlisted securities market, USM; S. *mercado secundario o desregulado*), **segunda opción en una subasta de valores** (FIN covering bid)].
seguridad *n*: GEN collateral; S. *contravalor, garantía*. [Exp: **seguro** (GEN/FIN insurance; firm, protected, safe, secure; certain, sure; credible, reliable, truthworthy), **seguro de cartera en proporción constante** (STCK constant proportion portfolio insurance)].
selección *n*: GEN/FIN screen; S. *criba*.
serie *n*: TRAD range; series; S. *horquilla, gama*. [Exp: **series de valores de referencia mundial** (STCK World Equity Benchmark Series, WEBS)].
servicio *n*: GEN service, facility. [Exp: **Servicio Automático de Transacciones Bursátiles en la Bolsa Internacional** (INST/MARK Stock Exchange Automatic Exchange Facility, SEAEF), **servicio de información de las principales Bolsas norteamericanas** (FIN composite tape; S. *cinta*), **servicio de suscripción autorrenovable rotatoria transferible** (FIN transferible revolving underwriting facility, TRUF)].
símbolo del valor cotizado *n*: TRAD ticker symbol.
simulado *a*: GEN dummy; S. *ficticio*. [Exp: **simulación de cartera** (GEN back-testing)].
sindicato o consorcio de garantía *n*: UNDER underwriting syndicate, pool; a group of people or institutions who guarantee a new securities issue to the issuer by buying the entire issue and then reselling it publicly; S. *consorcio bancario; suscriptor principal; corporación*.
síndico de la Bolsa [encargado de intermediar en las disputas en el parqué] *n*: TRAD floor official; an exchange employee who mediates in auction disputes.
sistema *a*: GEN/TRAD system; structure, set-up, scheme; odd, special; S. *método, norma, orden; manera, medio, procedimiento*. [Exp: **sistema bursátil de capacidad simple o dual** (FIN dual capacity system; single-capacity system), **Sistema de Compensación Permanente** (FIN Continuous Net Settlement, CNS; S. *liquidación*), **sistema de contratación asistida por ordenador** (FIN computer-assisted trading system, CATS), **Sistema de Cotización Automatizada de la Asociación Europea de Agentes de Valores** (FIN European Association of Securities Dealers Automated Quotation, EASDAQ), **Sistema de Negociación Automatizada de la Asociación Nacional de Operadores en Valores de los Estados Unidos** (TRAD National Association of Securities Dealers Automatic Quotation System, NASDAQ), **sistema de negociación de pequeños lotes** (TRAD odd lot trading system), **sistema de seguimiento informático de los mercados de convertibles** (FIN «converts»), **sistema de subasta de valores** (TRAD auction system), **sistema de valo-**

ración de la liquidez de los valores (FIN/TRAD Normal Market Size, NMS), **Sistema de Cotización Informatizada de la Bolsa de Londres** (INST/MARK Stock Exchange Automatic Quotation, SEAQ), **sistema intermediario de intradía** (TRAD intraday system trading), **Sistema Ruso de Negociación Electrónica** (FIN Russian Trading System, RTS; electronic quotation system similar to *NASDAQ*)].

sitio *n*: GEN spot: S. *lugar, punto*.

sobrante *a*: GEN/TRAD odd; surplus; S. *excedente, superávit; plusvalía; singular; solo, único*. [Exp: **sobrantes [de la ejecución parcial de una orden de compra o venta de acciones]** (TRAD leaves; remains to negotiate of a previously entered order only partially executed)].

sobrevalorado *a*: TRAD overbought.

sociedad *n*: GEN/FIN/CORP company, corporation, firm, partnership, society; agency, house. [Exp: **sociedad anónima [cuyas acciones cotizan en Bolsa]** (CORP company; joint stock company; public limited company, plc; S. *empresa, compañía, sociedad mercantil*), **sociedad apalancada de inversiones** (CORP leveraged investment company), **sociedad colectiva** (CORP general partnership; S. *empresa, corporación, sociedad privada*), **sociedad colectiva de responsabilidad limitada** (CORP private limited company; private limited partnership), **sociedad colectiva o comanditaria** (CORP partnership; S. *sociedad colectiva, sociedad comanditaria por acciones*), **sociedad comanditaria por acciones** (CORP/STCK partnership limited by shares), **sociedades con apoyo público** (CORP government sponsored enterprises), **sociedades conjuntas de compensación** (CORP joint clearing members), **sociedad comanditaria por acciones** (CORP limited partnership by shares), **sociedad de acciones con cotización en Bolsa** (INST clearing corporation), **sociedad de capital riesgo** (CORP capital venture enterprise), **sociedad de capital riesgo** (CORP joint venture), **sociedad de cartera** (FIN/CORP investment trust, open-end investment fund; portfolio company), **sociedad de cartera de inversiones** (CORP holding company; S. *sociedad instrumental, sociedad de control de otra sociedad, sociedad tenedora de acciones de otras sociedades*), **sociedad de contrapartida** (MARK/TRAD market maker; S. *creador de mercados*), **sociedad de contrapartida autorizada** (AG registered competitive market maker; registered equity market maker), **sociedad de control de otra sociedad** (CORP holding company; S. *sociedad instrumental, sociedad tenedora de acciones de otras sociedades, sociedad de cartera de inversiones*), **sociedad de emisión** (FIN/TRAD house of issue), **sociedad de fideicomiso o fiduciaria** (FIN/CORP trust company), **sociedad de guante blanco** (AG white-shoe firm; broker-dealer firms that discard practices such as hostile takeovers), **sociedad de inversión** (FIN investment company; S. *sociedad de cartera*), **sociedad de inversión colectiva** (CORP collective investment company), **sociedad de inversión en rentas** (CORP income investment company), **sociedad de inversión registrada en la Comisión Nacional de Valores** (AG registered investment company), **sociedades de inversión registradas en el Reino Unido** (INST authorized funds; S. *fondo de inversión colectiva de renta variable*), **sociedad de inversión regulada** (CORP regulated investment company), **sociedad de valores** (AG house; S. *agencia, casa*), **sociedad de valores a comisión** (AG commission house; S. *cuenta combinada*), **sociedad de valores que trabaja con venta al menudeo** (AG retail house), **sociedad general de inversiones** (FIN general management trust), **sociedad gestora de carteras** (FIN/AG/STCK portfolio managing company), **sociedad gestora de entidades de inversión colectiva** (CORP collective investment managing company), **sociedad inscrita en el registro de la Comisión Nacional de Valores** (CORP/AG registered company), **sociedad instrumental** (CORP holding company; S. *sociedad de control de otra sociedad, sociedad tenedora de acciones de otras sociedades, sociedad de cartera de inversiones*), **sociedad instrumental o interpuesta** (CORP conduit company; S. *empresa fantasma o simulada*), **sociedad instrumental de agentes** (AG stockbroker company), **sociedad interpuesta; tenedor nominativo de un título cuyo dueño es otro** (FIN nominee; S. *empresa fantasma o simulada; operación de aparcamiento de valores*), **sociedad limitada de capital riesgo** (CORP venture capital limited partnership), **sociedad inversionista de valores, bonos y acciones preferentes** (AG combination fund), **sociedad matriz** (CORP parent company), **sociedad mercantil** (CORP company, firm, corporation, society; S. *compañía, empresa, sociedad anónima*), **sociedad mercantil que invierte en inmuebles y emite participaciones de dichas inversiones** (FIN/CORP Real Estate Investment Trust, REIT), **sociedad mercantil que no cotiza en Bolsa** (CORP unlisted company), **Sociedad Nacional de Compensación de Valores de los EE.UU.** (INST National Securities Clearing Corporation, NSCC), **sociedad por acciones** (CORP/STCK stock holding company), **sociedad que cotiza en Bolsa** (CORP listed firm/company), **sociedad que no cotiza en Bolsa** (CORP unlisted firm/company), **sociedad segregada** (CORP spin-off; S. *título canjeable o convertible*), **sociedad sin acciones** (CORP non- stock corporation), **sociedad tapadera** (CORP blind pool), **sociedad tenedora** (CORP holding/proprietary company), **sociedad tenedora de acciones de otras sociedades** (CORP holding company; S. *sociedad instrumental, sociedad de control de otra sociedad, sociedad de cartera de inversiones*), **societario** (CORP corporate; S. *corporativo, empresarial, incorporado*)].

socio *n*: GEN/FIN member; partner; S. *asociado, afiliado, integrante, miembro, partícipe*. [Exp: **socio**

colectivo o capitalista (CORP general partner), **socio fundador** (CORP founding partner), **socio principal** (CORP senior partner), **socio secreto, comanditario o capitalista** (FIN silent partner, sleeping partner)].

solicitud *n*: GEN application, call, request; S. *instancia, petición*. [Exp: **solicitud de admisión en el mercado de valores** (MARK application for quotation), **solicitud de cotización** (TRAD indent, quotation request; S. *cursar una orden de compra, orden de compra*), **solicitud de ofertas** (TRAD bid wanted; S. *petición de ofertas*), **solicitud, por orden riguroso de** (TRAD first come, first served)].

solo *a*: GEN/TRAD odd; S. *singular, sobrante, único*.

solvencia *n*: FIN credit. [Exp: **solvencia económica** (FIN ability to pay, creditworthy)].

soplón *n*: FIN whistle blower; a person who has knowledge of fraudulent activities inside a firm.

«spread» *n*: FIN spread; S. *diferencial*. [Exp: **«spread», diferencial vertical** (FIN vertical spread; an investment strategy in which an investor holds long and short options of the same class that have the same expiration month, but different exercise prices; S. *diferencial entre el precio de compra y el de venta de una opción, diferencial horizontal*), **«spread» o diferencial de calidad** (FIN quality spread; shows the difference in quality rating between similar Treasury securities and non-Treasury securities), **«spread» perpendicular** (FIN/MAT perpendicular spread; purchasing of options with similar expiration dates and different exercise prices)].

«straddle» *n*: FIN S. *cobertura a horcajadas*. [Exp: **«straddle» superior** (FIN top straddle)].

subasta *n*: FIN auction, bid; S. *puja*. [Exp: **subasta a la baja u holandesa** (TRAD Dutch auction; an auction where the price on a stock is lowered until it gets its first bid and is sold at that price), **subasta al alza** (TRAD bidding up), **subasta de deuda pública** (TRAD auctioning of Treasury bonds/bills), **subastador** (TRAD auctioneer), **subastar** (TRAD auction)].

subir *v*: GEN rise, increase, sora, climb, go up; S. *ascender, escalar*. [Exp: **sube-baja** (TRAD blow-off top; a sharp and rapid increase in price followed by a steep and rapid drop), **subida fuerte o repentina** (TRAD hike), **subida técnica** (FIN technical rally; S. *bajada técnica, corrección*), **subir al doble** (TRAD double up; a market strategy that doubles the risk when the price moves in the opposite expected direction)].

sucedáneo de dinero *n*: FIN substitute money.

subrogación modificada *n*: FIN modified pass-throughs.

subsidiar *v*: GEN grant; S. *conceder, subvencionar*. [Exp: **subsidio** (GEN grant; S. *donación, concesión, subvención, privilegio*)].

subvención *n*: GEN grant; S. *concesión, donación, privilegio, subsidio*. [Exp: **subvencionar** (GEN grant; S. *conceder, subsidiar*), **subvencionado** (FIN grant-aided)].

sueldo *n*: FIN pay; S. *paga, abono*.

suelo *n*: GEN/TRAD floor; bottom; the price at which a stop order is implemented; it also refers to the area of an exchange where securities are traded; S. *precio mínimo*. [Exp: **suelo doble** (TRAD/STCK double bottom; it refers to the drop of a stock's price, a rebound, and then a drop back to the same level as the original drop), **suelo o valle triple** (TRAD/STCK triple bottom)].

suma *n*: GEN/FIN figure; addition; total; S. *cifra, guarismo; número, precio, agregación; monto, total*. [Exp: **suma global** (FIN lump sum; S. *monto global, tanto alzado*)].

superar *n*: GEN beat; S. *vencer*.

superávit *n*: FIN surplus; S. *excedente, sobrante; plusvalía*.

superior *a/n*: GEN/NEGO high; top; S. *máximo; alto, elevado, tope; pico*.

supermercado financiero *n*: FIN financial supermarket; it is a mercantile which offers different financial services such as banking assistance, stock, and insurance brokerage.

suponer *v*: GEN imply; S. *incidir, implicar, presuponer*.

suprimir un valor de la lista oficial de la Bolsa *phr*: TRAD delist.

suscribir *v*: UNDER subscribe, underwrite; take out; S. *asegurar, reasegurar; garantizar la colocación de acciones*. [Exp: **suscribir acciones** (UNDER/STCK subscribe shares, take-up shares, underwrite shares or stock), **suscribir bonos u obligaciones** (UNDER/BOND underwrite bonds), **suscribir, sin** (UNDER unsubscribed), **suscribir en su totalidad, sin** (UNDER underbought), **suscribir una emisión** (UNDER underwrite an issue), **suscribir opciones de compra para adquirir acciones** (OPT writing puts to acquire stock), **suscribir operaciones en mercados** (UNDER make a market; write trades), **suscripción** (UNDER underwriting, subscription; S. *adquisición de títulos y valores*), **suscripción negociada** (TRAD/UNDER negotiated underwriting), **suscripción renovable garantizada** (TRAD/UNDER revolving underwriting facility, RUF; S. *servicio de suscripción autorrenovable rotatoria transferible*), **suscripción todo o nada** (UNDER all-or-none underwriting), **suscriptor** (UNDER subscriber, underwriter, allottee), **suscriptor de emisiones** (UNDER underwriter), **suscriptor principal** (UNDER lead underwriter; S. *sindicato o consorcio de garantía*)].

suspender *v*: GEN cancel, defer, halt, suspend; adjourn, postpone; S. *aplazar, diferir, demorar*. [Exp: **suspensión de la negociación** (TRAD trading halt), **suspensión de las operaciones en un valor** (TRAD suspended trading; S. *apertura retrasada*)].

T

tabla *n*: GEN chart, schedule; S. *cuadro, esquema*. [Exp: **tabla de amortización** (MAT depreciation or amortization schedule), **tabla de depreciación** (FIN depreciation schedule)].

talón *n*: GEN check, coupon; S. *cheque, cupón*. [Exp: **talón o cupón de dividendo** (DIV dividend counterfoil, dividend coupon)].

tamaño *n*: FIN size; S. *magnitud, volumen*.

tantear *v*: GEN/FIN estimate, calculate, guess, check; weigh up; S. *ensayar, experimientar, probar*. [Exp: **tantear el mercado** (MARK check the market), **tantear [ver los vientos que soplan en la Bolsa]** (TRAD fly a kite)].

tanto alzado *n*: FIN lump sum; S. *monto global, suma global*.

tarea *n*: GEN job; S. *trabajo, puesto de trabajo; actividad, empleo*.

tardanza *n*: GEN delay, demurrage; S. *demora, retraso*.

tarifa *n*: GEN/FIN rate; scale; S. *coeficiente, cotización, índice, precio, tasa; baremo, escala, honorarios*. [Exp: **tarifa única** (FIN flat rate)].

tasa-s *n*: FIN rate; fee, charge; tax; yield; S. *tarifa; coeficiente, cotización, honorarios, índice, precio; contribución, gravamen, impuesto*. [Exp: **tasa ajustable** (STCK adjustable rate; it alludes to the interest rate or dividend that is adjusted periodically according to a standard market rate), **tasa anual equivalente, TAE** (FIN annual percentage rate, APR), **tasa de beneficio bruto** (FIN gross margin), **tasa de capitalización de mercado** (MARK market capitalization rate), **tasa de inflación** (FIN inflation rate), **tasa de interés, precio del dinero** (FIN rate of interest), **tasa de interés de referencia** (STCK benchmark interest rate, reference rate), **tasa de interés del préstamo a la vista** (FIN call loan rate), **tasa o tipo del mercado interbancario de París** (FIN Paris Interbank Offer Rate, PIBOR; S. *LIBOR, MIBOR*), **tasa de los fondos comunes de inversión** (FUND money market rate), **tasa del volumen de contratación** (FIN/TRAD turnover rate), **tasa de recompra implícita** (FIN/FUT implied repo rate), **tasa de rendimiento** (FIN yield rate, rate of

return), **tasa de rendimiento anual** (FIN annual rate of return), **tasa de rendimiento de un bono** (BOND bond yield), **tasa de rendimiento interno** (FIN internal rate of return, IRR), **tasa de rendimiento medio** (FIN average rate of return), **tasa de rentabilidad** (FIN yield rate; S. *tasa o índice de rentabilidad o rendimiento de la inversión*), **tasa de rentabilidad aceptable** (FIN cut-off rate of return), **tasa o índice de rentabilidad o rendimiento de la inversión** (FIN rate of return; S. *rendimiento, tasa de rendimiento anual, tasa de rentabilidad*), **tasa flotante de subasta de acciones preferentes** (TRAD auction rate preferred stock, ARPS), **tasa mínima de rentabilidad aceptable en una inversión** (FIN cut-off point), **tasa prevista de rentabilidad** (FIN expected rate of return)].
tasación *n*: GEN assessment; S. *evaluación, valoración*. [Exp: **tasar** (GEN/FIN rate; assess; S. *calificar, cotizar, evaluar, fijar precio, valorar*)].
techo *n*: TRAD ceiling; high; S. *límite, máximo*. [Exp: **techo o tope de precios** (FIN price ceiling; a [legal] maximum on the price that may be charged for a stock or commodity; S. *precio mínimo autorizado, techo o tope de precios*), **techo histórico de un índice** (TRAD all-time high)].
teletipo de cotizaciones de la Bolsa *n*: TRAD ticker.
temporal *n*: GEN temporary; S. *provisional, eventual*.
tendencia *n*: FIN trend.
tenedor *n*: GEN/FIN/STCK bearer; holder; payee; S. *beneficiario, perceptor, portador; titular, poseedor*. [Exp: **tenedor de acciones** (STCK equityholder; S. *accionista*), **tenedor de bonos u obligaciones** (BOND bondholder), **tenedor de obligaciones** (DEB debenture holder; S. *obligacionista*), **tenedor de una opción** (OPT optionee), **tenedor mayoritario** (STCK majority stockholder), **tenedor minoritario** (STCK minority stockholder), **tenedor parcial de un título** (STCK tenant), **tenencia recíproca de acciones** (STCK reciprocal holding)].
teoría *n*: GEN/FIN theory. [Exp: **teoría del análisis de carteras de valores** (FIN portfolio theory; S. *coeficiente alfa, coeficiente de regresión beta; teoría moderna de cartera*), **teoría del «incauto cándido»** *col* (TRAD bigger fool theory; investors buy a security in the belief they will sell it at a later date to someone less informed), **teoría del insensato** *col* (TRAD greater fool theory; the belief that even when a stock is fully valued it will continue climbing because there are enough buyers to push prices farther upward only for speculative reasons), **teoría del «largo de falda»** *col* (TRAD hemline theory; a theory that relates the hemlines on women's skirts with the prices of securities; i.e short skirts are symbolic of bullish markets and long skirts are symbolic of bearish markets), **teoría del recorrido aleatorio** (FIN random walk theory; the past movement or direction of the price of a stock or market cannot be used to predict its future movement), **teoría moderna de cartera** (FIN modern portfolio theory)].

tercer mercado *n*: MARK third market.
tesoro *n*: FIN treasure.[Exp: **tesorero** (FIN treasurer), **tesorería** [**Tesoro Público, erario, Hacienda Pública**] (FIN/INST Treasury)].
testaferro *n*: FIN dummy stockholder; S. *accionista ficticio*.
tiburón *col n*: FIN/CORP corporate raider, risk arbitrageur; shark; S. *abejas asesinas, incursión al amanecer; órdago, píldora envenenada, tiburón; absorción de empresas, compra apalancada*.
«tick» *n*: TRAD S. *punto²*. [Exp: **«tick» cero** (TRAD zero tick; S. *punto²*, *venta de un título a precio superior o inferior al de su cotización inmediatamente anterior*), **«tick» más alto** (TRAD uptick)].
timbrazo *n*: MARK bell; a ringing that marks the daily opening and closing of stock exchanges.
tiempo *n*: GEN time; S. *plazo*. [Exp: **tiempo restante hasta el vencimiento** (FIN time to maturity; time until expiration)].
tienda *col n*: AG shop; a broker-dealer's office.
tipo *n*: FIN class, type; rate, quotation; standard. [Exp: **tipo de descuento** (FIN discount rate), **tipo de interés** (FIN interest rate), **tipo de interés bancario básico** (FIN base rate), **tipo de interés interbancario** (FIN interbank rate), **tipo de interés ofertado por el mercado interbancario de Madrid** (FIN Madrid Interbank Offered Rate, MIBOR; S. *LIBOR, PIBOR*), **tipo de interés preferencial** (FIN prime rate), **tipo de interés variable** (FIN floating or variable interest rate), **tipo o tasa de rendimiento de las acciones ordinarias** (STCK rate of earnings on common equity), **tipo marginal de una subasta de bonos o Letras del Tesoro** (TRAD marginal rate), **tipos de activos** (FIN asset classes)].
tiro libre *col n*: TRAD freeriding; an illegal practice consisting of making a buy order, waiting until the stock price goes up and selling the stock before actually paying for it.
titular *n*: GEN/TRAD holder; S. *poseedor, tenedor*. [Exp: **titular de acciones de capital** (FIN preference shareholder), **titular de deuda** (FIN holder of debt), **titular o tenedor de una opción** (OPT option holder)].
titulización; «securitización» *n*: STCK securitization; S. *títulos negociables; con título subrogado, valores respaldados por hipotecas, títulos o valores respaldados por activos*. [Exp: **titulizaciones hipotecarias** (STCK mortgage-backed securities, MBSs; S. *bonos, con título subrogado, rendimiento originado por valores respaldados por una hipoteca, títulos o valores respaldados por activos, títulos garantizados en el pago, titulización*), **titulizar [«securitizar»]** (STCK securitize)].
título *n*: TRAD equity, share, security, common stock; instrument; certificate, title; S. *acciones ordinarias; derecho de propiedad, inscripción; renta variable*. [Exp: **título [acción de índice delta]** (STCK delta stock; S. *valores alfa*), **títulos a largo plazo** (STCK long-dated securities), **títulos o valores admitidos a cotización en Bolsa** (STCK/TRAD listed share/security/stock; S. *doble coti-*

zación, valor no listado), **títulos al portador [sin registrar]** (STCK bearer share), **título amortizable** (STCK/MAT redeemable security), **título amortizable en moneda extranjera** (STCK/MAT currency bond), **título canjeable o convertible** (STCK exchangeable instrument/security), **título clasificado como apto para la inversión** (STCK eligible security), **título con derecho a dividendo** (DIV dividend-bearing security), **título con derecho especial de suscripción** (STCK host security), **títulos con garantía hipotecaria** (STCK mortgage securities), **títulos con vencimiento a corto plazo** (STCK/MAT short-dated securities), **títulos con vencimiento fijo** (STCK/MAT dated securities; S. *títulos sin vencimiento fijo*), **títulos o valores consolidados** (STCK seasoned security), **título contrario a la tendencia** (STCK countercyclical stock), **título convertible [bonos convertibles o acciones preferentes convertibles]** (STCK convertible security), **títulos cotizados** (STCK quoted securities), **título de alta rentabilidad** (STCK income stock; S. *capital en acciones*), **título de deuda del Estado a corto plazo** (STCK título de deuda del Estado a corto plazo), **títulos de deuda pública [emitida por el Estado británico]** (STCK gilts), **títulos de la agencia federal** (STCK Federal agency securities), **título de elevado rendimiento** (STCK performance stock), **título de primera clase al portador** (STCK floater), **títulos de renta fija** (STCK non-equity securities; S. *renta fija,*

renta variable, títulos, valores de renta variable), **títulos de renta variable** (STCK variable yield securities), **títulos de tesorería** (STCK treasury security), **títulos de un sector en crecimiento** (STCK growth stock), **títulos del Estado** (STCK government stock, governments), **títulos del Estado a largo plazo** (STCK/DEB long-dated gilts), **título elemental** (STCK primitive security), **títulos emitidos por el Tesoro para pequeños inversores** (STCK national savings securities), **títulos emparejados** (STCK paired shares), **título en cartera** (STCK portfolio security), **título estrella [valor de moda]** (STCK glamor stock), **título garantizado por diversas hipotecas** (STCK pass-through), **títulos exentos de impuestos** (STCK tax-exempt security), **título físico o resguardo de una acción** (STCK share certificate/warrant), **título imperfecto** (STCK cloud on title; S. *título limpio o seguro*), **título indiciado de opciones sobre divisas** (STCK/OPT indexed currency option note, ICON; S. *bono cielo-infierno*), **título limpio, seguro** (STCK clear title; S. *título válido, título negociable, título imperfecto*), **título mutilado** (STCK mutilated security; a security with a certificate that has the name of the issue or the issuer obscured, or with a portion of the certificate missing so the security cannot be identified), **títulos negociables** (STCK negotiable securities; marketable securities; S. *titulización*), **títulos no aptos para inversión bancaria** (STCK ineligible securities), **título no co-**

tizado en Bolsa (STCK unlisted security), **título o instrumento nominativo** (FIN registered instrument), **título o acción preferente convertible** (STCK convertible preferred stock; S. *acción preferente*), **título o acción prioritaria** (STCK senior security/share), **título provisional de posesión un desdoble de acciones** (FIN scrip), **títulos rescatables o amortizables** (FIN/MAT redeemable securities/stocks/shares), **títulos o valores respaldados por activos** (STCK asset-backed securities), **títulos sin digerir** (STCK undigested securities; S. *valores digeridos o engullidos*), **títulos sin vencimiento fijo** (STCK undated securities; S. *títulos con vencimiento fijo*), **título sintético** (STCK synthetic security), **título subordinado con amortización inferior a la prioritaria** (STCK/MAT junior security), **título subrogado, con** (STCK pass-through; a pool of fixed income securities backed by a package of assets where the holder receives the principal and interest payments; s. *opción con devolución de prima si no se ejerce, valor titulizado de fondos de hipotecas*), **título valido; seguro** (STCK good title; S. *título limpio o seguro*), **título valor** (STCK security), **título vendido con cupón** (STCK cum coupon)].
tocar el punto más bajo [tocar fondo] *phr*: TRAD hit rock bottom, hit the floor.
tomar posiciones *phr*: TRAD positioning, take a position, scale in; S. *contratación de posicionistas de un solo día, interposición.*
tope *n*: GEN/NEGO top; S. *máximo; alto, superior; pico.*

total *n*: GEN/FIN aggregate; total; S. *agregado; monto, suma.* [Exp: **total percibido** (TRAD all in)].
trabajador *n*: GEN employee; S. *asalariado, empleado.* [Exp: **trabajo** (GEN job; S. *empleo, puesto de trabajo; actividad, tarea*)].
trámite *n*: GEN step; S. *escalón, grado, paso.*
tramo de un crédito *n*: FIN credit tranche.
trampa al bajista o especulador en corto *phr*: TRAD bear trap.
transacción[1] *n*: TRAD deal; transaction; S. *negociación, operación.* [Exp: **transacción**[2] (FIN/TRAD trade; S. *actividad comercial, comercio, negocio*), **transacción a prima** (TRAD/OPT option bargain), **transacción cruzada** (TRAD cross; wash sale; a transaction in which an investor simultaneously buys and sells a security through two different brokers S. *mercado invertido*), **transacción ejecutada por otro agente** (TRAD trade away), **transacciones en horario no oficial** (TRAD street market), **transacción sin interés acumulado** (TRAD trade flat)].
transferencia *n*: FIN/TRAD transfer; S. *traspaso; cesión.* [Exp: **transferencia de acciones** (TRAD/STCK share or stock transfer), **transferible** (NEG negotiable; S. *negociable, transmisible*), **transferir** (FIN/TRAD transfer; S. *ceder, traspasar*)].
transitorio *n*: GEN temporary; S. *interino, momentáneo.*
transmisible *v*: NEG negotiable; S. *negociable, transferible.*
trasladar el dinero de un fondo de inversión a otro *phr*: FUND fund switching.

traspasar *v*: FIN/TRAD transfer; S. *ceder, transferir*. [Exp: **traspaso** (FIN/TRAD transfer, transmission; S. *cesión, transferencia*), **traspaso o cesión de acciones** (TRAD/STCK transmission of shares)].

trastienda *n*: AG back office, cage; the operational department of a bank or brokerage house; it carries out functions like: settlements, clearances, record maintenance, regulatory compliance, accounting, etc, but it is not directly involved in selling or trading; S. *oficina de contratación y gestión de activos*.

trato *n*: TRAD deal, bargain; S. *acuerdo, negociación, pacto*. [Exp: **trato o acuerdo «cama y desayuno»** *col* (TRAD bed-and-breakfast deal)].

trazar *v*: GEN chart; S. *mostrar*.

tributario *a*: FIN fiscal; S. *fiscal*. [Exp: **tributar** (FIN tax; S. *gravar*)].

trimestre *n*: GEN quarter, qrt; term; S. *duración, plazo, vigencia; cuarto; moneda de 25 centavos*.

trueque *n*: GEN exchange, swap; S. *cambio, intercambio*.

U

último *a*: GEN last. [Exp: **último en entrar, primero en salir** (TRAD last-in-first-out, LIFO; an accounting method that fixes the cost of goods sold to the most recent purchases), **último contrato de futuros** (FUT most distant futures contract; it applies to the contract farthest away in time from settlement; S. *contrato de futuros con vencimiento más próximo*)].

único *a*: GEN/TRAD absolute; odd; single; S. *absoluto, definitivo, fácil, sencillo; singular; sobrante, solo*.

unidad *n*: GEN/FIN/STCK unit; more than one class of securities traded together. [Exp: **unidad de contratación** (TRAD trading unit; the number of shares considered as the acceptable quantity for trading on the exchanges), **unidad de participación en una sociedad de cartera** (FIN investment trust share unit)].

uniforme *a*: GEN even; S. *equitativo, regular*.

unión de fondos fiduciarios para una inversión conjunta *phr*: FIN common trust fund.

uso *n*: GEN custom; S. *costumbre, hábito*.

usuario *n*: GEN consumer; S. *consumidor*.

V

vale *n*: FIN ticket, slip, warrant; S. *certificado, resguardo*; a security that gives the holder the right to purchase securities from the issuer of the warrant at a specific price in the future.
vacío *a*: GEN empty; S. *nulo, sin efecto*.
valer *v*: FIN cost; S. *calcular, costar, presupuestar*.
válido *a*: GEN good; S. *bueno, correcto, razonable*.
valor[1] *n*: FIN value, price; rate. [Exp: **valor**[2] (STCK security, stock, debenture; securities; S. *acciones, bonos, obligaciones, títulos con vencimiento fijo, títulos o valores respaldados por activos, valores cotizados*), **valor a contracorriente** (STCK contramarket stock), **valor a la par** (STCK par value), **valor agresivo** (STCK high-risk/yield stock; junk bond), **valor actual de mercado** (STCK current market value), **valor al vencimiento** (MAT maturity value; S. *valor a la par*), **valores alfa** (STCK alpha securities/stock/shares), **valores australianos** *col* (TRAD kangaroos), **valores bancarios** (STCK bank securities), **valores bursátiles** (STCK stock exchange securities), **valor bursátil de buen rendimiento o valor estrella** (STCK performer), **valor bursátil de rentabilidad media** (STCK/TRAD middling stock performer; S. *valor bursátil de buen rendimiento o valor estrella*), **valor bursátil importante** (STCK market leader, blue chip), **valor bursátil rezagado o que no remonta** (STCK laggard; S. *valor de primera clase*), **valor cíclico** (STCK cyclical stock; securities that rise quickly when the economy is on the rise and fall when the economy drops), **valores comerciales** (STCK commercials), **valor o compañía de primera clase** (STCK/CORP blue-chip company/stock; gilt-edged securities; leader), **valor con bonificación fiscal** (STCK tax-exempt stock), **valor con futuro** (STCK one decision stock), **valor convertible a elección del emisor casa** (STCK convertible exchangeable preferred stock), **valor convertible sintético** (STCK synthetic convertible; a combination of bonds and warrants that resembles a convertible bond), **va-**

VALOR

lores cotizados (STCK listed securities/stocks, listing), **valores contratables o a la venta** (TRAD/STCK trading shares; S. *acciones de socio*), **valor de acrecentamiento** (BOND accreted value), **valor de amortización** (FIN/MAT redemption value), **valor de balance por acción** (STCK book value per share), **valor de cancelación** (STCK redemption value), **valores de cartera** (STCK portfolio securities), **valores de cupón en especie** (FIN payment in kind, PIK), **valor de interés fijo** (FIN fixed-rate security), **valor de interés variable** (FIN floating-rate security), **valor de mercado** (MARK/TRAD market value; S. *valor nominal, valor real*), **valor de mercado de todas las acciones emitidas** (MARK market capitalization), **valor de paridad** (FIN parity value), **valores de poca solidez** col (STCK cheap stocks, cats and dogs; S. *chicharros*), **valor de renta fija a largo plazo** (DEB debenture; S. *obligación; bono*), **valores de renta variable** (STCK floating income securities; S. *títulos de renta fija*), **valor de renta y fecha de amortización fija** (STCK/MAT bullet), **valores de riesgo** (STCK aggressive shares), **valores de segundo orden** (STCK secondary stocks/secutiries), **valores de toda garantía** (STCK gilt-edged securities; S. *valor bursátil importante, emisión de títulos del Estado*), **valor de variación al cierre** (TRAD closing tick), **valores defensivos** (STCK defensive securities), **valores del Tesoro** (STCK Treasury securities), **valor delta** (OPT delta; the ratio of change in the price of a a call option with the change in price of the underlying asset; S. *coeficiente de cobertura, protección neutra*), **valores dependientes de los intereses** (STCK interest-sensitive stock), **valor diluido** (BOND watered stock), **valores digeridos o engullidos** (STCK digested securities), **valor emitido como anotación en cuenta** (STCK book-entry securities), **valor en bache** (STCK air pocket stock), **valor en cartera** (STCK portfolio security), **valor en distribución** (STCK distribution stock), **valor en la sombra** (STCK shadow stock), **valor especulativo** (STCK hot issue), **valor estipulado** (FIN stated value), **valores extranjeros** (STCK foreign securities), **valores financiados con créditos** (STCK leveraged stock), **valores flotantes o negociables** (STCK float), **valores garantizados** (STCK guarantee stocks), **valor huérfano** (STCK orphan stock; a stock which trades at low price earnings ratios), **valor inactivo** (STCK inactive stock/bond), **valores indiciados a la inflación** (STCK inflation-indexed securities), **valores o acciones industriales** (STCK industrial securities/shares, industrials), **valores negociables** (STCK negotiable or marketable securities), **valores no cotizados** (STCK off-board securities), **valores no inscritos o no cotizados en la Bolsa de Comercio** (TRAD/STCK non-listed securities, non-quoted shares), **valor no listado** (STCK unlisted security; non-quoted security), **valor nominal** (STCK nominal value/price, face, face-amount, face value; S. *valor* *por amortización anticipada, valor de mercado, paridad*), **valor o patrimonio accionarial neto** (TRAD net worth), **valores pignorados o dados en garantía** (STCK pledged/pawned securities; securities held in pawn/pledge; against pledge securities), **valor por amortización anticipada** (MAT call value; S. *valor nominal*), **valor por tiempo o temporal** (OPC time value; it applies to the portion of an option price that exceeds its intrinsic value due to certain volatility in the stock; S. *prima por tiempo*), **valor progresivo** (STCK graduated security; a security that moves from a minor exchange to a more prestigious one in order to extend its trading horizon), **valor puntero** (STCK leader; S. *valor bursátil importante; valor bursátil rezagado o que no remonta*), **valores que producen intereses** (FIN/STCK interest-bearing paper/securities), **valor real o de mercado** (STCK actual value; S. *valor de mercado*), **valor-referencia** (STCK bellwhether), **valores respaldados por hipotecas** (STCK mortgage-backed securities), **valor simple** (STCK straight value), **valor sin cargas** (STCK free stock), **valor sin circulación por falta de interés** (TRAD/STCK no book), **valor sin respaldo público** (STCK out-of-favour stock), **valor subyacente** (STCK underlying security), **valor suelo-techo** (TRAD equity collar; the simultaneous purchase of an equity floor and sale of an equity cap), **valores tecnológicos** (STCK high-tech stock), **valor titulizado de fondos de hipotecas** (STCK mortgage pass-through security, pass-through security), **valores transferibles mediante escritura de cesión** (STCK deed stock), **valor o título de colocación o de inversión** (STCK investment paper), **valores o títulos nominativos** (STCK registered securities), **valores, títulos, acciones de índice gamma** (STCK gamma stocks, shares, securities), **valor variable o híbrido** (STCK hybrid security), **valores vencidos o próximos a vencer** (STCK/MAT maturities), **valor viudo y huérfano** (STCK widow-and-orphan stock; a low-risk security paying high dividends that is issued by a noncyclical business and which is an extremely safe investment), **valor yo-yo** (STCK yo-yo stock; a highly volatile stock that moves up and down like a yo-yo)].

valorar *v*: GEN/FIN assess; fix, adjust; price; S. *calcular, evaluar, tasar; fijar*. [Exp: **valoración** (GEN/FIN assessment, valuation; rating; S. *clasificación, evaluación, puntuación, tasación*), **valoración de un título** (STCK/FIN security ratings)].

variación neta *n*: TRAD net change.
varianza *n*: FIN variance.
vencer *v*: GEN/FIN/MAT beat; mature; S. *superar; expirar*. [Exp: **vencer o expirar una letra o pagaré** (MAT fall in), **vencido** (GEN/FIN back; due; S. *atrasado, atrás, debido*)].
vencimiento *n/a*: GEN/FIN/MAT expiration; mature, maturity, maturing; S. *caducidad, expiración*. [Exp: **vencimiento acelerado** (MAT accelerated expiration/maturity), **vencimiento medio de las acciones de un fondo de inversión**

VENDEDOR O PROVEEDOR

(MAT average expiration/maturity), **vencimientos corrientes [a menos de un año]** (MAT current expiration/maturity), **vencimientos escalonados** (MAT staggering expiration/maturity), **vencimiento inicial** (MAT original expiration/maturity), **vencimiento resultante** (MAT remaining expiration/maturity)].

vendedor o proveedor *n*: FIN/TRAD trader, seller, writer; vendor. [Exp: **vendedor a cubierto** (OPT covered writer), **vendedor a porcentaje** (TRAD ratio writer), **vendedor con límite máximo de precio** (TRAD marginal seller; S. *comprador con límite*), **vendedor de contratos de opciones** (FIN/OPT writer), **vendedor de la opción** (OPT option seller; option writer), **vendedor de origen de fondos** (FUND source of funds seller), **vendedor en corto o en descubierto** (FIN short seller), **vendedor, por cuenta y riesgo del** (TRAD caveat subscriptor), **vender** (FIN sell; vend; carry a stock), **vender a precio de cierre o apertura del mercado** (NEGO sell at the closing/opening market), **vender en corto o en descubierto** (TRAD sell short; S. *especular a la baja*), **vender la cuenta** (TRAD sell the book; the seller's request to sell as many shares as possible at the best bid price), **vender un «spread» o diferencial** (TRAD sell the spread; S. *comprar un «spread» o diferencial*)].

venta *n*: FIN sale, selling; vending, disposal; S. *entrega, transacción*. [Exp: **venta a cubierto** (FIN covered call), **venta abierta** (TRAD opening sale), **venta al cierre** (TRAD closing sale), **venta al descubierto** (NEGO/TRAD bear sale; time bargain; S. *venta corta*), **venta o vender al menudeo** (FIN/TRAD retail), **venta anónima corta, al descubierto o a futuro** (TRAD sale against the box; S. *posición larga o compradora, venta corta o en descubierto*), **venta con compromiso de recompra** (TRAD sale with repurchase option), **venta contra reembolso** (FIN cash on delivery, COD), **venta corta o en descubierto** (FIN against the box, short sale, short selling; the sale of a security that the seller does not own, based on the belief that he will be able to buy it back at a lower price, thus profiting from the difference; S. *venta anónima corta, al descubierto o a futuro, cerrar una posición abierta; cobertura a corto plazo; cobertura, estrangulamiento contra el especulador al descubierto, intermediarios financieros [que prestan o toman prestadas acciones para cubrir las ventas en descubierto de sus clientes]*), **venta cruzada** (FIN cross sale; a securities transaction where the same broker executes as intermediary for both sides of the trade), **venta de acciones en mano** (TRAD long sale), **venta de acciones para obtener una especie de dividendo en metálico** (TRAD homemade dividend), **venta de acciones por paquetes** (TRAD block sale), **venta de acciones por subasta** (TRAD issue by tender; S. *flotación, oferta de venta de acciones a través de un intermediario, oferta de venta directa de acciones salida a Bolsa*), **venta de beneficios** (TRAD proceeds sale; unlisted securities sale whose revenue is used to buy other securities), **venta de paquetes de acciones a inversores institucionales** (TRAD group sales), **venta de un título a precio inferior al de su cotización inmediatamente anterior** (TRAD minus tick; S. *a la baja, punto o «tick», operación última o más reciente de un valor*), **venta de un título a precio superior al de su cotización inmediatamente anterior** (NEGO plus tick, uptick; S. *operación última o más reciente de un valor, punto o «tick»*), **venta de un valor desde una posición fuerte** *col* (TRAD hunkering down), **venta de un valor sin derecho a suscribir otros nuevos** (TRAD ex-warrants), **venta de una opción de compra sintética** (OPT/TRAD short synthetic call; S. *valor sintético*), **venta de una opción de venta sintética** (OPT/TRAD short synthetic put; S. *valor sintético*), **venta de acciones por reparto** (TRAD distribution), **venta de opciones en descubiero** (OPT naked writing), **venta de remate** (TRAD breakpoint sale), **venta en corto o en descubierto** (TRAD selling short; S. *venta anónima corta, al descubierto o a futuro; diferencial de bajista, estrangulamiento contra el especulador al descubierto, intermediarios bajistas*), **venta en exceso** (TRAD overwriting; speculative practice where call or put options are sold because the writers believe they are overpriced or underpriced and, therefore, are not expected to be exercised), **venta en descubierto** (OPT/TRAD naked call writing, uncovered put), **venta gradual de opciones** (OPT graduated call writing; the strategy of selling covered call options at incrementally rising exercise prices, so that as the price of the underlying stock rises and the options are exercised, the seller receives a higher average price than the original exercise price), **venta negociada** (TRAD negotiated sale), **venta por nada, «ex todo»** (TRAD ex-all; a security sold without any rights, dividends, warrants, or other privileges), **venta sustitutiva** (FIN substitute sale; a way of hedging price risk by using debt market instruments or by selling borrowed securities as the primary assets)].

ventaja *n*: GEN lead; *principal, predominio, primacía.*

ventanilla *n*: AG window; desk; S. *departamento, despacho, sección*; a brokerage firm's cashier department, where delivery of securities and settlement of transactions take place; also the limited time an investor has to take advantage of a price situation or other favorable condition.

vía libre a una transacción cruzada *phr*: TRAD «O.k. to cross»; the legal act to cross the buy and sell orders on the exchange floor because the transactor is not a principal in the transaction.

vigencia *n*: GEN/FIN age; term; S. *caducidad, periodo; duración, plazo; trimestre.*

vigente *a*: GEN current; S. *actual, corriente, presente.*

vigía *col n*: FIN shark watcher; a firm or specialist devoted to the early detection of takeovers; S. *alerta de radar.*

vigilante de valores *n*: STCK stock watcher, NYSE; a New York Stock Exchange computer network used to track the movements and transactions of NYSE-listed securities.

visita o llamada «en frío» *fr*: TRAD cold calling; calling a potential new customer for the first time in an effort to sell stocks, bonds or other financial products and obtain a commission.

volatilidad *n*: FIN volatility; instability; the fluctuation in a security's price within a short time. [Exp: **volatilidad asimétrica** (MARK asymmetric volatility), **volatilidad implícita** (FIN implied volatility)].

volumen *n*: FIN/TRAD size; volume; the total number of shares traded for a market or for a particular stock, bond, option, or futures contract; S. *magnitud, tamaño*. [Exp: **volumen de contratación** (TRAD turnover; trading volume), **volumen de contratación de un mercado** (MARK market breadth), **volumen de negociación** (TRAD total volume), **volumen de negocio en Bolsa** (TRAD stock exchange turnover), **volumen total de activos** (FIN total asset turnover)].

voz, a viva *n*: TRAD open-outcry.

Z

zeta *n*: OPC theta; time decay; the ratio of the change in an option price to the decrease in time to expiration.

zombis *n*: FIN/CORP zombies; banks or companies that continue operation even though they are insolvent and bankrupt.

zona inactiva *n*: TRAD inactive post; the trading post on the exchange floor where inactive, lightly traded stocks are traded in small lots.

Impreso en el mes de septiembre de 2003
en HUROPE, S. L.
Lima, 3 bis
08030 Barcelona